JÖRG STADELBAUER

BAHNBAU UND KULTURGEOGRAPHISCHER WANDEL IN TURKMENIEN

OSTEUROPA-INSTITUT AN DER FREIEN UNIVERSITÄT BERLIN

WIRTSCHAFTSWISSENSCHAFTLICHE VERÖFFENTLICHUNGEN

Herausgegeben von Wolfgang Förster, Erich Klinkmüller und Karl C. Thalheim

BAND 34

JÖRG STADELBAUER

Bahnbau und kulturgeographischer Wandel in Turkmenien

Einflüsse der Eisenbahn auf Raumstruktur, Wirtschaftsentwicklung und Verkehrsintegration in einem Grenzgebiet des russischen Machtbereichs

Berlin 1973

IN KOMMISSION BEI

VERLAG DUNCKER & HUMBLOT · BERLIN

D 25

GEDRUCKT BEI BERLINER BUCHDRUCKEREI UNION GMBH · BERLIN
PRINTED IN GERMANY
ISBN 3 428 02948 8

VORWORT

Die vorliegende Studie entstand als Versuch, den neuzeitlichen Wandel der Kulturlandschaft in einem Teilgebiet der russischen Besitzungen in Asien aufzuzeigen und zu erklären. Mit diesem Ziel wurde eine weit verstreute Literatur in den Jahren 1967 bis 1971 ausgewertet.

Herzlichen Dank schulde ich nach Fertigstellung der Arbeit meinen verehrten Lehrern, den Herren Professoren Dr. W. D. Sick und Dr. G. Schramm, die in zahlreichen Gesprächen Fragen der jeweiligen Fachgebiete mit mir erörterten und die dem Fortgang der Untersuchungen stets großes Interesse entgegenbrachten.

Zu danken habe ich auch zahlreichen Fachkollegen aus Freiburg und von auswärtigen Universitäten für anregende Diskussionen über Einzelprobleme; stellvertretend seien die Herren Professoren Dr. J. Dahlke (Aachen), Dr. E. Giese (Münster) und Dr. R. Ullmann (Freiburg) namentlich genannt.

Den Herausgebern der "Wirtschaftswissenschaftlichen Veröffentlichungen" des Osteuropa-Institutes an der Freien Universität Berlin danke ich für die Aufnahme der Arbeit in diese Schriftenreihe und für die großzügige Unterstützung der Drucklegung.

Mein besonderer Dank gilt den Damen und Herren der Universitätsbibliothek Freiburg, deren tatkräftige Hilfe bei der oft mühsamen und langwierigen Literaturbeschaffung im in- und ausländischen Leihverkehr für mich eine wesentliche Unterstützung bedeutete. Fräulein E. Kopf danke ich für die gewissenhafte Mitarbeit bei der Reinzeichnung der Abbildungen.

In Dankbarkeit sei dieses Buch meiner Mutter und dem Andenken an meinen Vater gewidmet.

Freiburg i. Br., im Februar 1973 J. St.

INHALTSVERZEICHNIS

ABBILDUNGEN

Die Abbildungen ohne Seitenangaben befinden sich in der Kartentasche.

TABELLEN

ABKÜRZUNGEN

AN	Akademija nauk
ASSR	Avtonomnaja Sovetskaja Socialističeskaja Respublika
IMW	International Map of the World 1 : 500 000
IWK	Internationale Weltkarte 1 : 1 000 000
Nar.choz.	Narodnoe chozjajstvo; Einzeltitel siehe Literaturverzeichnis
SSR	Sovetskaja Socialističeskaja Respublika
SSSR	Sojuz Sovetskich Socialističeskich Respublik
TSSR	Turkmenskaja Sovetskaja Socialističeskaja Respublika
W	Werst

(Abkürzungen häufig zitierter Zeitschriften s. S. 429 f.)

RUSSISCHE MASSE UND GEWICHTE

1 Des. (desjatina)	=	1,0925 ha
1 Funt	=	409,51 g
1 Pud	=	16,38 kg (40 Funt)
1 Sažeń	=	2,133 m
1 W (versta)	=	1,0668 km

ZUR SCHREIBUNG DER TOPONYME

Generell werden in der vorliegenden Arbeit die Ortsnamen innerhalb der UdSSR in amtlicher sowjetischer Form, transliteriert nach dem System der Preußischen Staatsbibliothek, wiedergegeben. Dabei sind, soweit faßbar und über orthographische Varianten hinaus von Bedeutung, auch Ortsnamenänderungen berücksichtigt, wie sie vor allem nach 1917 vorkamen. Ein und derselbe Ort kann demnach je nach Bezugszeitpunkt in unterschiedlicher Benennung auftreten (vgl. Anhang 5.2; maßgebend für die heutige Orthographie ist der S l o v a ŕ geografičeskich nazvanij, 1968). Fluß- und Gebirgsnamen Mittelasiens sind ebenso wie die vorrussischen Ortsnamen der orientalistischen Schreibweise angepaßt (vgl. bes. BARTHOLD, 1962). Für alle Toponyme im Iran und in Afghanistan wurde die auf den Internationalen Kartenwerken (IMW, IWK; vgl. auch T h e T i m e s Atlas of the World, 1967) übliche Schreibweise im englischen Transkriptionssystem ohne Berücksichtigung historischer Ortsnamenänderungen oder orthographischer Fehler und Varianten übernommen.

0

EINLEITUNG

0.1 Problemstellung

Die vorliegende Arbeit will Einflüsse aufzeigen, die von einem dominierenden Verkehrsweg auf die Kulturlandschaft ausgeübt werden. Dabei ist nicht nur an einen schmalen Streifen beiderseits der Bahntrasse zu denken, dessen Beeinflussung unzweifelhaft ist, sondern im Sinne des geographischen Regionenbegriffes an das ganze Land Turkmenien, ja an die gesamte Sowjetunion als übergeordnete politisch-länderkundliche Einheit. Man kann erwarten, daß außer unmittelbaren Veränderungen in der Physiognomie der Kulturlandschaft sich aus dem Betrieb auf einer wichtigen Bahnlinie großräumige Vorgänge ergeben, für deren Ablauf Verkehr und Transport bestimmend sind. Um direkte Einflüsse des einen ausgewählten Verkehrsweges von solchen unterscheiden zu können, die durch Wandlungen außerhalb des engeren Untersuchungsgebietes bedingt sind, mußte die Analyse das Schwergewicht auf die ersten Jahrzehnte nach dem Bahnbau verlegen, auf jene Zeit, für die eine Trennung verschiedener Faktoren noch leichter möglich ist als für die Gegenwart, in der das komplexe Geflecht unmittelbar und mittelbar wirkender Kräfte bei schlechterer Quellenlage kaum noch zu entwirren ist. Darüber hinaus soll die weitere Entwicklung durchverfolgt werden, um so den Bezug zur heutigen Organisation der Kulturlandschaft zu gewinnen, deren Darstellung und Erklärung ebenfalls Ziel dieser Studie ist.

Als Untersuchungsgebiet wurde Turkmenien [1] gewählt, weil zu vermuten war, daß die Transkaspische Eisenbahn als kulturlandschaftlicher

---

1. Zur Abgrenzung des Untersuchungsgebietes: Als "Turkmenien" wird das geschlossene Verbreitungsgebiet der turkmenischen Stammesbevölkerung bezeichnet, das sich nicht mit politischen und administrativen Grenzen weder des zaristisch-russischen "Transkaspischen Bezirks" noch der sowjetischen "Turkmenischen SSR" deckt, sondern nach Süden

Faktor besonders deutlich zu isolieren sein würde, haben sich doch die Kommunikationen des Landes nach außen erst in den letzten Jahrzehnten vielfältiger gestaltet. Die relativ abgeschlossene Situation Turkmeniens am zeitlichen Ausgangspunkt der Untersuchung ist zwar inzwischen von einer engen staatlichen Integration im Russischen Reich und in der Sowjetunion abgelöst worden, aber in diesem politischen Gefüge bildet Turkmenien an der südlichen Peripherie wiederum eine überschaubare Einheit mit lagebedingten Eigenheiten.

Aus diesen Überlegungen ergibt sich ein Fragengeflecht mit folgenden Hauptkomplexen:

(1) Welche historisch-geographische Ausgangsposition hatte Turkmenien in der Mitte des letzten Jahrhunderts für eine russisch bestimmte Neuorientierung von Besiedlung und Wirtschaftsleben?

(2) Wie bereitete die Russische Macht in Mittelasien eine Realisierung der Möglichkeiten vor, die je und je die Anlage eines Verkehrsweges bietet, der seinen räumlichen Voraussetzungen nach eine Leitlinie ersten Ranges für die Landeserschließung werden kann? Wie wurde die Transkaspische Bahn angelegt, wie funktionierte sie, und wie fügt sie sich in das Gesamtbild des russischen Eisenbahnwesens im späten 19. Jahrhundert ein?

(3) Welche Veränderungen haben der Bahnbau und die unmittelbar

---

in das nordostpersische Kaspitiefland, nach Chorasan und Afghanisch-Turkestan reichte. Auch die westlichen Randgebiete Chorezms und Bucharas sind zu berücksichtigen. Allerdings wird aus praktischen Erfordernissen - etwa bei statistischen Angaben - eine Zugrundelegung der politischen Gebilde nötig sein, doch ist die Bedeutung von Grenzen als geographisch relevanten Lineamenten mehrfach untersucht und betont worden (vgl. WIRTH, 1969b, S. 173). Kerngebiete der turkmenischen Kulturlandschaft sind sicher das nördliche Kopet-dagh-Vorland im Bereich der Achal-Oase und die Merw-Oase; nach außen werden die geographischen Grenzen diffus, und die politisch heute zu Turkmenien gehörenden Ostgebiete weisen auch andere Strukturen auf. Die Bezeichnungen "Transkaspien", "Turkmenistan" und "Turkmenische SSR" sollen im Text nur im politischen Sinn verwendet werden, wenn die administrative Arealdefinition gemeint ist.

damit zusammenhängenden Erscheinungen im Landschaftsbild Turkmeniens hervorgerufen? Welche Folgen ergeben sich daraus für die Physiognomie und die räumliche Anordnung der Strukturelemente im Land?

(4) Welche Konsequenzen hatten Bahnbau, agrarwirtschaftliche Modernisation und Industrialisierung für das Sozialgefüge der hauptsächlich auf traditionellem Bewässerungsfeldbau und Nomadentum beruhenden einheimischen Wirtschaft? Inwieweit wurde eine soziale Mobilisierung und Differenzierung eingeleitet, die Rückwirkungen auf das chorologische Gefüge hat?

(5) Welche Möglichkeiten eines interregionalen Güteraustausches eröffnete die Eisenbahn im Rahmen des mittelasiatischen Wirtschaftsraumes, und wie konnte dieses Gebiet über den Verkehr in das Wirtschaftssystem des Zarenreiches und der Sowjetunion einbezogen werden?

(6) Welche Ansatzpunkte ergeben sich aus dieser räumlichen Verflechtung für einen Ausgleich zwischen wirtschaftlich entwickelten Zentralräumen und rückständigen Gebieten an der Peripherie eines Machtbereiches? Ist die Annahme richtig, Turkmenien als Entwicklungsland innerhalb der Sowjetunion aufzufassen? Welche Rolle spielt die Eisenbahn als infrastrukturelle Leistung [2], um Wirtschaftswachstum und soziale Integration zu fördern?

(7) Wie sind die Chancen der weiteren sozioökonomischen Entwicklung Turkmeniens zu beurteilen, wenn man von konstant bleibenden politischen Bedingungen ausgeht?

---

2. Unter "Infrastruktur" sollen durch Arbeitsteilung bedingte Einrichtungen verstanden werden, die dazu dienen, durch Bereitstellung von materiellen, institutionellen, personellen, aber auch geistigen Leistungen die Wahrnehmung von Aufgaben zu gewährleisten, deren Effekt sich erst in einer künftigen Entwicklung zeigt und in der Gegenwart nicht unbedingt dem Aufwand entspricht (vgl. zum Begriff neuerdings FREY, 1972, S. 1 et psm., SCHWIND, 1972, S. 303 ff. mit weiteren Hinweisen auf die Literatur). Neben diesem umfassenden Infrastrukturbegriff ist die Vorstellung von partieller Infrastruktur denkbar, die als Vorleistung für die künftige Absicherung spezieller Aufgaben im wirtschaftlichen und gesellschaftlichen Bereich verstanden werden soll.

0.2 Theoretische und methodische Grundfragen und Voraussetzungen

Der Fragenkatalog stellt die Wechselwirkungen zwischen dem Verkehr und raum-zeitlichen Veränderungen in der Kulturlandschaft in den Mittelpunkt der Betrachtung. Damit erhält die Untersuchung eine deutliche dynamisch-verkehrsgeographische Komponente, die eine chorologische Analyse des Objektes verlangt.

Hatte ECKERT 1905 den Verkehrs als "Ortsbewegung von Personen und Gegenständen nach bestimmten Zielen" definiert [1], so rückte SCHLÜTER [2] die Verkehrsgeographie näher zu den technischen Verkehrswissenschaften, denn der Sachverhalt "Verkehr" war für ihn nur ein Fragenkreis neben drei anderen, die sich ausschließlich mit den dinglichen Erscheinungen des Verkehrs, den Verkehrswegen, den Verkehrsmitteln und den Verkehrsobjekten, beschäftigten. Erst in der neueren wirtschaftsgeographischen Literatur wird der Verkehr - vielfach allerdings einseitig als Teilgebiet der wirtschaftlichen Aktivität - in dynamischem Sinn eingeführt; so erscheint bspw. bei BOESCH der Gedanke einer "Lenkung des Güterflusses" [3]. Einige Lehrbücher versuchen, die

1. Zitat nach SCHLÜTER, 1930, S. 301.
2. SCHLÜTER, 1930, S. 302.
3. BOESCH, 1969, S. 280. - RICHTHOFEN, 1908, S. 201 hatte als Motive für den Verkehr den Austausch zwischen unterschiedlich strukturierten Räumen hervorgehoben. Die Einbeziehung des Verkehrs in die Allgemeine Wirtschaftsgeographie zeigt sich besonders deutlich in den Handbüchern der Zwischenkriegszeit, etwa bei HASSERT, 1931, Bd. I, S. 1, nach dessen Ansicht sich die Verkehrsgeographie mit den sich aus Grundlagen und Tätigkeiten des Wirtschaftslebens, der Produktion und der Konsumtion, ergebenden Güterbewegungen zu befassen habe. Offensichtlich wird das choristische Prinzip in HASSERTs Definition der Verkehrsgeographie: "Verkehrsgeographie ist im wesentlichen eine nach geographischen Gesichtspunkten dargestellte Verkehrslehre" (ibid. S. 9). Allerdings berücksichtigt HASSERT auch die wirtschaftsgeographischen Implikationen des Bahnbaus (ibid. S. 205 ff.). Ähnlich eng ist die Definition bei HETTNER, 1952, Bd. III, S. 5, wo der Verkehr im Dienst des Handels, also auch des Wirtschaftslebens stehend gesehen wird. HETTNER schränkt seine Betrachtung noch weiter auf die traditionelle Anschauung ein, wenn er als Hauptfragen formuliert: "Auf welchen Linien bewegt sich der Verkehr, welcher Art und Leistungsfähigkeit ist er?" (ibid. S. 9). An diese "klassische" Verkehrsgeographie knüpft der kurze Forschungsbericht von MATZNETTER, 1953 an. Dazu tritt in der Ver-

technisch-beschreibenden und chorologisch erklärenden Aspekte zu verbinden, ohne daß jedoch die Unterschiede der Betrachtungsebenen berücksichtigt werden [4]. Den Bezug zur Kulturlandschaft hat vor allem ZIMPEL [5] herausgestellt, doch folgt er einem deskriptiven Landschaftskonzept, das von den jüngeren wissenschaftstheoretischen Strömungen der Wirtschafts- und Sozialgeographie als spezifisch deutscher wissenschaftshistorischer Umweg empfunden wird [6].

Der funktional-chorologische Aspekt, unter dem der Verkehr hier betrachtet werden soll, wird von OTREMBA - aber wiederum in enger Beziehung zur klassischen Wirtschaftsgeographie - hervorgehoben; er erfaßt den Verkehr in einer Betrachtung, die den "Wirtschaftsraum der Erde in seiner ganzen funktionalen Verflechtung, in seiner inneren Dynamik" zu begreifen bestrebt ist [7]. Angesichts der Fülle weltweit ineinander verzahnter, güterwirtschaftlicher Bezüge möchte OTREMBA allerdings quasi-geschlossene Funktionalräume ausgliedern, in denen eine weitgehende Identifikation von struktur- und funktionsbedingten Grenzen möglich ist [8]. Es bleibt zu fragen, ob nicht auch im weiteren räumlichen Zusammenhang einfache Bezüge bestehen, die es erlauben, Relationen über enge Raumgrenzen hinweg chorologisch zu deuten.

Was heißt chorologisch-verkehrsgeographische Betrachtung?

(1) Auszugehen ist von der trivialen Tatsache, daß beim materiellen Verkehr Dinge eine räumliche Versetzung erfahren, die vor und nach der Bewegung Strukturelemente zweier disjunkter Gebiete sind. Durch den Transport verändert sich aber zugleich - bedingt durch die gruppenspezifisch orientierte Motivation für den Verkehrsvorgang - die eng determinierte, räumliche Eingebundenheit dieser Objekte hier und dort, und damit wird eine funktionale Beziehung zwischen Herkunfts- und Zielgebiet der Bewegung hergestellt.

(2) Durch Rückkopplungseffekte wirken diese Wechselbeziehungen meist über den unmittelbaren Verkehrsablauf hinaus. Es treten trans-

---

kehrsgeographie die Frage nach der Abhängigkeit von den natürlichen Gegebenheiten sowie nach der Rückwirkung des Verkehrs auf die Umwelt, Probleme, die vor allem von FELS und seinen SCHÜLERN untersucht wurden (FELS 1954, S. 48 ff.).

4. FOCHLER-HAUKE, 1957, S. 6, [3]1972, S. 7 ff., VOPPEL, 1970, S. 161.
5. ZIMPEL, 1958, S. 2 will "Verkehrsbilder als Strukturelemente der Kulturlandschaft" untersuchen; vgl. auch MATZNETTER, 1953, S. 122.
6. BARTELS, 1970, S. 26 f., HARD, 1970, S. 78.
7. OTREMBA, 1957, S. 8.
8. OTREMBA, 1959, S. 22 f.

itive Relationen im Geosystem auf, die ihrerseits als verkehrsbedingt oder doch wenigstens verkehrsbezogen anzusprechen sind. So läßt sich bspw. der Komplex der Landeserschließung chorologisch durch Verkehrsphänomene erklären, wenn man Einzelphänomene wie Kolonisation, agrartechnische Innovationen, Standortentscheidungen bei der Industrialisierung und die Herausbildung zentralörtlicher Felder als verkehrsbezogen herausgreift [9].

(3) Steuernde Faktoren regulieren die Motivationen für Verkehrsabläufe meist von außen. Dazu gehören die Einflüsse, die von Herrschaftsverhältnissen ausgehen, Erscheinungen des zivilisatorischen oder kulturellen Wandels und wirtschaftspolitische Maßnahmen.

Um den dadurch aufgeworfenen Fragen nachgehen zu können, wird eine Systemanalyse nahegelegt. Tatsächlich ist es möglich, nach den kybernetischen Ansätzen in der "Theoretischen Geographie" [10] die Erde insgesamt und Teilräume auf ihr wenigstens als quasi-geschlossene Systeme, hier "Geosysteme" genannt, aufzufassen, die räumliche Gesetzmäßigkeiten zeigen, nach denen Vorgänge in ihnen ablaufen [11]. Auch die Entwicklung der Kulturlandschaftsforschung vom deterministischen Denken bis zum Konzept der Wechselwirkungen zwischen Mensch und naturgegebenem Milieu [12] hat den systemanalytischen Ansatz vorberei-

---

9. HASSERT, 1931, Bd. I, S. 226 f.; vgl. etwa Untersuchungen zu Canada (BRAUN, 1955, LENZ, 1965, S. 34 ff.), Venezuela (BORCHERDT, 1968, S. 42 ff.), Ecuador (SICK, 1963, S. 212 ff.), Nigeria (TAAFFE, MORRILL, GOULD, 1970, S. 341 ff., bes. S. 361), Tansanzia (JÄTZOLD, 1970, S. 96 ff.) oder Australien (DAHLKE, 1970), zum kleinräumigen Einfluß des Verkehrs auf die Siedlungsgestaltung und -entwicklung MIKUS, 1965 psm.
10. BUNGE, 1962; hierher gehört auch die in jüngerer Zeit geförderte Entwicklung räumlicher Modelle und Theorien (CHORLEY, HAGGETT, 1967, S. 23 f., BARTELS, 1968, S. 172 ff. und 1970, S. 33 ff.).
11. BARTELS, 1968, S. 62 u. 1970, S. 127 f.; zur kybernetischen Definition des hier verwendeten Systembegriffes vgl. FLECHTNER, 1967, S. 200, KLAUS, 1969, Bd. I, S. 335 ff. und Bd. II, S. 634 ff.
12. Zum Geodeterminismus bes. RATZEL, 1882, S. 41 ff., zum possibilistischen Standpunkt VIDAL DE LA BLACHE, 1956, S. 12 ff., THOMAS (ed.), 1956; vgl. auch RUPPERT und SCHAFFER, 1969, S. 206 ff.

tet. Problematisch ist jedoch die Erfassung der für das kybernetische System kennzeichnenden Selbstregulierung und Selbstorganisation [13], wenn man von der materialen Beschaffenheit der Kultur-"Landschaft" ausgeht. Es wird deutlich, daß allein soziale Gruppen oder sogar einzelne Persönlichkeiten im kulturgeographisch-chorologischen System als Regler auftreten können [14]. Erst unter dieser Voraussetzung ist es möglich, die Kulturlandschaft als strukturelles Gefüge von Geoelementen zu begreifen, die in funktionalen Bezügen stehen, welche ihrerseits vom Menschen als Kulturträger beeinflußt sind. Seine sich wandelnde Bewertung der natürlichen Grundlagen [15], und die mit der wirtschaftlichen Erfahrung im Rückkopplungsverhältnis stehende Einschätzung der künftigen Nutzung ist ein im kulturlandschaftlichen Rahmen sich vollziehender Lernprozeß, aus dem die Motivationen für Entscheidungen hergeleitet werden, die die räumliche Dynamik bestimmen. Der Verkehr spielt in diesem System die Rolle eines distanzüberbrückenden Elements, das funktionale Relationen kanalisiert. Damit wird die Effektivität des Verkehrsweges von entscheidender Bedeutung für die Reichweite der sozio-ökonomischen Dispositionen des Systemreglers.

Einer strikten Durchführung des angedeuteten systemanalytischen Konzepts stehen aber zwei Hindernisse entgegen, die eine Modifikation der Untersuchungsmethoden bedingen, die auf einen historischen Längsschnitt zielende Fragestellung und der Informationsmangel, der die Quantifizierung der Aussagen erschwert.

Die zeitliche Dimension [16] darf nicht ausgeklammert

---

13. KLAUS, 1969, Bd. II, S. 556 f., NARR, 1971, S. 100 f., vgl. BARTELS, 1969, S. 130.
14. Vgl. WÖHLKE, 1969, S. 305.
15. Zum Problem der Bewertung natürlicher Grundlagen als Faktorengeflecht vgl. bspw. WÖHLKE, 1969, S. 298 ff., DAHLKE, 1970, S. 3.
16. UHLIG, 1956, bes. S. 73 ff., vgl. BARTELS, 1969, S. 131 sowie TICHY, 1971 psm. für die historisch orientierte Kulturlandschaftsforschung.

werden, wenn es darum geht, Vorgänge in Turkmenien aus einem Geoelement und seinen Funktionen zu erklären, das vor neunzig Jahren entstand und seither Prozesse bewirkt hat, die Rückwirkungen auf das gesamte Geosystem ausübten. Im Gegensatz zur kausal-genetischen Determination [17] muß dabei vor allem nach jenen Stellen in der Entwicklung gefragt werden, an denen unter dem Einfluß unseres Leitelements "Eisenbahn" Entscheidungen für die zukünftige Gestaltung durch Selektion unter Alternativlösungen gefallen sind [18].

Wie mit der Wahl eines konkreten Untersuchungsgebietes, so ist auch mit der Einführung der zeitlichen Dimension eng die Definition des realen Raumes verbunden. Das "Land" als Forschungsgegenstand der Geographie ist in jüngster Zeit heftig angegriffen worden [19], doch kann die systemanalytische Forschung am Einzelobjekt, d.h. als problembezogene Länderkunde, dazu beitragen, auch hier die Fronten zu entschärfen. Empirische Untersuchungen erscheinen dem Verf. nur auf länderkundlicher Basis möglich, wenn man bestrebt ist, Faktoren kulturgeographischer Vorgänge für Vergleiche herauszuarbeiten, auf deren Grundlage erst die Erforschung allgemeingültiger Regelhaftigkeiten oder die Aufstellung von Raumtheorien möglich ist [20]. Es kann kein Zweifel bestehen, daß sich eine solche Länderkunde an die dynamische Betrachtungsweise anlehnt, die SPETHMANN begründet hat, bei dem das raum-zeitlich sich differenzierende Kräftegeflecht eines Gebietes zum Forschungsgegenstand der Geographie wird [21].

Schwierigkeiten macht die Erprobung der systemanalytischen länderkundlichen Forschung am Beispiel von Turkmenien, weil das vorliegende

---

17. Vgl. BURTON, 1970, S. 96.
18. Damit wird der dimensionale Gegensatz zwischen der Raumwissenschaft Geographie und der Zeitwissenschaft Geschichte unmaßgeblich, der besonders scharf von HETTNER (1927, S. 125) hervorgehoben wurde; vgl. NEEF, 1967, S. 91 ff. und auch BARTELS, 1970, S. 38 f. Als beispielhafte Untersuchung in diesem Sinne kann die Studie von PARTSCH (1915, vgl. bes. S. 204) über die kanadische Nordpazifikbahn zitiert werden.
19. BARTELS, 1968, S. 155, B e s t a n d s a u f n a h m e ..., 1970, S. 193, 199 und die anschließenden Diskussionsbemerkungen. Positiv zur Länderkunde etwa WIRTH, 1969, S. 185 f. u. 1970, S. 444 ff., BOBEK, 1970, S. 441.
20. Eine "abstrakte Geographie" postuliert dagegen NYSTUEN, 1970, S. 85 f.
21. SPETHMANN, 1928, S. 71 f., vgl. WIRTH, 1969, S. 166 ff.

Material nur bei wenigen Detailfragen eine Quantifizierung erlaubt, wie sie für die sinnvolle Durchführung solcher Ansätze gefordert wird [22]. Doch braucht deshalb nicht ausgeschlossen zu werden, daß sich qualitative Aussagen über Zusammenhänge im Geosystem formulieren lassen, wenn auch die Analyse bei einer Deskription stehenbleiben muß, wo das Material nicht ausreicht, mathematische Operationen durchzuführen. Unter Berücksichtigung dieser Einschränkungen kann die Sichtung der weit gestreuten Literatur manches nicht vorhandene oder unzugängliche statistische Material ersetzen, um beschreibende Ansätze für die Erarbeitung theoretischer Modelle der Kulturlandschaftsentwicklung durch Abstraktion zu gewinnen.

0.3 Kurzer Literaturüberblick und Abriß des Forschungsstandes

Die Quellenlage für die Untersuchung ist alles andere als günstig. Die beiden geographischen Hauptquellen - eigene Beobachtung im Gelände und detailliertes, großmaßstäbliches Kartenmaterial - fehlen. Kleinmaßstäbliche Karten standen zwar zur Verfügung, waren aber von recht unterschiedlichem Wert. Für die historisch orientierte Fragestellung konnten Skizzen in Reiseberichten ausgewertet werden, die wenigstens Rückschlüsse auf Besiedlung und Verkehrswege, vereinzelt sogar auf die landwirtschaftliche Nutzung erlaubten, während die heutige Wirtschaftsstruktur mithilfe neuerer sowjetischer Atlanten und Wandkartenserien erarbeitet werden mußte.

Reichlicher ist das historische Quellenmaterial. Zwar geben jüngere Dokumentesammlungen (z.Bsp. SOLOV'EV i SENNIKOV, 1946) vergleichsweise wenige Anhaltspunkte, aber der vielbändige Revisionsbericht des Grafen von der PAHLEN (Otčet..., 1909/11) enthält wichtige Informationen vor allem zu Verwaltungsfragen.

---

22. Vgl. BURTON, 1970, S. 102.

Aus den statistischen Unterlagen ist vielfach nur ein Eindruck für die Situation im ganzen Land, selten jedoch die räumliche Differenzierung zu gewinnen. Den größten Wert haben für die zarische Zeit die Jahresbände des "Obzor Zakaspijskoj oblasti", für die neuere Zeit die Bände des "Narodnoe chozjajstvo". Die russischen Eisenbahnstatistiken vor 1917 sind teilweise in deutschen Fachzeitschriften veröffentlicht worden - meist ohne ausreichende Differenzierung.

So muß die Untersuchung weithin auf ältere und jüngere Darstellungen zurückgreifen, deren Wert unterschiedlich zu beurteilen ist. Ausführliche Berichte über Bau und Betrieb der Transkaspischen Eisenbahn stammen von den Erbauern, M.N. ANNENKOV (1881 u.ö.) und dem Stabsarzt O. HEYFELDER (1881 u.ö.). Zusammenfassungen in Eisenbahnzeitschriften (z.Bsp. ROMANOW, 1904; THIESS, 1904) schildern vor allem den technischen Zustand; Berichte von Reisenden geben Eindrücke vom Betrieb und den unmittelbaren Auswirkungen der Bahn (vgl. BOULANGIER, 1888; ALBRECHT, 1896; SCHWEINITZ, 1910 u.a.).

Die ausführlichste geographische Landeskunde von Russisch-Turkestan im deutschen Sprachraum stammt von MACHATSCHEK (1921); sie hat in groben Zügen für den physisch-geographischen Teil sicher bis heute ihre Gültigkeit behalten, aber die politischen Veränderungen nach 1917 haben doch die kulturgeographische Substanz sehr beeinflußt. Ergänzend sind die Arbeiten von HOETZSCH (1913, Neuabdruck 1934) sowie OLZSCHA und CLEINOW (1942) zu nennen. Für die neuere Zeit seien die politisch engagierten Arbeiten von HAYIT (1956 u.ö.) angeführt, sonst muß man auf ausländische Werke zurückgreifen.

Dabei ist in erster Linie an die russische Literatur zu denken. Die Grundlagen finden sich in der Landesbeschreibung von MASAL'SKIJ (1913) und in Reiseführern (GEJER, 1901; DMITRIEV-MAMONOV, 1903). 1914 gab die Umsiedlungsbehörde ein umfangreiches Sammelwerk "Aziatskaja Rossija" mit einem Atlasband heraus. Da Turkmenien für die Kolonisation kaum in Frage kam, ist diesem Gebiet vergleichsweise wenig Platz eingeräumt. Eine geographische Gesamtdarstellung wurde erst in den fünfziger Jahren von FREJKIN ([1]1954, [2]1957) vorgelegt; die ausführliche Faktensammlung im Band "Turkmenistan" der Reihe "Sovetskij Sojuz" (1969) schließt sich an. Detailprobleme werden in zahlreichen Sammelbänden behandelt, die im Zusammenhang mit der Landeserschließung erschienen. Ergänzend ist eine Vielzahl von Aufsätzen in Fachzeitschriften zu nennen, von denen stellvertretend die "Izvestija Akademii Nauk Turkmenskoj SSR, serija obščestvennych nauk" und das "Sel'skoe chozjajstvo Turkmenistana" erwähnt seien.

Arbeiten des westlichen Auslandes behandeln die jüngere Geschichte Mittelasiens und beziehen Fragen der Siedlungs- und Wirtschaftsentwicklund ein (z.Bsp. PARK, 1957, PIERCE, 1960, WHEELER, 1964, ALLWORTH, ed., 1967) - ein von der sowjetischen politischen Geschichtsschreibung heftig angegriffenes Genre (vgl. INOYATOV, 1966).

Drei neuere Arbeiten müssen hervorgehoben werden, deren Verfasser das Wechselspiel zwischen Eisenbahnbau und Wirtschafts- und Sozialentwicklung in Mittelasien untersucht haben. SUVOROV (1962) behandelt in einer populärwissenschaftlich angelegten Studie die Zeit zwischen dem Bahnbau und der Revolution von 1917 unter dem speziellen Aspekt des Einströmens von Kapital nach Mittelasien [1]. Ideologische Gesichtspunkte und ein einseitiges Kolonialklischee durchziehen seine Arbeit. Andrerseits bietet SUVOROV eine Fülle an Einzelfakten, da er archivalische Quellen auswerten konnte. Methodisch ist die Studie von Bedeutung, weil die Relation zwischen Bahnbau und Wirtschafts- und Kulturentwicklung untersucht wird, wenn auch das Material nicht voll ausgedeutet wird. Die räumliche Differenzierung befriedigt den Geographen kaum; zudem liegt das Schwergewicht bei SUVOROV auf dem dichter besiedelten Raum Taškent - Samarkand, also etwa dem heutigen Uzbekistan, während Turkmenien - z.T. sicher auch wegen der Unzugänglichkeit detaillierten Materials - etwas zurücktritt.

---

1. SUVOROV knüpft dabei an das vielzitierte Wort LENINs an, die Transkaspische Bahn habe - wie die Transsibirische Bahn in Nordasien - dem Kapital den Weg nach Mittelasien geöffnet (LENIN, 1963, S. 82).

TAAFFE (1960 und 1962, darauf eine eingehende Stellungnahme von PAVLENKO, 1963) behandelt die Zeit nach 1917, also die Beziehungen zwischen Eisenbahn und sowjetischen Wirtschaftsaufbau in Mittelasien. Die Frage nach der Bedeutung des politischen Systemwechsels in Rußland für die kulturgeographische Entwicklung wird nicht gestellt. Es ist für TAAFFE unerheblich, inwieweit nach 1917 ältere wirtschaftliche Prozesse sich fortsetzen oder neu aufleben. Mehr als bei SUVOROV und auch mehr, als es hier der Fall sein wird, steht bei TAAFFE die Eisenbahn im Vordergrund. Dagegen ist die räumliche Differenzierung einzelner Entwicklungsmerkmale kaum ausreichend, was sicher auf Schwierigkeiten bei der Informationsbeschaffung beruht. Grundlegend sind die Studien von TAAFFE für die Analyse des großräumigen Handelsaustausches zwischen Mittelasien, Rußland und Sibirien, weil die kazachischen Bahnen in die Betrachtung einbezogen werden.

Die Arbeit von ACHMEDŽANOVA (1965) schließlich ist sozialhistorisch orientiert. Die Baugeschichte der mittelasiatischen Bahnen wird auf dem Hintergrund einer eingehenden Analyse aller Projekte vom wirtschaftlichen und militärischen Standpunkt her interpretiert, doch stößt die Verfasserin rasch zur Arbeiterfrage und der sozialistischen Bewegung in Mittelasien vor, deren Behandlung mehr als die Hälfte des Bandes füllt. Wie bei SUVOROV wird nur die Zeit vor 1917 behandelt, aber die Studie zeigt sich vergleichsweise unabhängig von marxistisch-leninistischen Klischees, so sehr sie sich der sowjetischen Geschichtsdeutung verpflichtet weiß. Hier kann sie vor allem bei der Untersuchung der Motivationen für den Eisenbahnbau und bei der Betrachtung der sozialen Veränderungen mit großem Gewinn herangezogen werden.

Alle drei Arbeiten stehen zwar in engem Zusammenhang mit der hier vorgelegten Untersuchung, doch verbieten sie nicht eine neue Interpretation der kulturlandschaftlichen Entwicklung Turkmeniens vom geographisch-chorologischen Blickwinkel aus.

I

DAS LAND TURKMENIEN:

Der natürliche Eignungsraum, die historische Entwicklung seiner Nutzung und die kulturgeographische Situation in der Mitte des 19. Jahrhunderts

1.1 Physisch-geographischer Überblick

Die physisch-geographische Ausstattung kann im Zusammenhang mit der hier aufgeworfenen Fragestellung nur im Hinblick auf Nutzungsmöglichkeiten und -einschränkungen interessieren. Obwohl dabei eigentlich zusätzlich der zeitliche Wandel der Bewertung durch den nutzenden Menschen mitberücksichtigt werden müßte, können doch einige Grundzüge zusammenfassend vorausgeschickt werden, deren Einschätzung als Gunst- oder Ungunstfaktoren für Siedlung und Wirtschaft sich kaum änderte.

Turkmenien, im Zentrum des eurasiatischen Kontinentalblocks gelegen, ist durch die Abschirmung nach Süden (vorder- und zentralasiatische Hochgebirge) und die Öffnung nach dem Norden (kaspische Niederung, kazachisch-westsibirische Tiefländer) charakterisiert.

Daraus folgen vor allem die Besonderheiten des Klimas. Ein ausgesprochenes Ungunstmerkmal sind die niedrigen Niederschlagssummen. Von den trockensten Landesteilen im Norden (Jahresmittel unter 75 mm) nehmen sie zur Peripherie und mit der Höhe auf 150 - 200 mm im Tiefland und bis maximal 400 mm im Gebirge zu. Die meisten Niederschläge fallen in den Frühjahrsmonaten März und April, wenn die iranische Front den südlichen Teil Mittelasiens erreicht; Juli bis September sind die niederschlagsärmsten Monate, in denen trocken-heiße Winde aus den kaspischen Steppen vorherrschen [1]. Die kontinentale Lage Turkmeniens bewirkt im Sommer eine extrem hohe Sonneneinstrahlung, die die Temperaturen im Süden der Zentralen Niederen Kara-kum über 32 ° (Juli-Mittel) ansteigen läßt; die peripheren Räume Turkmeniens erreichen in dieser Zeit Temperaturen um 28 °. Diesem zentral-peripheren Formenwandel des Klimas im Sommer steht ein planetarischer im Winter gegenüber (Nordturkmenien mit einem Januarmittel vom -6 °, Südturkmenien um 0 °, im äußersten Südwesten über +4 °) [2]. Die

1. FREJKIN, 1957, S. 26 f., BORISOV, 1965, S. 214, Fiziko-geografičeskij atlas mira, 1964, Bl. 216-219, Turkmenistan, 1969, S. 27 ff.
2. Fiziko-geografičeskij atlas mira, 1964, Bl. 206-209.

durchschnittlichen jährlichen Schwankungen machen bspw. in Aŝchabad 29,4 °, in Kuŝka 26,6 ° aus [3]. Außerordentlich niedrige Wintertemperaturen können bei Kaltlufteinbrüchen aus Sibirien vorkommen; die dann vorherrschenden Nordostwinde verfrachten Arktikluft über die nordkazachische Schwelle nach Turkmenien.

Die Verknüpfung starker jährlicher Temperaturschwankungen bei extremer Hitze im Sommer mit geringen Niederschlägen, die gerade dann abnehmen, wenn aufgrund der steigenden Sonneneinstrahlung die Verdunstung zunimmt, ergibt das Gesamtbild maximaler Kontinentalität und Aridität [4]. Turkmenien kann damit in die sommerheißen, aber winterkalten Wüsten- und Steppenklimate eingeordnet werden [5].

In der agrarklimatologischen Bewertung resultiert daraus zwar eine hohe Temperatursumme der Tagesmittel (außer im Südwesten und Südosten sowie im äußersten Norden beträgt die Summe der Tagesmitteltemperaturen über 10 ° im Jahr über 4000 °), andrerseits aber wegen der Trockenheit (Index Niederschlag : Verdunstung unter 0,22) ein Wassermangel, der die Bewässerung zur notwendigen Voraussetzung der landwirtschaftlichen Inwertsetzung macht [6]. Die hohe Sonneneinstrahlung soll durch Sonnenkraftwerke genutzt werden. Eine Versuchsanlage ist bereits auf dem Gebiet des Sovchoz Bacharden in Betrieb [7].

Von den drei tektonischen Großräumen Turkmeniens kommt dem altgefalteten Dislokationsbereich im Nordwesten, der mit den Gebirgszügen auf der Halbinsel Manghyŝlaq in Verbindung steht, eine untergeordnete Bedeutung zu [8]. Ihm sind im Süden nordwestliche Ausläufer der alpidisch aufgefalteten chorasanischen Grenzgebirge angeschweißt,

---

3. MOLČANOV, 1929, S. 141 ff., MURZAEV, 1957, S. 116, Turkmenistan, 1969, S. 29.
4. Vgl. Atlas SSSR, 1969, Bl. 84.
5. Vgl. KÖPPEN, 1931, S. 238 ff. (Klimatypen BWk und BSk), TROLL (und PAFFEN), 1964, S. 16.
6. FREJKIN, 1957, S. 36 f., Atlas razvitija ..., 1967, Bl. 12.
7. BAUM, 1968, S. 63 ff., GvŜk 1970, H. 3, S. 74.
8. REZANOV, 1959, S. 77. Zur Geologie vgl. LUPPOV, 1957.

die aber im Gegensatz zum kaukasisch (SE - NW) streichenden Kopet-dagh in ihren Antiklinalachsen die Streichrichtung des nordpersischen Elburz (SW - NE) zeigen [9]. Die Grenzgebirge sind im Westen früher als im Osten aufgefaltet worden. [10]. Die tektonische Beanspruchung hält bis heute an, wie schwere Erdbeben beweisen, die Turkmenien und Nordpersien regelmäßig heimsuchen; sie werden seit 1948, als ein großer Teil Aŝchabads zerstört wurde, von einer seismologischen Station registriert und analysiert [11]. Zwischen den Bergländern liegt der aralo-kaspische Synklinaltrog, der asymmetrisch vor dem Kopet-dagh seine größte Tiefe aufweist. Tertiäre und quartäre Sedimente erreichen dort Mächtigkeiten von 4000 m [12]. Unter ihnen sind in Westturkmenien vor allem pliozäne Sandsteine, in der Kara-kum auch mesozoische Schichten als Erdölspeichergesteine von Bedeutung [13]. Bedeutende Sedimentationsvorgänge spielten sich im Pleistozän ab, als aus dem nicht vergletscherten Gebirge - der Kopet-dagh erreichte mit knapp 3000 m die pleistozäne Schneegrenze (bei ca. 3300 m NN) nicht ganz - Schuttmassen heraustransportiert und in großen Fanglomeratkegeln abgelagert wurden [14].

Diese Sedimentationsvorgänge sind eine wesentliche Voraussetzung für die Bodenbildung, denn fast allgemein sind in den Bereichen junger Umlagerung mineralreiche, fruchtbare Böden anzutreffen, deren Inwertsetzung aber wiederum von der Wechselbeziehung zur Vegetation und vor allem von der Feuchtigkeitszufuhr abhängig ist.

---

9. REZANOV, 1959, S. 57 ff., SCHARLAU, 1963, S. 26; vgl. auch NIKŠIČ, DANOV, VASIL'EVSKIJ, 1929, S. 97 ff., LUPPOV, 1957, S. 386 ff.
10. REZANOV, 1959, S. 171 f.
11. LUPPOV, 1957, S. 523 ff., REZANOV, 1959, S. 195 und 206, SCHARLAU, 1963, S. 30.
12. REZANOV, 1959, S. 22 ff., BABAEV - FEDOROVIČ, 1970, S. 3 ff.
13. Vgl. DIKENŠTEJN, 1965, S. 34 ff., 52 und 212.
14. MACHATSCHEK, 1921, S. 38 f., FRENZEL, 1959/60, H. 1, S. 121 und Karte 1, H. 2, S. 372 (86).

Zu Abb. 1 Turkmenien. Naturräume

Bezeichnung der Naturräume:

1 Kara-kum
11 Zentrale Niedere Kara-kum
12 Älteres Binnendelta von Tedžen und Murghab
13 meždureč'e zwischen Tedžen und Murghab
14 Sirsjutjur
15 Obručev-Steppe
16 Kelifsker Uzboj
17 Unguz-Furche

2 Uzbekisches Tiefland
21 Sundukli
22 Binnendelta des Zeravšan
23 Kimirak-kum

3 Amu-darja-Tal
31 Oberlaufabschnitt
32 Flußoasenbereich
33 Wüstenflußtal
34 Oberes Delta
35 Ehemaliges Delta
36 Rezentes Delta

4 Tertiäre Platten
41 Transunguz-Plateau
42 čink des Ust-Jurt
43 Ust-Jurt

5 Westturkmenisches Bergland
51 Džantak
52 Krasnovodsker Plateau und Kuba-dagh
53 Großer Balchan
54 Aği-darja (Kara-Bogaz-Gol)
55 Hügelland von Čeleken

6 Aralo-kaspische Senke
61 Sary-kamyš-Depression
62 Uzboj-Furche
63 Balchanische Bucht
64 Sajnaksak
65 Atrek-Tiefland

7 Chorasanisches Randgebirge
71 Kopet-dagh
72 Kulmač und Küren-dagh
73 Kleiner Balchan
74 podnož'e (Gebirgsvorland)
75 Senke des Heri-rud
76 Paropamisus
77 Badghyz
78 Kara-Bil

8 Täler von Murghab und Tedžen
81 Mittellauf des Murghab mit Kušk
82 Mittellauf des Tedžen
83 Binnendelta des Murghab
84 Binnendelta des Tedžen

9 Hissar-Massiv
91 Kuh-i Tang (Kugitang-tau)
92 Senke von Širabad

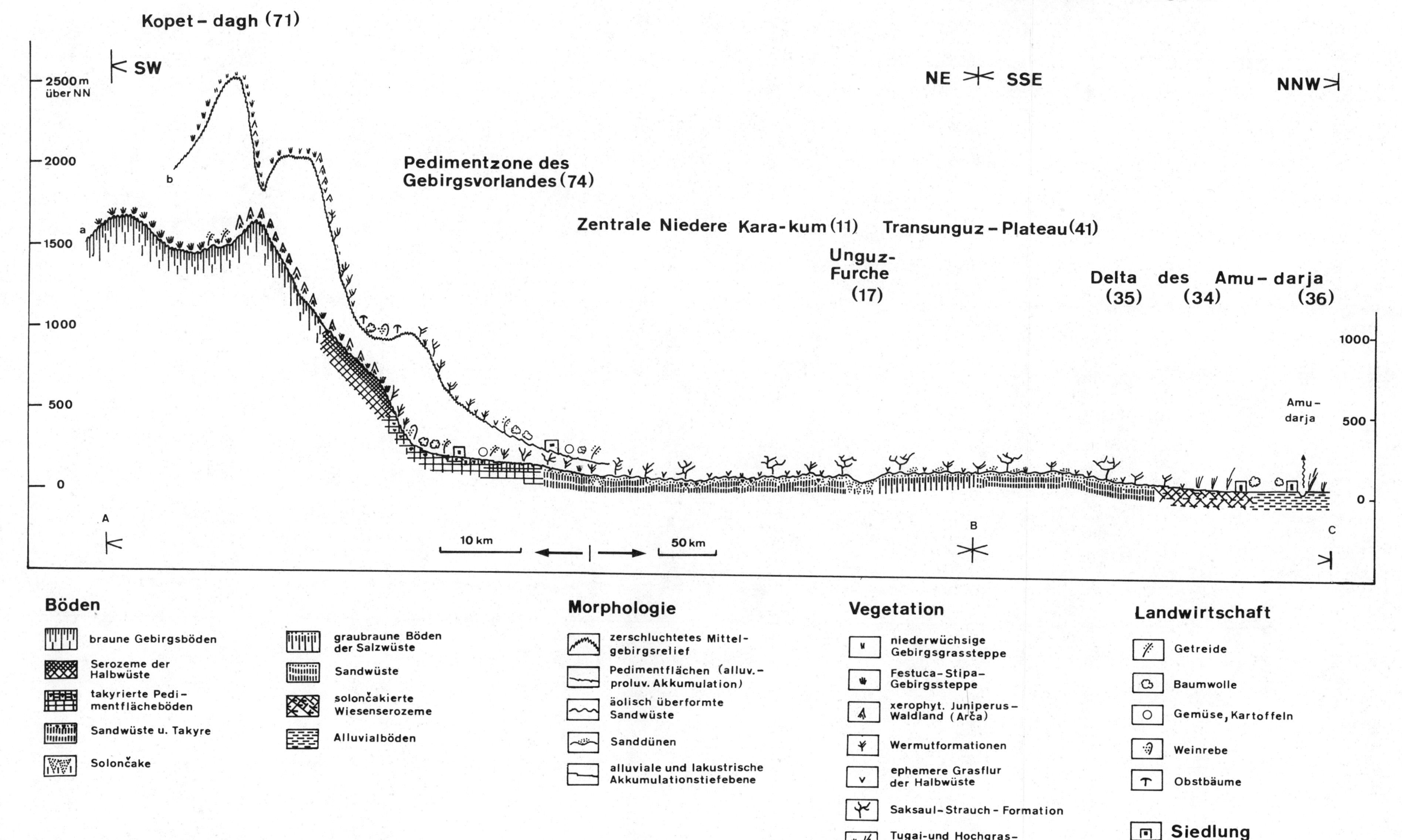
Abb. 2
TURKMENIEN
LANDSCHAFTSPROFIL
Kopet - dagh (71)
SW
2500 m über NN
2000
1500
1000
500
0
a
b
A
Pedimentzone des Gebirgsvorlandes (74)
Zentrale Niedere Kara-kum (11)
Transunguz - Plateau (41)
Unguz-Furche (17)
NE
SSE
NNW
Delta des Amu-darja
(35) (34) (36)
1000
500
0
Amu-darja
B
C
10 km
50 km
Böden
braune Gebirgsböden
Serozeme der Halbwüste
takyrierte Pedimentflächeböden
Sandwüste u. Takyre
Solončake
graubraune Böden der Salzwüste
Sandwüste
solončakierte Wiesenserozeme
Alluvialböden
Morphologie
zerschluchtetes Mittelgebirgsrelief
Pedimentflächen (alluv.-proluv. Akkumulation)
äolisch überformte Sandwüste
Sanddünen
alluviale und lakustrische Akkumulationstiefebene
Vegetation
niederwüchsige Gebirgsgrassteppe
Festuca-Stipa-Gebirgssteppe
xerophyt. Juniperus-Waldland (Arča)
Wermutformationen
ephemere Grasflur der Halbwüste
Saksaul-Strauch-Formation
Tugai-und Hochgras-Formationen
Landwirtschaft
Getreide
Baumwolle
Gemüse, Kartoffeln
Weinrebe
Obstbäume
Siedlung

Abb. 1

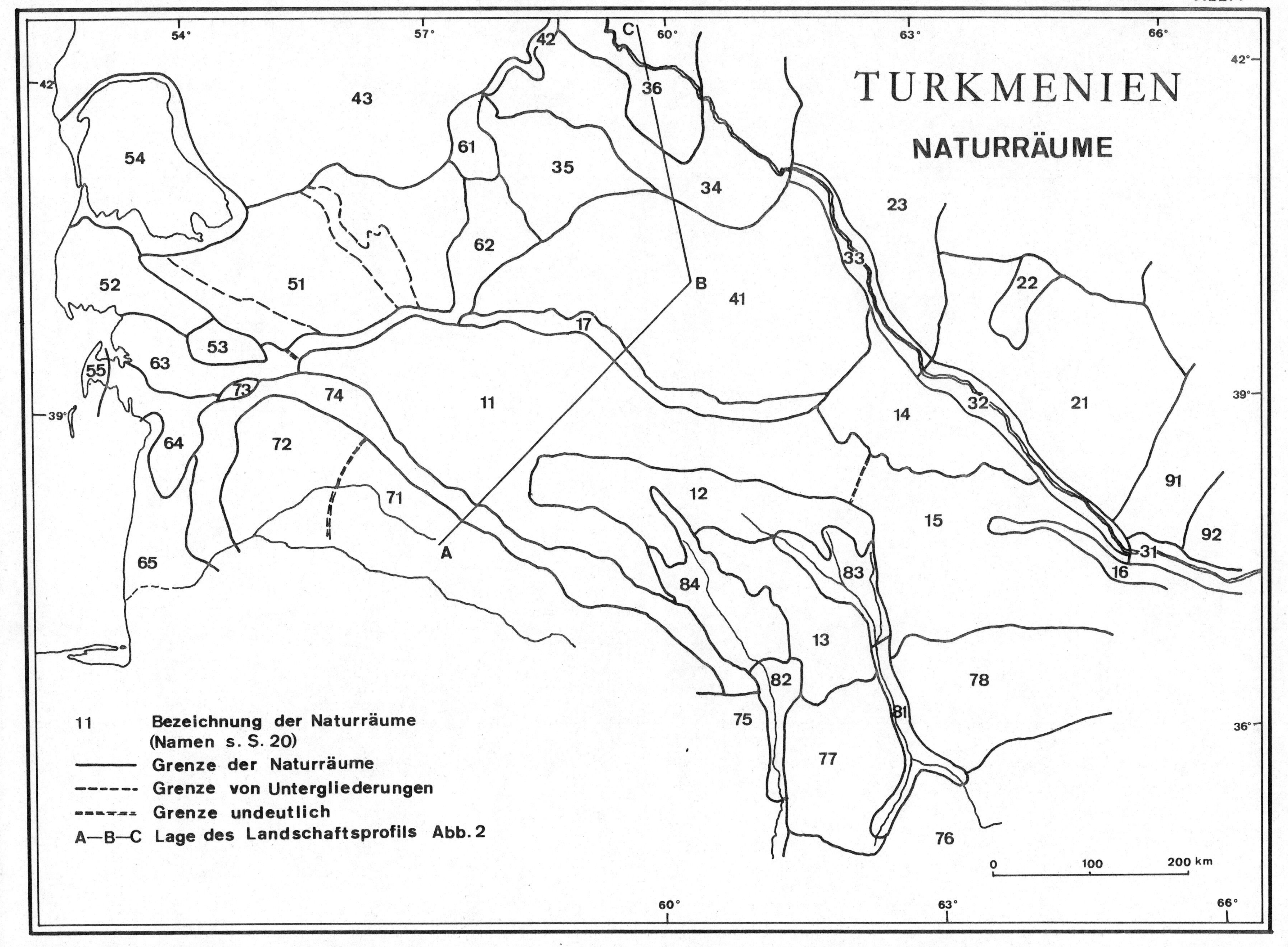
TURKMENIEN
NATURRÄUME
54°
57°
60°
63°
66°
42°
39°
36°
54
43
42
36
61
35
34
23
33
62
52
51
41
22
17
53
63
55
73
74
11
32
21
14
64
72
71
12
91
15
92
31
16
A
B
C
65
84
83
13
78
82
75
81
77
76
0
100
200 km
11 Bezeichnung der Naturräume (Namen s. S. 20)
Grenze der Naturräume
Grenze von Untergliederungen
Grenze undeutlich
A—B—C Lage des Landschaftsprofils Abb. 2

Daher muß ein Blick auf den Wasserhaushalt über die Einschätzung auch dieses Gunstpotentials entscheiden. Nur die Flüsse Westturkmeniens, vor allem der Atrek, haben pluviales Regime, während die nach Norden fließenden Bäche und Flüsse vom Grundwasser gespeist werden; sie weisen eine Abflußspitze im Frühjahr auf. Der Amu-darja dagegen bringt mit nivo-glazialem Regime Hochwässer im Frühjahr (April/Mai) und Frühsommer (Juni/Juli), also in der Hauptvegetationsperiode [15]. Bei Kerki wurde ein durchschnittlicher Abfluß von 1940 m^3/sec ermittelt, das entspricht einer jährlichen Abflußmenge von ca. 62 km^3. Gering nehmen sich dagegen die Abflußwerte von Murghab (50 m^3/sec bei Tachta-Bazar), Tedžen-Herirud (29,6 m^3/sec bei Pulichatum) und Atrek (8,6 m^3/sec bei Kizyl-Atrek) aus [16]. Der Wasserverlust durch Verdunstung und künstliche Entnahme zur Bewässerung läßt Murghab und Tedžen in Binnendelten enden, während der Amu-darja bei Nukus nur noch eine Wasserführung von durchschnittlich 1525 m^3/sec hat [17].

Große Aufmerksamkeit wird in Turkmenien der Erschließung von Grundwasserreserven geschenkt. Seit langem ist ein etwa 25 km breiter Süßgrundwasserstrom westlich des Amu-darja bekannt. Süßes Grundwasser kommt außerdem in den Binnendeltaoasen von Murghab und Tedžen sowie im Vorland des Kopet-dagh vor [18]. Salzhaltige Grundwasserströme folgen den Furchen des Kelifsker Uzboj, des Unguz und des Uzboj [19].

---

15. CINZERLING, 1927, S. 110 ff., MELKICH, 1933, S. 50, Fiziko-geografičeskij atlas mira, 1964, Bl. 221, MIRTSCHING, 1964b, S. 44.
16. Daten nach ŠAROV, 1935, S. 26, Sistema vedenija sel'skogo chozjajstva v Turkmenskoj SSR, 1961, S. 101 ff. und Turkmenistan, 1969, S. 248. Vgl. auch mit z. T. etwas abweichenden Meßwerten CINZERLING, 1927, S. 85 ff., SIMONOV, 1929, S. 177 ff., KOZLOVSKIJ, 1930, S. 71 f., Glavnyj Turkmenskij kanal, 1952, S. 19 f.
17. Sistema vedenija sel'skogo chozjajstva ..., 1961, S. 101.
18. THIEL, 1951, S. 18, LEGOSTAEV, 1954, S. 137 ff., KUNIN, 1968, S. 477 ff.
19. KOZLOVSKIJ, 1930, S. 67 f.

Abb. 3

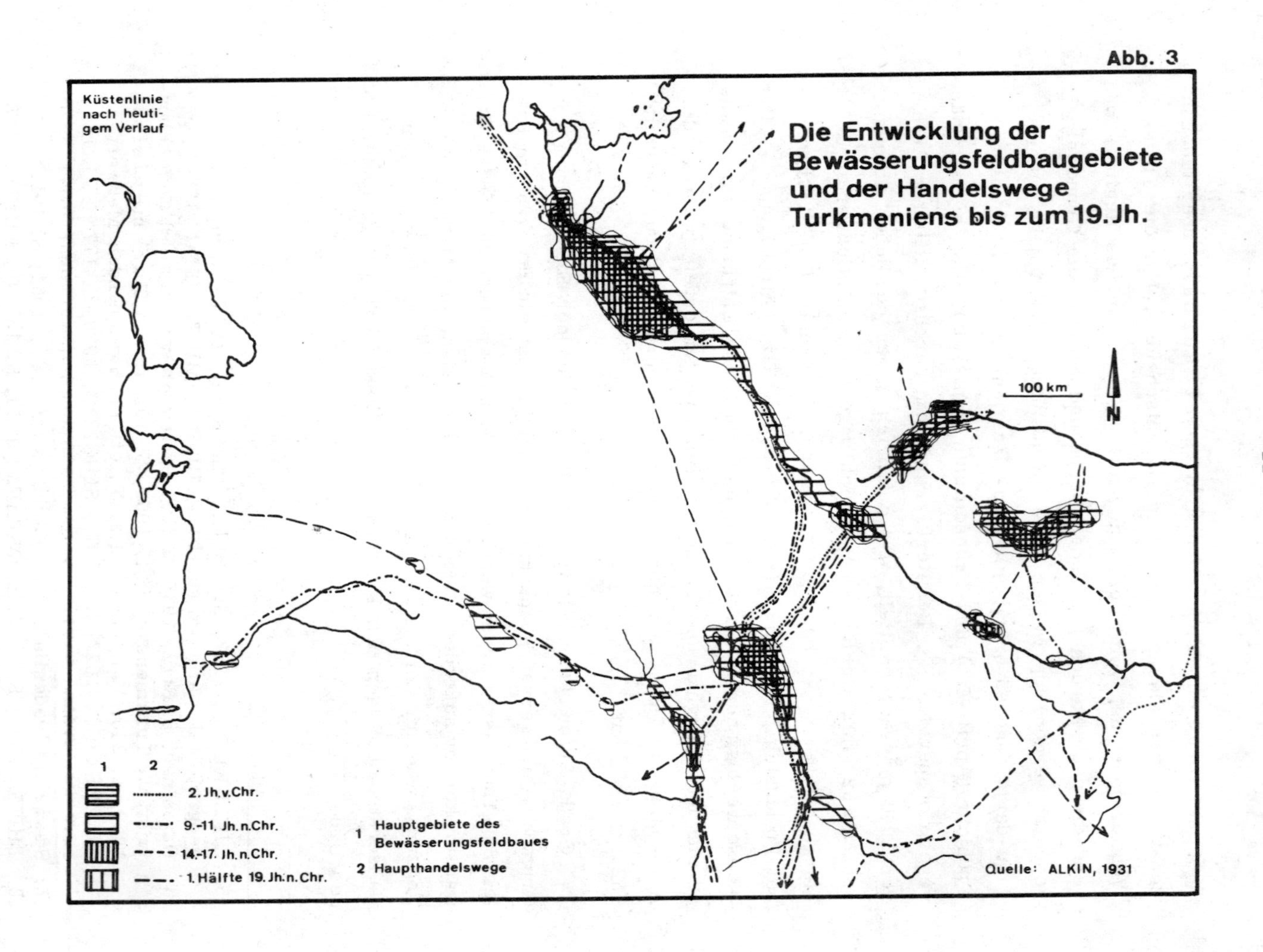
Die Entwicklung der Bewässerungsfeldbaugebiete und der Handelswege Turkmeniens bis zum 19. Jh.
Küstenlinie nach heutigem Verlauf
100 km
N
1
2
2. Jh.v.Chr.
9.-11. Jh.n.Chr.
14.-17. Jh.n.Chr.
1. Hälfte 19. Jh.n.Chr.
1 Hauptgebiete des Bewässerungsfeldbaues
2 Haupthandelswege
Quelle: ALKIN, 1931

1.2 Abriß der Geschichte Turkmeniens bis zum Beginn der russischen Herrschaft in der zweiten Hälfte des 19. Jahrhunderts

1.2.1 Wirtschafts- und Sozialordnungen und ihre Staaten

Die regionale Differenzierung der Landesnatur läßt erwarten, daß in jedem Zeitabschnitt der Vergangenheit einem übermächtigen wüsten oder halbwüsten Landesteil nur relativ kleine Flächen gegenüberstanden, die bei entsprechendem Stand der Technik in fruchtbare Oasen mit intensiver Landwirtschaft verwandelt werden konnten, während die nahezu anökumenen Bereiche allein extensiver Weidewirtschaft zugänglich waren. Die Wirtschafts- und Sozialgeschichte Turkmeniens ist ein Schwingen zwischen diesen Polen; aber auch die politische Geschichte läßt sich weitgehend in diesem einfachen Gegensatz fassen, wenn politische Gruppen sich mit bestimmten Wirtschafts- und Lebensformen verbanden. Turkmenien liegt im Spannungsfeld zwischen der indoeuropäischen Hochkultur der Iranier im Süden und dem Lebensraum innerasiatischer, osttürkischer Reiter- und Nomadenvölker im Norden und Osten [1]. Verfolgt man das Ringen um die Wirtschaftsform etwas genauer, so lassen sich die folgenden Phasen unterscheiden (vgl. dazu auch Abb. 3).

Älteste Spuren einer halbstädtischen Kultur mit Viehzucht und Bewässerungsfeldbau auf Weizen sind bei Anau nachgewiesen worden [2]. Erste schriftliche Zeugnisse für eine Ackerbaukultur in Turkmenien finden sich im Awesta, wo besonders die Merw-Oase hervorgehoben

---

1. Vgl. dazu HETTNER, 1931, S. 348, WISSMANN, 1961, S. 25 ff., KRADER, 1963, S. 23 ff., 73 ff. und 152 ff. sowie unter Berücksichtigung der Verhältnisse in Afghanistan CODRINGTON, 1944, S. 27 ff.
2. Explorations in Turkestan, 1905, KOVDA, 1961, S. 202, FRUMKIN, 1966, S. 73, vgl. OLZSCHA und CLEINOW, 1942, S. 31 und zum ältesten Städtebau auch M. BABAEV, 1965, S. 79 und LEWIS, 1966, S. 473 f.

wird [3]. Ein zweites bedeutendes Kulturzentrum lag in Nordturkmenien zwischen Amu-darja und Sary-kamyš-Becken und kann nach den Untersuchungen von TOLSTOV bis rund 600 v. Chr. zurückdatiert werden, doch gibt es auch neolithische Funde (4. und 3. Jtsd. v. Chr.) [4].

Hellenistische Einflüsse brachte der Feldzug Alexanders d. Gr. nach Mittelasien; bei seinem Zug wurde das erste Merw gegründet: Alexandreía Margiánē, Vorposten der Hellenen gegen die nomadisierenden Massageten. Von den drei Ruinenstädten des alten Merw (beim heutigen Bajram-Ali) hat Iskender Qalʿa im Nordwesten den Namen des Heerführers bewahrt. In der Diadochenzeit wurde Merw nach längerem Verfall von Antíochos I. (Sōtḗr) als Antiocheía Margiánē zu neuem Leben erweckt [5]. Nach dem Zerfall des Seleukidenreiches förderte die parthische Macht in nahezu fünf Jahrhunderten immer mehr die dahischen und massagetischen Elemente der Steppenkultur. Heute betrachten sich die Turkmenen, besonders die Teke, als Nachkommen der Massageten, um eine Kontinuität seit der Partherzeit herzuleiten [6].

Nomadische Reitervölker errichteten nach 425 n. Chr. im Hephthalitenreich eine Chanherrschaft mit geringen staatlichen Bindungen, wie sie für nomadische Völker typisch ist. Das Städtewesen Mittelasiens und die Bewässerungskultur gingen in dieser Zeit völlig unter [7]. Die Ausbreitung des nestorianischen Christentums im Episkopat Merw (334) war nur eine kurze Episode dieser bewegten Zeit [8], denn seit dem 7. Jahrhundert drangen von Südwesten die Araber vor: 704 erreichte Qutaiba ibn Muslim die Stadt Merw. Die Araber führten eine straffe Bodennutzungsordnung mit einem ausgeklügelten Steuersystem ein [9] und brachten

---

3. SARKISYANZ, 1961, S. 213, LEWIS, 1966, S. 487 f.
4. TOLSTOW, 1953, FRUMKIN, 1965, S. 72 ff., LEWIS, 1966, S. 484, ITINA, 1968, S. 75 ff.
5. MOSER, 1894, S. 158, BARTOL'D, 1927, S. 4 und 1965, Bd. III, S. 102, FRUMKIN, 1966, S. 78.
6. SARKISYANZ, 1961, S. 213, FRUMKIN, 1966, S. 75.
7. SARKISYANZ, 1961, S. 213 f., KRADER, 1963, S. 75.
8. OLSUF'EV i PANAEV, 1899, S. 106.
9. BARTHOLD, 1928, S. 184 ff.; vgl. zum islamischen Bodenrecht, spe-

einen neuen Umschlag zugunsten der Ackerbaukultur; ein großer Teil der Bevölkerung wurde seßhaft. Im Kampf gegen die nomadisierenden Pečenegen, Chazaren, Bolgharen und Chorezmer traten die Oghuzen auch in Verbindung mit dem ersten russischen Staat, der Kiever Ruś; sie werden in der Nestorchronik seit 989 als "torki" erwähnt [10].

Erst in inneren Auseinandersetzungen im Oghuzenreich erhielten die Turkmenen (oder Turkomanen) unter Selǧük ihren Namen als diejenigen Angehörigen der östlichen Türkvölker, die sich zum Islam bekannten [11]. Merw erlebte im 11. und 12. Jahrhundert als Hauptstadt eine neue Blüte. Es war das geistige Zentrum des Ostens, dazu ein Knotenpunkt der Handelswege und Sitz eines vielseitigen Handwerks, unter dem die Seidenweberei eine führende Stellung einnahm. Höhepunkt, zugleich aber auch Ende dieser Epoche war die Herrschaft des Sulṭān Sanǧar (1096 - 1157), auf den nicht nur die Anlage der größten Siedlung des alten Merw, das sog. Sulṭān Qalʿa, zurückgeht, sondern auch die Errichtung des gewaltigen Sulṭān-bent (Sultan-Staudamm) am Murghab, von dem aus über den Sulṭān-ǧab das Flußwasser zur Bewässerung der Oase geleitet wurde. Angebaut wurden vor allem Baumwolle, Weizen und Reis, daneben spielten Weinrebbau und Seidenraupenzucht eine große Rolle. Zugleich wurde der Ackerbau auch auf die Tedžen- und Atrek-Oase ausgedehnt [12]. Als geistiger Mittelpunkt des islamischen Ostens verfügte Merw über eine große Zahl von Moscheen und Schulen (medreseh) mit zehn Bibliotheken, die auch über den Orient hinaus berühmt wurden. Das Werk des arabischen Geographen Obeid ʿAlāʾ Jāqūt al Ḥamāwi, der bis zum Einfall der Horden Čingis Chans in Merw lebte,

---

ziell zur damals eingeführten ḫaraǧ-Besteuerung, auch Le Droit des eaux, 1956, S. 32 f., LJAŠČENKO, 1952, Bd. II, S. 169, WHEELER, 1964, S. 21 f.

10. BARTOL'D, 1927, S. 67 und 1962, S. 34 u. 76 f., SARKISYANZ, 1961, S. 215.
11. BARTOL'D, 1927, S. 25 und 1965, Bd. III, S. 107, SARKISYANZ, 1961, S. 214 f.
12. SCHWEINITZ, 1910, S. 38, ALKIN, 1931, S. 169 f.

vermag uns die geistige Atmosphäre dieser Weltstadt des Islam zu erschließen [13].

Das Schicksal des mittelalterlichen Merw besiegelte der Einfall mongolischer Reiter unter Tului, einem Sohn Čingis Chans, im Jahr 1219. Die Bevölkerung wurde ermordet, die Stadt zerstört, der Sulṭānbent vernichtet und damit der hydraulischen Ackerbaukultur die Grundlage entzogen [14]. Die Iranier südlich der chorasanischen Gebirge zogen sich zurück, die Völker im Norden gingen in der Nomadenkultur auf [15]. Das Schwergewicht des politischen Lebens verlagerte sich vor allem nach Gurganǯ (heute Kunja Urgenč). In Chorezm betrieben in jener Zeit auch Turkmenen Ackerbau; rund 50 000 ha Land sollen am Sary-kamyš-See bewässert worden sein [16]. Aber der Nomadismus ließ alle Reste der mittelalterlichen Ackerbau- und Stadtkultur mehr und mehr verschwinden. Das städtische Leben hörte im westlichen Küren-dagh-Vorland (Mešhed-i Meserian) und in der Achal- und Atek-Oase völlig auf; Kulturland am Amu-darja zwischen Amul (heute Čardžou) und Kjat, der alten Hauptstadt von Chorezm, fiel wüst [17]. Weiter im Osten hatte Samarqand unter Timur-i lenk nochmals eine Blütezeit erlebt, dann verschob sich das Schwergewicht erneut, bis zu Beginn des 19. Jahrhunderts Taškent zur führenden Stadt aufstieg [18]. Ansätze für einen Neubeginn blieben freilich nicht völlig aus. Seit dem 18. Jahrhundert wurden die Bewässerungssysteme in der Merw-Oase unter persischem Einfluß wiederhergestellt, aber bald darauf von der bucharischen Macht

---

13. Vgl. BOULANGIER, 1888, S. 232 nach BARBIER DE MEYNARD, und BARTHOLD, 1962, S. 143.
14. BARC, 1910, S. 37, TUMANOVIČ, 1929, S. 39, BARTHOLD, 1928, S. 446 ff. und 1965, S. 139, KRADER, 1963, S. 84 ff., M. BABAEV, 1965, S. 80.
15. BARTOL'D, 1927, S. 86, ALKIN, 1931, S. 183, HETTNER, 1931, S. 349.
16. SARKISYANZ, 1961, S. 218.
17. ALKIN, 1931, S. 184.
18. Taškent lebte seit der Mitte des 18. Jhs. vom Handel mit Orenburg. Zu Beginn des 19. Jhs. zählte es schon 10 000 Häuser mit ca. 50 000 bis 60 000 Einwohnern (ALKIN, 1931, S. 194).

zerstört; Merw selbst zählte damals nur etwa 500 Einwohner und konnte sich in keiner Weise mit seinen stolzen Vorgängern messen [19]. Es war unter Bajram ʿAlī Chan zu neuem Leben erweckt worden, doch machte der kriegerische Einfall des Emirs von Buchara (1795) die aufstrebende Entwicklung rasch zunichte. Im 19. Jahrhundert war Turkmenien nur ein Spielball zwischen Persien und den benachbarten Chanaten. Die turkmenischen Stämme waren untereinander zerstritten und hatten geringen politischen Einfluß, aber die Bevölkerung litt unter den zahlreichen Kriegen, die sich vor allem im Grenzraum zur persischen Provinz Chorasan entfachten [20]. In der zweiten Hälfte des 19. Jahrhunderts wuchs zudem die russische Bedrohung. 1873 entstand mit Koušut Chan Qalʿa eine turkmenische Fliehburg ohne städtische Kultur [21].

Das staatliche Leben im westlichen Turan hatte sich seit der Mitte des 16. Jahrhunderts auf die beiden uzbekischen Chanate Buchara und Chiwa konzentriert. Chiwa hatte sich unter Šaibānī Chan als selbständiger Staat etabliert, 1505 die turkmenische Herrschaft abgeschüttelt. Kämpfe um die Staatserhaltung mußte es aber mit Turkmenien und dem Emirat Buchara noch bis 1703 ausfechten, ehe es sich unter russisches Protektorat begab [22]. Die Macht Chiwas wurde gebrochen, als Nādir Šāh in der Mitte des 18. Jahrhunderts das persische Reich weit nach Nordosten ausdehnte [23]. Erst der Kungrad-Dynastie (1804 - 1920) gelang es, das Staatswesen wieder zu ordnen. Dem wachsenden russischen Einfluß konnte sie sich auf die Dauer allerdings auch nicht widersetzen, und 1873 mußte sich Chan Muḥammed Raḥim II. (1865 - 1910) bedingungslos einer russischen Strafexpedition beugen und große Gebietsabtretungen an Rußland und Buchara hinnehmen [24].

---

19. ALBRECHT, 1896, S. 55, ALKIN, 1931, S. 195, HAMBLY, Hg., 1966, S. 192.
20. Vgl. Materialy po istorii Turkmenii, 1938, Bd. II, S. 227 ff., 237 f., 266 ff. et psm.; KRADER, 1963, S. 96.
21. MOSER, 1894, S. 163, BARTOL'D, 1927, S. 100.
22. SARKISYANZ, 1961, S. 195 ff.
23. BARTOL'D, 1927, S. 102, SARKISYANZ, 1961, S. 198.

Bucharas Schicksal unterscheidet sich nur wenig von dem des Chanats Chiwa. Von dem mächtigen Reich, das Šaibānī Chan und seine Nachfolger im 16. Jahrhundert errichten konnten, blieb so wenig übrig, daß Nādir Šāh bei seinen Feldzügen geringe Schwierigkeiten hatte, sich die uneinigen uzbekischen Stämme und die alte bucharische Hauptstadt Samarqand zu unterwerfen (1740) [25]. Trotz der zentralisierten Verwaltungsorganisation des Staates (vilayet-Einteilung, Einführung fester Besteuerung) blieb Buchara, im Innern durch Herrschaftsstreitigkeiten und Korruption ausgehöhlt, so schwach, daß es sich fast noch bereitwilliger der Hegemonie Rußlands unterwarf, mit dem es seit dem 17. Jahrhundert durch regen Handel verbunden war [26].

Als Vasallenstaaten mit innenpolitischen Autonomitätsrechten hörten Chiwa und Buchara zu existieren auf, als sich die Macht der Bol'ševiki in Mittelasien 1920 gefestigt hatte [27].

1.2.2 Das Interesse der europäischen Mächte an Mittelasien

Russischer Handel, der über Itil, die Hauptstadt des Chazarenreiches an der Wolgamündung, nach Turkmenien und den mittelasiatischen Chanaten vermittelt wurde, läßt sich bis ins 10. Jahrhundert zurückverfolgen. Später besuchten russische Kaufleute Gurganǧ, die damalige Hauptstadt von Chorezm [1]. Die Mongoleneinfälle unterbrachen die Beziehungen bis ins 17. Jahrhundert, als Boris und Semen PAZUCHIN sowie Ivan FEDOTOV 1669 eine Gesandtschaftsreise antraten. Die Suche nach einem Handelsweg nach Indien war zwar das wichtigste Motiv, aber auch neue Verbindungen mit Mittelasien wurden seit der Eroberung

---

24. HOETZSCH, 1966, S. 80 ff., VASIL'EVA, 1969, S. 31 ff.
25. BARTOL'D, 1927, S. 99, SARKISYANZ, 1961, S. 184.
26. SARKISYANZ, 1961, S. 193, WHEELER, 1964, S. 43.
27. SARKISYANZ, 1961, S. 195 u. 203, WHEELER, 1964, S. 111 ff., SHEEHY, 1967a, S. 5 ff. u.bes. S. 14, VASIL'EVA, 1969, S. 75 f.

1. BARTHOLD, 1913, S. 100 und 103 und 1962, S. 63; vgl. auch AMINOV i BABACHODŽAEV, 1966, S. 8 f.

der Wolgachanate Kazań und Astrachań angestrebt [2]. Eine neue Phase leitete Peter d. Gr. ein, auf dessen Geheiß Aleksandr BEKOVIČ-ČERKASKIJ eine Expedition zur Ostküste des Kaspischen Meeres und nach Chorezm unternahm; auf dem Rückweg wurde seine kleine Truppe von Reitern des Chans von Chiwa geschlagen. Das Unternehmen hatte darauf abgezielt, einen Wasserweg nach Indien auszukundschaften, denn die Turkmenen hatten vage Nachrichten über einen bis ins 16. Jahrhundert bestehenden Abfluß des Amu-darja zum Kaspischen Meer vermittelt [3]. Mehrere Handelskarawanen besuchten im 18. Jahrhundert Chiwa; Turkmenien zog kaum russisches Interesse auf sich. Zwei Gesandtschaften - unter VITKEVIČ 1837-39 und unter STOLETOV 1878-79 - drangen bis nach Afghanistan vor; sie sind als Sondierungen des politischen Terrains in einer ersten Phase des Imperialismus zu verstehen [4]. Sonst galt das russische Bemühen mehr dem östlichen Turan, während Nikolaj MURAV'EVs Expedition von der kaspischen Ostküste zum Ust-Jurt und die Untersuchungen von KARELIN im südöstlichen Kaspischen Meer Einzelunternehmen blieben [5]. Im Osten endeten die russischen Eroberungen mit der Einrichtung des Generalgouvernements Turkestan (1967), dessen erster Generalgouverneur K.P. v. KAUFMANN energisch an der Festigung und Sicherung der russischen Macht arbeitete [6]. An der kaspischen Ostküste, die der oblast' (Verwaltungsbezirk) Dagestan des Generalgouvernements Kaukasus unterstand, wurden vier Militärstützpunkte angelegt, um die Sicherheit von Küstenschiffahrt und Fischerei zu gewährleisten. Zum Schutz vor turkmenischen Überfällen hatten die persischen Herrscher schon früher begonnen, Kurden im gebirgigen Grenzgebiet

---

2. ANNENKOW, 1881, S. 52 ff., BARTHOLD, 1913, S. 110 f., LJAŠČENKO, 1952, Bd. I, S. 335, STÖKL, 1965, S. 298.
3. ANNENKOW, 1887, S. 2 f., BARTHOLD, 1913, S. 132 f., Glavnyj Turkmenskij kanal, 1952, S. 146, WITTRAM, 1957, S. 16 ff. u. 1964, Bd. II, S. 486 f., AMINOV, 1959, S. 62 ff.
4. CURZON, 1889/1967, S. 325, BARTHOLD, 1913, S. 192.
5. MURAWIEW, 1824; vgl. WENJUKOW, 1874, S. 483 ff., GRODEKOV, 1883, Bd. I, S. 89 ff., GVOZDECKIJ u.a., 1964, S. 64 ff. u. 76 ff.
6. PIERCE, 1960, S. 38.

anzusiedeln [7]. Eine Grenzregelung wurde erst 1881/82 zwischen der persischen und russischen Regierung getroffen [8].

Das allmähliche Vordringen Rußlands in Mittelasien bekam weltpolitische Aspekte durch die Nachbarschaft Englands, das seine Herrschaft in Indien nach Nordwesten auszudehnen versuchte [9]. Frühere Besuche englischer Kaufleute in Mittelasien wie etwa die berühmte Reise von A. JENKINSON 1558 waren von den Russen noch unterstützt worden [10], seit Beginn des 19. Jahrhunderts verfolgten beide Staaten ihre Maßnahmen jedoch mit gegenseitigem Argwohn. Um die Jahrhundertmitte schien eine russische Invasion in Indien zahlreichen Beobachtern nicht nur möglich, sondern sogar wahrscheinlich zu sein, wenn sie die Geschwindigkeit sahen, mit der Rußland seine Machtpositionen in Turan vorgeschoben hatte [11]. Das Land der Turkmenen galt in der britischen Außenpolitik als Puffer zwischen den Einflußsphären beider Großmächte; seine Eroberung durch Rußland wurde einer direkten Bedrohung Indiens gleichgesetzt. Auch im benachbarten Persien bemühten sich Rußland und England mit gleicher Intensität um die Vorrangstellung [12]. Der Marsch vereinigter russischer und persischer Truppen durch Afghanistan nach Indien war eine Schreckvorstellung, die zeitweise die englische Außenpolitik bestimmte und die durch journalistische Berichte der britischen Öffentlichkeit in aller Gräßlichkeit ausgemalt wurde [13]. Eine Schlüssel-

---

7. WENJUKOW, 1874, S. 449 und 489, GRODEKOV, 1884, Bd. IV, S. 147, KUROPATKIN, 1904, S. 84.
8. STEIN, 1882, S. 370, SOLOV'EV i SENNIKOV, 1946, S. 189 ff.
9. Der Widerstreit englischer und russischer Interessen im Mittleren Orient ist in den letzten achtzig Jahren wiederholt behandelt worden. Stellvertretend für die umfangreiche Literatur seien angeführt: von den älteren Werken als grundlegend wegen der vorurteilslos und kritisch angelegten Darstellung CURZON 1889/1967, als Zusammenfassung der historischen Fragen ONCKEN, 1937, als neuere Untersuchungen JAECKEL, 1968, und KAZEMZADEH, 1968.
10. BARTHOLD, 1913, S. 63 und 107, JULDAŠEV, 1964, S. 17.
11. FERRIER, 1856, S. 457 ff. u. 1860, Bd. II, S. 385 ff.; vgl. GALUZO, 1929, S. 6 ff., ONCKEN, 1937, S. 16.
12. FLETCHER, 1965, S. 128; vgl. FRECHTLING, 1938, GREAVES, 1959.
13. Vgl. Anglo-russkij vopros v Azii i oborona Indii, 1891, S. 149. Ein

stellung nahmen die Städte Merw und Herat ein. Als erster Engländer hatte der jüdische Missionar WOLFF 1832 Merw besucht, wenig später stieß auch A. BURNES so weit vor, und dann konnten J. ABBOTT (1839/40) und R. SHAKESPEAR (1840) sowie der italienische Abenteurer F. NASELLI (1843) aufgrund ihrer Reisen die politische Bedeutung Merws in mehreren Berichten übertreiben [14]. Solange nur einzelne Russen in Mittelasien reisten, brauchten sich die Engländer keine Gedanken zu machen, da sie nur zu gut wußten, wie sich Merw nach außen abschirmte. Sowie Rußland aber militärische Aktivität entfaltete, begann England aufzuhorchen, und die Expedition nach Chiwa (1873) machte der diplomatischen Zurückhaltung ein Ende [15]. Die Wirkung britischer Vorstellungen in St. Petersburg blieb gering, weil man dort über die tatsächliche Lage in Mittelasien meist nur unzureichend und mit großer Verzögerung informiert war und andrerseits auch kaum Möglichkeiten hatte, das militärische Vorgehen eigensinnig handelnder Kolonialoffiziere in allen Einzelzügen zu steuern [16]. Das normale stufenhierarchische System in der

---

Marsch auf Indien war schon in napoleonischer Zeit erwogen worden, vgl. ausführlich Proekt ekspedicii v Indiju ..., 1886, S. 1 - 104.

14. MARVIN, 1881, S. 3 u. 10 f., MOSER, 1891, S. 703, BARTHOLD, 1913, S. 83 f., zu SHAKESPEAR auch British policy ...,1958.
15. ROSKOSCHNY, 1885, Bd. I, S. 4 ff., HEYFELDER, 1889, S. 47. 1864 hatte Außenminister GORČAKOV in einer Zirkularnote versichert, daß Rußland keine expansiven Ziele in Mittelasien habe; doch erregte es später den Verdacht der Engländer, daß gerade die kritischen Gebiete Transkaspiens - an die freilich in Rußland 1864 noch niemand gedacht hatte - unerwähnt blieben (BOULGER, 1879, Bd. I, S. 318 ff.). Vgl. dazu TERENZIO, 1947, S. 56 f., SETON-WATSON, 1954, S. 75 und 1967, S. 442, HOETZSCH, 1966, S. 27 und 77 f.
16. Dabei darf der Konflikt zwischen den militärisch taktierenden Gouverneuren und dem diplomatisch agierenden Außenminister nicht übersehen werden. Die diplomatischen Vorgänge bei der Chiwa-Expedition zeigen die Macht der Generäle und die Grenzen der Diplomatie: Als der Feldzug 1872 beschlossen wurde, versuchte der russische Botschafter in London, ŠUVALOV, die britische Regierung zu beschwichtigen. Nach seinem Erfolg in Chiwa drängte der siegreiche General v.KAUFMANN weiter, was der russische Außenminister GORČAKOV nur mit der Androhung einer Absetzung des Generals verhindern konnte. KAUFMANN rächte sich, indem er den Friedensvertrag mit Chiwa in Taškent veröffentlichte, noch bevor Zar ALEXANDER II. und der

Befehlserteilung hatte sich umgekehrt. Teils wurde von ehrgeizigen, rangniedrigen Offizieren das Tempo des Vorgehens bestimmt, während die übergeordneten Dienststellen der Generalgouvernement Kaukasus und Turkestan sowie die Ministerien in St. Petersburg nur die schon vollzogenen Schritte nachträglich billigen konnten; teils standen die Truppen im Grenzgebiet unter einem Handlungszwang, der sie nicht auf Befehle von vorgesetzten Stellen warten ließ. Bedingt war der zeitliche Vorsprung im Kampfgebiet gegenüber den politisch motivierten Direktiven durch die Langsamkeit des Informationsflusses zwischen dem Aktions- und dem offiziellen Entscheidungszentrum. Das Vorgehen von KAUFMANN, STOLETOV und ALICHANOV(-AVARSKIJ) ist typisch für das unkontrollierbare Vorrücken der Machtpositionen [17]. Wonach das offizielle Rußland strebte, war eine Hegemonie über die Türken Mittelasiens. Dabei wurde der Öffentlichkeit gegenüber das Vorschieben des russischen Machtbereichs als die Erfüllung innerer Systemzwänge dargestellt, gegen welche Politik und Diplomatie machtlos seien [18].

Außenminister den Text kannten. Dadurch wurde auch ŠUVALOV erneut vor der britischen Regierung bloßgestellt. Rußland konnte nichts gegen diesen offenen Affront des Generals unternehmen, wollte die Regierung nicht ihrem eigenen Prestige gegenüber den Chanaten schaden (vgl. HOETZSCH, 1966, S. 81 u. 83). Ein analoger Vorgang hatte sich bereits 1865 bei der Eroberung von Taškent durch ČERNJAEV abgespielt. Die Annexion wurde damals vollzogen, obwohl die russische Regierung nur die Einrichtung eines halbautonomen Chanats als Pufferstaat wünschte (The Russian Capture of Tashkent, 1965, S. 116 ff.). - Für den Informationsfluß zur Zeit der Penǧdeh-Krise im Jahr 1885 rechnet SUMNER, 1942, S. 5, mit acht bis zehn Tagen, die verstrichen, ehe Befehle aus St. Petersburg die Truppen an der afghanischen Grenze erreichten. Selbst wenn - nach den Worten des unvoreingenommensten englischen Zeitgenossen - die Stimmung in St. Petersburg deutschfeindlich, aber nicht anglophob war (CURZON, 1889/1967, S. 21), konnte die Kopplung der Informationsferne mit den imperialistischen Zielen eigensinniger Militärs die Bestrebungen der russischen Englandpolitik in einem entfernten räumlichen Abschnitt in das genaue Gegenteil verkehren. Vgl. dazu auch MORISON, 1936, S. 193.

17. ANNENKOW, 1881, S. 530 f., JAWORSKI, 1885, Bd. II, S. 10 u. 64, CURZON, 1889/1967, S. 316 u. 327 ff., SETON-WATSON, 1954, S. 78, FLETCHER, 1965, S. 129 ff. und 159.
18. WENJUKOW, 1874, vgl. HOETZSCH, 1966, S. 107.

Der Hintergedanke, man könne über Mittelasien ausgreifen und den Vorstoß über den Pamir nach Indien wagen, war auf unterer Ebene bestimmt vorhanden, wurde aber nicht hochgespielt. Mochten einzelne Offiziere ihn befürworten, so verbot die politische Raison in Regierungskreisen ihn völlig [19]. Allein der Gedanke daran besaß jedoch in jener Zeit genügend Brisanz, um in der Weltpolitik Interesse und Aktivität zu entfachen. Jede Maßnahme, die einer Ausweitung der russischen Macht diente, war damit eine politische Tat. Daß daher der Eisenbahnbau in Transkaspien ein Alarmsignal für die Engländer war, zeigt die scharfe Reaktion der britischen Presse, und auch die politologische Studie von CURZON (1889/1967) knüpft gerade an den Bahnbau an [20].

---

19. GRULEW, 1909, S. 134 ff. Rußland wollte durch sein Vordringen in Mittelasien die englischen Reichtümer in Indien wenigstens teilweise kompensieren (SEMENOV, 1889, S. 323). Für die britische Politik war Herat der "Schlüssel von Indien". Afghanistan versuchte unter Abdur Rahman Chan, sich gegen Einflüsse von beiden Seiten zu schützen und und möglichst aus den militärischen Verwicklungen herauszuhalten (vgl. ABDUR RAHMAN, 1900, Bd. II, S. 270 ff.). Während des russisch-türkischen Krieges 1877/78 standen russische Soldaten in Turkestan zum Abmarsch nach Indien bereit, statt dessen wurde die Gesandtschaft unter STOLETOV nach Kabul geschickt - ohne daß GORČAKOV oder ŠUVALOV davon unterrichtet worden wären! - und erst unter dem Eindruck des Berliner Kongresses zurückbeordert (Bericht bei JAWORSKI, 1885, bes. Band I, S. 6 ff., HOETZSCH, 1966, S. 114, vgl. Poezdka ... Grodekova, 1883, S. 58 ff., Anglo-russkij vopros v Azii, 1891, S. 153, TERENZIO , 1947, S. 70, Relations between Britain, Russia and Afghanistan, 1958, S. 220). SKOBELEV hatte 1882 den Plan, mit einem Karawanenzug von 100 000 Kamelen Indien zu erobern (HOETZSCH, 1966, S. 113). Zahlreiche militärwissenschaftliche Veröffentlichungen im Sbornik ... materialov po Azii befaßten sich mit dem Problem eines solchen Zuges (z.T. Übersetzungen aus der englischen Presse, s. SbMA 56, 1894); eine nüchterne Berechnung der Militärkraft Rußlands und der Transportmöglichkeiten in Mittelasien versuchte MakGREGOR (1891), der die Marschroute durch Transkaspien als einen von vier möglichen Aufmarschwegen darstellt.
20. Vgl. MakGREGOR, 1891, S. 196 f., Anglo-russkij vopros, 1891, FLETCHER, 1965, S. 156 ff.; zur Reaktion der englischen Presse auf einzelne russische Unternehmungen wie bspw. die STOLETOV-Mission nach Kabul vgl. JAWORSKI, 1885, Bd. I, S. 369.

1.3 Kulturgeographische Struktur Turkmeniens vor Beginn des Eisenbahnbaus

Für eine Betrachtung der Kulturlandschaft zu Beginn der russischen Feldzüge gegen die Turkmenen ist man weitgehend auf militärtopographische Beschreibungen und auf Reiseberichte angewiesen; bei ihrer Auswertung ergeben sich Schwierigkeiten, weil nicht alle Landesteile in gleicher Weise und Häufigkeit besucht wurden. Während Russen mehrfach die kaspische Ostküste und Chiwa erkundeten (vgl. MARVIN, 1881, S. 3 ff., ROSKOSCHNY, 1885, Bd. I, S. 66 mit Anm. 38), blieben die Oasengebiete Südturkmeniens bis zum Beginn der russischen Eroberung fast völlig verschlossen, und nur wenigen Europäern gelang es, dort einzudringen und Informationen zu sammeln. Vor allem die Teke-Turkmenen, als Räuber überall in Mittelasien verschrien, versuchten sich gegen jeglichen Einfluß von außen abzuschirmen. Dazu kommt erschwerend die Ungleichheit der Berichte, die nach Quellenkritik verlangt. Auch bei scheinbar großem Informationsgehalt muß die Genauigkeit der Informationen, etwa von Bevölkerungsangaben, anhang anderer Mitteilungen überprüft werden. Ähnliches gilt für die Kartendarstellungen, bei denen der Vergleich mit moderneren Karten die topographische Lagerichtigkeit nachweisen muß. - Die wertvollsten Nachrichten stammen aus der Zeit unmittelbar vor und während der russischen Eroberungen; als Autoren sind vor allem GRODEKOV, LANSDELL, LESSAR, O'DONAVAN, PETRUSEVIČ und VAMBERY zu nennen, ferner Detailbeschreibungen und Routenaufnahmen in verschiedenen Bänden des "Sbornik geografičeskich, topografičeskich i statističeskich materialov po Azii". Da es sich aber bei diesen Berichten vielfach um alles andere als geographische Darstellungen handelt, kann die folgende Übersicht nur als ein Versuch gelten, die geographischen Strukturen des Landes vor etwa einem Jahrhundert und die ihnen innewohnenden dynamischen Elemente zu rekonstruieren.

1.3.1 Die turkmenische Stammesbevölkerung, ihre Verbreitung und Sozialstruktur

Das wichtigste Bevölkerungselement sind in Turkmenen bis heute die namengebenden, auf die Oghuzen zurückgehenden Turkmenen, die wahrscheinlich seit dem 16. Jahrhundert von der Halbinsel Manghyšlaq durch Nogaier und Kalmücken verdrängt wurden und sich von Nordwesten her allmählich ihr späteres Siedlungsgebiet eroberten, das sich -

sieht man von innerturkmenischen Wanderungen ab - weitgehend mit dem heutigen deckt [1].

Die Sprache reiht die Turkmenen zusammen mit den Osmanen und den Bewohnern Azerbajǧans in die Südwest-Gruppe der Türkvölker (Oghuzen) ein; osttürkische (Čaghatai, Qypčaq), arabische und persische Sprachelemente erklären sich teilweise aus der Nachbarschaft, teilweise sind sie als Kultursuperstrat aufzufassen. In neuerer Zeit sind viele Lehn- und Fremdwörter aus dem Russischen, darunter auch international gebräuchliche Fremdwörter hinzugekommen [2].

Nach dem Körperbau läßt sich darauf schließen, daß die Turkmenen weitgehend von den Ostiraniern abstammen; denn im Gegensatz zur mongoliden Bevölkerung Ostturkestans zeigen sie bspw. - wie auch die ostiranischen Taǧiken - eine ausgeprägte Dolichokephalie (Langschädeligkeit) [3].

Seit dem Vordringen der Araber hat sich bis heute die islamische Religion behauptet. Der Gegensatz der hanefitisch-sunnitischen Turkmenen zu den imamitisch-schiʿitischen Persern ließ die Turkmenen alle Kämpfe gegen ihre südlichen Nachbarn als Glaubenskriege motivieren [4], wenn auch die religiöse Praxis bei den nomadisierenden Völkern wesentlich schwächer als bei den seßhaften war. Islamisch bestimmt waren auch die Schulen, einfache (mekteb) und höhere (medreseh) Anstalten [5].

---

1. BARTOL'D, 1929, S. 51 und 57, vgl. ders., 1962, S. 114 mit Anm. 231 und KRADER, 1963, S. 57 ff.
2. WHEELER, 1955, S. 322, KRADER, 1963, S. 34 ff., ALLWORTH, ed., 1967, S. 72 u. 76 f.; zur Schrift s.u. Abschn. 3.1..
3. STAHL, 1918, S. 531, BLEICHSTEINER, 1939, S. 35 f., KRADER, 1963, S. 51, Narody Srednej Azii, 1963, Bd. II, S. 10.
4. Die konfessionelle Trennung von Schiʿiten (ca. 8 % der Mohammedaner) und Sunniten (ca. 92 %) geht auf Streitigkeiten um die Nachfolge Muḥameds im 7. Jh. zurück. Während die Sunniten in den Chalifen die rechtmäßigen Nachfolger sehen, anerkennen die vor allem in Persien verbreiteten Schiʿiten nur den vierten Chalifen ʿAlī und dessen Nachkommen (vgl. Le Droit des eaux ..., 1956, S. 4 ff.).
5. Obzor ... za 1882-1890, S. 38, FEDOROV, 1901, S. 33, KRAHMER, 1905, S. 53 ff.

Im 19. Jahrhundert lassen sich sieben große Turkmenengruppen unterscheiden, die weiter in taife (eigtl. Volk, Horde) und diese wiederum in tire (Clans) gegliedert werden (vgl. Abb. 4)[6]:

(1) In Südwest-Turkmenien, zum Teil auch in Chiwa lebten die Jomud (Ëmut) (Karačucha bzw. Bajram-šali), deren Zahl mit 40 000 bis 50 000 Zelten angegeben wird[7]. Neben der Wanderviehwirtschaft zwischen Atrek und Gorgān sowie in den randlichen Bereichen der Oase Chiwa trieben sie etwas Anbau im subtropischen Atrek-Tiefland (Hauptprodukte: Weizen und Reis), außerdem beschäftigten sie sich mit Fischfang im südöstlichen Kaspischen Meer[8].

(2) Südöstlich an die Atrek-Gorgān-Jomud schlossen sich die seßhaften Göklen (Göklen̄) an, die sich als persische Untertanen betrachteten, weitgehend mit Ackerbau beschäftigt waren, aber auch etwas Agrumen kultivierten. Sie wurden - nicht zuletzt wegen ihrer

---

6. Ausführliche Darstellungen bei VAMBERY, 1873, S. 283 ff., PETZHOLDT, 1877, S. 324 ff., KUROPATKIN, 1879, S. 34 ff., PETRUSSEWITSCH, 1880e, S. 194 ff., MARVIN, 1881, S. 194 ff., Narody Srednej Azii, 1963, Bd. II, S. 18 ff., VINNIKOV, 1969, S. 20 ff.. - Im Anschluß an TUMANOVIČ, 1926, S. 83 ff. gliedert KRADER, 1963, S. 58 u. 268 f. die turkmenische Bevölkerung in fünf Gruppen: 1. Salor, Saryk, Teke, Jomud, Jemrili; 2. Čavdor, Göklen usw. mit zehn Unterabteilungen; 3. turkomanisierte Araber (Ata, Šich, Chodža, Seid, Machtun); 4. nicht-oghuzische Türken unterschiedlicher Herkunft (Sunči, Nochur, Anauli, Murča); 5. die in junger Vergangenheit turkomanisierten Ali-eli, Chyer u.a.
7. Es ist üblich, die Bevölkerungszahl der mittelasiatischen Nomadenvölker in Zelten (Kibitken) anzugeben; je Zelt werden im Durchschnitt fünf Bewohner gerechnet (nach dem Zensus von 1897 wurden in Transkaspien durchschnittlich 4,6 Personen je Haushalt ermittelt; vgl. KRADER, 1963, S. 149). Die Zahlen können nur einen groben Anhalt geben, weil die Werte bei den einzelnen Berichterstattern sehr weit auseinandergehen und größtenteils auf mündlichen Überlieferungen beruhen. Exakte schriftliche Quellen, ganz abgesehen von genauen Zählungen, fehlen.
8. GRODEKOV, 1883, Bd. I, S. 26 ff., MAKAROV, 1885, S. 147, KUZ'MIN-KOROVAEV, 1889, S. 19 f., VASIL'EVA, 1969, S. 20. Zur Geschichte der Jomud in Chorezm vgl. MARKOV, 1953, S. 44 f.

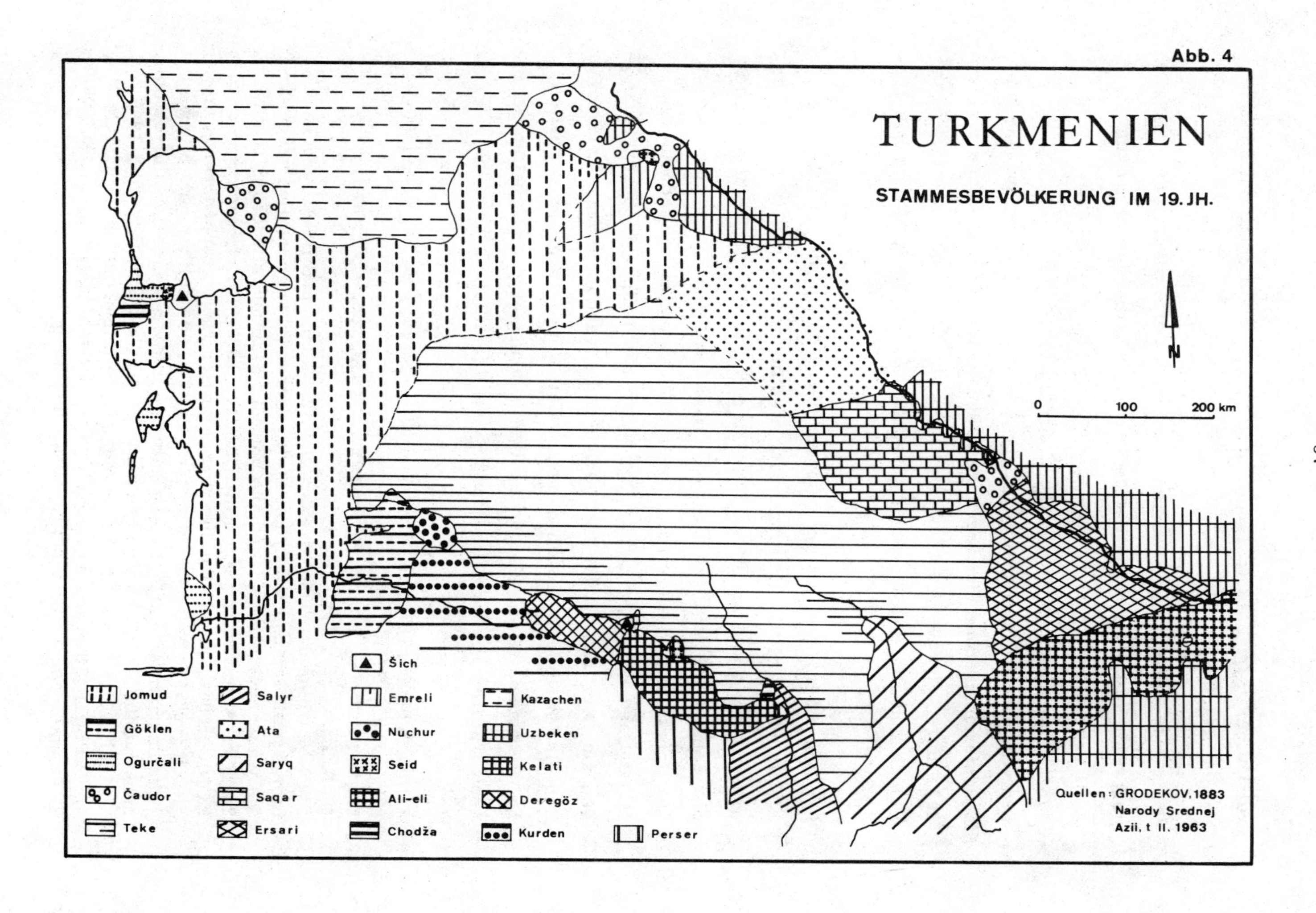
Abb. 4
TURKMENIEN
STAMMESBEVÖLKERUNG IM 19. JH.
N
0
100
200 km
Jomud
Göklen
Ogurčali
Čaudor
Teke
Salyr
Ata
Saryq
Saqar
Ersari
Šich
Emreli
Nuchur
Seid
Ali-eli
Chodža
Kazachen
Uzbeken
Kelati
Deregöz
Kurden
Perser
Quellen: GRODEKOV, 1883
Narody Srednej
Azii, t II. 1963

relativ geringen Zahl (ca. 6000 Zelte) als friedlichste Turkmenengruppe angesehen [9].

(3) Viehhalter mit einer Wanderweidewirtschaft zwischen dem Ust-Jurt-Plateau und der Amu-darja-Niederung Chorezms waren die Čaudor (Čovdor; ca. 60 000 Zelte), die im 18. Jahrhundert von der Halbinsel Manghyšlaq nach Chorezm umgesiedelt waren, wo sie dem Chan von Chiwa unterstanden [10]. Am Kanal Klyčnijaz-baj trieben sie auch etwas Bewässerungsfeldbau auf Weizen, Džugara (Hirse), Reis, Gerste und Kunžut (Sesam als Ölpflanze) sowie Erbsen, Flachs und Baumwolle; außerdem kultivierten sie im Gartenbau Melonen [11].

(4) Den wichtigsten Stamm bildeten die Teke, die zuerst im 16./17. Jahrhundert als Bewohner der westturkmenischen Halbwüste erwähnt wurden und die bis zur zweiten Hälfte des 18. Jahrhunderts die Achal-Oase in ihren Besitz gebracht hatten, von wo aus sie im 19. Jahrhundert weiter nach Osten drängten und die Tedžen- und Merw-Oase einnahmen. Zu Beginn der russischen Eroberungen mögen sie über ca. 70 000 bis 80 000 Zelte verfügt haben. Sie befanden sich in einem Prozeß zunehmender Hinwendung zur seßhaften Lebensweise auf der Basis des Bewässerungsfeldbaus, hatten aber noch traditionelle soziale Formen des Nomadismus bewahrt [12].

---

9. KUROPATKIN, 1879, S. 10, GRODEKOV, 1883, Bd. I, S. 29, MARKOV, 1953, S. 46.
10. Materialy po istorii Turkmen ..., 1938, Bd. II, S. 378.
11. NIJAZKLYČEV, 1966, S. 13 f.
12. Die Einteilung der Teke in Otamyš (mit Sičmaz und Bakši) und Tochtamyš (mit Bek und Vekil) hat in der Merw-Oase große Bedeutung für die Wasserverteilung. Eine ausführliche Stammesgliederung in die 24 Teke-Abteilungen geben GRODEKOV, 1883, Bd. I, nach S. 32 und KÖNIG, 1962, S. 65. Die beiden regionalen Hauptgruppen waren ungleich groß. Die Achal-Teke zählten ca. 30 000 Kibitken, die Merw-Teke dagegen 45 000 Zelte, so daß man mit einer Gesamtzahl von annähernd 400 000 Teke rechnen kann (SOLOV'EV i SENNIKOV, 1946, S. 106). Übertrieben scheinen dagegen die Angaben von ALICHANOV-AVARSKIJ (1904, S. 85) zu sein, daß allein bei Serachs ca. 200 000 Teke unter der Nominalherrschaft Persiens gesiedelt hätten.

(5) Die Bewohner der Murghab-Oase waren zur Beginn des 19. Jahrhunderts die Salyr , die bereits in der Araberzeit wegen ihrer Tapferkeit erwähnt wurden, durch zahlreiche kriegerische Auseinandersetzungen aber an Macht und Bedeutung verloren hatten. Ihre Gesamtzahl betrug etwa 2000 Zelte [13].

(6) Südlich der Salyr waren die Saryq beheimatet, die mit ca. 12 000 bis 13 000 Zelten einen überaus kriegerischen Stamm bildeten und von allen Nachbarn gefürchtet waren [14]. In der zweiten Hälfte des 19. Jahrhunderts verloren die Saryq an Bedeutung, und man rechnete nur noch mit ca. 5000 Kibitken in der Merw-Oase und 2000 Zelten im Murghab-Tal. Die Bewohner waren überwiegend Viehzüchter und standen in der Abhängigkeit von den zahlenmäßig weit überlegenen Teke [15]. Andrerseits brachte die Viehzucht einzelnen Großbesitzern auch Wohlstand: Ein baj ("Herr"), der über eine Kamelherde von 60 bis 70 Tieren verfügte, konnte sich als reich bezeichnen [16].

(7) Am linken Ufer des Amu-darja, also schon in den bucharischen vilayet ("Regierungsbezirken") Kerki und Čarğuj lebten die Ersari (Ärsary) mit etwa 30 000 bis 40 000 Zelten [17]. Sie trieben Ackerbau (Baumwolle, Weizen, Džugara) und Gartenbau auf einem schmalen Streifen Kulturlandes am Amu-darja.

Zu diesen sieben Hauptstämmen kommen noch einige kleinere, aber

---

13. ČARYKOV, 1884, S. 167 f., LESSAR, 1884a, S. 30 f., Materialy po istorii Turkmen i Turkmenii, 1938, Bd. II, S. 227.
14. PETRUSEVIČ, 1880a, S. 38 f.; ALICHANOV-AVARSKIJ, 1904, S. 450 gibt die Zahl der allein in der Iolotan-Oase lebenden Saryq mit 40 000 an. Nach ihm haben in den 50er Jahren des 19. Jhs. ca. 10 000 bis 15 000 Kibitken der Saryq unter der Herrschaft Chiwas gestanden (ALICHANOV-AVARSKIJ, 1904, S. 85).
15. PETRUSEVIČ, 1880a, S. 40, GRODEKOV, 1883, Bd. I, S. 45 f., LESSAR, 1884a, S. 19 ff., SOLOV'EV i SENNIKOV, 1946, S. 251 f.; zu den sozialen Fragen vgl. u. S. 42 ff.
16. LESSAR, 1884a, S. 23.
17. Putevye zametki Petrova, 1886, S. 59, KOMAROV, 1887, S. 278 ff.

relativ selbständige Gruppen. Hierzu gehören die Saqar am Amudarja (2000 Zelte), die weit verstreut lebenden Ata [18], die nomadisierenden Ali-eli mit dem Hauptort Andkhui in Afghanistan (vielleicht 50 000 Zelte) und einem zweiten, kleineren Siedlungsgebiet im Deregöz von Nord-Chorasan [19] sowie die Kara, ein kleiner, aber sehr wilder Viehzüchterstamm im Kara-Bil [20] (auf den Karten nicht verzeichnet).

Randlich treten in Turkmenien einige versprengte Restgruppen nichtturkmenischer Herkunft auf. An der persischen Grenze waren Kurden als Kolonisten zum Grenzschutz angesiedelt worden [21], und im westlichen Kopet-dagh behaupteten sich die Nuchur und Murča bei Arčman, Reste eines nicht oghuzischen Stammes, der in Abhängigkeit von den Teke etwa Trockenfeldbau betrieb, sich aber bis in die sowjetische Zeit eine gewisse Eigenständigkeit bewahren konnte [22].

Die knappe Übersicht zeigt bereits die sehr ungleichmäßige Bevölkerungsverteilung in Turkmenien. Den relativ dicht besiedelten Oasenräumen standen sehr dünn besiedelte oder gar nur sporadisch von Nomaden aufgesuchte Wüstengebiete gegenüber. Man kann annehmen, daß die um sich greifende Überweidung der Wüstensteppe zusammen mit der wenig günstigen Wirtschaftsentwicklung am Rand der Oasen im Lauf der Zeit zu einer verstärkten Entvölkerung der Wüste und einer vermehrten Konzentration in den Oasen führte [23].

In der ersten Hälfte des 19. Jahrhunderts begann in Turkmenien erneut eine Bevölkerungsbewegung, die durch das Wachstum des

---

18. LESSAR, 1883 d, S. 97 f.
19. GRODEKOV, 1883, Bd. I, S. 46 f., K. ATAEV, 1965, S. 29 ff. und 1966, S. 79 ff.
20. Die Saqar und Kara werden z. T. auch zu den Ersari gerechnet, vgl. Narody Srednej Azii, 1963, Bd. ii, S. 19.
21. BOULGER, 1879, Bd. I, S. 212, GRODEKOV, 1884, Bd. IV, S. 147 ff., Narody Srednej Azii, 1963, Bd. II, S. 650, VINNIKOV, 1969, S. 51.
22. GRODEKOV, 1883, Bd. II, S. 100, TUMANOVIČ, 1926, S. 87, HAYIT, 1956, S. 217, FINDEISEN, 1960, S. 277 ff.
23. LESSAR, 1883 d, S. 95.

Teke-Stammes ausgelöst wurde [24]. Die Teke hatten in den dreißiger Jahren die Eroberung der Achal-Oase abgeschlossen, waren aber nicht in der Lage, durch eine intensivere Nutzung von Wasser und Boden die wachsende Bevölkerung zu ernähren, sondern mußten dem Bevölkerungsdruck nach Osten auszuweichen versuchen. Um 1834 zog bereits eine erste Gruppe von rund 10 000 Familien an den Tedžen und in die Merw-Oase [25]. Dadurch wurde eine Kettenreaktion ausgelöst, in deren Verlauf die Salyr die Saryq nach Süden zur Pengdeh-Oase vertrieben. Die Salyr selbst mußten auch schon bald aus der Iolotan-Oase weichen und wandten sich nach Südwesten nach Serachs, von wo sie aber 1870 von den Merw-Teke verschleppt wurden [26]. Durch diese erzwungenen Wanderungen war in Südturkmenien ein Gebiet hoher Bevölkerungsmobilität entstanden, wobei politische und militärische Verwicklungen mit Persern, Chorezmern und Bucharen sowie Probleme der inneren Stammesherrschaft die Situation noch undurchschaubarer machten [27].

Ein zweiter Faktor der Unsicherheit in Turkmenien und den angrenzenden Ländern muß in den Raubzügen (alaman) gesehen werden, die von vielen Autoren als Lieblingsbeschäftigung der nicht seßhaften Turkmenen beschrieben werden, die aber wohl aus der wirtschaftlichen Zwangslage zu erklären und als eine Reaktion auf die organisierten Kriege der benachbarten Staaten gegen die Turkmenen zu sehen sind [28].

---

24. GRODEKOV, 1883, Bd. I, S. 36.
25. KÖNIG, 1962, S. 21.
26. Ca. 20 000 Salyr unterstanden bei Zūrābād unmittelbar der persischen Herrschaft; vgl. GRODEKOV, 1883, Bd. I, S. 37 ff. und 44 f., LESSAR, 1883a, S. 35 und 1884a, S. 31 ff, ALICHANOV, 1883, S. 30 und 1904, S. 466, SOLOV'EV i SENNIKOV, 1946, S. 252 mit Angaben über die erzwungene Zerstreuung der Salyr im südlichen Turkmenien.
27. Vgl. bspw. die Schilderung innenpolitischer Kämpfe bei den Merw-Teke bei O'DONAVAN, 1882, Bd. II, S. 160 ff. oder Berichte von räuberischen Aktionen zwischen den einzelnen Stämmen bei LESSAR, 1883d, S. 97 ff. Diese Auseinandersetzungen in der Merw-Oase ermöglichten es ALICHANOV, die einzelnen Führer gegeneinander auszuspielen und die russische Eroberung der Oase 1884 zu erleichtern.
28. Als Wirtschaftsfaktor werden die alaman schon von SCHWARZ, 1900, S. 135 und KUROPATKIN, 1904, S. 93 gesehen.

Mit ihren Raubzügen verbreiteten die Turkmenen Angst und Schrecken vor allem in Chorasan und im nördlichen Afghanistan, aber sie schonten auch das Chanat Chiwa und selbst verwandte Stämme nicht [29]. Dem entsprach es, wenn die Turkmenen an der Küste - vornehmlich im Bereich von Čeleken und Hassan-kuli - als Piraten auf dem Kaspischen Meer den Handelsverkehr derart bedrohten, daß die Russen daraus eine Rechtfertigung für die Anlage des Militärstützpunktes in Ašur-ada ableiteten [30].

Die sozialen Verhältnisse bei den Turkmenen haben ihre Wurzeln in der nomadischen Wirtschaftsweise und im islamischen Recht. Im Gegensatz zu den seßhaften Mohammedanern folgten die Turkmenen nicht dem schriftlich fixierten Recht des šariʿa, sondern dem Gewohnheitsrecht, das bei ihnen "adat" oder "deb" genannt wurde [31]. In den Oasen wurde allerdings mit der partiellen Seßhaftwerdung das šariʿa in allen Wasser- und Bodenrechtsfragen eingeführt [32].

Als sie sich über Turkmenien ausdehnten, hatten die turkmenischen Stämme als einzige Wirtschaftsform das oba - Weidewirtschaftssystem [33] gekannt, eine Art nomadischer Wirtschaft, die sich über nur relativ

---

29. GRODEKOV, 1883, Bd. I, S. 49 u. 56, VASILIEV, 1892, S. 75 f., ALICHANOV-AVARSKIJ, 1904, S. 90 f., KÖNIG, 1962, S. 141 f.; Schilderungen der Verwüstungen und der Reaktion der seßhaften Bevölkerung in Beiträge zur Länder- und Staatenkunde der Tartarei, 1804, S. 42, bei FRASER, 1826, S. 10 und 1840, S. 132 ff., FERRIER, 1856, S. 79 ff., 83 ff. u. 485, KHANIKOFF, 1864, S. 316, HARNISCH, 1891, S. 18 und CURTIS, 1911, S. 43. Als Schutzmaßnahme haben die Perser im turkmenisch-persischen Grenzraum Umsiedlungen veranlaßt: Wie die Kurden im Gebirge (KUROPATKIN, 1879, S. 39), so hatten die Ali-eli der Atek-Oase die Aufgabe, den Chan des Deregöz vor turkmenischen Angriffen zu warnen (K. ATAEV, 1965, S. 32).
30. ALICHANOV - AVARSKIJ, 1904, S. 114.
31. SCHUYLER, 1876, Bd. I, S. 166, KÖNIG, 1962, S. 73, Narody Srednej Azii, 1963, Bd. II, S. 25 f., KRADER, 1963, S. 121.
32. Vgl. DEMBO, 1927, S. 6 und 144.
33. "Oba" ist Bezeichnung sowohl für die Wirtschaftsform als auch für die ländliche Siedlung und ihre Sozialordnung (vgl. Narody Srednej Azii, 1963, Bd. II, S. 21).

kleine Räume um einen festen Punkt vollzog, so daß man von einem "stationären" Nomadisieren sprechen kann [34]. Seit dem 16. Jahrhundert bildete sich innerhalb der Stämme und bezeichnenderweise durch die Familien hindurch eine generelle Einteilung aller Turkmenen nach der Wirtschafts- und Siedlungsweise in die nomadischen Viehzüchter (čorwa) und die seßhaften Ackerbauern (čomur) [35]. Die Untersuchungen von KÖNIG bei den Achal-Teke haben ergeben, daß sich mit der Seßhaftigkeit ein Wandel in der Bewertung beider Sozialgruppen verband [36]. Die enge Kopplung von Viehwirtschaft (čorwalyq) und Bewässerungsfeldbau (čomurlyq) ist ein erstes Stadium der Arbeitsteilung innerhalb der Familie, also eine Art halbseßhafter Wirtschaft, die sich durch die Existenz von festen Winterwohnplätzen (qyšlaq) und unregelmäßig aufgesuchten Sommersiedlungen (ǧajlaq, jajlaq) auszeichnet [37].

Bis zur Mitte des 19. Jahrhunderts hatte sich das Gewicht bereits zugunsten der čomur verschoben, zugleich war ihr Sozialprestige gestiegen, nachdem die Ansicht der meist wohlhabenderen Nomaden vom Ackerbau als einer erniedrigenden Tätigkeit durch wirtschaftliche Erfolge bei der Behebung von Versorgungsschwierigkeiten widerlegt worden war [38]. 1881 trieben in der Achal-Oase bereits 18 000 Familien

34. KÖNIG, 1962, S. 15. Mit diesem Nomadisieren zwischen festen Winter- und Sommerplätzen unterschieden sich die Turkmenen grundsätzlich von den Kazachen, die einen freien Nomadismus über weite Gebiete kennen. In den Randgebieten des Kopet-dagh kommt der vertikale Wechsel der Weidegebiete hinzu, so daß man von einem "Bergnomadismus" sprechen kann (nach HÜTTEROTH, 1959, S. 39).
35. KUROPATKIN, 1879, S. 36, GRODEKOV, 1883, Bd. I, S. 48, LESSAR, 1883d, S. 96; für die westturkmenischen Stämme Poezdka ... Grodekova ..., 1883, S. 12; vgl. auch ALICHANOV-AVARSKIJ, 1904, S. 90 und Narody Srednej Azii, 1963, Bd. II, S. 13.
36. Vgl. auch GRODEKOV, 1883, Bd. I, S. 71.
37. MEAKIN, 1903, S. 295, KUROPATKIN, 1904, S. 92 f., KÖNIG, 1962, S. 31, Narody Srednej Azii, 1963, Bd. II, S. 49, VINNIKOV, 1969, S. 83.
38. LESSAR, 1883d, S. 96, KÖNIG, 1962, S. 34. Zur traditionellen Stellung der čorwa und čomur im Sozialgefüge Turkmenien vgl. KUROPATKIN, 1879, S. 33, Obzor ...za 1882-1890, S. 34 f.

eine Ackerbauwirtschaft, und nur noch 3300 Familien waren als Viehzüchter oder in čomur-čorwa-Arbeitsteilung tätig. Bei den Jomud Südwest-Turkmeniens gab es damals 9000 Nomaden und 6000 Seßhafte [39]. In Nordturkmenien (Chanat Chiwa) ist der hohe Anteil der seßhaften Turkmenen (ca. 25 000 von 28 000) auf den Einfluß der Karakalpaken zurückzuführen; zugleich zeigt sich in diesem Verhältnis unter den gegebenen Herrschaftsabhängigkeiten die sozial schlechtere Stellung der Turkmenen im Chanat [40].

In dem Differenzierungsprozeß haben sich die čorwa zunehmend verselbständigt. Sie bezogen ihr Getreide nicht mehr von den ihnen jeweils verwandten čomur, sondern meist aus Persien und betrieben eine reine Nomadenwirtschaft mit Herden von durchschnittlich 400 bis 500 Schafen und 10 bis 40 Kamelen [41]. In den Wüsten- und Halbwüstenbereichen wurde weiter nach dem oba-System nomadisiert. Meist war ein Brunnen Zentrum des recht eng umgrenzten Systems. Die Unterhaltung der Brunnenanlage war eine Kollektivaufgabe, zu der sich mehrere Familien zusammenfanden, die sonst selbständig wirtschafteten [42].

Der turkmenische Oasenfeldbau koppelte Boden- und Wasserrecht immer eng aneinander, wie es für den gesamten Orient charakteristisch ist. Sehr vereinfacht lassen sich das im Einzelbesitz befindliche mülk- und das als Gemeinbesitz organisierte sanašyq-Land unterscheiden. Dazu kommt das einer religiösen Anstalt (z. B. Moschee, medreseh) übereignete Stiftungsland (waq(u)f, bachym) und das von der Gemeinschaft für die Geistlichkeit bearbeitete Land (sylag-sub) [43]. Im

39. GRODEKOV, 1883, Bd. I, S. 28 u. 35.
40. Vgl. die Angaben bei VASIL'EVA, 1969, S. 46.
41. KÖNIG, 1962, S. 40 f.
42. KÖNIG, 1962, S. 91 f.
43. Narody Srednej Azii, 1963, Bd. II, S. 22. Ihren Ursprung haben die Rechtstitel auf Wasser und Land im islamischen šariʿa (zur Agrarsoziologie vgl. DEMBO, 1927, S. 6 ff.). Unter "mülk" (russ. mjulk) wird im islamischen Recht das "mit Besitz verbundene Eigentum" verstanden (SPIES-PRITCH, 1964, S. 228); zu den Besitzformen der unab-

einzelnen gab es von Stamm zu Stamm erhebliche Unterschiede. Bei den Teke lag das mülk-Land im allgemeinen in der Nähe der Bewässerungskanäle [44] und bekam in jedem Jahr genügend Wasser, während sanašyq-Land so weit von Kanälen und Siedlungen entfernt war, daß es nur bei übermäßigem Wasserangebot bewässert und bebaut werden konnte. Der Umfang des mülk-Landes, das eine Familie besaß, hing ganz von der Wassermenge ab, die ihr zustand. Im Durchschnitt lag die Fläche zwischen 1 und 6 tanap (1/6 bis 1 ha) [45].

Ursprünglich hatte die Redensart "bir adam, bir su" ("ein Mann - ein Wasseranteil") volle Geltung gehabt, später bildeten größere Sozialgruppen die Berechnungsgrundlage bei der Wasserverteilung [46]. Diese erfolgte nach Siedlungen; jedes Dorf als Wirtschafts- und Sozialverband sollte nach Möglichkeit einen eigenen Zufuhrkanal (aryq) erhalten. Damit wurde die Bevölkerung jeder Siedlung als Kollektiv erfaßt, so daß die Russen später in der Sozialordnung Parallelerscheinungen zu ihrer obščina sehen konnten [47]. Anteilsrecht am Wasser - auch hier wurde

---

hängigen islamischen Staaten in der Gegenwart vgl. Le Droit des eaux, 1956, S. 31; die turkmenische Bezeichnung "sanašyq" entspricht etwa dem miri- bzw. chalisah-Gemeinbesitz. Echter amlaq-Besitz (Eigentum des Herrschers) fehlt, da sich in Turkmenien keine Staatlichkeit herausgebildet hatte (vgl. zum amlaq ALLWORTH, ed., 1967, S. 278, ABDURAIMOV, 1970, S. 11 ff.).

44. Die Nähe zu den Bewässerungskanälen und zu den daran sich aufreihenden Siedlungen veranlaßte die Russen, diese Parzellen als "usadebnye zemli" den "polevye zemli" gegenüberzustellen (DEMBO, 1927, S.115).

45. AUHAGEN, 1905, S. 24 ff. mit einer detaillierten Darstellung der komplizierten Boden- und Wasserrechtsverhältnisse; vgl. für die Teke auch KÖNIG, 1962, S. 102 f. u. 122 ff.. Die Größenangaben für 1 tanap (meist 1/6 ha) schwanken regional; SCHUYLER, 1876, Bd. I, S. 203 gibt 3/4 acre (ca. 0,3 ha) an.

46. Als Beispiel seien die Verhältnisse bei den Merw-Teke zitiert: sechs Kibitken mit zusammen 6 h/Tag Nutzungsrecht bilden ein Jarym-kelleme; vier solche Gruppen (Atlyq oder sarkaz) nutzen das gesamte Wasser eines Kanals 3. Ordnung aus. An jedem Kanal 2. Ordnung (Inče-jana) wohnen 10-12 sarkaz; die gesamte Oase hat ca. 100 Inče-jana. (ALICHANOV, 1883, S. 31).

47. Otčet po revizii ..., Bd. 17, 1910, S. 29. Die Ali-eli bezeichneten diese Gemeinschaft als "ketchuda" (K. ATAEV, 1966, S. 8/). Zur

wie beim Land nach mülk- und sanašyq-Besitz unterschieden [48] - brachte für den einzelnen zugleich die Verpflichtung mit, sich am Unterhalt der Bewässerungsanlagen durch die jährliche Reinigung zu beteiligen.

Jeder Hauptkanal wurde von einem Kanalvorsteher (aryq-aqsaqal) überwacht, dem mehrere Kanalarbeiter (mirab) und Dammkontrolleure (banman) für die Aufsicht über die Nebenkanäle unterstanden [49]. Aus der strengen Ordnung und der sozialen Gebundenheit des einzelnen ergeben sich für die Oasenbewohner Turkmeniens die rechtlichen und soziologischen Verhältnisse einer "hydraulic civilization" [50]. Dazu hatte die beim Anwachsen der Bevölkerung eingetretene Schichtung beigetragen, in der sich einzelne Großbesitzer (baj) von der Masse der Kleinbauern (deichan) absetzten, die nur wenig Land besaßen oder als Landlose im Pachtverhältnis standen [51], durch große Verschuldung aber an den Besitzer und Verpächter unlöslich gebunden waren.

Als Beispiel für die Verteilung der einzelnen Besitztypen sei die Achal-Oase angeführt [52]:

mülkland mit Wasserbesitz und -nutzung	3792 Wirtschaften
mülkland ohne Wasser	1803 Wirtschaften
sanašyqland mit Wasser	5433 Wirtschaften
sanašyqland ohne Wasser	263 Wirtschaften

Wasserverteilung vgl. Obzor ... za 1882-1890, S. 68 ff., zur Regelung der gemeinschaftlichen Bodenbearbeitung in der Iolotan-Oase ibid. S. 87; vgl. auch PETRUSEVIČ, 1880a, S. 21 ff., LEVINA, 1959, S. 288, zu ähnlichen Genossenschaften bei den Nuchur und Murča OVEZOV, 1959, S. 246 und FINDEISEN, 1960, S. 283 u. 287.

48. CIMBALENKO, 1896, S. 66 f., DEMBO, 1927, S. 91.
49. SCHUYLER, 1876, Bd. I, S. 289, MOSER, 1885, S. 335 und 1894, S. 186, GYÖRKE, 1908, S. 237 ff. (Abrégé S. 111 f.), Aziatskaja Rossija, 1914, Bd. II, S. 243, ARCHIPOV, 1930, S. 46, KÖNIG, 1962, S. 97.
50. Vgl. WITTFOGEL, 1956, S. 152 ff., VINNIKOV, 1969, S. 98.
51. ALICHANOV, 1883, S. 31 ff., AUHAGEN, 1905, S. 25. Die Feudalstruktur wird von DEMBO, 1927, S. 73 ff. et psm. behandelt.
52. CIMBALENKO, 1896, S. 68. Die Werte stammen zwar aus der Zeit der russischen Herrschaft, dürften aber auch ältere Zustände nahezu unverändert widerspiegeln.

Von den Verhältnissen bei den Teke heben sich die Zustände im westlichen, turkmenisch besiedelten Teil des Emirats Buchara ab [53]. Hier waren zwei sozioökonomische Besitztypen zu unterscheiden. Bei den Saryq, Sajat, Ėsgi, Čaudor und einigen kleineren Stammesabteilungen in der Umgebung des heutigen Čardžou kannte man den Besitztitel des "maliet", bei dem das Land dem Emir als Eigentum gehörte; ihm zahlten die Bauern ein Fünftel des Ertrages als Abgabe. Bei den Ersari im vilayet Kerki vererbte sich das Land nach dem sogenannten iğara-Recht, bei dem es dem Bauern als Eigentum gehörte. Als Abgabe wurde ein Kapitalzins von 1-10 tenge gezahlt (ḥarağ-Besteuerung). Die einzelnen Betriebe verfügten oft nur über minimale Besitzflächen, bei denen 0,5 tanap (hier ca. 0,2 ha) keine Seltenheit waren [54].

S t e u e r r e c h t besaßen in den einzelnen Landesteilen Turkmeniens die Herrscher von Chiwa, Buchara und Persien, doch war die Abgrenzung der Einziehungsbereiche meist umstritten. Erhoben wurde eine Viehsteuer (zekat), in den Oasen außerdem eine Grundsteuer (ḥarağ) [55]. Bereits in der frühesten Phase griff die russische Herrschaft in Transkaspien durch eine Besteuerung der Bevölkerung, die in einem Erlaß des Zaren vom 9.3.1874 geregelt worden war, in die alten Rechtsnormen ein, indem jeder Familie (d.h. Kibitke) eine Geldsteuer von meist 1,50 Rubel im Jahr auferlegt wurde. Sie war von der ländlichen Verwaltung einzutreiben, die analog zu den Verhältnissen in Rußland in volosti organisiert war. Davon abgesehen, hatten die Russen kein Interesse, die rechtlichen Grundlagen der turkmenischen Sozialordnung anzutasten. Es muß offenbleiben, ob dieses Verhalten auf einer Rücksichtnahme gegenüber den Turkmenen beruhte, oder ob die russischen Beamten nicht in der Lage waren, die einheimische Verwaltung durch eigene

---

53. Vgl. dazu VINNIKOV, 1969, S. 90 ff. und ABDURAIMOV, 1970 psm.
54. Ausführlich über maliet- und iğara-Wasser- und Bodenrecht AGAEV i ANNANEPESOV, 1965, S. 99-100; vgl. GRULEV, 1900, S. 78, LEVINA, 1959, S. 294.
55. N a r o d y Srednej Azii, 1963, Bd. II, S. 22 ff.

Leistungen zu ersetzen. So blieb bis 1917 eine weitgehende Selbstverwaltung in den Fragen des lokalen Wasser- und Bodenrechts bestehen, wie man auch die freie Ausübung der mohammedanischen Religion nicht einschränkte [56]. Die Steuerbelastung wuchs allerdings mit der Zeit. Jede Nomadenfamilie mußte später 3 Rubel im Jahr bezahlen, während die seßhafte Bevölkerung eine Abgabe von 5 % des Reineinkommens zu leisten hatte [57].

1.3.2 Die wirtschaftlichen Verhältnisse

Die enge rechtliche Kopplung von Wasser und Boden zeigte bereits, daß das Grundproblem der wirtschaftlichen Inwertsetzung Turkmeniens die Wasserversorgung für Landwirtschaft und Bevölkerung war und ist. Sie wurde im 19. Jahrhundert erst unter dem Druck des Bevölkerungszuwachses verbessert, konnte aber noch lange keine optimale Nutzung gewährleisten. Man kannte seit alter Zeit hauptsächlich drei Bewässerungsmethoden: die Bewässerung durch Kanäle, durch Kjarize und durch Brunnen [1].

Bei der Kanalbewässerung wurde von den Mittelläufen der aus dem Gebirge heraustretenden Bäche und Flüsse oder von den Unterläufen der großen Tieflandströme ein Teil des Wassers in Hang- oder Auenkanäle abgezweigt, um die unteren Teile von Talhängen oder in flachem Gelände höhere Terrassenniveaus zu bewässern. Diese Methode war bereits ein Fortschritt gegenüber der einfachsten Bewässerungsart, bei der nur kleine Stichkanäle vom Fluß auf die Aue geführt wurden, wobei die Drainage meist vernachlässigt blieb. Auf den langen Zufuhrstrecken ging aber durch Versickerung und Verdunstung oft so viel Wasser verloren, daß das Ergebnis kaum die mit Bau und Unterhalt

56. SOLOV'EV i SENNIKOV, 1946, S. 97 f.; vgl. auch MEJER, 1885, S. 119.
57. PAHLEN, 1964, S. 156 und 1969, S. 236.
1. SCHWEINITZ, 1910, S. 36 f.

der Bewässerungsanlagen verbundenen Mühen lohnte [2]. Die beiden größten Flüsse Turkmeniens, Tedžen und Murghab, versuchte man durch Staudämme (Karry-bent, Kazakly-bent, Koušut-Chan-bent) besser zu nutzen; aus den Stauseen konnte das Wasser in Kanälen auf die Felder geleitet werden [3].

Von den Hauptkanälen (aryq) zweigten im Bewässerungsland nacheinander Kanäle von immer kleinerem Querschnitt ab, die je nach der Fläche des zu bewässernden Landes ständig oder nur periodisch Wasser führten; von den kleinsten Kanälen wurde das Wasser bei Überstaubewässerung auf die von Lehmmäuerchen umgebenen Feldparzellen geleitet oder bei Berieselung in Furchen darüber geführt [4]. Da die geringe Größe der einzelnen Parzellen eine Vielzahl von Kanälen nötig machte, war ein mosaikartig buntes Bild für die Kulturlandschaft mit Bewässerung typisch [5].

Kjarize oder - nach der arabischen Bezeichnung - Qanate [6] zur Nutzung des Grundwassers für die Bewässerung und Wasserversorgung sind in Turkmenien unter iranischem Einfluß schon früh am Nordabfall des Kopet-dagh angelegt worden [7]. Die sehr mühevolle und nicht ungefährliche Unterhaltung der Kjarize war nur angebracht, weil der Boden

---

2. Vgl. GYÖRKE, 1908, S. 235 (Abrégé S.111). Ausführlich zur Kanalbewässerung Aziatskaja Rossija, 1914, Bd. II, S. 228.
3. Aziatskaja Rossija, 1914, Bd. II, S. 229.
4. Eine Abart ist die žojaki-Bewässerung in abschüssigem Gelände; hierbei verlaufen die Bewässerungskanäle schlangenlinienartig, um eine intensive Durchfeuchtung zu erzielen, die Bodenerosion aber zu verhindern (BUSSE, 1915, S. 152, MELKICH, 1933, S. 50). Überstau der Felder war in Transkaspien üblich, während in den Lößgebieten Uzbekistans der Einstau in Furchen vorherrschte (BUSSE, 1915, S. 302).
5. ASKOCHENSKY, 1962, S. 401. Bei den Otamyš der Merw-Oase war das gesamte sanašyq-Land in drei, das mülk-Land in fünf gewannartige Flurverbände aus kleinen Bewässerungsparzellen aufgeteilt; vgl. dazu AUHAGEN, 1905, S. 28.
6. TROLL, 1963, S. 313 mit Anm. 1; ausführliche Beschreibung bei CIMBALENKO, 1896, S. 2 ff. (von BUSSE, 1915, S. 320 ff. übernommen); vgl. auch Otčet po revizii ..., Bd. 7, 1910, S. 301 und Aziatskaja Rossija, 1914, Bd. II, S. 238 ff.
7. LEWIS, 1966, S. 473.

ertragreich genug war; zudem konnten sich die Turkmenen beim Bau und bei der Ausbesserung der Galerieanlagen persischer Sklaven bedienen, die sie eigens zu diesem Zweck von ihren Raubzügen mitbrachten [8]. Freilich erreichten die turkmenischen Kjarize an Zahl und Ausmaß nie die persischen. Selten waren sie länger als einige wenige Kilometer [9], aber das genügte bereits für die Bewässerung kleiner Areale in der Achal- und Atek-Oase. In großer Zahl kamen Kjarize außerdem im Tal des Tedžen-Herirud, in der Umgebung des heutigen Kuška und am Rand der Pengdeh-Oase vor [10]. Im Lauf des 19. Jahrhunderts litt die Kjarizbewässerung unter dem Einfluß der kriegerischen Auseinandersetzungen zwischen Turkmenen und Persern. Dazu kam der natürliche "Verschluß" durch Einstürze in Erdbebengebieten und durch Verstopfung bei erosiven Vorgängen [11]. Das Wasser, das ein Kjariz spendete, gehörte nach den Vorschriften des šariʿa jeweils dem Erbauer der Anlage bzw. seinen Nachkommen [12]. Die Wasserführung vom Kjariz auf das Feld gleicht der oben beschriebenen Bewässerung mit Flußwasser. Aus Sammelbecken am Austritt der unterirdischen Galerie wird das Kjarizwasser auf die einzelnen Feldparzellen geleitet.

Die Bewässerung mit Brunnenwasser wie z. Bsp. die Grundwassernutzung durch Göpelwerke - in Turkmenien als čigir (ğyqyr) bezeichnet - spielt für die landwirtschaftliche Nutzung im Ackerbau nur eine untergeordnete Rolle, weil die zur Verfügung stehenden Wassermengen meist so gering sind, daß ohne aufwendige technische Anlagen nur kleinste Flächen bewässert werden könnten. In größerer Zahl

8. AUHAGEN, 1905, S. 18, KÖNIG, 1962, S. 98, TROLL, 1963, S. 315.
9. Als Durchschnittswert gibt CIMBALENKO (1896, S. 43) die Länge von 1000 saženi (2134 m) an, wovon 30 bis 40 % der Wassersammlung dienen. Für die mittelalterliche Zeit können längere Kjarize angenommen werden, die auch zur Wasserversorgung von Städten ausreichten (ATAGARRYEV i NURBERDYEV, 1966, S. 83 für Šechr-islam).
10. LESSAR, 1884a, S. 79, ČARYKOV, 1884, S. 153, BARC, 1910, S. 123.
11. KOVDA, 1961, S. 208.
12. GRODEKOV, 1883, Bd. I, S. 72.

kommen Göpelwerke nur in der Oase Chiwa (Chorezm) vor, wo vor allem die Čaudor außer der aryq-Bewässerung auch die čigir-Bewässerung kannten [13].

Die landwirtschaftlichen Kulturen waren je nach den Bewässerungsmöglichkeiten und nach der agrarsozialen Situation der Bevölkerung verschieden. Im Vorland des Kopet-dagh stand der Anbau von Getreidearten im Vorgrund, vor allem von Weizen und Gerste. Dazu kamen Džugara (Sesamum cernuum, eine Hirseart als Körnerfrucht) und Kunžut (Sesamum orientale als Ölpflanze) [14]. Der Getreideanbau in den Oasen diente fast ausschließlich der Selbstversorgung [15]. Bei den Futterpflanzen nahm im gesamten Land die Luzerne (jungža) eine führende Stellung ein [16]. Für das von Turkmenen besiedelte Gebiet zwischen Gorgān und Atrek werden dieselben Nutzpflanzen genannt, dazu noch Melonen und etwas Baumwolle [17]. In den Bergtälern des Kopet-dagh, etwa bei den Nuchur, hatte der Gartenbau eine weite Verbreitung; am Gebirgsrand begannen sich Obstbau (vor allem Aprikosen) und Rebkulturen für die Herstellung von Wein und Arrac auszudehnen [18].

Östlich von Kelata spielte der Gartenbau außer in den Tedžen- und Murghaboasen eine größere Rolle. Seine Hauptprodukte waren Melonen, Kürbisse und Gurken; Melonen wurden vor allem in der Umgebung von Čardžuj angebaut und waren ein wichtiges Ausfuhrgut nach Persien [19], spielten bei den Teke aber auch eine große Rolle für die eigene Ernährung [20]. Die Baumwollkultur war noch unbedeutend. Kleinere Anbau-

---

13. Otčet po revizii..., Bd. 7, 1910, S. 300 f., Aziatskaja Rossija, 1914, Bd. II, S. 238, CINZERLING, 1927, S. 582 ff., NIJAZKLYČEV, 1966, S. 16, VINNIKOV, 1969, S. 78.
14. SCHUYLER, 1876, Bd. I, S. 181, Narody Srednej Azii, 1963, Bd. II, S. 50.
15. Zapiska o doroge iz Aschabada do Merva, 1883, S. 196 (für die Merw-Oase), LESSAR, 1883a, S. 7 (für das Atek-Gebiet).
16. SCHUYLER, 1876, Bd. I, S. 290 ff., GRODEKOV, 1883, Bd. I, S. 73, VASILIEV, 1892, S. 184 f., AUHAGEN, 1905, S. 35.
17. Poezdka Grodekova ..., 1883, S. 92, DŽIKIEV, 1961, S. 60.
18. SCHUYLER, 1876, Bd. I, S. 186.
19. SCHUYLER, 1876, Bd. I, S. 184 f., O'DONAVAN, 1882, Bd. II, S.

areale gab es bei Čaača und in der Iolotan-Oase [21]. Reisanbau fand sich in größerem Umfang nur bei den Saryq-čomur [22].

Im östlichen, bucharischen Teil Turkmeniens gab es, entsprechend den abweichenden agrarsozialen Verhältnissen (vgl. S. 47), besondere Anbauformen. Auf dem išara-Land wurde hauptsächlich Džugara angebaut, daneben war auch etwas Viehzucht zu finden. Das maliet-Land wurde in der Regel mit einjährigen Kulturen wie Weizen, Gerste, Džugara, Schnittbohnen und Klee bestellt, dazu kam etwas Gartenbau, aber kaum eine Viehzucht [23].

Trotz der beginnenden sozialen Veränderungen im čorwa-čomur-System wurde der Ackerbau noch oft von Sklaven und Turkmenengruppen betrieben, die in die Abhängigkeit der Viehzüchter-"Herren" geraten waren [24].

Zwischen den verschiedenen Kulturen bestanden keine geregelten Fruchtfolgen. Auf dem sanašyq-Land mußte außerdem mit langen Zeiten der Brache oder mit extensiver Nutzung als Viehweide gerechnet werden [25].

Die Erträge in der Landwirtschaft waren niedrig. Für die Čaudor wurden die folgenden Mittelwerte berechnet [26]:

Weizen	95 - 120 Pud/tanap	(9,3 - 11,8 dz/ha)
Džugara	250 Pud/tanap	(24,6 dz/ha)
Reis	100 - 150 Pud/tanap	(9,8 - 14,7 dz/ha)
Gerste	75 - 100 Pud/tanap	(7,4 - 9,8 dz/ha)
Kunžut	30 - 40 Pud/tanap	(3,0 - 3,9 dz/ha)

60, ČARYKOV, 1884, S. 153, OLUFSEN, 1905/06a, S. 72.
20. LESSAR, 1883a, S. 8.
21. STEIN, 1882, S. 372, LESSAR, 1883a, S. 7 f. und 1884a, S. 26.
22. LESSAR, 1884a, S. 26.
23. AGAEV i ANNANEPESOV, 1965, S. 99 f.; zu den Verhältnissen in Nordturkmenien vgl. VASIL'EVA, 1969, S. 48 ff.
24. PETZHOLDT, 1877, S. 333.
25. WALTA, 1907, S. 702.
26. NIJAZKLYČEV, 1966, S. 16.

Ein wesentlicher Risikofaktor klimatischer Art war für die turkmenische Landwirtschaft nicht nur die sommerliche Hitze nach niederschlagsarmem Frühjahr, sondern auch die strengen, frostreichen Winter konnten zu Mißernten führen, wie es bspw. 1872 der Fall war [27]. Aus klimatischen Gründen war auch der Trockenfeldbau (boghara-Kultur) auf kleine Gebiete im westlichen Kopet-dagh beschränkt.

Die turkmenische Viehwirtschaft kannte alle auch sonst in Mittelasien vertreten Tierarten. Mit Schaf-, Ziegen-, Kamel- und Rinderherden [28] zogen die Turkmenen durch die Steppen- und Halbwüstengebiete, vor allem im Hinterland der kaspischen Ostküste und in Badghyz und Kara-Bil. Die Güte der Weidegebiete wurde nach der Qualität der jeweils vorherrschenden Grasarten und sonstigen Futterpflanzen bewertet. Man differenzierte in "ilak" ("Gras"), "selin" (Pfriemengras) und Jušan (Wermut) [29]. In Südwest-Turkmenien betrieben die Atabai, eine Abteilung der Jomud, eine transhumante Viehwirtschaft zwischen den persischen Gebieten südlich des Gorgān und Atrek (Winterweide) und der Zone zwischen Gorgān und Atrek sowie weiter nördlich (Sommerweide) [30]. In diesen Bereichen kannte man als Transporttier auch den Büffel [31]. Die Kara-Čucha-Gruppe der Jomud nomadisierte zwischen dem Küren-dagh (Winterweide) und der Uzboj-Niederung (Sommerweide) [32]. Aus den nordchorasanischen Gebirgen werden noch später Viehwanderungen beschrieben, hauptsächlich wurden Schafe von Turkmenen nach Loṭfābād oder Moḥammadābād, den wichtigsten Orten des Deregöz, auf den Markt gebracht [33]. Einzelne Stämme nomadisierten im Südosten

---

27. GRODEKOV, 1883, Bd. I, S. 73.
28. Die Turkmenen hatten im Gegensatz zu den anderen Osttürken hauptsächlich das kräftigere einhöckrige Dromedar (Aziatskaja Rossija, 1914, Bd. II, S. 150, KÖNIG, 1962, S. 44).
29. LESSAR, 1883 d, S. 94 f.
30. Karte der südlichen Grenzgebiete des asiatischen Rußland, Blatt Mesched, in: Druckschriften und Kartenwerke ..., No. 72; GRODEKOV, 1883, Bd. I, S. 28.
31. Aziatskaja Rossija, 1914, Bd. II, S. 150.
32. Poezdka Grodekova ..., 1883, S. 93.
33. MARVIN, 1881, S. 37, O'DONAVAN, 1882, Bd. II, S. 55.

zwischen Turkmenien und Afghanistan, wo die Abgrenzung der Hoheitsgebiete damals noch völlig ungeklärt war[34]. Bei den Stämmen zwischen Tedžen und Murghab kannte die čorwa-Abteilung der Saryq die Viehzucht. Große Herden besaßen die Bewohner der Pendždeh-Oase, von wo aus ein gewichtiger Viehhandel nach Buchara ging[35].

Das wichtigste Zuchttier der Turkmenen und besonders der Teke war das Pferd. Turkmenische Pferde waren in Mittelasien hochgeschätzt, wurden in großer Zahl nach Chiwa verkauft und waren selbst in Rußland bekannt[36]. Der Pflege seiner Pferde widmete der freie und unabhängige Turkmene am meisten Mühe, denn der Besitz von Pferden bestimmte seine gesellschaftliche Stellung. Verwendung fand das Pferd nur als Reittier, vor allem im Kampf und bei Raubzügen, keinesfalls jedoch bei der Feldarbeit, zu der man - wenn überhaupt Tiere - Ochsen benützte[37].

Die wichtigsten Bodenschätze Turkmeniens - Salz, Erdöl und Schwefel - waren den Einheimischen im 19. Jahrhundert bekannt und wurden auch gewonnen, freilich nur mit einfachsten Methoden. Wirtschaftliche Bedeutung erlangten dabei durch Außenhandelsbeziehungen Salz und Erdöl von der Insel Čeleken. Beide Produkte wurden in die Provinzen Gilan und Mazandaran nach Persien verkauft[38]. Erdöl wurde aus künstlich angelegten Brunnen gewonnen, von denen im ersten Drittel des 19. Jahrhunderts 3400 auf der Insel existiert haben sollen, die zur besseren Verwaltung in zwölf Distrikte eingeteilt war. Sie lieferten rund 136 000 Pud (2230 t) Erdöl. Außerdem wurde Ozokerit (Erd-

34. HARNISCH, 1891, S. 17.
35. VAMBERY, 1873, S. 294, LESSAR, 1885, S. 361, vgl. auch HARNISCH, 1891, S. 12.
36. GENS, 1839, S. 55, ROSE, 1842, Bd. II, S. 200.
37. FERRIER, 1856, S. 94 und 1870, Bd. I, S. 184 f., O'DONAVAN, 1882, Bd. II, S. 62, Poezdka Grodekova ..., 1883, S. 87, MOSER, 1885, S. 283 und 320 ff.; vgl. PAHLEN, 1969, S. 232.
38. Davon lebten vor allem die Ogurčali, die z.T. zu den Jomud gerechnet werden; vgl. VAMBERY, 1873, S. 287, PETZHOLDT, 1877, S. 333 f., Materialy po istorii Turkmen i Turkmenii, 1938, Bd. II, S. 237.

wachs) abgebaut und nach Chiwa verkauft [39]. Die Salzgewinnung konzentrierte sich ebenfalls auf die Insel Čeleken und auf die šore der balchanischen Bucht, obwohl das Salz des Aǧi-darja bekannt war. Es wurde aber nicht verwertet, weil die Turkmenen eine gewisse Scheu vor dieser seltsamen Bucht hegten, in die mit starker Strömung immer nur Wasser ein-, nie aber ausströmte, so daß man an einen unterirdischen Abfluß glauben mochte [40].

Auf industriellem Gebiet traten die Turkmenen nicht hervor; über ein geringes Heimgewerbe ging die Produktion nicht hinaus. Grundlage dafür war die Viehzucht, deren Produkte die Herstellung von Filz und Kleidungsstücken ermöglichten. In geringerem Umfang wurden auch Pflanzenfasern verarbeitet [41]. Bedeutung erlangte allein die Teppichherstellung. Alle Stämme hatten charakteristische Muster und Farben, und vor allem die Saryq-Teppiche aus der Penǧdeh-Oase wurden berühmt, weil sie sich in einer Zeit, in der in Persien bereits weniger farbintensive Anilinfarben benutzt wurden, durch kräftige Naturfarben auszeichneten und daher viele Käufer anlockten [42]. Berühmt sind auch die Turkmenenteppiche und -decken von Čarǧuj und Karši, die auf den Bazaren von Buchara verkauft wurden [43]. Die Seidenverarbeitung spielte in Turkmenien eine untergeordnete Rolle; die verkehrsgünstigere

39. MURAWIEW, 1824, Bd. I, S. 28 u. 187 ff., SCHOTT, 1843, S. 224. Zur Destillation des Čeleken-Erdöls wurde zu Beginn der 70er Jahre eine kleine Anlage in Krasnovodsk eingerichtet (WENJUKOW, 1874, S. 459 u. 466). Rußland motivierte mit seinem Interesse am Čeleken-Erdöl die Bemühungen um eine ständige Niederlassung mit militärischem Schutz (Vorschläge von KOKOROV und Prof. MENDELEEV vom 14.3.1865; s. SOLOV'EV i SENNIKOV, 1946, S. 19 ff.).
40. Diese Ansicht spiegelt sich im Namen Kara-bogaz ("Schwarzer Schlund") wider, den die Bucht nach ihrer Eingangspforte erhielt, während der eigentliche Name (Aǧi-darja - Bitteres Meer) vom Salzgehalt (Bittersalz) entlehnt wurde (NIKONOV, 1966, S. 175). Der Glaube an einen unterirdischen Abfluß hielt sich bis zur Mitte des 19. Jhs. (MURAWIEW, 1824, Bd. I, S. 46, SCHOTT, 1843, S. 209).
41. ALICHANOV, 1883, S. 76, KÖNIG, 1962, S. 55 f.
42. HARNISCH, 1891, S. 13, Aziatskaja Rossija, 1914, Bd. II, S.398.
43. SCHUYLER, 1876, Bd. I, S. 184.

Lage und die städtische Kultur begünstigten diesen Wirtschaftszweig in den Chanaten Chiwa und Buchara [44]. Bedeutung hatte in Turkmenien noch das Waffenschmieden, das vor allem von den kriegerischen Teke betrieben wurde [45].

Als besonderer Wirtschaftszweig sei schließlich noch der Fischfang am Kaspischen Meer zwischen Krasnovodsk und Ašur-ada genannt [46]. Er hatte damals ein Zentrum in Hassan-kuli. Gefangen wurden vor allem verschiedene Störarten (Beluga = Hausen, Osëtr und Sevrjuga), am Atrek außerdem Karpfen (Cyprinus carpio, "sefid mahi") [47]. Für den Eigenbedarf der Turkmenen war der Fischfang unbedeutend, der größte Teil wurde von russischen Kaufleuten erworben und über Astrachań verschickt, ein Teil ging nach Persien [48].

1.3.3 Ländliche und städtische Siedlungen

Charakteristische Siedlungsform der Wüsten- und Halbwüstengebiete mit Nomadismus, aber auch der westturkmenischen Pedimente mit dem čomur-čorwa-System war das aul ("Dorf") als mehr oder weniger regellose Ansammlung von filzgedeckten Zelten (Kibitken, turkm. "öj"). Ihre Zahl hatte einen Durchschnittswert von 20 bis 30 je aul und konnte auf mehrere hundert ansteigen [1]. Diese schnell auf- und abzubauen-

---

44. SCHUYLER, 1876, Bd. I, S. 190, DAVIDSON, 1897, S. 273.
45. GRODEKOV, 1883, Bd. I, S. 76.
46. Von den Flüssen galt - außer den kleinen Gewässern im Vorland des Kopet-dagh, über die keine Nachrichten vorliegen - vor allem der Murghab als fischreich (FERRIER, 1870, Bd. II, S. 369), während im Tedžen kein Fischfang betrieben wurde (GRODEKOV, 1883, Bd. I, Priloženie S. 11).
47. MURAWIEW, 1824, Bd. I, S. 41, MARVIN, 1881, S. 54, O'DONAVAN, 1882, Bd. I, S. 130 u. 203, LANSDELL, 1885, Bd. III, S. 909, RADDE, 1898, S. 97 f., DŽIKIEV, 1961, S. 48 ff.
48. WENJUKOW, 1874, S. 465, vgl. FRASER, 1840, Bd. I, S. 56. - Die Mohammedaner aßen keinen Stör, weil ihnen der Genuß schuppenloser Meerestiere vom Qurʿān verboten wird (BARTZ, 1965, Bd. II, S. 508).

1. LESSAR, 1884a, S. 20 für die Saryq, DŽIKIEV, 1961, S. 71 ff. für die westturkmenischen Stämme.

den, bienenkorbförmigen Behausungen, deren Gestalt von Stamm zu Stamm etwas variierte, bestanden aus einem rechtwinklig gefügten Gestänge von Bambus- oder Schilfrohr, über das Filzstücke in mehreren Lagen gedeckt wurden, so daß nur ein kleiner Eingang freiblieb. Die innere Ausstattung war sehr einfach. Der einzige "Schmuck" waren Teppiche, mit denen wenigstens die wohlhabenderen Turkmenen eine Hälfte des Zeltes auslegten, und an den Wänden hängende Taschen für das Haushaltsgerät [2]. Von der Größe der Familie hing es ab, ob sie über eine oder mehrere Kibitken verfügen konnte; die Zelte einer Familie oder Sippe bildeten zusammen, in Gebieten mit halbseßhafter Bevölkerung von einer Lehmmauer umgeben, ein chouli. Obwohl die Kibitken als bodenvage-temporäre Siedlungen anzusehen sind, gab es doch eine gewisse Kontinuität des Siedlungsplatzes, an dem sich immer wieder Kibitken "wie Maulwurfshügel" [3] über das flache Land erhoben. Einfachere Hausformen waren Laubhütten (čatma) als Behausung der ärmeren Bevölkerungsschichten und keppe als solche der Seßhaften, sowie Berghütten (tam, entspr. der sarklja in Kaukasien), die bei den Gebirgsstämmen wie den Nuchur und den Ali-eli anzutreffen waren [4].

Im Bereich der Bewässerungsoasen Süd- und Ostturkmeniens zeigt sich eine Anpassung der Hausformen an die Seßhaftigkeit. Die Arbeit, die im Ackerbau steckt, verlangt nach einem Schutz vor räuberischen Überfällen. Befestigte Siedlungen sind daher typisch für das Gebirge

---

2. Vgl. die ausführlichen Beschreibungen in der gesamten Reiseliteratur, z.B. bei O'DONAVAN, 1882, Bd. II, S. 138, GRODEKOV, 1883, Bd. I, S. 82 f., VASILIEV, 1892, S. 66 f., MACHATSCHEK, 1921, S. 125 f., DŽIKIEV, 1961, S. 78 ff., Narody Srednej Azii, 1963, Bd. II, S. 63 f. Nach der Größe und der Konstruktion unterscheidet man von der eigentlichen Kibitke (GRODEKOV, 1883, Bd. I, Priloženie No. 16, S. 85-87) noch die einfachere, aus Kazachstan stammende Julameike, die auch von den russischen Soldaten in Turkmenien benützt wurde (GRODEKOV, 1883, Bd. I, Priloženie No. 15, S. 83-84), ohne der einheimischen Bevölkerung vorher bekannt gewesen zu sein (FEDOROV, 1901, S. 27).
3. VAMBERY, 1873, S. 72.
4. FEDOROV, 1901, S. 27, KRAHMER, 1905, S. 50 f.

und das Gebirgsvorland. Sie werden als qalʿa ("Festung") bezeichnet und haben eine weite Verbreitung vom iranischen Hochland bis Uzbekistan und Tadžikistan gefunden, wo sie sowohl als Einzel- wie auch als Gruppensiedlungsform auftreten. In Turkmenien war das qalʿa als befestigter Einzelhof (russ. chutor) am häufigsten, aber im Gebirgsvorland des Kopet-dagh erscheinen auch zahlreiche fliehburgartige qalʿa [5]. Das Baumaterial war je nach den lokalen Gegebenheiten gestampfter Lehm, getrocknete Ziegel oder - im Gebirge - Stein. Zum Typ der Festungssiedlung gehören auch runde Schutztürme (ding) auf der Feldflur, die im Fall eines überraschenden alaman als Rückzugsort und Verteidigungsstellung oder Versteck dienten [6]. Während in reinen Ackerbaugebieten das qalʿa mit Wohnmauer auftritt, bei dem die viereckige, von runden Ecktürmen bewehrte Mauer auf ein oder zwei Seiten so weit verbreitert wird, daß an ihr Platz für Ein- oder Zweiraumwohnstätten ist [7], kennen die halbnomadischen Turkmenen wohl die Schutzmauer, die ihnen einen befestigten Platz verschafft, auf dem sie ihre Kibitken aufschlagen können, aber noch kaum ortsfeste Behausungen. Solche Fliehburgen, die vor allem bei den Teke verbreitet waren, wurden in Zeiten der Gefahr aufgesucht, während sonst in der Nähe solcher Festungen Marktzusammenkünfte abgehalten wurden. In den Weidegebieten der Kara-kum entstanden ähnliche Formen in kleinerer Dimension; während die Oasen-qalʿa 500 und mehr Jurten fassen konnte, waren die Wüsten-qalʿa bei Brunnenstellen auf ein Fassungsvermögen von fünf bis

---

5. ROZENFEL'D, 1951, Narody Srednej Azii, 1963, Bd. II, S. 21 und 66 f.. Zur Erforschung der Siedlungsformen Südturkmeniens hat die "Južno-turkmenskaja archeologičeskaja kompleksnaja ėkspedicija" in den 40er und 50er Jahren wesentlich beigetragen; vgl. bspw. LEVINA u.a., 1953, S. 8 ff. zum qalʿa Bagir.
6. O'DONAVAN, 1882, Bd. II, S. 63, HEYFELDER, 1889, S. 15, ROZENFEL'D, 1951, S. 26 ff., PLANHOL, 1958, S. 256 f., KÖNIG, 1962, S. 33.
7. So werden bspw. für den Siedlungsplatz Gjaurs drei qalʿa genannt, von denen eines allein dreißig Lehmbauten seßhafter Teke-Turkmenen beherbergte (STEIN, 1882, S. 371).

zehn Zelten ausgelegt [8]. Beispiele großer qalʿa-"siedlungen" sind Denghil-tepe als Festung von Gök-tepe und Koušut-Chan-qalʿa, die große Fliehburg von Merw [9]. Welches Ausmaß die Festungen erreichen konnten, geht aus den Angaben während der Belagerung von Gök-tepe hervor; in den ersten Januartagen - also kurz vor dem Angriff der Russen (vgl.u. Abschn. 2.1.1.) - waren in der Fliehburg Denghil--tepe ca. 45 000 Menschen in 9280 Zelten versammelt [10].

Das Gebiet von Gök-tepe kann als Beispiel für einen Ausschnitt aus einer Gebirgsfußoase dienen (vgl. Abb. 5). Gök-tepe ("Blauer Hügel") ist nicht - wie heute - der Name einer Siedlung, sondern die Bezeichnung für einen Kulturlandschaftsraum mit den Siedlungen Denghil-tepe, Jangi-qalʿa und Achal (PETRUSEVIČ, 1880c, S. 162). Am Austritt des Sekiz-jab (von den Russen Opornyj genannt) aus dem Gebirge liegt Jangi-qalʿa. Die einzelnen qalʿa-Höfe sind in unregelmäßiger Streulage zwischen den zahlreichen natürlichen und künstlichen Wasserläufen angelegt worden, so daß sie inmitten des bewässerten Kulturlandes liegen (GRODEKOV, 1883, Bd. III, S. 205, KUROPATKIN, 1904, S. 133). Nach Norden hören mit zunehmender Entfernung vom Gebirgsrand die Bewässerungskanäle auf, und nur noch vier Wasserläufe erlauben die Anlage von meist einzeln stehenden qalʿa, die ihrerseits von kleinen, isolierten Flächen Kulturland umgeben sind. Diese Wasserläufe hatten im Mittelalter noch ca. 14 km weiter nach N gereicht und die Wasserversorgung der Stadt Šechr--islam gewährleistet (ATAGARRYEV i NURBERDYEV, 1966, S. 82 ff.). Auf dem Riedel zwischen den beiden westlichen Wasserläufen liegt etwa 2 km nördlich von Jangi-qalʿa die Fliehburg von Denghil-tepe, die eine Fläche von ca. 1500 x 800 m einnimmt (KUROPATKIN, 1904, S. 132). Die Anlage ist groß genug, um außer der unter Waffen stehenden männlichen Bevölkerung auch die Familien der Achal-Teke und das gesamte Vieh aufzunehmen. Die vorherrschende Form der Wohnstätten in der Festung, die während der Kampfhandlungen zum "zentralen Ort" des gesamten Kopet-dagh-Vorlandes wurde (Handel, Versorgung), ist die Kibitke (KUROPATKIN, 1904, S. 136).

Die Oase Merw hat als Achse den in zahlreiche künstliche Seitenarme aufgefiederten Murghab (vgl. Abb. 6). Das Wasser des Flusses ist, der Stammesgliederung der Merw-Teke entsprechend, so aufgeteilt, daß jede Bevölkerungsgruppe ihren eigenen aryq besitzt; dar-

---

8. Narody Srednej Azii, 1963, Bd. II, S. 67.
9. Zu Denghil-tepe: HEYFELDER, 1881a, S. 10, KRAHMER, 1881, S. 284; zu Koušut-Chan-qalʿa: O'DONAVAN, 1882, Bd. II, S. 121 und 142 f., BONVALOT, 1885, Bd. II, S. 195, HEYFELDER, 1886a, S. 186 f.
10. SOLOV'EV i SENNIKOV, 1946, S. 148.

aus ergibt sich eine fächerartige Anordnung der einzelnen ethnischen Gruppen und Besitzgemeinschaften in der Oase (VINNIKOV, 1954, S. 8 f., vgl. o. S. 48 f.). Entlang der Kanäle lagen auch die Siedlungen, die ihre größte Verdichtung etwa an der breitesten Stelle der Oase hatten, wo auch der bedeutendste Fernhandelsweg nach Serachs und zum Amu-darja hindurchzog. Als wichtigste Siedlung Turkmeniens wurde zwar in der westlichen Öffentlichkeit Merw angesehen, doch konnte man gerade hier nicht von einer Stadt sprechen (ALICHANOV, 1883, S. 51 ff., BONVALOT, 1885, Bd. II, S. 195). BOULGER, 1879, Bd. I, S. 260 ff. erwähnt nur wenige feste Gebäude. Auch das alte Merw des 18. Jhs. (an der Stelle des heutigen Bajram-Ali) hatte keinen städtischen Charakter gehabt: Eine Schule und eine Moschee waren die einzigen zentralen Gebäude, im übrigen lagen die Kibitken weit verstreut in der Oase (P o e z d k a ... Grodekova..., 1883, S. 82; vgl. auch Z a p i s k a o doroge ..., 1883, S. 191 ff., SOLOV'EV i SENNIKOV, 1946, S. 224 ff.). Seit 1860 war mit Koušut-Chan-qalᶜa ein zentraler Ort mit Markt- und Handelsfunktionen entstanden, um den sich die einheimische Bevölkerung in zahlreichen kleinen Dörfern (aul) gruppierte. Eine große Festung wurde erst 1873 als Reaktion auf die russische Expedition gegen Chiwa angelegt. Nach den spärlichen Berichten, die über dieses nach außen sich abriegelnde Gebiet in den Westen gelangten, bestand "Merw" Anfang der achtziger Jahre nur aus einem Bazar mit etlichen Karawansereien und aus einer großen Zahl von Kibitken, die über ein weites Areal mit gewisser Konzentration im Nordosten der Oase verstreut waren (vgl. PETRUSEVIČ, 1880 a, S. 34 ff.). MOSER (1885, S. 340) charakterisiert die Verhältnisse so: "Merv n'est pas une ville; ce n'est, en réalité, qu'une simple dénomination géographique donnée à une certaine portion de terre cultivée." O'DONAVAN (1882, Bd. II, S. 121 und 145) zählte später in der Fliehburg gerade 200 Wohnstätten.

Mit ihrer Größe und ihren zentralörtlichen Funktionen bilden die qalᶜa-Fliehburgen bereits eine Übergangsform zu den städtischen Siedlungen [11]. Die Verknüpfung von städtischen und ländlichen Siedlungs- und Lebensformen zeigte sich bspw. bei Iolotan. Eine zentrale Stellung nahm das große qalᶜa ein, darum gruppierten sich mehrere rein ländliche aul, und in der Nähe des qalᶜa gab es noch einige Bazargebäude; im ganzen Siedlungsraum wohnten ca. 30 000 bis 35 000 Saryq [12].

---

11. Eine bedeutende Siedlung dieser Übergangsform war Kaachka, das erst 1874 von den aus Chiwa zugezogenen Ali-eli erbaut wurde (ALICHANOV, 1883, S. 76).
12. ALICHANOV-AVARSKIJ, 1904, S. 458.

Abb. 5

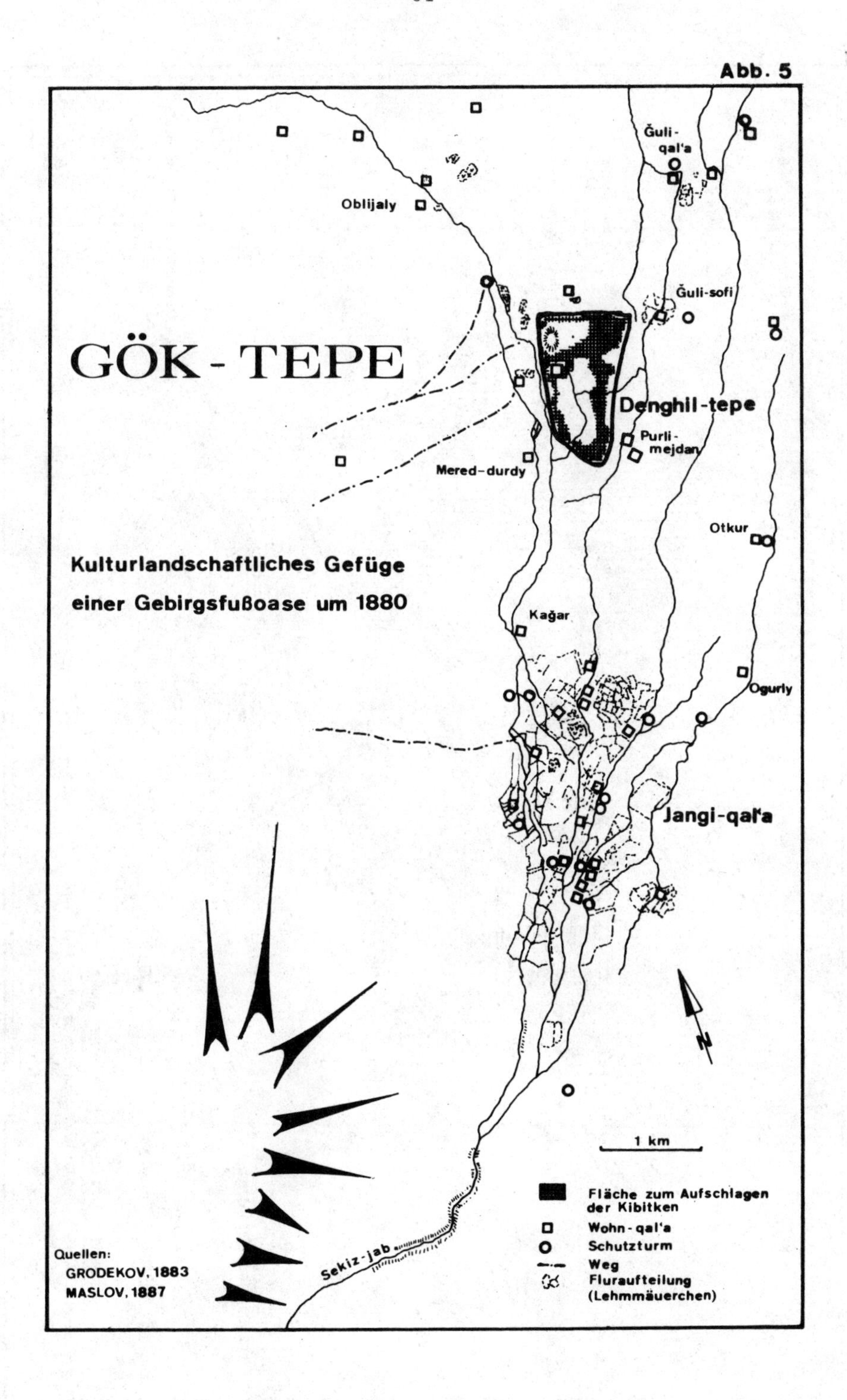
GÖK - TEPE
Kulturlandschaftliches Gefüge
einer Gebirgsfußoase um 1880
Oblijaly
Ğuli-qal'a
Ğuli-sofi
Denghil-tepe
Purli-mejdan
Mered-durdy
Otkur
Kağar
Ogurly
Jangi-qal'a
Sekiz-jab
N
1 km
Fläche zum Aufschlagen der Kibitken
Wohn-qal'a
Schutzturm
Weg
Fluraufteilung (Lehmmäuerchen)
Quellen:
GRODEKOV, 1883
MASLOV, 1887

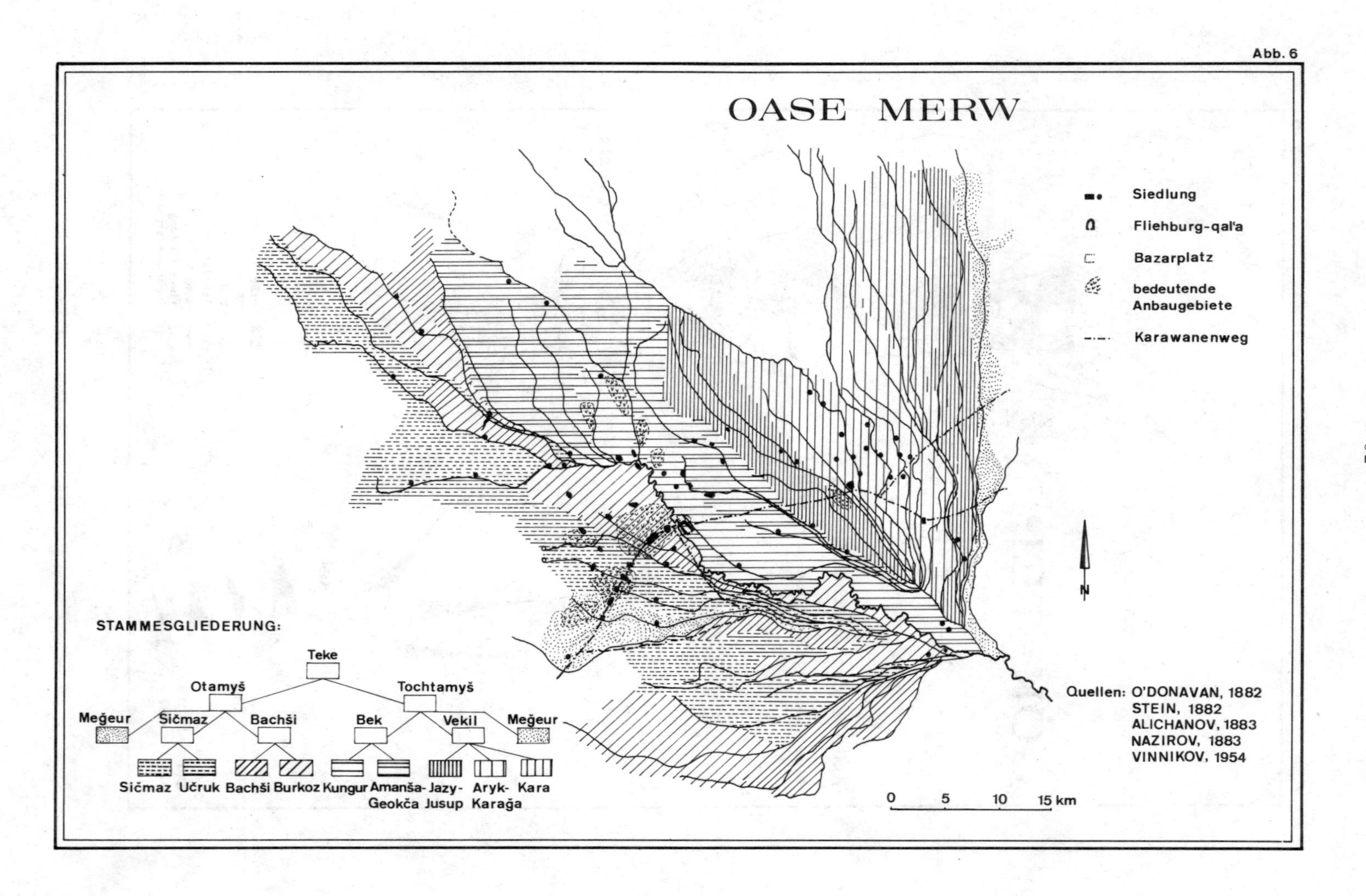
Abb. 6
OASE MERW
Siedlung
Fliehburg-qal'a
Bazarplatz
bedeutende Anbaugebiete
Karawanenweg
N
STAMMESGLIEDERUNG:
Teke
Otamyš
Tochtamyš
Meğeur
Sičmaz
Bachši
Bek
Vekil
Meğeur
Sičmaz
Učruk
Bachši
Burkoz
Kungur
Amanša- Geokča
Jazy- Jusup
Aryk- Karağa
Kara
Quellen: O'DONAVAN, 1882
STEIN, 1882
ALICHANOV, 1883
NAZIROV, 1883
VINNIKOV, 1954
0 5 10 15 km

In Südwestturkmenien vollzog sich im 19. Jahrhundert der Übergang von der Zeltsiedlung zu Ziegel- und Lehmhäusern. In den Hügel- und Bergländern dominierten schon vorher Steinbauten. Qara-qalᶜa bspw. wird als Festung mit einer "Vorstadt" von villenartigen Häusern sowie ärmlichen Hütten an den Berghängen beschrieben [13].

Nord- und Ostturkmenien waren traditionelles Hofsiedlungsgebiet mit Einzelsiedlungs-qalᶜa bei besonders großen Höfen (russ. chutor), die in Abständen von 200 bis 500 m im Bewässerungsland gruppiert waren [14]. Die Bezeichnung "qyšlaq", die man hier in den Ortsnamen findet (russ. Orthographie: kišlak), galt ursprünglich nur für die periodisch aufgesuchten, festen Wintersiedlungsplätze, wurde dann aber auf alle bodensteten Siedlungen übertragen [15]. In Nordturkmenien waren die qalᶜa-Siedlungen wegen der ständigen Streitigkeiten zwischen den Chanen von Chiwa und den turkmenischen Bewohnern weit verbreitet; einen besonderen Typ stellte eine reine Bazarsiedlung (Qyzyl-ča qalᶜa bei Kunja-Urgenč) dar [16]. Einfachere Hütten- und Hausformen in den qyšlaq sind Erdhütten, Höhlenwohnungen und Einraumhäuser aus ungebrannten Lehmziegeln [17]. Auch die lehmverschmierten Schilfhütten der Salyr können hier der Ähnlichkeit halber angeführt werden. Nebeneinander kommen solche Hausformen und traditionelle Kibitken in den Oasen des Ostens und Südens vor. Die Lehmziegelhäuser, die sich später zu größeren Gebäuden weiterentwickelten, öffnen sich meist mit einem überdachten Vorplatz (ajwan) nach einem kleinen, ummauer-

---

13. HEYFELDER, 1882b, S. 155, GRODEKOV, 1883, Bd. I, S. 30 ff., Narody Srednej Azii, 1963, Bd. II, S. 69.
14. LEVINA, OVEZOV i PUGAČENKOVA, 1953, S. 28 ff., VAJNBERG, 1959, S. 36 ff., Narody Srednej Azii, 1963, Bd. II, S. 68.
15. BARTOL'D, 1927, S. 38, KRADER, 1963, S. 163.
16. VAJNBERG, 1959, S. 33 ff. u. 41 f.. Wo freie Turkmenen im Chanat Chiwa seßhaft geworden waren, lebten sie in der Regel gemeinsam an besonderen Wegen oder in eigenen Siedlungsvierteln (GENS, 1839, S. 34).
17. Diese als "samon" o.ä. bezeichneten Lehmziegel entsprechen den adobe-Ziegeln in den Trockengebieten der westlichen Welt; vgl. dazu GENS, 1839, S. 27, VASILIEV, 1892, S. 184.

ten Hofraum in der Art eines patio. Dominant wird diese Form vor allem im Bereich des Emirats Buchara [18].

Die Beschreibung der Siedlungsformen wäre unvollständig ohne den Hinweis auf die kleinräumige Mobilität nicht nur der einzelnen Wohnstätten, sondern auch der Siedlungsplätze. Verfallene oder zerstörte Gebäude und Festungen wurden in der Regel nicht wieder aufgebaut, sondern die neue Siedlung entstand in unmittelbarer Nachbarschaft. Ergaben sich günstigere Siedlungsmöglichkeiten, so wurden auch größere Verlagerungen in Kauf genommen. Doppelsiedlungen gleichen Namens in enger Nachbarschaft sind häufig darauf zurückzuführen. So entstand auf dem linken Ufer des Tedžen-Herirud eine persische Siedlung Sarakhs in der Nähe des turkmenischen Serachs auf dem rechten Ufer; die Grenzsicherung durch die Perser und die erzwungene Ansiedlung von Salyr-Turkmenen gab den Ausschlag für diese Doppelsiedlung, die der Handels- und Verkehrsbedeutung des Flußübergangs gerecht werden sollte. In der Festungsposition erhielt Neu-Serachs zugleich große strategische Bedeutung. Ähnlich wie Merw galt der Siedlungsplatz Serachs seit langer Zeit als wichtiger Etappenort auf dem Weg nach Indien [19].

Eine echte städtische Siedlung vom Typ der "orientalischen Stadt" mit dem charakteristischen Gewirr enger Straßen und Sackgassen zwischen nah zusammengebauten, einstöckigen und flachdachigen Häusern und der sozialgeographischen Konfrontation zu den beschriebenen ländlichen Siedlungen gab es im Turkmenien des 19. Jahrhunderts nicht; Die nächsten Siedlungen dieser Art sind in Chorezm und Buchara oder noch weiter im Osten, außerdem im persischen Chorasan zu finden [20]. Dabei hat die Stadtkultur in Turkmenien eine lange Vergangenheit. Die prähistorischen Funde von Nissa und Anau in der Nähe von Aščhabad

---

18. LESSAR, 1885, S. 361, ALBRECHT, 1896, S. 70.
19. ČARYKOV, 1884, S. 141 ff., ALICHANOV-AVARSKIJ, 1904, S. 461 f.
20. Vgl. GENS, 1839, S. 27 und KRAFFT, 1902, S. 15 ff. Zu den orientalischen Merkmalen der Städte Turkestans auch Otčet po revizii..., Bd. 15, 1910, S. 3 f. und Aziatskaja Rossija, 1914, Bd. I, S. 317.

lassen älteste Schichten erkennen, die mehrere Jahrtausende zurückreichen. Mešhed-i Meserian und Merw mit seinen vier Ruinenstädten (beim heutigen Bajram-ali) sind archäologische Zeugen der mittelalterlichen Stadtbaukunst Turkmeniens [21], aber mit der Ausbreitung nomadischer Wirtschaftsformen und im Zuge kriegerischer Verwicklungen, die den Verfall der friedlichen Handelsbeziehungen im 17. und 18. Jahrhundert heraufführten, hörte diese Stadtkultur völlig auf [22].

Ihre stadtähnliche Bedeutung verdankten Merw und Serachs im 19. Jahrhundert der Lage am Handelsweg zwischen dem östlichen Turkestan und Persien [23]. Die zunehmende Unsicherheit nach der Ausbreitung der Teke-Herrschaft führte zu einem deutlichen Funktionsverlust. Kaachka gewann davon und zog Handelsbeziehungen an sich; zu Beginn der achtziger Jahre hatte es etwa 650 Kibitken (ca. 3200 Einwohner) und war damit der bedeutendste Ort in der Atek-Oase [24]. Nur das politisch zum Emirat Buchara gehörende Čarǧuj konnte mit Recht als Stadt bezeichnet werden; immerhin hatte es ca. 15 000 Einwohner [25]. Außer einem großen qalᶜa bestand in der Stadt nahe am Nordtor der Festung ein Bazar, bei dem auch die Handwerker ihren Platz hatten; zweimal wöchentlich wurde in dem als vilayet-Hauptstadt bedeutsamen Ort Markt abgehalten [26].

Eine funktionell bestimmte, hierarchische Ordnung der Siedlungen wird nur schwer zu rekonstruieren sein, so daß man eigentlich nicht von einem zentralörtlichen Gefüge sprechen kann. Aber es gab Ansätze dazu auf einem untersten Niveau des Kommunikationszentrums:

---

21. Zu den Ausgrabungen und den Ruinenstädten vgl. neben den Arbeiten der Archäologischen Südturkmenien-Expedition auch M. BABAEV, 1965, S. 81 sowie - zu Šechr-islam - ATAGARRYEV i NURBERDYEV, 1966, S. 81 ff.
22. BARTOL'D, 1927, S. 166, ALKIN, 1931, S. 195 f.
23. MEJER, 1885, S. 116 f.
24. LESSAR, 1883a, S. 6, ALICHANOV, 1883, S. 76.
25. AGIŠEV u.a., 1964, S. 13 f.. Ruinen der ehemaligen Festung von Čarǧuj sind in der heutigen Siedlung Komsomol'sk erhalten.
26. ALICHANOV, 1883, S. 59; er spricht nur von 6000 Einwohnern.

In der Wüste erfüllten Brunnenstellen diese Aufgabe für Viehwirtschaft und Karawanenverkehr, in den Oasen waren es die wenigen Markt- und Handelsorte [27].

Neue Elemente vermittelten seit der Mitte des 19. Jahrhunderts die Russen dem turkmenischen Siedlungswesen. 1869 wurde in günstiger natürlicher Hafenlage die russische Militärniederlassung Krasnovodsk gegründet [28], schon vorher war Fort Aleksandrovskij (1846) auf der Halbinsel Manghyšlaq angelegt worden, später folgten mit Michajlovskij post (1871/80) südöstlich von Krasnovodsk und Čikišljar (1871) in Südwest-Turkmenien weitere Ansatzpunkte. Bereits 1837/38 war in Nordpersien auf der Insel Ašur-ada ein russischer Stützpunkt entstanden, dem der russisch-persische Vertrag von Turkmančaj (1829) die Aufgabe übertragen hatte, für die Sicherheit des Schiffsverkehrs und für den Schutz des russisch-persischen Handels zu sorgen [29].

Funktionaler Mittelpunkt dieser Siedlungen war gewöhnlich eine Garnison mit Holz- oder Steinbauten für die Offiziere und barackenartigen oder einfach auf Stampflehmmauern errichteten Gebäuden für die Mannschaften. Daran schloß sich schnell ein Händlerviertel an, das im Dienst des Militärs stand und ein wenig dazu beitrug, einen Ausgleich mit der ansässigen Bevölkerung zu schaffen, obgleich die Händler in der Mehrzahl aus Kaukasien, zum Teil auch aus Rußland und Persien kamen, aber keine Turkmenen waren [30]. Im Zug der Eroberungen weitete sich das militärisch bestimmte Siedlungsgefüge der Russen keilförmig nach Osten aus. Von den beiden wichtigsten Basispunkten Čikišljar bzw. Krasnovodsk und Michajlovsk im Süden bzw.

---

27. Vgl. FREJKIN, 1966, S. 15.
28. Der Ortsname ist eine Übersetzung des turkmenischen Qyzyl-su ("Rotes Wasser"), das in der gleichnamigen Siedlung städtischen Typs auf der Halbinsel südlich von Krasnovodsk fortlebt.
29. KOSTENKO, 1871, S. 144 f., GRODEKOV, 1883, Bd. I, S. 20 f., LANSDELL, 1885, Bd. III, S. 929, ROSKOSCHNY, 1885, Bd. I, S. 15, FEDOROV, 1901, S. IV, Otčet po revizii ..., Bd. 15, 1910, S. 31.
30. RADDE, 1898, S. 34, Istorija Turkm. SSR, 1957, Bd. I-2, S. 121.

Norden zogen die wichtigsten Straßen zur Achal-Oase. Sie waren die Leitlinien, an denen russische Militärlager entstanden. In der Zeit unmittelbar vor dem entscheidenden Angriff der Russen konnte man geradezu von einer zentralörtlichen Rangordnung der russischen Militärsiedlungen sprechen [31]. Allerdings muß bei einer solchen Deutung berücksichtigt werden, daß das System nur für die Zeit des Feldzuges entstanden war und daß selbst in dieser kurzen Zeitspanne mit raschen Umgruppierungen je nach den taktischen Erfordernissen zu rechnen war. Immerhin heben sich neben den beiden genannten Basispunkten an der südlichen Linie Čat und Chodža-kala hervor, an der nördlichen Linie die Brunnenstelle Molla-kary sowie in der Achal-Oase Kizyl-Arvat und Bami. Dazu kamen als Truppenstandorte untergeordneter Bedeutung: Tersakan, Duz-Olum, Jagly-Olum, Karadž-batyr und auf der Halbinsel Manghyšlaq zu Fort Aleksandrovskij noch Senek [32].

Eine besondere Bedeutung gewann bereits in den Eroberungsplänen der Russen der Ort Krasnovodsk. Offizielle Motivation war der Handel: Vom Ostufer des Kaspischen Meeres sollte ein Weg ins Innere Mittelasiens erschlossen werden, dem eine Handelsfaktorei zu dienen hatte. Dazu dachte man an die Verarbeitung der Bodenschätze, vor allem des Erdöls von der Insel Čeleken [33]. Aber auch die strategische Funktion dieses Punktes für die kaukasischen Truppen, die in Mittelasien operierten, wurde nicht verschwiegen. Diese Aufgabe der Stadt, die zudem zeitweise Verwaltungssitz für den transkaspischen Teil des Generalgouvernements Kaukasus war [34], zeigte sich in aller Deutlichkeit beim russischen Feldzug gegen Chiwa im Jahr 1873 [35].

---

31. Vgl. bspw. die Darstellung der Lazarette in größeren Orten bei GRODEKOV, 1884, Bd. IV, Karte vor S. 329.
32. GRODEKOV, 1883, Bd. II, S. 115 f.
33. SOLOV'EV i SENNIKOV, 1946, S. 18 f. und 23; vgl. GRODEKOV, 1883, Bd. I, S. 96 sowie o. S. 55 Anm. 39.
34. BOULGER, 1879, Bd. I, S. 4.
35. SOLOV'EV i SENNIKOV, 1946, S. 65 nach N.A. TERENT'EV: Rossija i Anglija v Srednej Azii, St. Petersburg 1875, S. 84 - 115.

1.3.4 Sozial- und wirtschaftsräumliche Gliederung Turkmeniens im 19. Jahrhundert

Aufgrund der regionalen Differenzierung der turkmenischen Stammesbevölkerung mit ihrer Sozialordnung und ihren Wirtschaftsformen und Siedlungsweisen lassen sich die folgenden kulturgeographischen Landschaftsräume unterscheiden (vgl. Abb. 7):

(1) In den Flußtälern von Tedžen, Murghab und - unabhängig von politischen Grenzen - Amu-darja sowie in den oberen Bereichen der Delten dieser Flüsse dominierte der Bewässerungsfeldbau (Kanalbewässerung) mit den wichtigsten Nutzpflanzen der Selbstversorgung. Er stand in engem räumlichen Rahmen als čomur-čorwa-Sozialsystem in Verbindung mit der Wanderweidewirtschaft.

(2) Die randlichen Bereiche der Binnendelten von Tedžen, Murghab und weite Teile des Amu-darja-Deltas erlaubten nur einen periodischen oder gar episodischen Bewässerungsfeldbau. Er wurde durch die Weidewirtschaft in den benachbarten Halbwüstenbereichen ergänzt.

(3) Die intensiver genutzte Kulturlandstufe des Kopet-dagh-Vorlandes und der größeren Täler des westlichen Kopet-dagh (Sumbar-Čandyr-Region) war durch Bewässerungsfeldbau in kleinen, "herdförmigen" Gebirgsfußoasen bzw. Talschaften gekennzeichnet, in denen der Kjarizbewässerung eine besondere Bedeutung zukam. Auch hier fehlte die Verbindung mit dem Nomadismus in der Wüstensteppe nicht.

(4) Wie in den Binnendelten gab es auch im Gebirgsvorland eine aufgrund der unregelmäßigen Abflüsse schlechter nutzbare Stufe niedriger Höhenlage in den unmittelbaren Randbereichen zur Wüste.

(5) In den höheren Stufen des Kopet-dagh, in seinem westlichsten Teil (Küren-dagh) mit Ausnahme der erwähnten Talschaften sowie in den beiden Balchanen war die transhumante Viehwirtschaft mit hypsometrischer Variation der jahreszeitlichen Weidegebiete verbreitet. Dazu traten kleine Bereiche mit Bewässerungs- und boghara-Feldbau.

Abb. 7

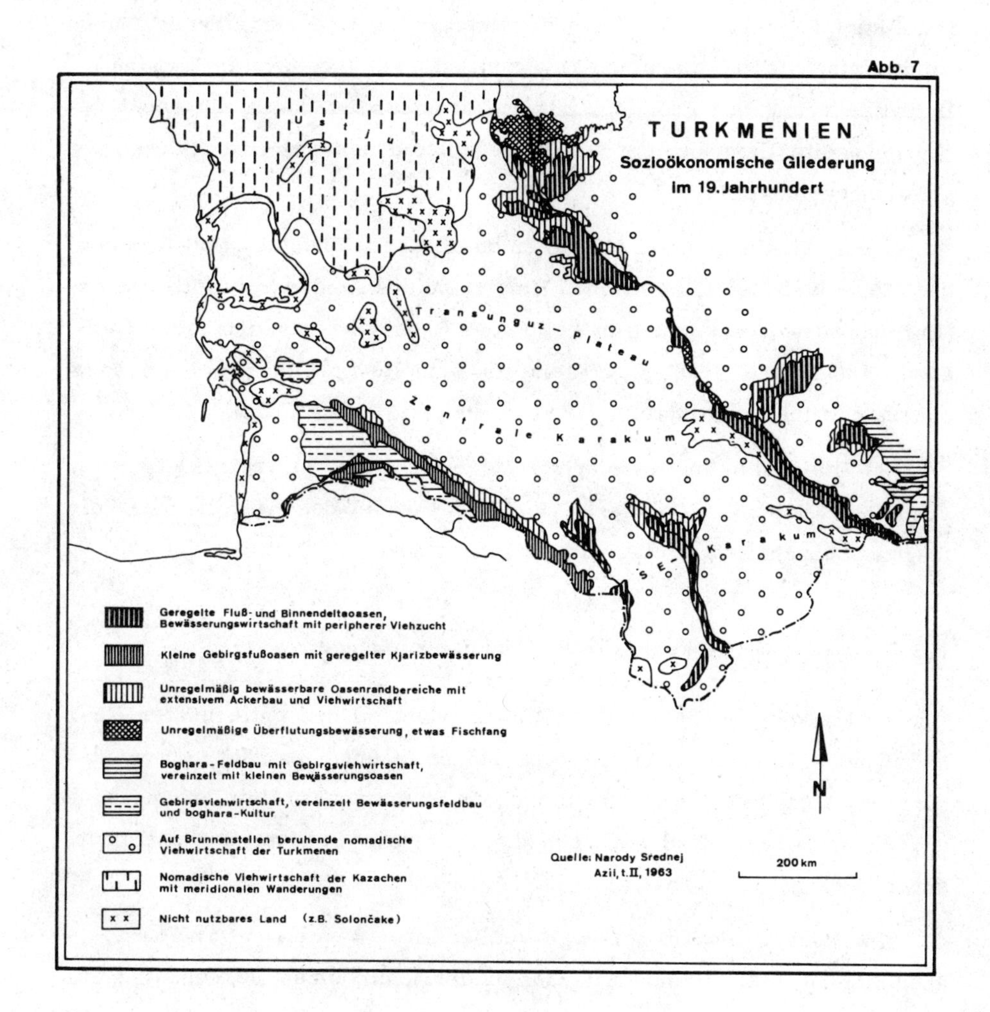
TURKMENIEN
Sozioökonomische Gliederung
im 19. Jahrhundert
Ust-Jurt
Transunguz-Plateau
Zentrale Karakum
SE-Karakum
Geregelte Fluß- und Binnendeltaoasen, Bewässerungswirtschaft mit peripherer Viehzucht
Kleine Gebirgsfußoasen mit geregelter Kjarizbewässerung
Unregelmäßig bewässerbare Oasenrandbereiche mit extensivem Ackerbau und Viehwirtschaft
Unregelmäßige Überflutungsbewässerung, etwas Fischfang
Boghara-Feldbau mit Gebirgsviehwirtschaft, vereinzelt mit kleinen Bewässerungsoasen
Gebirgsviehwirtschaft, vereinzelt Bewässerungsfeldbau und boghara-Kultur
Auf Brunnenstellen beruhende nomadische Viehwirtschaft der Turkmenen
Nomadische Viehwirtschaft der Kazachen mit meridionalen Wanderungen
Nicht nutzbares Land (z.B. Solončake)
Quelle: Narody Srednej Azii, t.II, 1963
N
200 km

(6) Während der Ust-Jurt zum Bereich des kazachischen Meridionalnomadismus gehörte, waren die Halbwüsten- und Steppengebiete der Kara-kum der Aktionsraum der turkmenischen Nomaden, deren Wanderweidewirtschaft auf einzelnen Brunnen basierte (oba-System). Eine Untergliederung des großen Wirtschaftsraumes ist durch die recht genau geregelte Umgrenzung der Weidegebieten der einzelnen Stammesabteilungen möglich.

(7) An der kaspischen Küste, in den Depressionen des Ust-Jurt und des Džantak sowie im westlichen Hinterland des Amu-darja-Mittellaufes (Barchanwüste), aber auch in Teilen des Badghyz bestanden nicht nutzbare, anökumene Areale; größtenteils handelte es sich dabei um Šore oder um reine Sandwüste.

(8) Die Inseln im Kaspischen Meer (Čeleken, Ogurčinsk) und ein schmaler Küstenstreifen waren der Lebensraum der Kaspifischer, die in genossenschaftsähnlichen Bindungen standen.

1.3.5 Verkehrs- und Handelsbeziehungen

Turkmenien gehörte im 19. Jahrhundert zu den entlegensten Gebieten der Alten Welt. In Reaktion auf die jahrhundertelange Fremdherrschaft kapselten sich die einzelnen Stämme und Abteilungen ab, so daß die Kommunikation zwischen den einzelnen Landesteilen und nach außen sehr gering war.

Am Nordfuß des Kopet-dagh verlief eine Wegeverbindung, aber Handel und Wirtschaft fanden in ihr kaum einen Verkehrsträger, weil Gebiete geringen gegenseitigen Austauschbedürfnisses miteinander verknüpft wurden [1]. Wichtiger waren in vorrussischer Zeit die zahlreichen Karawanenpfade, die die Kara-kum mehr oder weniger in nord-südlicher Richtung querten und die, durch Quellen und Brunnen

---

1. Vgl. KUROPATKIN, 1879, S. 17ff.

seit langem festgelegt, nur geringfügige Verlegungen erfahren hatten. Klimatische Schranken fand der Verkehr zur Zeit der größten Hitze im Juli und August, außerdem bei winterlichem Schneefall. Der Osten Turkmeniens war von Merw auf drei Wegen zum Amu-darja zu erreichen und darüber hinaus durch eine Vielzahl kürzerer Wege gut erschlossen [2]. Merw war für lange Zeit wohl das einzige überregionale Verkehrszentrum Turkmeniens, das auch im 19. Jahrhundert noch Bedeutung hatte, wenn man die peripher gelegenen Grenzstationen ausnimmt. Von Merw führte der wichtigste Handelsweg nach Buchara; er wurde ausschließlich von Teke-Turkmenen kontrolliert [3]. Nach Südwesten war Serachs auf einer ursprünglich gut mit Zisternenbrunnen und Karawansereien ausgestatteten Piste zu erreichen, deren hohes Alter aus zahlreichen Gedächtnishügeln (kurgan) am Wegesrand ersichtlich war [4].

Noch vor dem Bahnbau wurden von den Russen halbwegs befahrbare Wege im Westen Turkmeniens angelegt. Besonders die Militärstrecke entlang der persischen Grenze von Čikišljar über Duz-Olum und durch die Täler von Sumbar und Čandyr nach Kizyl-Arvat verdient Erwähnung; sie diente auch dem Truppenvormarsch beim Angriff auf Gök-tepe [5].

Die Schaltstellen für eine Kommunikation des Landes nach außen lagen fast durchweg in den benachbarten Ländern, die bereits zu staatlichen Gebilden herangereift waren. Vor allem Chiwa und Buchara sind zu nennen, die ebenso wie Taškent den Verkehr nach Norden und

---

2. VAMBERY, 1873, S. 70 und 363, WENJUKOW, 1874, S. 469 f., LESSAR, 1883d, S. 101 ff.; ausführliche Routenbeschreibungen finden sich in allen topographischen Berichten, vgl. u.a. KUROPATKIN, 1879, S. 25 ff., ALICHANOV, 1883, GRODEKOV, 1883, Bd. I, Priloženie S. 1 ff., LESSAR, 1883 d, S. 112 ff., NAZIROV, 1883.
3. SOLOV'EV i SENNIKOV, 1946, S. 200.
4. ALICHANOV, 1883, S. 57 und 1904, S. 461.
5. GRODEKOV, 1883/84 psm., KUZ'MIN-KOROVAEV, 1889, S. 40 ff.

Osten vermittelten. Im Süden gab es einige kleinere Grenzstationen, die den Zugang zu den persischen Zentren Mashhad und Tehrān möglich machten: Gömüš-tepe (Gomīshān) im Atrektiefland, Loṭfābād am Weg nach Mashhad und Sarakhs. In Turkmenien selbst hatten Kizyl-Arvat, Gök-tepe, ᶜAšgabat und Dušak wenigstens zeitweise Vermittlerbedeutung [6]. Im afghanischen Turkestan war Maimana wichtige Zwischenstation am Weg vom bucharischen Kerki durch die südöstlichen Randgebiete Turkmeniens nach Herat und Mashhad.

Von Chiwa gelangte man über den Ust-Jurt zum nordöstlichen Kaspischen Meer (Bucht Mertvyj Kultuk) und nach Orenburg an der russisch-mittelasiatischen Zollgrenze [7]. Buchara hatte Verbindung mit den östlichen Zentren Turkestans (Taškent, Kašgar, Kokand), vermittelte aber auch nach dem europäischen Rußland über einen Weg, der östlich des Aralsees nach Orenburg und Troick führte [8].

Landverbindungen nach Rußland bestanden damit für Turkmenien nur über die Oase Chiwa und über Buchara. Von Chiwa gelangten Karawanen nach Astrachań und Orenburg, einzelne Kaufleute kamen darüber hinaus bis zu den Handelszentren im europäischen Rußland, nach Nižnij-Novgorod (heute Gor'kij) mit seinem erstrangigen Jahrmarkt und nach Moskau. Buchara stand ebenfalls in ständiger Verbindung mit Orenburg und konnte wegen seiner Lage nahe der Pässe über die asiatischen Hochgebirge auch den Handel mit Indien vermitteln [9].

---

6. NAZIROV, 1883, S. 1 ff., SUVOROV, 1962, S. 22.
7. Dieser Handelsweg wurde bspw. in den 70er Jahren des 19. Jhs. von dem russischen Kaufmann VANJUŠIN gewählt (GRODEKOV, 1883, Bd. I, S. 7), war aber auch früher üblich (MURAWIEW, 1824, Bd. II, S. 93 und 138, JULDAŠEV, 1964, S. 63 f.).
8. Vgl. die Itinerare bei KOSTENKO, 1871, S. 304 ff.
9. Beiträge zur Länder- und Staatenkunde der Tartarei, 1804, S. 37 ff., VAMBERY, 1873, S. 358, SCHUYLER, 1876, Bd. I, S. 219 ff., SUBBOTIN, 1885, S. 32 f., vgl. Obzor ... za 1890, S. 49 ff.. Die Karawanenwege durch die kazachischen Steppengebiete wurden erst seit kurzer Zeit durch südrussische Kosaken gesichert, die den Verkehr ermöglichten; vgl. Rußlands Handelsverträge ..., 1872, S. 399.

Die Kommunikationsmöglichkeiten nach Süden waren wesentlich schlechter. Nur zwei Karawanen zogen jährlich von Chiwa über Astrabad oder Loṭfābād nach Persien, eine Karawane aus Buchara auf dem alten Teilabschnitt der Seidenstraße über Merw nach Mashhad, und selbst diese Route mußte weiter nach Süden (über Maimana und Herat) verlegt werden, als die Teke die Merw-Oase besetzten und den Verkehr beeinträchtigten [10].

Alle genannten Wege dienten nur dem Karawanenverkehr; der Gütertransport mit Wagen wie etwa der sonst in Turkestan weit verbreiteten, hochrädrigen Arba war in Turkmenien außerhalb der engsten Oasenbereiche unbekannt [11].

Die einzige Binnenwasserstraße war der Amu-darja, der im Oberlauf zwischen Termez und Kerki, zeitweise sogar bis Čarǧuj, im Unterlauf mit den Nebenarmen des Deltas ab Ḥezarasp, bisweilen bereits ab Čarǧuj, mit kleinen Kähnen befahren wurde; dazu kamen einige "Fähren", die den Strom an verschiedenen bedeutenden Übergängen, bspw. Čarǧuj, Burdalyq und Kerki, querten [12]. An der Ostküste des Kaspischen Meeres gab es eine schwach ausgebildete Küstenschiffahrt, die gleichermaßen dem Raub und dem Handelstransport zwischen Čeleken und Persien diente [13]. Ein regelmäßiger Schiffsverkehr zwischen Westturkmenien und Astrachań oder Baku wurde erst nach der Gründung von Krasnovodsk (1869) von den Gesellschaften "Kavkaz i Merkurij" und "Lebed'" eingerichtet [14].

---

10. Anfang des 19. Jhs. rechnete man noch mit jährlich ca. 500 Kamelen zwischen Buchara und Herat bzw. Mashhad (EVERSMAN, 1823, S. 76), danach setzte ein weiterer Rückgang ein; vgl. KHANIKOFF, 1864, S. 364, KOSTENKO, 1871, S. 310, VAMBERY, 1873, S. 359, MOSER, 1885, S. 203 u. 299, Obzor ... za 1890, S. 48. Der Weg von Chiwa entlang dem Uzboj nach Krasnovodsk oder Gömüš-tepe mußte als unsicher angesehen werden (GEL'MAN, 1882, S. 697).
11. THIEL, 1934, S. 229.
12. FERRIER, 1856, S. 459, NEBOL'SIN, 1856, Kap. 7, S. 9, KOSTENKO, 1871, S. 301 f., VAMBERY, 1873, S. 124 u. 132f.
13. VAMBERY, 1873, S. 25 u. 31, ROŽKOVA, 1963, S. 179 ff.
14. WENJUKOW, 1874, S. 468, ROŽKOVA, 1963, S. 189.

Wegen der schlechten Verkehrsverbindungen und der geringen Neigung der nomadisierenden Turkmenen, Handel zu treiben [15], lassen sich die Handelsbeziehungen kaum quantitativ fassen, zumal sie sich fast ausschließlich über die außerhalb liegenden Zentren abwickelten. Die folgende Tabelle kann daher nur einen groben Eindruck der Handelsaktivitäten Turkmeniens wiedergeben.

Tabelle 1 Durchschnittliche jährliche Ausfuhr Turkmeniens nach Rußland zu Beginn der 70er Jahre des 19. Jhs. [a]

Ausfuhrgut	Menge in Pud	(in t)	Wert in Rubel
Erdöl	125 000	(2 050)	40 000
Salz	170 000	(2 780)	85 000
Fische	450 000	(7 370)	500 000

a. Quelle: WENJUKOW, 1874, S. 480, PETZHOLDT, 1877, S. 337.

Für den Handel Westturans mit Rußland kamen vor allem Chiwa und Buchara in Frage [16]. Geregelte Formen hatte der russisch-mittelasiatische Austausch angenommen, nachdem Verträge mit dem Chanat Choqand (1868) und dem Emirat Buchara (1868) abgeschlossen worden waren; die Beziehungen mit dem Chanat Chiwa blieben bis 1873 gespannt [17]. Dann entstand in Urgenč (Chiwa-Oase) ein neues Zentrum für den Handelsverkehr, der durch besondere Privilegien, die der Chan den russischen Händlern einräumen mußte, begünstigt wurde [18]. Hauptziel der Karawanen aus Mittelasien war Orenburg, der Vorort eines Zollbezirks. Diese Stadt besaß 2 W (ca. 2 km) vor ihren Mauern einen großen Tauschhof; durch je ein Tor in dem ummauerten Geviert fanden die europäischen und asiatischen Kaufleute Einlaß [19]. Unter dem

15. Materialy po voprosu o torgovych putjach ..., 1869, S. 43, GRODEKOV, 1883, Bd. I, S. 75, SCHAKIR-ZADE, 1931, S. 134.
16. Beiträge zur Länder- und Staatenkunde der Tartarei, 1804, S. 62 zum Handel zwischen Chiwa und den Turkmenen, KOSTENKO, 1871, S. 277.
17. Rußlands Handelsverträge ..., 1872, S. 399 u. 402, KOSTENKO, 1871, S. 128 ff. u. 256 ff., GALUZO, 1929, S. 9.
18. PAHLEN, 1969, S. 259.
19. Beiträge zur Länder- und Staatenkunde der Tartarei, 1804, S. 64,

Einfluß des Handels entwickelte sich die Stadt Orenburg zu einem bedeutenden Ort an der Peripherie des Russischen Reiches: Verwaltungsfunktionen, besonders auf militärischem Gebiet, und höhere Schulen rundeten das Bild ab, und seit 1877 festigte eine Eisenbahnlinie nach Samara (heute Kujbyšev) an der Wolga den Anschluß an das europäische Rußland [20]. Diese infrastrukturelle Begünstigung war es auch, die Orenburg in der zweiten Hälfte des 19. Jahrhunderts eine hervorragende Stellung in der Konkurrenz mit dem südwestsibirischen Troick einräumte, das anfangs noch zumindest gleichberechtigt als Umschlagplatz gelten konnte [21]. Als weiterer Handelsplatz kam Astrachań in Frage, wie Orenburg Hauptort eines Zollbezirks [22]. Diese Stadt hatte zwar einen indischen und einen persischen Kaufhof und war Ausgangspunkt einer im Jahr 1865 dreizehn Dampfer und 403 Segelschiffe umfassenden Flotte [23], aber seine hauptsächlichen Handelsbeziehungen führten nach Kaukasien oder direkt zu den Häfen Persiens am Südufer des Kaspischen Meeres. So läßt sich nur der Transport von Tee aus Rußland über Persien nach Buchara nachweisen [24]. Im 16. Jahrhundert hatten Turkmenen auf der Halbinsel Manghyšlaq noch Handelskontakte mit dem eben (1556) russisch gewordenen Astrachań unterhalten und Fische, Schaffelle und Wolle gegen Getreide, Holzgeschirr und gußeiserne Kessel eingetauscht [25], aber mit der Südwärtswanderung der Turkmenen waren diese Verbindungen in der Folgezeit wieder abgerissen. In den dreißiger Jahren des 19. Jahrhunderts bemühte sich ein Handelshaus im nordpersischen Astrabad (Moskovskij dlja torgovli s Azieju dom čerez Astrabad, abgelöst von der Aziatskaja torgovaja kompanija - 1856 und dem Zakaspijskoe torgovoe tovariščestvo - 1857)

ROSE, 1842, Bd. II, S. 197 f., DEDE, 1844, S. 310, BARTHOLD, 1913, S. 145, ROŽKOVA, 1963, S. 76.
20. SCHUYLER, 1876, Bd. I, S. 12 f. u. 221, WESTWOOD, 1966, S. 58.
21. ALKIN, 1931, S. 197.
22. DEDE, 1844, S. 309, ROŽKOVA, 1963, S. 77.
23. ROSE, 1842, Bd. II, S. 300, BUSCHEN, 1867, S. 284.
24. DEDE, 1844, S. 103 und 107.
25. Narody Srednej Azii, 1963, Bd. II, S. 15.

um bessere Kontakte mit den wenig handelsfreudigen Bewohnern Süd-west-Turkmeniens[26].

Nach der Einrichtung des Generalgouvernements Turkestan gewann Taškent als russisch bestimmtes Verwaltungszentrum rasch an Bedeutung[27]. Auf der anderen Seite konnte mit der Gründung von Krasnovodsk ein neuer Handelsweg zum Amu-darja erschlossen werden[28]. Nach Krasnovodsk, vereinzelt sogar noch über das Kaspische Meer nach Baku gelangten in den siebziger Jahren bereits einige wenige Kaufleute aus der Achal-Oase, obwohl gerade die Teke allen Handelsbeziehungen gegenüber mißtrauisch waren[29].

Unter den Kaufleuten und Händlern - genauere Angaben liegen für Orenburg vor - spielten mittelasiatische Großkaufleute erst seit 1861 eine Rolle. Gering waren auch die zentralen russischen Gouvernements vertreten, während Orenburg, Troick, Petropavlovsk und Semipalatinsk das größte Kontingent stellten. Ungleich höher war die Zahl kleinerer Händler; 1866 kamen 292 aus den mittelasiatischen Chanaten[30].

Unter den in Orenburg aus Mittelasien nach Rußland eingeführten Waren nahm die Baumwolle immer die dominierende Stellung ein. Aus

---

26. ROŽKOVA, 1963, S. 177 f.
27. ROŽKOVA, 1963, S. 70 ff., vgl. SCHUYLER, 1876, Bd. I, S. 210 ff.
28. SOLOV'EV i SENNIKOV, 1946, Bd. I, S. 35 ff.. Schon 1865 gab es eine kleine Handelsfaktorei in Krasnovodsk, doch war der Austausch mit den Turkmenen nur gering. Seit 1873 wurde Krasnovodsk auch zu einem Umschlagplatz für den Handel zwischen Rußland und Chiwa (ibid. S. 74 ff., vgl. MEJER, 1885, S. 120 ff.).
29. VASILIEV, 1892, S. 220. Auf dem neuen Handelsweg nach Osten war vor allem das "Obščestvo dlja sodejstvija russkoj promyšlennosti i torgovle" (Gesellschaft für die Unterstützung der russischen Industrie und des Handels) tätig (ROŽKOVA, 1963, S. 77 u. 81); vgl. dazu Istorija Turkmenskoj SSR, 1957, Bd. I-2, S. 123. Wegen des mangelnden Handelsinteresses der Turkmenen war auch der Warenaustausch mit Persien gering. Anfang des 19. Jhs. lieferten die Perser Obst, Baumwolle, Seide, Waffen und Manufakturwaren nach Turkmenien. Sie erhielten dafür Filz, Pferdedecken, Teppiche, Packbeutel, Salz und Erdöl. Haupthandelsorte in Persien waren Shahrud, Tehrān und Balfrush (FRASER, 1826, S. 12 f.).
30. ROŽKOVA, 1963, S. 124 (Übersichtstabelle) und 135.

Buchara, Chiwa, aber auch aus Persien gelangte Rohbaumwolle in die russischen Manufakturen. 1824 machte die Baumwolleinfuhr Rußlands aus Mittelasien etwa ein Drittel des Gesamtvolumens der Baumwolleinfuhr aus [31]. Bis 1841 stieg sie zwar um die Hälfte an, die größere Bedarfssteigerung der sich rasch entwickelnden Textilindustrie hatte jedoch bewirkt, daß die Einfuhren aus Nordamerika und Ostindien noch rascher wuchsen, so daß auf die mittelasiatische Baumwolle nur ein Zehntel des gesamten russischen Baumwollimportes entfiel [32]. In den Jahren 1840 bis 1847 hatte die Baumwolleinfuhr Rußlands aus Mittelasien jährlich einen Wert von 0,7 bis 1,5 Mio Rubel. In der Folgezeit ist ein erheblicher Anstieg zu bemerken, den ROŽKOVA auf die veränderten Handelsbeziehungen mit China, den amerikanischen Bürgerkrieg, die militärische Aktivität Rußlands und die gestiegenen Baumwollpreise zurückführt [33]. In den sechziger und siebziger Jahren gelangte Baumwolle vor allem von Taškent, Kokand, Buchara und Chiwa nach Rußland (1867 bspw. für 5,5 Mio Rubel) [34].

Außer der Rohbaumwolle und einigen Halbfertigwaren des Textilgewerbes (gesponnene Baumwolle, etwas Stoffe) war Rußland an Seide (aus dem Ferghana-Becken), Produkten der Viehwirtschaft wie Kamelhaar, Ziegenwolle und Karakulfellen, ferner an Teppichen, Naturfarben, Zitwersamen - ein dem Ingwer verwandtes Gewürz, das ebenfalls in Indien beheimatet ist -, Trockenfrüchten usw. interessiert [35]. Auch Vieh wurde zur russischen Grenze geliefert.

---

31. Nach DEDE, 1844, S. 115: 19 000 von insgesamt 55 300 Pud (311 000 von 907 000 kg); vgl. BIEDERMANN, 1907, S. 30.
32. Nach DEDE, 1844, S. 115: 32 800 von insgesamt 314 300 Pud (537 000 von 5 150 000 kg). Einen neuen Aufschwung, der aber durch überhöhte Preisforderungen der Mittelasiaten abgebremst wurde, nahm die russische Baumwolleinfuhr während des US-amerikanischen Bürgerkriegs; vgl. Die Messe zu Nishnij-Nowgorod, 1875, S. 37 ff., KOSTENKO, 1871, S. 221 ff.
33. ROŽKOVA, 1963, S. 52, 54 u. 57 f.
34. KOSTENKO, 1871, S. 272 f., SCHUYLER, 1876, Bd. I, S. 215.
35. ROSE, 1842, Bd. II, S. 200, KÖNIG, 1962, S. 44. Zu Seide und Fellen vgl. DEDE, 1844, S. 108, Die Messe zu Nishnij-Nowgorod,

Noch reichhaltiger ist der Katalog der Waren, die von Rußland nach Mittelasien geliefert wurden. Einen bedeutenden Anteil hatten Baumwollfertigwaren, die in russischen Manufakturen aus mittelasiatischer Baumwolle hergestellt worden waren. Allerdings lag ihr Gesamtwert weit unter dem der eingeführten Baumwolle: 1840 bis 1857 wurden jährlich für 0,2 bis 0,5 Mio Rubel Baumwollwaren von den mittelasiatischen Chanaten aus Rußland eingeführt; bis 1869 stieg der Wert bei gleichzeitigen Preissteigerungen auf 6,95 Mio Rubel an [36]. Einen zweiten großen Posten stellen verschiedene Metallwaren aus Eisen, Gußeisen, Stahl und Kupfer, darunter die Samovare, die sich als russische Innovation weit nach Persien und Afghanistan ausbreiteten. Seiden- und Wollstoffe, Häute, Felle und Lederwaren, Tee, Sand- und Kandiszucker, Honig und Wachs, Holz- und Glaswaren runden die lange Liste ab [37].

Beeinträchtigt wurde der Handel durch die weiten Transportwege. Drei bis vier Monate brauchten viele Karawanen, um den Weg nach Orenburg zurückzulegen, oft mußte man sogar mit noch längeren Zeiten rechnen [38]. Zudem war die Kapazität des Kameltransportes beschränkt. Im Durchschnitt konnte ein Tier mit 16 bis 18 Pud (rd. 200 bis 230 kg) beladen werden, doch sind immer noch zusätzlich zu den Handelsgütern die Vorräte für Mensch und Reittiere auf dem langen Marsch zu berücksichtigen [39]. Wenn auch stattliche Karawanen von

---

1875, S. 49 und 263. Eine ausführliche Darstellung aller wesentlichen Handelsgüter mit statistischen Angaben für die 40er Jahre des 19. Jhs. gibt NEBOL'SIN, 1856, Kap. 10, für die spätere Zeit vgl. MEJER, 1885, S. 121.

36. DEDE, 1844, S. 108, Die Messe zu Nishnij-Nowgorod, 1875, S. 53, SCHUYLER, 1876, Bd. I, S. 216, AMINOV i BABACHODŽAEV, 1966, S. 30 f.. Allein ein Drittel der russischen Lederausfuhr ging damals nach Asien (BUSCHEN, 1867, S. 256).
37. NEBOL'SIN, 1856, Kap. 9, KOSTENKO, 1871, S. 266 ff., O'DONAVAN, 1882, Bd. I, S. 146.
38. JUFEREV, 1925, S. 23 für die Baumwolltransporte.
39. SCHUYLER, 1876, Bd. I, S. 218, Aziatskaja Rossija, 1914, Bd. II, S. 509.

vielen hundert Tieren zusammengestellt wurden, so waren dem Umfang des Handels doch Grenzen gesetzt. Damit wurde die "Warenfähigkeit" der Baumwolle, die hier mit dem russischen Begriff als "t o v a r n o s t ' " bezeichnet werden soll [40], eingeschränkt: Nur in dem Maße, in dem die Transportkapazität gesteigert wurde, konnte die mittelasiatische Baumwolle auf dem Markt im europäischen Rußland an Bedeutung gewinnen.

Zusammenfassend läßt sich sagen, daß der russische Handel mit Mittelasien durch einen bedeutenden, in der Relation zur Gesamteinfuhr aber abnehmenden Import und einen ständig steigenden Export charakterisiert wird, der erst in den sechziger Jahren des 19. Jahrhunderts zu stagnieren begann, als die den Handel beherrschenden Chanate Chiwa und Buchara in das Vorfeld der russischen Herrschaft gelangten und sich abzukapseln versuchten. In gewisser Weise läßt sich also von einer Vorform des Kolonialismus russischer Prägung sprechen [41], wie er nach der Machtübernahme in Mittelasien sicher vorhanden ist, wenn er auch mit einer Förderung der Wirtschaftsentwicklung auf einzelnen Teilgebieten Hand in Hand geht.

---

40. Unter "Warenfähigkeit" soll die Kommerzialisierung von Rohstoffen verstanden werden, die auf dem effektiven Transport vom Urproduktionsraum zum Verarbeitungsraum beruht, in dem der Rohstoff zum Industriegrundstoff wird. Die Warenfähigkeit ist daher nicht nur von Angebot und Nachfrage als marktwirtschaftlichen Faktoren, sondern auch von den Transportmöglichkeiten abhängig, die durch die Distanzüberbrückung im Sinne der o.a. Verkehrsdefinition (s. S. 7) die Funktion eines Wirtschaftsgutes verändert. Da der russische Begriff "tovarnost'" besser als die deutsche Übersetzung diesen Sachverhalt wiedergibt, wird hier und im Folgenden das Fremdwort bevorzugt.
41. Vgl. dazu die Überlegungen von KOSTENKO, 1871, S. 325 ff. zu einer Erschließung Mittelasiens als Rohstofflieferant unter Binnenhandelsbedingungen und als quasi-ausländischer Absatzmarkt.

1.4 Entwicklungstendenzen und -chancen in der turkmenischen Kulturlandschaft zu Beginn der russischen Herrschaft

Faßt man die vorangehende Analyse der turkmenischen Kulturlandschaft in der zweiten Hälfte des 19. Jahrhunderts vor dem Hintergrund der natürlichen Ausstattung und der sozialhistorischen Bedingungen zusammen, so zeigen sich charakteristische Züge in der geographischen Struktur, die die weitere Entwicklung zu bestimmen scheinen:

(1) Die das Siedlungsbild und die Sozialstruktur prägenden Wirtschaftsformen sind nomadische Viehzucht in den Steppen- und Wüstenbereichen sowie eine auf feudalistischen Prinzipien beruhende Bewässerungskultur in den Oasen. Daraus ergibt sich eine deutliche Diskrepanz zu Rußland, das an der Schwelle der industriellen Revolution mit beginnendem Industriekapitalismus steht und bestrebt ist, seine neuerworbenen Besitzungen als Rohstoffkolonien diesem Wirtschaftssystem unterzuordnen.

(2) Die staatengeschichtliche Situation im Reibungsfeld der mittelasiatischen Hegemonialstaaten und der europäischen Großmächte England und Rußland führt in Turkmenien zu einer Abkapselung nach außen, die eine Beschränkung und regionale Differenzierung auf der Grundlage der Stammes- und Wirtschaftsräume als semiautarken sozioökonomischen Raumeinheiten zur Folge hat.

(3) Den zentralen Kulturlandschaftsraum mit der weitesten Sozialentwicklung (Differenzierung und Arbeitsteilung zwischen Viehzüchtern und Ackerbauern) bilden das Kopet-dagh-Vorland und die Oase Merw. Die eigentlichen kulturellen Zentren Mittelasiens mit orientalisch-städtischen Lebensformen liegen außerhalb Turkmeniens. Auf sie richten sich aber Verkehr und Handel aus, während Turkmenien, gewissermaßen im Wirtschaftsschatten gelegen, abseits

bleibt. Die kulturlandschaftliche Dynamik, die mit der Einbeziehung in den Einflußbereich russischer Zivilisation ausgelöst wurde, konnte sich zuerst in den alten Zentren auswirken. Daraus ergeben sich Nachteile für Turkmeniens Startchance unter dem neuen Herrschaftssystem.

(4) Der Gütertransport zwischen Mittelasien und dem russischen Wirtschaftsraum als hauptsächlichem Interessenten war durch große Entfernungen, die beschränkte Kapazität des Karawanenhandels und die lange Zeit unsichere Situation in den südkazachischen Steppen behindert. Eine weitere Erhöhung der tovarnost' des hauptsächlichen Ausfuhrgutes, der Baumwolle, war mit den traditionellen Verkehrsmitteln nicht möglich.

Das sind durchweg Kennzeichen mangelhafter Kommunikationsfähigkeit und fehlender Integration in einem übergeordneten räumlichen Zusammenhang. Für eine Beseitigung der Disintegration innerhalb des Landes und in den Beziehungen nach außen ergab sich in Turkmenien als erste Forderung an Rußland, die Infrastruktur zu verbessern [1]. Die Entwicklungschancen des Landes ohne eine solche Leistung, die von außen, und zwar von den neuen Machthabern kommen mußte, sind gering einzuschätzen. Aus sich heraus bot das Land mit seinen traditionalistischen Wirtschafts- und Sozialverhältnissen keine Ansätze für einen Übergang in das neue Wirtschaftssystem.

---

1. Weitreichende Erwartungen knüpfte bspw. O'DONAVAN, 1882, Bd. II, S. 63 ff. an eine Eisenbahn durch das Kopet-dagh-Vorland: " It is not extravagant to anticipate, that at not very remote day millions of inhabitants will be found in the region now so thinly settled, and that the prosperity of old times will be revalled by the modern development of this fertile land." (S. 64).

2

DIE TRANSKASPISCHE EISENBAHN IM MITTELASIATISCHEN UND RUSSISCHEN BAHNNETZ

2.1 Die Vorgeschichte des Bahnbaus in Transkaspien

2.1.1 Die militärisch-politische Lage in Turkmenien um 1880

Die russischen Militärniederlassungen am Ostufer des Kaspischen Meeres und die Handelsbeziehungen nach Mittelasien wurden durch die Turkmenen gefährdet, deren Überfälle auf im Gelände arbeitende militärische Abteilungen, auf Garnisonen und auf Handelskarawanen schon früh den Gedanken an eine gewaltsame Befriedung des Landes aufkommen ließen [1]. Der erfolgreiche russische Feldzug gegen das Chanat Chiwa im Jahr 1873 hatte die Hoffnung auf eine Ausweitung der Machtsphäre genährt. Im Friedensdiktat, das Chiwa endgültig in die Hegemonie des Russischen Reiches brachte, hatte Rußland seine Verkehrsrechte auf dem Amu-darja festgelegt, sich Handelsprioritäten gesichert - alle Siedlungen des Chanats sollten russischen Händlern und Waren offenstehen - und dazu noch Kontributionen in Höhe von 2,2 Mio Rubel, zu zahlen im Verlauf von zwanzig Jahren, ausgehandelt [2]. Allerdings hatte Rußland Schwierigkeiten, seine Vormachtstellung auch wirtschaftlich zu nutzen: Nur schwer konnte der Kaufmann GROMOV Lieferverträge über Pferde und Kamele abschließen, die für die Achal-Expedition benötigt wurden [3]. Gerade der Kampf gegen die Turkmenen ist als eine konsequente Fortsetzung dieser absichernden Eroberungspolitik anzusehen. Berücksichtigt man dabei das eigenständige Vorgehen der militärischen Befehlshaber (vgl. o. S. 31 f.), so ist auch die Annahme

---

1. Zu den Auseinandersetzungen vgl. GEL'MAN, 1882, S. 698, ANNENKOW, 1881, S. 525 f., HEYFELDER, 1889, S. 42 ff.
2. Friedensvertrag zwischen General von KAUFMANN, Generalgouverneur von Turkestan, und SEID MUḤAMMED RAḤIM BOGADUR CHAN, Chiwa, bei SOLOV'EV i SENNIKOV, 1946, S. 68 ff., vgl. auch HOETZSCH, 1966, S. 82.
3. GRODEKOV, 1883, Bd. II, S. 36.

nicht von der Hand zu weisen, daß bei den Eroberungen im westlichen Turan eine gewisse militärische und politische Konkurrenz zwischen den beiden Generalgouvernements von Turkestan und Kaukasien, das Westturkmenien bereits 1874 als "Zakaspijskij voennyj otdel" seinem Militärbezirk einverleibt hatte, an Entscheidungen für das Vorrücken beteiligt war [4].

Unter diesem doppelten Aspekt sind die militärischen Kämpfe vor 1880 zu verstehen, die insgesamt erfolglos blieben: 1877 mußten die Russen nach einer Niederlage gegen den Teke-Führer NUR WERDY CHAN Kizyl-Arvat räumen, dann kämpfte General LOMAKIN ohne Erfolg gegen die Turkmenen, 1879 fand LAZAREV auf einer Expedition gegen Gök-tepe den Tod [5]. Die unter LOMAKIN fortgeführte Aktion scheiterte schließlich am Widerstand der Turkmenen, die den Russen eine empfindliche Niederlage beibringen konnten. Ein Nachgeben oder Rückzug schien inzwischen unmöglich; angesichts der argwöhnischen Beobachtung des russischen Vorgehens durch die Ausländer war ein erfolgreicher Abschluß der Kampagne zur Prestigefrage geworden [6].

Die Erfahrungen zeigten, daß sich die Turkmenen bei einem Kampf herkömmlicher Art aufgrund ihrer besseren Landeskenntnis als überlegen erwiesen hatten, vielfach nach Partisanenart angriffen und damit auch den russischen Vorteil einer halbwegs gesicherten Militärlinie zwischen Čikišljar und Čat ausgleichen konnten. Mit der Ernennung von M. D. SKOBELEV zum Befehlshaber in Transkaspien ging man daher an eine militärische Neuorganisation. Dienst und Disziplin in den Lagern wurden gefestigt, die Taktik des Vorgehens überprüft und neu festgelegt [7]. Nachdem Informationen über die Anlage der großen Fliehburg Denghil-tepe vorlagen, wurde beschlossen, durch einen groß an-

---

4. Vgl. MEJER, 1885, S. 118.
5. BOULGER, 1879, Bd. I, S. 263 ff., KRAHMER, 1881, S. 271 ff. und 1905, S. 3 ff., GRODEKOV, 1883, Bd. I, psm., PIERCE, 1960, S. 39 ff., The annexation of the Akhal oasis, 1960, S. 357 ff.
6. Vgl. KUROPATKIN, 1904, S. 100.
7. KRAHMER, 1881, S. 292 und 1905, S. 12.

gelegten Angriff auf diesen letzten Rückhalt der Achal-Teke den Kampf zu entscheiden.

Neben SKOBELEV erschien als zweite Persönlichkeit, deren Tätigkeit von weitreichender Bedeutung war, der Offizier M. N. ANNENKOV (1835 - 1898), der mit der Durchführung des Bahnbaus beauftragt worden war. Er hatte im deutsch-französischen Krieg 1870/71 im Stab von MOLTKE den Einsatz von Feldeisenbahnen miterlebt und später in Südwest-Rußland selbst Militärbahnen anlegen lassen. Strategische Bedeutung hatten seine technischen Bemühungen im russisch-türkischen Krieg 1876 erlangt [8]. Rührig und mit großem Organisationstalent förderte er indirekt durch das militärische Management im Eisenbahnwesen die Tendenzen, die auf eine Verstaatlichung der Bahnen abzielten (dazu vgl. u. Abschn. 2.2.3.5.). Aufgrund seines Ansehens, das ihm der Bau der Transkaspischen Bahn einbrachte, wurde er Mitglied des Kriegsrates in St. Petersburg, wo er auch seine letzten Lebensjahre verbrachte. Doch diese Zeit wird dadurch überschattet, daß er den Verlockungen der Korruption erlegen war; man ließ ihm zwar seine Titel, beauftragte ihn jedoch nur noch mit repräsentativen Aufgaben [9].

Rascher, als die ursprüngliche Planung vorgesehen hatte, begannen die militärischen Aktionen vor Gök-tepe. Ohne daß der Eisenbahnbau die Maßnahmen vor der Turkmenenfestung direkt unterstützen konnte, wurde am 12./24. 1. 1881 die Fliehburg Denghil-tepe eingenommen [10]. Als wenige Tage später auch das von seinen Bewohnern verlassene ᶜAšgābād kampflos KUROPATKIN zufiel, war der letzte turkmenische Rückhalt in der Achal-Oase verloren; den Bewohnern blieb nur die Kapitulation vor der russischen Eroberung [11].

---

8. Die Transkaspische Eisenbahn, ZVDEV 1888, S. 377, HEYFELDER, 1889, S. 55 ff. u. 158, RODZEVIČ, 1891, S. 19.
9. Bol'šaja enciklopedija, Bd. I, 1904, S. 664, THIESS, 1910, S. 1021.
10. Ausführliche Darstellung mit militärischen Details bei KRAHMER, 1881, S. 324 ff., und 1905, S. 18 f., GRODEKOV, 1883, bes. Bd. III, S. 245 ff., MASLOV, 1887, S. 123 ff., SOLOV'EV i SENNIKOV, 1946, S. 140-168.

Im Februar kam die östlich anschließende Atek-Oase dazu, und Ende Mai 1881 verkündete ein zarischer Ukaz die Einverleibung der Achal-Oase als Teil des kaukasischen Generalgouvernements in das Russische Reich. Abgeschlossen wurden die russischen Eroberungen in Turkmenien durch die von ALICHANOV(-AVARSKIJ) eingeleitete "freiwillige" Unterwerfung der Merw-Teke (Januar 1884), der Ersari in Südost-Turkmenien, die Sicherung der Grenze gegen Afghanistan im Kampf um die Penǧdeh-Oase (April 1885) und die anschließenden Grenzregelungs-Verhandlungen mit Großbritannien (1885 - 1887) [12].

Mit der vertraglichen Regelung der Grenzen nach Persien (STEIN, 1882, vgl. GRODEKOV, 1884, Bd. IV, S. 107 ff., MEJER, 1885, S. 138 f.) und Afghanistan (Afganskoe razgraničenie ..., 1885) war auch eine Reform der administrativen Einteilung Turkmeniens verbunden. Seit der Einrichtung der beiden ersten pristavstva (Kommissariate) Mangyšlak und Krasnovodsk des Zakaspijskoj voennyj otdel im Kavkazskij voennyj okrug (1874, vgl. GRODEKOV, 1883, Bd. I, S. 112) war der russische Machtbereich erheblich gewachsen. Vor den Kämpfen um Gök-tepe hatte man bereits vier volosti (ländliche Amtsbezirke) eingerichtet (PM 25, 1879, S. 157). Kurz vor dem Abschluß der Kampfhandlungen im Südosten gliederte sich Turkmenien in die uezdy (Bezirke) Mangyšlak, Krasnovodsk und Achal-Teke, dazu kamen die okrugi (Kreise) Merv und Tedžen sowie die beiden pristavstva Iolotań und Serachs (MEJER, 1885, S. 103), die später den zu uezdy erhobenen Kreisen Merv und Tedžen angegliedert wurden. Bis 1890 blieb Transkaspien Teil des Generalgouvernements Kaukasus, war dann als Gouvernement (unter KUROPATKIN) dem Kriegsministerium in St. Petersburg unmittelbar unterstellt und wurde schließlich 1899 als oblast' (Verwaltungsgebiet) dem Generalgouvernement Turkestan, später Turkestanskij kraj, zugeordnet (AMBURGER, 1966, S. 411). Transkaspien war in fünf uezdy eingeteilt, in denen einzelne pristavstva eingefügt waren [13]. Zur Entwicklung der Verwaltungsgliederung nach 1917 s. u. Abschn. 3.1.

---

11. KRAHMER, 1881, S. 332, GRODEKOV, 1884, Bd. IV, S. 13 f., ROSKOSCHNY, 1885, Bd. I, S. 51, MASLOV, 1887, S. 176, The annexation of the Akhal oasis, 1960, S. 359.
12. Afganskoe razgraničenie ..., 1885, psm., ABDUR RAHMAN, 1900, Bd. I, S. 243 ff., ALICHANOV-AVARSKIJ, 1904, S. 73 f. und 471 ff., SOLOV'EV i SENNIKOV, 1946, S. 268 f.
13. MEJER, 1885, S. 118 f., Obzor ... za 1882-1890, S. 9-11, ... za 1890, S. 1 ff., ... za 1891, S. 1 u. 6 f., ... za 1893, S. 1 ff., Aziatskaja Rossija, 1914, Bd. I, S. 59, Otčet po revizii ..., 1910, Bd. 10, S. 32 ff. und Bd. 14, S. 109 ff., SOLOV'EV i SENNIKOV,

2.1.2 Projektinitiativen, Motivationen und Entscheidungen für den Bahnbau

Die älteren Projekte, die in Mittelasien den Zielraum für einen Schienenweg sahen, verfolgten einerseits wirtschaftliche Vorstellungen - man dachte an Baumwolle für die im Aufbau befindliche Textilindustrie, aber auch an Absatzmärkte für russische Waren -, zum anderen politische oder besser kosmopolitische Absichten. Es gehört in das Gedankengut des 19. Jahrhunderts, wenn man nach dem Zeitalter der Entdeckungen im Zuge der Entschleierung der Erde nunmehr die einzelnen Großräume durch moderne Verkehrswege miteinander zu verbinden suchte. In Nordamerika war 1869 mit der Central Pacific die erste Transkontinentalbahn entstanden, in Nordafrika wurde das Problem der Trans-Sahara-Bahn auf französischer, das der Kap-Kairo-Linie auf englischer Seite diskutiert. Ferdinand de LESSEPS, der den Durchstich der Suezenge geleitet hatte, machte für Eurasien einen weitreichenden Vorschlag: In Erweiterung der Pläne, die K.S. BEZNOŠIKOV 1871 vorgelegt hatte, sollte eine durchgehende Verbindung Calais - Calcutta über Orenburg, Samarkand und Kabul Indien erreichen [1]. Schon 1869 wurde ein kleineres Bahnprojekt mit einer Trasse zwischen Krasnovodsk und dem Amu-darja erwogen [2].

Auch ANNENKOV hatte 1874 in einer Reihe von Aufsätzen unter dem Titel "Otnošenie anglo-indijskich vladenij k severo-zapadnym sosedjam" (Beziehung der anglo-indischen Besitzungen zu ihren nordwestlichen Nachbarn) diese Fragen angeschnitten; nachdem die Anfangsstrecke in Transkaspien gebaut worden war, konnte er wieder daran anknüpfen [3].

1946, S. 91 ff. u. 308 ff., Istorija Turkmenskoj SSR, 1957, Bd. I-2, S. 141; MASLOV, 1887, S. 200, PIERCE, 1960, S. 42 und 55 f.

1. Materialy po voprosu o torgovych putjach ..., 1869, S. 15 ff., SCHUYLER, 1876, Bd. I, S. 222 ff., CURZON, 1889/1967, S. 35 f., PIERCE, 1960, S. 184 f., ROŽKOVA, 1963, S. 115, ACHMEDŽANOVA, 1965, S. 22 und 27 ff.; Übersicht bei RECLUS, 1881, S. 567.
2. Materialy po voprosu o torgovych putjach ..., 1869, S. 49.

Die Hindernisse, die einer Durchführung dieser großen Projekte im Wege standen, waren weniger finanzieller Art, obwohl die optimistischen Vorhersagen über den zukünftigen Verkehr auf dieser Fernstrecke heftig angegriffen und bezweifelt wurden [4], als vielmehr politischer Natur. Der Gegensatz zwischen Rußland und England (vgl. dazu o. Abschn. 1.2.2.) verbot die Durchführung dieser Vorhaben, die deshalb auch selten auf höheren Regierungsebenen vorgetragen, sondern vielmehr in technischen Gesellschaften oder Offizierskreisen erwogen wurden [5].

Der Gedanke, eine taktische Feldbahn zu bauen, kam 1879 unter den Stabsoffizieren in Westturkmenien auf; mit den wirtschaftlichen oder gar kosmopolitischen Überlegungen hatte er zunächst nichts gemeinsam. Vielmehr sahen die Pläne nur den Bau einer Bahn von Michajlovskij post nach Kizyl-Arvat oder einen anderen Punkt der Achal-Oase vor. Man ging davon aus, daß die 220 W (234,7 km) lange Strecke in zwei Monaten gelegt werden könne, rasch genug, um sie bei der Expedition gegen die Achal-Teke zu verwenden [6]. Der Plan stieß auf Einwände im Kriegsministerium: Minister MILJUTIN hielt die Bahn aus politischen und finanziellen Gründen für unrealisierbar und sprach ihr auch jeden praktischen Wert für die Achal-Expedition ab, während der designierte Kommandant SKOBELEV auf einer Stabsversammlung im Januar 1880 erneut eindringlich den Bahnbau forderte [7].

---

3. ANNENKOV, 1881, 1887; vgl. HEYFELDER, 1889, S. 59 ff., RODZEVIČ, 1891, S. 44.
4. ČERNJAEV, der Eroberer von Taškent, schrieb einen sarkastischen Aufsatz unter dem Titel "Akademičeskaja železnaja doroga" (Eine akademische Eisenbahn), der die Pläne ANNENKOVs ad absurdum zu führen versuchte; vgl. Die Transkaspische Eisenbahn, ZVDEV 1888, S. 378, HEYFELDER, 1889, S. 75 mit Auszügen des Aufsatzes (aus der Zeitschrift "Novoe Vremja"), KREUTER, 1890, S. 35.
5. Zu den englischen Demarchen in St. Petersburg vgl. ALICHANOV-AVARSKIJ, 1904, S. 457 f., zu den Bahnbauinteressen von Handelshäusern ACHMEDŽANOVA, 1965, S. 30.
6. GRODEKOV, 1883, Bd. I, S. 177, zu den Erörterungen über eine taktische Feldbahn ausführlich ACHMEDŽANOVA, 1965, S. 32 ff.
7. GRODEKOV, 1883, Bd. I, S. 181, ACHMEDŽANOVA, 1965, S. 24.

Nun wurden Parallelvorschläge von Technikern unterbreitet: de LOS WALLACE, der die St. Petersburger Vertretung der Firma DECAUVILLE leitete, schlug vor, das Problem mithilfe der von seiner Firma entwickelten, unbefestigt verlegbaren Schmalspur-Feldbahn (sog. Decauville'scher Strang) zu lösen [8], während der Amerikaner BERRY mit dem Ziel einer möglichen Verlängerung nach Herat und Quetta anbot, die Eisenbahn auf eigene Kosten zu bauen [9]. Ausländisches Interesse am Operationsfeld Westturan widersprach nun aber den militärischen Vorstellungen, so daß sich SKOBELEV durchsetzen konnte. Unter der Annahme, daß die Eroberung der Achal-Oase Anfang 1882 stattfinden würde, stellte man den Plan auf, der für 1881 den Bau einer schmalspurigen Dampfbahn bis Ajdin und für Anfang 1882 die Fortführung der Eisenbahn als Pferdebahn bis Ušak vorsah. Die bewußt einfache Bauart - mit dem Decauville-Strang - sollte Ausdruck der Rücksichtnahme auf die englischen Interessen sein [10].

Die Verlegung der Schienen zwischen Michajlovsk und Molla-kara zeigte schon in der ersten Jahreshälfte 1880 die technischen Schwierigkeiten. Die Materialzufuhren aus Rußland verzögerten sich, und schließlich blieb der Bau im Wüstensand stecken und erwies sich als ohne größere Investitionen undurchführbar [11]. Vor allem war die Spurweite des Decauville-Stranges (19 Zoll = 475 mm) zu gering, weil eine sichere Befestigung unmöglich war. Außerdem verzögerte sich die Inbetriebnahme durch das verspätete Eintreffen der Waggons [12]. Die erste Transkaspische Eisenbahn war daher ein völliger Mißerfolg.

---

8. GRODEKOV, 1883, Bd. I, Priloženie No. 5, S. 51 f.
9. GRODEKOV, 1883, Bd. I, S. 183, CURZON, 1889/1967, S. 38, PIERCE, 1960, S. 185 f.
10. GRODEKOV, 1883, Bd. I, S. 190 ff.
11. Zur Vorbereitung des Bahnbaus vgl. GRODEKOV, 1883, Bd. I, S. 226 ff. und Bd. III, S. 70 ff., CURZON, 1889/1967, S. 40 f., RODZEVIČ, 1891, S. 10, PETLINE, 1897, S. 1.
12. GRODEKOV, 1883, Bd. I, S. 275 und Bd. II, S. 176. POLTORANOV, 1885, S. 65.

Erneut wurden unter Leitung der Ingenieure LESSAR, JUGOVIČ und POGORELKO Trassierungsarbeiten im Gelände durchgeführt [13], ehe Verhandlungen in St. Petersburg am 25.11./7.12.1880 zur endgültigen Baugenehmigung für eine festverlegte Eisenbahn mit russischer Normalspur (1524 mm-Breitspur) nach Kizyl-Arvat führten [14]. Diese Entscheidung war nicht nur ein militärischer und technischer Fortschritt, sondern sie ist zugleich politisch zu verstehen, denn jetzt hoffte man auch auf eine spätere Verlängerung der Strecke [15]. Das schon länger latent vorhandene Motiv der europäisch-asiatischen Fernverbindung wurde damit in die aktuelle Planung einbezogen.

Wirtschaftliche Motivationen hat ACHMEDŽANOVA (1965, bes. S. 14 ff.) als Voraussetzung für den Bahnbau hervorgehoben; die Hauptmotive seien das Interesse Rußlands an der mittelasiatischen Baumwolle, die Länge und die Kosten des Karawanentransportes und überhaupt der Handel mit Mittelasien. Dagegen zeigt die russische Bahnpolitik, daß eine ausschließlich wirtschaftliche Motivation um 1880 - d. h. kurz nach einem Türkenkrieg, der die Staatsfinanzen ruiniert hatte [16] sowie bei zunehmender Einschränkung der privaten Eisenbahninitiative - nicht hinreichend den Bahnbau in einem unwirtlichen Gebiet an der Peripherie des Reiches rechtfertigen konnte. Die Vorgeschichte der Bahn, die militärische Verwaltung und die abseitige Lage weisen vielmehr den strategischen Charakter der Erstanlage nach. Daß die Bahn wirtschaftliche Bedeutung bekam, kann nicht abgestritten werden; aber die Autorin muß selbst einräumen, daß die Entscheidung für den Baubeginn nicht von wirtschaftlichen, sondern von militärischen Belangen bestimmt war [17].

---

13. GRODEKOV, 1883, Bd. I, S. 229 und Bd. II, S. 87 ff.
14. GRODEKOV 1883, Bd. III, S. 65, VACLIK, 1888, S. 9, DMITRIEV-MAMONOV, 1903, S. 157 und 159, Aziatskaja Rossija, 1914, Bd. II, S. 545, SOLOV'EV i SENNIKOV, 1946, S. 172.
15. GRODEKOV, 1883, Bd. I, S. 276.
16. Zur Analyse der Wirtschaftslage in Rußland um 1880 vgl. BLOCH, 1899, Bd. II, S. 267 ff., LAUE, 1963, S. 14 ff.
17. ACHMEDŽANOVA, 1965, S. 37.

2.2 Die Transkaspische Bahn zwischen dem Kaspischen Meer und Čardžuj (- Samarkand)[1]

2.2.1 Bau und Streckenführung der Hauptbahn

Da die Hauptbahn ausschließlich der aktuellen militärischen Taktik dienen sollte, wählte man als Ausgangspunkt nicht Krasnovodsk - die Streckenführung von dort ins Landesinnere hätte schwierige und langwierige Bauten am Steilabfall des Kuba-dagh erfordert [2] -, sondern den östlichsten von kleineren Schiffen gerade noch erreichbaren Punkt im südlichen Teil des Krasnovodsker Meerbusens. Hier wurde im Juni 1880 die nach dem Großfürsten und kaukasischen Statthalter MICHAIL NIKOLAEVIČ benannte Stützpunktsiedlung Michajlovskij post wieder besetzt, deren erste Mannschaft noch in Zelten untergebracht war, ehe man an die Anlage einfacher Erdhütten und Baracken gehen konnte [3]. Für die Trinkwasseraufbereitung wurden zwei einfache Entsalzungsanlagen installiert [4].

Der Bahnbau begann mit der Überwindung der besonders problematischen Sandwüstenstrecke, welche die ursprüngliche Feldeisenbahn nicht hatte meistern können [5]. Da jegliche Vegetation fehlte, versuchte man den Sand zu befestigen, indem man ihn mit salzigem Meerwasser begoß und mit Lehm abdeckte - eine Methode, die sich auch später gut bewährt hat [6]. Obwohl die Arbeiten anfangs zügig voranschritten, hatte

---

1. Vgl. Abb. 8.
2. Zur Streckenführung und einzelnen Stationen vgl. HEYFELDER, 1886b, S.295, Zapiska o sostojanii ..., 1899, DMITRIEV-MAMONOV, 1903, KRAHMER, 1905, S. 209 ff., MESSNER, 1912.
3. Eine kleine russische Besatzung hatte sich schon 1871 zum ersten Mal hier niedergelassen; vgl. HEYFELDER, 1886a, S. 174 u. 1889, S. 96.
4. GRODEKOV, 1883, Bd. II, S. 234.
5. Zum Bau vgl. GRODEKOV, 1883, Bd. III, S. 71 ff.
6. HEYFELDER, 1889, S. 98. Diese Methode der Sandbefestigung geht auf Versuche in Algerien zurück; umgekehrt wirkte der erfolgreiche

die Bahn erst Achča-Kujma erreicht, als Denghil-tepe fiel, und sie stand damit 125 km von Michajlovsk und 283 km von Gök-tepe entfernt[7]. Während des Winters waren erneut die Materiallieferungen über das Kaspische Meer aufgehalten worden, so daß der Weiterbau gebremst wurde. Das Material, das man bereits vor Wintereinbruch angesammelt hatte, reichte für den beschleunigten Bau nicht aus, und dem Transport von Kriegsmaterial wurde außerdem eine Präferenz eingeräumt, die sich negativ auf den Bahnbau auswirkte[8].

Nach dem Feldzug wurde der Bahnbau noch bis Kizyl-Arvat fortgeführt (rd. 107 km), wo die Bahn mit der Eröffnung am 20. 9. 1881 einen vorläufigen Abschluß fand[9]. In Kizyl-Arvat richtete sich die Eisenbahnverwaltung ein, außerdem wurde dort ein Eisenbahnbataillon stationiert, dem der militärische Schutz der Strecke oblag[10]. Zwei Lagebedingungen hatten die Streckenführung bis Kizyl-Arvat zweckmäßig erscheinen lassen: Von Südwesten stieß die südliche Militärlinie von Čikišljar über den Küren-dagh und den Kopet-dagh vor, dazu war Kizyl-Arvat die westlichste Siedlung in der Achal-Oase, zu der sich Rußland damit einen gesicherten Zugang verschafft hatte[11].

Bau der Transkaspischen Bahn auch fördernd auf die Planungen für die - allerdings nie realisierte - Trans-Sahara-Bahn (ANNENKOV, 1886, S. 135, BLANC, 1893/94, S. 346 und 1894/95, S. 325 u. 330). Später wurden an der Transkaspischen Bahn noch zwei andere Methoden angewandt, die Befestigung des Bahndammes mithilfe regelmäßig eingelegter Schichten von Saksaulzweigen (Faschinenbefestigung) sowie die Anpflanzung von Xerophyten beiderseits des Dammes (vor allem Saksaul, Tamariske und Hafer); vgl. Die Transkaspische Eisenbahn, ZVDEV 1888, S. 389. Die Wasserversorgung der Bahn hatte Vorbilder im Sudan (SYTENKO, 1885).

7. Am 30.1./11.2.1881 wurden die ersten 83 W (88,5 km) bis Ajdin dem Verkehr übergeben, die Reststrecke bis Achča-Kujma konnte bereits als Pferdebahn betrieben werden (Globus 39, 1881, S. 286, KRAHMER, 1898, S. 32). In diesen Abschnitten diente die Bahn dem Militär.
8. GRODEKOV, 1883/84, Bd. II, S. 91 u. 235 ff., Bd. III, S. 177 sowie Bd. IV, S. 73.
9. SUVOROV, 1962, S. 23.
10. HEYFELDER, 1889, S. 100.
11. HEYFELDER, 1886a, S. 172, BOULANGIER, 1888, S. 325.

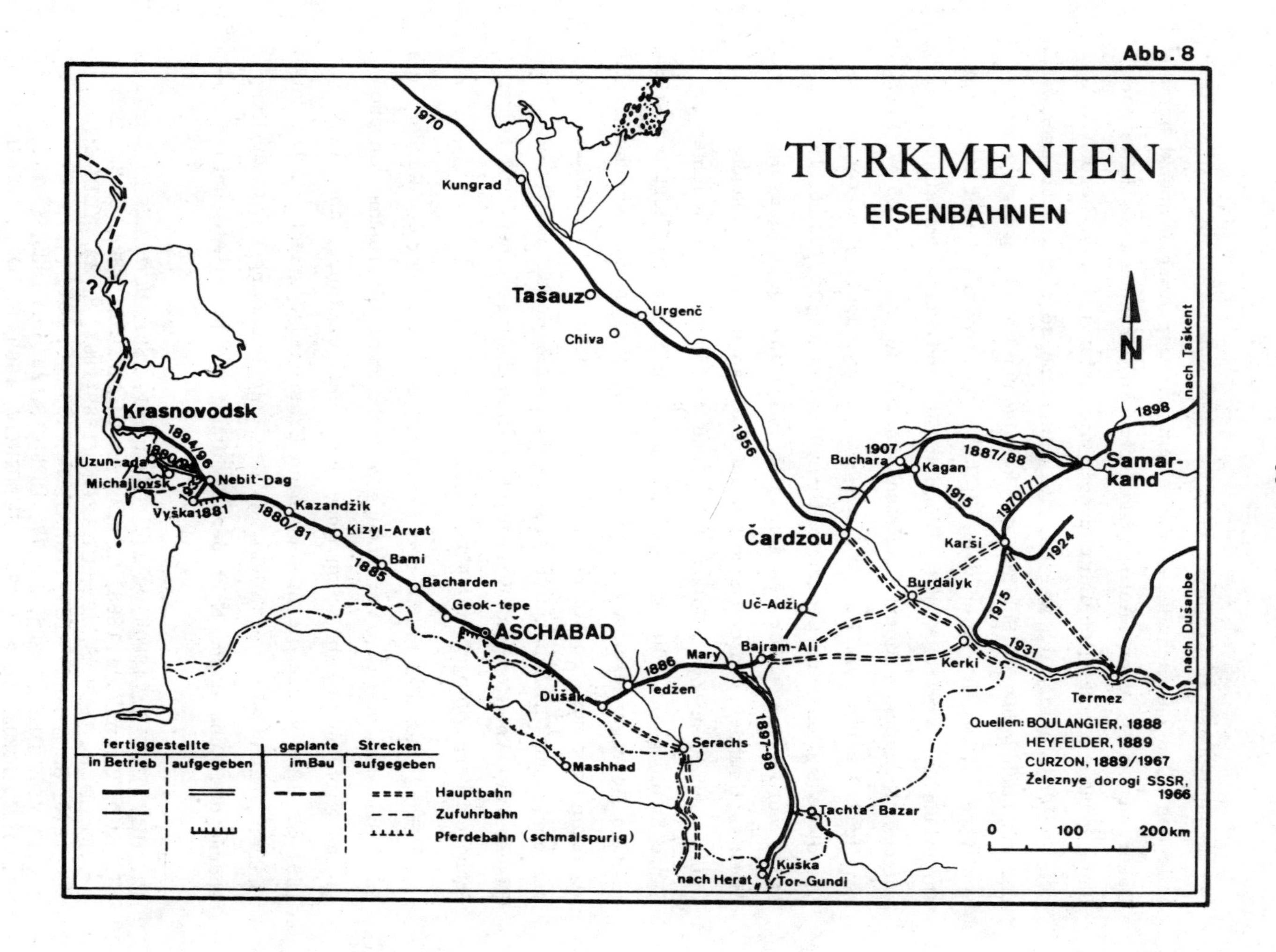
Abb. 8
TURKMENIEN
EISENBAHNEN
N
nach Taškent
1898
Samar-kand
nach Dušanbe
Termez
1924
1970/71
1887/88
1915
Karši
1931
Kerki
Burdalyk
Kagan
1907
Buchara
Čardžou
1956
Urgenč
Chiva
Tašauz
Kungrad
1970
Uč-Adži
Bajram-Ali
1897-98
Tachta-Bazar
Kuška
Tor-Gundi
nach Herat
Serachs
Mary
1886
Tedžen
Dušak
AŠCHABAD
Mashhad
Geok-tepe
Bacharden
Bami
1885
Kizyl-Arvat
Kazandžik
1880/81
Nebit-Dag
Vyška 1881
Krasnovodsk
1894/96
1880
Uzun-ada
Michajlovsk
fertiggestellte Strecken
in Betrieb
aufgegeben
geplante
im Bau
aufgegeben
Hauptbahn
Zufuhrbahn
Pferdebahn (schmalspurig)
Quellen: BOULANGIER, 1888
HEYFELDER, 1889
CURZON, 1889/1967
Železnye dorogi SSSR, 1966
0 100 200 km

In den ersten fünf Jahren nach Betriebsbeginn zeigten sich Nachteile des allzu raschen Baus. Vor allem war der Ausgangspunkt auf die Dauer ungünstig, denn Michajlovsk drohte zu versanden und hätte nur unter großen finanziellen Zuwendungen als Hafen erhalten werden können; vollends unmöglich war es, die Fahrrinne so tief auszubaggern, daß sie auch größeren Schiffen der kaspischen Flotte zugänglich gewesen wäre [12]. So fiel unter dem Einfluß von ANNENKOV und einer Versammlung der Vertreter aller Dampfschiff- und Handelsgesellschaften auf dem Kaspischen Meer die Entscheidung, die Bahn um 25 W (26,7 km) nach Westen zum Punkte Uzun-ada ("Lange Insel") zu verlängern. Als diese Station nach sechsmonatiger Bauzeit am 10./22. 5. 1886 eröffnet wurde, war außer den zentralen Bahn- und Quai-Anlagen, die ein direktes Umladen von den Schiffen auf die Bahnwaggons erlaubten, nur wenig vorhanden: Zwei Holzhäuschen und einige Filzzelte machten die ganze Siedlung aus, die dann jedoch rasch zu einem Hafenort mit städtischem Gepräge heranwuchs, dessen Funktionen auf den Warenumschlag abgestimmt waren. So konnten Reisende schon bald von lebhaftem Treiben berichten [13]. Neben Uzun-ada behielt Michajlovsk mit Depot, Eisenbahnwerkstätten und Wasseraufbereitungsanlage einen Teil seiner früheren Versorgungsfunktionen [14].

Ein zweites Mal mußte der Kopfpunkt der Bahn verlegt werden, als auch Uzun-ada von der Versandung bedroht war. Die Diskussion über dieses Problem begann schon Ende der achtziger Jahre, aber erst 1894 bis 1896 wurde die Strecke nach Krasnovodsk gelegt [15]. Die lange Bauzeit erklärt sich vor allem aus der Untertunnelung einzelner Bergsporne des Kuba-dagh. Nach der Eröffnung des neuen Abschnittes (Ok-

---

12. HEYFELDER, 1886a, S. 177, Globus 51, 1887, S. 302.
13. ZVDEV vom 7.11.1885, S. 1120, BOULANGIER, 1888, S. 82, HEYFELDER, 1889, S. 106, CURZON, 1889/1967, S. 32, ALBRECHT, 1896, S. 6, DMITRIEV-MAMONOV, 1903, S. 167.
14. HEYFELDER, 1886a, S. 177, 1886b, S. 297 und 1889, S. 135.
15. DŽEVECKIJ, 1889, S. 231, SEMENOV, 1889, S. 292, PETLINE, 1897, S. 2, Obzor ... za 1897, S. 151, AEW 20, 1897, S. 105 f., DMITRIEV-MAMONOV, 1903, S. 178 ff., KRAHMER, 1905, S. 207 f.

tober 1896) wurden Uzun-ada und Michajlovsk völlig aufgegeben; ein Teil des dort gelagerten Materials fand noch Verwendung, der Rest und die Siedlungen verschwanden schnell unter den Sanden [16].

Seit 1885 wurde der Bahnbau auch nach Osten fortgesetzt. Ein Gutachten des Reichsrates bestimmte den Zaren, durch einen Ukaz vom April 1885 12,55 Mio Rubel aus der Reichskasse für den Bahnbau zur Verfügung zu stellen [17]. Ausschlaggebend für diese Entscheidung war der russisch-afghanische Grenzzwischenfall von Tachta-Bazar und am Kušk, der der russischen Regierung erneut und mit aller Deutlichkeit die Gefahren einer militärischen Auseinandersetzung mit England vor Augen geführt hatte; wiederum verlangten in erster Linie strategische Gründe den Bahnbau [18].

Der Bau des Abschnittes Kizyl-Arvat - Aschabad (205 W (219 km), im November 1885 fertiggestellt), der durch die Achal-Oase dem alten Weg am Fuß des Kopet-dagh folgte [19], war vor andere Schwierigkeiten gestellt als die Wüstenbahn. Die zahlreichen Bewässerungskanäle erforderten mannigfaltige Kunstbauten; im Durchschnitt waren drei gußeiserne Brücken je km nötig [20]. Nach amerikanischem Vorbild wurde der Bau in zwei Arbeitsschichten mithilfe einer 5 W (5,3 km) langen, transportablen Pferdebahn vom Typ des Decauville'schen Stranges vorangetrieben; in der Regel konnten täglich 4 W (4,3 km) vollendet

---

16. BOEHM, 1897, S. 696 und 1899, S. 242, THIESS, 1904, S. 919.
17. Globus 47, 1885, S. 366, Prodolženie zakaspijskoj ž. dorogi, 1885, S. 148, ANNENKOFF, 1886, S. 133, RODZEVIČ, 1891, S. 14. Für die Bereitstellung des nötigen Materials hatte das Verkehrsministerium zu sorgen, während Planung und Baudurchführung vom Kriegsministerium geleitet wurden (HEYFELDER, 1889, S. 112).
18. CURZON, 1889/1967, S. 44, RODZEVIČ, 1891, S. 14, DMITRIEV-MAMONOV, 1903, S. 141, vgl. ACHMEDŽANOVA, 1965, S. 39.
19. Vgl. die Streckenbeschreibung bei HEYFELDER, 1886a, S. 179 ff. und 1889 sowie ANNENKOFF, 1886, S. 129 ff.
20. HEYFELDER, 1889, S. 128. Auf der Gesamtstrecke Krasnovodsk - Samarkand wurden 1243 Kunstbauten, vor allem Brücken, angelegt; vgl. die ausführliche Beschreibung bei Zapiska o sostojanii..., 1899, S. 51 ff.

werden [21]. Materiallager in Michajlovsk und an der Strecke sorgten dafür, daß der Bau auch im Winter vorangehen konnte [22]. Seit dem 6./18. 12. 1885 wurde die Bahn nach Dušak, dem südlichsten Punkt der Strecke, fortgeführt. Bis Gjaurs waren noch die Hindernisse der Oase, dann bis zum Beginn der Atek-Oase in Artyk wieder eine Wüstenstrecke zu überwinden [23].

Der Ausbau bis Dušak hätte den Zugang nach Serachs und Mashhad ermöglicht. Als Fortsetzung der Bahn war zunächst konsequenterweise die Richtung nach Serachs und entlang dem Tedžen-Herirud nach Afghanistan vorgesehen, wo LESSAR bereits eine Trassierungsuntersuchung vorgenommen hatte [24], aber aus politischen Rücksichten gegenüber England mußte Zar ALEXANDER III. diesen Plan zurückstellen lassen und LESSARs Alternativvorschlag folgen, der nun zur Sicherung der russischen Macht die Bahn nach Merv und damit nach Osten in Richtung auf das Generalgouvernement Turkestan zu führen riet [25].

Durch weitere Wüstengebiete und durch die versumpfte Tedžen-Oase wurde am 2./14.7. 1886 Merv erreicht, ein markanter Bauabschnitt, zu dessen Fertigstellung der Zar in einem Telegramm General ANNENKOV gratulierte [26]. Auf der letzten Strecke nach Čardžuj (am 1./13. 12. 1886) beendet) war ab Kurban-kala, dem östlichsten Punkt in der Merw-Oase, nochmals eine lange Wüstenstrecke bis zu Flußoase des Amu-darja zu bewältigen; die Stationsnamen Peski ("Sande")

---

21. DŽEVECKIJ, 1889, S. 224 f., RODZEVIČ, 1891, S. 23, PETLINE, 1897, S. 2.
22. HEYFELDER, 1889, S. 133.
23. Zum Problem der Wasserversorgung vgl. u. Abschn. 3.3.4.
24. LESSAR, 1883 a, S. 23. Damit wäre der Bedeutung von Serachs im Grenzgebiet von Turkmenien, Persien und Afghanistan Rechnung getragen worden (ALICHANOV-AVARSKIJ, 1904, S. 462). Aber Afghanistan verfolgte seit dem erzwungenen Friedensvertrag von Gandamak (1879) und dem Regierungsantritt des Emir ABDUR RAHMAN eine englandfreundliche Politik (vgl. FLETCHER, 1965, S. 133 ff.).
25. Zapiska ... Grodekova ..., 1883, S. 112 f., Die transkaspische Eisenbahn, Ausland 1888, S. 307 und 332.
26. AEW 9, 1886, S. 695 und HEYFELDER, 1889, S. 122.

und Barchany (ursprünglich Selim genannt) sprechen für sich [27]. Um die Fortsetzung des Verkehrs über den Amu-darja zu gewährleisten und auch die südlich und nördlich der bucharischen Stadt Čarǧuj gelegenen Gebiete zu erreichen, wurden gleichzeitig mit der Eröffnung der Bahn zur (exterritorial russischen) Ufer-Station Amu-Dar'ja zwei Dampfboote vom Stapel gelassen [28]. Die Durchführung des Streckenabschnittes bis Samarkand lag nach der Ablösung von ANNENKOV, der nur noch an der Planung beteiligt war, in den Händen des Ingenieurs N. RUDNEV [29]. Nach zehneinhalbmonatiger Bauzeit konnte auch dieser vorerst letzte Abschnitt der Transkaspischen Bahn eröffnet werden; allerdings waren noch erhebliche Ausbauten und Verbesserungen an der Strecke nötig, ehe der Verkehr einigermaßen reibungslos ablaufen konnte [30].

Physisch-geographische Vorgänge beeinträchtigten den Wert und die Einsatzfähigkeit der Bahn. Unzureichende Vorkenntnisse der Ingenieure über die Formgestaltung unter aridem Klima und in einer tektonisch labilen Zone wirkten sich aus. Schon 1886 führte die extreme Hochwasserführung der Flüsse nach den starken Niederschlägen des vorausgegangenen Winters dazu, daß große Teile der Oasen in Seen verwandelt und auf weite Strecken der Bahndamm fortgespült wurde; 1897 riß bei Kizyl-Arvat ein Sturzbach den Bahndamm auf eine Länge

---

27. Der Weg über Čardžuj wurde den ebenfalls erwogenen südlichen Trassen über Burdalyk oder Kerki vorgezogen, weil bereits an eine Fortsetzung nach Buchara und Samarkand gedacht war. Daneben wurde aber auch bei dieser Entscheidung auf die englischen Interessen Rücksicht genommen; vgl. ANNENKOFF, 1886, S. 128 und 133, HEYFELDER, 1889, S. 118, BOULANGIER, 1888, S. 276, ACHMEDŽANOVA, 1965, S. 40 f.
28. Globus 51, 1887, S. 143 nach Novoe Vremja Nr. 3903, 1887; HEYFELDER, 1889, S. 122.
29. HEYFELDER, 1889, S. 124, RODZEVIČ, 1891, S. 16, THIESS, 1904, S. 920.
30. Nach den Schilderungen von KNAPP (1888, S. 805 f.) machte der Bahnhof von Samarkand Mitte 1888 noch einen unfertigen Eindruck; bei seiner Fahrt nach Westen konnte KNAPP dann eine zunehmend bessere technische Ausstattung an der Bahn feststellen.

von 400 m weg [31]. Erhebliche Beschädigungen brachten Erdbeben mit sich, die das Vorland des Kopet-dagh und die Umgebung von Krasnovodsk heimsuchten [32]. Zudem war die Bahn im Wüstengebiet ständig von Sandverwehungen bedroht [33]. Ein weiteres Hindernis war schließlich der Amu-darja. Ursprünglich hatten die Pläne nur Fährbetrieb vorgesehen, aber dieser wurde durch die ständigen Laufverlegungen und die Bildung von Nebenarmen und Sandbänken erschwert, so daß man die Notwendigkeit eines Brückenbaus einsah [34]. Daher wurde 1887/88 eine provisorische Holzkonstruktion errichtet, deren Material mühsam aus Europa herangeführt werden mußte; aber der Transport von Eisen für eine dauerhafte Brücke schien damals die Fertigstellung der Bahn zu lange zu verzögern [35]. Erst 1901 wurde die oft beschädigte und kaum einsatzfähige Holzbrücke [36] durch eine stabile Eisenkonstruktion ersetzt, eine der großen Leistungen des russischen Brückenbaus, die bei der Anlage der sibirischen Brücken als Vorbild dienen konnte [37].

---

31. HEYFELDER, 1887, S. 105 f., Obzor ... za 1896, S. 30, WALTHER, 1898, S. 59 und 1924, S. 46, Zapiska o sostojanii ..., 1899, S. 16 und 40 ff., DMITRIEV-MAMONOV, 1903, S. 195 f., BLAGOWIESTSCHENSKY, 1913, S. 63.
32. Übersicht über die Erdbeben bei REZANOV, 1959, S. 200 f., DMITRIEV-MAMONOV, 1903, S. 200 ff., ROMANOW, 1904, S. 242.
33. Aperçu des chemins de fer russes ..., 1897, Bd. I, pt. 1, S. 1 f., 9 und 24.
34. BLANC, 1894/95, S. 335 ff. mit Skizzen von den Laufverlegungen des Amu-darja zwischen 1888 und 1890.
35. Aperçu des chemins de fer russes ..., 1897, Bd. I, pt. 1, S. 69; Beschreibung der Holzbrücke bei DŽEVECKIJ, 1889, S. 226, Zapiska o sostojanii ..., 1899, S. 65 ff.
36. Vgl. die Schilderungen bei OLSUF'EV i PANAEV, 1899, S. 138 und bei PAHLEN, 1969, S. 150.
37. PAHLEN, 1969, S. 150 ff. mit einer Diskussion aller Schwierigkeiten; ALBRECHT, 1896, S. 73, KAUDER, 1900, S. 213, DMITRIEV-MAMONOV, 1903, S. 168 f. geben eine ausführliche Beschreibung der Eisenbahnbrücke. Nach SUVOROV, 1962, S. 24 kostete der Bau der am 27.5.1901 eröffneten Brücke allein 4 953 000 Goldrubel.

2.2.2 Nebenstrecken und Anschlußprojekte

Die längste Zweigbahn der Transkaspischen Bahn aus der Zeit vor der Russischen Revolution wurde von Merv, dem heutigen Mary, in südlicher Richtung nach Kuškinskij post, heute Kuška, angelegt. Diese 294 W (314 km) lange Strecke, die auf der obersten Flußterrasse den Tälern von Murghab und Kušk etwa in Anlehnung an einen vorher bestehenden Posttrakt folgt [1], entstand auf Veranlassung des Gebietschefs KUROPATKIN in den Jahren 1897/98 unter der Leitung des Generalmajors N. A. UL'JANIN aus rein militärischen Erwägungen [2]. Auf ihr sollten im Fall einer kriegerischen Auseinandersetzung zwischen Rußland und England, wie sie schon 1885 gedroht hatte, russische Truppen an den potentiellen Kriegsschauplatz in Afghanistan herangeführt werden. Die militärische Primärfunktion versuchte man freilich durch den erneut aufgegriffenen Aspekt der transkontinentalen Verbindung mit Indien zu verbergen: Die Linie zielte genau auf Herat, die von Anfang an in Betracht gezogene Zwischenstation, die auch bei den Überlegungen zum Eisenbahnbau in Nordpersien eine Rolle spielte [3]. Es war daher auch nicht vorgesehen, die Bahn in Kuška enden zu lassen, das damals kaum eine Bedeutung für den Güterumschlag nach und von Afghanistan hatte. Vorbereitungen für eine Anschlußstrecke nach Süden wurden bis zum Ersten Weltkrieg getroffen [4]. Um die Jahrhundertwende, kurz nach

1. BERGHAUS, 1897, LIČKOV, 1930, S. 16.
2. Baubeginn aufgrund des zarischen Dekrets vom 26.8./7.9.1896 am 27.4./9.5.1897, Betriebseröffnung für den zeitweiligen Verkehr am 4./16.12.1898, Ausbauarbeiten bis 1901 (Obzor ... za 1897, S. 152, MERTENS, 1902, S. 1272, DMITRIEV-MAMONOV, 1903, S. 186, ROMANOW, 1904, S. 240, GRULEW, 1909, S. 23 ff.).
3. ZVDEV vom 15.9.1888, S. 676, FEDOROV, 1901, S. 226, THIESS, 1913, S. 1512.
4. GRULEW, 1909, S. 26, OLZSCHA u. CLEINOW, 1942, S. 162. Einen Hinweis auf die geplante Fortsetzung gibt der Tunnelbau, den ein afghanischer Vorstoß in den ersten Kriegswochen jäh unterbrach (ZVDEV vom 10.10.1914, S. 1137). Zeitweise war auch an eine Schmalspurbahn nach Herat gedacht worden, für deren Bau bereits Material in Kuška gestapelt wurde (PAHLEN, 1964, S. 150 und 1969, S. 227) - der Gedanke

ihrer Fertigstellung, rückte die Bahn für kurze Zeit in das Gesichtsfeld der Weltpolitik, als Rußland dort probeweise Truppen und Kriegsmaterial konzentrierte - offensichtlich, um in der Behandlung der orientalischen Probleme Druck auf England auszuüben, wie der damalige deutsche Botschafter in St. Petersburg, v. RADOLIN, nach einem Gespräch mit KUROPATKIN in seinem Bericht an Reichskanzler v. HOHENLOHE betonte [5]. Die wichtigste Gegenkraft gegen einen Weiterbau der Bahn durch Afghanistan war bis zu seinem Tod (1901) der afghanische Emir ABDUR RAḤMAN CHAN [6]. Für den Besucher Transkaspiens machte sich die militärische Bedeutung der Bahn nach außen dadurch kenntlich, daß der Zugang streng verboten war. Man rechnete Anfang unseres Jahrhunderts damit, daß in 48 Stunden ca. 10 000 Soldaten an die afghanische Grenze transportiert werden könnten [7].

In sowjetischer Zeit verstummte die Diskussion über eine Weiterführung der Bahn weitgehend. Nach dem Zweiten Weltkrieg verlagerte sich das russische Interesse im Mittleren Orient unter Anpassung an die verkehrstechnische Entwicklung auf den Straßenbau. Mit sowjetischer und amerikanischer Wirtschaftshilfe entstanden in den letzten Jahren Asphalt- und Betonstraßen in Afghanistan, die über Herat - Kandahar -

---

an eine Feldbahn liegt nahe. CURTIS, 1911, S. 67 erwähnt eine Zweigbahn nach Maručak (Marūchak) an der afghanischen Grenze, die jedoch auf den zur Verfügung stehenden Karten ebensowenig eingetragen ist wie die von TREUE, 1939, S. 472 genannte Verlängerung Kuška - Chahil Dukhharan (IWK NI 41: Chehil Dukhtarān).

5. Die Große Politik ..., Bd. 17, 1924, S. 521 (no. 5334); vgl. OLZSCHA u. CLEINOW, 1942, S. 160 ff.
6. ABDUR RAHMAN, 1900, Bd. II, S. 209 u. 274, TREUE, 1939, S. 472 f., OLZSCHA u.CLEINOW, 1942, S. 176. Nach ABDUR RAḤMANs Tod wuchs unter HABIBULLAH die Russophobie wegen des Bahnbaus nach Kuška noch an (FLETCHER, 1965, S. 172). Afghanistan hat auch im 20. Jh. unter AMANULLAH nur eine wenige km lange Bahn zwischen Kabul und der Residenz Dar-ul Aman gebaut, die jedoch in der Revolution von 1929 bereits wieder völlig zerstört wurde. AMANULLAHs Nachfolger NADIR SHAH entschied sich für einen verstärkten Straßenbau, und diese Politik wird heute von ZADIR SHAH weiterverfolgt (RATHJENS, 1962, S. 217 und 1966, S. 13, FLETCHER, 1965, S. 231).
7. CURTIS, 1911, S. 67.

Kabul - Mazar-i Sharif fast das ganze Land durchziehen [8]. In den Jahren 1959/60 verlängerte die Sowjetunion auch die Kuška-Bahn noch um ca. 5 km bis zur ersten afghanischen Siedlung Torgundi (Tor Ghundai); 1966 wurde dieses kurze Eisenbahnstück unentgeltlich dem afghanischen Staat überlassen [9]. Damit hat Rußland in konsequenter Fortsetzung seiner Verkehrspolitik des 19. Jahrhunderts und ziemlich unbeachtet von der Weltöffentlichkeit sein altes Ziel erreicht, eine Eisenbahnlinie nach Afghanistan zu führen und das Land durch moderne Verkehrswege enger an den eigenen Verkehrs- und Wirtschaftsraum anzuschließen.

Eine wirtschaftliche Bedeutung bekam die Murghab-Bahn erst in jüngerer Zeit, nachdem Viehzucht und Obstbau in der Umgebung von Kuška, vor allem im Badghyz, ausgeweitet und die Siedlung selbst auf der Grundlage von Erdgasfunden in den Industrialisierungsprozeß einbezogen und vor wenigen Jahren in den Rang einer Stadt erhoben wurde. Auch der Handelsverkehrs mit Afghanistan hat sich im letzten Jahrzehnt vergrößert [10].

Außer dieser großen Zweigbahn trugen mehrere kürzere Nebenbahnen zur Ergänzung der Transkaspischen Hauptstrecke bei; ihre Funktion besteht in der Regel darin, wirtschaftlich wichtige Einzelgebiete an die Hauptbahn anzuschließen.

Als erste dieser Nebenbahnen wurde 1887 zwischen Balla-Išem und dem N e f t e - d a g h eine 35 W (37,3 km) lange Pferdebahn angelegt [11].

---

8. Vgl. GEORGIEV, 1960, S. 40 ff., CAR 8, 1960, S. 291, CAR 14, 1966, S. 106, FLETCHER, 1965, S. 270.
9. BSE E ž e g o d n i k 1961, S. 180 und 1967, S. 221. Spätere Angaben sprechen von 7 km Bahnlänge.
10. S a m y j južnyj gorod, Pravda 29.6.1967, S. 4, ESENOV: Samyj južnyj ..., Pravda 9.9.1967, S. 6; vgl. FLETCHER, 1965, S. 276, GvŠk 1967, H. 5, S. 85.
11. HEYFELDER, 1886a, S. 181, BOULANGIER, 1888, S. 112; auf der M a p of Persia, Sh. 2 (D r u c k s c h r i f t e n und Kartenwerke ..., Nr. 63) als "tramway" eingetragen.

Diese Schmalspurbahn diente dem Abtransport des Erdöls, das von den Russen, zuerst auf Veranlassung von Fürst ĖRISTOV, seit 1882 am Nefte-dagh gewonnen wurde. Darüber hinaus erschloß sie auch ein Salzvorkommen und einen Asphalthügel [12]. Der Bahnbetrieb wurde aber 1891 wieder eingestellt, weil Erdöl aus Baku billiger zur Transkaspischen Bahn geliefert werden konnte (für 10 - 11 Kop./Pud) als das Erdöl vom Nefte-dagh (für 14 Kop./Pud) [13]. Erst in den dreißiger Jahren ging man im Zusammenhang mit einer Neubewertung der westturkmenischen Bodenschätze und dem Aufbau des Industriezentrums von Nebit-Dag daran, eine kürzere Verbindung (26 km) zwischen der Siedlung Imeni 26 Bakinskich Komissarov (Vyška) am Nefte-dagh und der Transkaspischen Hauptbahn zu bauen. Nebit-Dag als Ausgangspunkt der in russischer Normalspur (1524 mm) angelegten Zweigbahn wurde 1946 Stadt und hat sich seither zu einem der aufblühendsten Industriezentren des Landes entwickelt. Mit dem technischen Fortschritt verlor die Bahn allerdings ihre Aufgabe des Erdöltransportes, der heute in Westturkmenien überwiegend in Pipelines erfolgt. Dafür spielt die Strecke eine wichtige Rolle als Versorgungslinie innerhalb des Industriegebietes und für den täglichen Pendlerverkehr, der erst allmählich vom zunehmenden Autobusverkehr bewältigt wird [14]. Eine Erweiterung der westturkmenischen Eisenbahnen durch eine Strecke Nebit-Dag - Čeleken ist bereits diskutiert worden [15].

Eine kurze Stichbahn von 8 W (8,5 km) Länge führt zum zweiten Krasnovodsker Massengüterhafen im Stadtteil Ufra (Bahnstation Krasnovodsk II); sie wurde Ende des 19. Jahrhunderts zusammen mit der

---

12. BOULANGIER, 1888, S. 112, VASILIEV, 1892, S. 493, Obzor ... za 1891, S. 209 und 213, GEJER, 1901, S. 93, DMITRIEV-MAMONOV, 1903, S. 203 und 234.
13. Zapiska o sostojanii ..., 1899, S. 97, BLAGOWIESTSCHENSKY, 1913, S. 130 f.
14. TAAFFE, 1960, S. 47 f., ZIMM, 1963, S. 60, Ukazatel' ..., 1967, S. 500, LEJZEROVIČ, 1968, S. 140 f.
15. Srednjaja Azija, 1969, S. 221.

neuen Anfangsstrecke zwischen Džebel und Krasnovodsk angelegt und dient als Hafenbahn hauptsächlich dem Güterverkehr [16].

Einige kurze Zufuhrstrecken wurden zeitweise am Südabfall des Großen Balchan betrieben; auf ihnen beförderte man Steine für an der Hauptbahn notwendige Ausbauten. Heute sind diese Strecken bedeutungslos oder aufgelassen [17].

In Westturkmenien ist außerdem ein 5 W (5,3 km) langes Bahnstück zwischen Molla-kara und Džebel in Betrieb [18]. Zunächst handelte es sich hierbei um ein Teilstück der ersten Anfangsstrecke nach Michajlovsk bzw. Uzun-ada, das jedoch aufgegeben wurde. Später stellte sich der Kamelkarawanentransport, der nunmehr die Salzlieferungen von Molla-kara zur Hauptbahn zu bewältigen hatte, als zu umständlich und zu teuer heraus, so daß erneut ein Schienenweg gelegt wurde [19]. Molla-kara wurde von der Eisenbahnverwaltung als Kurort eingerichtet. Alle Versorgungsgüter, vor allem Wasser, müssen über die kurze Zweigbahn herangeschafft werden [20].

Keine Angaben lassen sich über die beiden ca. 4 bzw. 1,5 km langen Stichbahnen finden, die zwischen den Stationen Šaumjan und Kazandžik nach WSW abzweigen; es ist anzunehmen, daß auch sie eine wirtschaftliche Funktion - vielleicht im Zusammenhang mit Saksaulwäldern - haben, wenn sie überhaupt in Betrieb sind [21].

Unverwirklicht blieb ein Plan des russischen Kaufmanns S. K. NIKOLAEV, der in der Absicht, eine 230 W (245 km) lange Pferdebahn

---

16. DMITRIEV-MAMONOV, 1903, S. 147, MESSNER, 1912, S. 458 f., MASAL'SKIJ, 1913, S. 623, THIESS, 1913, S. 1507.
17. IMW 1 : 500 000, Bl. 338 A, BJ 4690; vgl. RADDE, 1898, S. 78.
18. IMW 1 : 500 000, Bl. 338 A, BJ 5790.
19. Obzor ... za 1897, S. 116, MESSNER, 1912, S. 446 f.
20. Aziatskaja Rossija, 1914, Bd. II, S. 204; vgl. BOEHM, 1899, S. 244, WALTHER, 1898, S. 65, MASAL'SKIJ, 1913, S. 178 f. u. 625.
21. IMW 1 : 500 000, Bl. 338 A, CJ 6647, vgl. Atlas sel'skogo chozjajstva SSSR, 1960, Bl. 260.

zwischen Aschabad und Mashhad anzulegen, bei der Regierung in St. Petersburg vorstellig wurde [22]. Obwohl der Handelsaustausch über die persische Grenze ständig stieg, wurde die Konzession unter Hinweis auf die geringe Leistungsfähigkeit einer Pferdebahn im Gebirge abgelehnt. Dahinter steht aber auch die Absicht Rußlands, keine privaten Eisenbahnbauten in Asien zuzulassen, sondern dem Staat eine Monopolstellung zu erhalten. Später wurden Projekte einer Bahn zwischen Aschabad und Mashhad mehrfach aufgegriffen, doch ist die Realisierung nicht über kleinere Materiallager in Aschabad hinausgekommen. Britische Proteste gegen das russische Vordringen nach Persien vereitelten den Bahnbau [23].

Eine schmalspurige (750 mm) Militär-Zufuhrbahn wurde zwischen Bezmein und Firjuza in Angriff genommen, doch sind über Bau und Inbetriebnahme nur wenige, widersprüchliche Nachrichten vorhanden. Danach wurde am 15./28.4. 1906 die Strecke auf einer Länge von 21 W (22,4 km) für den zeitweiligen Verkehr freigegeben, am 10./23. 5. 1915 wurde ein 9 W (9,6 km) langes Bahnstück von Bezmein zu den Bergschluchten des Kopet-dagh eröffnet [24]. Die beiden Linien, die vermutlich identisch sind, sind auf den Karten nicht eingetragen.

Im östlichen Turkmenien wurde kurz vor dem Ersten Weltkrieg die 31 W (33 km) lange Nebenbahn zwischen Uč-Adži und Čamčakly (auch Čamčikly) eingerichtet, die dem Holztransport aus den umfangreichen Saksaulbeständen östlich der Hauptbahn diente [25]. Die Bahn verlor diese Funktion zu Beginn der dreißiger Jahre fast völlig, nachdem die Erschöpfung der Holzvorräte dem Raubbau ein Ende gesetzt hatte. Lokalbedeutung behielt die Strecke zeitweise im Sovchoz

---

22. Globus 51, 1887, S. 191.
23. CURTIS, 1911, S. 51 f.
24. Statistisches von den Eisenbahnen Rußlands, 1909, S. 452 und 1916, S. 564, MERTENS, 1910, S. 1184, THIESS, 1913, S. 1508 und 1914, S. 1340 f.; vgl. ALKIN, 1931, S. 334, der von 34,2 km Eisenbahnen im Gebiet von Aschabad (ohne nähere Angaben) spricht.
25. BSE, 1. Aufl. Bd. 55, Sp. 266, LEONT'EV, 1954, S. 50.

Uč-Adži, der sich u. a. der Frage der wirtschaftlichen Nutzung von Wüstengebieten für Weidezwecke widmet und geobotanische Versuchsflächen unterhält; heute ist die Bahn endgültig aufgegeben [26].

Die Anschlußgleise, die in Krasnovodsk zu den Anlegestellen der Dampfer der kaspischen Gesellschaften gelegt wurden, und Nebengleise für private Nutzung, etwa in der Industrie, spielten eine geringe Rolle. Ende des 19. Jahrhunderts machten sie zwischen Krasnovodsk und Samarkand zusammengerechnet nur 9 W 307,09 Saženi (ca. 10,3 km) aus. Inzwischen ist die Bedeutung der Industriegleise vor allem in den größeren Städten gewachsen. Bis 1969 stieg die Gesamtlänge aller Ausweich- und Nebengleise, die nicht dem Verkehrsministerium unterstehen, auf etwa 450 km an (bezogen auf die TSSR) [27].

Eine kleine Jugendeisenbahn mit Schmalspurbetrieb entstand in Aschabad; sie dient der Schulung des Eisenbahnernachwuchses in Turkmenien [28].

Unabhängig von der Transkaspischen Eisenbahn wurden in neuerer Zeit im Zusammenhang mit der Erschließung am nördlichen Aği-darja zwei kleinere Industriebahnen im Umkreis des Poselok Severnych Promyslov Ozero No. 6 (Sartas) mit zusammen ca. 22 km Länge gebaut. Sie können nur als Zufuhrbahnen der Hafenstadt Bekdaš gelten. und als nächste Eisenbahnstation mit Fernverbindungen wird daher für Bekdaš offiziell Krasnovodsk angegeben [29].

---

26. Vgl. MINERVIN, 1935, S. 159-204; USAF Pilotage chart 1 : 500 000, Bl. G-6A, SJ CJ 5055.
27. Zapiska o sostojanii ..., 1899, S. 77 und Priloženie No. 12, S. 1-3; Nar. choz. SSSR 1969, S. 453.
28. SLEZAK, 1963, S. 140.
29. IMW 1 : 500 000, Bl. 326 D, XG 4010; SSSR. Administrativno-territorial'noe delenie ..., 1963, S. 462 und 1971, S. 490, Türkmenistan SSR-niṅ administrativ-territorial tajdan bölunişi ..., 1964, S. 6 und 38. Die Bahn wird von LEJZEROVIČ, 1968 nicht erwähnt.

2.2.3 Russische Leistungen für den Bahnbau in Turkmenien

2.2.3.1 Das Arbeiterproblem

Die Arbeiter für den Eisenbahnbau kamen nur zum geringsten Teil aus Turkmenien selbst. In allen Bauabschnitten bildeten Truppen und Arbeiter aus dem zentralen europäischen Rußland, aus Kaukasien und daneben auch aus Transkaukasien den Kern der Arbeiterschaft, die maximal 30 000 Menschen umfaßte. Turkmenen wurden nur zu einfachsten Erdarbeiten herangezogen [1]. Da für viele anstrengende Arbeiten der Einsatz von Russen aus bioklimatischen Gründen kaum möglich war, griff die Bauleitung oft auf billige persische Arbeitskräfte zurück [2].

Die Arbeitsorganisation lief vollständig militärisch ab. Nur zwei leitende Ingenieure, ČERNIKOVSKIJ und VJAZEMSKIJ, waren als Zivilisten am Bau beschäftigt. Den Kern der Arbeiterschaft bildeten zwei Eisenbahnbataillone mit je 1018 Mann, und auch die nichtrussischen Arbeiter wurden der militärischen Organisation unterworfen [3].

Die Statistiken der neunziger Jahre weisen noch das Übergewicht der russischen Arbeiter unter den Eisenbahnern nach: 1890 standen 1028 Arbeiter aus der einheimischen Bevölkerung 1760 Russen gegenüber, und 1894 waren 2359 Russen, aber nur 863 Einheimische am Bahnbau in Mittelasien beteiligt [4].

Die Arbeitsbedingungen waren schlecht: Für Unterkunft und Unterhalt der Arbeiter wurde in den ersten Jahren wenig Sorge getragen,

---

1. HEYFELDER, 1889, S. 127. Die meisten großrussischen Eisenbahnarbeiter kamen aus den Gouvernements Smolensk und Moskau (SUVOROV, 1962, S. 23, ACHMEDŽANOVA, 1965, S. 79 ff.).
2. HEYFELDER, 1889, S. 129, ACHMEDŽANOVA, 1965, S. 96 f.
3. BOULANGIER, 1888, S. 200 f., HEYFELDER, 1889, S. 114 und 126, SOLOV'EV i SENNIKOV, 1946, S. 170 ff., ACHMEDŽANOVA, 1965, S. 76 ff.
4. O b z o r ... za 1891, S. 202, SUVOROV, 1962, S. 25, weitere Angaben bei ACHMEDŽANOVA, 1965, S. 87 f. und 175; zu den fremden Arbeitern als Sozialgruppe in Turkmenien s.u. Abschn. 3.3.1.5).

und die sanitären Einrichtungen waren derart unzulänglich, daß mehrmals seuchenartige Typhusfälle und andere Krankheiten auftraten [5].

Das Hauptproblem bestand aber in der zunehmenden Diskrepanz zwischen der Eisenbahn mit ihrer Verwaltung als russischer Einrichtung und der einheimischen Bevölkerung. Die Bahnarbeiter blieben in Turkmenien ein Fremdelement. Erst lange nach der Konsolidierung der Sowjetmacht in Mittelasien war das Unterrichtswesen so weit ausgebaut, daß die Versorgung der Bahn wenigstens teilweise mit Spezialarbeitskräften aus der einheimischen Bevölkerung erfolgen konnte. Für den Bau von Eisenbahnen während des Ersten Weltkriegs (z. Bsp. Kagan - Termez im Emirat Buchara) wurden über 4000 Kriegsgefangene, darunter zahlreiche Österreicher, herangezogen [6].

2.2.3.2 Materialzufuhren

Zu Beginn der achtziger Jahre diente der Gütertransport auf der Transkaspischen Eisenbahn im wesentlichen den militärischen und technischen Erfordernissen, die die Befriedung Turkmeniens und der Streckenbau mit sich brachten [1]. Alle Materialien mußten aus Rußland herangeschafft werden, so daß die Transkaspische Bahn aus einem sehr weiten Einzugsbereich versorgt wurde (vgl. dazu Abb. 9). Immerhin war die russische Eisenbahnindustrie damals bereits in der Lage, diese Aufgabe zu lösen [2].

Das Hauptbezugsgebiet für Eisenbahnschwellen war das mittlere Wolgabecken mit den Wäldern an Oka und Kama. Über Caricyn (heute Volgograd) und später auch über das Kaukasus-Vorland gelangten die Schwellen zum Kaspischen Meer, über das sie nach Turkmenien ver-

---

5. HEYFELDER, 1889, S. 148 f., ACHMEDŽANOVA, 1965, S. 98 ff. und 103.
6. ACHMEDŽANOVA, 1965, S. 86, vgl. WILLFORT, 1930.

1. Vgl. VACLIK, 1888, S. 26, DMITRIEV-MAMONOV, 1903, S. 164.
2. Zur russischen Eisenbahnindustrie vgl. SALLER, 1943, S. 354 ff.

schifft werden mußten. Bei der großen Transportweite wurde der für russische Verhältnisse geltende Durchschnittspreis von 50 bis 60 kop. je Schwelle mit 160 kop. weit überschritten - es war der höchste Preis, der damals in Rußland überhaupt für eine Bahnschwelle gezahlt werden mußte [3]. Daher wurde in Transkaspien nicht immer der Richtwert von 1400 Schwellen je Werst eingehalten, was sich nachteilig auf die Belastbarkeit des Oberbaus auswirken mußte.

Eisenwaren, vor allem Schienen, wurden zum größten Teil in den St. Petersburger PUTILOV-Werken hergestellt, kamen aber auch aus Novorossijsk, Aleksandrovsk, Brjansk (21 1/3- und 22 1/2-Pfund/Fuß-Schienen [4]) und für den Krasnovodsker Zweig (18 Pfund/Fuß) aus Dneprovsk. Aus dem Ausland wurde Schienenmaterial u. a. aus Graz, Teplitz und von der Firma Krupp bezogen. Alte Schienen waren Anfang des 20. Jahrhunderts keine Seltenheit; lange Strecken wurden erst nach 20 bis 30 Jahren erneuert [5].

Röhren und Lokomotiven mußten aus dem Werk in Kolomna, das seit 1932 auch die serienmäßigen Diesselloks für Mittelasien entwickelte, über Caricyn zur Wolga und auf dem Seeweg oder nach 1883 auch über den noch weiteren Seeweg St. Petersburg - Ostsee - Atlantik - Mittelmeer - Schwarzes Meer zur Transkaukasischen Bahn und ab Baku über das Kaspische Meer transportiert werden [6]. Waggons kamen aus verschiedenen Werken im europäischen Rußland und auch die zahlreichen Brückenbauten erforderten lange Zufuhrwege [7].

---

3. ŠUCHTAN, 1886, S. 59, Aperçu des chemins de fer russes ..., 1897, Bd. I, S. 80, Zapiska o sostojanii ..., 1899, S. 48.
4. Umrechnung: 1 Pfund/Fuß = 1,342 kg/lfd. m; also: 28,65; 30,22 und 24,17 kg/lfd. m.
5. POLTORANOV, 1885, S. 70, CURZON, 1889/1967, S. 39, Zapiska o sostojanii ..., 1899, Priloženie No. 8, S. 3, DMITRIEV-MAMONOV, 1903, S. 190, Statističeskij sbornik MPS, Bd. 107, 1910, S. 6 ff.
6. KREUTER, 1890, S. 42 f., PETLINE, 1897, S. 3, vgl. ALKIN, 1931, S. 235, Kolomenskij teplovozo-stroitel'nyj zavod ..., 1963, S. 56. Zur Herkunft der Lokomotiven aus anderen Werken Zapiska o sostojanii ..., 1899, Priloženie No. 29, Statističeskij sbornik MPS, Bd. 107, 1910, S. 6 ff.

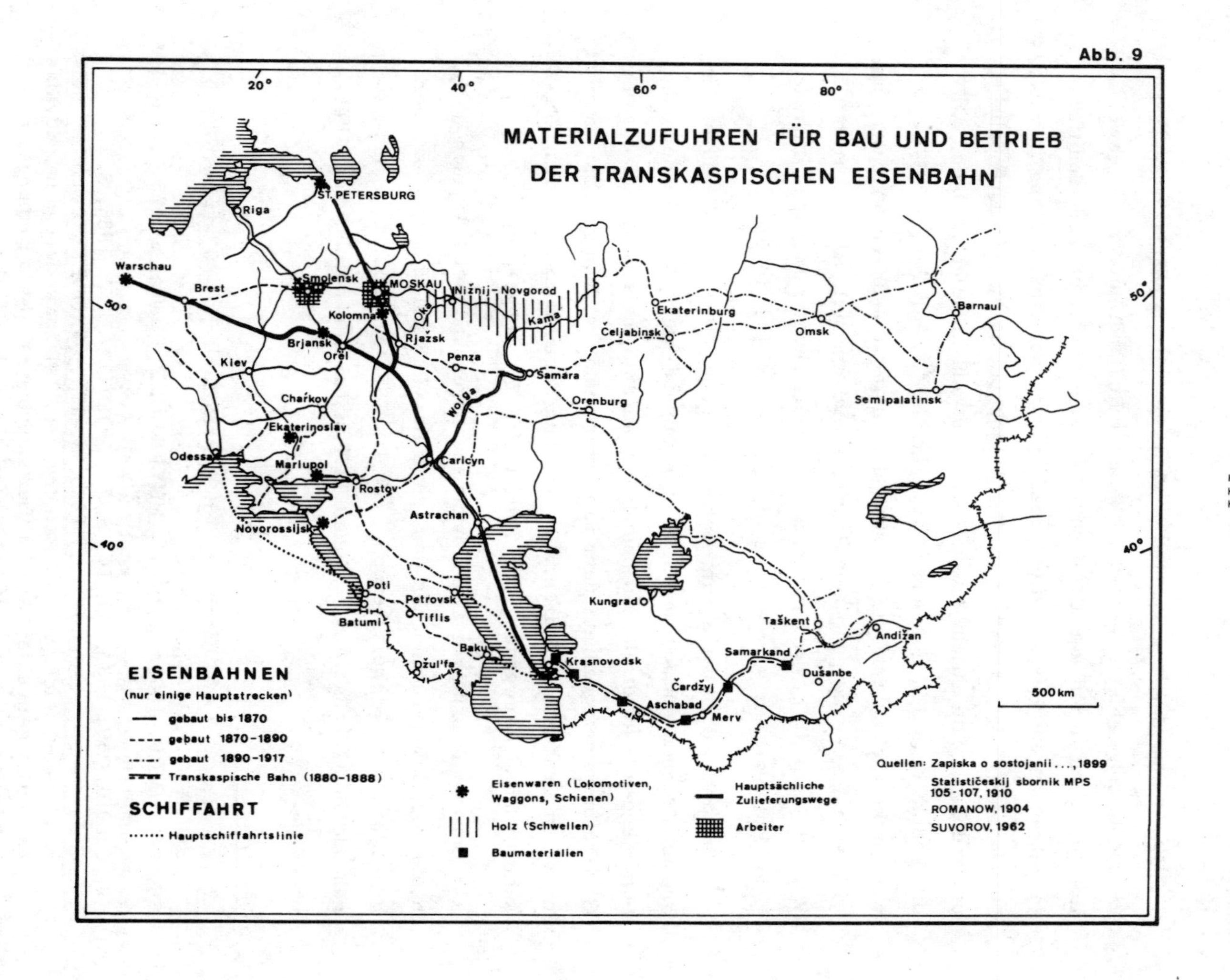
Abb. 9
MATERIALZUFUHREN FÜR BAU UND BETRIEB
DER TRANSKASPISCHEN EISENBAHN
20°
40°
60°
80°
50°
40°
St. PETERSBURG
Riga
Warschau
Brest
Smolensk
MOSKAU
Kolomna
Nižnij-Novgorod
Oka
Kama
Rjažsk
Brjansk
Orel
Penza
Samara
Wolga
Orenburg
Ekaterinburg
Čeljabinsk
Omsk
Barnaul
Semipalatinsk
Kiev
Charkov
Ekaterinoslav
Odessa
Mariupol
Rostov
Caricyn
Astrachan
Novorossijsk
Poti
Batumi
Petrovsk
Tiflis
Baku
Džul'fa
Krasnovodsk
Kungrad
Aschabad
Čardžyj
Merv
Samarkand
Taškent
Andižan
Dušanbe
500 km
EISENBAHNEN
(nur einige Hauptstrecken)
gebaut bis 1870
gebaut 1870-1890
gebaut 1890-1917
Transkaspische Bahn (1880-1888)
SCHIFFAHRT
Hauptschiffahrtslinie
Eisenwaren (Lokomotiven, Waggons, Schienen)
Holz (Schwellen)
Baumaterialien
Hauptsächliche Zulieferungswege
Arbeiter
Quellen: Zapiska o sostojanii ..., 1899
Statističeskij sbornik MPS
105-107, 1910
ROMANOW, 1904
SUVOROV, 1962

Zur Länge der Transportwege kam, daß alle Frachten mehrfach gebrochen abgewickelt werden mußten: In Rußland wurden sie gewöhnlich bis Caricyn auf der Eisenbahn befördert, dort in Wolgaschiffe und in Astrachań auf Kaspischiffe verladen; nach der Ausschiffung in Krasnovodsk wurde das Material in den Anfangsjahren auf kleinere Schiffe umgeschlagen, die Michajlovsk bzw. Uzun-ada anlaufen konnten, wo die Fracht endgültig gelöscht werden konnte [8]. Außer in Kizyl-Arvat wurden in Michajlovsk und Krasnovodsk Materiallager eingerichtet, um eine ständige Versorgung des Bahnbaus sicherzustellen, doch traten im Winter regelmäßig Verzögerungen auf, weil meist wenigstens ein wichtiges Material - i. a. waren es die Schwellen - fehlte [9].

Turkmenien steuerte zum Bahnbau Steinschotter bei, die in sechs großen Brüchen entlang der Strecke gewonnen wurden. Wegen der dabei auftretenden Schwierigkeiten begnügte man sich meist mit einfachsten Gleisbettungsmethoden auf dem Sanduntergrund [10]. Toniges Baumaterial wurde in Gruben bei Tedžen, Čardžuj und Samarkand gewonnen, Faschinen unter Verwendung des Tedžen-Schilfes hergestellt [11].

Daß die Ausrüstung für Bahnerneuerungen und Gebäude auch noch heute von Zulieferungen aus dem zentralen Rußland abhängig ist, geht bspw. aus dem Hinweis hervor, daß das 1957 neueröffnete Bahnhofsgebäude in Ašchabad einen großen Teil seiner Ausstattung aus Vitebsk bezog [12].

---

7. Zapiska o sostojanii ..., 1899, Priloženie No. 29 und No. 33, ROMANOW, 1004, S. 241.
8. KRAHMER, 1881, S. 293 f., HEYFELDER, 1886 a, S. 175 f., Le chemin de fer russe ..., 1887, S. 115.
9. GRODEKOV, 1884, Bd. IV, S. 73, POLTORANOV, 1885, S. 67, Zapiska o sostojanii ..., 1899, S. 92 f.; GRODEKOV schließt seinen Kriegsbericht mit der Bemerkung: "Železnaja doroga ne podvalaś vpered za neimeniem špal" ("Der Bahnbau rückte in Ermangelung von Schwellen nicht vor") (GRODEKOV, 1883, Bd. III, S. 295).
10. Zapiska o sostojanii ..., 1899, S. 48 und Priloženie No. 5, S. 5.
11. SUVOROV, 1962, S. 27, AGIŠEV u. a., 1964, S. 24.
12. CAR 5, 1957, S. 347 nach T.I. vom 27.1.1957.

2.2.3.3 Finanzierung

Der rasche Bau, die einfache Konstruktion, bei der es kaum orographische Hindernisse zu überwinden gab, die Möglichkeit, Arbeiter zu geringen Löhnen heranzuziehen, und nicht zuletzt das Fehlen kostspieliger Enteignungsverfahren [1] hielten die Ausgaben für den Bahnbau in Turkmenien vergleichsweise so niedrig, daß der englische General LUMSDEN die Transkaspische Bahn als die billigste der Welt bezeichnen konnte. Im Durchschnitt betrugen die Kosten für 1 Werst zur Zeit der Erstanlage rund 32 000 Rubel (damals ca. 70 000 Mark), später stiegen sie durch vermehrte Ausbesserungsarbeiten an. In Rußland wurde nur die Strecke zwischen Wilna und Rowno annähernd billig gebaut (38 000 Rubel/Werst) [2]. Die Kostenersparnis war neben den Erfolgen des staatlich dirigierten Einsatzes einiger weniger Eisenbahnen im russisch-türkischen Krieg ein wesentlicher Grund für die Hinwendung zum Staatsbahnsystem in Rußland seit 1880/81 [3].

Die Abrechnung von Bau und Betrieb über den Haushalt des Kriegsministeriums läßt keine Rückschlüsse auf mögliche private und ausländische Finanzierung zu. Im Gegensatz zu zahlreichen Linien im Innern Rußlands kann auch nicht festgestellt werden, inwieweit Gelder von Staatsanleihen im Ausland dem Bahnbau in Turkmenien zugute kamen [4].

---

1. Die Russen berücksichtigten nicht die ihnen unbekannten turkmenischen Eigentumsformen; alles nach dem Augenschein zum Zeitpunkt des Bahnbaus ungenutzte Land wurde entschädigungslos enteignet (Zapiska o sostojanii ..., 1899, S. 29 ff. und Priloženie No. 4; vgl. Otčet po revizii ..., Bd. 10, 1910, S. 202 f. zum Enteignungsverfahren an der Strecke Samarkand - Andižan).
2. HEYFELDER, 1886 a, S. 198 und 1889, S. 144. Mit der Fertigstellung der Murghab-Bahn und des Krasnovodsker Zweiges erhöhten sich die Kosten auf 46 675 Rubel/Werst für die Gesamtstrecke bis Samarkand (1707 W = 1823 km); vgl. RODZEVIČ, 1891, S. 41 mit Vergleichwerten, DMITRIEV-MAMONOV, 1903, S. 174, THIESS, 1904, S. 922. In der Kostenaufstellung für die Achal-Expedition von SKOBELEV ist der Bahnbau der größte Posten mit rd. 8,16 Mio von insgesamt 21,13 Mio Rubel (GRODEKOV, 1884, Bd. IV, Priloženie No. 105, S. 106 f.).
3. TSCHUPROFF, 1899, S. 498, MATTHESIUS, 1905, S. 502, STEINWAND, 1925, S. 903.

2.2.3.4 Technische Ausstattung

Die Ausstattung der Bahn war, wie schon angedeutet, wegen der Abgelegenheit des Landes meist schlecht. Das billige und oft veraltete Schienen- und Rollmaterial war reparaturanfällig. Bei den Schienen herrschten leichte Gewichtsklassen vor, auf der Hauptbahn 20 2/3-, 21 1/3- und 22 1/2-Pfund/Fuß-Schienen, auf dem Krasnovodsker Zweig und auf der Murghab-Bahn sogar nur 18 Pfund/Fuß-Schienen [1].

Aufschluß über den technischen Zustand und die Funktionsmöglichkeit der Bahn geben die statistischen Daten von Art und Zusammensetzung des Wagenparks; sie gelten allerdings immer für den gesamten Bereich der Transkaspischen bzw. Mittelasiatischen Bahn (zur Verwaltungsgliederung der Bahn s.u. Abschn. 2.2.3.5.).

Zur Zeit der Betriebseröffnung bis Samarkand standen nahezu 1000 Güterwagen zur Verfügung, dazu kamen 118 Kesselwagen für den Erdöl- und Wassertransport, d.h. für die bahninterne Versorgung [2]. 1900 verfügte die Bahn über 311, 1910 bereits über rund 500 Lokomotiven, 400 Personen- und 8000 Güterwagen. Von diesem beachtlichen Wagenpark befand sich jedoch ein großer Teil in Reparatur oder war nicht einsatzfähig; zahlreiche Güterwagen verkamen nutzlos in Depots [3]. Die

---

4. Zur Beteiligung ausländischen Kapitals am russischen Bahnbau vgl. BROIDO, 1929, S. 20 ff., WESTWOOD, 1966, S. 64 f.

1. PETLINE, 1897, S. 3, Zapiska o sostojanii ..., 1899, S. 50 f., ROMANOW, 1904, S. 240, THIESS, 1913, S. 1507. Vgl. den Überblick über die in Rußland üblichen Schienengewichte in Aperçu des chemins de fer russes, 1897, Bd. I, S. 89 ff. Die Veraltung zeigt sich auch bei den Lokomotiven; vielfach wurden Lokomotiven, die auf wichtigeren Strecken im europäischen Rußland aus dem Verkehr gezogen worden waren, auf der Mittelasiatischen Bahn weiterverwendet. Vgl. dazu die Angaben in Svedenija o železnych dorogach za 1897, 1898, vyp. 3, S. 8 ff., Zapiska o sostojanii ..., 1899, Priloženie No. 29, Statističeskij sbornik MPS, Bd. 109, 1911, S. 6 f., zur technischen Situation auch den Reisebericht von DŽEVECKIJ, 1889.
2. Die Transkaspische Eisenbahn, ZVDEV 1888, S. 389.
3. Svedenija o železnych dorogach za 1897, 1898, vyp. 3 B, S. 22 ff., PETLINE, 1897, S. 5, Zapiska o sostojanii ..., 1899, S. 131 ff.,

Zahl der verfügbaren Lokomotiven lag mit 14 auf 100 W wesentlich niedriger als etwa im europäischen Rußland (23 auf 100 W) [4]. Bei einem Verhältnis der Personen- zu den Güterwagen von etwa 1 : 20 zeigt sich deutlich, wie sehr der Güterverkehr auf der Bahn das Übergewicht gegenüber dem zivilen Reiseverkehr hatte. Man bemühte sich, gerade beim Personenverkehr, mit einfachsten Mitteln auszukommen. Gemischte Güter- und Personenzüge waren die Regel, und es gab auch kombinierte Wagentypen [5]. Offene Plattformwagen waren für den Transport von Wasserbottichen bestimmt [6].

Als Heizmaterial fand hauptsächlich Erdöl Verwendung, das größtenteils von Baku eingeführt wurde [7], weiter im Osten auch Kohle, die von Kizyl-Kiak im Ferghana-Becken über eine Schmalspurbahn von der Bahnstation Uč-Kurgan aus erschlossen wurde [8]. Holz konnte kaum herangezogen werden; um die Jahrhundertwende wurden nur drei der 317 Lokomotiven mit Holz beheizt [9]. Während des Ersten Weltkriegs mußte man nochmals auf die Holzheizung zurückgreifen, wodurch die mühsam angelegten Saksaulpflanzungen geschädigt wurden [10]. Die Einführung der Dieseltraktion wurde durch die Erdölwirtschaft begünstigt, aber auch die Erdölversorgung hatte schon in den Anfangsjahren nicht reibungslos funktioniert. Die Industrie in Baku mußte vor dem Ersten Weltkrieg mehrfach auf ihre Verpflichtungen hingewiesen werden [11].

Statističeskij sbornik MPS, Bd. 106-3A, 1911, S. 2 ff., SUVOROV, 1962, S. 26.
4. MERTENS, 1914b, S. 1379.
5. Aperçu des chemins de fer russes, 1897, Bd. II, S. 122 und 128.
6. Statističeskij sbornik MPS, Bd. 106 3- V, 1911, S. 26, A. 11.
7. Aperçu des chemins de fer russes, 1897, Bd. II, S. 93 und 98 mit genauen Mengenangaben, Zapiska o sostojanii ..., 1899, S. 97 f., DMITRIEV-MAMONOV, 1903, S. 203, Otčet po revizii ..., Bd. 10, 1910, S. 203, PAHLEN, 1969, S. 153. Große Erdöllager befanden sich u.a. in Krasnovodsk, Kaachka, Merv (MESSNER, 1912).
8. WILLFORT, 1930, S. 147.
9. MERTENS, 1903, S. 1097, Anm. 1.
10. LEONT'EV, 1954, S. 38; zur Verwendung von Saksaul als Heizmaterial auch Zapiska o sostojanii ..., 1899, S. 97.
11. Monopolističeskij kapital ..., 1961, S. 332.

Für die Effektivität der Bahn und die Transportkapazität ist die Durchlaßfähigkeit ein wesentliches Kriterium, die eine Funktion der Entfernung der Ausweichstellen auf der eingleisigen Strecke und der Zuggeschwindigkeit ist. Die Länge der einzelnen Streckenabschnitte erreichte maximal 31 W, 22 der 64 Abschnitte waren allerdings kürzer als 21 W. Technisch bedingte Zwischenstationen, sog. raz-ezdy [12], waren in der Regel im Abstand von 9 W angelegt, aber nicht alle verfügten über die nötigen Ausweichgleise [13]. Bei der niedrigen Geschwindigkeit - selbst im Reiseverkehr wurden in den neunziger Jahren nur 21 - 27 km/h, ein Jahrzehnt später ca. 32 km/h erreicht [14] - war die Kapazität in den Anfangsjahren auf täglich acht Züge mit je 45 Wagen in jeder Richtung beschränkt [15]. Da die technischen Voraussetzungen zu Beginn des 20. Jahrhunderts unverändert blieben und das relativ leichte Schienenmaterial keine höheren Zuggeschwindigkeiten zuließ, konnte man 1907 erst mit 17 Zugpaaren in 24 Stunden rechnen [16]. Die hohen Kosten verhinderten eine laufende Modernisierung der Bahn. So waren die Lokomotiven 1908 nur mit Handbremsen, noch nicht mit pneumatischen Bremsen ausgerüstet [17]. Erst seit jüngster Zeit werden Schienen miteinander verschweißt; ein Ansatzpunkt war bezeichnenderweise das eisenbahntechnische Zentrum Kizyl-Arvat [18].

Nur bei der Einführung der Dieseltraktion leistete die Transkaspische Strecke Pionierdienste. Nachdem von LENIN veranlaßte Versuche

---

12. Zahlreiche raz-ezdy sollten nur militärischen Belangen dienen; vgl. Zapiska o sostojanii ..., 1899, Priloženie No. 9.
13. Zapiska o sostojanii ..., 1899, S. 19 und 22; vgl. die Angaben zu den einzelnen Stationen bei MESSNER, 1912, psm.
14. RADDE, 1898, S. 39, Zapiska o sostojanii ..., 1899, S. 20, Aperçu des chemins de fer russes, 1897, Bd. II, S. 91, CURTIS, 1911, S. 25. Im Güterverkehr rechnete man in der Anfangszeit mit ca. 11 km/h (POLTORANOV, 1885, S. 70).
15. Die Transkaspische Eisenbahn, ZVDEV 1888, S. 389. Im Jahresmittel rechnete man allerdings nur mit 3,875 Zugpaaren je 24 Stunden (Zapiska o sostojanii ..., 1899, S. 21).
16. SUVOROV, 1962, S. 26.
17. PAHLEN, 1964, S. 127 und 1969, S. 193.
18. T.I. vom 6.7.1971, S. 4.

mit russischen Dieselloks gescheitert waren, unternahm die von Deutschland gelieferte 900-PS-Diesellok nach kurzen Probefahrten im europäischen Rußland seit 1924 Versuchsfahrten nahe Poltorack (Aščhabad), und auch die stärkere 1200-PS-Maschine war kurze Zeit in Turkmenien unterwegs. Die erste Entwicklungsphase sowjetischer Diesellokomotiven fällt in die frühen dreißiger Jahre, als die Strecke Bami - Aščhabad - Dušak für Probefahrten eingerichtet wurde [19]. Speziell für diese Aščhabader Strecke wurde die Diesellok 2-5_o-1 der Serie Ė^{EL} seit 1932 in der Lokomotivfabrik von Kolomna entwickelt [20]. Aber erst nach dem Zweiten Weltkrieg waren die technischen und finanziellen Möglichkeiten gegeben, die der Dieseltraktion den Durchbruch auf der gesamten Mittelasiatischen Eisenbahn verschafften [21]. Als neuestes Modell wurde die Diesellokomotive 2 TĖ 10 L (6000 PS, höchste Reisegeschwindigkeit bei 3800 t Zuggewicht 75 km/h) eingeführt [22].

Die zeitliche Verzögerung bei technischen Neuerungen und die dadurch verminderte Einsatzfähigkeit des Rollmaterials lassen hohe Durchschnittsgeschwindigkeiten selbst im heutigen Passagierfernverkehr nicht zu [23]. Verbesserungen sind insofern eingetreten, als die Diesellokomotiven nicht mehr auf eine mehrfache Ergänzung des Kesselwassers angewiesen sind, wie es die alten Dampflokomotiven waren.

---

19. JAKOBI, 1935, S. 160, LEWIN, 1952, S. 35 f., SLEZAK, 1963, S. 73 f., WESTWOOD, 1966, S. 217 f., KMETIK, 1967, S. 4 f.
20. Kolomenskij teplovozo-stroitel'nyj zavod ..., 1963, S. 56, WESTWOOD, 1963, S. 68 f.
21. WESTWOOD, 1963, S. 83 f. Die uzbekischen Strecken wurden bspw. erst 1965 vollständig mit Dieseltraktion betrieben (BELEN'KIJ u.a., 1965, S. 38).
22. T.I. vom 7.1.1971, S. 4, vgl. T.I. vom 27.8.1971, S. 1.
23. Auf der Strecke Aščhabad - Čardžou (586 km) rechnet man bei Schnellzügen mit 58,6, bei Personenzügen mit 42,9 km/h durchschnittlicher Reisegeschwindigkeit, d.h. einschließlich aller Halte (Ukazatel' železnodorožnych passažirskich soobščenij, 1965, S. 485 ff., vgl. Les chemins de fer de l'U.R.S.S., 1960, S. 335). Nach dem von DMITRIEV-MAMONOV, 1903, S. 438 f. angegebenen Fahrplan hatte der Passagierzug zu Beginn des Jhs. eine mittlere Reisegeschwindigkeit von 30,6 km/h.

2.2.3.5 Verwaltung und Betriebsführung

Der Bahnbau in Transkaspien war auf Veranlassung und unter der Leitung des Kriegsministeriums erfolgt; Bau und Betrieb beruhten auf dem Einsatz von Eisenbahnbataillonen, die seit 1884 als ständige Einheiten in Transkaspien organisiert wurden und bis zum Ende der Militärverwaltung Bestand hatten [1]. In einer Zeit, in der der Eisenbahnbau in Rußland noch weitgehend von Privatgesellschaften mit staatlichen Garantien getragen wurde [2], entstand somit in Mittelasien eine Staatsbahn par excellence, die sich von den russischen Staatsbahnen vor allem darin unterschied, daß sie als Militärbahn (offizielle Bezeichnung: Zakaspijskaja voennaja železnaja doroga - Transkaspische Militäreisenbahn) nicht dem Verkehrsministerium, sondern der Abteilung für den Transport von Truppen und Kriegsmaterial im Kriegsministerium unterstand [3]. Ein Grund für diese Ausnahmestellung ist in der Opposition des damaligen Verkehrsministers POSET' gegen den unwirtschaftlich angesehenen Bahnbau in Transkaspien zu vermuten [4].

Die oberste Aufsicht über den Betriebsablauf hatte der Gebietschef (načal'nik) des Transkaspischen Gebietes, bei dem eine eigenständige Abteilung mit Abteilungsleiter, Verkehrsingenieur, Rechnungsführer, Rechtsbeistand, Zeichner und Expedienten eingerichtet wurde. Für die Betriebsleitung war durch zarisches Dekret ein Direktor zu ernennen, der aber in höherem Maße weisungsgebunden war als seine Kollegen bei den innerrussischen Staatsbahnen, wenn er auch die Angestellten

---

1. HEYFELDER, 1889, S. 126 f., RODZEVIČ, 1891, S. 20 f., Die Transkaspische Eisenbahn, ZVDEV 1888, S. 377, SUVOROV, 1962, S. 23. Eisenbahnbataillone und Militärorganisation gehen auf Vorbilder im europäischen Rußland zurück; vgl. TUCKERMANN, 1916, S. 15.
2. TSCHUPROFF, 1899, S. 497 f., TUCKERMANN, 1916, S. 4 ff., LAUE, 1963, S. 14, WESTWOOD, 1963, S. 70 ff.
3. PETLINE, 1897, S. 6, Zapiska o sostojanii, 1899, S. 6 ff., DMITRIEV-MAMONOV, 1903, S. 204 f.
4. ACHMEDŽANOVA, 1965, S. 25; zur Einstellung von Verkehrsminister POSET' vgl. auch REUTERN-NOLCKEN, 1914, S. 205.

selbst einsetzen konnte [5]. Der Nutzungsdienst gliederte sich in die vier Sektionen Telegraphie und Bewegung, Unterhaltung von Strecke und Gebäuden, Traktionsdienst sowie Magazindienst [6]. Die Oberaufsicht übte wie auch auf den anderen russischen Eisenbahnen ein Kaiserlicher Kontrolleur aus. Die Aufgliederung des Streckendienstes - sie war hierarchisch eingeteilt bis zu Überwachungsabschnitten von durchschnittlich 11 km Länge - entsprach dem anfänglich noch sehr großen Sicherheitsbedürfnis, aber auch der mangelnden Vertrautheit mit den natürlichen Gegebenheiten des Landes, die besondere Vorsicht geboten erscheinen ließ [7].

Verwaltungszentrum war bis 1885 Kizyl-Arvat, danach, dem Vorrücken des Bahnbaus entsprechend, Merv und Čardžuj, ehe 1890 in Aschabad die endgültige Hauptverwaltung eingerichtet wurde [8].

In den ersten zehn Jahren nach der Betriebseröffnung bis Samarkand änderte sich an der Bahnverwaltung nichts. Aber schon Ende Oktober 1893 bereiste eine Kommission des Verkehrsministeriums unter Leitung des Ingenieurs und Gehilfen des Staatsbahnpräsidenten GORČAKOV die Bahn und bereitete die Übernahme in die Verwaltung durch das Verkehrsministerium vor [9]. Diese Übernahme erfolgte, als durch

---

5. Leiter der Bahn waren fast durchweg höhere Offiziere: Fürst M. I. CHILKOV (1881-83), Oberst des Generalstabs A.G. ŠEBANOV (1884-1885), Generalmajor BASOV (1886-88), Inf.-General M.N. ANNENKOV (1889-90), Oberst des Generalstabs M.S. ANDREEV (1891-92), Kriegsingenieur Oberst V.F. KANNABICH (1893-97), Kriegsingenieur Oberst N.V. BORISOV (1898-99), Oberst der Ingenieur-Armee D.L. CHORVAT (1900); vgl. DMITRIEV-MAMONOV, 1903, S. 228.
6. Vgl. die tabellarischen Übersichten bei MESSNER, 1912, S. 154 ff.
7. POLTORANOV, 1885, S. 58, PETLINE, 1897, S. 6, Zapiska o sostojanii, 1899, Priloženie, DMITRIEV-MAMONOV, 1903, S. 207, MESSNER, 1912, S. 154 ff. Die Gliederung war von der Gruzinischen Heerstraße in Transkaukasien nach Transkaspien übertragen worden (HEYFELDER, 1886 a, S. 199).
8. GEJER, 1901, S. 95, DMITRIEV-MAMONOV, 1903, S. 205, AGIŠEV u.a., 1964, S. 24.
9. ALBRECHT, 1896, S. 7, GOURDET, 1898, S. 310, Zapiska o sostojanii, 1899, S. 2. Bereits 1887 war versucht worden, zusammen

die Verlängerung nach Taškent und Andižan die Hauptstadt und der wirtschaftliche Kernraum Russisch-Turkestans angeschlossen worden waren. Ab 1./13. 1. 1899 war die Transkaspische Bahn dem Verkehrsministerium unterstellt, zugleich wurde ihre Bezeichnung in "Mittelasiatische Eisenbahn" (Sredneaziatskaja železnaja doroga) geändert [10]. Eine neue Kommission bereiste die Bahn 1899 und legte ihr Material mit Streckenbeschreibungen und Vorschlägen zur Betriebsverbesserung vor [11]. Diese neue Verwaltungsordnung trug der veränderten Stellung der Bahn im russischen Eisenbahnwesen Rechnung. Die Zweigbahn nach Kuška, die damals gerade erst auf Kosten des Kriegsministeriums gebaut wurde, blieb in dessen Verwaltung und war noch 1910 keinem Reisenden zugänglich [12].

Waren schneller und relativ billiger Bau unter straffer staatlicher Leitung nach dem Versagen der russischen Privatbahnen im Krieg gegen die Türkei 1877/78 Argumente für die Förderung des Staatsbahnsystems gewesen (vgl. LAUE, 1963, S. 21 f.), so kann die Übernahme in die Verwaltung des Verkehrsministeriums als nachträgliche Anerkennung dieser Entwicklung gelten. Während in den 60er Jahren des 19. Jhs. die russische Regierung fast jedes Eisenbahnprojekt finanziell zu unterstützen bereit war, ging man schon in den 70er Jahren dazu über, die vorgelegten Projekte erst gründlich auf ihre vermutliche Rentabilität zu überprüfen, ohne daß freilich Fehlinvestitionen ausgeschaltet wurden. Zugleich kaufte der Staat Bahnen auf, für deren Unwirtschaftlichkeit er ohnehin mit finanziellen Garantien aufzukommen hatte (vgl. WESTWOOD, 1966, S. 70 ff.). Finanzminister REUTERN propagierte daher schon 1877 in einer Denkschrift die Einführung des Staatsbahnsystems - allerdings ohne bedeutende Bahnbautätigkeit durch den Staat angesichts der chronischen Finanzschwäche des Reiches (REUTERN-NOLCKEN, 1914, S. 112 ff.).

---

mit einer politischen Neugliederung Mittelasiens die Bahnverwaltung in Turkestan insgesamt zu vereinheitlichen (SOLOV'EV i SENNIKOV, 1946, S. 296 f.).

10. Wenn im Folgenden trotzdem meist von der "Transkaspischen Eisenbahn" die Rede sein wird, so soll damit hervorgehoben werden, daß es sich um den westlichen Teil der Bahnstrecke handelt.
11. Zapiska o sostojanii, 1899 mit Priloženie; vgl. auch Statistisches von den Eisenbahnen Rußlands, 1900, S. 302, THIESS, 1913, S. 1507.
12. SCHWEINITZ, 1910, S. 10.

Um die Jahrhundertwende wurden in der Ära WITTE staatliche Genehmigungen nur noch für den Bau kurzer, mit großer Wahrscheinlichkeit rentabler Strecken gegeben, während sich der Staat den Ausbau des großräumigen Bahnnetzes allein vorbehielt (wie bspw. bei der Transib und ihren Ausbauten, 1892-1916), da WITTE in einem staatskapitalistisch gelenkten Eisenbahnwesen das Schwungrad für die Industrialisierung sah (LAUE, 1963, S. 77). Die Staatsbahnepoche gehört damit in den Gesamtrahmen der "Industriellen Revolution" in den 90er Jahren des 19. Jhs. in Rußland (vgl. dazu PORTAL, 1954, S. 215).

Die Neuordnung der Verwaltung in sowjetischer Zeit brachte keine bedeutsame Umwälzung, zumal die Bahn als Staatsbahn nicht unter das Dekret vom 28. 6. 1918 fiel, das die Verstaatlichung sämtlicher Bahnstrecken vorsah. Ein Vertrag vom 9. 8. 1922 bestätigte auch die Bahnverwaltung auf dem Gebiet des früheren Emirats Buchara zusammen mit dem Telegraphenwesen und der Schiffahrt auf dem Amu-darja [13]. Sogar als in Turkestan Selbständigkeitstendenzen in allen Lebens- und Wirtschaftsbereichen aufkeimten, sollte die Eisenbahn zunächst in russischem Besitz und unter russischer Verwaltung bleiben [14].

In den fünfziger Jahren wurde in der Phase größter Dezentralisierung der sowjetischen Wirtschaft die Hauptbahn bis zur Ostgrenze der TSSR (Station Chodža-Davlet) mit allen Nebenstrecken einschließlich der Linie nach Kungrad als Ašchabadskaja železnaja doroga organisiert, der sich nach Osten die Taškentskaja železnaja doroga anschloß, zu der auch die Zweigbahn Kagan - Dušanbe gehörte. Später vereinigte man die Bahnen wieder zur Mittelasiatischen Eisenbahn [15]. Ihre Verwaltung ist in mehrere Abteilungen gegliedert, von denen für unser Gebiet diejenigen von Ašchabad, Čardžou und seit 1971 auch von Mary von Bedeutung sind (Ašchabadskoe, Maryjskoe i Čardžouskoe otdelenija Sredne-Aziatskoj železnoj dorogi) [16].

---

13. HAYIT, 1956, S. 138.
14. WILLFORT, 1930, S. 119.
15. CAR 6, 1958, S. 323, SLEZAK, 1963, S. 134, SHEEHY, 1968, S. 285.
16. SSSR i sojuznye respubliki v 1968 godu, 1969, S. 273, T.I. vom 5.6.1971 ohne Angabe der räumlichen Abgrenzung.

2.2.4 Betriebsergebnisse und finanzielle Bilanz

Solange die Transkaspische Eisenbahn noch im Bau war und daher die Investitionen die Erträge überwogen, gehörte sie zu den unrentablen Strecken. Erst als mit Samarkand der westliche Teil des reichen Agrarwirtschaftsraumes von Turkestan zugänglich war und damit auch der zivile Gütertransport in größerem Ausmaß einsetzte, überstiegen die Einnahmen die Ausgaben. Seit Ende der achtziger Jahre konnte die Bahn in der Jahresabrechnung Reingewinne verbuchen; sie stiegen sehr rasch von 1889: 67 000 auf 1896: 1,43 Mio und 1898: 2,076 Mio Rubel Gold an [1]. Selbst dieser für russische Staatsbahnverhältnisse nicht übermäßig günstige Stand [2] - eine Aufrechnung der Gewinne gegen die vorher geleisteten Investitionskosten und gegen frühere Defizite würde das Bild noch verschlechtern - blieb nur bis zum Bau der Orenburg-Taškenter Bahn erhalten, danach machte sich die Ablenkung der Gütertransporte bemerkbar (vgl. u. Abschn. 2.3.2.): 1907 hatte die Mittelasiatische Bahn wieder ein Defizit von 1,6 Mio, 1908 eines von 2,3 Mio Rubel zu verzeichnen [3].

---

1. THIESS, 1904, S. 923, SUVOROV, 1962, S. 28. Die Angaben für die Bilanz der Bahn gehen etwas auseinander, wofür unterschiedliche Kostenberechnungsgrundlagen und Etatbuchungen verantwortlich sein dürften. Mitte der 90er Jahre hatte der Reingewinn erst 0,6 Mio Rubel betragen; vgl. REIN, 1898, S. 165, MATTHESIUS, 1905, S. 523 f. sowie zu den ersten drei Jahren Finansovye svedenija, 1885, S. 72. - Da es sich um eine Militärbahn handelte, wurden die statistischen Daten erst verspätet und außerdem unvollständig veröffentlicht.
2. Zum Vergleich: 1900 wurde für die Staatsbahnen des europäischen Rußland ein durchschnittlicher Reingewinn von 5176 Rubel/Werst Bahnlänge ermittelt, für die Bahnen in Russisch-Asien ein Defizit von 295 R/W; bis 1909 fiel der Überschuß im europäischen Teil auf 4792 R/W, das Defizit im asiatischen Teil stieg auf 811 R/W. Für sämtliche Staatsbahnen zusammen ergab sich ein Überschuß von 2398 (1900) bzw. 3134 (1909) R/W, für das gesamte russische Bahnnetz (mit Privatbahnen) ein Gewinn von 4872 bzw. 4024 R/W. Für das Defizit bei den asiatischen Staatsbahnen sind die hohen Ausgaben beim Bahnbau durch Sibirien verantwortlich. Vgl. MERTENS, 1913, S. 1094 ff.
3. MERTENS, 1903, S. 1112, 1906, S. 931 f. und 1911, S. 1216.

Ungünstig wirkte sich auf die finanzielle Bilanz das russische Tarifsystem aus. Die Differentialtarife, die mit steigenden Entfernungen die Transporte relativ zur Transportweite erheblich verbilligen, und zahlreiche Sondertarife für die am meisten beförderten Güter (Erdöl, Baumwolle, Wolle und Kriegsmaterial) förderten zwar die Einfuhr nach dem zentralen Rußland, ohne die Preise dort transportkostenkonform anzuheben, schadeten jedoch in der Verrechnung dem Transporteur im Auflieferungsgebiet [4].

Aus diesen Angaben wird ersichtlich, daß die Bahn nur solange wirtschaftlich arbeitete, als sie eine gewisse Monopolstellung für die Erschließung des mittelasiatischen Wirtschaftsraumes hatte; später wurde sie zu einem Zuschußunternehmen. Vor dem Ersten Weltkrieg kam die Bilanz nochmals aus den roten Zahlen, nachdem die Erdölindustrie beiderseits des Kaspischen Meeres durch die NOBEL-Gesellschaft gefördert worden war und große Transporte in alle Teile des Russischen Reiches veranlaßte. 1910 verzeichnete die Bahn einen Überschuß von fast 1,7 Mio Rubel [5].

2.2.5 Die Funktionen der Transkaspischen Eisenbahn

Da die Bahn von Michajlovsk aus ganz im Hinblick auf die Unternehmungen von SKOBELEV gegen die Turkmenen in Denghil-tepe geplant und gebaut worden war, kann sie ihrer Intention nach als taktisch-militärisch angesehen werden [1]. Sie sollte die nördliche der beiden mehrfach erwähnten strategischen Basislinien, die Linie

---

4. Vgl. DŽEVECKIJ, 1889, S. 232, PETLINE, 1897, S. 9 f., WESTWOOD, 1966, S. 81; zum Problem der Transportweite s.u. Abschn. 3.6.1.4.
5. Vgl. MERTENS, 1914b, S. 1399 und 1917, S. 274.
1. ANNENKOW, 1881, S. 43, HEYFELDER, 1886 a, S. 171, BOULANGIER, 1888, S. 94, Aperçu des chemins de fer russes, 1897, Introduction S. XLVIII, ROMANOW, 1904, S. 240, MATTHESIUS, 1905, S. 522 f., SCHULZE, 1911/12, S. 174 f., MERTENS, 1917, S. 417 u. 447.

von Krasnovodsk nach Kizyl-Arvat, verstärken [2]. Obwohl die Bahn beim Angriff auf Gök-tepe noch weit von der Vollendung entfernt war, konnte sie diese Aufgabe wenigstens teilweise erfüllen. Sie leistete bereits dem Truppenvormarsch gute Dienste, sorgte für die Heranführung von Kriegsmaterial über eine unwegsame Wüstenstrecke auf den ersten 20 - 30 km und erleichterte die Rückführung von Verwundeten. Aber die Bahn erreichte noch lange nicht die Effektivität des Karawanentransportes auf Kamelen, der sich in Turkmenien als bestes Transportmittel erwies [3].

Nach offiziellen Angaben hat die Bahn zur Zeit der SKOBELEV-Expedition außer den 7,5 Mio Pud (122 700 t) Eisenbahnmaterial, die für die Fortsetzung des Bahnbaus nötig waren, 7 Mio Pud (114 400 t) Militärgüter transportiert. An Truppen wurden acht Bataillone der 21. Infanterie-Division, die Kronstädter Marinebatterie, das Krasnovodsker Lokalbataillon und Teile des Sanitätspersonals befördert [4].

Auch nach der Beendigung der Turkmenenkriege fiel die militärische Funktion nicht fort, doch wandelte sie sich zu einer allgemeineren *strategischen* Bedeutung im politischen Gefüge Mittelasiens. Im engeren Bereich Turkmeniens stand das Sicherheitsdenken für die sich etablierende russische Macht im Vordergrund [5], im weiteren

---

2. KUROPATKIN, 1904, S. 101.
3. GRODEKOV, 1883, Bd. II, S. 333 f.. Eine Einschränkung der Kapazität der Bahn war auch im westlichen Anschluß zu sehen, da das Fahrwasser durch die Michajlovsker Bucht ständig von der Versandung bedroht war (MEJER, 1885, S. 130).
4. GRODEKOV, 1883, Bd. III, S. 176, HEYFELDER, 1889, S. 99 f., KREUTER, 1890, S. 36.
5. Vgl. DMITRIEV-MAMONOV, 1903, S. 161 nach einem Telegramm des kaukasischen Statthalters MICHAIL an ANNENKOV vom 20.9./2.10. 1881 anläßlich der Eröffnung des Betriebes bis nach Kizyl-Arvat. BOUTROUE, 1897, S. 422 bezeichnet die Bahn fälschlich sogar als rein strategisch ohne jegliche Handelsfunktion. Der Übergang von der taktisch-militärischen Funktion zu einer weiterreichenden strategischen zeigt sich rein äußerlich schon in der Aufgabe der leichten Feldbahn zugunsten einer fest verlegten Breitspurbahn.

Raum des Mittleren Orients mußte bis 1907, bis zum Abschluß der englisch - russischen Konvention von St. Petersburg, die Möglichkeit einer Auseinandersetzung zwischen den beiden Großmächten einkalkuliert werden [6]. Hier diente die Transkaspische Bahn zugleich als politisches Instrument, das zu den Bahnbauten an der indischen Nordwestgrenze in Konkurrenz stand [7], und sie war auch eine Ausgangsbasis für den Ausbau der russischen Einflußsphäre in Nordpersien, die ebenfalls 1907 vertraglich geregelt wurde.

Schwierigkeiten brachte allerdings die zweimalige Verschiffung der Truppen in Baku und Krasnovodsk mit sich, deren Nachteile erst durch die Herstellung des Krasnovodsker Zweiges teilweise beseitigt wurden. Dazu kam die durch mangelhafte technische Ausstattung bedingte geringe Durchlaßfähigkeit, die wenig versprechende Berechnungen über die vermutliche Dauer größerer Truppenbewegungen veranlaßte [8].

Zur Unterstreichung der strategischen Funktionen war der Bau der Murghab-Eisenbahn nach Kuška erfolgt, den die Engländer mit der Anlage der ebenfalls rein strategischen Zweigbahn Quetta - Nushki beantworteten [9]. 1900 täuschte KUROPATKIN umfangreiche Truppenbewegungen auf der Haupt- und Nebenlinie vor, um die Engländer zu beun-

---

6. VACLIK, 1888, S. 21 und 24 f., CURZON, 1889/1967, S. 297 ff., SCHULZE 1911/12, S. 175, GOOCH and TEMPERLY, ed., 1929, S. S. 502 ff., REJSNER, 1925, S. 59 f., JAECKEL, 1968, S. 20.
7. Vgl. dazu ANNENKOW, 1881, S. 44 f. und JAECKEL, 1968, S. 32.
8. CURZON, 1889/1967, S. 301, BRANDENBURGER, 1905, S. 16, vgl. Anglo-russkij vopros v Azii ..., 1891, S. 159.
9. GREAVES, 1959, S. 220, ELLIS, 1963, S. 24. Zu den Bahnbauten und -projekten im nordwestindischen Raum vgl. Anglo-afganskaja železnaja doroga, 1891, S. 189 ff., Železnye dorogi Severo--zapadnoj Indija, 1893, S. 216 ff., bes. S. 222, VOIGT, 1925, S. 272, FLETCHER, 1965, S. 163 und die Übersichtskarte bei JAECKEL, 1968, S. 296. Englands Eisenbahnpläne im Anschluß an das indische Bahnnetz zielten nicht nur auf Afghanistan, sondern - vor allem unter den Vizekönigen SANDEMAN und ROBERTS - auch auf die ostpersische Provinz Seistan (vgl. GREAVES, 1959, S. 211 ff.).

ruhigen, nachdem erste technische Voraussetzungen für eine Erhöhung der Durchlaßfähigkeit für militärische Zwecke durch den Einsatz besonderer Militärwagen und den Bau von Nebengebäuden und Ausweichgleisen geschaffen waren. Aber es mußten doch erneut auch Überlegungen angestellt werden, auf welche Weise die Durchlaßfähigkeit der Bahn nach Kuška noch weiter erhöht werden konnte [10].

Aktuelle militärische Bedeutung erhielt die Transkaspische Bahn wieder in den Kriegsjahren. Am Ende des Ersten Weltkriegs befürchteten die Engländer, deutsche Truppen könnten auf dem Weg über diese Bahn Indien bedrohen. Im russischen Bürgerkrieg, an dem die Engländer als Interventionsmacht in Transkaspien beteiligt waren, kam die Beherrschung der Bahnlinie einer entscheidenden Vormachtstellung gleich [11]. Im Zweiten Weltkrieg war die Transkaspische Bahn in Verbindung mit der Schiffahrtslinie Krasnovodsk - Baku die einzige Zugangsmöglichkeit nach Transkaukasien, ehe der deutsche Vormarsch in Stalingrad gestoppt wurde. Damals diente die Bahn der Versorgung der transkaukasischen Unionsrepubliken mit Militärgütern und Lebensmitteln; Krasnovodsk wurde zu einem der wichtigsten militärisch orientierten Umschlaghäfen in der Sowjetunion (vgl. u. Abschn. 3.4.1.1) [12].

Über die militärische Bedeutung der Bahn in der Gegenwart gibt es zwar keine Informationen, doch ist aus der Grenzlage eine wenigstens latent vorhandene strategische Funktion leicht abzuleiten.

In den Augen ihrer Erbauer und zum Teil auch in der oft propagandistisch überhöhten Motivation gegenüber der Öffentlichkeit war die Transkaspische Bahn Teilstück einer eurasiatischen Transkontinentalbahn zwischen Westeuropa und Indien [13]. Die Entsprechung

---

10. Zapiska o sostojanii ..., 1899, S. 163 f., ZVDEV 1905, S. 1175 f., ONCKEN, 1937, S. 66. WESTWOOD, 1963, S. 14 interpretiert einseitig russische Truppenbewegungen gegen das britische Indien als Hauptgrund für den Eisenbahnbau in Mittelasien.
11. ELLIS, 1963, S. 18.
12. TUMANOV, 1968, S. 11 ff.

in der Annäherung an die afghanische Grenze von Turkmenien und Indien her ist allerdings politisch und militärisch bedingt. Die Vorteile, die eine durchgehende Verbindung hätte haben können, sind nicht zu leugnen; auch wäre der Reiseweg, wie immer hervorgehoben wird, erheblich verkürzt worden [14]. In der westlichen Presse fand daher der Gedanke an eine solche Überlandbahn von der Konzeption her weitgehende Unterstützung [15], doch gingen die Kommentare unkritisch an einer Berücksichtigung der wirtschaftlichen Verhältnisse und der politischen Gegensätze vorbei [16]. Der Passagierverkehr konnte nie so groß werden, daß er einen ausreichenden Teil der Unterhaltungskosten für die Bahn getragen hätte, und der Gütertransport mußte die Nachteile eines mehrfach gebrochenen Transportes in Kauf nehmen, zumal man seit 1883, als die Transkaukasische Bahn zwischen Poti/Tiflis und Baku fertiggestellt war, nicht nur an die Schiffspassage über das Kaspische Meer, sondern auch an eine zweite über das Schwarze Meer zu den ukrainischen Häfen dachte [17]. Dadurch wurde die Effektivität der Bahn - vom damaligen Standpunkt aus betrachtet - bereits fraglich, noch zweifelhafter muß sie uns aber heute erscheinen, wo der internationale Passagierverkehr über große Entfernungen im Eisenbahnwesen an Bedeutung verloren hat und die Hindernisse eines mehrfach gebrochenen Gütertransportes schwerer wiegen als im 19. Jahrhundert [18].

---

13. ANNENKOW, 1881, S. 57 ff., LYKIN, 1885, S. 9 ff., MEJER, 1885, S. 125, VACLIK, 1888, S. 19, KREUTER, 1890, S. 34.
14. VACLIK, 1888, S. 44 ff., KÜRCHHOFF, 1901, S. 677, GRULEW, 1909, S. 29; vgl. auch CURZON, 1889/1967, S. 3.
15. Russische Stimmen hatten schon 1873 vor einer Transkontinentalbahn durch Rußland nach Indien gewarnt, da zu befürchten war, daß nur Deutschland, England und Indien vom Handelsverkehr profitieren würden, nicht aber Rußland (SOLOV'EV i SENNIKOV, 1946, S. 86).
16. Vgl. bspw. Die russische Eisenbahn durch das südliche Centralasien, 1885, S. 383.
17. ZVDEV 1885, S. 437, HEYFELDER, 1886a, S. 170, Die transkaspische Eisenbahn, Ausland 1888, S. 304, VACLIK, 1888, S. 15, HENNIG, 1918, S. 598 ff.
18. Die transkaspische Eisenbahn, Ausland 1888, S. 303 u. 331. - Eine Modernisierung des Transportes durch Fährverbindungen oder

Dennoch verschwanden die Pläne für die transkontinentale Verbindung nicht aus der Diskussion, bis sich durch die Errichtung der Sowjetmacht völlig veränderte politische Voraussetzungen in der Mächtekonstellation ergaben [19]. Denn fragt man nach den Gründen für das Scheitern aller Bemühungen, so wird in erster Linie der russisch-englische Gegensatz im Orient verantwortlich sein. Unter seinem Einfluß sperrte sich Afghanistan nach beiden Seiten und ließ nicht zu, daß eine fremde Macht auf seinem Territorium Eisenbahnen baute [20]. Weiter westlich verhinderte das Tauziehen der Mächte um die Einflußsphären in Persien den Bau durchgehender Eisenbahnstrecken. So bleibt vom kosmopolitischen Aspekt vor allem der realpolitische Hintergrund der imperialen Konkurrenz zwischen Rußland und Großbritannien. Nicht nur die Möglichkeit, im Kriegsfall rasch Truppen zur afghanischen Grenze zu transportieren, sondern auch die Aussicht, das wirtschaftliche Gleichgewicht zugunsten Rußlands verändern zu können, spielen dabei mit [21].

Der Passagierverkehr hatte unter den Funktionen der Transkaspischen Eisenbahn immer eine untergeordnete Bedeutung. Meist verkehrte täglich nur ein Reisezugpaar auf der ganzen Strecke [22]. Eine Ursache für diese geringe Ausnutzung liegt in der langwährenden Absperrung der Bahn für den zivilen Reiseverkehr, aber es darf auch kein sehr großer Kommunikationsbedarf angenommen werden. Vor der Jahrhundertwende stellte das Militär das größte Kontingent der Reisen-

---

den Einsatz leicht verladbarer Container reicht auch nicht aus, diese Nachteile aufzuwiegen.

19. KROLLICK, 1908, S. 212, GRULEW, 1909, S. 25 u. 177. Ein später Nachklang der kosmopolitischen Eisenbahnidee findet sich noch in BARTHOLDs Überlegungen zur türkischen Kultur in Mittelasien (BARTHOLD, 1962, S. 247).
20. ABDUR RAHMAN, 1900 psm., PROSOROFF, 1911/12, S. 572 f.
21. Zapiska ... Grodekova ..., 1883, S. 109, CURZON, 1889/1967, S. 287 ff.
22. O Zakaspijskoj oblasti, 1888, S. 111.

den, dazu kamen einige russische Kaufleute und sehr wenige zivile Reisende in der II. Klasse. In der III. Klasse benützten zahlreiche Einheimische auf Pilgerfahrten die Bahn [23]. Außer dem Militär, das zum Teil im Land blieb, fuhren die meisten Reisenden zu den historischen Stätten im Osten durch. Eine I. Klasse, wie sie in Rußland zur Bewältigung des gehobenen Fernreiseverkehrs eingerichtet worden war, bestand in Turkmenien zur Zeit der Militärverwaltung nicht [24].

An diesen Verhältnissen hat sich bis heute nicht viel geändert. Die Aščhabader Eisenbahn ist das Endglied der großen Magistrale, die von Moskau über Rjažsk - Penza - Kujbyšev - Orenburg - Taškent nach Krasnovodsk führt (Linie 360). Sie ist damit eine periphere Strecke geblieben, auf der der Passagierverkehr äußerst gering ist [25]. 1940 wurden 2,8 Mio Reisende in Turkmenien befördert, in der zweiten Hälte der sechziger Jahre jährlich etwa 3,3 bis 3,5 Mio. So bewältigt die Bahn in der TSSR nur etwa 1/700 des gesamtsowjetischen Passagierverkehrs bei einem Anteil von 1,57 % am Bahnnetz [26].

Bezogen auf die Einwohnerzahl weist Turkmenien aber eine höhere Passagierfrequenz auf als die anderen mittelasiatischen Unionsrepubliken (vgl. Abb. 10). Wenn es auch keine Angaben über die soziale Stellung der Reisenden in der Gegenwart gibt, darf man doch annehmen, daß das Fehlen weitflächiger Agrarräume und die punkthaft konzentrierte Streuung der Industrie wesentlich zu dieser Situation beitragen. Denn in jüngerer Zeit hat der Vorortverkehr im Rahmen der

---

23. Le chemin de fer russe ..., 1887, S. 118, CURZON, 1889/1967, S. 99 f., ALBRECHT, 1896, S. 18 f., PROSKOWETZ, 1893, S. 430, SCHWARZ, 1900, S. 457, SCHWEINITZ, 1910, S. 10. Um Pilger anzulocken, verfaßte ANNENKOV eine kleine Propagandaschrift in persischer Sprache (BOULANGIER, 1888, S. 322).
24. Vgl. die Reiseberichte von ALBRECHT, 1896 und KAUDER, 1900; dazu Zapiska o sostojanii ..., 1899, S. 143, DMITRIEV-MAMONOV, 1903, S. 212.
25. NIKOL'SKIJ, 1960, S. 181, Kalendaŕ-spravočnik, 1964/65, S. 211 ff., Ukazatel' železnodorožnych passažirskich soobščenij, 1965, S. 485 ff., 1967, S. 487 ff.
26. Nar. choz. SSSR v 1965, S. 463, Nar. choz. SSSR v 1969, S. 447, Transport i svjaź, 1967, S. 108 f.

Abb. 10

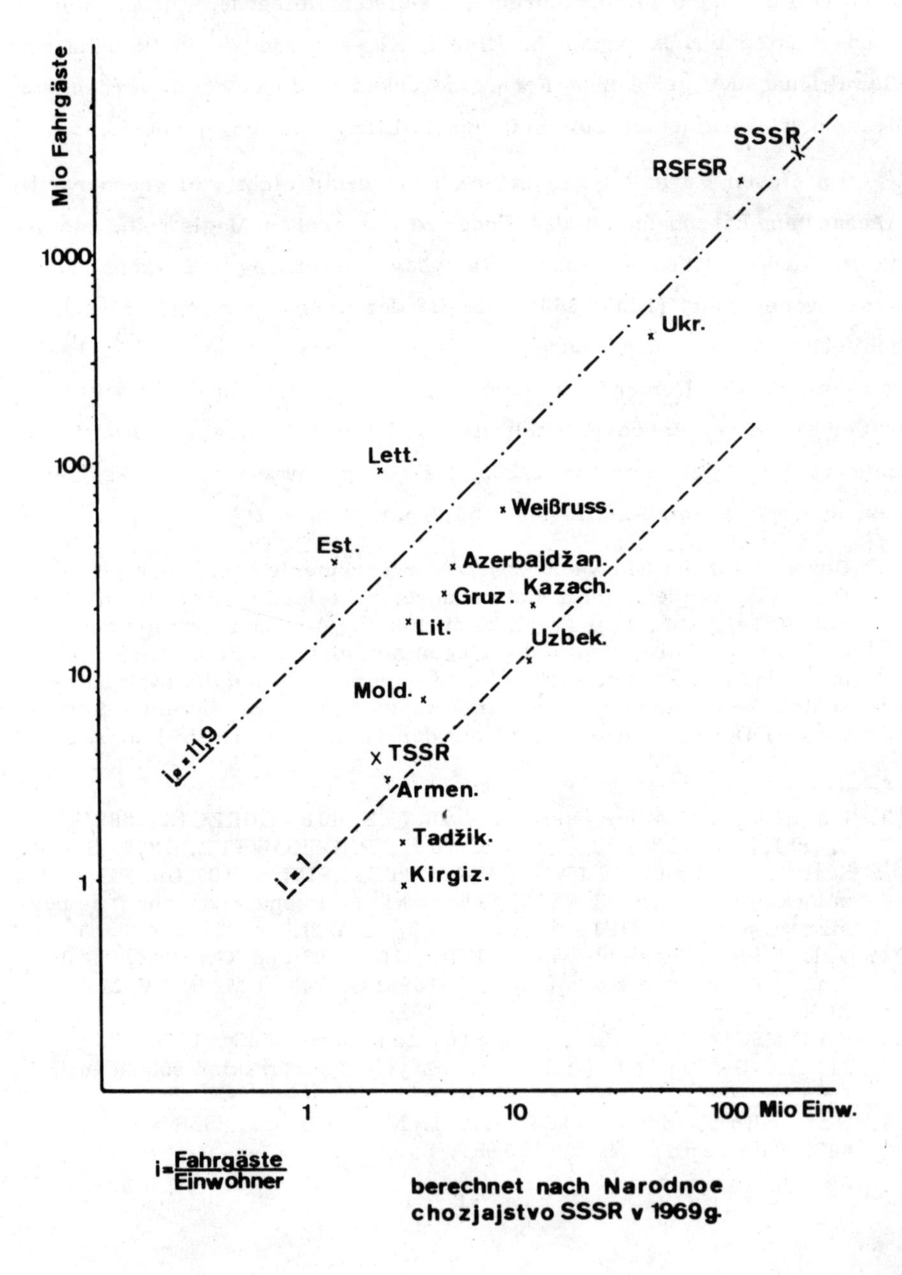
Korrelation zwischen Eisenbahnfahrgästen
und Einwohnern in der UdSSR (1969)
Mio Fahrgäste
1000
100
10
1
1
10
100 Mio Einw.
SSSR
RSFSR
Ukr.
Lett.
Weißruss.
Est.
Azerbajdžan.
Gruz.
Kazach.
Lit.
Uzbek.
Mold.
i = 11,9
TSSR
Armen.
Tadžik.
i = 1
Kirgiz.
i = Fahrgäste / Einwohner
berechnet nach Narodnoe chozjajstvo SSSR v 1969g.

Industrialisierung und verstärkter Pendelwanderungen zugenommen, doch erreicht er noch lange nicht die Bedeutung, die ihm bspw. im benachbarten Uzbekistan zukommt, das aber wesentlich dichter besiedelt ist und größere Städte aufweist als Turkmenistan.

Bei Nebit-Dag, Ašchabad und Čardžou kann man bereits von Vorortverkehr im verstädterten Umland sprechen, doch geht dort die Tendenz zum vermehrten Einsatz von Autobussen. Etwa die Hälfte der Reisenden im Eisenbahnverkehr Turkmeniens bewegt sich zur Zeit im Vorortverkehr [27].

Handels- und damit Wirtschaftsinteressen waren schon bei den Diskussionen über den Bahnbau ein wichtiges Argument gewesen. Nachdem der Plan, die Bahn in den eurasiatischen Handelsverkehr einzubeziehen, gescheitert war, rückte die wirtschaftliche Aufschließung Mittelasiens durch Rußland in den Vordergrund. Diese Funktion der Transkaspischen Eisenbahn wurde bestimmend, als Samarkand erreicht und damit das Wirtschaftsgebiet des Generalgouvernements Turkestan zugänglich gemacht worden war; vorher war der zivile Handelsverkehr über die Bahn unbedeutend [28]. Der Gütertransport soll noch ausführlicher als integrierendes Moment betrachtet werden (vgl. u. Abschn. 3.4.4 und 3.6.1.), doch können hier bereits einige allgemeine Grundzüge angedeutet werden.

Das Wirtschaftsziel, die Produkte Mittelasiens dem europäischen Rußland zukommen zu lassen, kann zunächst im Sinne einer imperialen Kolonialpolitik aufgefaßt werden [29]. War der Güteraustausch bislang nur mit dem umständlichen Karawanentransport möglich gewesen, so sollte die Bahn jetzt eine differenzierte Wirtschaftsentwicklung ein-

---

27. 1950: 1,3 von 2,4 Mio Reisenden, 1960: 1,3 von 2,9 Mio und 1965: 1,5 von 3,3 Mio Passagieren (Nar. choz. SSSR v 1965, S. 463, Nar. choz. SSSR v 1969, S. 447, Transport i svjaź, 1967, S. 108 f.).
28. MEJER, 1885, S. 125 f.
29. VACLIK, 1888, S. 30, WIEDEMANN, 1888, S. 72.

leiten helfen. In Turkmenien bedeutete dies vor allem die Versorgung mit lebenswichtigen Gütern vom Getreide für die tägliche Nahrung bis zur Ausstattung einer beginnenden Industrialisierung. In welchem Maß das Land bald von dem neuen Zufuhrweg abhing, zeigte sich 1918/19, als die Sperrung des Krasnovodsker Hafens durch Engländer die Bol'ševiki von der Nachfuhr abschnitt [30].

Mit der Zeit verringerte sich die Transitbedeutung der Transkaspischen Strecke, aber die Versorgungsfunktionen für Turkmenien blieben, wenn auch teilweise unter Umkehrung der Transportrichtungen, weitgehend erhalten [31]. Vom internationalen Handel behielt die Transkaspische Bahn nur einen Teil des Handels über die russisch-persische und über die russisch-afghanische Grenze, wobei sich russische Waren im Konkurrenzkampf mit den englischen einen deutlichen Vorteil verschaffen konnten (vgl. u. Abschn. 3.6.2.) [32].

Im Gegensatz zum Passagierverkehr erlebte der Gütertransport eine ständige Steigerung, die auch heute noch anhält und nur in den Jahren des Ersten Weltkrieges und des Bürgerkrieges sowie - unter Berücksichtigung der veränderten Präferenzen für bestimmte Gütergruppen - des Zweiten Weltkrieges unterbrochen wurde. Seit 1888 (5,59 Mio Pud = 91 600 t) stieg der gesamte Güterumschlag auf rund 1 Mio t im Jahr 1913 [33]. Bis 1961 hat der Versand von den turkmenischen Bahnhöfen (mit allen Zweigstrecken auch in den östlichen Landesteilen) das Neunzehnfache von 1913, der Empfang mehr als das Zwanzigfache erreicht. Auch im letzten Jahrzehnt hielt der Aufschwung unvermindert an; 1965 betrug der Versand das 30-, der Empfang das 26fache von 1913, 1969 das 35- bzw. 26fache (17,2 bzw. 13,1 Mio t) [34].

---

30. OLZSCHA u. CLEINOW, 1942, S. 401.
31. Vgl. NIKOL'SKIJ, 1960, S. 383.
32. VACLIK, 1888, S. 50 ff.
33. ZVDEV 1892, S. 86, Nar. choz. SSSR v 1959, S. 501 ohne Berücksichtigung der Grenzänderungen.
34. Nar. choz. TSSR 1963, S. 132, Transport i svjaź, 1967, S. 118 f., Nar. choz. SSSR v 1969, S. 452.

Überblickt man die Vielfalt der Funktionen, die die Eisenbahn heute hat, so wird man der wirtschaftlichen Aufgabe mit dem Güterverkehr den ersten Rang zugestehen müssen [35], wobei Ausfuhr- und Versorgungslieferungen dem Transithandel voranstehen. Strategische Bedeutung hat die Bahn wenigstens latent, bei gegebenem Anlaß könnte sie auch taktisch eingesetzt werden, obwohl die Kapazität für die Truppenbeförderung gegenüber den Verhältnissen im vergangenen Jahrhundert nicht wesentlich gestiegen sein dürfte. Der Passagierverkehr stagniert in den letzten Jahren, und andere Verkehrsarten, vor allem der Autoverkehr, werden in diesem Sektor bald eine größere Rolle als die Bahn spielen.

War oben von wirtschaftlichen Motivationen beim Bahnbau die Rede (vgl. Abschn. 2.1.2.), so erscheint nach der Analyse der einzelnen Funktionen die einseitige Deutung von ACHMEDŽANOVA in einem anderen Licht; es ist die Reduktion auf eine Triebkraft, die zweifellos hinter dem Gesamtgeflecht der historischen Bezüge des mittelasiatischen Eisenbahnwesens auch gesehen werden muß, die aber nicht in die Anfangsphase der Entscheidungen für eine spezielle Bahn zurückprojiziert werden darf. Vielmehr muß der Eisenbahnbau in Transkaspien zunächst im Zusammenhang mit der militärischen Seite des russischen Imperialismus gesehen werden. Faktoren wie das Herrschaftsstreben über die noch zu keiner staatlichen Organisation gelangten Osttürken, die Konkurrenz zu den englischen Machtpositionen in Indien als Druckmittel direkter Diplomatie zwischen St. Petersburg und London, die Wirtschaftsherrschaft über Mittelasien und die angrenzenden Bereiche des Vorderen und Mittleren Orients müssen zuerst hervorgehoben werden, ehe man den Zugang zu den Rohstoffen, vor allem zu Baumwolle, Seide und Karakulfellen, und die Ausformung eines Absatz-

---

35. Die kurze Untersuchung von WIENKE, 1969, die nur den Passagierverkehr berücksichtigt, kann daher nur zu einem unvollständigen Bild gelangen. So wird für die Transkaspische Eisenbahn einseitig die strategische Funktion hervorgehoben (l.c. S. 52).

marktes als treibende Kräfte hinstellt. Freilich soll damit nicht gesagt werden, daß die Transkaspische Bahn auf die wirtschaftliche Bereiche nicht eingewirkt hätte; nur darf diese Einwirkung nicht als Ausgangspunkt für die Eisenbahnplanung überhaupt angesehen werden [36]. Gerade die Tatsache, daß die weitgespannten wirtschaftlichen und kosmopolitischen Vorstellungen bei der Projektrealisation zurückstehen mußten, während das militärische Bahnbauvorhaben verwirklicht wurde, beweist den Vorrang dieser Motivation.

Der Funktionswandel nach Bauende in Samarkand (1888) ist als Rückkopplungseffekt zu deuten, der von dem agrarisch bestimmten Wirtschaftsraum Turkestan zunächst auf die Eisenbahn als Transportträger einwirkte. Es bleibt zu fragen, inwieweit auch ein räumliches feedback auf den verkehrsnäheren Landschaftsraum Turkmenien erfolgte.

---

36. Die enge Kopplung von strategischer und wirtschaftlicher Bedeutung, die sich bei der Transkaspischen Bahn einstellte, wird schon von LYKIN, 1885, S. 4 hervorgehoben; vgl. zu den strategischen Motiven auch ROŽKOVA, 1963, S. 226.

2.3 Die Erweiterungen der Transkaspischen Eisenbahn in Mittelasien und ihr Anschluß an das russische Bahnnetz

Die Transkaspische Eisenbahn war die erste russische Bahnstrekke in Mittelasien; sie existierte hier lange ohne Anschluß an ein größeres Bahnnetz, vor allem ohne durchgehende Verbindung nach dem zentralen Rußland [1]. Die Ausweitung und Eingliederung in das russische Bahnnetz vollzog sich in mehreren Phasen, die unter dem Gesichtspunkt von Planung und funktionaler Wirkung auf Turkmenien und die Transkaspische Bahn kurz betrachtet werden müssen [2]:

(1) Die Weiterführung der Bahn bis Taškent und ins Ferghana-Becken erschloß die wirtschaftlichen Zentren Turkestans (1899).

(2) Mehrere Nebenstrecken führten in die entlegeneren Randbereiche Russisch-Mittelasiens.

(3) Die Fertigstellung der Bahn Orenburg - Taškent schloß die Mittelasiatische Bahn an das europäische Netz an (1905).

---

1. Solche isolierten Eisenbahnstrecken ohne Zusammenhang mit den industriellen und Verbraucherzentren sind eine typische koloniale Erschließungsform und daher in zusammenhängenden Herrschaftsbereichen selten. In Rußland gab es in der zweiten Hälfte des 19. Jhs. nur noch drei weitere derartige Strecken für längere Zeit. Ohne Anschluß nach Zentralrußland entstanden 1878/79 Eisenbahnlinien für den Bergbau im Ural (TUCKERMANN, 1916, S. 13 und 15). Der Bau der Ussuri-Bahn im Fernen Osten vor der Fertigstellung des transsibirischen Bahntraktes war als Demonstration des russischen Herrschaftsanspruches gedacht; der Thronfolger NIKOLAJ legte am 19./31.3.1891 in Vladivostok den Grundstein für diese Bahn (MERTENS, 1917, S. 451). Allein die Transkaukasische Bahn ließe sich mit der Transkaspischen vergleichen, denn der erste Abschnitt (Poti - Tiflis, 1872) war allein aus strategischen Gründen angelegt worden, aber nach der Verlängerung bis Baku (1883) war durch den Erdöltransport sofort eine ausreichende wirtschaftliche Grundlage gegeben. Außerdem wurde die Transkaukasische Bahn eher an das russische Bahnnetz angeschlossen (vgl. VACLIK, 1888, S. 32, TUCKERMANN, 1916, S. 53, SAGRATJAN, 1970 psm.).
2. Vgl. dazu Abb. 11. Zum Aspekt eines Anschlusses der Transkaspischen Bahn an das russische Bahnnetz schon MEJER, 1885, S. 128.

(4) Die Turkestan - Sibirische Bahn (Turksib) ermöglichte den direkten Austausch zwischen Westsibirien und Mittelasien (1930).
(5) Die Nebenstrecke Čardžou - Kungrad erschließt die Oase Chorezm und das Amu-darja-Delta (1956). Mit der Verbindung zwischen Kungrad und Gur'ev wird auch die danach noch bestehende Lücke einer Westturanischen Magistralbahn ausgefüllt (1970).
(6) Die Schwierigkeiten des gebrochenen Verkehrs über das Kaspische Meer werden durch eine Eisenbahnfähre gemindert, die den Anschluß an die Transkaukasische Bahn herstellt (1960).
(7) Keine durchgehende Schienenverbindung führt in die Zentren der südlich angrenzenden Staaten Iran und Afghanistan.

2.3.1 Die Verlängerung nach Taškent und die Ausgestaltung des mittelasiatischen Bahnnetzes

Mit Samarkand hatte die Transkaspische Bahn 1888 einen vorläufigen Endpunkt erreicht; von Westen her war das Generalgouvernement Turkestan für den modernen Verkehr erreichbar geworden. Bei diesem Stand blieb es bis in die zweite Hälfte der neunziger Jahre, ehe die Fortsetzung der inzwischen rentabel wirtschaftenden Bahn in die beiden Kernräume Turkestans beschlossen wurde, in das aufstrebende politische, kulturelle und industrielle Zentrum Taškent und in das agrarisch intensiv genutzte Ferghana-Becken, wo die Baumwolle über weite Zufuhrstrecken schon lange ein Hauptgut des Eisenbahntransportes war. Am 1./13. 5. 1899 konnten die neuen Bahnlinien Samarkand - Černjaevo (heute Džizak) - Andižan (zusammen 503 W = 537 km) und Černjaevo - Taškent (146 W = 156 km) eröffnet werden, außerdem wurde eine kurze Zweigbahn im Ferghana-Becken von der Station Gorčakovo (Margilan) nach Margelan (heute Fergana I) von 8 W (8,5 km) Länge gebaut [1].

---

1. Statistisches von den Eisenbahnen Rußlands, 1900, S. 302. Die Bauleitung für die Strecke Samarkand - Taškent hatte der Ingenieur A.I. URSATI (SUVOROV, 1962, S. 31); zu den vorbereitenden Diskus-

Zweieinhalb Jahre später wurde die Strecke Novaja Buchara (Kagan) - Buchara eröffnet, zunächst als eine Schmalspurbahn, die die Hauptstadt des Emirats mit der russischen Bahnstation verband. Der Emir hatte sich in den achtziger Jahren noch entschieden geweigert, die Transkaspische Bahn durch das Zentrum seines Herrschaftsbereiches führen zu lassen, weil er eine Beeinträchtigung der Landwirtschaft in der Zeravšan-Oase, vor allem aber eine verstärkte politische Einflußnahme Rußlands befürchtete [2].

1914 - 1916 wurde von Novaja Buchara eine strategische Bahn von bucharischen, persischen und russischen Arbeitern über Karši nach Samsonovo (Amu-Dar'ja) und Termez vorgetrieben, die in sowjetischer Zeit bis Dušanbe (zeitweilig Stalinabad genannt) in russischer Normalspur und als Schmalspurbahn weiter nach Jangi-Bazar und Kuljab mit einer Zweigstrecke nach Pjandž verlängert wurde; sie schließt den südlichen Teil der Tadžikischen SSR an das russische Bahnnetz an [3].

In Uzbekistan entstand vor allem im Ferghana-Becken ein dichtes Bahnnetz, das sich bis heute zu einer Ringlinie Kokand - Margilan - Andižan - Uč-Kurgan - Namangan - Kokand mit mehreren davon abzweigenden und die einzelnen regionalen Produktionszentren erschließenden Nebenbahnen entwickelt hat. Baumwolle, Erdöl und verschiedene Erze sind die wichtigsten Grundlagen für diese Bahnen [4]. Die zahlreichen Schmalspurbahnen zeigen den Einfluß des aus dem Baumwollhandel gewonnenen Kapitals auf die Verkehrswege durch Investitionen

---

sionen vgl. ACHMEDŽANOVA, 1965, S. 43 ff.

2. CURZON, 1889/1967, S. 154, Statistisches von den Eisenbahnen Rußlands, 1902, S. 925, MESSNER, 1912, S. 450 f.; vgl. ROTTMANN, 1911/12, S. 405, ACHMEDŽANOVA, 1965, S. 68 f.
3. BARTOL'D, 1927, S. 253, CAR 1, 1953, H. 2, S. 26, FREJKIN, 1957, S. 255, Železnodorožnyj transport SSSR, 1957, S. 119, NIKOL'SKIJ, 1960, S. 144, TAAFFE, 1960, S. 39 ff., The Building of the Bukhara railway, 1963, S. 46 ff., ACHMEDŽANOVA, 1965, S. 63, Atlas Tadžikskoj SSR, 1968, Bl. 163 und 166-167.
4. CAR 3, 1955, S. 20 ff., TAAFFE, 1960, S. 44 ff., zu den einzelnen Strecken Železnye dorogi SSSR, 1966, S. 51, ACHMEDŽANOVA, 1965, S. 49 und 53 ff.

in die Infrastruktur des Landes [5]. Mit der Strecke Kokand - Namangan (86 W = 91,7 km) wurde 1912 nach langjährigen Diskussionen die erste Privatbahn im russischen Asien angelegt; vorher hatte sich die russische Regierung dort eine Monopolstellung vorbehalten [6].

Noch vor dem Ersten Weltkrieg entstand das Anfangsstück der Turksib, von dem später mehrere Zweigbahnen die Kirgizische SSR erschließen halfen. Die Vorkriegsstrecke Lugovaja - Pišpek (heute Frunze) verlängerte man in den Jahren 1924 - 1950 bis zum Issyk-Kul; sie dient vor allem dem wirtschaftlichen Anschluß der Flußoase desČu und des Issyk-Kul [7].

Diese zuletzt genannten Erweiterungen entstanden erst, nachdem die Mittelasiatische Bahn Anschluß an das Bahnnetz des europäischen Rußland gefunden hatte, so daß eine wirtschaftlich tragbare Verfrachtung von den aufgezählten Zulieferstrecken in alle Teile Rußlands bzw. der Sowjetunion in ungebrochenem Transport möglich war. Alle genannten mittelasiatischen Nebenlinien hatten die Aufgabe, kleinere Wirtschaftsgebiete mit der Hauptbahn als zentraler Leitlinie aller sammelnden und verteilenden Verkehrsvorgänge zu verbinden. In jüngster Zeit bemüht man sich auch um Abkürzungsstrecken in wirtschaftsräumlich zusammengehörenden Gebieten. So wurde 1970/71 im Rahmen des Fünfjahrplanes 1966-1970 eine direkte Verbindung zwischen Samarkand und Karši zur Erschließung der Karši-Steppe (144 km Länge) fertiggestellt; geplant ist eine Bahn zwischen Termez und Javan in Tadžikistan [8].

---

5. PAHLEN, 1969, S. 158.
6. Statističeskij sbornik MPS, Bd. 106, 1911, S. 9-22, THIESS, 1913, S. 1508, ACHMEDŽANOVA, 1965, S. 50 ff.
7. TAAFFE, 1960, S. 42 ff.
8. Zur Karši-Bahn vgl. CONOLLY, 1967, S. 234, GvSk 1966, H. 6, S. 71 und 1971, H. 3, S. 74; zur Eisenbahnplanung in Tadžikistan GvSk 1966, H. 6, S. 75.

2.3.2 Die Eisenbahnlinie Orenburg - Taškent

Größte Bedeutung für den Handelsverkehr Mittelasiens und für die Stellung der Transkaspischen Bahn im russischen Eisenbahnverkehr gewann die Verbindung zwischen Orenburg und Taškent, die in den Jahren 1900 bis 1905 fertiggestellt wurde. Das Projekt eines Anschlusses von Turkestan an das russische Bahnnetz ist sehr alt und wurde schon in der Zeit von Generalgouverneur v. KAUFMANN erwogen [1]. Später spielte es eine Rolle in den Auseinandersetzungen zwischen ANNENKOV und ČERNJAEV über die Wirtschaftlichkeit der Transkaspischen Bahn. Eine erste Voruntersuchung der westlichen in Aussicht genommenen Trasse über Kazalinsk erreichte 1880 den Aral-See, wo die Anlage eines Hafens vorgesehen war [2]. Nach dem Bahnbau durch Turkmenien ruhten die Projekte im Osten vor allem aus finanziellen Gründen, bis die turkestanische Hauptstadt von Westen her angeschlossen war und sich die Frage nach einer Weiterführung der Mittelasiatischen Bahn erhob [3]. Dennoch dauerte es noch einige Jahre bis zum Bau. Die Fertigstellung wurde nicht zuletzt durch das Engagement Rußlands in Sibirien während des russisch-japanischen Krieges 1904/05 hinausgezögert.

Der Bau begann gleichzeitig von Norden und Süden unter der Leitung der Ingenieure A. I. URSATI und O. A. VJAZEMSKIJ, die sich bereits bei der Strecke Samarkand - Taškent bzw. bei der Ussuri-Bahn bewährt hatten [4]. Als 1905 der zeitweilige Verkehr auf der Bahn zugelassen werden konnte, stauten sich bereits die Güter an den Ver-

---

1. Eine Eisenbahnverbindung zwischen Ekaterinburg (heute Sverdlovsk) und Taškent wurde schon 1876 von den Ingenieuren DEMBICKIJ, HOLSTRÖM und SOKOLOVSKIJ untersucht (GOURDET, 1898, S. 304); vgl. zu den Plänen auch LONG, 1899, S. 914, DMITRIEV-MAMONOV, 1903, S. 141 und TAAFFE, 1960, S. 34.
2. Globus 42, 1882, S. 14, vgl. auch Die Sande Kara-Kum, 1878, S. 293.
3. IMMANUEL, 1893, S. 111.
4. SUVOROV, 1962, S. 31; zu Bahn und Ausrüstung MESSNER, 1912, S. 3 ff.

sandstationen; die wirtschaftliche Bedeutung der Bahn war damit von vornherein sichergestellt [5].

Die enge Koppelung zweier Hauptfunktionen als Motivation für den raschen Bau läßt sich auch für die Bahn Orenburg - Taškent feststellen, denn neben der wirtschaftlichen Funktion war auch die strategische Aufgabe nie übersehen worden, und sie dürfte bei der Baugenehmigung und Finanzierung sogar den Ausschlag gegeben haben [6]. Durch den Anschluß an das Bahnnetz des europäischen Rußland waren wesentlich schnellere Truppentransporte möglich als auf der Transkaspischen Bahn, die eine Ein- und Ausschiffung der Truppen in Astrachań, Petrovsk oder Baku bzw. Michajlovsk, Uzun-ada und Krasnovodsk erforderte. Zudem standen einem russischen Aufmarsch jetzt mehrere Linien zur Verfügung: Die Truppen aus Südrußland konnten auf dem alten Weg über Baku nach Mittelasien gelangen, die Truppen aus Zentralrußland dagegen in etwa fünf Tagen über die Orenburg-Taškenter Linie. Nur für die Truppen aus Nordrußland fehlte noch eine rasche Verbindung, doch hier hatten schon Überlegungen über eine Turkestan-sibirische Bahn eingesetzt [7]. Während die strategische Funktion nur latent zur Aufgabe der Bahn gehörte, trat die wirtschaftliche Aktivität sofort in Erscheinung. Schon in Erwartung der Betriebseröffnung wurden große Gütermengen zur Beförderung angemeldet, so daß man in den ersten Monaten mit 7 bis 8 Mio Rubel Einnahme rechnen konnte [8].

---

5. ZVDEV, 1905, S. 29, 292 und 524.
6. Die wirtschaftliche Motivation für die Bahn kann in den Prinzipien des Wirtschaftssystems unter Ministerpräsident S. WITTE gesehen werden, der sich - notfalls mit staatlichen Druckmitteln - für eine Ausnutzung aller Reserven zum Aufbau einer leistungsfähigen Industrie einsetzte (vgl. LAUE, 1963, zur Bahn S. 231).
7. ZVDEV, 1905, S. 1020. Die Reaktion der englischen Orientpolitik zeigt wieder die Bedeutung, die die britische Regierung dem Bahnbau beimaß: Da man mit einer Verdopplung der russischen Truppenstärke in Mittelasien auf 140 000 Mann rechnete, bemühte man sich um einen Ausgleich mit Deutschland in den orientalischen Fragen (GREAVES, 1959, S. 220 ff., zur russischen Politik SUMNER, 1940, S. 8, SETON-WATSON, 1954, S. 164 f.).

Von Anfang an war die Durchlaßfähigkeit auf der Taškenter Bahn mit zwanzig Zugpaaren in 24 Stunden wesentlich größer als auf der Transkaspischen Konkurrenzstrecke [9]. Aber Schwierigkeiten im Betrieb, die den Warenstrom über die Bahn hemmten und der Transkaspischen Strecke zugutekamen, ergaben sich aus der Tarifgestaltung, denn für die Linie Orenburg - Taškent wurde ein ungünstigerer Zonentarif eingeführt, als er auf der Transkaspischen Bahn galt [10]. Weil die Verbindung anfangs nicht täglich bedient wurde, lief die Post zunächst ausschließlich über Krasnovodsk und Baku [11]. Auch später noch wurde bei der Tariffestlegung der westliche Eisenbahnzweig gegenüber der direkten Verbindung begünstigt [12].

Aber dadurch kann der Eindruck nicht geschmälert werden, den die Bahn bald nach 1905 bot: Sie begann, immer größere Gütermengen, insbesondere Baumwolle, auch aus den Gebieten westlich von Taškent und sogar aus dem Emirat Buchara an sich zu ziehen, Güter, die bislang über die Transkaspische Bahn und das Kaspische Meer nach Europa gelangt waren [13]. Das führte zunächst zu einer Aufspaltung, später zu einer Umkehrung einzelner Warenströme, so daß man in Anlehnung an die geomorphologische Terminologie von einer "Anzapfung" sprechen

---

8. Angemeldet waren damals u.a. aus Taškent 3,5 Mio Pud Baumwolle, aus Kazalinsk 0,5 Mio Pud Fische, aus Orenburg 1000 Wagenladungen Holz (ca. 0,75 Mio Pud) und 3 Mio Pud Getreide (ZVDEV 1905, S. 29). Nach der ZVDEV vom 19.8.1905, S. 954 rechnete man mit dem Transport von 6,6 Mio Pud Erzeugnissen der Viehzucht und 23 Mio Pud Erzeugnissen des Ackerbaus.
9. SUVOROV, 1962, S. 32.
10. ZVDEV 1905, S. 184. Das allgemeine Tarifsystem von 1889 bot noch große Unterschiede hinsichtlich der Differentiation und der Sondertarife. Später trug die Tarifpolitik dem Streben nach einer möglichst billigen Heranführung mittelasiatischer Baumwolle zu den zentralrussischen Textilindustriegebieten Rechnung (vgl. MERTENS, 1917, S. 716 und 1919, S. 687).
11. ZVDEV vom 21.6.1905, S. 718.
12. Zu den Transportkostenproblemen vgl. TAAFFE, 1960, S. 129 ff.
13. KROLLICK, 1908, S. 213, SCHANZ, 1914, S. 95 f., TER-AVANESJAN, 1956, S. 607.

kann. So kam es, daß schon bald die Hälfte der aus Mittelasien nach Rußland transportierten Baumwolle über die Orenburg - Taškenter Bahn exportiert wurde, später verschob sich die Verteilung noch weiter zu Ungunsten der Transkaspischen Bahn [14]. Als Hauptgründe für diese Entwicklung sind die größere Schnelligkeit und die Möglichkeit eines ungebrochenen Transportes hervorzuheben.

Unmittelbare wirtschaftliche Erschließungsaufgaben löste der Bahnbau durch die Anlage zweier Zufuhrstrecken zu den Salzwerken von Ileck und zum Aralsee. Hier nahm die Fischerei in engem Zusammenhang mit den verbesserten Versandmöglichkeiten industrielle Formen an: Fischereistationen und -siedlungen (vor allem Aral'sk) entstanden in der Nähe der Bahn, die vergrößerte Aral-Flotte und neue Fangmethoden leiteten die moderne Epoche der mittelasiatischen Fischerei ein [15]. Zugleich begünstigte die Bahn die Kolonisationsbewegung: Zahlreiche Kolonistendörfer entstanden beiderseits der Strecke. Der Endpunkt Taškent entwickelte sich in diesen Jahren zu einem der wichtigsten Verkehrsknotenpunkte Mittelasiens [16].

Die wirtschaftliche Bedeutung der Orenburg - Taškenter Bahn bewirkte, daß sich im mittelasiatischen und auch im russischen Eisenbahnsystem der Stellenwert der älteren Strecke vom Kaspischen Meer nach Turkestan verschob. Außerdem ergab sich eine Differenzierung des Gütertransportes in die einzelnen Teile des Russischen Reiches; einer wirtschaftlichen Optimierung der Transporte standen aber noch Hindernisse wie bspw. Tarifbegünstigungen entgegen.

---

14. WALTA, 1907, S. 696 für Wolltransporte, THIESS, 1913, S. 1504, Anm. 1. 1914 gingen 61 % der mittelasiatischen Baumwolle über Orenburg nach Rußland (ARCHIPOV, 1930, S. 132).
15. BLAGOWIESTSCHENSKY, 1913, S. 119 ff., THIESS, 1913, S. 1509, SUVOROV, 1962, S. 90.
16. SUVOROV, 1962, S. 32.

2.3.3 Die Turkestan - sibirische Bahn

Die Turksib, die zweite große Anschlußlinie Turkestans, wurde in sowjetischer Zeit fertiggestellt, aber ihre Planung geht auf ältere Projekte zurück [1]. Noch vor dem Ausbruch des Ersten Weltkriegs wurde ein erster Abschnitt zwischen Novo-Nikolaevsk (heute Aryś) und Semipalatinsk eröffnet, aber die Fertigstellung der durchgehenden Verbindung gelang erst im Jahr 1931 (zeitweiliger Betrieb bereits ab 1930) im ersten sowjetischen Fünfjahrplan [2].

Der Bau erfolgte ähnlich rasch wie bei der Transkaspischen Eisenbahn. Je Arbeitstag rechnete man bei höchster Leistung mit einem Vortrieb des Schienenweges um 2 bis 2,5 km [3]. Mit dieser Eisenbahn sollte ein großräumiger Güteraustausch zwischen den Wirtschaftsräumen Sibirien und Mittelasien eingeleitet werden. Kohle, Bauholz und Produkte der Viehzucht waren unter den Gütern, die aus Sibirien nach Mittelasien gebracht wurden, Erdöl kam dafür auf direktem Weg nach Sibirien [4]. Dazu wurden die agrarwirtschaftlich nutzbaren Gebiete Ostkazachstans erschlossen. Den nachhaltigsten Einfluß erhoffte man sich

---

1. Vgl. ZVDEV, 1905, S. 483 f. und 1200 f. mit den verschiedenen Projekten, ferner THIESS, 1913, S. 1503 d., Aziatskaja Rossija, 1914, Bd. II, S. 560, Denkschrift ..., 1913, S. 60 f., Chlopkovodstvo SSSR, 1926, S. 139 ff., TAAFFE, 1960, S. 53 ff.. Auch diese Projekte gehören in den Rahmen der Bemühungen von WITTE um den Aufbau einer russischen Industrie; vgl. LAUE, 1963, S. 238.
2. GOLOŠČEKIN, 1930, S. 5, RYSKULOV, 1930, S. 8 ff., ŠLEGEL, 1930, S. 200 ff., WESTWOOD, 1966, S. 224 und 298. Die Bahneröffnung wurde als große Leistung von Staat und Partei gefeiert; dabei ist nicht zu übersehen, daß Anfang der 20er Jahre die Tendenz durchaus wieder zur Gewährung von Bahnbaukonzessionen gegangen war, weil man sich dadurch eine raschere Lösung der Transportprobleme versprach (ASMIS, 1923, S. 17).
3. PEREL'MAN, 1930, S. 28, vgl. auch die anderen Berichte über den Bahnbau in dem von OSTROVSKIJ, 1930, herausgegebenen Sammelband.
4. GOLOŠČEKIN, 1930, S. 6, ŠLEGEL, 1930, S. 222 f., ALKIN, 1931, S. 337 f., THIEL, 1934, S. 263, LEWIN, 1952, S. 14, HAYIT, 1956, S. 266 Anm. 796, WESTWOOD, 1966, S. 237.

aber von der Möglichkeit eines Austausches von kazachisch-westsibirischem Getreide gegen mittelasiatische Baumwolle. Der Baumwollanbau in Mittelasien hatte sich bislang nicht in dem gewünschten Ausmaß steigern lassen, weil die notwendige Selbstversorgung mit Getreide erhebliche Flächen des Bewässerungslandes in Anspruch nahm. Und selbst dieser Getreideanbau hatte noch nicht völlig ausgereicht, sondern Mittelasien mußte Weizen importieren, der vor allem aus dem Transwolga-Gebiet und auf dem Umweg über den Ural auch aus Sibirien auf der Orenburg - Taškenter Bahn nach Turkestan gelangte [5]. Ungünstig mußten sich die Verhältnisse auf Zentralrußland und sein ständiges Getreidedefizit auswirken, das gerade aus dem Transwolga-Gebiet gedeckt werden sollte. Der Güteraustausch in größerem Rahmen hatte daher bereits in den zaristischen Planungen im östlichen Turkestan im Vordergrund gestanden [6]. Jetzt hoffte man im Interesse der Baumwollkultur auf eine Verbilligung der Getreidezufuhren, die eine landwirtschaftliche Umstrukturierung mit der Tendenz zur Monokultur Baumwolle möglich machen würde [7].

Sofort nach der spektakulären Ersteröffnung für den zeitweiligen Betrieb am 1. Mai 1930 ging die Zufuhr aus den westlichen Anbaugebieten sowie den kaukasischen Bereichen zugunsten von Getreidelieferungen aus Nordkazachstan und Sibirien zurück. Aus dem Nordkaukasus-Gebiet, aus den von der Orenburg - Taškenter Bahn erschlossenen Getreideanbauarealen und aus den mittelasiatischen Anbaugebieten um Alma-Ata wurden schon im Wirtschaftsjahr 1930/31 nur noch zusammen rd. 250 000 t Getreide nach Mittelasien transportiert, während aus dem Semipalatinsker Gebiet und aus Sibirien über 400 000 t kamen [8]. Mit der Zeit ließen die Getreidezufuhren aber wieder nach, so

---

5. JUFEREV, 1925, S. 77, TOEPFER, 1929, S. 391, ŠLEGEL, 1930, S. 218 f., NAPORKO, 1954, S. 175.
6. Aziatskaja Rossija, 1914, Bd. II, S. 560.
7. DEMIDOV, 1926, S. 78.
8. Turksib i chlebooborot Srednej Azii, 1930, S. 14, RYSKULOV, 1930, S. 14, PUGAČEV, 1930, S. 42 ff., MELKICH, 1933, S. 41 ff.

daß sich die Hoffnungen der Planer doch nicht vollständig erfüllten [9]. In umgekehrter Frachtrichtung wurde die Baumwollausfuhr aus Mittelasien erhöht, weil größere Aussaatflächen zur Verfügung standen. Zwischen 1932 und 1940 stieg die Baumwollausfuhr auf das Sechsfache. Sie kam nicht nur Zentralrußland zugute, sondern zur vollen Ausnutzung der Verkehrskapazität wurde Baumwolle auch nach Westsibirien verfrachtet, wo in Barnaul, Novosibirsk und im Kuzbass eine Baumwollverarbeitungsindustrie aufgebaut wurde [10]. Diese Standorte waren teilweise im Hinblick auf den Absatzmarkt im westsibirischen Industriegebiet gewählt, gehen vor allem aber auf die Überlegung zurück, durch den gegenseitigen Güteraustausch zwischen den beiden Wirtschaftsregionen eine möglichst hohe Ausnutzung der Transportkapazität der Bahn ohne kostensteigernde Leertransporte zu erreichen (vgl. dazu auch u. Abschn. 3.6.3.3.).

Daneben kommt dem Austausch von Energiegütern größte Bedeutung zu: Mittelasien bekam Zugang zur Kohle aus dem Kuznecker Becken und später auch aus Nordkazachstan, während Sibirien Erdöl aus Baku und später auch aus Westturkmenien beziehen konnte, ehe die äußerst reichen westsibirischen Lager entdeckt wurden [11]. Vor allem konnte der Mangel an Nutzholz in Mittelasien durch Einfuhren aus Sibirien und dem Ural gemildert werden [12].

Dabei erhielt die Transkaspische Bahn eine neue Bedeutung für den Transit zur Turksib. Wie aber schon für den Baumwolltransport im Zusammenhang mit der Orenburg - Taškenter Linie festgestellt werden konnte, war auch jetzt die Hauptlieferrichtung ostwärts, während Transporte in westlicher Richtung wegen des kleineren Zuliefergebietes geringer waren oder gar nur dem Lokalverkehr dienten. Daraus

---

9. TAAFFE, 1962, S. 88, vgl. CONOLLY, 1967, S. 82.
10. Materialien zur sowjetrussischen Wirtschaftsplanung, 1943, S. 115, NAPORKO, 1954, S. 175.
11. Allein 1940 kamen 1,9 Mio t Kohle nach Mittelasien (NAPORKO, 1954, S. 175).
12. RYSKULOV, 1930, S. 15, TAAFFE, 1960, S. 116 ff. u. 1962, S. 88.

ergab sich die Gefahr eines gesteigerten leeren Rücklaufes, der bei dem geringen Güterangebot des westlichen Turkestan und der schlechten Marktlage kaum zu vermeiden war. Eine Einbuße wird man für die Transkaspische Eisenbahn aus dem Bau der Turksib nicht unmittelbar ableiten können, wenn auch die großräumige Differenzierung der Güterströme Abstriche bei einzelnen Frachtgütern bewirkte.

Für die Getreideversorgung Mittelasiens hat heute die Transkazachische Magistrale (Mointy - Ču), die 1953 fertiggestellt wurde, größere Bedeutung als die Turksib, weil sie die nordkazachischen Neulandgebiete direkt mit Mittelasien verbindet [13].

2.3.4 Der Anschluß der Oase Chorezm (Čardžou - Kungrad) und die Westturanische Magistrale

Das Projekt einer Bahn über den Ust-Jurt vom Ostufer des Kaspischen Meeres nach Chorezm gehört zu den ältesten Bahnbauprojekten in Mittelasien überhaupt. Der älteste Plan wurde 1854 von MAL'CEV entworfen, 1856 veranlaßte der kaukasische Fürst BARATINSKIJ eine entsprechende Geländeuntersuchung, dann schlug noch vor 1880 ČERNJAEV eine Dampf- oder Pferdebahn von der Cesarevič-Bucht im Nordosten des Kaspischen Meeres nach Kungrad und im Anschluß daran die Einführung der Schiffahrt auf dem Amu-darja vor [1]. Nach dem Bau der Transkaspischen Bahn, die all diesen Plänen zuvorgekommen war, konkurrierte die Trasse mit der Orenburg - Kazalinsk - Taškenter Linienführung um die Verbindung mit Zentralrußland [2]. In den russischen Überlegungen über eurasiatische Verbindungen zur Erschließung der

---

13. TAAFFE, 1960, S. 58 ff. u. 115 und 1962, S. 89 f., HAYIT, 1968, S. 203 f.

1. Materialy po voprosu o torgovych putjach ..., 1869, S. 16 ff., LONG, 1899, S. 915, ROŽKOVA, 1963, S. 83 f., ACHMEDŽANOVA, 1965, S. 22 ff. und 63 ff.
2. HUNDHAUSEN, 1899, S. 634, KÜRCHHOFF, 1901, S. 690, DMITRIEV-MAMONOV, 1903, S. 144, ACHMEDŽANOVA, 1965, S. 26.

ost- und südasiatischen Märkte (China, Indien) für russische Waren stand der Trakt gleichberechtigt neben dem sibirischen Weg. Auch wollte man damals schon beide Hauptstrecken durch eine grenznahe Linie verbinden, für die die Transkaspische Bahn ein Anfangsstück darstellen sollte [3]. Zeitweise wurde auch das Projekt einer Querverbindung von der Orenburg - Taškenter Bahn bei Kazalinsk nach Chiva und weiter nach Čardžou oder Merv diskutiert [4].

Neben diesen Gedanken an eine großräumige Magistrale spielte die aktuelle wirtschaftliche Motivation bei der Planung eine Rolle; die baumwollreiche Oase Chiwa sollte mit der mittelasiatischen Bahn verknüpft werden, damit sie für den innerrussischen Baumwollhandel erschlossen werden konnte [5]. Im Rahmen der STOLYPINschen Umsiedlungsaktionen wurde der Plan erneut aufgegriffen, doch verhinderten Krieg und Revolution eine Realisierung des Vorhabens [6]. Als das Projekt im Rahmen des ersten Fünfjahrplanes wieder erschien, dachte man erneut an eine Verbindung nach Indien, die von Moskau über Aleksandrov Gaj - Čardžou - Mary - Kuška - Herat - Kandahar nach Quetta führen und dort den Anschluß an die britischen Bahnen Südasiens gewinnen sollte [7]. Das Nahziel blieb aber die Hebung und Erschließung der Baumwollgebiete in Chorezm (1932: 61 % der ackerbaulich genutzten Fläche der gesamten Oase [8]) und die bessere Versorgung mit Getreide aus dem Uralsker Bereich; der bevorzugte Bau strategisch wichtiger Bahnlinien in der frühen Sowjetzeit verzögerte den Bau erneut [9].

---

3. LUKIN, 1885, psm.
4. Aziatskaja Rossija, 1914, Bd. II, S. 560.
5. CURTIS, 1911, S. 79. In den Jahren nach der Revolution spielte dieser Gedanke für die Planung sogar eine größere Rolle als alle meist strategisch orientierten Überlegungen zu einer Magistralbahn; vgl. etwa CINZERLING, 1927, S. 701 ff.
6. MERTENS, 1919, S. 701, Anm. 1, ARCHIPOV, 1930, S. 137.
7. ARCHIPOV, 1930, S. 138, MELKICH, 1933, S. 45, SWETSCHIN, 1941, S. 48; zu älteren Projekten auch LONG, 1899, S. 219 ff.
8. Problema transportnoj svjazi ..., 1935, S. 44.
9. SIEGEL, 1923, S. 30 f., Problema transportnoj svjazi ..., 1935,

Er konnte erst nach dem Zweiten Weltkrieg in Angriff genommen werden und wurde nunmehr, um den Anschluß Chorezms in möglichst kurzer Zeit zu gewährleisten, von Süden nach Norden durchgeführt. Grundlage für den raschen Bau, der in den Direktiven des ersten Nachkriegs-Fünfjahrplans noch gar nicht vorgesehen war, der aber für die Hebung der Baumwollkultur und im Zusammenhang mit dem damals noch vorgesehenen Bau des Turkmenischen Hauptkanals (vgl. dazu u. Abschn. 3.2.3.2.) vorangetrieben wurde, war eine Verfügung des Ministerrates der UdSSR vom 28. 6. 1947. Der erste Bauabschnitt wurde bereits 1950 in Betrieb genommen [10]. Die weitere Fertigstellung erfolgte in mehreren Etappen (bis Urgenč, Tachia-taš, Chodžejli und Kungrad-Železnodorožnyj) in den Jahren 1952-1956, doch waren auch danach noch Ausbauten nötig, so daß die Angaben über die endgültige Inbetriebnahme der gesamten Strecke schwanken [11]. Dabei war der Bau bei weitem nicht so schwierig wie der der Transkaspischen Hauptstrekke. Die Bahn verläuft auf verschiedenen Terrassenniveaus des Amu-darja und führt im ersten Abschnitt bis Ėne-Kulievo sowie im nördlichen Teil ab Chazarasp durch Oasengebiete; nur an zwei kurzen Abschnitten muß Wüstengelände, im südlichen Amu-darja-Delta eine kleine Solončak-Strecke gemeistert werden [12].

Die Bedeutung der Bahn liegt heute allein auf wirtschaftlichem Sektor. Der Anschluß der Oase Chorezm verschafft Rußland den Zugang zu einem noch erweiterungsfähigen Anbaugebiet für technische Kulturen.

S. 132 ff. u. 206 ff., OLZSCHA u. CLEINOW, 1942, S. 227 und 245, NAPORKO, 1954, S. 262.

10. HUNTER, 1957, S. 119 f., Železnodorožnyj transport SSSR, 1957, S. 368, MEREDOV, 1963, S. 106 und 118.
11. CAR I, 1963, H.1, S. 24, CAR III, 1955, S. 358, CAR IX, 1961, S. 65, PM 105, 1961, S. 78, TAAFFE. 1960, S. 49, Uzbekistan, 1966, S. 258.
12. Die sowjetische Presse und die von ihr abhängige Literatur betonten zwar die Bauschwierigkeiten (z.B. COATES, 1951, S. 223), doch waren diese kaum größer als jene, die mit wesentlich geringeren technischen Hilfsmitteln beim Bau der Hauptstrecke zu bewältigen waren.

Die Bewässerungsarbeiten im Zusammenhang mit dem Baubeginn am Turkmenischen Hauptkanal hatten das Kulturland nach Westen bis zum Kunja-darja ausgeweitet und neue Areale für Baumwolle und Kenaf geschaffen. Ist der Transport aus Chorezm bislang noch auf den Umweg über die Mittelasiatische Bahn angewiesen und wird die Strecke ihre volle Bedeutung erst mit der endgültigen Vollendung des direkten Anschlusses über Gur'ev bekommen, so spielt sie doch schon heute eine ähnliche Rolle für die Differenzierung des mittelasiatischen Wirtschaftsraumes wie die Zweiglinien nach Ferghana und Tadžikistan [13].

Seit dem Frühjahr 1967 wurde die Strecke über Kungrad-Železnodorožnyj hinaus nach Bejneu verlängert, wo der Anschluß an die schon bestehende Manghyšlak-Bahn Makat - Aktau gefunden wird, die zu dieser Zeit auch für den Passagierverkehr eröffnet worden war [14]. Schon Anfang 1963 war einmal vom Bau dieses Abschnittes die Rede gewesen, doch dann verstummte die Information wieder [15]. Der Bau ging nach den spärlichen Zeitungsmeldungen ähnlich langsam vor sich wie die endgültige Fertigstellung der Strecke Čardžou - Kungrad; trotzdem konnte ein vorläufiger Betrieb etwa ein halben Jahr vor dem ursprünglich dafür vorgesehenen Termin im März 1970 aufgenommen werden [16]. Da im Herbst 1967 die Verlängerung der Bahn Orsk - Kandagač - Gur'ev nach Westen fertiggestellt wurde und Astrachań erreichte [17], ist die

---

13. NAPORKO, 1954, S. 262, FREJKIN, 1957, S. 256, NIKOL'SKIJ, 1960, S. 159, Narody Srednej Azii, 1963, Bd. II, S. 62. Für die wirtschaftliche Erschließung ist auch eine Nebenbahn Tachia-taš - Nukus - Čimbaj geplant (IKRAMOV, 1968, S. 92); ein ähnliches Projekt wurde schon von CINZERLING, 1927, S. 708 ff. vorgeschlagen.
14. Pravda vom 9.2.1967, S. 4, CAR XV, 1967, S. 181. Von Bejneu führt die Bahn nach Ševčenko und Uzeń auf der Halbinsel Manghyšlaq, um Erdöl- und Erzlager zu erschließen; vgl. dazu SovG 5, 1964, H. 7, S. 79, CONOLLY, 1967, S. 131 u. 232 f. und 1969, S. 189 ff.
15. CAR XI, 1963, S. 166.
16. Sel'skaja žizń vom 15.3.1970, vgl. Gudok vom 29.2.1968, S.2 und GvŠk 1970, H. 3, S. 72.
17. Pravda vom 5.9.1967, S. 6, vom 30.10.1967, S. 1 und vom 31.10. 1967, S. 6, GvŠk 1968, H. 1, S. 71.

Fortführung zu einer der großen Magistralen gesichert, die Moskau radial mit den Landesteilen der UdSSR verbinden [18]; die Bahn soll daher hier als "Westturanische Magistrale" bezeichnet werden. Immerhin verkürzt sie den Weg zwischen Ašchabad und Moskau um 1150 km [19].

Während die Direktiven für den Fünfjahrplan 1966 - 1970 nur die beschleunigte Nutzbarmachung der Erdölvorkommen auf der Halbinsel Manghyšlaq hervorhoben, die durch den nördlichen Teil der Anschlußbahn bereits zugänglich sind, ist vorauszusehen, daß durch den Bau der durchgehenden Linie auch der Austausch anderer Güter zwischen dem europäischen Rußland und Mittelasien begünstigt wird. In erster Linie ist dabei an die Baumwolle Chorezms - wiederum im Austausch gegen Getreide - zu denken, außerdem könnten Garten- und Weinbau, Fischfang und Viehzucht von den besseren Frachtmöglichkeiten profitieren [20]. Dazu ist auch mit schnelleren Verbindungen zwischen dem Zentrum und dem Wolgaraum einerseits und Mittelasien andrerseits im Passagierverkehr zu rechnen [21].

Für die Transkaspische Eisenbahn ergibt sich allerdings - analog zur Wirkung der Orenburg-Taškenter Bahn - eine erneute Anzapfung; die Bedeutung für den Güteraustausch zwischen Peripherie und Zentrum wird weiter zurückgehen, und die alte Hauptstrecke fällt auf den Rang einer Zulieferbahn zurück. Profitieren wird von den neuen Verkehrsbeziehungen die Stadt Čardžou, die sich zu einem der führenden Verkehrsknotenpunkte in Mittelasien entwickelt (vgl. u. Abschn. 3.4.1.1) [22].

---

18. Vgl. Materialien zur sowjetischen Wirtschaftsplanung, 1943, S. 106a, TAAFFE, 1960, S. 69, Materialy XXIII s-ezda KPSS, 1966, S. 147, GvŠk 1966, H. 6, S. 71 f.
19. GvŠk 1968, H. 6, S. 73.
20. MERETNIJAZOV, 1969, S. 61; vgl. schon die Hinweise bei NAPORKO, 1954, S. 262, FREJKIN, 1957, S. 257, GvŠk 1967, H. 1, S. 79.
21. BELEN'KIJ u.a., 1965, S. 39. Die nördliche Fortsetzung der Westturanischen Magistrale soll im Fünfjahrplan 1971-1975 in Angriff genommen werden (Direktivy XXIV s-ezda KPSS, 1971, S. 6).
22. AGIŠEV u.a., 1964, S. 169, Srednjaja Azija, 1969, S. 218 f., VASIL'EVA, 1969, S. 148 ff., vgl. schon NAPORKO, 1954, S. 263.

2.3.5 Der Anschluß über das Kaspische Meer zur Transkaukasischen Eisenbahn

Der Verkehrsanschluß Turkmeniens nach Westen leidet an der Unterbrechung des durchgehenden Schienenstranges durch das Kaspische Meer. Schon bei den ersten Überlegungen über die Erschließung Mittelasiens war das Problem des Zusammenhanges mit Transkaukasien aufgetaucht [1]. Erst 1962 wurde eine 180 km lange Eisenbahnfährverbindung zwischen Krasnovodsk und Baku eingerichtet. Diese Fähre, die größte ihrer Art in der UdSSR, schließt die Mittelasiatische Bahn an die Transkaukasische Strecke zum Schwarzen Meer und zu den zentralen Wirtschaftsgebieten an [2]. Die Fähre dient in erster Linie dem Gütertransport. In den beiden ersten Jahren ihres Bestehens wurden auf den drei Fährschiffen 2,8 Mio t verschiedener Güter befördert. Die Kapazität (je Fährschiff 30 vierachsige oder 56 zweiachsige Waggons) ist allerdings immer noch beschränkt, denn eine einzige Überfahrt dauert zwölf Stunden [3]. Große Bedeutung kommt diesem Anschluß auch für den Passagierverkehr zu, der bspw. einen Teil des Massentourismus zu den kaukasischen Fremdenverkehrszentren Mineral'nye Vody und Soči zu bewältigen hat [4].

Die Transkaukasische Bahnlinie, die als natürliche westliche Fortsetzung der Transkaspischen Bahn angesehen werden kann, wurde bereits 1883 vollendet und diente in erster Linie dem Zugang zu den Erdölgebieten von Baku [5]. Durch spätere Ausbauten erhielt die Strecke

---

1. Materialy po voprosu o torgovych putjach ..., 1869, S. 45 ff.
2. PM 104, 1960, S. 336, CAR XI, 1963, S. 59 u. 285, SLEZAK, 1963, S. 117 f., Atlas razvitija ..., 1967, Bl. 78.
3. CAR VII, 1959, S. 328, Spravočnik passažira, 1965, S. 293 ff., MIRZOEVA, 1968, S. 105.
4. BELEN'KIJ u.a., 1965, S. 39 f.
5. HUNDHAUSEN, 1899, S. 633. Eine ausführliche Untersuchung der Transkaukasischen Eisenbahn in der Zeit vor 1920 hat SAGRATJAN, 1970, vorgelegt. Er verwendet wertvolles Archivmaterial und schwer zugängliche schriftliche Quellen, so daß seine Studie als beispielhaft

über Džul'fa einen Zugang nach Persien (Erevan - Džul'fa fertiggestellt 1908) [6]. Um die Jahrhundertwende wurde auch die östliche Umgehung des Kaukasus fertig, die über Derbent den Anschluß an die nordkaukasischen Linien gewinnt [7]. Dort ist Machač-kala (früher Petrovsk) ein wichtiger Hafen für den Handelsverkehr mit Mittelasien [8].

2.3.6 Anschlußprojekte zu den südlich benachbarten Staaten

Für eine rechte Einschätzung der Rolle, die die Transkaspische Bahn bei den politischen Bemühungen Rußlands in Vorder- und Mittelasien spielte, ist ein kurzer Blick auf geplante, aber nicht verwirklichte Anschlußstrecken aufschlußreich, die über die staatlichen Grenzen in die angestrebten, teilweise später auch vertraglich festgelegten ökonomischen Einflußgebiete führen sollten [1].

Die ursprünglich vorgesehene Streckenführung über Dušak hinaus nach Süden wurde 1902 nochmals erwogen; über Serachs sollte gemäß dem früheren Vorschlag von LESSEPS eine Bahn nach Pulichatum (Pul--i Khvatun) und Malaksijach führen [2]. Hier wäre der Anschluß an die ebenfalls schon lange diskutierte nordpersische West - Ost - Verbindung möglich gewesen, die von Džul'fa über Tabrīz - Tehrān - Mashhad

---

für eine Analyse gelten kann, in der Motivationen, technische Durchführung und wirtschaftliche Effektivität eines Bahnsystems gegeneinander abgewogen werden. Zur Transkaukasischen Bahn speziell vgl. SAGRATJAN, 1970, S. 20 ff.

6. SAGRATJAN, 1970, S. 69 ff.
7. Vgl. MIRZOEVA, 1968, S. 103. Zur Planung der Strecke Petrovsk (Machač-kala) - Derbent - Baku vgl. Železnaja doroga ot Derbenta do Baku, 1897, S. 259 ff.. Diese Bahn sollte u.a. dem Transitverkehr nach Mittelasien dienen, wobei Zucker- und Baumwolltransporte im Vordergrund der Überlegungen standen.
8. Vgl. TAAFFE, 1962, S. 92 f.

1. Zu den Anschlußprojekten im Verkehr zwischen Turkmenien und Afghanistan vgl. auch o. Abschn. 2.2.1. und 2.2.2. (S. 97 und 101 f.).
2. REJSNER, 1925, S. 63 f., OLZSCHA u. CLEINOW, 1942, S. 183, zum älteren Projekt Dušak - Serachs - Afghanistan vgl. BOULANGIER, 1888, S. 145.

nach Kuška oder Herat angelegt werden sollte [3]. Die Bahnbaupläne in Nordpersien gehen bereits auf die siebziger Jahre des 19. Jahrhunderts zurück, ihre Realisierung scheiterte aber immer am Einspruch Englands. Neben der Transiranischen Nordbahn war auch eine dem Ufer des Kaspischen Meeres folgende Verbindung zwischen Baku und Rasht mit Anschluß nach Tehrān vorgesehen [4].

Bis zum Anfang des 20. Jahrhunderts dominierten noch die Pläne, die einen Anschluß des zukünftigen persischen Bahnnetzes an die Transkaspische Bahn vorsahen. Eine Querspange zwischen Mashhad und einer Station der Transkaspischen Bahn - es wäre bspw. an Kaachka oder Artyk zu denken - sollte die Verbindung herstellen [5]. Erst als diese Pläne am englischen Druck auf Rußland scheiterten und die Bahn in Turkmenien durch den Bau der Orenburg - Taškenter Linie ihre Bedeu-

---

3. OLZSCHA u. CLEINOW, 1942, S. 181, MIRZOEVA, 1968, S. 103. Dieser Plan rief auch Proteste in Deutschland hervor, wo man eigene Interessen im Zusammenhang mit dem Bau der Baghdad-Bahn gefährdet sah, vgl. SAGRATJAN, 1970, S. 67.
4. Engineering News XIX, 1888, S. 151, ZVDEV vom 15.9.1888, S. 676 und vom 14.12.1910, S. 1533 f., SAGRATJAN, 1970, S. 146 ff.. Von britischer Seite aus war ein Vorstoß in die Eisenbahnpolitik Persiens bereits in den 70er Jahren erfolgt (sog. REUTER-Konzession), doch verzichtete England auf die weitere Planung einer Nord-Süd-Bahn, weil es ihren Hauptvorteil in einer Handelsbegünstigung für Rußland erkannte (FRECHTLING, 1938, S. 525, TERENZIO, 1947, S. 96 f., KAZAMZADEH, 1968, S. 104 ff.). Wenig später erwog der in russischen Diensten tätige General v. FALKENHAGEN Eisenbahnbauten im Bereich von Džul'fa - Tabrīz, die aber am britischen Widerstand scheiterten und erst 1914 zustandekamen (LEVINE, 1939, S. 127, DIECKMANN, 1939, S. 204, vgl. auch KÜRCHHOFF, 1901, S. 681 f., FÜRSTENAU, 1935, S. 73, FRECHTLING, 1938, S. 530, KAZEMZADEH, 1968, S. 134 ff.). Auch in Nordpersien war die Angst Englands ausschlaggebend, das befürchtete, es könne eine Operationsbasis für einen russischen Angriff auf Indien aufgebaut werden (GREAVES, 1959, S. 204 f., vgl. TREUE, 1939, S. 476 ff.). Auf der anderen Seite hatte sich Rußland beim persischen Shah ein Vetorecht gegen alle englischen Bahnbauprojekte erwirken können (SUMNER, 1942, S. 32.).
5. Engineering News XIX, 1888, S. 233 (24.3.1888), KÜRCHHOFF, 1901, S. 685, THIESS, 1906, S. 197 nach den offiziellen Gesprächen, vgl. auch ROMANOW, 1904, S. 244 nach einem Bericht in der Tageszeitung Zakaspijskoe obozrenie.

tung als wichtigster Zugang nach Mittelasien etwas eingebüßt hatte, verschob sich das Schwergewicht der Planung nach Westen, wo das Transkaukasische Bahnnetz gerade ausgebaut wurde [6]. Außerdem konnte die britische Diplomatie in Westpersien russische gegen deutsche Eisenbahnprojekte ausspielen, ohne daß Indien unmittelbar bedroht war; die Zustimmung der Engländer zur Fortsetzung der Džul'fa-Bahn geht darauf zurück [7].

Auch im östlichen Turkmenien waren - außer den direkten Verlängerungsplänen, die Nordafghanistan betrafen - unter militärischen und imperialen Gesichtspunkten Projekte ausgearbeitet worden, die den russischen Einfluß auf das Emirat Buchara festigen sollten. Eine Bahn zwischen Čardžuj und Kerki sollte nach Afghanistan weitergeführt werden, wurde aber nicht gebaut [8]. Immerhin knüpft sowohl die von Novaja Buchara (Kagan) nach Tadžikistan führende Bahn als auch eine dem Amu-darja folgende Straße an diese Überlegungen an. Das Projekt einer Eisenbahn, die von Termez Nordost-Afghanistan für den Handelsverkehr zugänglich machen und nach Kandahar verlängert werden sollte, wurde nach dem Ersten Weltkrieg erwogen [9].

---

6. ZVDEV vom 26.8.1905, S. 981, SAUVE, 1911/12, S. 138, DIECKMANN, 1939, S. 211 und 1942, S. 473, SAGRATJAN, 1970, S. 140 ff. Auch spätere Projekte, die für eine nordpersische West-Ost-Bahn erarbeitet wurden, bezogen immer die Anschlußmöglichkeiten an die Transkaspische Bahn ein (vgl. RIZENKAMPF, 1921, S. 102 ff.).
7. REJSNER, 1925, S. 64, vgl. TREUE, 1939, S. 480 ff.
8. CURZON, 1889/1967, S. 264, IMMANUEL, 1893, S. 110, ACHMEDŽANOVA, 1965, S. 61 ff.
9. CINZERLING, 1927, S. 598.

2.4 Stellung und Bedeutung der Transkaspisch - Mittelasiatischen Eisenbahn unter den russischen Eisenbahnen

Im Vergleich mit anderen russischen Bahnen sind das strategische Moment bei der Anlage der Transkaspischen Eisenbahn und die technischen Mängel, deren Folge eine hochgradige Transportineffizienz ist, sicher allgemein-russische Merkmale [1]. Aber gerade bei den Mangelerscheinungen gibt es auch noch zusätzliche Besonderheiten. Das strategische Moment wurde erst sehr spät durch Rückkopplung mit den wirtschaftlichen Aktivitäten Turkestans in effektiven Gütertransport umfunktioniert, wenn man bspw. die Transkaukasische oder die Transsibirische Bahn dagegenhält [2]. Man schätzte offensichtlich das naturbedingte Wirtschaftspotential des zu erschließenden Raumes gering ein, obwohl mit der Baumwolle ein Wirtschaftsgut vorhanden war, das eine hohe tovarnost' besaß. Auch der Ausbau der Bahn erfolgt nur zögernd, die Strecke war lange Zeit vom russischen Bahnnetz isoliert und die technische Ausstattung ungenügend. Den hochgespannten Erwartungen, die man an eine interkontinentale Fernverbindung geknüpft hatte, entsprachen Baurealisierung und Transporteffektivität in keiner Weise, aber das kann wohl als typisch für zahlreiche zwischenstaatliche Fernstrecken außerhalb der industrialisierten Staaten in peripheren Räumen bezeichnet werden [3]. Damit rückt die Transkaspische Bahn in die Nähe der größeren Kolonialbahnen, und man kann schon jetzt fragen, ob und inwieweit andere Kennzeichen der Kolonien westlicher Staaten auch hier Geltung haben und wie sich daraus dieselbe moderne Problematik wie in den Entwicklungsländern ergibt.

---

1. Vgl. WESTWOOD, 1966, S. 82 ff. und 123 ff.
2. WESTWOOD, 1966, S. 58, 102 und 119.
3. Ähnliches mag bspw. für den orientalischen Landweg nach Afghanistan und über den Khyber-Paß nach Pakistan oder für die Carretera Panamericana gelten.

Als große Magistrale, als welche sie einst angesehen worden war, kann man die Bahn heute nicht bezeichnen; sie gehört nicht zu den primären Lebensadern der Sowjetunion. Ob sie freilich eine unbedeutende Nebenbahn ist, weil sie keine integrative Funktion in der Kommunikation zwischen Wirtschaftsräumen ausübt, bleibt noch zu untersuchen. Immerhin hat sie im System des russischen Bahnnetzes eine Endlage, und auch der geringe Personenfernverkehr ist ein Indiz für die untergeordnete Stellung.

Im Rahmen der UdSSR ist die Transkaspische Bahn aber ein Teilstück des "Eisernen Ringes" (Železnoe kol'co) [4], der Sicherungslinie, die die südlichen Grenzgebiete des Staates miteinander verbindet. Dieser periphere Ring, der von Südsibirien über Mittelasien und das Kaspische Meer zur Transkaukasischen Bahn weiterführt und nach Fertigstellung des noch fehlenden Gliedes Tuapse - Novorossijsk [5] bis Odessa gelangen wird, ist mit dem Zentrum durch mehrere radiale Magistralen verbunden, deren Dichte durch die neue Bahn zwischen Čardžou und Gur'ev, die Westturanische Magistrale, erhöht wurde. So stehen über die Teilabschnitte der peripheren Bahn doch alle Gebiete des grenznahen Raumes in Verbindung mit dem wirtschaftlichen und politischen Zentrum. Militärische Funktionen können die Teilstücke im Bedarfsfall übernehmen, normalerweise dienen sie einem sich immer mehr spezialisierenden Güteraustausch, bei dem der größere Teil des Güterstromes mit den volkswirtschaftlich für den Gesamtstaat entscheidenden Produkten von der peripheren Bahn über "Anzapfungsstellen" möglichst direkt den dichtestbevölkerten und wirtschaftlich am weitesten entwickelten Gebieten zugeleitet wird. Daraus ergibt sich an der Peripherie eine mehrfach gegliederte, verkehrsgeographisch deutbare

---

4. LEBED', 1955, S. 37 nach einem schon in zarischer Zeit aufgekommenen Begriff.
5. Eine den bisher nötigen Umweg Tuapse - Armavir - Kropotkin - Krasnodar abkürzende Direktverbindung Tuapse - Krasnodar sollte im Fünfjahrplan 1966-1970 in Angriff genommen werden (GvŠk 1966, H. 6, S. 71).

Feldstruktur der Wirtschaftsräume mit Knotenpunkten an den Übergangsstellen von der zellenartig aufgegliederten peripheren Bahn zu den radialen Magistralen (Abb. 12).

Die periphere Randbahn und ihre Anzapfung durch Radialmagistralen (Schema) **Abb. 12**

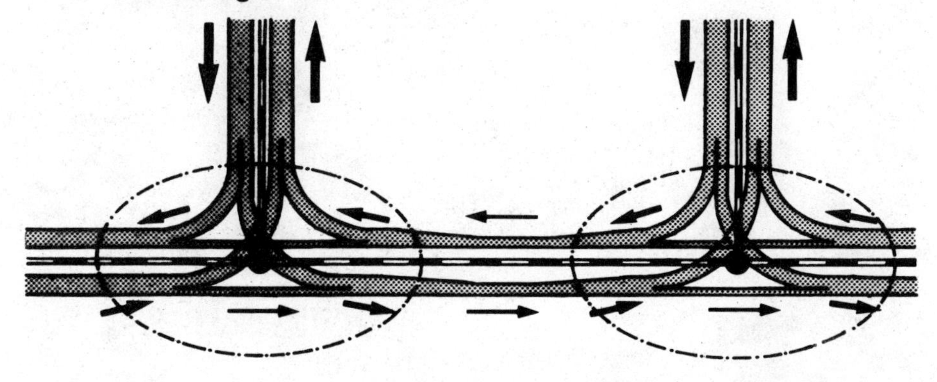

Innerhalb Mittelasiens dient die Bahn dem binnenregionalen Güteraustausch zwischen Industrie- und Landwirtschaftsgebieten, dazu kommt ein beträchtlicher Anteil am Lokalverkehr, den man heute jedoch in der Sowjetunion wie in anderen Staaten mehr dem Automobil zu übertragen bestrebt ist. Bei den größeren Entfernungen und in unwegsamen Wüstengebieten spielt aber auch jetzt noch die Bahn für alle Versorgungstransporte eine wichtige Rolle. Sie wird diese Bedeutung auch behalten, wenn die Ausgestaltung des mittelasiatischen Bahnnetzes am Ostufer des Kaspischen Meeres (z. Bsp. geplante Bahn Krasnovodsk - Bekdaš - Eralievo) weiter fortgeschritten ist [6].

---

6. Vgl. dazu MASLOVA, 1969, S. 26 ff. (zit. nach dem Résumé in RŽ 1970, H. 4, S. 21).

3

KULTURGEOGRAPHISCHE VERÄNDERUNGEN TURKMENIENS SEIT DEM BEGINN DES BAHNBAUS

3.1 Die Faktoren des neuzeitlichen Kulturlandschaftswandels in Turkmenien

Der eingangs angedeuteten Problemstellung entsprechend, sollen die Veränderungen des geographisch-chorologischen Systems Turkmenien unter dem Aspekt der Wechselbeziehung zwischen Kulturlandschaft und Eisenbahnbau und -transport im Vordergrund der folgenden Abschnitte stehen. Dabei wird jedoch der größere Zusammenhang nicht übersehen, der durch das Zusammenwirken der verschiedensten Faktoren eines raum-zeitlichen Wandels bestimmt ist. Diese Faktoren, unter denen die politischen, sozialen, technischen und wissenschaftlichen besonders genannt seien, stehen in engem, funktionalem Bezug zueinander; die Richtungen der Kräfte, ihre Reichweite und ihre Wirkungsbereiche überschneiden sich vielfach. Die Analyse muß sie aber künstlich trennen, um Bau- und Organisationsregelhaftigkeiten im Geosystem und seiner Entwicklung offenlegen zu können.

Auch nach der Festigung der russischen Herrschaft in Transkaspien blieb das politische Bild in Mittelasien nicht unverändert. Die Kräfte, die im Widerstreit miteinander standen, waren nationale Gruppen, die seit 1916 eine Befreiung der Turkvölker von Rußland anstrebten, die Bol'ševiki und Weißgardisten, die im Bürgerkrieg nach der Revolution gegeneinander kämpften, sowie englische Interventionstruppen unter General MALLESON, die im Juli 1918 von antibolschewistischen Turkmenen ins Land gerufen wurden [1]. Nach dem diplomatisch erzwungenen Abzug der Engländer besetzten die Bol'ševiki im Juli 1919 mühelos Aschabad, das sie in Poltorack umbenann-

---

1. CASTAGNE, 1922, Bd. 50, S. 56 und Bd. 51, S. 192 ff., PARK, 1957, S. 26 ff., ELLIS, 1963, S. 25 ff., The Revolt in Transcaspia, 1959, S. 117 ff., The Red Army in Turkestan, 1965, S. 31 ff., ALLWORTH, ed., 1967, S. 231 und 256 f.; zum Problem der Auseinandersetzung zwischen der russisch-sowjetischen Herrschaft und dem nationalen Selbständigkeitsstreben vgl. die Arbeiten von HAYIT, 1956, 1962, 1965 u.ö.

ten. Siegreiche Kämpfe gegen die Weißgardisten sicherten ihnen ab 1920 die Macht, wenn auch lokale Auseinandersetzungen bis 1928 anhielten [2]. Erst Mitte der zwanziger Jahre war eine definitive staatliche Neuorganisation möglich. Nach anfänglichen Autonomiebestrebungen der Turkvölker im jungen Sowjetstaat und einer Zentralisierung Mittelasiens in der Turkestanischen ASSR mit Hauptstadt Taškent [3] setzte sich das Neugliederungsmodell auf der Grundlage der sprachlichen Differenzierung durch. Damit sollte u. a. den Gefahren eines starken Zentralismus in Mittelasien begegnet werden, der sich in der Wirtschaftsverwaltung bereits zu zeigen begann und autonomistische Strömungen begünstigte [4].

Das Transkaspische Gebiet hatte auch nach 1917 eine gewisse Sonderstellung bewahrt, die durch die räumliche Trennung vom übrigen Turkestan bedingt war, denn die Chanate Chiwa und Buchara bestanden wenigstens de iure noch bis 1920 [5]. Ein Arbeiter-, Bauern- und Soldatensowjet in Aschabad handelte in der Revolution ohne Rücksicht auf Taškent und diskutierte seinerseits Möglichkeiten einer Neugliederung. Aber erst 1924, als Turkmenien unter bolschewistischer Macht war, wurde die Turkmenische SSR gebildet, die 1925 formell Unionsrepublik in der UdSSR wurde. Die ehemaligen uezdy Krasnovodsk, Aschabad, Tedžen und Merv bildeten den Kern des neuen Staates, während der

---

2. HAYIT, 1956, S. 92 f., ELLIS, 1963, S. 159, PIPES, 1964, S. 181.
3. HAYIT, 1965, S. 19 ff. mit dem Text eines Beschlusses des Muslimkongresses in Taškent, Nov. 1917, HAMBLY, Hg., 1966, S. 239 ff.
4. HAYIT, 1965, S. 39 f., HAMBLY, Hg., 1966, S. 244 und 248. Die Turkestaner selbst konnten allerdings in dieser Aufteilung eine Zerschlagung der sich gerade damals unter dem Einfluß des Panturkismus entwickelnden nationalen Einheit sehen; vgl. HAYIT, 1961, S. 4.
5. Die Eigenständigkeit ist verwaltungsrechtlich eine Folge der Zugehörigkeit Turkmeniens zum kaukasischen Militärbezirk, s.o. Abschn. 2.1.1; schon in den 80er Jahren hatten das russische Kriegs- und das Außenministerium unter Hinweis auf die wirtschaftliche Erschließung Mittelasiens, die von der durch Transkaspien verlaufenden Bahn gefördert werden sollte, die Zuordnung zu Turkestan betrieben, während KUROPATKIN wegen der isolierten Lage Turkmeniens eine solche Regelung erst für den Zeitpunkt nach Einverleibung der Chanate vorsah; vgl. SOLOV'EV i SENNIKOV, 1946, S. 289 ff. und 298 ff.

uezd Mangyšlak entsprechend seiner ethnischen und geographischen Situation [6] zur Kazachischen ASSR (später SSR) kam. Turkmenien erhielt zusätzlich Land am Amu-darja aus den aufgelösten Chanaten Chiwa und Buchara [7].

Die geographischen Konsequenzen dieses verwaltungspolitischen Wandels bestehen einerseits in einer Ausweitung des turkmenischen Wirtschaftsraumes nach Osten zum Amu-darja, der als wichtige wirtschaftliche Leitlinie Mittelasiens gelten kann. Der Gewinn der Städte Čardžuj und Kerki mit ihrem Umland und ihren industriellen Ansatzpunkten konnte zweifellos zur Belebung der turkmenischen Wirtschaft beitragen. Zum anderen kann die Neugliederung wenigstens teilweise als Anpassung an die Bevölkerungsverteilung und Sprachgliederung gesehen werden, wenn auch keine Rede davon sein darf, daß in Mittelasien Nationalstaaten entstanden seien. So reicht Turkmenien heute nach Osten bis ins Siedlungsgebiet der Uzbeken, nach Norden in jenes der Kazachen und Karakalpaken. Das russischen Fremdelement ist in allen Sowjetrepubliken recht stark ausgebildet (vgl. u. Abschn. 3.3.1.2.); der politische Charakter der Siedlungsbewegung ist deutlich [8]. Eigenständige Siedlungen der kleinen, nichtturkmenischen Volksgruppen wurden in sowjetischer Zeit ungern gesehen, selbst wenn die Politik nach offizieller Sprachregelung die Minderheiten zu schützen hatte. So begann bei den Kurden, die zunächst in der Umgebung Aschabads eigene

---

6. Vgl. dazu schon MEJER, 1885, S. 102 sowie SOLOV'EV i SENNIKOV, 1946, S. 289 ff.
7. Einzelheiten der politischen Neugliederung bei TUMANOVIČ, 1926, S. 43 f., LÖBSACK, 1926, S. 618 f., KRYLCOV, 1927, S. 919 ff., PARK, 1957, S. 96, KRADER, 1963, S. 111 f. und 273 (tabellarische Übersicht), ALLWORTH, ed., 1967, S. 228 ff., Turkmenistan, 1969, S. 70, vgl. auch VASIL'EVA, 1969, S. 77 f.
8. Vgl. MEHNERT, 1957, S. 65 f.. Nur weniger differenzierte Völkerkarten (z. Bsp. Atlas SSSR, 1969, Bl. 98/99) lassen Volks- und Republikgrenzen identisch erscheinen, genauere Darstellungen (Karten in Narody Srednej Azii, 1963, Bd. II, Atlas narodov mira, 1964, Bl. 30 ff.) bekunden, daß die ideologisch propagierten Volkstumsgrenzen nicht genau gezogen sind.

Siedlungen besessen hatten (z. Bsp. Gjandovar, Alibeg, Sjuljuki), seit den zwanziger Jahren eine Umsiedlung, die die Mischung mit Angehörigen anderer Völker zum Ziel hatte [9]. Vor allem sollte eine Tradierung von solchen Stammesbräuchen, die eine politische Manifestation hätten bewirken können, durch diese Maßnahme verhindert werden.

Die innere Verwaltungsgliederung Turkmeniens kann als ein Indiz für zentralörtliche Beziehungen angesehen werden. Das Land ist heute in drei oblasti (Verwaltungsbezirke) und 39 rajony (Gebiete) eingeteilt, dazu kommen republikunmittelbare Gebiete im Westen des Landes. Verwaltungszentren sind neben der Republikhauptstadt Aŝchabad die oblast'-Hauptorte Mary, Čardžou und Taŝauz. Auch die rajon-Zentren sind städtische Siedlungen. In einzelnen Fällen wurde die rajon-Verwaltung in den sechziger Jahren aus den größeren Städten herausgenommen und kleineren Orten übertragen, doch hat sich inzwischen wieder das Prinzip der Zentralisierung durchgesetzt. Eine ähnliche Stellung wie die ländlichen rajony, die ihrerseits in sel'skie sovety gegliedert sind, haben die rajony der Hauptstadt Aŝchabad und die größeren Städte (z.Bsp. Krasnovodsk, Nebit-Dag, Bezmein), die ebenfalls republikunmittelbar sind [10].

In den weiteren räumlichen Rahmen des altweltlichen Trockengürtels gehören die Veränderungen, die mit der allmählichen Seßhaftwerdung der Nomaden verbunden sind. Die soziale Spannung zwischen Nomaden, Ackerbauern und Städtern ist in anderen Gebieten des Orients eingehenden Analysen unterzogen worden, wobei sich fast immer ähnliche Erscheinungen herausstellten: Eine Tendenz zur Seßhaftigkeit ist vor allem aus politischen Gründen im Zusammenhang mit der Staats-

9. Narody Srednej Azii, 1963, Bd. II, S. 651, Kurds of the Turkmen SSR, 1965, S. 304 f.
10. Türkmenistan SSR-niň administrativ-territorial tajdan bölünişi ..., 1964, WITTHAUER, 1967, S. 53. Die oblast'-Gliederung war zwischen 1963 und 1970 aufgegeben, vgl. SovG 4, 1963, H. 7, S. 60 und T. I. vom 15.12.1970, S. 1.

werdung unverkennbar, aber die Aufgaben der dadurch verschwindenden Sozialgruppen haben noch keine neuen Träger gefunden, so daß im Einzelfall eine Beharrung auf dem traditionellen Nomadentum möglich ist, solange der Staat keine strikte Kontrolle ausübt [11].

Eine ähnliche Entwicklung hatte sich seit dem 19. Jahrhundert in Turkmenien angebahnt (vgl. o. Abschn. 1.3.1.), aber hier forcierten politische Kräfte nach der Revolution von 1917 den Prozeß. Ziel der sowjetischen Politik war gerade die Kontrolle über die Bevölkerung, und dazu schien eine genaue Erfassung in festen Siedlungen unabdingbar. So wurden alle denkbaren Maßnahmen ergriffen, um die Seßhaftwerdung der Turkmenen voranzutreiben [12]. In engem Zusammenhang damit stehen die Russifizierung und die langandauernde Vernachlässigung der Bildungspolitik gegenüber der einheimischen Bevölkerung [13].

Neue Sozialgruppen bildeten sich bei der Industrialisierung. Wie eine Untersuchung der Arbeiterschaft von Nebit-Dag ergeben hat [14], konnten sich zwar einige alte Stammesbräuche der Turkmenen erhalten, aber das wird nur als Übergangsphase im sozialen Wandel angesehen. Auch im ländlichen Bereich verlangt die Mechanisierung heute eine differenzierte Berufsspezialisierung [15]. Charakteristische Erscheinungen des Wandels, der sich ebenfalls nicht auf Turkmenien beschränkt, sind moderne Wohngebäude mit ihrer Einrichtung, die Übernahme russischer Kleidungs- und Ernährungsgewohnheiten, die Aufgabe alter Bindungen an die Stammesgemeinschaft sowie eine zunehmende Emanzipation der Frau, die - wie auch sonst in der Sowjetunion - in

---

11. Vgl. dazu bspw. HERZOG, 1963, psm., KREBS, 1966, S. 139 und 379, KRAUS, 1969, S. 8 ff., JETTMAR, 1969, S. 81 und 83.
12. Vgl. SCHAKIR-ZADE, 1931, S. 49 ff., BACON, 1966, S. 116 ff. Bspw. widersetzten sich im benachbarten Kazachstan zahlreiche aul der Einrichtung örtlicher Sowjets; vgl. dazu HAYIT, 1962 a, S. 122 nach "Revoljucija i nacional'nosti", 1935, Nr. 11, S. 47.
13. Vgl. SCHAKIR-ZADE, 1931, S. 56 ff. et psm.
14. The oil workers of Nebit Dag, 1959, S. 359 ff.
15. Vgl. KURBANOV, 1965 a, S. 161 und 265.

den Arbeitsprozeß einbezogen wird. Gerade die Lösung der Frau aus den Bindungen islamischer Bräuche war ein wesentliches Ziel der sowjetischen Sozialpolitik in Mittelasien. Verschleierung, Brautkauf (gegen den "kalym") und Polygamie sind nahezu verschwunden, und die Modernisierung der technischen Umwelt soll zusammen mit besserer Bildung auch die letzten Reste beseitigen [16].

Hatte die zaristische Russifizierung nur behutsam in das kulturelle, rechtliche und religiöse Gefüge des Islam eingegriffen und dafür in Kauf genommen, daß Mißstände über Jahrzehnte verschleppt wurden, so begab sich die sowjetische Regierung in einen intensiven propagandistischen Kampf gegen die mohammedanische Religion, der bis heute andauert [17]. Toleranz gilt im täglichen Leben nur in so weit, als die politischen Interessen des Bolschewismus unberührt bleiben [18].

Auch in der Kulturpolitik zeigte sich stärkerer staatlicher Eingriff. Das turkmenische Schrifttum war bis zu Beginn der zwanziger Jahre in arabisch-islamischer Tradition gewöhnlich in arabischer Schrift verfaßt. 1929/30 hatte man im Zusammenhang mit der Wendung der Türken nach dem Westen das lateinische Alphabet eingeführt, doch schon 1940 wurde es durch das kyrillische Alphabet ersetzt, um den russischen Machtanspruch gegen pantürkisches Gedankengut durchzusetzen. Einige Spezialzeichen (җ, ң, ө, ү, ə für die Laute ǧ, ṅ, ö, ü, ä) sollen den Eigentümlichkeiten der turkmenischen Phonetik gerecht werden [19].

---

16. VINNIKOV, 1954, S. 62 ff. und 1969, S. 57 ff., KRADER, 1963, S. 146 f., The peoples of Central Asia, 1963, S. 225 und 231 ff., BACON, 1966, S. 132 f.,und 139 f., Turkmenische Sozialistische Sowjetrepublik, o.J., S. 19 f.
17. KRADER, 1963, S. 133 ff. Vgl. dazu die Arbeiten von HAYIT, der sich als emigrierter Uzbeke heftig gegen das sowjetische Vorgehen engagiert. Als neuere anti-islamische Arbeit sei BEGMEDOV, 1968, S. 34 ff. genannt, der am Beispiel der Stadt Tašauz den Mohammedanern kulturellen Rückstand nachzuweisen versucht.
18. Vgl. dazu BACON, 1966, S. 175 ff.
19. Türkmen diliniṅ orfografik sözlügi, 1963, S. 9 und 14, Narody Srednej Azii, 1963, Bd. II, S. 120, BACON, 1966, S. 145 und 189 ff.,

Die stärkste Wirkung hatten die Veränderungen im agrarsozialen Bereich. Hier hatte die russische Herrschaft vor 1917 nur in die ihr unbekannten Nutzungsrechte der Viehzüchter eingegriffen, die alten Sonderrechte etwa der religiösen Stiftungen (waqf-Land) aber respektiert [20]. Dadurch wurde eine noch deutlichere soziale Schichtung des Bauerntums begünstigt, welche die Boden- und Wasserreform der frühen zwanziger Jahre zum Ausgangspunkt einer Umgestaltung der Besitzverhältnisse nahm [21]. Gleichzeitig wurde das nach dem šari a steuerfreie waqf-Land in Besitz und Eigentum der sowjetischen Herrschaft übernommen (Gesetz vom 22.12.1922) und den bisherigen Nutznießern zur Bewirtschaftung übergeben; endgültig verschwand das waqf-Recht erst 1930 [22]. Seit der Mitte der zwanziger Jahre begann die Diskussion über die künftige Besitzstruktur neu aufzuleben. Das US-amerikanische Vorbild im Bewässerungsgebiet des Imperial Valley (Californien) ließ zeitweise den Gedanken aufkommen, durch ein kapitalistisch organisiertes Farmertum die Wirtschaftlichkeit der turkestanischen Bewässerungsgebiete zu heben, aber nach der Argumentation von CINZERLING scheiterten derartige Projekte am Kapitalmangel, der

---

ALLWORTH ed., 1967, S. 79 ff., vgl. DULLING, 1968, S. 97.

20. BUSSE, 1915, S. 50 ff., SABITOFF, 1920, S. 87, MACHATSCHEK, 1921, S. 145, SCHAKIR-ZADE, 1931, S. 24 ff.

21. 1914 machten die landarmen Deichane zwar 50 % der ländlichen Bevölkerung in der Merw-Oase aus, verfügten aber nur über 26 % der Aussaatfläche, während die Großbesitzer (baj) mit 11,3 % der Bevölkerung 34 % des Bodens besaßen, die Mittelbauern (27,9 %) die Hälfte des Landes; Landlose machten 10,8 % aus (LEVINA, 1959, S. 341 mit Anm. 41), vgl. ŠUŠAKOV, 1927, S. 145, PIERCE, 1960, S. 170. Im Vergleich zum Generalgouvernement Turkestan nahm das Pachtland ("karendnye zemli") in Transkaspien nur in der Tedžen-Oase einen bedeutenden Raum ein (Otčet po revizii ..., Bd. 17, 1910, S. 292 und 294 ff.). Die Normgrößen für die aus zerschlagenem Großbesitz zu schaffenden Kleinbetriebe lagen zwischen 1,5 und 5 Des. (1,64 bzw. 5,46 ha) mit regionalen Unterschieden (nach einer Anweisung für die Durchführung der Boden- und Wasserreform, KRASKIN, 1927, S. 185 ff.). Im Zug der Reform wurden im Gebiet Merw 78 152 Des. Land unter 22 211 Wirtschaften verteilt, von denen 2894 erst geschaffen wurden (Details bei ŠUŠAKOV, 1927, S. 157, DEMBO, 1927, S. 116).

22. JUNGE, 1915, S. 193, PARK, 1957, S. 54, HAYIT, 1962, S. 159, KOLARZ, 1963, S. 407, HAMBLY, Hg., 1966, S. 249.

die nötigen Investitionen unmöglich machte [23]. Daher fiel die Entscheidung auch in Mittelasien zugunsten der Kollektivierung, die bereits Vorläufer in Genossenschaften mit gemeinsamer Benutzung des spärlichen landwirtschaftlichen Inventars hatte [24]. Gleichzeitig mit den Kolchozen wurden Sovchoze gebildet, deren Hauptfunktion in den Anfangsjahren in der Viehwirtschaft lag. 1929 hatte Turkmenien bereits den höchsten Kollektivierungsgrad in Mittelasien erreicht; abgeschlossen wurde die Kollektivierung erst in den späten dreißiger Jahren (1937: 1710 Kolchoze, die 99,4 % der gesamten Aussaatfläche umfaßten) [25]. Seit der Mitte der fünfziger Jahre wurden in der UdSSR durch Zusammenlegung Großkolchoze geschaffen, die meist drei bis fünf der alten Kollektivbetriebe aufnahmen [26]. Die Hoflandwirtschaften, d. h. der privatwirtschaftliche Anteil des einzelnen Kolchozmitgliedes an der Agrarnutzung, haben in Turkmenien im Vergleich zu den übrigen Unionsrepubliken mit 0,05 % nur einen geringen Anteil an der landwirtschaftlichen Nutzfläche [27].

Technische Fortschritte sind in vielen Bereichen festzustellen, die die geographische Substanz berühren [28]. Landwirtschaftliche Mechanisierung und die materielle Ausstattung der Industrie gehören ebenso dazu wie die Veränderungen auf dem Verkehrssektor. Hier wird besonders deutlich, in welchem Maß die Eisenbahn - selbst

---

23. CINZERLING, 1927, S. 219 f.; vgl. auch die Überlegungen von KRIVOŠEJN (Denkschrift ..., 1913, S. 60) und den Gedanken an Bewässerungskonzessionen, die mit Vorrechten bei der Eisenbahnbenutzung zum besseren Abtransport der landwirtschaftlichen Produkte verbunden sein sollten (ASMIS, 1923, Anh. bes. S. VIII f.).
24. ČIRKOV, 1963, S. 69.
25. ARCHIPOV, 1930, S. 69, HAYIT, 1956, S. 281 mit Anm. 836, ABAEV, 1963, S. 31 ff. und 39, ČIRKOV, 1963, S. 67 ff., FOMKIN, 1967, S. 12 ff., VINNIKOV, 1969, S. 109 ff.
26. Vgl. GIESE, 1968, S. 51 ff. für ganz Mittelasien. 1969 gab es in der TSSR 330 Kolchoze (Nar. choz. SSSR v 1969, S. 404).
27. GIESE, 1968, S. 52, vgl. Nar. choz. TSSR 1963, S. 73.
28. Vgl. SPETHMANN, 1928, S. 72 ff.

ein Phänomen des technischen Wandels - an der Einführung von Neuerungen beteiligt war. Zeitliche Wandlungen sind dabei weitgehend von den Möglichkeiten Rußlands oder der Sowjetunion abhängig. So ist die Ausgangszeit am Ende des 19. Jahrhunderts von der Einführung moderner Bodenbearbeitungsmethoden geprägt, die sich nur allmählich durchsetzten. Der Erste Weltkrieg und die anschließende Bürgerkriegszeit schwächten die Ausstattung des Landes - wie auch der gesamten Sowjetunion - so empfindlich, daß Mitte der zwanziger Jahre ein Neubeginn nötig war. Die ersten Jahrzehnte der sowjetischen Macht sind von der einseitigen Politik des Schwerindustrieaufbaus bestimmt, so daß erst nach dem Zweiten Weltkrieg die technische Modernisierung Turkmeniens voll einsetzte.

Die kulturlandschaftlichen Veränderungen unter dem Einfluß einer Neubewertung der physischen Ausstattung des Landes auf der Basis wissenschaftlicher Lernprozesse zeigt noch deutlicher als die anderen Faktoren die Teilgebietbeziehung Turkmeniens innerhalb Rußlands bzw. der Sowjetunion. Direktiventscheidungen und Erfordernisse im Zentrum des Landes ließen nach neuen Entwicklungsmöglichkeiten an der Peripherie suchen [29]. Staatlich organisierte Expeditionen dienten seit dem Ende des letzten Jahrhunderts nicht nur der Kenntnis des Landes, sondern ganz gezielt vor allem der Erschließung von Bodenschätzen [30]. Unfruchtbares Wüstengebiet im Westen des Landes ist seit den erfolgreichen Bohrungen nach Erdöl und Erdgas zu einem wichtigen Entwicklungsgebiet geworden. Früher nur von der Viehwirtschaft der Nomaden extensiv genutzte Takyrflächen wurden in die Baumwollplanung einbezogen, oder sie werden wegen des sich steigernden Bedarfes der wachsenden Stadtbevölkerung mit Gemüse-

---

29. Damit gehören zum Bewertungswandel auch die finanziellen Kräfte von SPETHMANN, 1928, S. 77 ff., wenn man finanzielle Investition als Folge der Beurteilung des natürlichen Potentials begreift.
30. Bspw. Karabogaz-Expeditionen, Karakum-Expeditionen, Untersuchungen im Gebiet des Karakum-Kanals.

und Obstkulturen neu genutzt. Ausweitung und Einschränkung des Getreideanbaus auf boghara-Land (Trockenfeldbau) wechselten je nach den Ansprüchen, die von außen an die Produktivität in einzelnen Wirtschaftszweigen in Abhängigkeit von Zuliefermöglichkeiten gestellt wurden, nachdem die Prioritäten in den Wirtschaftszielen einmal festgelegt waren.

Welche Stellung nimmt nun die Transkaspische Eisenbahn in diesem Faktorengeflecht der kulturgeographischen Entwicklung Turkmeniens ein? Wie die Untersuchung im einzelnen zu zeigen versucht, kann die Eisenbahn als Instrument für die Einleitung vieler Veränderungen angesehen werden. Sie durchschneidet daher - wenn auch auf einer anderen Ebene und nicht im strengen Sinn des Wortes als "Faktor", d. h. als landschaftgestaltende Kraft - die angesprochenen Bereiche. So fördert sie bspw. die Bolschewisierung des Landes, trägt zur Verbreitung von technischen Innovationen bei und hilft, die naturlandschaftliche Neubewertung überhaupt erst in reale Inwertsetzung umzuformen. Auf die Einflüsse, die von der Bahn auf die einzelnen Erscheinungen und Prozesse in der Kulturlandschaft ausgehen, wird die folgende Betrachtung besonders abheben, ohne jedoch den Gesamtzusammenhang des kulturgeographischen Wandels aus dem Blick zu verlieren.

3.2 Veränderungen der strukturbestimmenden Geoelemente Turkmeniens

3.2.1 Die Bevölkerung

Die Bevölkerungsentwicklung in den ersten Jahren nach dem Bahnbau ist im einzelnen nur schwer darstellbar, weil die statistischen Angaben - wenn solche überhaupt vorliegen - nur mit sehr großer Vorsicht herangezogen werden können. Gerade in entlegenen Gebieten darf man selbst Jahrzehnte später noch nicht mit Sicherheit annehmen, daß die Bevölkerungsstatistiken fehlerfrei sind.

Als Beispiel für die Bevölkerungsentwicklung in den ersten Jahrzehnten nach dem Bahnbau mögen die Verhältnisse in der Achal-Oase dienen (Abb. 13). Hier bewirkte die Sicherheit, die die russische Herrschaft mit sich brachte, eine neue Wirtschaftsaktivität in dem agrarisch genutzten Kulturlandstreifen am Fuß des Kopet-dagh, so daß fast alle Siedlungen einen erheblichen Zuwachs zwischen 1881 und 1905 aufweisen. Entlang der Bahnlinie zwischen Aschabad und Bezmein macht sich um die Jahrhundertwende schon die Attraktivität der Hauptstadt bemerkbar: Geok-ča und Kipčak weisen zwischen 1891 und 1905 einen leichten Bevölkerungsrückgang auf.

Nach den offiziellen Ergebnissen der ersten russischen Bevölkerungszählung vom 28. 1. 1897 hatte der Transkaspische Bezirk 382 327 Einwohner, davon 209 078 männlichen, 173 249 weiblichen Geschlechts; das entsprach einer mittleren Bevölkerungsdichte von 0,8 Einw./W^2 (0,9 Einw./km^2). Betrachtet man das Gebiet der heutigen TSSR, so muß auch noch ein beträchtlicher Anteil der Bevölkerung in den Chanaten Chiwa und Buchara hinzugerechnet werden, darunter die dort ansässigen 3937 bzw. 2475 Russen, während die Abzüge für das Gebiet der Halbinsel Manghyšlaq weniger ins Gewicht fallen [1]. Für 1891 wurden

---

1. Alle Angaben nach Predvoritel'nye itogi vseobščej perepisi, 1897, S. 313. Die Gesamtbevölkerung der Chanate Chiwa und Buchara wurde 1897 auf zusammen 2 175 000 geschätzt, doch fehlen Unterlagen über die regionale Differenzierung, so daß der Bevölkerungsanteil in

erst 276 700 Einwohner, darunter 210 500 Turkmenen angegeben [2]. Sicher ist die bessere Erfassung in der Volkszählung von 1897 für den größten Teil des "Zuwachses" verantwortlich, aber es muß auch mit einem raschen Anstieg der natürlichen Bevölkerungszunahme gerechnet werden. Das Wachstum setzte sich, nicht zuletzt bedingt durch die Ruhe und Sicherheit einer krieglosen Zeit und durch die beginnenden Sozialleistungen, die wenigstens in den größeren Siedlungen angeboten wurden, auch in der Folgezeit fort. 1911 hatte das Land 472 500 Einwohner [3].

Die Jahre des Ersten Weltkriegs und der Bürgerkrieg fügten der Bevölkerung außerordentliche Verluste zu. So erreichte die ländliche Bevölkerung 1920 nur 270 000, die städtische 1923 74 500, so daß man bei der Gesamtbevölkerung Anfang der zwanziger Jahre etwa von 350 000 Menschen ausgehen kann [4]. Die politische Neugliederung brachte einen sprunghaften Anstieg durch die Einverleibung dicht bevölkerter Oasengebiete im Osten. So hatte die Gesamtbevölkerung 1926 gerade 1 Mio erreicht; in den späten zwanziger Jahren und während der Kollektivierungsphase stagnierte die Bevölkerungsentwicklung. 1939 hatte die TSSR 1 252 000 Einwohner, nach dem Zweiten Weltkrieg stieg die Bevölkerung kontinuierlich auf 1 516 000 (Zählung vom 15. 1. 1959) und 2 158 000 (Zählung vom 15. 1. 1970) [5].

Im Vergleich zu anderen Gebieten der Sowjetunion ist damit ein sehr rasches Bevölkerungswachstum festzustellen, das auch für die

---

den heute turkmenischen Gebieten nicht angegeben werden kann; vgl. The Population of Central Asia, 1955, S. 91, KRADER, 1963, S. 171 ff.

2. The Transcaspian Province, 1893, S. 266.
3. Aziatskaja Rossija, 1914, Bd. I, S. 87. 1912 betrug die Gesamtbevölkerung 486 200; 1914: 533 900; vgl. die Angaben in Statističeskij ežegodnik Rossii 1912 bzw. 1914, jeweils S. 56.
4. Statističeskij ežegodnik (Turkestana) 1917-23, t. II, č.3, S. 482.
5. HAYIT, 1956, S. 294, Nar. choz. TSSR 1963, S. 16, Nar. choz. Srednej Azii 1963, S. 8, Sovetskij Turkmenistan za 40 let, 1964, S. 15, Nar. choz. SSSR v 1969, S. 10 f., T.I. vom 11.7.1971, S. 1.

übrigen mittelasiatischen Unionsrepubliken charakteristisch ist. Es ist in Turkmenien aber kaum auf Wanderungsgewinne, sondern zu 98 % auf die hohen natürlichen Zuwachsraten zurückzuführen. Die jährliche Zuwachsquote lag im Zeitraum 1959 - 1964 zwischen 35,9 (1959) und 31,8 (1964) und ging seither langsam weiter zurück auf 27,3 (1969) [6]. Mit einer Gesamtzunahme um 42 % (ländliche Siedlungen: 38 %, städtische Siedlungen: 48 %) zwischen 1959 und 1970 gehört Turkmenien immer noch zu den Unionsrepubliken mit der stärksten Dynamik [7].

Ein kurzer Blick auf den Altersaufbau der Bevölkerung zeigt die Folgen der hohen Zuwachsraten: auf einer sehr breiten Basis verdünnt sich die Bevölkerungspyramide nach oben recht schnell. Der scharfe Einschnitt zwischen der Gruppen der 0 - 9- und der 10 - 19-Jährigen weist auf Kriegseinwirkungen hin. Stadt und Land unterscheiden sich dabei kaum. Die Lebenserwartung auf dem Land ist aber in den höheren Altersklassen größer, wie die Gruppe der über 60-Jährigen zeigt (jeweils bezogen auf die Angaben für 1959) [8]. Für eine spezielle Berufsgruppe - herausgegriffen seien die Eisenbahnarbeiter - zeigen sich Abweichungen in der Altersgruppenverteilung gegenüber den anderen Arbeitergruppen. Jüngere Menschen überwiegen ganz deutlich - eine Erscheinung, die für andere Berufsgruppen nicht im selben Maß zutrifft. Bei den Frauen sind im allgemeinen die Altersgruppen 30 - 39 (Stand 1959) stärker vertreten, was als Folge des Bevölkerungsrückganges in den Jahren nach der Revolution zu deuten ist [9].

Als Ergebnis des Bevölkerungszuwachses läßt sich eine Verdichtung in einzelnen Gebieten feststellen, die zum größten Teil den später zu betrachtenden Verstädterungsregionen entsprechen. Die größten

---

6. SHEEHY, 1966b, S. 320, vgl. Nar.choz. SSSR v 1968, S. 38 f. und Nar.choz. SSSR v 1969, S. 34 f.
7. HARRIS, 1971, S. 106 f.
8. Itogi vsesojuznogo perepisi naselenija 1959 goda, Turkmenskaja SSR, 1963, S. 21.
9. Itogi vsesojuznogo perepisi naselenija 1959 goda, Turkmenskaja SSR, 1963, S. 59 ff.

Bevölkerungsdichten (vgl. Abb. 14) weisen heute außer den schon immer dicht besiedelten Oasen (1896 bereits 206 Einw./km^2 als Durchschnittswert [10]) auch die industriellen Zentren etwa in Westturkmenien auf [11]. Der schmale Streifen dichterer Besiedlung zwischen Mary und Čardžou markiert den Verlauf der Eisenbahn, an der sich mehrere Siedlungen aufreihen. Denselben Typ linearer Bevölkerungskonzentration findet man in neuerer Zeit auch entlang dem Karakum-Kanal [12]. Die abseits von Bahn und Kanal gelegenen Oasengebiete weisen dagegen, analog zur geringeren Siedlungsintensität, auch geringere Bevölkerungsdichten auf.

Allerdings ist in den Quellen für die Abb. 14 kein Kriterium angegeben, wie die Bezugsfläche für die Dichtefeststellung gewählt wurde. Es ist daher anzunehmen, daß die "geographische" Darstellungsweise genau das suggerieren soll, was hier als Ergebnis der Interpretation formuliert zu sein scheint. Eine relative Aussagekraft behält die Karte aber dennoch, da die Kopplung von Siedlungsverdichtung (städtische Siedlungen) mit der Bevölkerungsverdichtung die Konzentration entlang der genannten Leitlinien nachweist.

3.2.2 Die Siedlungen

3.2.2.1 Die Eisenbahnsiedlungen

Der unmittelbarste Einfluß, den die Eisenbahn auf das Siedlungswesen Turkmeniens hatte, zeigt sich in den Eisenbahnsiedlungen. Von den drei Typen, nach denen die sowjetische Verkehrsgeographie die Eisenbahnstationen klassifiziert [1], können die aus technischen Gründen

---

10. Obzor ... za 1896, S. 5, ... za 1897, S. 5.
11. Vgl. dazu Atlas razvitija ..., 1967, Bl. 5, Atlas SSSR, 1969, Bl. 100/101, Turkmenistan, 1969, S. 82, VINNIKOV, 1969, S. 8.
12. Vgl. BERDIEV, 1970, S. 176 ff. (zit. nach dem Résumé in RŽ 1970, H. 10, S. 18).

1. NIKOL'SKIJ, 1960, S. 102. Diese Klassifikation wird der früher üblichen fünfklassigen Typologie der Bahnstationen (dazu ZVDEV 1888, S. 389 und Aperçu ..., 1897, pt. I, S. 136 ff.) vorgezogen, weil sie außer den funktionalen Beziehungen zum Verkehrsablauf den Sied-

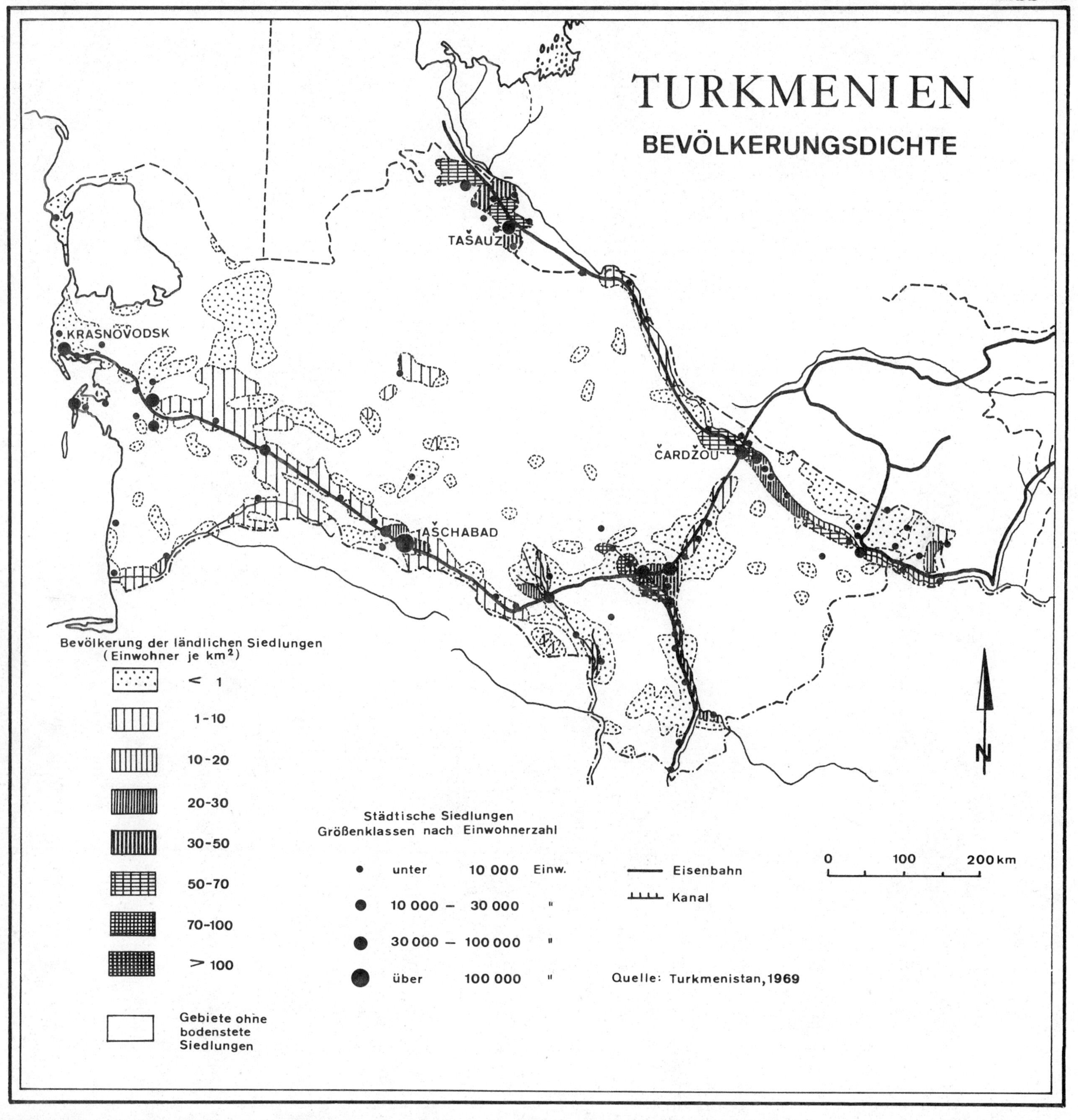
TURKMENIEN
BEVÖLKERUNGSDICHTE
TAŠAUZ
KRASNOVODSK
ČARDŽOU
AŠCHABAD
N
Bevölkerung der ländlichen Siedlungen
(Einwohner je km²)
< 1
1-10
10-20
20-30
30-50
50-70
70-100
> 100
Gebiete ohne bodenstete Siedlungen
Städtische Siedlungen
Größenklassen nach Einwohnerzahl
unter 10 000 Einw.
10 000 – 30 000 "
30 000 – 100 000 "
über 100 000 "
Eisenbahn
Kanal
0 100 200 km
Quelle: Turkmenistan, 1969

(Überholen, Abwarten des Gegenverkehrs) angelegten Zwischenstationen (raz-ezdy) mit einem durchschnittlichen Abstand von 10 km, die meist keinen Namen tragen, sowie die kleinen Stationen (malye stancii) dazugerechnet werden. Die großen Bahnhöfe (bol'šie stancii) dagegen sind funktional derart eng mit den dazugehörenden städtischen Siedlungen und ihrem Umland verbunden, daß sie hier nur im Hinblick auf ihre physiognomischen Besonderheiten betrachtet werden sollen.

Die Siedlungsanlage der Eisenbahnsiedlungen (vgl. Abb. 18) war ganz auf die Forderungen des Bahnbetriebs und der Verwaltung abgestimmt. Zum eigentlichen Stationsgebäude [2] traten das Wohnhaus des Stationsleiters, ein einfaches Logierhaus, meist noch eine kleine Militärunterkunft, sowie an den größeren Stationen Depots [3] und Werkstätten. Die Zahl der mit Güterbahnsteigen und Packhäusern ausgestatteten Stationen war anfangs sehr niedrig: Nur Uzun-ada, Kizyl-Arvat, Aschabad, Merv und Čardžuj verfügten über ausreichende Anlagen, aber bis zum Ende des 19. Jahrhunderts stieg die Zahl der Stationen mit Güterabfertigung auf zwanzig an [4]. Im Baumaterial zeigt sich ein deutlicher Wandel von Westen nach Osten: Nahe dem Kaspischen Meer war ein Holz-Fertighaus für Bahn-, Poststationen und ähnliche Zwecke besonders beliebt, das nach seinem Versandort Astrachań benannt war und das, in Einzelteile zerlegt, über das Kaspische Meer verschifft und von Uzun-ada bzw. später Krasnovodsk aus zu seinem Bestimmungsort gebracht und dort in kurzer Zeit aufgestellt wurde [5]. Steinbauten er-

---

lungscharakter der Bahnstationen mehr berücksichtigt. Sie stehen typologisch zwischen den ländlichen und städtischen Siedlungen als "ländliche nichtlandwirtschaftliche Siedlungen" (KOVALEV, 1957, S. 153 und 1963, S. 25 und 44).

2. Pläne der Bahnhöfe in Z a p i s k a o sostojanii ..., 1899, Priloženie No. 10, Anlage.
3. So in Krasnovodsk, Džebel, Kazandžik, Kizyl-Arvat, Aschabad, Dušak, Merv, Repetek, Amu-Dar'ja, Farab; vgl. Z a p i s k a o sostojanii ..., 1899, Priloženie No. 13.
4. DŽEVECKIJ, 1889, S. 230, Z a p i s k a o sostojanii ..., 1899, S. 75 ff.
5. BOULANGIER, 1888, S. 86 ff.. Ein solches Fertighaus kostete in

schienen erst am Fuß des Kopet-dagh häufiger, weil im Westen - außer am Krasnovodsker Zweig - das Material dazu in Bahnnähe meist fehlte. Nur die größten Stationen errichteten später Steinbauten mit Elementen der mittelasiatisch-orientalischen Architektur (z. Bsp. in Krasnovodsk) [6]. Östlich der Achal- und Atek-Oase erlaubte das aride Klima den Bau von Bahnhofsgebäuden aus ungebrannten Ziegeln [7]. Einige größere Bahnstationen wie z. Bsp. Bajram-Ali verwendeten als Material glasierte Ziegel, die aus den Ruinenstädten des alten Merv entnommen wurden [8]. Auf der Strecke zwischen Bajram-Ali und Čardžuj dominierten Fachwerkbauten aus Holz und Lehm.

Im Lauf der Zeit erfuhren diese kleinen Stationssiedlungen geringfügige strukturelle Veränderungen. Für das Militär blieben kleine Kasernen bestehen, zugleich übernahmen die Stationen aber auch zivile Aufgaben. Sie wurden Anziehungspunkte für ein Versorgungsgewerbe, wie es bei den großen Entfernungen und langen Fahrzeiten für die russischen Eisenbahnen allgemein charakteristisch ist [9]. Mittlere Stationen erhielten Handelsfunktionen, und zu den zahlreichen werdenden Wohngebäuden traten noch kleine Handelskontore.

Während die namenlosen raz-ezdy nach technischen Erfordernissen angelegt und damit russische Neugründungen waren [10], nahmen die kleineren Stationen vielfach die Tradition älterer turkmenische Lagerplätze in der nahen Umgebung auf, was an den Ortsnamen abgelesen werden kann [11]. Das enge räumliche Nebeneinander des turkmenischen

---

Normalausführung 600 Rubel, dazu kamen die Transportkosten (120 Rubel) und die Kosten für die Aufstellung (30 Rubel).

6. SCHWARZ, 1900, S. 417, GEJER, 1901, S. 92.
7. WIEDEMANN, 1888, S. 74, HEYFELDER, 1889, S. 141.
8. PAHLEN, 1964, S. 125 und 1969, S. 189.
9. SCHWEINITZ, 1911, S. 11. Bei mittleren und größeren Stationen entstand regelmäßig eine von Armeniern betriebene Schenke (duchan) (RADDE, 1898, S. 70).
10. Vgl. OLUFSEN, 1905/06 b, S. 262.
11. Allein von den Stationen zwischen Nebit-Dag und Kizyl-Arvat finden sich in den Itineraren bei GRODEKOV, 1883, Bd. I, Priloženie, die folgenden Siedlungsplätze wieder: Balla-Išem (Brunnen), Ajdin (Br.),

Siedlungsplatzes und der Bahnstation weist darauf hin, daß für die Standorte dieser mittelgroßen Stationen nicht nur der technische Betrieb entscheidend war, sondern die Existenz einer im Handel funktional ausbaufähigen Siedlung, gute Wegeverbindungen zu den benachbarten Marktorten und eine ausreichende Wasserversorgung [12]. Allerdings sind kleinräumige Verlagerungen bis zu einigen Kilometern möglich, wenn der Bahnbau oder der soziale Gegensatz zwischen Russen und Turkmenen es erforderte. In vielen Fällen, unter denen die Städte besonders auffallen (vgl. etwa Čardžuj), verlor die turkmenische oder uzbekische Siedlung im Rahmen der technisch-sozialen Umstrukturierung zunehmend an Bedeutung oder fiel sogar gänzlich wüst, so daß ihre Tradition oder wenigstens der Ortsname von der Bahnsiedlung übernommen wurde. Doch wenn man diese distantiell recht geringfügigen Verschiebungen berücksichtigt, kann von einer Kontinuität des Siedlungsraumes gesprochen werden.

Viele raz-ezdy verschwanden mit der Verbesserung des technischen Dienstes wieder, vor allem nachdem die Dieseltraktion eingeführt worden war. Heute zählt man nur noch 25 raz-ezdy zwischen Krasnovodsk und Čardžou gegenüber 77 im Jahr 1912 [13].

Achča-Kujma (Br.), Kazandžik (Br.), Uzun-su (Quelle), Ušak (Br.) (l.c. S. 4 f.). Es fehlen raz-ezd 121 zwischen Balla-Išem und Ajdin, Pereval am Nordrand des Kleinen Balchan (ON russ. = "Paß"), Šaumjan und Džanachyr vor Kizyl-Arvat. Die Tradition von Ušak hat die Bahnstation Iskander übernommen, doch hieß die Station auch früher Ušak (HEYFELDER, 1889, S. 117, BOULANGIER, 1888, S. 325, DMITRIEV-MAMONOV, 1903, S. 235). Die Station Šaumjan fehlt in den Übersichten bei HEYFELDER, BOULANGIER und DMITRIEV-MAMONOV; es dürfte sich um die jüngere Benennung eines raz-ezd handeln. Molla-kara wird von BOULANGIER, 1888, S. 107 noch als aul nomadisierender Turkmenen beschrieben.

12. Als Beispiele seien Kaachka und Artyk (am Bach Durungjar-gjul'ruz) genannt, vgl. KUZ'MIN-KOROVAEV, 1889, S. 87 und 99. Die durchschnittliche Distanz zwischen Bahnstation und Stadt lag Ende des 19. Jhs. bei 0,7 W (Zapiska o sostojanii ..., 1899, S. 118).
13. MESSNER, 1912, psm., Železnye dorogi SSSR, 1966 und 1971, jeweils S. 53/54.

Die bedeutendste Siedlung, die unter dem ausschließlichen Einfluß der Eisenbahn entstand, war Uzun-ada. In der zweiten Hälfte der achtziger Jahre konnte es mit etwa 600 - 800 Einwohnern Krasnovodsk (damals 660 Einw.) die Rolle der führenden Hafensiedlung im westlichen Turkmenien streitig machen, weil es über die Bahn in direkter Kommunikation mit Mittelasien stand. Die Existenz der Siedlung stand und fiel mit der Eisenbahn [14]. Nachdem Krasnovodsk neuer westlicher Ausgangspunkt war, wurde Uzun-ada sofort aufgegeben. Die Trassenverlegung bewirkte hier eine totale Siedlungswüstung.

3.2.2.2 Die städtischen Siedlungen

3.2.2.2.1 Die Entstehung der russischen Städte

Wenn im Folgenden von "Städten" gesprochen wird, so ist bei der Verwendung dieses Begriffes immer an die Besonderheiten Turkmeniens zu denken: Das Land ist, insgesamt gesehen, nur recht dünn besiedelt, und auch die größeren Siedlungen erreichten zunächst nur niedrige Einwohnerzahlen; als "Städte" waren Ende des 19. Jhs. auf Grund der zentralörtlichen Bedeutung oft schon Siedlungen von wenigen hundert Einwohnern anzusprechen. Da ein turkmenisches Städtewesen im 19. Jh. nicht existierte, sind die neu entstehenden städtischen Siedlungen allochthone Gebilde in einem Pionierraum mit zahlreichen Merkmalen der Mobilität, und nur allmählich entwickelte sich ein festes Strukturbild, das bis heute weiterverfolgt werden kann.

Daß sich russische Städte aus turkmenischer Siedlungswurzel bildeten, ist ein Sonderfall, der nur in wenigen Garnisonssiedlungen im ostkaspischen Bereich und nur in der frühesten russische Phase auftritt. Gasan-kuli wenig südlich von Čikišljar entstand aus einer turkmenischen Siedlung, die 1835 um eine russische Fischereistation erweitert worden war [1]. Es blieb lange Zeit in der Nachbarschaft des größeren Čikišljar unbedeutend und hat sich erst nach dessen Funktions-

---

14. SEMENOV, 1889, S. 293, CURZON, 1889/1967, S. 66, KREUTER, 1890, S. 41, zu Krasnovodsk vgl. Globus 39, 1881, S. 286.

1. O'DONAVAN, 1882, Bd. I, S. 203 f., LANSDELL, 1885, Bd. III, S. 909.

verlust zum führenden Hafenort Südwest-Turkmeniens entwickelt. In Čikišljar selbst entstand eine russische Garnison, die von einer Handelssiedlung erweitert wurde, etwa eine Meile nördlich des gleichnamigen Jomud-aul [2].

Der Typ der turkmenisch-russischen Doppelsiedlung fand die weiteste Verbreitung, weil den politischen und nationalen Gegensätzen der beiden siedelnden Gruppen elementare Versorgungsbedürfnisse gegenüberstanden, die eine gewisse Annäherung verlangten. Es handelte sich also um bewußte russische Siedlungsgründungen, z. T. von vornherein mit städtischen Funktionen, in der Nachbarschaft turkmenischer aul [3]. Beispiele lassen sich entlang der Bahnlinie aufzählen: Kazandžik wurde als russische Kolonie bei einem Lagerplatz der Nomaden angelegt, Kizyl-Arvat ist die russische Gründung in Anlehnung an ein bedeutendes turkmenisches aul, Geok-tepe wurde in etwa 8 km Entfernung von der zerstörten Fliehburg Denghil-tepe errichtet, Karry-bent (später Tedžen) übernahm die Funktionen der turkmenischen Dammschutzsiedlung gleichen Namens am Fluß Tedžen, und im Osten, bereits im Emirat Buchara gelegen, trat das exterritorial russische Novo-Čardžuj als Eisenbahnstation und Kristallisationskern für die russische Besiedlung neben das bucharische Čaržuj [4]. Zwischen diesen beiden Siedlungen von Čardžuj machte sich schon bald eine eindeutige Gewichtsverlagerung zugunsten der Bahnstation bemerkbar. Hierbei begünstigten das Einströmen von Arbeitern (ca. 3000) und die Kommunikationsmöglichkeiten modernere

---

2. Beschreibung bei O'DONAVAN, 1882, Bd. I, S. 95 f., vgl. HEYFELDER, 1886 b, S. 297, RODZEVIČ, 1891, S. 7. Die turkmenischen Siedlungen Čikišljar und Gasan-kuli waren mit 500 bzw. 400 Kibitken (ca. 2500 bzw. 2000 Einw.) fast gleich groß gewesen, vgl. Poezdka ... Grodekova ..., 1883, S. 92.
3. NAZAREVSKIJ, 1961, S. 102 f.
4. VAMBERY, 1873, Karte im Anh., BOULANGIER, 1888, S. 115; für die Neuanlage von Geok-tepe in größerer Entfernung der alten Fliehburg spielten vor allem hygienische Gründe nach der blutigen Schlacht vom Januar 1881 ein Rolle; vgl. dazu HEYFELDER, 1886 b, S. 184, BOULANGIER, 1888, S. 132, RADDE, 1898, S. 50.

städtische Lebensformen, während das alte Čarǧuj allmählich an Funktion verlor und auf die Stufe einer Landstadt zurücksank [5]. Am deutlichsten wird die bewußte russische Städtegründung neben der einheimischen Siedlungsanlage in der Oase Merw. Die russische Siedlung Merv, die seit 1884 entstand, hatte zwei Ansatzpunkte. Eine Festung mit Garnison lehnte sich am rechten Ufer des Murghab an das alte qalᶜa an, eine Händlerstadt wurde auf dem linken Ufer des Murghab etwas flußab gebaut. Sie lag neben dem stehengebliebenen Bazar der Teke und den daran sich anschließenden Kibitken, so daß eine deutliche Trennung erhalten blieb. Während die turkmenische Fliehburg des alten Qoušut-Chan-qalᶜa rasch völlig verödete, kennzeichnete eine wachsende Einwohnerzahl den schnellen Aufschwung der neuen Stadt. 1891 hatte Merv 4000 Einwohner, 1912 waren von den 16 000 Einwohnern Mervs 5500 Russen, dazu kamen als Händler noch Perser, Juden aus Buchara und Armenier [6].

Die russischen Städte in Mittelasien haben die architektonischen Charakteristika der meisten Kolonialstädte. Ihr Grundriß ist sehr schematisch in schachbrettförmiger Gitteranlage mit weitläufigen und breiten Straßen. Die von den Straßen zurückweichenden Häuser liegen vielfach in schattigen Gärten, und auch die Straßen sind von Bäumen gesäumt, die, sofern die natürliche Feuchtigkeit nicht ausreicht, aus Kanälen bewässert werden. Große Plätze und weitflächige Grünanlagen sowie die ein-, nur selten zweistöckige Bauweise tragen auch dazu bei, die Städte von den europäischen Siedlungen des industriellen Zeitalters, aber auch vom orientalischen Stadttyp abzuheben [7]. Als orientalisches

---

5. Vgl. ROTTERMUND, 1899, S. 575, AGIŠEV u.a., 1964, S. 25.
6. Globus 48, 1885, S. 13, BOULANGIER, 1888, S. 166 und 182 f., Obzor ... za 1891, S. 309 f., ALBRECHT, 1896, S. 43 ff., KRAHMER, 1898, S. 103 ff., Aziatskaja Rossija, 1914, Bd. I, S. 337.
7. Zur Physiognomie der russischen Kolonialstädte vgl. WIEDEMANN, 1888, S. 79, KRAFFT, 1902, S. 7 f., Aziatskaja Rossija, 1914, Bd. I, S. 318, SCHULTZ, 1930, S. 66 ff., Cities of Central Asia, 1961, KRADER, 1963, S. 217; zum Beispiel Merv ALICHANOV-AVARSKIJ, 1904, S. 454, OLUFSEN, 1905/06 a, S. 73, BAHDER, 1926, S. 149.

Merkmal haben die russischen Siedlungen aber vielfach neben der Innovation großrussischer Hausformen - auf das Astrachaner Fertighaus als Beispiel wurde bereits hingeweisen - das Patio-Haus übernommen, wie es für Merv beschrieben wird [8]. Als geplante städtische Siedlung, deren funktionale Vielfalt vom zarischen Krongut bestimmt war, wurde Bajram-Ali angelegt, wo alle wichtigen Gebäude (Werkstätten, Fabriken, Wohnhäuser) sich um den zentralen Wirtschaftshof mit der Gutsverwaltung gruppierten [9].

Die Ausstattung der Siedlungen wurde von den Möglichkeiten bestimmt, die der Bahnbau mit sich brachte. Wie die beiden folgenden Tabellen 2 und 3 verdeutlichen, entstanden in den Siedlungen an der Bahn zahlreiche Ladengeschäfte, die den Erfordernissen des Handels gerecht werden sollten.

Tabelle 2 Gebäudenutzung in städtischen Siedlungen Westturkmeniens (1893) [a]

	Krasnovodsk	Uzun-ada	Čikišljar	Kazandžik	Kara-kala
Weinkeller	1	7	1	1	-
Duchan (Kneipe)	1	3	1	1	-
Bierstuben	-	7	1	-	-
Läden für Manufakturwaren	15	16	1	-	-
Kramläden	8	15	-	3	1
Fleischläden	4	6	-	1	-
Mehlläden	3	2	-	-	-
Teeläden	2	8	-	-	-
Bäckerläden	2	8	-	1	-
Garküchen	1	9	-	-	-
versch. Erholungsgebäude	3	15	-	1	-
Ziegelei	1	-	-	-	-
Bäder	5	3	-	-	-
Kontore der Schiffahrts- u. Transportfirmen	1	16	-	-	-

a. Quelle: Obzor ... za 1893, S. 200 f.

8. CURTIS, 1911, S. 60.
9. Vgl. VACLIK, 1888, S. 160 ff.

Tabelle 3 Gebäudenutzung in städtischen Siedlungen des Tedžen-uezd (1891) [a]

	Tedžen	Kaachka	Dušak	Serachs
orthodoxe Kirchen	-	1	-	1
staatliche Wohnhäuser	3	4	-	6
private Wohnhäuser	4	8	1	43
Läden	3	84	8	24
Karawansereien	-	4	1	1
Duchan (Kneipe)	-	-	-	2
Gerbereien	1	-	-	-

a. Quelle: Obzor ... za 1891, S. 307.

Zeigt Tabelle 2, daß der Konkurrenzkampf zwischen Krasnovodsk und Uzun-ada zum damaligen Zeitpunkt wegen der günstigeren Verkehrbedingungen zugunsten von Uzun-ada entschieden schien, so geht aus Tabelle 3 hervor, daß die ehemaligen Handelsfunktionen von Serachs noch nicht ganz von den Bahnstationen übernommen worden waren; vor allem hatte Tedžen 1891 noch kaum eine Handelsbedeutung. Kaachka profitierte von der günstigen Lage zum nordperischen Deregöz (vgl. auch u. Abschn. 3.4.1.3.)[10].

Auch Stein- und Ziegelhäuser fanden jetzt entlang der Bahn Eingang in das Bild der Städte[11]. Mit der zunehmenden Bautätigkeit war auch eine verstärkte Spekulation auf Grund und Boden verbunden[12].

Am Anfang der weiteren Entwicklung steht die Konzentration der wichtigsten Funktionen in den neu gegründeten Siedlungen. Ansatzpunkte waren vielfach schon mit den Garnisonen gegeben, dann aber hatte das Vorrücken des Bahnbaus eine beschleunigende Wirkung. Die Entwicklung brachte nicht nur eine Ausweitung und Intensivierung des Handels (Banken, Kontore, Lagerräume) und damit einen Zuwachs der Marktfunktio-

10. Vgl. LESSAR, 1882, S. 129 f.
11. Vgl. dagegen die Schilderung des damals bahnfernen Kungrad bei BAHDER, 1926, S. 175 als die "asiatischste der asiatischen Städte" mit unregelmäßiger Anlage und nur wenigen russischen Häusern.
12. WIEDEMANN, 1888, S. 79.

nen mit sich, sondern diente zunächst dem Eigenbedarf der Bahn [13]. Die technischen Erfordernisse verlangten nach der Anlage von Reparaturwerkstätten nicht nur für kleinere Ausbesserungen, wie sie schon an kleinen und mittleren Stationen möglich waren, sondern auch nach Material- und Ersatzteillagern für umfassendere Arbeiten. Solche Lager und Werkstätten wurden zuerst in Michajlovsk angelegt, später bildeten sie sich, dem Vorrücken des Bahnbaus entsprechend, auch in anderen Siedlungen. Zwischen 1881 und 1885 war Kizyl-Arvat in dieser Hinsicht allein führend [14], dann kamen große Werkstätten in Aschabad, Merv und Čardžuj dazu. Kleinere Ausbesserungsanlagen entstanden mit der Bahn in Kazandžik und Kizil-tepe (bei Buchara) [15].

Auf unmittelbaren Einfluß der Bahn ist die Übernahme niederer Verwaltungsfunktionen zurückzuführen. In der Phase der Militärverwaltung war eine Gleichschaltung aller Verwaltungszweige naheliegend. Bis in die russische Zeit behielt daneben die traditionelle Stammesgliederung der Turkmenen mit der Abgrenzung der Herrschaftsbereiche der Chane eine Bedeutung für die lokale Verwaltungsebene.

Die Industrieansiedlung begann schon früh, nicht nur für die Bahn zu sorgen. Sie wurde auf die Außenbezirke der Städte verwiesen, wo sich gewöhnlich auch die Kasernen befanden [16].

---

13. Besonders deutlich wird die Entwicklung vom reinen Militärstützpunkt zur Stadt am Beispiel von Kuška (Kuškinskij post), das seit 1892, als es ein "trauriges Nest" (KÜRCHHOFF, 1901, S. 688) genannt wurde, zu einem zentralen Ort (Handel, geplant auch Tourismus) in Südturkmenien zwischen Badghyz und Kara-Bil mit weitreichenden Beziehungen über die afghanische Grenze angewachsen ist (Turkmenistan, 1969, S. 216 f., vgl. GvŠk 1967, H. 5, S. 85 und 1968, H. 2, S. 70).
14. Otčet po revizii ..., 1910, Bd. 15, S. 374 f.. Zu den Hauptwerkstätten in Kizyl-Arvat vgl. Zapiska o sostojanii ..., 1899, S. 85 ff. und Priloženie No. 19 (Plan der Anlage). Bis zum Ersten Weltkrieg war bei den Werkstätten auch eine kleine Wohnsiedlung für die Arbeiter entstanden (Obzor ... za 1908, S. 77).
15. SEMENOV, 1889, S. 194, DMITRIEV-MAMONOV, 1903, S. 202, ALKIN, 1931, S. 230.
16. KRAFFT, 1902, S. 9.

Auf den Gebieten von Handel, Industrie, Verwaltung und Kultur war die Eisenbahn somit zu einem wichtigen Initiator und Impulsgeber geworden. Die weitere Ausgestaltung der Städte läßt sich zwar nicht mehr unmittelbar und ausschließlich von da her verstehen, baut aber vielfach in konsequenter Fortführung auf den damals gelegten Grundlagen auf, so daß man sie wenigstens als eine zeitliche Fernwirkung mit sachlicher Transitivität ansprechen kann. Aus der Entwicklung ergab sich auch eine vielfältige innere Differenzierung der Städte. Das Beispiel Merv wurde bereits angeführt. Für Krasnovodsk lassen sich um 1900 drei Stadtviertel unterschieden: An der Stelle der ehemaligen Befestigung lag die "Altstadt" mit dem Verwaltungszentrum und den Kontoren zahlreicher Handelsunternehmen; die Uferstadt am Meer war auf den Handelsgüterumschlag eingestellt (Transport- und Schiffahrtsunternehmen, Kontore, Speicher, Bahnhofs- und Hafenanlagen); eine Neustadt, in der u. a. die Wohnungen der Eisenbahnangestellten lagen, schloß sich daran an; insgesamt zählte Krasnovodsk ca. 7000 Einwohner [17].

3.2.2.2.2 Die Verstädterungserscheinungen in neuerer Zeit

Städtisches Leben hat sich bis heute auch über die engeren Bereiche der wenigen größeren Städte des Landes ausgebreitet (vgl. dazu Abb. 16). Zahlreiche Siedlungen werden von der sowjetischen Stadtgeographie als Trabantenstädte (goroda-sputniki) angesprochen [1]. nach der statistisch orientierten Klassifikation, die die sozio-ökonomischen Grundfunktionen des menschlichen Siedelns wenigstens in einer zweiten Differenzierungsstufe mitberücksichtigt, handelt es sich meist um "Siedlungen städtischen Typs" (poselenija gorodskogo tipa). Zu ihnen gehören alle Arbeitersiedlungen mit mehr als 400 Ein-

---

17. FEDOROV, 1901, S. 177.

1. Zum Siedlungstyp der goroda-sputniki in der UdSSR vgl. CHOREV, 1968, S. 134 und 139 ff.

wohnern, von denen wenigstens zwei Drittel Arbeiter und Angestellte sein müssen, ferner Kurorte, in denen die Zahl der zeitweiligen Bewohner größer ist als die der ständigen Siedler [2]. Sie können mit dem geographischen Begriff "Stadt" bezeichnet werden, wenn sie auch industrielle, kulturelle und niedere Verwaltungsfunktionen aufweisen; fehlt diese Multifunktionalität völlig, so sind sie - ähnlich wie die schon angeführten Eisenbahnsiedlungen - den "zwischen Stadt und Land stehenden Siedlungen" zuzuordnen [3]. Siedlungen städtischen Typs entstanden mit der wirtschaftlichen Entwicklung kleinerer Räume als deren Zentren. Vielfach werden, sofern die statistischen Voraussetzungen erfüllt sind, bestehende Siedlungen in den Rang von Siedlungen städtischen Typs oder gar von Städten erhoben, bei großen Planungsvorhaben (wie etwa dem Bau des Karakum-Kanals) wurden auch Siedlungen von vornherein als Städte geplant und angelegt [4]. Ein Beispiel dafür ist Karamet-Nijaz, das ganz nach Art der traditionellen Kolonialstädte im Neulandgebiet Südost-Turkmeniens entstand; es ist zugleich zentraler Ort für ein weites Umland, dessen wirtschaftliche Aktivität von Bewässerungsfeldbau, Viehzucht, Jagd und Fischerei, aber auch vom investitionsintensiven Ausbau des Karakum-Kanals bestimmt ist [5]. Die sowjetische Siedlungs- und Verwaltungspolitik unterstützt die Tendenz der Ausbreitung städtischer Lebensformen in Gebieten vorherrschender Agrarwirtschaft [6].

---

2. KOVALEV, 1957, S. 152 und 1963, S. 19, MECKELEIN, 1964, S. 258. In der Festsetzung der Schwellenwerte gibt es geringfügige Unterschiede zwischen den einzelnen Unionsrepubliken. Die gesetzlichen Grundlagen für die Klassifikation in der TSSR gehen auf das Jahr 1938 zurück, während in den meisten anderen Unionsrepubliken die aus den 20er Jahren stammenden Gesetze durch Neuregelungen in den Jahren 1956-1962 aufgehoben wurden (CHOREV, 1968, S. 18 ff.). Es ist daher zu vermuten, daß die turkmenische Städtegesetzgebung nicht mehr den heutigen Ansprüchen genügt.
3. SCHWARZ, 1966, S. 297 und 613.
4. In den letzten Jahren wurden jährlich durchschnittlich 21 Siedlungen in der UdSSR in den Rang von Städten erhoben (CHOREV, 1968, S. 220); zur Entwicklung in Turkmenien vgl. NAZAREVSKIJ, 1961, S. 108.
5. Narody Srednej Azii, 1963, Bd. II, S. 39.
6. Daß es sich dabei um gezielte Maßnahmen handelt, die im statistischen

Siedlungen städtischen Typs entstanden vor allem im westturkmenischen Industriegebiet um Krasnovodsk, Nebit-Dag [7] und später auch Čeleken, sowie in den Oasengebieten im Umkreis von Ašchabad, Tedžen, Mary und Čardžou. Sie wurden nicht nur im Zug der Industrialisierung und Erschließung von Bodenschätzen, sondern auch als lokale Zentren für agrarwirtschaftlich orientierte Räume angelegt. Daß sie faktisch oder gar rechtlich mit dem Hauptort des jeweiligen Gebietes zusammenwuchsen, war wegen der relativ großen Entfernungen selten. Der Begriff "Verstädterungszone", den NAZAREVSKIJ für die Bereiche mit loser Verknüpfung zentraler Orte mit solchen hilfszentralen Siedlungen städtischen Typs gebraucht, und der auch der Arealabgrenzung in Abb. 19 zugrundegelegt wurde, geht nicht von einer geschlossenen Bebauung aus. 1971 gab es in der TSSR 9 Städte und 68 Siedlungen städtischen Typs [8].

In jüngster Zeit wurden auch theoretische Ansätze für eine städtische Besiedlung der Wüstengebiete entwickelt, die auf den Erfahrungen mit den traditionellen Brunnenstellen aufbauen und bspw. einen ausgedehnten, vegetationsreichen Schutzring um die Siedlung vorsehen. Die Planung beruht auf einer Gliederung der Städte in mehrere funktional einheitlich als Subzentren ausgestattete Mikrorajons, die den Außenvierteln der größeren turkmenischen Städte entsprechen [9].

Bild eine Zunahme der Stadtbevölkerung suggerieren wollen, weil die Verstädterung als Gradmesser für den wirtschaftlichen und sozialen Fortschritt eines Landes angesehen wird, kann hier nur vermutet werden. Auch das politische Motiv der besseren Organisation und Kontrolle darf in der sowjetischen Städtepolitik nicht übersehen werden. Dazu fällt den Städten nach sowjetischer Auffassung eine regionen-organisierende Rolle zu, die als Teilaufgabe der sozio-politischen Integration verstanden wird (vgl. CHOREV, 1968, S. 90).

7. NAZAREVSKIJ, 1961, S. 106 und 113, GvŠk 1967, H. 6, S. 75, LEJZEROVIČ, 1968a, S. 145.
8. SSSR. Administrativno-territorial'noe delenie ..., 1971, S. 489.
9. ÊSENOV, 1970, S. 78 ff.; zur Entstehung von Mikrorajons als Beispiel von Čardžou vgl. AGIŠEV u.a., 1964, S. 160, T.I. vom 27.7. 1971, S. 2.

3.2.2.2.3 Die turkmenische Hauptstadt Ašchabad als Beispiel für eine russische Neuanlage

Ašchabad (ᶜAšqābād) (bis 1919 Aschabad, 1919 - 1927 Poltorack) [1] war im 19. Jahrhundert zwar ein wichtiger Versammlungsort der Turkmenen gewesen, hatte aber den städtischen Charakter beim Niedergang der Stadtkultur in Westturan verloren. Nach dem Fall von Gök-tepe wurde die Siedlung von ihren Bewohnern fast völlig verlassen, und nur einige Lehmbauten und Erdhütten blieben zurück. Von dieser alten Festung sind heute nur noch Reste als Erdwall erhalten [2].

Die günstige Lage bestimmte aber die Russen, an der Stelle des turkmenischen aul die Anlage des neuen städtischen Zentrums von Transkaspien vorzusehen. Kurz nach der Besetzung im Frühjahr 1881 wurden reguläre Truppen (5000 Mann) zunächst in Zelten und einfachen Erdhütten stationiert. Sie begannen mit dem Aufbau von Aschabad als einer permanenten Siedlung [3]. Die Tätigkeit der Truppen des kaukasischen Militärbezirks bestimmte das Aussehen der ersten Stadt. HEYFELDER stellt daher eine auffallende Ähnlichkeit mit den Regimentsstandquartieren im Kaukasus fest [4].

Bald hatte die Stadt zwei Kerne: Außer der Hauptsiedlung nahe der ehemaligen Festung entstand seit dem Bahnbau eine zweite Keimzelle am Bahnhofsgebäude, etwa 1,5 km nordöstlich des Stadtzentrums. Dort lagen außer den Betriebsanlagen auch die Wohnstätten der Eisenbahner und Unterkünfte für die Reisenden [5]. Die Siedlung war eine fast rein

---

1. Der Name bedeutet "Stätte der Kühle und des Überflusses" (GELLERT u. ENGELMANN, 1967, S. 190, zur Ortsnamenänderung Turkmenistan, 1969, S. 178).
2. O'DONAVAN, 1882, Bd. II, S. 72, HEYFELDER, 1886 a, S. 187, Cities of Central Asia, 1961, S. 4.
3. O'DONAVAN, 1882, Bd. II, S. 73, LESSAR, 1882, S. 122; MOSER, 1885, S. 336 erwähnt erste weißgetünchte Häuser russischer Bauart.
4. HEYFELDER, 1886 c, S. 364.
5. RADDE, 1898, S. 40, OLSUF'EV i PANAEV, 1899, S. 14, BABAEV i FREJKIN, 1957, S. 25, BATYROV, 1969, S. 12.

russische Stadt; nur im Handelsviertel waren mit Armeniern, Persern und Juden auch andere Fremdnationen in größerer Zahl vertreten [6].

Binnen fünf Jahren wuchsen zahlreiche Steinbauten, die zunächst nur der Garnison zu dienen hatten; der benachbarte Handelsplatz Aschabad wies damals noch ein buntes Durcheinander von Kibitken und Hütten auf, aber zu den einheimischen Formelementen traten auch bereits Ladenbuden ("balagany") mit russischen Aufschriften [7]. Der Stadtgrundriß entsprach dem Muster der Kolonialstädte: Grundlage war ein quadratisches Netz breiter, von Bewässerungskanälen begleiteter und baumgesäumter Straßen (vgl. Abb. 17). Die Wohnhäuser wurden nur in den gehobenen Wohnvierteln nahe dem Stadtzentrum aus gebrannten Ziegeln errichtet, sonst war - wie in den kleinen Städten und den ländlichen Siedlungen des Ostens - die Lehmziegelbauweise vorherrschend [8]. Obwohl ein schweres Erdbeben am 6. 10. 1948 die Stadt verwüstete und einen vollständigen Neuaufbau außer in den südlichen Stadtvierteln nötig machte, gelten diese Grundzüge noch heute. An den breiten Straßen liegen, vielfach in Gärten versteckt, die Wohnhäuser, deren Baustil sich immer mehr europäischen Vorbildern anpaßt. Wegen der großen Erdbebengefahr wurde lange Zeit nur einstöckig gebaut. Dadurch erhielt Ašchabad sehr früh das Aussehen einer Villenstadt, und auch heute wird es noch gerne als die "grüne Hauptstadt" Turkmeniens bezeichnet [9]. Lange Jahre nach dem großen Erdbeben von 1948 blieben allerdings Behelfswohnbauten erhalten (sog. "vremjanki"), obwohl die staatliche Lenkung den Wohnungsbau zunächst ganz auf die Hauptstadt kon-

---

6. CURZON, 1889/1967, S. 97, vgl. Obzor ... za 1892, S. 116.
7. ALICHANOV-AVARSKIJ, 1904, S. 76. Die Befestigungsanlagen blieben kleiner als zunächst vorgesehen, weil die unmittelbare Bedrohung durch die Turkmenen aufgehört hatte (Globus 41, 1882, S. 142 und KREUTER, 1890, S. 27).
8. Turkmenistan, 1969, S. 175.
9. ALBRECHT, 1896, S. 28 f., TOEPFER, 1906, S. 652, ELLIS, 1963, S. 108 f., PAHLEN 1964, S. 129, BLOK, 1965b, S. 12, Turkmenistan, 1969, S. 173 ff.

zentrierte [10]. Im Gegensatz zu anderen mittelasiatischen Städten fehlt in Ašchabad ein physiognomisch im Grundriß feststellbares orientalisches Viertel, weil die Siedlung zunächst von Russen für Russen erbaut wurde; die turkmenische Bevölkerung mußte sich, soweit sie inzwischen Eingang in die Stadt gefunden hatte, der russischen Planung anpassen [11].

Militär und Eisenbahn sicherten der Stadt eine rasche Zunahme der Bevölkerung (vgl. Tab. 4). Um 1885 hatte Aschabad 8000 Einwohner, wovon die Hälfte vom Militär gestellt wurde, 1897 wohnten schon knapp 20 000 Menschen in der Stadt, deren jährliches Budget auf 120 000 Rubel gewachsen war [12]. Das städtische Wachstum wurde

Tabelle 4 Bevölkerungsentwicklung von Ašchabad [a]

Jahr	Einwohner	Jahr	Einwohner
1885	8 000	1939	126 635
1892	13 000	1959	169 935
1897	20 000	1966	230 000
1908	40 000	1968	244 000
1911	45 000	1970	253 000
1926	51 600		

a. Quellen: BABAEV i FREJKIN, 1857, S. 24 et psm., Nar. choz. SSSR v 1968, S. 23, Nar. choz. SSSR v 1969, S. 23, Turkmenistan, 1969, S. 253.

durch den Bau der Orenburg - Taškenter Bahn und die Verlagerung des wirtschaftlichen Schwergewichtes nach Osten zunächst nicht beeinträchtigt. Bis 1911 war die Einwohnerzahl auf 45 000 angestiegen, darunter 9000 Russen [13]. Nach der Stagnation in Krieg, Revolution und Bürger-

10. Askhabad, 1953, S. 50, BABAEV i FREJKIN, 1957, S. 49, Domestic housing, 1961, S. 361 und 363.
11. PAHLEN, 1969, S. 195, Turkmenistan, 1969, S. 174.
12. BOULANGIER, 1888, S. 136, HEYFELDER, 1889, S. 18, BOUTROUE, 1897, S. 426, BOEHM, 1899, S. 247, GEJER, 1901, S. 95, FREJKIN, 1955, S. 13, Obzor ... za 1892, S. 13 ff.; Taškent hatte vergleichsweise 1897 erst 13 000 Einwohner (BARTOL'D, 1927, S. 168).
13. BARTOL'D, 1927, S. 169, vgl. PIERCE, 1960, S. 105.

krieg begann erst am Ende der zwanziger Jahre ein neues Wachstum, das bis heute fast kontinuierlich angehalten hat. Bei der Zählung vom 15. 1. 1970 hatte die Stadt 253 000 Einwohner[14].

Betrachtet man die heutige innere Differenzierung Aschabads (Abb. 17), so lassen sich mühelos mehrere Zentren unterscheiden. Um den zentralen Karl-Marx-Platz entstand ein Handels- und Geschäftsviertel, nach Osten und Norden schließen sich die wichtigsten Verwaltungsstellen an. Darauf folgt nach Norden im Bereich der Gogol'-Straße eine Konzentration der kulturellen Funktionen. Ein zweites städtisches Zentrum wurde beim Wiederaufbau in den fünfziger Jahren am Bahnhof geschaffen. Die Verbindung zwischen den beiden Zentren stellen die Hauptstraßen der Innenstadt dar, vor allem der Lenin-Prospekt - er hieß bis 1917 nach dem Erbauer der Eisenbahn Annenkov-Prospekt! - und die Gogol'-Straße in nord-südlicher Richtung sowie der west-östlich verlaufende Svoboda- (Freiheits-) Prospekt, die Engelsstraße und die Straße des Ersten Mai[15].

Die Industrieansiedlung erfolgte seit 1948 nach den Prinzipien der Spezialisierung und der Zusammenarbeit zwischen den einzelnen Betrieben. Die wichtigsten Industriegebiete der Stadt liegen nahe der Eisenbahn im Nordwesten, Osten und Südosten (Glasfabrik, Eisenbahnreparaturwerkstätten, Eisfabrik, Metallfabrik); sie sind z. T. durch Anschlußgleise mit der Transkaspischen Bahn verbunden[16]. Eine Ausweitung der Stadt nach Norden ist im Zusammenhang mit der Anlage des Karakum-Kanals zu erwarten. Neben der Industrie wird am Kurtlinsker See, einem großen Reservoir im System der Kanalanlagen, ein wichtiges Erholungsgebiet für die Stadtbevölkerung entstehen[17].

---

14. Nar. choz. SSSR, 1969, S. 23.
15. BABAEV i FREJKIN, 1957, psm., BATYROV, 1969, S. 13 ff.
16. Askhabad, 1953, S. 50 f., FREJKIN, 1955, Istorija Turkmenskoj SSR, 1957, Bd. II, S. 612, BABAEV i FREJKIN, 1957, S. 43 ff. und 49 ff., Cities of Central Asia, 1961, S. 15.
17. CAR 9, 1961, S. 387, GELLERT und ENGELMANN, 1967, S. 193, Turkmenistan, 1969, S. 183.

Die Wohnviertel werden heute nach dem Prinzip der Nachbarschaftseinheiten in "Mikrorajons" angelegt; Ende der sechziger Jahre gab es in Aščhabad fünfzehn solche Mikrorajons, die durch breite Straßen voneinander getrennt sind und alle wesentlichen sozialen, kulturellen und wirtschaftlichen Einrichtungen hoher Bedarfshäufigkeit besitzen: Kino, Klub, Schulen, Kindertagesstätten, Ladengeschäfte zur Deckung des täglichen Bedarfs, Werkstätten usw. [18].

3.2.2.3 Die ländlichen Siedlungen

Als Folge der russischen Herrschaft in Turkmenien gewannen die ländlichen Siedlungen nicht nur bei den Ackerbauern, sondern auch bei den Viehzüchtern an Stabilität und Kontinuität. Früher waren die einzelnen Wohnstätten nach Zerstörungen vielfach verlagert worden [1]. Mit zunehmender Sicherheit im Land verloren die Festungsanlagen um die Ortschaft und in der Flur ihre bisherige Funktion. Sie verfielen mit der Zeit, bisweilen wurde ihr Material für Neubauten verwendet. Das turkmenische qalʿa hörte daher auf, bestimmendes Element im Siedlungsgefüge des Landes zu sein [2]. Das temporäre Wüstwerden zahlreicher ländlicher Siedlungen in den Anfangsjahren der russischen Machtausübung ist auch auf die Kämpfe zwischen Russen und Turkmenen zurückzuführen. Die Niederlage von Gök-tepe hatte die Teke außerordentlich geschwächt, dazu waren große Teile des Viehbestandes vernichtet worden, so daß das düstere Bild von Krankheit und Tod in den aul der Umgebung von Aschabad seine Berechtigung hat, wie es ALICHANOV-AVARSKIJ zeichnet [3].

Erst allmählich belebte sich die Kulturlandschaft wieder. Die Turk-

---

18. Turkmenistan, 1969, S. 180, BATYROV, 1969, S. 12 f.

1. JUNGE, 1915, S. 282.
2. RADDE, 1898, S. 57, ROZENFEL'D, 1951, psm., vgl. analog für den Iran PLANHOL, 1958, S. 257.
3. ALICHANOV-AVARSKIJ, 1904, S. 76 f.

Zu Abb. 18 Typische Hofgrundrisse in Mittel- und Ostturkmenien

a) 1 Wohnhaus
2 Lager a. für Stroh und Häcksel
b. für Feldbauprodukte
3 Rinderstall
4 Schafhürde
5 Sammelplatz für getrockneten Mist
6 Sammelplatz für Heu
7 Sammelplatz für Reisig
8 Sammelplatz für Klee
9 Sammelplatz für Kamelgras

b) 1 überdachter Vorplatz (ajwan)
2 Raum für Vieh und Stroh
3 Raum für den Mühlstein
4 Lagerraum
5 Veranda (ajwan)
6 Wohnraum
7 Backofen (tandyr)
8 Herdplatz
9 Klosett

c) 1 Hofzugang
2 Schutzdach
3 Durchgang zwischen den Hofgebäuden
4 Winterwohnhaus
5 Lager für Heizmaterial und wirtschaftliches Inventar
6 Aussaatfeld für Zwiebeln und Karotten
7 Aussaatfeld für Džugara
8 Sommerwohnung (Jurte)
9 Herdstelle
10 Viehhürde
11 Brunnen
12 Winterwohnhaus mit ajwan und Strohlager
13 Bäume
14 Rebpergola
15 Bewässerungskanal

d) 1 Schutzdach für Pferde
2 Wirtschaftslager
3 Wirtschaftslager
4 Speicher
5 Wohnhaus der Ackerbauern
6 Wohnhaus für Gäste
7 Wohnhaus für Hirten
8 Ölschlägerei
9 überdachter Eingang
10 Kuhstall

Abb. 18

Typische Hofgrundrisse in Mittel- und Ostturkmenien

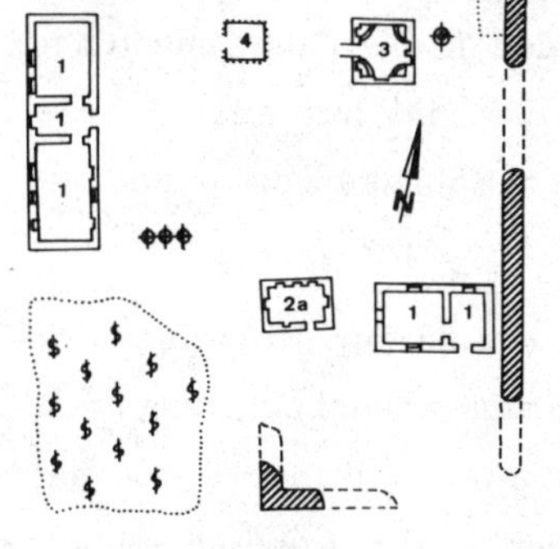

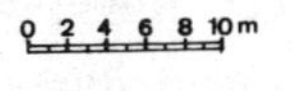

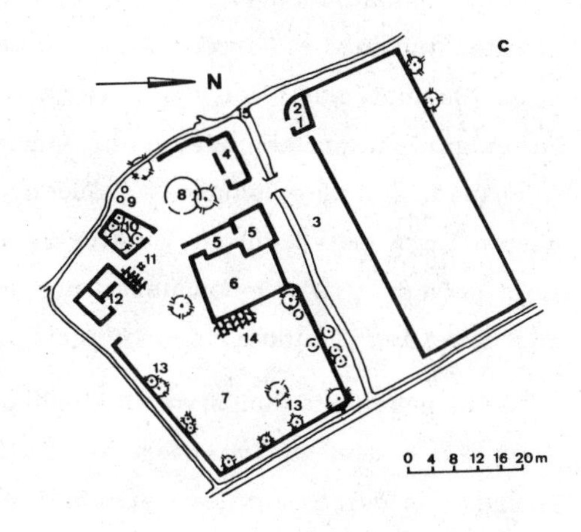

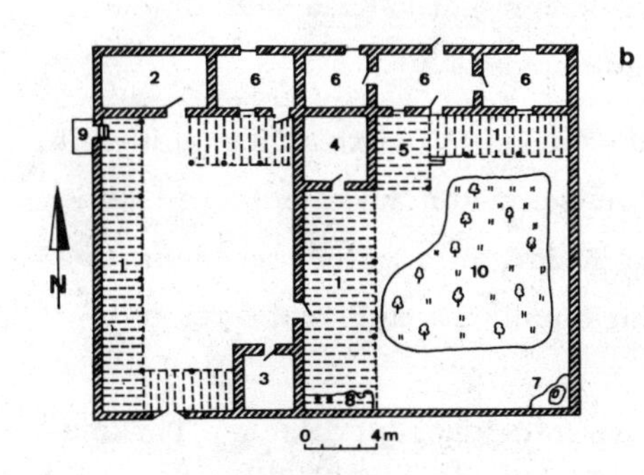

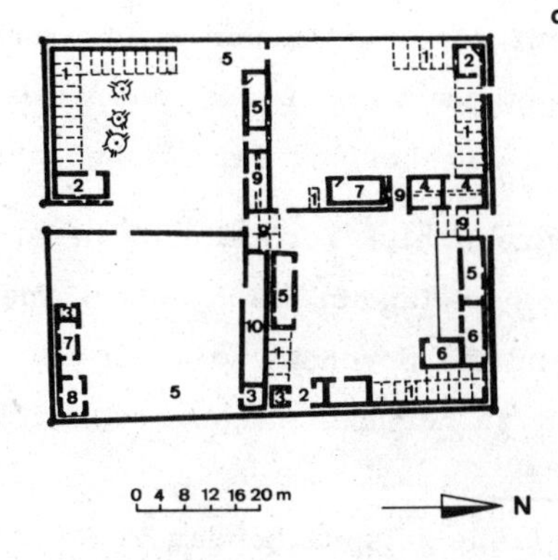

menen siedelten sich vielfach neben den russischen Siedlungen von neuem an, die ihrerseits an alte turkmenische Siedlungsplätze anknüpften, so daß sich insgesamt doch eine weitgehende Kontinuität des Siedlungsraumes ergibt.

Die Hausformen (vgl. Abb.18) blieben lange unverändert. Erst allmählich wurde die Kibitke durch feste Lehm- und Steinbauten verdrängt [4]. Beim Baumaterial blieb die ursprüngliche Differenzierung zunächst erhalten mit Stampflehmbauten im Norden und Osten sowie im Umkreis von Aščhabad, Rohziegelbauten im Süden und in der Merw-Oase sowie Steinbauten im Kopet-dagh; in Westturkmenien wurde viel mit eingeführtem Holz gebaut [5]. Die Innenausstattung der neuen Behausungen wurde meist aus den alten Kibitken übernommen [6].

Ein neuer Siedlungstyp entstand mit den russischen Kolonistendörfern. Sie waren aus vorwiegend klimatischen und bodenrechtlichen Gründen in den Bergtälern angelegt worden, verfügten aber schon bald über feste Wege zu den nächsten Bahnstationen [7]. Im Kopet-dagh wurden seit dem Beginn der russischen Herrschaft Grenzsiedlungen besonders gefördert wie bspw. die Weiler zwischen Tutly-Kala und Dajne, die von Angehörigen der Nuchur bewohnt wurden [8].

Eine zweite Veränderung brachte die Kollektivierung mit sich. Hierbei entstanden die Kolchoze meist in den alten turkmenischen aul, während die Sovchoze vielfach als Neugründungen angelegt wurden. Dabei ist zu berücksichtigen, daß viele turkmenische aul erst spät poli-

---

4. Vgl. die entsprechenden Veränderungen in der nordpersischen Turkmenensteppe, die von EHLERS, 1970, S. 41 aufgeführt werden.
5. Narody Srednej Azii, 1963, Bd. II, S. 72.
6. Aziatskaja Rossija, 1914, Bd. I, S. 175; RADDE, 1898, S. 51 beschreibt noch die weit verbreiteten Kibitken, und selbst 1908 wohnten die Bauern des zarischen Krongutes von Bajram-Ali überwiegend in Zelten (BARC, 1910, S. 15).
7. Ausführliche Darstellungen zu den einzelnen Kolonistendörfern in den Jahresbänden des Obzor ... za 1891, S. 384 ff., Obzor ... za 1892, S. 199 ff. u.ö.
8. VASIL'EVA, 1954, S. 90.

tisch erfaßt wurden; noch 1926/27 war ein Propagandafeldzug durch Nordturkmenien nötig [9]. Wirksamer war die Einflußnahme über die Agrartechnik, die eine Organisation von Agronompunkten (agronomičeskie punkty) mit der Bereitsstellung von Geräten, Saatgut und Krediten vorsah [10]. Die daran anknüpfenden MTS wurden zuerst noch in Städten angelegt, bspw. in der Merw-Oase in Mary, Bajram-Ali und Iolotań (1931); erst die zweite Generation der MTS entstand in ländlichen Siedlungen (1935 mit der Vekil-Bazarskaja und der Sakar-Čaginskaja MTS) [11]. 1958 wurden die MTS wie überall in der UdSSR aufgelöst, in Reparaturwerkstätten (RTS) umfunktioniert [12], während ihr Maschinenbestand den Kolchozen übereignet wurde; bspw. erhielten die 303 turkmenischen Kolchoze damals zusammen 5885 Taktoren [13].

Neuentstehende Kolchozsiedlungen beruhen heute in der Regel auf einem geometrischen Planungsentwurf (vgl. Abb. 19). Die Hausformen sind vereinheitlicht, die Ausstattung gleicht sich städtischem Standard an: Mobiliar, Elektrifizierung, Radiogerät usw. fehlen nur selten [14].

In der Gestaltung der Flurformen brachte die Kollektivierung Veränderungen durch die Schaffung großer Betriebsflächen mit sich, aber immer noch müssen die Belange der Bewässerung das Flurbild bestimmen. So ist man seit etwa zwanzig Jahren wieder von anfänglich dominierenden Großblöcken (15 - 20 ha) zugunsten kleinerer Betriebsparzellen (4 - 5 ha) abgekommen, deren Bewirtschaftung rentabler ist [15].

---

9. DŽUMAMURADOV, 1966, S. 30 ff.
10. DŽUMAMURADOV, 1966, S. 34.
11. ABAEV, 1956, S. 32.
12. SCHILLER, 1960, S. 64, MARKERT, Hg., 1965, S. 362 ff., HAHN, 1970, S. 44.
13. ASLANOV i TOLSTOV, 1958, S. 43 ff., Očerki po ėkonomike ..., 1962, S. 95.
14. VINNIKOV, 1954, S. 43, Narody Srednej Azii, 1963, Bd. II, S. 79 und 638, VASIL'EVA, 1969, S. 188 ff. Daß die bessere Ausstattung z. T. auf die ländliche Intelligenz (Agronomen, Zootechniker usw.) beschränkt ist (Narody Srednej Azii, 1963, Bd. II, S. 656), deutet auf auf die Herausbildung einer privilegierten Schicht auf dem Land hin.
15. ASKOCHENSKY, 1962, S. 403, vgl. GIESE, 1968, S. 52 und ŠICHANOVIČ i DEREVJANKIN, 1969, S. 9 ff.

Zu Abb. 19 Siedlung des Kolchoz Zarpči (Oase Merw)

a Rebanlage
b Obstgarten
c Maulbeerbaumhain
d Saatfeld
e angepflanzte Hecke
f Hof
g Jurte ("öj")
h Schilfflechtwerk-Lehm-Haus ("tam kepbe")
i Ein- bis Zweiraumhaus
j Vielraumhaus städtischen Typs
k Wirtschaftsgebäude
l Bewässerungsnetz
m Telephonleitung
n Elektroleitung

1 Kolchoz-Leitung
2 Kinderkrippe
3 Schule
4 Lehrerhaus
5 Geflügelfarm
6 Großviehhof
7 Pferdestall
8 Wirtschaftshof
9 Schutzdach für Kamele und Esel
10 Getreidespeicher
11 Brennstofflager
12 Düngemittellager
13 Vorratslager
14 Wohngebäude für Mietpersonal
15 Garage
16 Traktorhof
17 Unterkunft für Reisende, Restaurant, Ladengeschäft
18 Mühle
19 Bad
20 Tischlerei
21 Gerätelager
22 Lenindenkmal
23 Platz
24 Maulbeerbaumhain
25 Garten und Rebanlage (18 ha)
26 Schulplatz
27 Kolchoz-Platz

Quelle: VINNIKOV, 1954
(ohne Maßstabsangabe)

Abb. 19

Siedlung des Kolchoz Zarpči (Oase Merw)

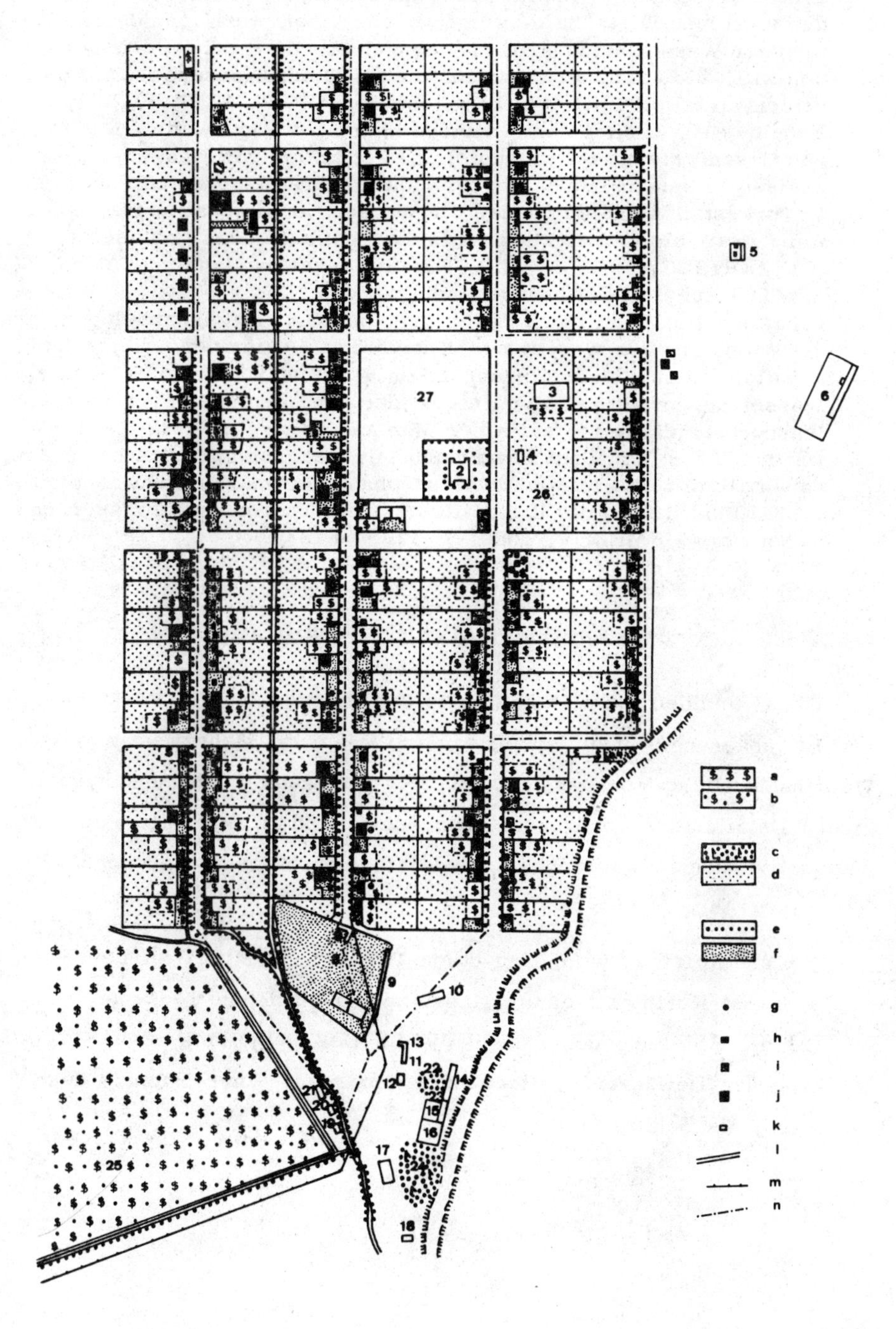

3.2.3 Die Wasserbauanlagen

Eine eingehende Betrachtung der Wasserbauanlagen muß der Analyse der einzelnen Wirtschaftszweige vorausgehen, wenn man der Bedeutung der Wassernutzung im Trockengebiet Turkmenien gerecht werden will. Ein einfacher Index für die Rolle des Wassers ist auf der rentenkapitalistischen Wirtschaftsstufe (BOBEK, 1959, S. 281), die Ende des 19. Jhs. in den Soziotopen geringer Reichweite wie einzelnen Oasendörfern vorherrschte, im Verhältnis von Wasser- zu Landpreisen zu sehen, denen Wasser- und Landrenten etwa entsprechen. In Turkestan lagen die Preise für Wasser für ein bestimmtes Stück Land zwei- bis viermal höher als die Preise für das Land selbst (CINZERLING, 1927, S. 170). Für Bewässerungsland mußten ca. 500 bis 2000 Rubel je Des. aufgebracht werden. Das sowjetische Wirtschaftssystem kann zwar diesen Index nicht mehr zugrundelegen, aber die Bedeutung des Wassers geht bereits zu Beginn der neuen Herrschaftsform aus der bedingungslosen Verstaatlichung von Land und Wasser hervor; in neuerer Zeit ist der hohe finanzielle Aufwand für Wasserbauanlagen ein wichtiger Maßstab. Zwischen 1917 und 1967 wurden 785,5 Mio R im Bewässerungswesen Turkmeniens investiert, davon allein 579,1 Mio R für Wasserbauanlagen. Der Fünfjahrplan 1966-70 sah 199,1 Mio R staatlicher Investitionen im Bewässerungswesen vor (MAMEDOV, 1969, S. 120 und 133).

3.2.3.1 Der Kanalbau - Projekte und Realisierung

Die Grundidee beim Kanalbau in Turkmenien ist die Verknüpfung von Bewässerungs- und Verkehrsanlage in einem Mehrzweckprojekt. Wissenschaftliche Voraussetzung dazu waren geologische und hydrologische Detailuntersuchungen am Amu-darja und in der Kara-kum. Zwei Alternativlösungen wurden seit hundert Jahren abwechselnd propagiert (vgl. dazu Abb. 20) [1]:

(1) die Ableitung von Amu-darja-Wasser am Mittellauf des Flusses etwa bei Kerki mit einem Kanal zu Murghab und Tedžen,

(2) die Ableitung des Amu-darja im Deltagebiet mit einer Ausweitung der Bewässerungsfläche Chorezms und einer Nutzung des Uzboj als Schiffahrtsweg.

---

1. Vgl. KOLARZ, 1956, S. 344.

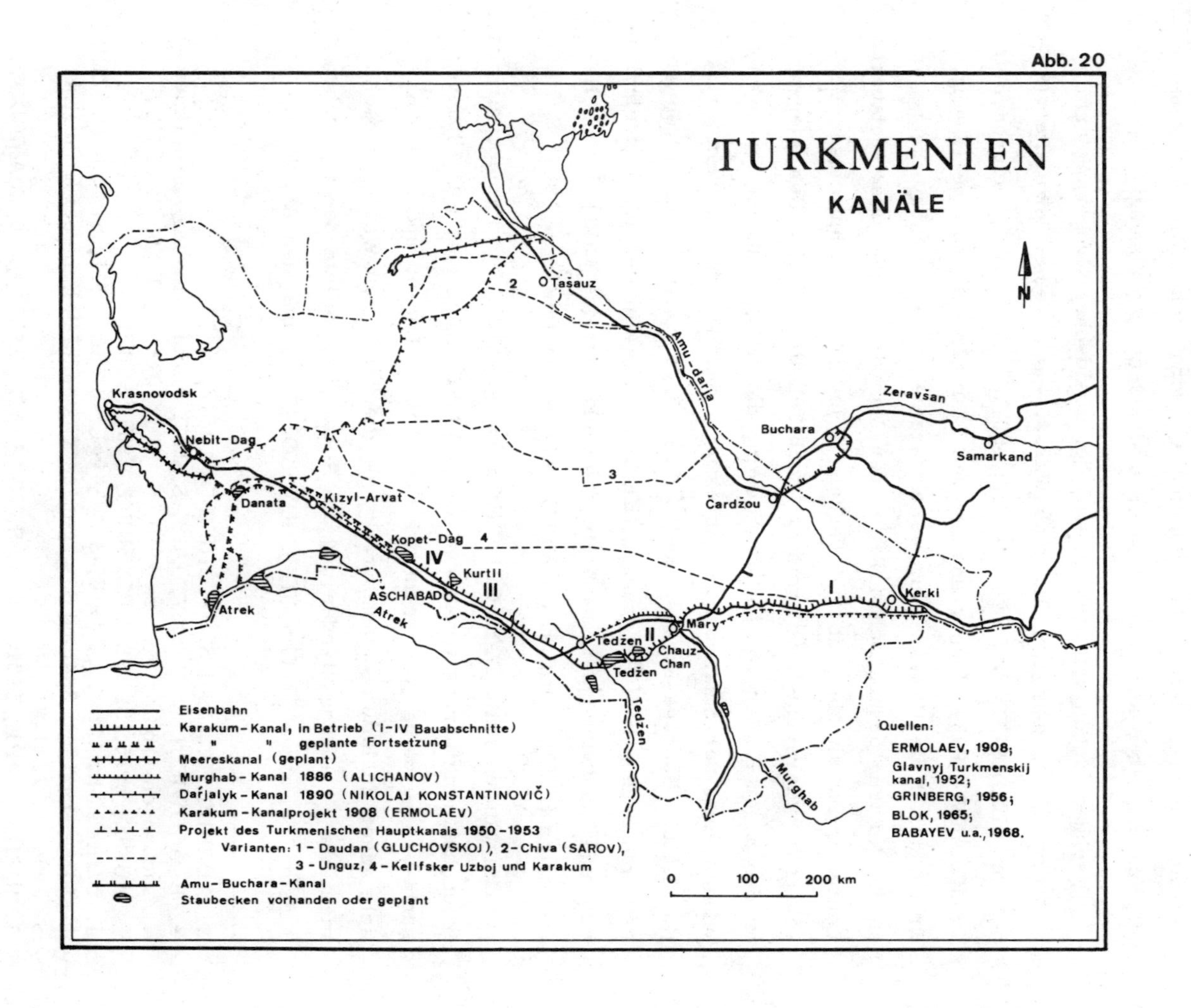
Abb. 20
TURKMENIEN
KANÄLE
N
Krasnovodsk
Nebit-Dag
Danata
Kizyl-Arvat
Kopet-Dag
Atrek
AŠCHABAD
Kurtli
IV
III
II
I
1
2
3
4
Tašauz
Amu-darja
Zeravšan
Buchara
Samarkand
Čardžou
Kerki
Mary
Tedžen
Chauz-Chan
Murghab
Eisenbahn
Karakum-Kanal, in Betrieb (I-IV Bauabschnitte)
" " geplante Fortsetzung
Meereskanal (geplant)
Murghab-Kanal 1886 (ALICHANOV)
Dar̆jalyk-Kanal 1890 (NIKOLAJ KONSTANTINOVIČ)
Karakum-Kanalprojekt 1908 (ERMOLAEV)
Projekt des Turkmenischen Hauptkanals 1950-1953
Varianten: 1 - Daudan (GLUCHOVSKOJ), 2 - Chiva (SAROV),
3 - Unguz, 4 - Kelifsker Uzboj und Karakum
Amu-Buchara-Kanal
Staubecken vorhanden oder geplant
0 100 200 km
Quellen:
ERMOLAEV, 1908;
Glavnyj Turkmenskij kanal, 1952;
GRINBERG, 1956;
BLOK, 1965;
BABAYEV u.a., 1968.

Die jeweilige Entscheidung für das eine oder das andere Projekt war von Faktoren der Rentabilität und wirtschaftlichen Entwicklungsmöglichkeit, aber auch von politischen Überlegungen abhängig.

Nachdem schon unmittelbar nach der russischen Eroberung erfolglos versucht worden war, Murghab-Wasser nach Westen abzuleiten (Kanal von ALICHANOV bis Džu-džu-klju, 60 W = 64 km) [2], unterbreitete ERMOLAEV (1908) einen grundlegenden Plan für die südliche Lösung. Er dachte an die Bewässerung weiter Areale in der Obručev-Steppe und an die Nutzung des östlichen Teiles der Merw-Oase und des fruchtbaren Landes zwischen Murghab und Tedžen [3]. Im Prinzip nahm dieser Vorschlag den Karakum-Kanal vorweg, doch scheiterte seine Realisierung an den hohen Kosten von 53 Mio Rubeln, die im grenznahen, entlegenen Wüstengebiet der Staat nicht zu investieren bereit war. Nur ein kleines Kanalstück (Bassaga-Kerki-Kanal, 1927) wurde später angelegt, obwohl sich außer negativen Äußerungen (KRIVOŠEJN, Minister für Landeinrichtung und Landwirtschaft, nach einer Inspektionsreise 1912) [4] auch Befürworter (z. Bsp. RIESENKAMPF) gefunden hatten [5].

Im Norden hatte A.M. GLUCHOVSKOJ seit 1873 ein Projekt verfolgt, in dessen Fortführung Großfürst NIKOLAJ KONSTANTINOVIČ 1890 versuchte, Amu-darja-Wasser in das Sary-kamyš-Becken und in das Kaspische Meer zu leiten - ohne Erfolg, da die benötigten Wassermengen nicht zur Verfügung standen und die Kosten bei weitem den möglichen Nutzen überwogen [6]. Den GLUCHOVSKOJ-Plan, der den Aspekt des

---

2. ALBRECHT, 1896, S. 14, RUSINOV, 1918, S. 11.
3. BLAGOWIESTSCHENSKY, 1913, S. 101; zu den hydrologischen Untersuchungen Obzor ... za 1910, S. 36 f., BARC, 1910, S. 118 f., BUSSE, 1915, S. 298, GRINBERG, 1956, S. 10.
4. Denkschrift ..., 1913, S. 26, vgl. BUSSE, 1915, S. 298, CINZERLING, 1927, S. 384 und 602, genaue Kostenaufstellung bei ERMOLAEV, 1908, S. 73 ff.
5. RIZENKAMPF, 1921, Bd. I, S. 80, ASMIS, 1923, S. 15, MAMEDOV, 1969, S. 122 und 136; vgl. auch CINZERLING, 1927, S. 33 und 337 ff., GRINBERG, 1956, S. 11, K. ATAEV, 1967, S. 19.
6. ROHRBACH, 1897, Bd. 89, S. 279, BRANDENBURGER, 1905, S. 26, CINZERLING, 1927, S. 386 ff., 523 ff. und 724; GRODEKOV, 1883, Bd. III, S. 92, SOLOV'EV i SENNIKOV, 1946, S. 84 f.

durchgehenden Verkehrsweges in den Vordergrund gerückt hatte, ließ man fallen, nachdem sich die Transkaspische Eisenbahn dem potentiellen Wasserweg überlegen erwiesen hatte [7]. In den zwanziger Jahren wurde CINZERLING zum Befürworter der nördlichen Alternative [8]. Er bereitete damit das Projekt eines Turkmenischen Hauptkanals vor, der im Rahmen der von STALIN propagierten "Umgestaltung der Natur" seit 1950 trassiert wurde. Im Zusammenhang mit anderen hydrotechnischen Anlagen des DAVYDOV-Planes von 1949 sollte der Kanal dazu beitragen, Wasser aus sibirischen Strömen zur Hebung des Wasserspiegels im Kaspischen Meer zu nutzen [9]. Von den verschiedenen Varianten wurde nur ein kleines Anfangsstück verwirklicht, obwohl 1950 der Baubeginn verordnet worden war. Nach STALINs Tod verstummte 1953 die Diskussion über den Turkmenischen Hauptkanal fast schlagartig [10].

Die relative Unrentabilität der nördlichen Lösung - die Čardžou - Chorezm-Eisenbahn war noch nicht voll in Betrieb - ließ das Pendel wieder zugunsten der südlichen Variante ausschlagen. Hier fiel eine endgültige Entscheidung zugunsten des Karakum-Kanals, der 1947 zwar bereits genehmigt, dann aber wegen des Hauptkanals zurückgestellt worden war [11]. Der Karakum-Kanal folgt bei Bassaga (Bossagi) zunächst dem alten Verbindungskanal zwischen Amu-darja und Kelifsker Uzboj und führt in nordwestlicher Richtung quer durch die Obručev-Steppe zum Nordostzipfel der Merw-Oase bei der Bahnstation Zachmet. In weitem Bogen durchzieht er den Nordteil des Murghab-Binnendeltas, ehe er sich nach Mary wendet und dort die Hauptbahn-

---

7. CURZON, 1889/1967, S. 404.
8. CINZERLING, 1927, S. 595 und 721 ff. (Eisenbahnproblem).
9. HIKMAT, 1951, S. 38, LANGBEIN, 1952, S. 72 ff., FLECK, 1952, S. 33, SCHLENGER, 1963, S. 28 ff., WENDROW und GELLER, 1966, S. 145 ff.; ausführlich Glavnyj Turkmenskij kanal, 1952, psm.
10. Glavnyj Turkmenskij kanal, 1952, S. 206 f., GRINBERG, 1956, S. 9., GRINBERG, 1958b, S. 45, The Enigma of the Main Turkmen Canal, 1954, S. 279 ff.
11. COATES, 1951, S. 209, KOLARZ, 1953, S. 291, GRINBERG, 1956, S. 14 und 1970, S. 56, FREJKIN, 1956, S. 8.

linie und ein wenig weiter südlich auch die Nebenbahn nach Kuška quert. Im Meždureč'e biegt der Kanal noch weiter nach Süden aus, dann folgt er ab der Station Takyr mehr oder weniger der Eisenbahnlinie bis etwa Geok-tepe [12].

Die Kanalstrecke wurde in drei Abschnitten bis Aschabad gebaut (Bassaga - Mary, Mary - Tedžen (zusammen 540 km) und Tedžen - Aschabad (360 km)); der erste Abschnitt war 1959 fertiggestellt, der zweite am 18. 11. 1960, der dritte im Mai 1962 [13]. Seither hat sich das Bautempo verlangsamt. Von der geplanten Verlängerung zum Kaspischen Meer ist erst ein relativ kleiner Teil des vierten Abschnittes (Aschabad - Bacharden) fertiggestellt, und auch der Nebenkanal, der zwischen dem kleinen Balchan und dem Küren-dagh nach Süden zum Atrek führen soll, sowie der Stichkanal in das Industriegebiet um Nebit-Dag sind noch nicht in Angriff genommen [14]. Zunächst mußte man darangehen, den offensichtlich etwas zu schnell ausgehobenen Kanal für die gewünschten wirtschaftlichen Zwecke überhaupt erst nutzbar zu machen [15]. An mehreren Stellen wurden große Staubecken für den

---

12. Verlauf und Trassenbeschreibung bei GRINBERG, 1956, S. 14 ff. u. 1958 a, S. 42 ff., vgl. SHEEHY, 1967 b, S. 344 ff. Die Abflüsse von Murghab und Tedžen sollen im Verbund mit dem zugeführten Amudarja-Wasser die Bewässerung der Oasen gewährleisten. Zur Regulierung wurden Rückhaltebecken und Verbindungskanäle angelegt, wobei sich mehrfach die Drainage in den Oasenbereichen als unzureichend erwies (OVEZMURADOV, 1962, S. 52 f., CAR 12, 1964, S. 127, ANNAKULIEV i KYRPAKOV, 1966, S. 7 ff. zum "mašinnyj kanal" zwischen Murghab und Karakum-Kanal im O der Merw-Oase).
13. GRINBERG, 1960, S. 64 ff., SovG 1, 1960, H. 4, S. 86 und 2, 1961, H. 1, S. 79 sowie 3, 1962, H. 9, S. 57; CAR 9, 1961, S. 191 und 10, 1962, S. 268, Irrigation, 1963, S. 146 ff., K. ATAEV, 1967, S. 20 f., CONOLLY, 1967, S. 215 f., CARRIERE, 1968, S. 131 ff., MAMEDOV, 1969, S. 138 ff.
14. Zur Planung vgl. BLOK 1965 a, S. 173 f. und 1965 b, S. 13, GvŠk 1969, H. 2, S. 73. Die Baugenehmigung für den 341 km langen Abschnitt bis Nebit-Dag wurde im Sept. 1969 erteilt, doch war der Baubeginn erst für Mitte 1971 vorgesehen (MIZAN 11, 1969, S. 287).
15. Die Arbeiten am II. Abschnitt (139 km) dauerten ein halbes Jahr, die Vollendung des etwa doppelt so langen III. Teiles nur 8 Monate (PM 10,5 1961, S. 78, SovG 3, 1962, H. 9, S. 57).

Wasserausgleich geschaffen, darunter das Reservoir von Chauz-Chan (Fassungsvermögen 440 Mio m^3, Erweiterung auf 875 Mio m^3 geplant), das Becken von Ašchabad-Kurtli und der "Kopet-dagh-See" zwischen Bacharden und Geok-tepe [16]. Sie sollen wie die 1971 fertiggestellte erste Wasserbauzentrale (gidrouzel) von Časkak [17] dazu beitragen, eine dem Stand der Agrotechnik entsprechende Wasserversorgung in den neugewonnenen Bewässerungsgebieten zu gewährleisten. Allein 1961 wurden 27 000 ha Neuland in der Tedžen-Oase unter Kultur genommen, 1962 sollten 45 000 ha dazukommen. Im Murghab-Delta rechnete man mit 100 000 ha Neuland. Insgesamt waren bis 1962 165 000 ha, bis 1968 218 000 ha Neuland durch den Kanal erschlossen worden [18].

Davon profitierten in erster Linie die technischen Kulturen wie die Baumwolle und - in Fruchtfolge mit ihr - Luzerne, Getreide und Kunžut, aber auch Weinreben und Gemüse; außerdem verbesserte die Bewässerung die Futtergrundlage für die Zucht von Fettsteißschafen in der Obručev-Steppe. Dem Wasserbedarf von Baumwolle und Luzerne kommt das glazi-nivale Abflußregime des Amu-darja entgegen [19]. Als Gegenmaßnahme gegen die drohenden Sandverwehungen wurden die Kanalseitenstreifen bepflanzt [20]; um den Kanal selbst von der zu üppig wuchernden Vegetation freizuhalten, setzte man Fische aus chinesischen und fernöstlichen Flüssen aus, die unter dem Schlagwort "Fisch aus der Wüste" eine weitere Produktionsquelle abgeben [21].

---

16. SovG 1, 1960, H. 6, S. 74, PM 104, 1960, S. 247 und 111, 1967, S. 217, GvŠk 1966, H. 5, S. 79, 1967, H. 3, S. 78, 1968, H. 6, S. 73, 1969, H. 2, S. 73, Irrigation in Central Asia, 1960, S. 140, CARRIERE, 1968, S. 134. Insgesamt faßten die Wasserrückhaltebekken Turkmeniens 1968: 1146 Mio m^3 (MAMEDOV, 1969, S. 121).
17. T.I. vom 14.5.1971, S. 2 und vom 8.7.1971, S. 1.
18. SovG 1960, H. 6, S. 74, MAMEDOV, 1969, S. 137, vgl. PAVLENKO, 1962, S. 305, CAR 10, 1962, S. 268, GRINBERG, 1958a, S. 47 und 1960, S. 67, OVEZMURADOV, 1962, S. 49 ff. Im Bereich des I. Abschnittes wurden 1960 33 000 ha mit Baumwolle bestellt, 1961 bereits 64 000 ha (ABAEV, 1963, S. 57 und 66).
19. CINZERLING, 1927, S. 179, SIMONOV, 1929, S. 180 f.
20. OVEZLIEV i NURMUCHAMEDOV, 1967, S. 25 ff.
21. GRINBERG, 1956, S. 18 f., Irrigation in Central Asia II, 1960,

Der Kanal wurde mit sofortiger Flutung angelegt. Er konnte daher nur jeweils an einer Stelle vorangetrieben werden. Aber diese Methode mußte wegen der Verkehrsferne einer "trockenen" Ausbaggerung des Kanalbettes vorgezogen werden, die infrastrukturelle Vorleistungen für den Materialtransport verlangt hätte [22].

Inzwischen mußte die Wasserzufuhr in den Kanal über Erwarten gesteigert werden (bei Kizyl-Ajak auf 259 m^3/sec), damit zusätzlich lohnender Schiffsverkehr wenigstens zwischen dem Amu-darja und Chauz-Chan aufgenommen werden konnte. Zu diesem Zweck wurde ein Wehr am Amu-darja angelegt [23]. Geplant ist eine Erhöhung des Wasserabflusses aus dem Amu-darja nach Ašchabad von 6 auf 58 m^3/sec bei Ašchabad, doch sind auch warnende Stimmen laut geworden, die einen zu starken Rückgang der Wasserführung im Unterlauf und gar eine Verödung der Bewässerungsgebiete im Delta befürchten [24]. Hier wurden neue Optimierungsrechnungen für den Wasserabfluß zum Aral-See und in die abzweigenden Kanäle nötig, die auch dazu beigetragen haben dürften, den Bau des westlichen Kanalabschnittes zu verzögern (seit 1967 wird im Kopet-dagh-Vorland bei Geok-tepe am Kanal gebaut [25]). Auch gefährdete die Nutzung des Kanalwassers einige Siedlungen in der Oase Merw, als nach heftigen Niederschlägen das Grundwasser unmäßig anstieg; Stauwehre und Seitenkanäle zu den Bewässerungskanälen des Murghab sollen Abhilfe schaffen [26].

S. 139, BLOK, 1965b, S. 12.

22. The Kara-kum Canal project, 1954, S. 258.
23. NIKOL'SKIJ, 1960, S. 212, PM 110, 1966, S. 43, Atlas razvitija ..., 1967, Bl. 78, SHEEHY, 1967b, S. 347, Atlas SSSR, 1969, Bl. 102, GRINBERG, 1970, S. 57 ff.
24. K. ATAEV, 1967, S. 21, SHEEHY, 1967b, S. 352 f., vgl. SovG 10, 1969, S. 145 f., CHERNENKO, 1968, S. 489 ff., Frankfurter Allgemeine Zeitung vom 17.9.1968, S. 8.
25. GvŠk 1967, H. 1, S. 79 f. u. 81. In den letzten Meldungen schoben sich vage Zukunftsvisionen gegenüber den Fakten des Baufortschrittes in den Vordergrund (GvŠk 1970, H. 1, S. 74) - wohl ein Zeichen für die Schwierigkeiten bei Bau und Wasserversorgung.
26. DŽUMAEV, 1969, S. 36 f.

Fertiggestellt wurde 1967 der kürzere Amu-darja - Buchara -Kanal (nach dem 23. Parteikongreß der KPdSU benannt), der östlich von Čardžou abzweigt und in die Zeravšan-Oase führt. Auch er verwirklicht alte Pläne zur Hebung der Bewässerungskultur in Mittelasien [27]. In einem zweiten Bauabschnitt soll an diesem Kanal die Wasserentnahme aus dem Amu-darja auf 270 m^3/sec gesteigert werden; damit will man 73 000 ha Ackerland in Uzbekistan bewässern, um vor allem die Baumwollproduktion zu steigern [28]. Außerdem ist die Anlage eines Kanals geplant, der bis 1978 die Karši-Steppe bewässern soll. Man hofft, mit diesem Kanal zunächst 200 000 ha (davon 60 % für Baumwolle) im näheren Bereich der Kagan - Dušanbe - Eisenbahn erschließen zu können [29].

Der Kanalbau in Turkmenien wird sicher nicht ohne Rückwirkung auf den Eisenbahnbetrieb bleiben. Es ist zu erwarten, daß die Bereitstellung einer leistungsfähigen Schiffahrtsstraße, die später vielleicht mit dem gesamtrussischen Binnenschiffahrtsnetz verbunden werden kann, eine Aufteilung des Güterverkehrs zur Folge haben wird. Der Bahn wird dabei noch mehr als bisher der Transport rasch verderblicher und hochwertiger Güter zufallen, während die Kanäle einen Teil des Massengütertransportes - zu denken wäre bspw. an den Abtransport von Rohbaumwolle - übernehmen könnten. Allerdings wird die Bedeutung der Bahn kaum durch den Kanal beeinträchtigt werden. Vielmehr bemüht man sich um eine sinnvolle Verknüpfung von Wasser- und Schienenweg wie bspw. am Kanalanfang (Bassaga/Mukry) oder in der Merw-Oase (Zachmet) [30]. Vorläufig ist die Wasserversorgung das Haupthindernis für eine wirkungsvolle Gestaltung des Schiffsverkehrs;

---

27. CINZERLING, 1927, S. 491, Irrigation in Central Asia, 1960, S. 143 f., Irrigation, 1963, S. 143 ff., CAR 14, 1966, S. 193.
28. Mizan 12 = CAR 18, 1970, S. 64, vgl. SovG 9, 1968, S. 538 f.
29. SHEEHY, 1967 b, S. 348.
30. GRINBERG, 1970, S. 56.

solange das Wasser Knappheitsfaktor bleibt, kann auf dem Kanal nur eine lokale Zulieferung zur Bahn abgewickelt werden, bspw. aus der Obručev-Steppe nach Zachmet. Eine gewisse zentrallineare Funktion für die Landeserschließung fällt dem Kanal bereits zu, wie städtische (Karamet-Nijaz, Nička) und ländliche Siedlungen zeigen [31].

Durchgreifendere Konsequenzen wird der Kanal für die Ausweitung des Ackerlandes haben; auf diesem Gebiet liegt schon heute die wirtschaftliche Bedeutung des Kanals [32]. Die Bewässerung großer, neu erschlossener Gebiete in Südost-Turkmenien und im bahnnahen Gebirgsvorland wird in einem nach den heutigen Kenntnissen an Bodenschätzen armen Gebiet ein landwirtschaftliches Gegengewicht zu den industriellen Zentren im Südwesten des Landes schaffen. Damit stellt der Karakum-Kanal bei aller vermittelnder Aufgabe als Transportweg doch vor allem ein differenzierendes Element in der Kulturlandschaft das.

3.2.3.2 Feldbewässerungsmethoden und -anlagen

Der Streckenführung der Bahn durch die Oasen boten die zahlreichen kleinen B e w ä s s e r u n g s k a n ä l e ein Hindernis, das mit vielen Kunstbauten überwunden werden mußte. Lag die Bahn auf einem Damm über dem Terrain, so genügte es, bei kleineren Kanälen mit Wellblechröhren einen Durchlaß zu schaffen, während größere Kanäle überbrückt werden mußten. Bei Niveaugleichheit wurden oft Kommunikationsbrunnen angelegt [1]. Die mit den örtlichen Verhältnissen zu wenig

---

31. RIZENKAMPF, fordert in seiner 1921, Bd. I, S. 97 aufgestellten Liste von Infrastrukturmerkmalen zusätzlich Eisenbahnen und Fahrwege, Elektrostationen, Aufforstungsarbeiten und Baumwollentkernungsfabriken.
32. Die offiziellen Planungsüberlegungen sind bei GRINBERG, 1956, S. 20 ff. zusammengestellt; vgl. FREJKIN, 1956, S. 8 und 11, GRINBERG, 1960, S. 69 f., ČARYEV i MELEŠKIN, 1962, S. 16 ff. zur potentiellen LNF, LAVROV, 1966, S. 32 f. und BERDYEV, 1969, S. 44 ff. (zit. nach dem Résumé in RŽ 1969, H. 12, S. 32) zur agrarlandschaftlichen Differenzierung, M. ČARYEV, 1969, S. 15 ff. zur Bodenbewertung.

vertrauten russischen Ingenieure unterschätzten die außerordentlich hohen Abflußschwankungen. Zahlreiche Durchlässe waren zu eng und wurden mit großen Dammstrecken nach Starkregen weggeschwemmt.

Der Aufstau der natürlichen Gewässer, besonders von Tedžen und Murghab, sollte den Abfluß regulieren helfen [2]. Mehrere Staudammanlagen wurden bspw. am Murghab begonnen, um eine ausreichende Wasserversorgung des 1887 im östlichen Randbereich der Merw-Oase bei Bajram-Ali eingerichteten Krongutes zu gewährleisten [3]. Nachdem erste Versuche an der starken Sedimentführung des Flusses scheiterten und auch die ersten größeren Staudämme (Sultan-bent, 1887 - 1890 nach dem Plan von POKLEVSKIJ-KOZELL, Hindukusch-Damm, 1891 - 1895 nach einem Plan von ANDREEV) wegen unzureichender Berücksichtigung des Abflußregimes am Murghab die Erwartungen nicht erfüllten [4], wurde ab 1907 ein Doppelsystem gebaut. An der Stelle des historischen Sultan-bent (vgl. o. S. 24) entstand ein neuer Staudamm, dazu ein zweiter bei Iolotań (Iolotań-bent); der Hindukusch-bent wurde zum Elektrizitätswerk umgebaut [5]. Arbeitsfähig war dieses System erst, nachdem Streitigkeiten mit den einheimischen Bewohnern beigelegt worden waren [6], die seit den ersten Staudammbauten immer wie-

---

1. KNAPP, 1888, S. 806, BARC, 1900, S. 64 f.
2. AUHAGEN, 1905, S. 33.
3. Zu diesem Gut vgl. u.a. OLSUF'EV i PANAEV, 1899, S. 116 ff., DMITRIEV-MAMONOV, 1903, S. 260, AUHAGEN, 1905, S. 49, BARC, 1910, S. 13 und 169, Aziatskaja Rossija, 1914, Bd. II, S. 249, SOLOV'EV i SENNIKOV, 1946, S. 285 f. - Bei dem Gut handelte es sich nicht um einen staatlichen Musterbetrieb, eine Domäne, sondern es gehörte zum persönlichen Eigentum des Zaren ("Schatullgut").
4. ROHRBACH, 1897, S. 258 f., DMITRIEV-MAMONOV, 1903, S. 256, BARC, 1910, S. 37 und 48 ff., PAHLEN, 1964, S. 146 ff. und 1969, S. 222 ff.
5. BARC, 1910, S. 87 und 147 ff., SCHWEINITZ, 1910, S. 39, Obzor ... za 1910, S. 84 f., KARK, 1911, S. 261 ff. (bes. zur Hydrographie des Murghab), MAL'CEV, 1969, S. 87 f.
6. Die Ursache für Streitigkeiten lag in der Wasserversorgung des Gutes: Als sich die Staubecken am Murghab als mangelhaft erwiesen hatten, sollte Wasser aus der Merw-Oase abgezweigt werden, wogegen sich die Bevölkerung wehrte, die ihre eigene Lebensgrundlage bedroht sah.

der auftauchten; ein Abkommen, das bis zur Revolution von 1917 gültig blieb, wurde erst 1909 geschlossen [7].

Die dürftigen Ansätze für Verbesserungen in der Bewässerungstechnik reichten bei weitem nicht aus. Graf von der PAHLEN, der 1907/08 als zarischer Revisor das Land bereiste, forderte in seinem umfangreichen Erfahrungsbericht außer rechtlichen Maßnahmen vor allem technische wie die Verbreiterung der Hauptkanäle, eine bessere aryq-Reinigung, die Instandsetzung verfallener aryq und eine Verringerung der Wasserableitungen [8]. Nur im zarischen Krongut waren die Einrichtungen besser: Betondämme, Wellblechschleusen und ein Telephonnetz erleichterten den Aufsehern die Wasserverteilung. Allerdings ging ein Teil des Nutzeffekts verloren, wenn weiterhin die alte Bewässerungsmethode mit Überstau ohne Drainage erhalten blieb [9].

Bei der Neuausmessung von Bewässerungsland wurden besonders in den Kolonistendörfern die zur Verfügung stehenden Wassermengen grob überschätzt [10]. Einen beträchtlichen Teil des Wassers verbrauchten auch die aryq in den russischen Städten, etwa in Merv und Aschabad. Zwar wurden mikroklimatische Verbesserung der Lebensbedingungen erzielt, aber den Einheimischen wurde mit dem Wasser die wichtigste Wirtschaftsgrundlage des Ackerbaus entzogen [11].

In sowjetischer Zeit gewann die Berieselung als Bewässerungsmethode größere Bedeutung; sie wurde bspw. für den Baumwollanbau meist gewählt. Von den geraden Haupt- und Verteilerkanälen wird das

---

Das Fehlen einer eindeutigen Wassergesetzgebung, die den Bedürfnissen sowohl der Einheimischen wie auch der russischen Neusiedler gerecht werden konnte, wurde von dem russischen Landwirtschaftsminister KRIVOŠEJN als ein Kriterium für die schlechte Lage der turkmenischen Landwirtschaft angeführt (Denkschrift ..., 1913, S. 60).

7. Juristische Einzelheiten bei SCHWEINITZ, 1910, S. 41 f., BARC, 1910, S. 101 f.; zu den Bewässerungssystemen auch Statističeskij Ežegodnik (Turkrespubliki) 1917-1923, 1924, t. II, č. 1, S. 9 f.
8. Otčet po revizii ..., Bd. 7, 1910, S. 456.
9. PAHLEN, 1969, S. 146 f. und 224.
10. AUHAGEN, 1905, S. 44.
11. Vgl. Cities of Central Asia, 1961, S. 14.

Wasser durch gewundene Berieselungskanäle auf die 400 bis 1200 m breiten Großparzellen geleitet und dort in Berieselungsfurchen weiter verteilt. Das überschüssige Wasser wird in Abflußfurchen zum Verteilerkanal zurückgeführt, damit der Boden weder versalzt noch versumpft [12]. Dabei ist die Bedeutung der Drainage erst spät erkannt worden. In der Murghab-Oase wurde das Drainagesystem in den Jahren 1964 - 1967 von 3,8 auf 10,4 m/ha erweitert; dadurch erwuchsen zwar den Kolchozen höhere Ausgaben, aber die Erträge konnten erheblich gesteigert werden (beim angeführten Beispiel der Murghab-Oase zwischen 1964 und 1967 von 13,7 auf 20,6 dz/ha Rohbaumwolle) [13].

Positiv sind die Bemühungen zu bewerten, durch kerosingetriebene Pumpwerke (bspw. in der Tedžen-Oase) das bewässerte Areal zu erweitern. Dabei ist ein mittelbarer Einfluß der Bahn insofern vorhanden, als nur in ihrer Nachbarschaft solche Pumpstationen entstehen konnten, weil die Bahn den Brennstoff herantransportieren mußte, der seinerseits wieder für die Heizzwecke auf der Bahn überhaupt erst in größerem Umfang gewonnen wurde [14].

Im Kopet-dagh-Vorland und in den durch günstige Geländeklimate ausgezeichneten Gebirgstälern bemühte man sich mit Erfolg um die Grundwassernutzung. An Tedžen und Murghab entstanden in engem Zusammenhang mit dem Bau des Karakum-Kanals Wasserrückhaltebecken, durch die der Abfluß reguliert wird [15]. Kleinere Projekte für Kanalbauten und Reservoiranlagen sollen die großen Bewässerungskanäle ergänzen; vor allem entlang dem Amu-darja sind nach 1917 mehrere kurze aryq entstanden, die einen schmalen Uferstreifen bewässern [16].

---

12. KRÄMER, 1951, S. 28, ŠICHANOVIČ i DEREVJANKIN, 1969, S. 9.
13. PAVLOV, 1969, S. 33 ff.; zu den Drainage-Arbeiten (neuerdings vor allem unterirdische Drainage) vgl. MAMEDOV, 1969, S. 124 ff.
14. MASAL'SKIJ, 1908, S. 93, RUSINOV, 1918, S. 11.
15. GRINBERG, 1958b, S. 40.
16. Vgl. Irrigation in Central Asia, 1957, S. 275.

Keine Erfahrung brachten die Russen bei der Kjariz - Bewässerung mit; hier mußten sie sich auf Turkmenen und Perser verlassen [17]. Die Verbesserung des Zustandes der Qanate geht wohl am ehesten darauf zurück, daß am Ende des 19. Jahrhunderts die kriegerischen Einwirkungen aufhörten. Aber auch neue Kjarize wurden gegraben: Allein in der Atek-Oase entstanden bis 1900 elf Kjarize mit Längen zwischen 1,4 und 4,3 km und einer Wasserführung von 7 bis 17,5 l/sec. Insgesamt wurden hierbei 140 000 Rubel investiert, um eine Bewässerung von zusätzlichen 180 ha zu ermöglichen [18]. Da auch alte Qanate ausgebessert wurden, konnten die Russen bis 1898 39 Anlagen betriebsbereit machen [19]. 1935 arbeiteten am Nordabfall des Kopet-dagh 158 Kjarize ständig, 39 wenigstens zeitweise und 80 überhaupt nicht [20]. Mitte der fünfziger Jahre zählte man 162 funktionierende Qanate [21], 1966 im Bereich des Kopet-dagh-Vorlandes (rajony Bacharden, Geok-tepe und Ašchabad) noch 53 arbeitende Kjarize mit Längen bis zu 6,6 km (Kjariz Gün-Giden im Gebiet Ašchabad) und einer mittleren Wasserführung bis maximal 85 l/sec (Kjariz Socializm im Gebiet Ašchabad) [22].

Die Nutzung des Qanatwassers brachte Rechtsstreitigkeiten mit sich, zu deren Schlichtung 1893 ein provisorisches Kjariz-Gericht in Aschabad entstand [23]. Nach der Oktoberrevolution ging mit der Verstaatlichung von Grund und Boden auch das Eigentumsrecht an Wasser an den Staat über [24].

---

17. GRODEKOV, 1883, Bd. II, S. 93, MEJER, 1885, S. 105 f. Eine erste Bestandsaufnahme führte der Wasserbautechniker CIMBALENKO in den 90er Jahren durch (CIMBALENKO, 1896).
18. AUHAGEN, 1905, S. 18 f. und 68 (Übersicht 3 mit detaillierten Angaben). Zur Entfernung von der Bahn als Kostenfaktor für die Rentabilität der Investition vgl. BUSSE, 1915, S. 323.
19. Istorija Turkmenskoj SSR, 1957, Bd. I-2, S. 145.
20. THIEL, 1951, S. 19, vgl. CINZERLING, 1927, S. 165.
21. Ekonomika i organizacija ..., 1958, S. 35.
22. MIL'KIS, 1969, S. 28. MAMEDOV, 1969, S. 131 gibt die Gesamtzahl der Kjarize im Kopet-dagh-Vorland mit 104 an.
23. WILLIAMS, 1967, S. 46.
24. KRYCLOV, 1927, S. 920.

3.2.4 Die land- und forstwirtschaftliche Bodennutzung

3.2.4.1 Der Feldbau

3.2.4.1.1 Bewässerungsfeldbau

Die Hauptbereiche des Bewässerungsfeldbaus in Turkmenien (vgl. Abb. 21) sind die beiden Binnendeltaoasen von Tedžen und Murghab, das Kopet-dagh-Vorland und ein Flußoasenstreifen am mittleren Amu-darja. Dazu kommen der turkmenische Anteil am Amu-darja-Delta, der unmittelbar mit der Nutzfläche der Karakalpakischen ASSR zusammenhängt, die Flußoasen an Murghab, Tedžen und Atrek mit ihren Nebenflüssen sowie Neulandbereiche, die in der Obručev-Steppe durch den Karakum-Kanal erschlossen wurden [1].

MAMEDOV (1969, S. 122) faßt diese Oasen in vier Gruppen zusammen, für die er folgende Flächen ermittelte:

Tabelle 5 Flächenanspruch der Bewässerungskultur in der Turkmenischen SSR (Stand etwa 1968)

Oase	a	b	c	d	in 1000 ha
Mittlerer Amu-darja	180	150	117	65	
Unterer Amu-darja	420	201	126	69	
Murghab-Tedžen (Hohe Kara-kum)	760	424	207	118	
Kopet-dagh-Vorland (Niedere Kara-kum)	1480	120	59	5	
zusammen	2840	895	509	257	

a. pedologisch für eine Bewässerung geeignete Fläche;
b. 1968 von einem Bewässerungnetz (gegrabene Kanäle) erschlossene Fläche, unabhängig von vorhandener oder fehlender Nutzung;
c. 1968 tatsächlich bewässertes Land;
d. 1968 mit Baumwolle bestelltes Bewässerungsland (c).

Das heutige Bild entspricht nicht den Verhältnissen am Ende des 19. Jahrhunderts. Alle Oasengebiete haben seither eine Ausdehnung er-

1. Zur Benennung der Oasen nach den Bewässerungsverhältnissen vgl. KRAHMER, 1905, S. 95 ff.

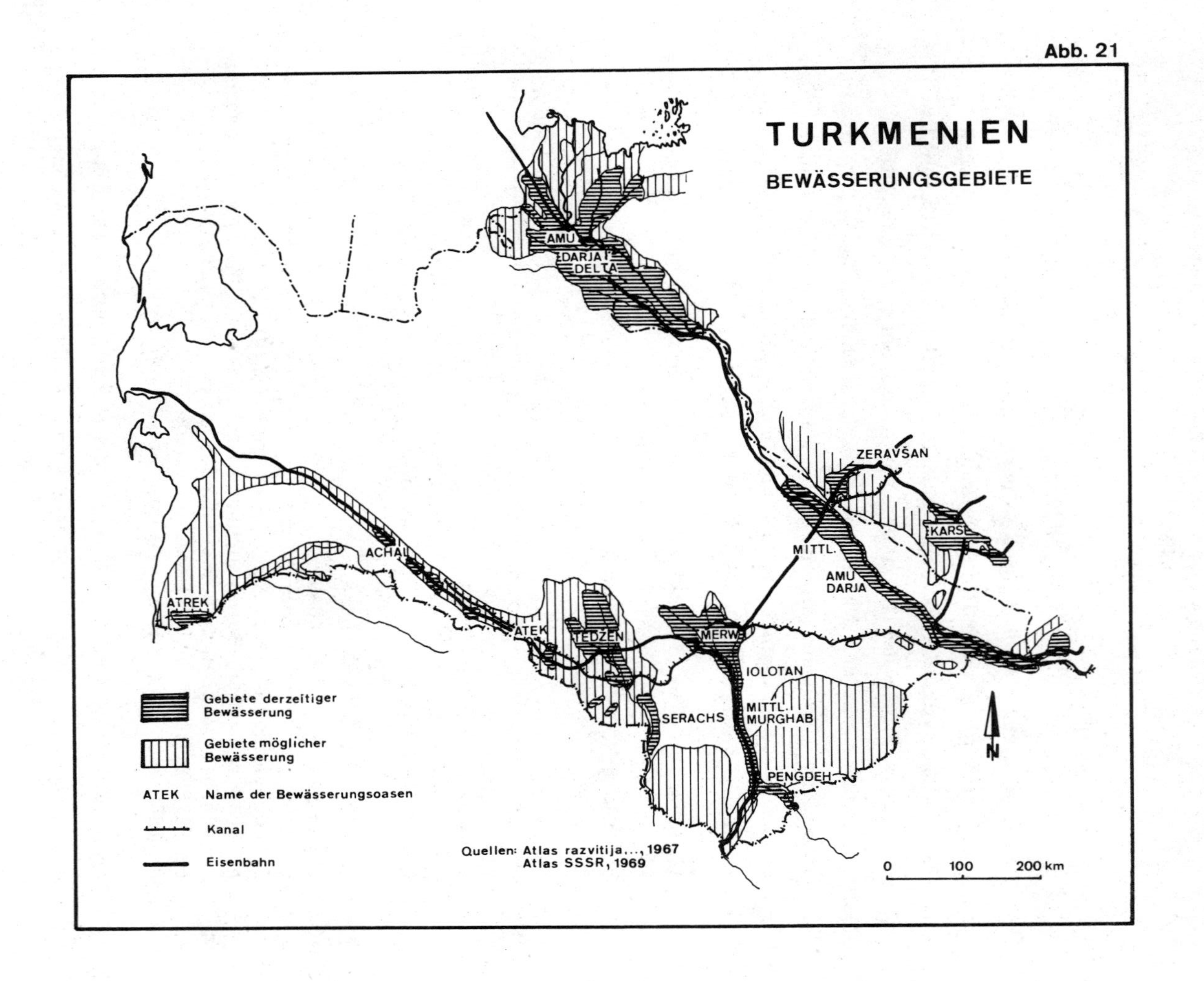
Abb. 21
TURKMENIEN
BEWÄSSERUNGSGEBIETE
AMU
DARJA
DELTA
ZERAVŠAN
KARSI
MITTL.
AMU
DARJA
ACHAL
ATREK
ATEK
TEDZEN
MERW
IOLOTAN
SERACHS
MITTL.
MURGHAB
PENGDEH
N
Gebiete derzeitiger Bewässerung
Gebiete möglicher Bewässerung
ATEK Name der Bewässerungsoasen
Kanal
Eisenbahn
Quellen: Atlas razvitija..., 1967
Atlas SSSR, 1969
0 100 200 km

fahren. In der Nähe von Čardžou hofften optimistische Beurteiler auf die Erschließung eines 300 km langen Streifens mit Bewässerungskulturen; gerade der Eisenbahnerbauer ANNENKOV war bei den entsprechenden Projektierungen maßgeblich beteiligt [2]. Die größten Veränderungen vollzogen sich in der Tedžen-Oase, wo Meliorationen im Bewässerungssystem eine Trockenlegung weiter Sumpfgebiete erlaubte; Versumpfungserscheinungen, die inzwischen beseitigt werden konnten, werden von ALICHANOV auch noch für die Merw-Oase berichtet [3]. Im Osten der Merw-Oase entstand mit dem Krongut von Bajram-Ali ein Großbetrieb, der allein über 100 000 bewässerbaren Landes verfügte, von dem aber nur ein kleiner Teil tatsächlich kultiviert wurde [4].

In der Murghab-Oasen war die Bodenbewertung für Bewässerungskulturen vor dem Ersten Weltkrieg von der folgenden Verteilung ausgegangen:

Tabelle 6 Bewässerbares und bewässertes Land in den Murghab-Oasen vor dem Ersten Weltkrieg [a]

	für eine Bewässerung geeignet	tatsächlich bewässert
Pengdeh-Oase	8 000 Des.	5 000 Des.
Iolotan-Oase	28 000 Des.	14 500 Des.
Neue Merw-Oase	58 000 Des.	31 500 Des.
Alte Merw-Oase (Krongut)	64 000 Des.	14 000 Des.
	(seit 1911:	25 000 Des.)
Untere Merw-Oase und bahnparalleler Kulturlandstreifen	282 000 Des.	-
zusammen	444 000 Des.	65 000 Des.
		(76 000 Des.)

a. nach VACLIK, 1888, Aziatskaja Rossija, 1914, Bd. II, S. 133.

Noch immer bemüht man sich im Bereich der fruchtbaren Böden beider Binnendelten um eine Ausweitung der Bewässerungsfläche. Brach-

2. BLANC, 1893/94, S. 356 f.
3. ALICHANOV, 1883, S. 28.
4. OLSUF'EV i PANAEV, 1899, S. 118, MEAKIN, 1903, S. 298, Aziatskaja Rossija, 1914, Bd. II, S. 249 f.

länder am Rand der Tedžen- und Merw-Oase sollen erschlossen werden; der Zusammenhang mit dem Karakum-Kanal und den günstigen Transportbedingungen, die durch die Bahn gegeben sind, ist unverkennbar. Gerade die Vielfalt der in Aussicht genommenen Kulturen (außer feinfasriger Baumwolle auch Getreide, Melonen, Obst und Wein) weist auf günstige Absatzbedingungen hin [5]. Eine Ausweitung der Bewässerungskultur in Westturkmenien stößt, obwohl sie mehrfach versucht wurde, immer noch auf den nicht zu beseitigenden Wassermangel. Anfang der fünfziger Jahre - im Zug einer Aktion zur Ausschöpfung aller Land- und Wasserreserven, in deren Zusammenhang auch die Neulanderschließung in Nordkazachstan gehört - bemühte man sich um eine bessere Nutzung lokaler Wasservorkommen im westlichen Kopet-dagh-Vorland und an den Hängen beider Balchane [6]. Wiederum galt das primäre Interesse nahe der Bahn verkehrsgünstig gelegenen Arealen westlich von Kizyl-Arvat. Die Ausnutzung kleinräumiger, ökologischer Unterschiede (Wasseransammlung auf Feinmaterial in abflußlosen Senken) stellt bereits den Übergang zum "depression farming" als Trockenfeldbau-Methode dar. Die so nutzbaren Flächen sind maximal 3 ha groß, aber Weizen und Melonen konnten mit Erfolg für die lokale Selbstversorgung angebaut werden [7].

Die Gesamtfläche des für eine Bewässerung geeigneten Landes wird heute auf ca. 2,8 Mio ha geschätzt, doch kann im Augenblick selbst in der langfristigen Planung nicht damit gerechnet werden, daß diese gesamte Fläche erschließbar ist. Bis 1980 soll die Bewässerungsfläche in der Turkmenischen SSR auf 685 000 ha erweitert werden [8].

Verfolgt man die Geschichte der Anbauflächen etwas genauer, so

---

5. REDŽEPBAEV, 1961, S. 72 ff.
6. FREJKIN, 1954, S. 54.
7. FREJKIN, 1954, S. 56, LAVROV, 1969, S. 33 ff.; zur Erschließung von Taqyr-Flächen vgl. auch KURON u. JANITZKY, 1957, S. 27 ff.
8. MAMEDOV, 1969, S. 119, MAL'CEV, 1969, S. 168 f.

sieht man, daß sowohl im Umfang der gesamten Ackerbaufläche wie auch in der prozentualen Verteilung der Anbauflächen einzelner Kulturpflanzen nach 1880 bedeutende Veränderungen eintraten. Die Aussaatfläche stieg allein zwischen 1889 und 1905 von 57 000 auf 150 000 Des. (62 000 bzw. 164 000 ha) und bis 1913 auf 318 000 ha [9]. Davon mag vor dem Ersten Weltkrieg das bewässerte Land, das wegen der klimatisch bedingten Schwankungen der gesamten Ackerbauflächen ein besseres Kriterium für die Beurteilung der Ausweitung ist, etwa die Hälfte eingenommen haben [10], aber alle Zahlenwerte sind beim damaligen Stand der statistischen Erhebungsmethoden mit Vorsicht zu verwerten.

Nach dem Ersten Weltkrieg und in den Bürgerkriegswirren ging die bewässerte Anbaufläche allgemein zurück (1925 trotz der Gebietserweiterungen in Ostturkmenien nur 254 600 ha), und erst nach der Konsolidierung der sowjetischen Herrschaft, im Zug der Kollektivierung und nach der Wiederherstellung der Verkehrswege setzte ein allmählicher Anstieg ein; 1961 waren 464 000 ha, 1969 569 000 ha unter Kultur genommen (davon 1961: 325 000 ha und 1969: 510 000 ha Bewässerungsland) [11].

Eine junge Ausweitung der Kulturfläche erfolgte vor allem im Bereich des Karakum-Kanals. Bis 1966 wurden - überwiegend in der Merw-Oase - 120 000 ha neu gewonnen. Auch die Planung sieht umfangreiche Landgewinne in den nördlichen Randzonen der Binnendelten und im Gebirgsfußbereich des Kopet-dagh vor [12].

---

9. Istorija Turkmenskoj SSR, 1957, Bd. I-2, S. 149, Nar. choz. TSSR 1963, S. 76.
10. Nach MACHATSCHEK, 1921, S. 147: 165 000 ha, nach Aziatskaja Rossija, 1914, Bd. II, S. 244: 150 000 ha.
11. Nar. choz. TSSR 1963, S. 74 und 76 f., Nar. choz. SSSR v 1965, S. 290, Nar. choz. SSSR v 1969, S. 363.
12. FREJKIN, 1957, S. 415, Atlas razvitija ..., 1967, Bl. 58, Ekonomika TSSR, 1967, S. 48.

3.2.4.1.2 Trockenfeldbau

Der Trockenfeldbau (boghara - Kultur) spielt in Turkmenien im Vergleich zu den östlich anschließenden mittelasiatischen Gebieten [1] eine untergeordnete Rolle. Bei den geringen Niederschlagssummen und der hohen Aridität stellt er eine höchst extensive Wirtschaftsweise dar. Hauptsächlich kommt die boghara-Kultur in den mittleren Höhenlagen (700 - 1900 m) des Kopet-dagh und in den Vorbergen Badghyz und Kara-Bil vor. Ein kleineres Gebiet wird von FINDEISEN (1960) für das westliche Kopet-dagh-Bergland im Einzugsbereich von Atrek, Sumbar und Čandyr beschrieben. Dort treiben die Murča und Nuchur etwas Trockenfeldbau auf Winterweizen und Wintergerste [2]. Bevorzugt werden aus lokalklimatischen Gründen nord- und westexponierte Hänge. Zur naturgeographischen Einschränkung kommen historisch bedingte Grenzen des Trockenfeldbaus. Wie der Ackerbau allgemein wurde er von den nomadisierenden Turkmenen als entehrende Tätigkeit abgelehnt und verarmten, zurückgedrängten oder fremden, zum Teil versklavten Stämmen überlassen. Eine große Rolle spielt dabei die grenznahe Lage zu den nordpersischen Gebieten [3]. Schließlich muß als Sozialgruppe, die sich der boghara-Kultur bevorzugt zuwandte, die Siedlerschicht der russischen Kolonisten genannt werden [4].

Wegen des großen klimabedingten Risikos bei der boghara-Kultur - FEDOROV rechnete mit einer guten Ernte in fünf bis sechs Jahren [5] - war die Wirtschaftslage entscheidender Faktor für die Ausweitung oder den Rückgang des boghara-Landes [6]. So wurde am Ende des 19. Jahr-

---

1. GIESE, 1968, S. 57.
2. Obzor ... za 1910, S. 8, VASIL'EVA, 1954, S. 111, Narody Srednej Azii, 1963, Bd. II, S. 18 und 652.
3. MOSER, 1894, S. 182 nach Berichten von MIDDENDORF, TUMANOVIČ, 1926, S. 14, vgl. auch KRAHMER, 1905, S. 106 f., HETTNER, 1931, S. 349.
4. BUSSE, 1915, S. 304.
5. FEDOROV, 1901, S. 78.
6. Obzor ... za 1905, S. 28 f.

hunderts der Trockenfeldbau für die Getreideversorgung der russischen Bevölkerung in Turkmenien gefördert [7]. 1914 nahm das boghara-Land trotzdem nur 4,1 % der Ackerbaufläche ein [8], nach dem Ersten Weltkrieg sank in der Periode der Wiederherstellung der Bewässerungskulturen der Umfang des boghara-Landes auf 5600 ha (1926/27) [9]. Danach bemühte man sich in einer Phase der extremen Extension der LNF auch um eine Ausweitung der nichtbewässerten Flächen, was im Zusammenhang mit der Tendenz zur einer Monokultivierung des Bewässerungslandes mit Baumwolle zu sehen ist. So erreichte das Trockenfeldbauareal 1934 mit 42 060 ha knapp 13,2 % der gesamten Aussaatfläche [10]; diese Ausweitung war zweifellos unwirtschaftlich, denn sie war nicht mit einer Steigerung der Erträge verbunden. Bis 1950 war die Fläche des boghara-Landes auf 20 000 ha zurückgegangen [11]. 1962 betrug der Anteil des boghara-Landes nur noch 5 %; eine Ausweitung im westturkmenischen Gebirgsvorland sollte vor allem dem Getreideanbau dienen, doch ist dabei zu beachten, daß erst in Höhenlagen von 800 - 1200 m NN die Niederschläge (Station Sovchoz Sajvan - westlicher Kopet-dagh - in 1040 m NN: 326 mm Jahresmittel) gerade ausreichen, die Risikogrenze zu überschreiten. Günstiger sind die Verhältnisse in 1200 - 2000 m NN (350 - 400 mm Jahresmittel, 6 - 10 ° Jahresmitteltemperatur), doch wird dort bereits die Einschränkung durch das Relief so groß, daß nur 6000 ha bestellt werden können [12]. Das Trockenfeldbauland im Kara-Bil liegt in 750 - 900 mm NN; die jährlichen Niederschlagssummen schwankten im Meßzeitraum zwischen 1951 und 1964 zwischen 206 und 394 mm. Unter diesen Bedingungen schätzt man die potentielle Nutzfläche zwar auf 20 000 bis 40 000 ha, aber es wer-

---

7. Obzor ... za 1897, S. 18 f.
8. 12 100 von 279 000 ha; vgl. Aziatskaja Rossija, 1914, Bd. II, S. 261.
9. MELKICH, 1933, S. 32.
10. VAVILOV, 1935, S. 248.
11. Ekonomika i organizacija ..., 1958, S. 50.
12. REJIMOV, 1964, S. 31 ff., Sovetskij Turkmenistan, 1968, S. 281.

den nur etwa 1000 ha für Getreidekulturen genutzt. Darin kann ein deutlicher Hinweis auf die periphere Lage zu den Bevölkerungszentren, aber auch zu den Leitlinien der Verkehrserschließung gesehen werden [13].

Eine Sonderform des Trockenfeldbaus ist der sog. Kaki-Ackerbau, eine Art "depression farming" in kleinen, abflußlosen Senken der Pedimentzone, wo sich bei Wasseransammlung ein Humushorizont und schließlich ein černozem-artiger Boden ausbildet, auf dem sogar Intensivkulturen möglich sind [14]. Die Erschließung dieser kleinen Areale entsprach dem Bedürfnis nach einer Ausweitung der Nutzflächen in unmittelbarer Umgebung der städtischen Zentren am Gebirgsfuß. Im Trockenfeldbau werden bspw. nordwestlich von Aščhabad Melonen in der Wüste angebaut; da jedoch keine Angaben über die Wirtschaftlichkeit dieser Kulturen gemacht werden, darf angenommen werden, daß es sich auch dabei um Extensivierungsmaßnahmen handelt [15]. Ähnliche Erscheinungen finden sich auch in Südwestturkmenien, wo Weizenkulturen in kleinen Hohlformen angelegt wurden [16]. Eine größere wirtschaftliche Bedeutung kommt dem kaki-Ackerbau bislang nicht zu, weil die dafür geeigneten Flächen sehr klein sind.

Versucht man, die Grundzüge der Verteilung der Ackerbauflächen in Turkmenien zusammenzufassen, so kann man große Schwankungen zwischen den einzelnen Beobachtungszeiträumen feststellen, Schwankungen, die auf sich ändernde wirtschaftspolitische Vorstellungen zurückzuführen sind. Aber es läßt sich immer eine deutliche Zweiteilung der Nutzflächen beobachten: Die zentralen Gebiete der Oasen und die in der Nähe dicht besiedelter Räume gelegenen, geeigneten Areale sind kontinuierlich genutzt, während sich in den randlichen Bereichen Verschiebungen (progressive Extensivierungsfront bzw. regressive Intensivie-

---

13. Vgl. NIKITIN i BERDYEV, 1966, S. 28 f.
14. KOVDA, 1961, S. 194 f., SOBOLEV, 1963, S. 171, vgl. FREJKIN, 1954, S. 55 f.
15. KOVDA, 1961, S. 202.
16. FREJKIN, 1954, S. 58.

rungsfront) zeigen. Hierher gehört die Förderung von Anbau an der klimatischen Risikogrenze, sei es im kleinräumigen Bewässerungsfeldbau (z. Bsp. Takyr-Erschließung), sei es im extensiven Trockenfeldbau (boghara-Land). Eine beständige Neulanderschließung gab es nur entlang der größeren Leitlinien, der Verkehrswege. Das gilt sowohl für die den Oasen benachbarten Bereiche entlang der Transkaspischen Eisenbahn wie für die Neulandgebiet am Karakum-Kanal. Dagegen scheiterten Erschließungsprojekte in entlegeneren Gebieten oder an der unzugänglichen Peripherie der größeren Oasen bisher an unzureichenden Verkehrsverbindungen.

3.2.4.1.3 Verteilung und Entwicklung der Kulturen

In enger Wechselwirkung mit dem Bahnbau in Transkaspien und dem übrigen Mittelasien stehen die Wandlungen in der Anbaustruktur, die unter dem Gesichtspunkt der veränderten Handelsbeziehungen zu deuten sind (vgl. dazu auch u. Abschn. 3.6.3.3.2.). Die beigegebenen Diagramme (Abb. 22) zeigen in der langfristigen Entwicklung den Rückgang der Getreidekulturen insgesamt und die Zunahmen bei der Baumwollkultur. Besonders deutlich wird dies, wenn man Großbetriebe betrachtet, die ihrer Intention nach für den Handel arbeiten. So verteilte sich bspw. die Aussaatfläche im Murghab-Krongut vor dem Ersten Weltkrieg nach folgender Tabelle 7:

Tabelle 7 Landwirtschaftliche Nutzung der Aussaatfläche im Krongut von Bajram-Ali, 1896 - 1910 [a]

Kultur /Jahr	1896	1899	1902	1905	1908	1910	
Baumwolle	473	2184	3275	5583	6417	8000	ha
Getreide	270	3535	3929	2920	8230	7364	ha
Luzerne	-	-	264	384	651	620	ha
Melonen, Gemüse	306	443	30	-	-	-	ha
Kunžut	52	34	20	20	30	108	ha

a. Quelle: BARC, 1910, S. 23. Zur Entwicklung der LNF im Krongut vgl. auch BORCHARDT, 1902, S. 330, DMITRIEV-MAMONOV, 1903, S. 261, ERMOLAEV, 1908, S. 2 und 43 ff., SCHWEINITZ, 1910, S. 43.

Hier war noch ein relativ ausgeglichenes Verhältnis zwischen Getreide und Baumwolle zu finden, wenn auch die Entwicklung bereits zur Baumwolle tendierte. Die Betonung der Baumwollkultur ergibt sich in der Zeit vor 1917 auch aus der engen Verknüpfung mit dem mülk-Land (Privatbesitz), während Getreide damals überwiegend auf sanašyq-Land (Gemeinbesitz; vgl. o. Abschn. 1.3.1.) angebaut wurde (Tabelle 8).

Tabelle 8 Verteilung der landwirtschaftlichen Kulturen auf mülk- und sanašyq-Land in der Merw-Oase 1916 [a]

Kultur	auf mülk	auf sanašyq	Anteil an der gesamten Kulturfläche
Baumwolle	49,5 %	5,0 %	39,2 %
Getreide	17,5 %	90,8 %	38,0 %
Luzerne	9,3 %	-	7,5 %
Melonen, Gemüse	7,6 %	2,9 %	3,4 %
Brache	16,1 %	1,3 %	11,9 %
zusammen	100,0 %	100,0 %	100,0 %

a. Quelle: RUSINOV, 1918, S. 16.

Als analoger Prozeß in sowjetischer Zeit ist die betonte Kollektivierung der Baumwollflächen anzusehen, aus der das staatliche Interesse an dieser "cash crop" hervorgeht. Als 1934 in der Merw-Oase 77,4 % des Landes in Kolchozen und 11,7 % in Sovchozen "vergesellschaftet" waren, während noch 10,9 % sich in Privatbesitz befanden, wurden bereits 95,1 % des Baumwollandes in Kollektivbetrieben bewirtschaftet und nur noch 1,7 % durch Einzelbauern [1]. Betrachtet man die Entwicklung in einem Kolchoz, der nach dem Zweiten Weltkrieg seine Anbaufläche durch die Kolchozzusammenlegung und durch die Neulanderschließung wesentlich erweitern konnte, so wird diese Hinwendung zur Baumwollkultur ganz deutlich (Tabelle 9). Sie sei hier und im folgenden Abschnitt zunächst als Faktum des kulturgeographischen Arealanspruches aufgefaßt, dessen Deutung noch aufgeschoben werden soll.

1. ABAEV, 1956, S. 29.

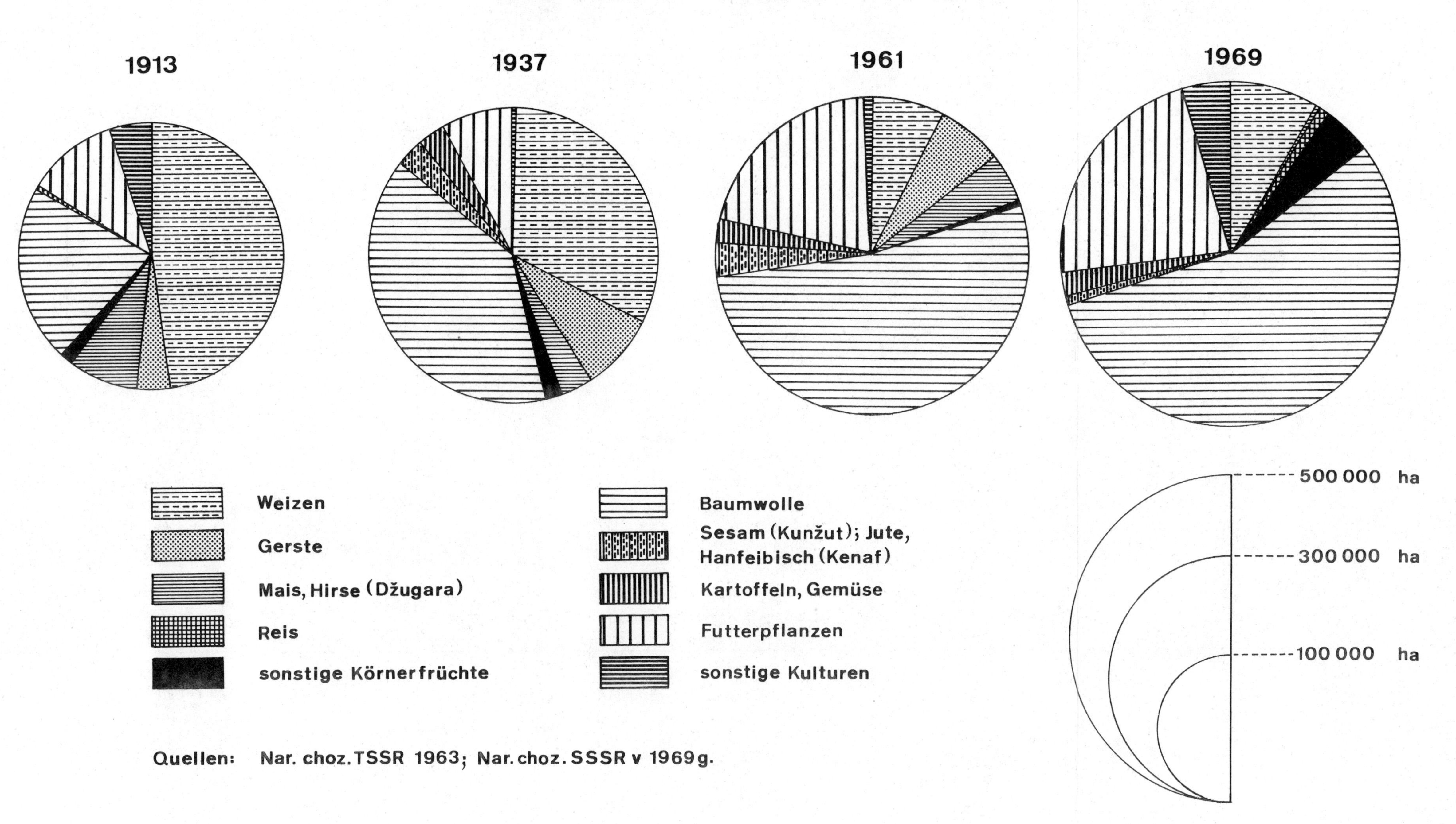

TURKMENIEN: ANBAUFLÄCHEN
1913
1937
1961
1969
Weizen
Gerste
Mais, Hirse (Džugara)
Reis
sonstige Körnerfrüchte
Baumwolle
Sesam (Kunžut); Jute, Hanfeibisch (Kenaf)
Kartoffeln, Gemüse
Futterpflanzen
sonstige Kulturen
500 000 ha
300 000 ha
100 000 ha
Quellen: Nar. choz. TSSR 1963; Nar. choz. SSSR v 1969g.

Tabelle 9 Aufteilung der Ackerfläche im Kolchoz Nokin Zindagani im Sel'sovet Nižnie Beludži/Oase Merw [a]

Kultur / Jahr	1939	1962	
Getreide	50	162	ha
Baumwolle	65	769	ha
Silo-Mais	?	97	ha
Luzerne	8	106	ha
Gärten und Rebland	?	16,1	ha

a. Quelle: Narody Srednej Azii, 1963, Bd. II, S. 636.

Von den über dreißig verschiedenen Feld- und Gartenbaufrüchten, die für die Landwirtschaft Turkmeniens von Bedeutung sind [2], sollen im folgenden nur die wichtigsten herausgegriffen werden, um die seit 1880 eingetretenen Wandlungen zu analysieren.

Der Anbau von Getreide in Turkmenien mußte unter dem Einfluß der Bahn einen Rückgang erleben. Schon 1893 wurden die Tarife für Getreidetransporte aus Europa über die Transkaspische Bahn nach Samarkand so weit herabgedrückt, daß der Anbau im Land weniger rentabel als der Baumwollanbau wurde [3]. Damit hörte auch die Sonderstellung auf, die Turkmenien wenigstens während der achtziger Jahre noch eingenommen hatte, als die Versorgung der russischen Truppen vorübergehend eine Vergrößerung der Getreideanbauflächen bewirkt hatte, wobei auch boghara-Kulturen gefördert wurden [4]. Die verbesserten Zufuhrbedingungen, vor allem nach dem Bau der Orenburg - Taškenter Bahn, verdrängten dann die Getreidekulturen immer mehr aus den Kerngebieten der Oasen in die Randbereiche und in Gebirgs- und Hügellagen [5]. Ein erneuter Rückgang setzte in den dreißiger Jahren nach

2. Vgl. CINZERLING, 1927, S. 213 für das Gebiet am Amu-darja.
3. PIERCE, 1960, S. 167, vgl. auch ALKIN, 1931, S. 262.
4. WIEDEMANN, 1888, S. 80. 1883 erntete man bspw. im uezd Achalteke 186 000 Pud (3050 t) Weizen, 53 000 Pud (870 t) Gerste, 38 000 Pud (620 t) Džugara, 300 Pud (5 t) Kunžut und nur 200 Pud (3,3 t) Baumwolle (MEJER, 1885, S. 112).
5. VAVILOV, 1935, S. 254.

dem Bau der Turksib ein. Die verschiedenen Getreidesorten, vor allem der Weizen, verloren ihre führende Rolle im Anbauspektrum. Diese Entwicklung hat sich bis heute fortgesetzt und wurde nur durch weniger bedeutsame, zeitlich enger begrenzte Prozesse differenziert, zu denen bspw. die Ausweitung der Anbauflächen von Mais unter CHRUŠČEV nach 1957 gehörte [6].

Unter den Getreidesorten hatte vor dem Ersten Weltkrieg der Weizen die weiteste Verbreitung (in den uezdy Aschabad, Tedžen und Merv zwischen 76,3 und 83,7 %), daneben war der Gersteanbau bedeutend, der später kaum der Weizenkultur nachstand [7]. Erst in jüngster Zeit hat sich der Anteil von Weizen wieder etwas verstärkt. Neben Veränderungen in den Fruchtfolgesystemen ist die Ausweitung der Anbauflächen am Karakum-Kanal vor allem im Bereich des Tedžen die Hauptursache für diesen jungen Wandel [8]. Entscheidend für die jüngste Begünstigung der Getreidekultur waren die Direktiven, die auf dem Maiplenum der KPdSU von 1969 ausgegeben wurden, und die auf eine bessere Lebensmittelversorgung der Bevölkerung abzielten. Das Bewässerungsland soll danach nicht mehr ausschließlich der Baumwollkultur, sondern auch dem Weizenanbau zugeführt werden. Allerdings war ein Produktionsanstieg in allen Bereichen der Landwirtschaft vorausgegangen, der auf erhöhte Düngemittelzufuhren zurückzuführen ist. Er erlaubte die Begünstigung der Selbstversorgungswirtschaft [9].

---

6. O zadačach kompleksnogo razvitija sel'skogo chozjajstva Turkmenistana, 1961, S. 28, Nar. choz. TSSR 1963, S. 77, Razmeščenie i specializacija ..., 1964, S. 78 f.. Als Beispiel sei das landwirtschaftliche Artel' Leningrad bei Čardžou angeführt, in dem 1961 außer 1030 ha Baumwolle, 345 ha Luzerne auch 84 ha mit Mais bestellt wurden (GRINBERG, 1962a, S. 46).
7. ENGELBRECHT, 1916, S. 32, MACHATSCHEK, 1921, S. 152, Nar. choz. TSSR 1963, S. 77.
8. Nar. choz. SSSR v 1965, S. 296, ... v 1967, S. 356 f.. Die Weizenanbaufläche verdreifachte sich nahezu zwischen 1960 und 1965, ging dann aber wieder zurück (1960: 34 000, 1965: 92 000, 1967: 75 000, 1969: 47 000 ha); vgl. Nar. choz. SSSR v 1969, S. 315.
9. Vgl. Podnjat' zernovoe chozjajstvo, 1969, S. 3 ff.. Daß die Selbst-

Auch der R e i s gehört zu den Kulturen, deren Anbau unter dem Einfluß des Bahnbaus zunächst zurückging. Die Versorgung von außen konnte erhöht werden, außerdem nahm er den Baumwollkultur zu viel Wasser weg [10]. Während der Reis in den östlichen Gebieten Mittelasiens vor allem als Sumpfreis (arpa-, aq- und qyzyl-šaly) in den Niederungen seit alters her in großen Flächen angebaut wird und sich auch durch die russische Kolonisation nicht verdrängen ließ, hatte die Reiskultur Turkmeniens schon seit den Mongoleneinfällen nur noch in der Merw- und Penǧdeh-Oase eine geringe Rolle gespielt. Bedeutende Flächen wurden Anfang des 20. Jahrhunderts am Amu-darja mit Reis bestellt [11]. 1925/26 wurden in Turkmenien nur noch 1300 ha mit Reis bebaut, 1930 wieder die doppelte Fläche. Lange Zeit hatte die Reiskultur nur lokale Bedeutung für die Ernährung der einheimischen Bevölkerung, zu deren Nationalgerichten der aus Reis und Hammelfleisch zubereitete Pillaw gehört [12]. Bis 1960 standen danach nur wenige hundert ha unter Reis, seither weitete sich die Fläche wieder etwas aus (1961: 3300 ha, 1969 ca. 7000 ha), und bis 1970 sollte der Anbau im Rahmen der Erweiterung der Ernährungsbasis weiter gesteigert werden [13]. Aber die mangelhafte Handhabung der Bewässerungs- und Drai-

---

versorgung im Vordergrund steht, zeigt die Planung des Kolchoz im. Chalturina (Čardžou-rajon) für 1970: Es sollte wohl die gesamte Ernte von Baumwolle (3822 t) und Karakulfellen (3100 Stück) an den Staat abgeführt werden, aber nur 9 % der Getreideproduktion (28 von 303 t); CHADŽIEV, 1966, S. 18.

10. Das Wasserproblem war in Turkestan für den Rückgang der Reiskultur entscheidend, während bspw. in Transkaukasien der Reisanbau wegen der neuen Handelspolitik Rußlands gegenüber Persien zurückging; vgl. BIEDERMANN, 1907, S. 98 und MELKICH, 1933, S. 37.
11. CURZON, 1889/1967, S. 115, RADDE, 1898, S. 142 und 150, WALTA, 1908, S. 107 f., Otčet po revizii ..., Bd. 7, 1910, S. 58 ff., MASAL'SKIJ, 1913, S. 145 f., ALKIN, 1931, S. 170.
12. MACHATSCHEK, 1921, S. 149, MELKICH, 1933, S. 38.
13. Nar. choz. TSSR 1963, S. 77, Ekonomika TSSR, 1967, S. 52, SACHATMURADOV, 1967 b, S. 5, Ris - kul'tura-osvoitel' zemel', 1969, S. 27, Nar. choz. SSSR v 1969, S. 317.

nagetechniken, die als Maßnahmen gegen die drohende Versumpfung nötig sind, verhinderten bisher eine höhere Produktivität, obwohl der Reis in den Kolchozen am Amu-darja, wo er einen Anteil von etwa 1,4 % an der gesamten Aussaatfläche hat, große finanzielle Erträge bringen könnte [14].

Die Gründe für die Steigerung im Anbau von Futterpflanzen liegen überwiegend im agrotechnischen Bereich, doch geht die Suche nach optimalen Fruchtfolgesystemen auch auf die verbesserten Transportbedingungen für die Hauptfrüchte des Landes zurück. Nach der Phase übertriebener Monokulturtendenz bei der Baumwolle gewann in den dreißiger Jahren die Luzerne an Bedeutung, die man in verschiedenen Fruchtfolgen wenigstens zwei bis drei Jahre nacheinander anbaute, um die Stickstoffversorgung des Bodens nach mehrjährigem Baumwollanbau auf natürliche Weise zu gewährleisten, als die künstliche Düngung noch selten war [15]. Aus demselben Grund wurden auch andere Papilionaceen als Futterpflanzen angebaut, darunter eine persische Kleeart, šabdar, die sich schon vorher in Ägypten als hochwertige Futterpflanze bewährt hatte [16]. Auch ein großer Anteil der Maisfläche in den späten fünfziger und zu Beginn der sechziger Jahre sollte die Futterbasis für die Viehwirtschaft anheben [17]. Schließlich versuchte man, zeitweise überflutete Partien am Amu-darja mit Sorgo und - weniger rentabel - mit Mais zu bebauen [18]. Heute nehmen die Futterpflanzen fast ein Viertel der turkmenischen Aussaatfläche ein [19].

---

14. AMANDURDYEV, 1969, S. 9 f., vgl. MILLER, 1968, S. 124 f. für den uzbekischen Teil von Chorezm.
15. Peredoviki chlopkovodstva, 1940, S. 92 f. für den Kolchoz im. Ordžonikidze im rajon Dejnau, ABAEV, 1957, S. 38, KUDRATULLAEV i CHUDAJKUL'EV, 1968, S. 5 ff.
16. ABOLIN, 1935, S. 329, SVETLOV, 1935, S. 289 ff., VAVILOV, 1935, S. 253.
17. BELKIN, 1964, S. 25 ff.
18. POLLYKOV i SELIVANOV, 1965, S. 27 ff.
19. 1960: 27,8 %, 1961: 20,5 % (Nar. choz. TSSR 1963, S. 77), 1969: 22,3 % (Nar. choz. SSSR v 1969, S. 314 und 320).

Zu den Oasenkulturen, die erst in jüngerer Zeit eine Belebung erfuhren, gehören einige Industriepflanzen, die vor allem in Chorezm, aber auch in den turkmenischen Oasen als Spezialkulturen auftreten. Die wichtigsten sind - nach der Baumwolle, die wegen ihrer besonderen Bedeutung noch ausführlich zu besprechen bleibt (Abschn. 3.2.4.1.4.) - der Hanfeibisch (Kenaf) [20], der Sesam (Kunžut) [21] und die Jute, die allerdings bisher nur im uzbekischen Teil Chorezms angebaut wird [22]. Die Ausweitung dieser Kulturen im Delta das Amu-darja erfolgte vor allem nach der Fertigstellung der Bahnlinie zwischen Čardžou und Kungrad [23].

Garten-, Obst- und Weinbau haben ihre Zentren am Fuß des Kopet-dagh, in den Gebirgstälern (bspw. bei Firjuza) und in der Umgebung von Čardžou, sie fehlen aber auch in den Murghab-Oasen nicht. Dazu kommt als neueres Verbreitungsgebiet subtropischer Kulturen das untere Atrek-Tal [24]. Mittelasien ist im Rahmen der Sowjetunion das wichtigste Produktionsgebiet von Trockenfrüchten, die ein bedeutendes Transportgut auf den Eisenbahnen darstellen. Schon vor dem Ersten Weltkrieg transportierte die Transkaspische Eisenbahn al-

---

20. Kenaf zählt zu den Faserpflanzen, die heute mit Vorliebe in Entwicklungsländern als Pionierkultur angebaut werden, da er schon in relativ kurzer Zeit hohe Erträge bringt (in Turkmenien um 70 dz/ha). In der TSSR wird Kenaf seit 1950 im Amu-darja-Delta angebaut, wo er vor allem im Kolchoz Kommunizm eine rasche finanzielle Einnahme bewirkte (CHALOV, 1959, S. 38 ff., Očerki po ekonomike sel'skogo chozjajstva TSSR, 1962, S. 305 ff., Ekonomika i organizacija ..., 1958, S. 220 ff., VASIL'EVA, 1969, S. 95 f.).
21. Kunžut gehört zu den traditionellen Ölpflanzen Mittelasiens, vgl. schon SCHUYLER, 1876, Bd. I, S. 181.
22. ABOLIN, 1935, S. 331, 340 und 344.
23. Obzor ... za 1893, S. 162, ORAEV, 1962, S. 76.
24. ČARYEV, M.K., 1968, S. 34 ff.. In SW-Turkmenien bemüht man sich auch um eine allerdings sehr transportungünstige Ausweitung des Gemüselandes, um die Versorgung in der kalten Jahreszeit sicherstellen zu können (Rüben, Zuckerrüben, Futterkohl, Retticher u.a.); vgl. dazu KAMENKOVIČ, 1961, S. 65 ff.

lein etwa die Hälfte aller in Rußland verfrachteten Rosinen[25]. Der Transport von frischen Früchten war dagegen vergleichsweise gering, hierbei konnte die Orenburg - Taškenter Bahn als rasche Direktverbindung stärkere Impulse auf die Agrarlandschaft auslösen[26]. Internationale Bedeutung erlangten die Melonen aus der Umgebung von Čardžou, die vor allem nach Persien ausgeführt wurden[27].

Beim Obstbau dominieren heute die auch in Mitteleuropa bekannten Sorten, vor allem Äpfel, Aprikosen, Birnen und Pflaumen, dazu kommen Granatäpfel, Mandeln und vereinzelt Agrumen (diese nur in Südwest-Turkmenien)[28].

Als Beispiel für einen hochspezialisierten Obstbaubetrieb sei der Sovchoz Sandy-kači im Murghab-Tal angeführt. Er verfügt entlang dem Murghab über 3361 ha, von denen 1054,2 ha auf Obstgärten entfallen. Diese Fläche verteilt sich wie folgt auf die verschiedenen Früchte:

Äpfel	698,9 ha	(66,3 %)	Quitten	21,4 ha	(2,0 %)
Aprikosen	100,0 ha	(9,5 %)	Alyčkirsche	9,5 ha	(0,9 %)
Pfirsische	95,3 ha	(9,0 %)	Weichseln	3,0 ha	(0,3 %)
Pflaumen	74,3 ha	(7,0 %)	Kirschen	3,0 ha	(0,3 %)
Birnen	21,1 ha	(2,0 %)	sonstige	38,0 ha	(3,6 %)

Mehrfache Bewässerung während der Vegetationsperiode, Düngemittelgaben und die Einführung neuer Varietäten erlaubten in den letzten Jahren eine durchschnittliche Produktionssteigerung, wenn auch - durch die Witterung oder kurzfristige Planungsentscheidungen - starke Schwankungen von Jahr zu Jahr auftreten. Der Sovchoz verarbeitet einen Teil seiner Produktion in einer bedeutenden Obstkonservenfabrik (ATAEV i BAICHANOV, 1968, S. 28 ff., Srednjaja Azija, 1969, S. 426, T. I. vom 16.6.1971, S. 4). Das Beispiel von Sandy-kači begünstigte die staatliche Förderung für Großbetriebe (vgl. TALANINA i OSIPOV, 1962, S. 66).

Die Weinrebe war in Turkestan seit alters bekannt, wurde aber we-

---

25. BLAGOWIESTSCHENSKY, 1913, S. 90.
26. Vgl. PIERCE, 1960, S. 172.
27. MEJER, 1885, S. 112, OLUFSEN, 1905/06 a, S. 72, VAVILOV, 1935, S. 255 f., Turkmenistan, 1969, S. 113.
28. VAVILOV, 1935, S. 259, GORBUNOVA, 1935, S. 387 ff., Ekonomika i organizacija ..., 1958, S. 50 f.

gen der religiösen Vorschriften des Islam - soweit die Auslegung nach dem adat nicht freizügiger verfuhr - hauptsächlich zur Rosinengewinnung angebaut. Erst unter russischem Einfluß begann die Herstellung von Trinkweinen. Als Kuriosität sei angeführt, daß General ANNENKOV unweit der Bahnstation Karakul' (Emirat Buchara, heute Uzbekische SSR) eine Sektfabrik einrichten ließ. Im Generalgouvernement Turkestan wurden französische Rebsorten auf Anregung des Gouverneurs v. KAUFMANN eingeführt [29]. Das vor dem Bahnbau bedeutende Weinbaugebiet der Nuchur im Kopet-dagh diente auch zunächst zur Gewinnung von Weintrauben für die Rosinenherstellung; erst nachdem die Ausfuhrbedingungen (über Kizyl-Arvat) verbessert worden waren, wurde auch Wein fabriziert, der später über die Station Arčman exportiert werden konnte (Ausfuhr über Arčman 1911: 5000 Pud) [30].

Die wichtigsten Anbau- und Verarbeitungsgebiete liegen heute in Turkmenien zwischen Geok-tepe und Aschabad, außerdem am mittleren und unteren Murghab sowie in Chorezm [31]. Ähnlich wie in anderen Gebieten herrschte bis zur Kollektivierung der Kleinstbesitz mit Flächen bis zu 0,5 Des. vor. Heute gehört der Weinbau mit dem Obstbau zu den wichtigsten landwirtschaftlichen Kulturen, die nicht nur von Kolchozen, sondern auch von spezialisierten Sovchozen unter der Regie des Ministeriums für Industrie und den Lebensmittelhandel betrieben werden [32].

Zu den Sonderkulturen Mittelasiens gehört schließlich die Zucht von Maulbeerbäumen und Seidenraupen. Die Seidengewinnung

29. BLANC, 1893/94, S. 475, ALKIN, 1931, S. 265 f., PIERCE, 1960, S. 173, BARTOL'D, 1965, S. 103 und 137.
30. VASIL'EVA, 1954, S. 113, OVEZOV, 1959, S. 138 und 166 f.
31. Vgl. RUBAN, 1970, S. 220 ff. (zit. nach dem Résumé in RŽ, 1971, H. 2, S. 25).
32. KAC, 1935, S. 414, Nar.choz. TSSR 1957, S. 77 mit einer detaillierten Aufschlüsselung der Zugehörigkeit der Kolchoze zu staatlichen Handelsorganisationen, die für den Absatz der Produktion verantwortlich sind.

hat ein altes Zentrum in Merw gehabt, das eine Etappe am nördlichen Zweig der Seidenstraße war, ehe das westturanische Seidengebiet bei der historisch bedingten Machtverlagerung einen neuen Hauptort in Buchara fand [33]. Um die Jahrhundertwende verlagerte sich das Schwergewicht noch weiter nach Osten in das Ferghana-Becken; 1910 wurden in Transkaspien nur 70 Pud (1150 kg) Seide für den Handel gewonnen [34]. Aber mit dem Bahnbau konnte die Seidengewinnung industrielle Formen annehmen, so daß heute wieder eine Ausweitung dieser Kultur in Turkmenien festzustellen ist. Die Landwirtschaftsschule von Sad Keši bei Aschabad wurde von KUROPATKIN gerade im Hinblick auf die Seidenraupenzucht angelegt. Im späten 19. Jahrhundert wurde die Seidenherstellung bei den Nuchur eingeführt, das wichtigste Zentrum entstand allerdings in Čardžuj [35]. Begünstigt wurde die Entwicklung durch die Ausbreitung ausländischer, vor allem französischer und korsischer Seidenraupenarten, die als Innovation wieder ein Teil der komplexen Landeserschließung ist [36]. In sowjetischer Zeit wurden in Čardžou, Mary und Firjuza Fabriken zur Gewinnung von Seidenwürmereiern angelegt, außerdem entstanden zwei Seidespinnereien in Aščhabad und Čardžou [37]. 1969 wurden in der Turkmenischen SSR 249 t Rohseide gewonnen [38].

3.2.4.1.4 Die Baumwollkultur

Am deutlichsten wird die neuzeitliche Gestaltung des turkmenischen Agrarwirtschaftsraumes, wenn man die Baumwolle betrachtet, der seit der Mitte des letzten Jahrhunderts ein besonderes russisches

---

33. Aziatskaja Rossija, 1914, Bd. II, S. 392.
34. Aziatskaja Rossija, 1914, Bd. II, S. 394.
35. BLAGOWIESTSCHENSKY, 1913, S. 91 f., ALKIN, 1931, S. 163, AKSENT'EV, 1935, S. 468 ff., VASIL'EVA, 1954, S. 118, Ekonomika i organizacija ..., 1958, S. 305 ff., ORAEV, 1963, S. 91 ff.
36. DAVIDSON, 1897, S. 274.
37. Sistema vedenija sel'skogo chozjajstva v TSSR, 1961, S. 399 f. u. 413, KURBANOV, 1965a, S. 100.
38. Nar.choz. SSSR v 1969, S. 253.

Interesse galt, obwohl ihr zunächst eine geringe Zukunft in Turkmenien vorausgesagt wurde [1]. Dabei ist die Baumwollkultur in Mittelasien mindestens seit dem 6. Jahrhundert v. Chr. bekannt [2]. Ihre neuzeitliche Entwicklung begann in den sechziger Jahren des vergangenen Jahrhunderts, als der amerikanische Bürgerkrieg die Baumwollexporte aus den USA nach Rußland stoppte [3]. Damals lernten die Russen, deren eigene Baumwollindustrie die ersten Aufbauphasen erlebte, den Wert der mittelasiatischen Baumwolle kennen. Aber wegen der Transportschwierigkeiten blieben die Importe von dort noch gering im Vergleich zu Einfuhren aus anderen Ländern [4]. Diese beiden Knappheitsfaktoren, Transportschwierigkeiten und Weltmarktlage, aktivierten die russische Wirtschaftspolitik gegenüber Mittelasien; die zeitlich damit zusammenfallende militärische Expansion der russischen Herrschaft bot die Möglichkeit einer Koppelung beider Motivationen, rief aber auch Konflikte bei der einheimischen Bevölkerung hervor. Anfangs obsiegten die politischen Überlegungen. Das Vordringen der Russen ließ Anbau und Export zurückgehen. Waren 1865 noch 500 t aus Mittelasien nach Rußland gelangt, so waren es 1870 nur noch 200 t, 1881 trotz des inzwischen gewaltig angestiegenen Bedarfs nur 340 t [5]. Erst nach der endgültigen Befriedung und nach dem Bahnbau trat ein beachtlicher Anstieg ein (1887: 700 t Baumwollexport aus Mittelasien, 1889: 1500 t, 1900: 5000 t) [6].

Wenn die Hauptanbaugebiete der Baumwolle auch im Fernwirkungsbereich der Transkaspischen Bahn lagen, vor allem in Chorezm, im Ferghana-Becken und in der Zeravšan-Binnendeltaoase, so daß sich die

---

1. MEJER, 1885, S. 110.
2. WALTA, 1907, S. 679, Aziatskaja Rossija, 1914, Bd. II, S. 275, ALKIN, 1931, S. 161.
3. BIEDERMANN, 1907, S. 30 f., LJAŠČENKO, 1952, Bd. II, S. 542, ROŽKOVA, 1963, S. 14 f. und 226 f.
4. VACLIK, 1888, S. 37, SCHULZE-GÄVERNITZ, 1899, S. 64. Auf der jährlichen Messe von Nižnij-Novgorod begann die Baumwolle aus Mittelasien schon in den 70er Jahren die amerikanischen Importe zu verdrängen (Die Messe zu Nishnij-Nowgorod, 1875, S. 262).
5. ALKIN, 1931, nach S. 210.
6. ALKIN, 1931, nach S. 210, WHITMAN, 1956, S. 194.

Bahn ein weites Einzugsgebiet schuf, so blieb doch die Entfaltung der Baumwollkultur in Mittelasien nicht ohne Rückwirkungen auf Turkmenien als das bahnnächste Gebiet. Gerade hier konnte sich erweisen, ob eine leistungsfähige Verkehrsverbindung tatsächlich als eine infrastrukturelle Vorleistung für die Ausweitung der Anbauareale in Frage kommt.

Bereits 1888 wurden in Russisch-Turkestan doppelt so große Flächen wie zu Beginn der achtziger Jahre mit Baumwollsaat eingesät. Bevorzugt waren die Gebiete um Samarkand und im Emirat Buchara, aber es bestanden auch schon Pläne, in der Hungersteppe bei Taškent mehr als 65 000 ha Baumwollfläche zu erschließen [7]. Zwischen 1885 und 1895 wuchs die Anbaufläche im Bezirk Ferghana von 34 600 Des. (37 000 ha) auf das Dreifache, zwanzig Jahre später hatte sie bereits 250 000 Des. (266 000 ha) überschritten [8]. Der entscheidende Anstieg liegt zwischen 1893 und 1900, als die Baumwollfläche um nahezu 80 % wuchs [9]. Ein Zusammenhang mit dem gerade in diesen Jahren vollzogenen Anschluß des Ferghana-Beckens an die Transkaspisch-Mittelasiatische Bahn ist unzweifelhaft; im Naheinflußbereich der Bahn konnte die Extension der Anbauflächen wesentlich beschleunigt werden [10]. Wenn die Entwicklung auch nicht überall so stürmisch verlief, so ist doch die Parallelität zum Bahnbau unverkennbar (vgl. Abb. 23 und 24).

---

7. Dieses Projekt wurde vor allem von der Moskauer Handelsgesellschaft KUDRIN & Co. unterstützt und finanziert, die sich in den mittelasiatischen Baumwollhandel engagierte; vgl. Globus 54, 1888, S. 31 u. 303.
8. LJAŠČENKO, 1952, Bd. II, S. 543; etwas abweichende Einzelangaben zu den verschiedenen Jahren bei SIEGEL, 1923, S. 14.
9. SIEGEL, 1923, S. 6 und 14; WHITMAN, 1956, S. 198 gibt für denselben Zeitraum eine Steigerung von nur 54 % an.
10. Nach ALLWORTH, 1967, S. 329 sollte die Ausweitung der Baumwollflächen in Mittelasien weniger als Folge des Bahnbaus als vielmehr der steigenden Weltmarktpreise interpretiert werden. Doch muß berücksichtigt werden, daß der Abtransport der auf erweiterter Fläche gewonnenen Baumwolle - sogar wenn für die Ausweitung selbst auch andere Gründe mitspielten - und die Einfuhr von Getreide zur Versorgung der Bevölkerung nur auf der Bahn möglich waren, so daß vielleicht kein Kausalnexus zwischen Bahn und Aussaatflächenerweiterung, wohl aber eine von der tovarnost' bedingte Relation bestehen bleibt.

Abb. 23

Veränderungen der Aussaatfläche in Turkestan, Wachstum der Einfuhrabgaben auf Baumwollfasern und Entwicklung des Bahnbaus

Quelle: Chlopkovodstvo SSSR i ego perspektivy, Moskau 1926, S. 19

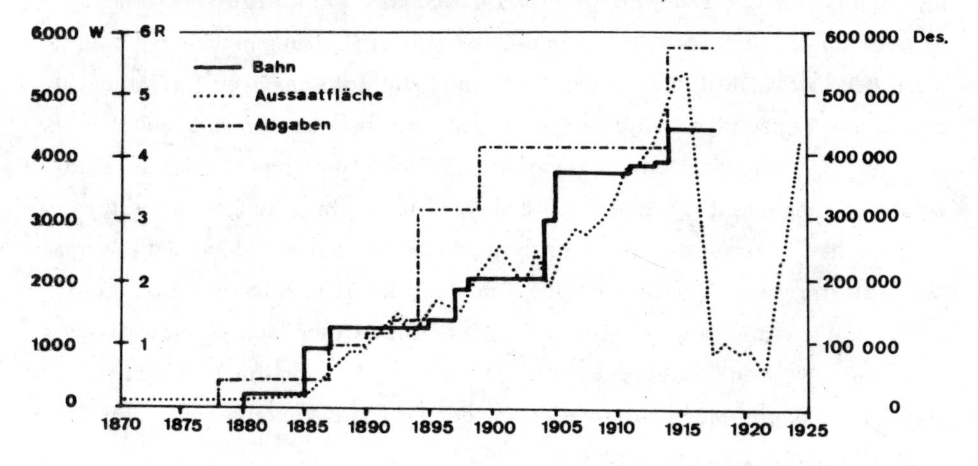

Abb. 24

Prozentuale Verteilung der Baumwollaussaatfläche auf die Verwaltungsgebiete Mittelasiens

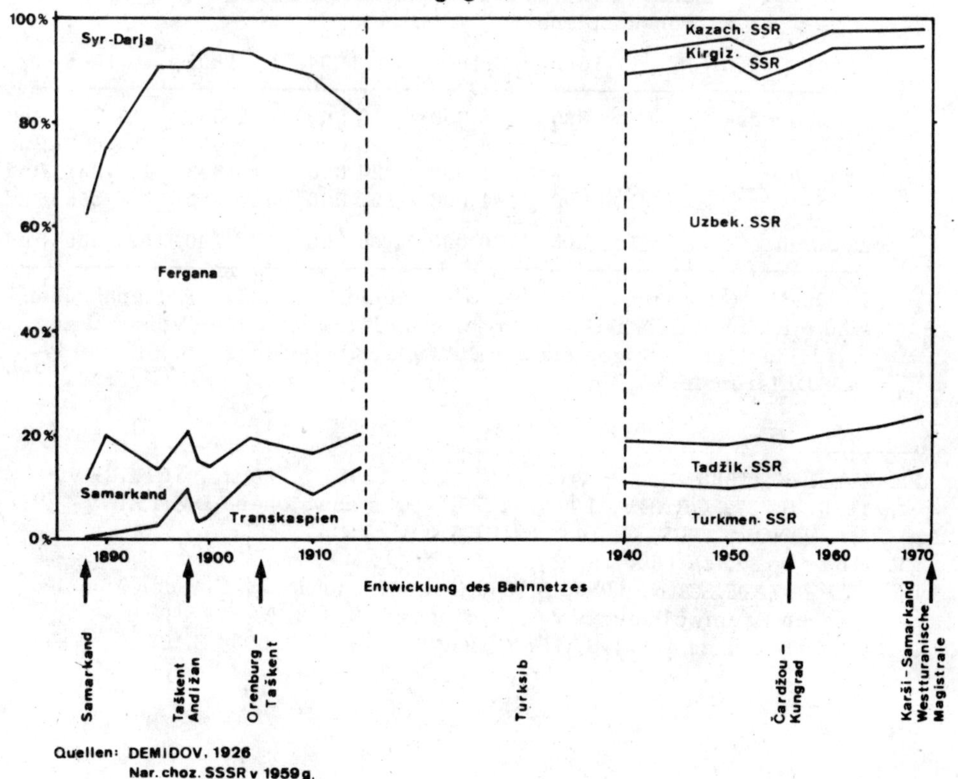

Quellen: DEMIDOV, 1926
Nar. choz. SSSR v 1959 g.
Nar. choz. SSSR v 1969 g.

In Turkmenien begann der Anbau von Baumwolle um 1887 an Tedžen und Murghab, um 1890 im westlichen Buchara um Čaršuj [11]. Anbaugebiete um 1890 waren die Merw-Oase (mit Pflanzungen der Firmen MINDER und KONŠIN), die Penždeh- und die Iolotan-Oase am Murghab sowie die Tedžen- und die Serachs-Oase mit zusammen ca. 800 Des. (874 ha) [12]. In der Tedžen-Oase waren 1888 zum ersten Mal in siebzehn aul insgesamt 50 Pud (ca. 820 kg) Rohbaumwolle gesammelt worden, in der Merw-Oase gewann man allein auf den Feldern der Firma MINDER im Jahr 1890 etwa 4000 Pud (65 520 kg) Rohbaumwolle aus amerikanischen Baumwollsamen [13]. Die Ausweitung des Baumwollandes ging nach Westen weiter in den uezd Aschabad; auch im persischen Deregöz und um Mashhad wurden - wiederum auf Veranlassung der Firma MINDER - die Baumwollflächen erheblich erweitert [14].

In den neunziger Jahren stiegen die Erträge rasch an. Hatte man 1891 erst 6600 Zentner Rohbaumwolle geerntet, so waren es 1894

Tabelle 10 Baumwollerträge 1892 - 1896 nach Verwaltungsgebieten Transkaspiens [a]

Uezd /Jahr	1892	1893	1894	1895	1896	
Krasnovodsk	885	8 000	6 000	1 555	1 715	Pud
Aschabad	-	16 000	39 000	45 092	76 373	Pud
Tedžen	-	11 000	24 000	25 643	112 281	Pud
Merv	100 000	141 000	127 000	105 450	340 886	Pud
zusammen	100 885	176 000	196 000	177 740	531 255	Pud

a. Quelle: Obzor ... za 1896, Priloženie No. 8. Die Zahlenangaben sind mit der bei Statistiken aus jener Zeit angebrachten Vorsicht zu betrachten, doch zeigen sie die Entwicklungstendenzen und die regionale Differenzierung an.

11. VACLIK, 1888, S. 36, Obzor ... za 1897, S. 28 ff., JUFEREV, 1925, S. 27, ORAEV, 1962, S. 75, etwas abweichend DMITRIEV-MAMONOV, 1903, S. 143, KURBANOV, 1965, S. 23.
12. Obzor ... za 1890, S. 25.
13. TER-AVANESJAN, 1956, S. 566 und 586; zur Innovation der amerikanischen Baumwollsorten vgl. u. Abschn. 3.3.3.1.
14. Obzor ... za 1893, S. 157 f., ORANOVSKIJ, 1896, S. 67 f.

schon 64 680, 1897 205 260 Zentner [15]. Schwerpunkte blieben die bahnnahen Oasen Atek, Tedžen und Merw, während der Anbau in den entlegeneren Gebieten, etwa am Atrek, stagnierte [16]. Die Entwicklung der Erträge in den transkaspischen Verwaltungsgebieten zwischen 1892 und 1896 geht aus der Tabelle 10 (S. 231) hervor.

Zwischen 1900 und 1915 ist ein Anstieg von 10 700 auf 45 700 Des. (11 400 bzw. 48 700 ha) zu verzeichnen; die Erträge machten 1900 noch 440 000 Pud (72 000 t), 1906 schon 600 000 (98 200 t) aus [17]. Der Zuwachs der Ackerbaufläche in der Merw-Oase bis 1917 kam fast vollständig der Baumwolle zugute. In der Pendeh-Oase wurde die Baumwolle 1901 eingeführt; ein Zusammenhang dieser Innovation mit dem Bau der Murghab-Bahn kann wohl angenommen werden [18].

Einen weiteren Hinweis, daß der Bahnbau bei diesem Baumwollboom eine initiierende Kraft war, gibt der zweite Aufschwung nach 1905, d. h. nach dem Bau eines direkten Bahnanschlusses von Mittelasien über Orenburg nach Rußland [19]. Die Unterbrechung dieser Bahn und der Transkaspischen Eisenbahn im russischen Bürgerkrieg hatte sofort eine Verminderung der Baumwollaussaatflächen zur Folge, nachdem schon 1917 eine Abnahme zu beobachten war. Für die Selbstversorgung - die Getreidezufuhren aus Südrußland waren unterbrochen, oder die Transporte wurden von hungernden Soldaten geplündert - wurde statt dessen der Getreideanbau betont [20]. Die Wiederherstellung der

---

15. KRAHMER, 1905, S. 109.
16. Obzor ... za 1896, S. 18 ff., ... za 1910, S. 10 u.ö.; im Atrek-Gebiet war die Ausbreitung der Baumwollkultur bereits mit zeitlicher Verzögerung gegenüber den anderen Oasen Turkmeniens erfolgt.
17. BIEDERMANN, 1907, S. 39, LJAŠČENKO, 1952, Bd. II, S. 543. Ähnliche Werte gibt Aziatskaja Rossija, 1914, Bd. II, S. 277.
18. AUHAGEN, 1905, S. 36.
19. Ferghana-Becken: 1905: 166 000 Des. (181 000 ha), 1910: 236 000 Des. (258 000 ha); BLAGOWIESTSCHENSKY, 1913, S. 107, SIEGEL, 1923.
20. Zusätzliche Faktoren für die Baumwollkrise waren die extrem schlechte Lage der Wasserversorgung im Revolutionsjahr 1917 und das Aussetzen der Aussaatfinanzierung durch Kredite der Baumwollfirmen Zentralrußlands (vgl. KURBANOV, 1965a, S. 41).

Ordnung im Eisenbahnwesen gehörte daher zu den ersten Maßnahmen, mit denen sich die Sowjetunion zu befassen hatte, um die Baumwollkultur zu heben [21]. Auch im Zweiten Weltkrieg wurde die Getreideversorgung durch Transportkrisen beeinträchtigt, und derselbe Rückkopplungseffekt in der Landwirtschaft trat erneut ein: Die Baumwollfläche nahm zugunsten der Getreideanbaufläche ab [22].

In den ersten Jahren nach dem Bürgerkrieg blieb der Wiederaufbau der Baumwollwirtschaft der Privatinitiative überlassen, solange der Staat eine geordnete Integration nicht gewährleisten konnte [23]. Erst Mitte der zwanziger Jahre setzte eine Neuplanung ein (vgl. Abb. 25). Sie sah die Ausweitung der Baumwollkultur in den Binnendeltaoasen an Murghab und Tedžen, im Wadi des Uzboj, im westlichen Kopet-dagh-Vorland, im nördlichen Badghyz und Kara-Bil sowie am Kelifsker Uzboj vor [24]. Diese Pläne sind weder damals noch in jüngerer Zeit in vollem Umfang verwirklicht worden. Nur am Kelifsker Uzboj, der heute vom Karakum-Kanal erschlossen wird, sind nach 1960 neue Baumwollflächen entstanden, Murghab- und Tedžen-Oasen folgten nach [25]. 1967

---

21. Sovetskoe narodnoe chozjajstvo 1921-25, 1960, S. 380 f.. In Turkestan wurden 1917: 418 790 Des. (458 000 ha) mit Baumwolle besät, 1918: 97 509 Des. (106 800 ha). 1922 war die Baumwollfläche auf 60 000 ha zurückgegangen, was dem Stand von 1890 entsprach. Spezielle Angaben für Turkmenien fehlen. Vgl. SIEGEL, 1923, S. 20 und 30, DEMIDOV, 1926, S. 225, WHITMAN, 1956, S. 205.
22. Baumwolle 1940: 150 400 ha, 1944: 99 800 ha; Getreide 1940: 182 800 ha, 1944: 225 800 ha bei einem Rückgang der gesamten Ackerbaufläche von 1940: 410 900 ha auf 1944: 388 300 ha (KURBANOV, 1965 a, S. 185 und 204). Vgl. die Angaben in Nar. choz. TSSR 1963, S. 76 f., Sovetskij Turkmenistan za 40 let, 1964, S. 37 (Baumwollfasergewinnung).
23. ASMIS, 1923, S. 8.
24. CINZERLING, 1927, S. 337 rechnete mit ca. 3 Mio Des. bewässerbarem, fruchtbarem Land in Turkmenien.
25. ABAEV, 1963, S. 66. Im Gegensatz zur sonst üblichen Unternehmensform, dem Kolchoz, sind im Bereich des Karakum-Kanals seit 1959 auch Baumwollsovchoze entstanden, in denen die Baumwolle zunächst in Monokultur angebaut werden sollte (IGDYROV, 1965, S. 32, ŠICHANOVIČ, 1966, S. 4).

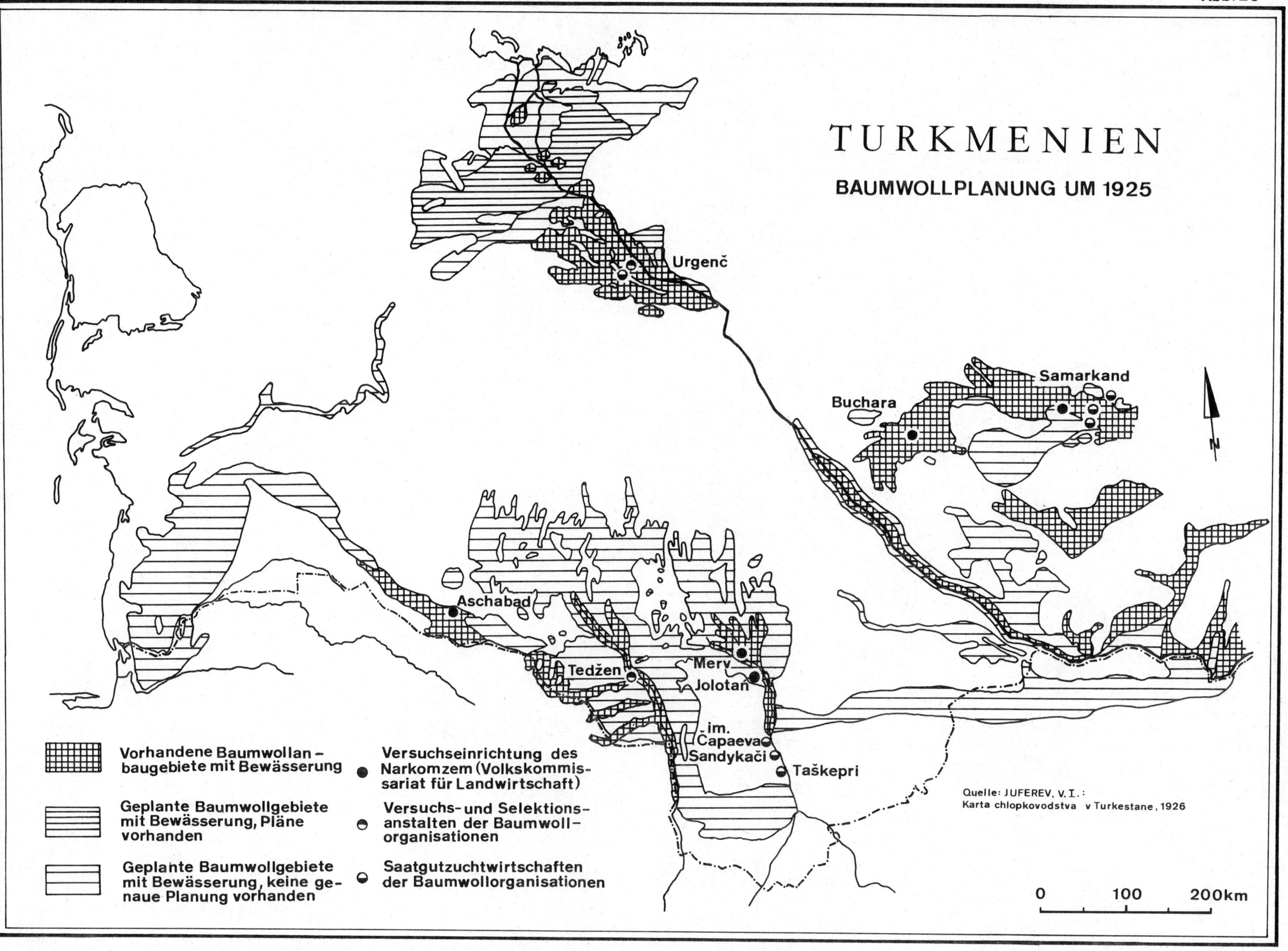
TURKMENIEN
BAUMWOLLPLANUNG UM 1925
Urgenč
Samarkand
Buchara
Aschabad
Tedžen
Merv
Jolotan
im. Čapaeva
Sandykači
Taškepri
N
Vorhandene Baumwollanbaugebiete mit Bewässerung
Geplante Baumwollgebiete mit Bewässerung, Pläne vorhanden
Geplante Baumwollgebiete mit Bewässerung, keine genaue Planung vorhanden
Versuchseinrichtung des Narkomzem (Volkskommissariat für Landwirtschaft)
Versuchs- und Selektionsanstalten der Baumwollorganisationen
Saatgutzuchtwirtschaften der Baumwollorganisationen
Quelle: JUFEREV, V. I.: Karta chlopkovodstva v Turkestane, 1926
0
100
200km

hatten sieben der elf turkmenischen Baumwollsovchoze Nutzflächen auf dem Neuland am Karakum-Kanal [26]. Wie sich die Weiterführung des Kanals nach Westen auswirken wird, läßt sich noch nicht absehen, aber mit einer derartig umfassenden Ausweitung des Bewässerungslandes, wie sie JUFEREV vorhergesagt hatte, kann in absehbarer Zeit kaum gerechnet werden. Hier spielen Transportkostenprobleme eine Rolle, denn die Zufuhrstrecken zur Bahn dürfen nicht zu lang werden, wenn die Rentabilität gewahrt bleiben soll. Hinzu kommen Kosten, die bspw. durch Versorgungstransporte (Düngemittelversorgung) verursacht werden und die in die Berechnung von Extensivierung und Intensivierung eingehen müssen [27]. Die Ausweitung im Bereich der Oasen an Tedžen und Murghab widerspricht dieser Überlegung nicht, denn dort ist bereits ein Wegenetz für den Lkw-Verkehr angelegt worden (vgl. u. Abschn. 3.2.7).

Mit den Angaben über die Aussaatflächen ist zwar die strukturelle Raumwirksamkeit der Baumwollkultur angesprochen, aber erst ein Blick auf die Erträge kann die Wirtschaftlichkeit aufzeigen. Hatte man 1928 im Durchschnitt nur 7,7 dz/ha geerntet, so konnte man 1965 mit 21,5 dz/ha rechnen, wenn auch einzelne Kolchoze wesentlich höhere Mengen lieferten [28]. In günstigen Anbaugebieten, vor allem in der Merw-Oase, lagen die Werte allerdings schon immer höher: 1909 rechnete BUSSE allgemein mit 7,7 bis 9,2 dz/ha, und für die neuere Zeit gibt ABAEV Maximalwerte von über 32 dz/ha für den ausgewählten Kolchoz "Moskva" in der näheren Umgebung von Mary an [29]. Seither

26. BAŠAROV, 1968, S. 45.
27. Das Neuland am Karakum-Kanal bleibt bspw. nur 2 bis 3 Jahre fruchtbar, dann werden Mineraldüngergaben erforderlich, die Zulieferungen verlangen; so erklären sich die Anfangserfolge der Baumwollsovchoze (vgl. OVEZMURADOV, 1962, S. 51).
28. Sistema vedenija sel'skogo chozjajstva v TSSR, 1961, S. 172, Nar. choz. SSSR v 1965, S. 303 und 326.
29. Die Baumwollfrage, 1911, S. 323, ABAEV, 1963, S. 57. In der Zwischenkriegszeit lag der Maximalwert sogar bei 60 dz/ha (Istorija Turkmenskoj SSR, 1957, Bd. II, S. 458 f.), doch wird keine An-

haben sich die Erträge nach der Einführung mineralischer Düngemittel und moderner landwirtschaftlicher Maschinen für die Baumwollkultur weiter erhöht (vgl. u. Abschn. 3.3.3.).

3.2.4.2 Die Viehwirtschaft

Die nomadische Viehwirtschaft der Steppengebiete entzog sich länger als die Ackerbaukulturen der Oasen dem russischen Einfluß und behielt zunächst die hergebrachte Form des "stationären Nomadisierens" (vgl. dazu Abschn 1.3.1.) bei. Ein deutliches Übergewicht der Viehwirtschaft gegenüber allen anderen Wirtschaftszweigen bestand seit jeher im Westen, wo zu Beginn der russischen Herrschaft über 60 % aller Wirtschaftsbetriebe im uezd Krasnovodsk damit beschäftigt waren, während in den uezdy Aschabad, Merv und Tedžen der Anteil der reinen Viehwirtschaftsbetriebe unter 5 % lag [1]. Soweit die Viehwirtschaft für den Handel arbeitete - und das galt im 19. Jahrhundert wie heute vor allem für die Karakulschafzucht -, richtete sie sich früh auf die Eisenbahn aus. So wurde seit 1895 die Karakulschafzucht im uezd Aschabad in besonders verkehrsgünstiger Lage eingeführt [2]. Später griff dieser Zweig auch auf benachbarte und periphere Räume aus, als sich die Handelsbeziehungen differenziert hatten [3]. Als weiteres Beispiel für die spätere Erfassung der Peripherie durch die handelsorientierte Viehwirtschaft kann auch die Einführung der Merinoschafwirtschaft im Gebiet von Kara-kala angeführt werden [4].

---

gabe über die tatsächliche Quantität gemacht. Vergleichswerte für die Erträge von Baumwollfasern (lint) - die sowjetischen Statistiken geben immer die Rohbaumwollerträge an! -: UdSSR 8,3 dz/ha, USA 5,8 dz/ha, Ägypten 7,1 dz/ha, Sudan 3,8 dz/ha, Weltdurchschnitt 3,6 dz/ha (Production Yearbook 23 (1969), 1970, S. 281 ff.).

1. ALKIN, 1931, S. 231.
2. Obzor ... za 1897, S. 74.
3. ODŽAROV, 1967, S. 11 und 13.
4. AUHAGEN, 1905, S. 46, ALKIN, 1931, S. 323, Sistema vedenija sel'skogo chozjajstva v TSSR, 1961, S. 349 ff. und 361.

In neuerer Zeit machte sich der Bahnbau indirekt bei Veränderungen in der Rangfolge der einzelnen Tierarten bemerkbar. Während der Bedarf für das Kamel als Karawanentier zurückgegangen war [5], hatten Wollschafe (vor allem kurdische Rassen) und Karakulschafe wirtschaftliche Bedeutung im Rahmen Rußlands und der UdSSR bekommen. Hatte man 1916 noch fast 300 000 Kamele gezählt, so war ihre Zahl bis 1963 auf 70 000 abgesunken; die Zahl der Woll- und Karakulschafe weist mit 4,6 Mio (1916) und 4,5 Mio (1969) kaum Unterschiede auf, obwohl große Schwankungen sogar von Jahr zu Jahr in Kauf genommen werden müssen [6]. Die Schweinezucht war lange durch die religiösen Vorschriften des Islam eingeschränkt. Erst in jüngerer Zeit zeigt sich eine Tendenz zur Ausweitung, die der Steigerung der Fleischversorgung dienen soll, doch gehört die Schweinezucht bis heute zu den unrentablen Wirtschaftszweigen in Turkmenien [7]. Ebenso hat die Geflügelzucht erst geringe Bedeutung. Zwar bemüht man sich seit über einem Jahrzehnt um Verbesserungen, doch arbeiteten die Gefügelhöfe immer noch wenig wirtschaftlich [8].

---

5. In den ersten Jahren nach dem Bahnbau war der Rückgang noch wenig deutlich, weil das Kamel nicht nur als Transporttier, sondern auch für die Gewinnung von Milch, Fleisch und Wolle wichtig ist; 1891 führte die Statistik 91 500 Kamele für gesamt Transkaspien an (Obzor ... za 1890, S. 29). Nach dem II. Weltkrieg war Ašchabad als wichtigster Handelsplatz zugleich ein Zentrum für die Kamelzucht geworden, die ihren Standort in den Sovchozen der nächsten Umgebung fand (L'Asie soviétique, 1949, S. 189, vgl. zur Kamelzucht auch BACON, 1966, S. 122 f.).
6. KRAHMER, 1898, S. 129, Aziatskaja Rossija, 1914, Bd. II, S. 313, Sistema vedenija sel'skogo chozjajstva v SSSR, 1961, S. 386 f., Sovetskij Turkmenistan za 40 let, 1964, S. 63, Nar.choz. SSSR v 1968, S. 397 f.. Alle statistischen Angaben müssen mit der gebotenen Skepsis als Hinweise auf die Größenordnung des Viehbestandes aufgefaßt werden; erst in jüngerer Zeit ist die genaue Erfassung leichter geworden. Für den 1.1.1970 werden angegeben: 3 775 000 Schafe und 183 000 Ziegen (Nar.choz. SSSR v 1969, S. 371 f.).
7. KONDAKOV, 1960, S. 20, Očerki po ékonomike sel'skogo chozjajstva ..., 1962, S. 364, VINNIKOV, 1969, S. 134, GIESE, 1970, S.193.
8. KONDAKOV, 1960, S. 19 f., zur Planung in der Viehwirtschaft auch T.I. vom 13.8.1971, S. 1 f.

In den dreißiger Jahren wurde die Viehzucht in die Kollektivierung einbezogen. Einige große Viehzuchtbetriebe, die neben den wirtschaftlichen auch wissenschaftliche Aufgaben der Landeserschließung bekamen, entstanden an der Bahn wie bspw. in Uč-Adži. Die beiden größten Karakul-Sovchoze, Kala-i-mor und Kazandžik, liegen in naturgeographisch verschieden ausgestatteten Landesteilen ebenfalls bei Bahnstationen [9]. Organisationsform innerhalb der Kolchoze und Sovchoze sind "fermy", Viehhöfe, die eine gewisse Weiterentwicklung der früher periodisch aufgesuchten Siedlungen, vor allem der qyšlaq, innerhalb des oba-Systems darstellen. Sie sind Ausgangspunkte für den freien Weidegang zwischen Sommer- und Winterweide. Als neueste Formen sind Dauersiedlungshöfe entstanden, die innerhalb der Großkolchoze überschaubare Unterabteilungen schaffen sollen [10]. Nach der Vergrößerung der Kolchoze wurde auch die Durchschnittsgröße der Viehhöfe angehoben. Anfang der sechziger Jahre galten als Richtwert 150 Stück Großvieh je Betrieb [11]. Teilweise entwickeln sich dabei zwischen den Hauptbetrieben (koši oder kutany) und den einzelnen Außenbetrieben zentralfunktionale Beziehungen beim Sammeln der Produktion und bei der Verteilung von Versorgungsgütern. Das Beispiel des Sovchoz Kazandžik zeigt dabei wieder die Bevorzugung der bahnorientierten Lage für den zentralen Hof im Verwaltungszentrum [12].

Daß die Viehwirtschaft bis heute aufgrund ihrer Wirtschaftsweise nur schwer in den organisierten und staatlich gelenkten Kollektivbetrieb einbezogen werden konnte, läßt sich aus der Verteilung der einzelnen Vieharten auf die "gesellschaftlichen Sektoren" ersehen. So sind 55 % der Kamele, aber 90 % der gesamtvolkswirtschaftlich wichtigen Karakulschafe 1963 in Kolchozen und Sovchozen gehalten worden [13]. Vor

---

9. MANAKOV, 1962, S. 35.
10. Vgl. Ovcevodčeskaja ferma kolchoza, 1961, S. 34.
11. Optimal'nye razmery ..., 1963, S. 57.
12. KOVALEV, 1957, S. 155, Optimal'nye razmery ..., 1963, S. 119 ff.
13. Sovetskaja Turkmenistan za 40 let, 1964, S. 64. WHEELER,

allem die Zucht von Karakulschafen wird heute mehr und mehr hochspezialisierten Betrieben überlassen. Anfang 1967 gab es 23 Karakul-Sovchoze in der Turkmenischen SSR, dazu widmeten sich 250 Kolchoz-Viehhöfe der Karakulzucht. Vier Großbetriebe, die die Bezeichnung "plemennyj zavod" ("Viehzuchtbetrieb") tragen (Ravnina, Uč-Adži an der Transkaspischen Bahn, ferner Talimardžan und Saradža) sollen einer weiteren Intensivierung den Weg bereiten [14].

Für die regionale Differenzierung ergab sich um die Jahrhundertwende etwa folgendes Bild: In Westturkmenien dominierte noch die Kamelhaltung, während Schaf- und Ziegenwirtschaft gleichmäßig in allen Steppenbereichen vorkam und Pferd, Esel und Hornvieh ihr Zentrum im uezd Merv im Anschluß an die Oasenkulturen fanden [15]. Nach dem Zweiten Weltkrieg wurde durch die zunehmende Kommerzialisierung vor allem die Karakulschafzucht gefördert. Hauptgebiete sind daher heute das nordwestliche Kopet-dagh-Vorland, der östliche Teil der früheren Aschabadskaja oblast', der rajon Kaachka und die rajony am Tedžen, die Merw-Oase, das mittlere Murghab- und das Kušk-Tal (u.a. die Umgebung von Tachta-Bazar) sowie das Gebiet von Čardžou, also durchweg bahnnahe Räume. Dazu kommt die Obručev-Steppe mit ihrem Hinterland, dem Kara-Bil, wo die Karakulschafzucht im Zusammenhang mit der Erschließung durch den Karakum-Kanal neu belebt wurde [16]. In den anderen Teilen Turkmeniens wird vorwiegend das

---

1964, S. 168 führt das Beispiel eines Kolchoz an, in dem 1961 nur 560 Schafen und Ziegen kollektivwirtschaftlich gehalten wurden, während sich 10 470 Schafe und Ziegen im Privatbesitz der Kolchozniki befanden. Zur Bedeutung der Viehhaltung im privaten Wirtschaftsbereich (Hoflandwirtschaften) der Kolchozbauern vgl. auch GIESE, 1970, S. 181 und 192 f.

14. BRASLAVSKIJ, 1967, S. 32 f., vgl. SOBKIN, 1967, S. 17 ff. mit einer Übersicht für 1965 und 1966, SACHATMURADOV, 1967b, S. 6.
15. KRAHMER, 1898, S. 126 ff., GEJER, 1901, S. 87.
16. Ekonomika i organizacija ..., 1958, S. 246 und 256, vgl. Razmeščenie i specializacija otraslej sel'skogo chozjajstva ..., 1964, S. 30 ff., BRASLAVSKIJ, 1967, S. 32, SACHATMURADOV, 1967a, S. 114.

Sarağ-Schaf gezogen, dazu treten Ziegen- und Rinderwirtschaft, letztere vor allem in Nordturkmenien. Vor der Ausweitung der Karakul-Schafzucht in Südost-Turkmenien war auch die Obručev-Steppe bevorzugtes Gelände für eine Haltung des Sarağ-Schafes [17].

In enger Beziehung zur regionalen Differenzierung stehen Verbesserungen der Weidevegetation. So soll bspw. der Karakum-Kanal zur Intensivierung in der Obručev-Steppe beitragen, wo eine gute botanische Grundlage für die Schafzucht angetroffen wird. Aussaatversuche mit Gerste (boghara-Kultur) und sudanischem Gras erbrachten erste Erfolge für die Futterbasis; ertragreicher ist freilich die Luzerne [18].

3.2.4.3 Die Forstwirtschaft und der Vegetationsschutz

Die umfangreichen Bepflanzungs- und Aufforstungsbestrebungen, die heute der wirtschaftlichen Nutzung Turkmeniens dienen, gehen auf Interessen des Bahnbaus und -betriebs zurück. Die Befestigung der Bahndämme, der Schutz gegen Sandverwehungen und Abschwemmungen verlangen nach dauerhafteren Maßnahmen, als es das anfängliche Überdecken des Wüstensandes mit einer Salzwasser-Lehm-Mischung oder das Einlegen von Faschinen in die Bahndämme waren. So entstanden nach wenigen Jahren kleine Anpflanzungen und Baumschulen bei allen größeren Bahnstationen; allein 1891 wurde eine halbe Million neuer Baumpflanzen gezogen [1]. Gleichzeitig wurde durch Gesetze die Entnahme von Holzpflanzen auf einem Streifen von 3 W (3,2 km), stellenweise sogar von 5 bis 8 W (5,3 - 8,5 km) beiderseits der Bahn-

---

17. E k o n o m i k a i organizacija ..., 1958, S. 256 f., vgl. MYNENKOV, 1966, S. 14 ff.. Das Verhältnis von Karakul- und Sarağ-Schafen lag 1967 etwa bei 85 : 15 (BRASLAVSKIJ, 1967, S. 32).
18. ASKOCHENSKY, 1962, S. 404, O č e r k i po ėkonomike sel'skogo chozjajstva Turkmenskoj SSR, 1962, S. 375, BRASLAVSKIJ, 1967, S. 33.

1. VACLIK, 1888, S. 27, ALBRECHT, 1896, S. 13, ROMANOW, 1904, S. 241, KRAHMER, 1905, S. 164 u. 173, THIESS, 1910, S. 1021.

trasse verboten [2], später wurde der Vegetationsschutz entlang der Bahn generell auf eine Breite von 30 und 60 W (32 bzw. 64 km) ausgedehnt [3]. Besonders untersagt war die Holzausfuhr nach Persien, schließlich sogar jeglicher Handel mit Saksaul- und Arča-Holz [4].

Mit diesen Maßnahmen wollte man dem Raubbau entgegentreten, den die einheimische Bevölkerung seit alters her und die Russen seit den achtziger Jahren in maßloser Überschätzung der jährlichen Zuwachsraten getrieben hatten. Ohne Rücksicht auf die Vegetationszerstörung hatten sie aus der Halbwüste vor allem für Heizzwecke, im Bergland auch für den Hausbau Holz entnommen. Besonders beliebt war das Saksaulholz, das einen sehr hohen Heizwert hat und daher ein begehrtes Handelsgut in Mittelasien wurde, das in Städten und an Bahnstationen zu hohen Preisen verkauft wurde [5]. Zu Beginn der russischen Herrschaft hatte man die Vorräte noch sehr hoch eingeschätzt: GEDEONOV sprach davon, daß Saksaulholz in der Nähe eines jeden Militärstützpunktes in nahezu unbegrenzter Menge vorhanden sei [6]. Bis 1890 war dann fast der gesamte Saksaulvorrat auf einem 3 W breiten Streifen entlang der Bahn in Ostturkmenien erschöpft. Erst damals wurden die genannten Schutzgesetze erlassen; bereits 1886 hatte man die Holzentnahme in der Nähe der Bahnstationen verboten [7]. Baumschulen entstanden in den neunziger Jahren bei den Stationen Repetek (1068 Quadrat-Saženi - 0,486 ha) und Farab (6006 Quadrat-Saženi - 2,7 ha). Ähnliche Dimensionen hatten die beim Krongut von Bajram-Ali angelegten Pflanzungen

---

2. Obzor ... za 1890, S. 18. BLAGOWIESTSCHENSKY, 1913, S. 64, vgl. auch MOSER, 1894, S. 289 f. und OVEZLIEV i FROLOV, 1970, S. 71 f.
3. Obzor ,,, za 1891, S. 66, Obzor ... za 1910, S. 90, Otčet po revizii ..., Bd. 18-1, 1910, S. 170 ff. und 214.
4. Obzor ... za 1897, S. 127.
5. Obzor ... za 1891, S. 203, Obzor ... za 1893, S. 104 ff., KRAHMER, 1905, S. 163, TOEPFER, 1907 a, S. 423, Aziatskaja Rossija, 1914, Bd. II, S. 136, BUCHHOLZ, 1961, S. 61.
6. GEDEONOV, 1885, S. 93.
7. RADDE, 1898, S. 17, FEDOROV, 1901, S. 152 f.

von Pappeln, Maulbeerbäumen und Robinien [8]. Bis in die jüngste Zeit blieben die Eisenbahnstationen Ausgangspunkt für derartige Schutzpflanzungen [9].

Die Neubepflanzungen entlang der Bahntrasse erlebten im Ersten Weltkrieg und den nachfolgenden Bürgerkriegswirren starke Einbußen, ehe sich die Sowjetregierung des Vegetationsschutzes annahm. Versuche bei der Wüstenforschungsstation Repetek und bei Uč-Adži, wo umfangreiche Holzentnahmen vor dem Ersten Weltkrieg und noch zu Beginn der dreißiger Jahre, unterstützt durch die eigens hierzu angelegte Zufuhrbahn (s. o. Abschn. 2.2.2.), die natürlichen Bestände fast völlig vernichtet hatten [10], ließen die zuständigen Behörden neue Wege bei der flächenhaften Aussaat dauerhafter Gewächse einschlagen. In enger Beziehung zur Entwicklung der westturkmenischen Erdölindustrie wurden Luftaussaat und Bitumenbefestigung eingeführt. Beim Übersprühen der Saat mit Bitumen bildet sich auf dem sandigen Boden ein feiner Film, der Saat und Untergrund vor der Deflation schützt, aber von den keimenden Pflanzen mühelos durchstoßen wird [11]. Ähnliche Versuche wurden von der Waldmeliorationsstation Nebit-Dag des turkmenischen Wüstenforschungsinstitutes und vom Sovchoz Bacharden unternommen [12]. Hauptausgangspunkte für Aufforstung und Vegetationsschutz waren in der Mitte der fünfziger Jahre die Siedlungen Kum-Dag, Džebel, Mary und Kuška [13]. Die größte Schutzwaldanpflanzung Mittelasiens, der Schutzstreifen von Buchara ("Bucharskij saslon", 110 km lang, 2 km breit) soll die Binnendeltaoase des Zeravšan gegen Sandverwehungen aus der Großen (uzbekischen) Kizyl-kum schützen [14].

---

8. Zapiska o sostojanii ..., 1899, S. 46, CURTIS, 1911, S. 66, vgl. ANNENKOV, 1889, S. 288 f. und Obzor ... za 1891, S. 70 ff. (Bestandsaufnahme der Waldvorräte und Schutzmaßnahmen).
9. PETROV, 1964, S. 97.
10. Vgl. RODIN, 1951, S. 245.
11. PETROV, 1951, S. 269, LEONT'EV, V.L., 1951, S. 272.
12. FREJKIN, 1966, S. 16, SVINCOV, 1967, S. 27 ff.
13. Forestry and afforestation, 1956, S. 261, vgl. OVEZLIEV i FROLOV, 1970, S. 72 f.

Wo derartige Versuche keine Erfolge zeitigten und eine Aufforstung in größerem Rahmen unmöglich war, will man wenigstens mit Steinmauern und Schilfzäunen die Vegetationsansiedlung fördern. Die Aufgaben der Waldmelioration liegen heute meist bei den Sovchozen [15]. Mit zunehmender Spezialisierung in der Landwirtschaft wurden aber sog. les-chozy (lesnye chozjajstva, Forstwirtschaftsbetriebe) organisiert (bspw. in Tašauz, Dargan-ata, Čardžou), die junge Baumpflanzen für die landwirtschaftlichen Betriebe bereitstellen sollen [16].

Auch die wirtschaftliche Bedeutung der Gebirgshölzer ist gestiegen. Die Arča (Juniperus spp.) wurde als wertvolles Bleistiftholz erkannt, ihr ätherisches Öl eignet sich zudem als Immersionsöl und kann das Zedernöl ersetzen, das sonst für diese Zwecke in die UdSSR eingeführt werden müßte [17]. Zu den besonders geförderten Gehölzen gehören schließlich die Pistazienbestände, deren Hauptverbreitungsgebiet bei Kuška in Badghyz und Kara-Bil liegt, wo schon seit 1934 planmäßige Aussaaten erfolgen [18].

3.2.5 Die Fischerei

Der Fischfang im Kaspischen Meer profitierte nicht so unmittelbar vom Eisenbahnbau, wie es für die Fischerei im Aral-See nahe der

---

14. PETROV, 1951, S. 264 f., BUCHHOLZ, 1961, S. 62. Neue Windschutzanpflanzen entstanden bei den Neulandsovchozen (Bajram-Ali, Karakumskij kanal, Moskva) am Karakum-Kanal, T.I. 20.7.1971, S. 2.
15. BUCHHOLZ, 1961, S. 67.
16. Vgl. die ausführliche Darstellung der derzeitigen Situation im Vegetationsschutz in T. I. vom 7.1.1971, S. 2 (Artikel von B. PŠENIČNYJ: Zelenyj ščit polej).
17. BUCHHOLZ, 1961, S. 49. Ursprünglich hatte man den einzigen Nutzen der Arča in ihrer Verwendung als Brennholz gesehen, denn als Bauholz kam sie wegen des Krüppelwuchses nicht in Frage (vgl. MEJER, 1885, S. 108), wenn auch in der holzknappen Anfangsphase von russischen Siedlern eine solche Nutzung versucht wurde.
18. GORBUNOVA, 1935, psm., FOMENKO, 1967, S. 36 f., OVEZLIEV i FROLOV, 1970, S. 74.

Orenburg - Taškenter Bahn nachgewiesen ist (vgl. o. Abschn. 2.3.2). Fänge aus dem südöstlichen Kaspischen Meer werden heute wie früher in allen größeren Siedlungen an der Küste angelandet. Zum Zentrum hat sich allerdings Krasnovodsk entwickelt, von wo aus ein Versand über das Meer nach Baku, Machač-kala oder Astrachań möglich ist. Nahe Krasnovodsk verfügt auch Kizyl-su an der Südspitze der kleinen Halbinsel über Verarbeitungsanlagen (Fischereikombinat). Außerdem behielten Gasan-kuli an der Mündung des Atrek und die Ogurčinskij-Insel südlich von Čeleken ihre alte Bedeutung [1].

Noch heute gilt das Hauptinteresse im Kaspischen Meer dem Stör, ferner werden Zander und Heringe gefangen. Der Fischfang ist in Fischereikolchozen, die ähnlich wie die landwirtschaftlichen Kolchoze gebildet und in einem Dachverband (Turkmenrybakolchozsojuz) zusammengefaßt sind, und in einem staatlichen Fischfang- und Fischverarbeitungstrust (Turkmenryba) in Analogie zu den großen Sovchozen organisiert [2]. In den Kollektivbetrieben leben die alten genossenschaftlichen Bindungen der Watagen fort, kleinen Fischfängergruppen, die erst in russischer Zeit eine bodenstete Siedlungsweise am Ufer des Kaspischen Meeres entwickelt haben [3].

Ein gänzlich neues Fischwirtschaftsgebiet wurde der Karakum-Kanal, in dem man algenfressende Fische aussetzte, um das Wasser vor der zu rasch wuchernden Vegetation zu schützen. Vor allem der Weiße Amur (Belyj Amur, Ctenopharyngogon idella) und der Dickstirnige Wels (Tolstolobik, Hypophtylmichthys molitrix), beide im Fernen Osten beheimatet, haben sich gut akklimatisiert [4]. Über die wirtschaftlichen Erfolge liegen bislang noch keine Informationen vor.

---

1. GEJER, 1901, S. 88, KRAHMER, 1905, S. 126 ff., OLUFSEN, 1905/06b, S. 262 u. 266, Central Asian fisheries, 1955, S. 15.
2. Central Asian fisheries, 1955, S. 15.
3. Vgl. Obzor ... za 1882-90, S. 129 ff.
4. MERETNIJAZOV, 1965, S. 82, Turkmenistan, 1969, S. 230.

Die Fischerei hatte in vorrussischer Zeit zu den wenigen Exportgewerben Turkmeniens gehört; diese Rolle spielte sie auch nach 1880. Um die Jahrhundertwende rechnete man mit 1410 t Anlandungen, wovon die knappe Hälfte auf Störe entfiel, die sich wiederum zu zwei Dritteln auf russische und zu einem Drittel auf turkmenische Fänge verteilten [5]. Bis zum Ersten Weltkrieg stiegen die Anlandungen noch auf 10 500 t an, dann setzte ein Rückgang ein, und erst um 1930 wurde der Vorkriegsstand wieder erreicht (1928: 9 800 t, 1935: 13 000 t), aber der Zweite Weltkrieg brachte einen neuen Einschnitt (1945 : 5 800 t). Seit den fünfziger Jahren befindet sich die turkmenische Fischereiwirtschaft im Neuaufbau. Sie mußte nach anfänglichen Erfolgen bei einer Erweiterung der Fangflotte von 270 auf 300 nochmals Rückschläge hinnehmen (1957: 19 100 t, 1958: 12 800 t), ehe in den sechziger Jahren eine rasche Zunahme der Fänge einsetzte (1960: 20 100 t, 1969: 50 600 t) [6]. Im Rahmen der UdSSR spielt der turkmenische Fischfang eine untergeordnete Rolle; 1965 machten die Fänge gerade 0,4 %, 1969 0,7 % der gesamten sowjetischen Anlandungen aus [7].

3.2.6 Der Bergbau und die Industrie

3.2.6.1 Die Bodenschätze, ihr Abbau und die auf ihnen beruhende Industrie

Die Insel (heute Halbinsel) Čeleken hatte industrielle Bedeutung erlangt, seit man in der Mitte der siebziger Jahre des letzten Jahrhunderts daran ging, das schon früher dort bekannte, aber nur in geringem Umfang genutzte Erdwachs auszugraben und auszuschmelzen.

---

5. GEJER, 1901, S. 88.
6. Statistische Angaben nach Nar. choz. TSSR 1963, S. 48 f., Sovetskij Turkmenistan za 40 let, 1964, S. 42, Nar. choz. SSSR v 1969, S. 269, Turkmenistan, 1969, S. 257, vgl. BARTZ, 1965, S. 518.
7. Nar. choz. SSSR v 1965, S. 75 u. 243, Nar. choz. SSSR v 1969, S. 269.

Die Veranlassung gab PALAŠKOVSKIJ, der Erbauer der Transkaukasischen Eisenbahn. Außerdem war von Anfang an die in Baku engagierte NOBEL-Gruppe maßgeblich an der Ausbeutung der Erdwachs- und Erdölvorkommen beteiligt [1]; sie verfügte über die nötigen technischen Hilfsmittel (Öldampfer, Ölleitungen zum Hafen usw.). 1876 wurde die erste erfolgreiche Bohrung auf Erdöl niedergebracht [2]. Der Transport erfolgt per Schiff nach Baku zu den Verarbeitungsanlagen. Obwohl tektonische Störungen in der Schichtenfolge den Abbau beeinträchtigten, nahm die Erdölförderung nach unruhigem Beginn, einem Boom kurz nach der Jahrhundertwende und leichten Rückschlägen doch insgesamt einen schnellen Aufschwung. Sie erreichte 1912 bereits 14,6 Mio Pud (240 000 t) Jahresförderung, nachdem es 1895 nur 30 000 Pud (490 t) gewesen waren [3]. Auch weiterhin wurde außer Erdöl auf Čeleken Erdwachs gewonnen [4].

Außer der Firma NOBEL interessierten sich noch mehrere andere Firmen für das Erdöl auf der Insel, vor allem das "Koskovskoe Obščestvo", das Haus KUZ'MIN i Ko., BOSTONDŽOGLO, das "Južno-Kavkazskoe Gornopromyšlennoe Obščestvo", die "Vtoraja Moskovskaja gruppa" u. a. (KLYČEV, 1964, S. 75). Es gelang der NOBEL-Gruppe, bis zum Ersten Weltkrieg die Konkurrenten weitgehend auszuschalten und eine dominierende Stellung einzunehmen. 1915 hatte sie eine Majorität von 62,3 % des Abbaus auf Čeleken bei insgesamt 6,9 Mio Pud Erdölgewinnung (Monopolističeskij kapital ..., 1961, S. 656 f.).

---

1. ALBRECHT, 1896, S. 4, KRAHMER, 1905, S. 150, ALKIN, 1931, S. 285, PIERCE, 1960, S. 192, KLYČEV, 1964, S. 72 ff.
2. DIKENŠTEJN u. a., 1965, S. 53.
3. GALUZO, 1929, S. 69, Istorija Turkmenskoj SSR, 1957, Bd. I-2, S. 168 u. 319, FREJKIN, 1957, S. 284, PAHLEN, 1964, S. 136 ff. u. 1969, S. 207 f.; etwas abweichende Werte bei KOCH, 1918a, S. 29.
4. Ozokerit dient als Ausgangsstoff der Gewinnung von Zeresin, das für die Herstellung von Kerzen, Bohnerwachs vor der industriellen Verwendung der Teerderivate benötigt wurde. Exportiert wurde ein großer Teil nach Deutschland (vgl. SUVOROV, 1962, S. 41, PAHLEN, 1969, S. 206), außerdem wurde es in Buchara weiterverarbeitet (ALLWORTH, ed., 1967, S. 317). Die Ozokerit-Vorkommen in der TSSR sind die bedeutendsten auf der gesamten Erde (vgl. Srednjaja Azija, 1969, S. 275).

Die Erdölgewinnung am Nefte-dagh war anfangs ganz von den Bedürfnissen der Eisenbahn bestimmt; seit 1881/82 bemühte man sich um eine Nutzung der lange vorher bekannten Vorkommen [5]. Zwischen dem Hauptabbaugebiet und der Bahnstation Balla-Išem wurde die bereits genannte (Abschn. 2.2.2.) schmalspurige Pferdebahn angelegt, um das Erdöl leichter zur Hauptbahn transportieren zu können. Auf ihr fand es Verwendung bei der Lokomotivfeuerung, Zugheizung und in der Brennstoffversorgung der Bahnstationen. Die Station Balla-Išem wurde Standort einer kleinen Kerosinfabrik für die Bahn [6]. Eine Konkurrenz zu Baku erwuchs aus diesen kleinen Anfängen nie. Die Förderung geriet vielmehr 1887 ins Stocken, weil der Transport von Erdöl über das Kaspische Meer billiger war als der noch zu wenig mechanisierte Abbau in Turkmenien. Dennoch kam alles Erdöl, das seit den achtziger Jahren am Nefte-dagh gewonnen wurde, lange Zeit ausschließlich der Transkaspischen Bahn zugute [7]. 1901, also nach der Bahnerschließung von ganz Russisch-Turkestan, betrug die Förderung am Nefte-dagh schon rd. 5,5 Mio Pud (90 000 t), bis 1911 stieg sie auf 217 000 t [8].

Weltkrieg, Revolution und Bürgerkriegswirren versetzten der turkmenischen Erdölwirtschaft einen empfindlichen Schlag. Erst in der Mitte der dreißiger Jahre begann ein neuer Aufschwung, der sich kontinuierlich bis heute fortgesetzt hat (vgl. Tabelle 11, S. 246). Nach dem Zweiten Weltkrieg dehnte sich die Suche nach Erdöl und Erdgas auf weite Teile des Landes aus. Die Einbeziehung in den unionsweiten Rahmen der Suche nach Bodenschätzen zeigt, daß kein unmittelbarer Einfluß der Eisenbahn mehr besteht, wenn auch die Dieselierung von

---

5. MEJER, 1885, S. 107, Obzor ... za 1882-1890, S. 157 f., VASILIEV, 1892, S. 228 ff., KRAHMER, 1905, S. 141 ff., DIKENŠTEJN u. a., 1965, S. 69.
6. Obzor ... za 1882-1890, S. 157, vgl. DŽEVECKIJ, 1889, S. 221.
7. VASILIEV, 1892, S. 231, BLAGOWIESTSCHENSKY, 1913, S. 130 f.
8. THIESS, 1906, S. 194, vgl. auch RADDE, 1898, S. 83, KRAHMER, 1898, S. 136, SIROTIN i SABBATOVSKIJ, 1967, S. 28, KURBANOV, 1965b, S. 42.

der Erdölerschließung abhängig ist. Die moderne Verkehrsentwicklung (Röhrenleitungen für Erdöl und Erdgas) macht die Beförderung von den traditionellen Verkehrswegen und Verkehrsmitteln unabhängig.

Tabelle 11 Die Entwicklung der Erdöl- und Erdgasgewinnung in Turkmenien seit 1913 [a]

Jahr	Erdölgewinnung	Erdgasgewinnung
1913	129 000 t	
1924/25	6 000 t	
1932	34 000 t	
1935	336 000 t	
1940	587 000 t	9 Mio m^3
1950	2 021 000 t	65 Mio m^3
1955	3 126 000 t	
1960	5 278 000 t	234 Mio m^3
1965	9 636 000 t	1 157 Mio m^3
1966	10 672 000 t	1 265 Mio m^3
1967	11 924 000 t	2 226 Mio m^3
1968	12 879 000 t	4 843 Mio m^3
1969	13 725 000 t	7 535 Mio m^3

a. Quellen: Nar.choz. TSSR 1957, S. 27, Nar.choz. TSSR 1963, S. 50 f., Sovetskij Turkmenistan, 1964, S. 35, Nar.choz. SSSR v 1965, S. 175, ... v 1967, S. 236, ... v 1968, S. 236, ... v 1969, S. 197.

Erdölgeologische Untersuchungen wurden in zahlreichen Gebieten angestellt, die teilweise bereits als höffig bekannt waren. So wurde in Kotur-tepe, wo seismologische Untersuchungen schon 1935 stattgefunden hatten, 1956 eine Tiefbohrung niedergebracht, die fündig wurde [9]. Die Vorkommen von Kum-Dag waren vor dem Ersten Weltkrieg bekannt, das Revier wurde jedoch nicht vor 1947 erschlossen, und die Förderung begann erst in den fünfziger Jahren [10]. Damals wurden auch die bedeutenden Vorkommen von Dagadžik (1953), Aligul (1955)

9. DIKENŠTEJN u. a., 1965, S. 60. Zu den Erdöluntersuchungen vgl. auch DENISEVIČ, 1957, S. 4 und 7 f., BABENKO, 1962, psm., SovG 3, 1962, H. 1, S. 74, MAZOVER, 1966, S. 138 und 146 ff., Pravda vom 4.3.1967, S. 1 und vom 9.6.1967, S. 1.
10. DIKENSTEJN u. a., 1965, S. 75 f.

und Okarem (1958) erschlossen [11]. Seither sind noch weitere Prospektierungen erfolgreich gewesen, so daß sich heute die Gewinnung von Erdöl nicht mehr auf die westturkmenischen Gebiete beschränkt, sondern auch in der östlichen Kara-kum eingesetzt hat [12].

In den östlichen Landesteilen wurde freilich die Suche nach Erdgas wichtiger, und das vor allem nach der Fertigstellung der großen Erdgasleitung zwischen Mittelasien und dem russischen Zentrum [13]. Im Vergleich zum Erdöl weist die Erdgasgewinnung in Turkmenien eine noch geringere Abhängigkeit von den Verkehrsqualitäten einzelner Gebiete auf, wenn man davon absieht, daß völlig entlegene Bereiche bis heute noch nicht untersucht wurden. Die Erdgasförderung begann 1957 in größerem Ausmaß in Darvaza. Seither sind in der Kara-kum (etwa in der Nachbarschaft der Merw-Oase und am östlichen Rand des Transunguz-Plateaus) zahlreiche Bohrungen erfolgreich verlaufen. Die gesamten Verräte an Erdgas in Turkmenien belaufen sich nach vorläufigen Schätzungen auf ca. 6 Bio m^3 [14]. Allerdings sind die Untersuchungen noch nicht abgeschlossen. Erst kürzlich ergaben geologische Forschungen bei Džu-džu-klju ein neues Erdgaslager nahe der schon bekannten Bohrstelle Šechitlinskoe. Allein dort werden die Vorräte auf 1 Bio m^3 geschätzt [15].

Die Industrialisierung im Anschluß an die Erdölvorkommen begann in größerem Stil erst in sowjetischer Zeit. Krasnovodsk hatte zwar schon vor 1917 eine kleine Verarbeitungsanlage erhalten, aber eine bedeutende Erdölraffinerie entstand erst im Zweiten Weltkrieg [16].

---

11. ANNAKLYČEV, 1968a, S. 50.
12. Geologija i neftegazonosnost' ..., 1962, S. 266 ff., BABAKULIEV, 1966, S. 48, GvŠk 1967, H. 6, S. 75, vgl. auch ZAYTSEV, 1968, S. 505 ff., SHABAD, 1969, S. 309 ff.
13. Vgl. MIRTSCHING, 1964a, S. 162 ff., SIROTIN, 1966, S. 66, SIROTIN i SABBATOVSKIJ, 1967, S. 32 f., MJATIEV, 1969, S. 75 ff.
14. DIKENŠTEJN, u.a., 1965, S. 107 u. 114 f., MAZOVER, 1966, S. 135, DWESOW, 1967, S. 5, SovG 3, 1962, H. 9, S. 57, PM 110, 1966, S. 44.
15. GvŠk 1971, H. 1, S. 77.
16. SHABAD, 1961, S. 406, LEJZEROVIČ, 1964, S. 208.

Eine Industriestadt sowjetischer Prägung wurde Nebit-Dag, dessen erste Fabriken in den Jahren 1931 bis 1933 gebaut wurden. Seit 1944 setzte eine ähnliche Entwicklung im weiter östlich gelegenen Kum-Dag ein [17]. Dabei konnte Nebit-Dag aufgrund seiner Lage an der Eisenbahn und der Nähe zum Nefte-dagh (Hauptsiedlung Vyška - Imeni 26 Bakinskich Komissarov) die Vorteile der Rohstoffnähe mit denen eines leichten Transportes der Industrieprodukte verbinden. Diese Lagerstätten waren unmittelbar nach dem Bürgerkrieg sogar der Eisenbahnverwaltung unterstellt worden [18]. Ein weites Einzugs- und Ausstrahlungsgebiet bis Kotur-tepe, Okarem und Kum-dag, aber auch die Hebung des Lebensstandards sind sichtbarer Ausdruck der Stadtentwicklung [19].

Aus den ersten Ansätzen der erdölverarbeitenden Industrie erwuchs eine sehr vielseitige chemische Industrie, die ihre Standorte meist nach denselben Prinzipien von Rohstoffnähe und Verkehrsgunst wählte. Im Zusammenhang mit der Erschließung des Kara-bogaz entstand 1925 ein Werk zur Nutzung des Ozokerits (Turkmenzeroz) [20]. Als weiterer Rohstoff mit Unionsgeltung wird Bentonit [21] verarbeitet, der nördlich des Großen Balchan bei Oglanly in geringen Mengen abgebaut wird [22]. 1948 wurde in Dagadžik ein Werk eröffnet, das die wenigen Erze der Halbinsel Čeleken verarbeiten soll; bereits im Krieg war von dort Bentonit an die Autofabriken der Sowjetunion (in Gor'kij, Kirovsk u. a.) geliefert worden [23]. In der Stadt Čeleken wird heute nicht nur Erdöl ver-

---

17. Istorija Turkmenskoj SSR, 1957, Bd. II, S. 440 f., FREJKIN, 1957, S. 291, ANNAKLYČEV, 1958, S. 81 f., PETROV, 1964, S. 101.
18. KURBANOV, 1965b, S. 43.
19. WHEELER, 1964, S. 165, GvŠk 1967, H. 6, S. 75.
20. KURAMBAEV, 1965, S. 85.
21. Bentonit ist ein montmorillonitreiches Tongestein, das in wässriger Suspension zur Thixotropie neigt. Bentonit wird bei Tiefenbohrungen als Dickspülmittel und zum Abdichten von Bohrlochwandungen benötigt, außerdem findet es Verwendung in der keramischen und pharmazeutischen Industrie (ABC Technik und Naturwissenschaft, Bd. 1, S. 56).
22. Srednjaja Azija, 1969, S. 277 und 446.
23. KURAMBAEV, 1965, S. 85 f.

arbeitet, sondern die chemische Industrie der Stadt basiert auch auf dem Vorkommen von Jod- und Bromwässern [24]; daran konnte sich eine pharmazeutische Industrie anschließen, deren Produktion heute über die Grenzen der TSSR hinaus Geltung hat. Jod wird in Čeleken seit 1932 und in Nebit-Dag seit 1969 verarbeitet [25].

Wohl hat die Fertigstellung der ersten mittelasiatisch-zentralrussischen Erdgasleitung die Erdgasfunde Uzbekistans und Turkmeniens in die gesamtsowjetische Wirtschaft einbeziehen sollen, aber man denkt heute auch an den Aufbau einer rohstoffständigen chemischen Industrie auf Erdgasbasis, wie die jüngsten Beispiele von Šagal bei Dejnau und Čardžou zeigen [26]. Aber zweifellos wird noch auf lange Zeit die Erdöl- und Erdgasindustrie in Turkmenien eine untergeordnete Rolle gegenüber den Rohstofflieferungen nach außen spielen; im Zusammenhang mit der Erschließung neuer Gaslagerstätten und der Verlagerung der industriellen Schwerpunktes - bspw. im Augenblick nach Westsibirien - kann eine regional im mittelasiatischen Rahmen bedeutsame Industrialisierung jedoch nicht ausbleiben. Ihre Lokalisierung entscheidet über die geographischen Rückwirkungen auf die Kulturlandschaft.

Enge Beziehungen bestehen zwischen dem Salzabbau und der Verkehrslage. Für die Gewinnung von Steinsalz wurde außer Kuuli-Majak (nördlich Krasnovodsk), das über einen kleinen Hafen verfügt, vor allem der Abbau in Molla-kara bedeutsam, wo Salz über die Station Džebel verfrachtet werden kann [27]. Der Abbau versorgte zu Beginn der dreißiger Jahre außer Turkmenien auch Tadžikistan und Uzbekistan [28]. Dadurch konnte sich in Westturkmenien Molla-kara zunächst

---

24. FREJKIN, 1957, S. 284, GvŠk 1971, H. 4, S. 72.
25. KLYČEV, 1964, S. 113, KURAMBAEV, 1965, S. 85, SovG 10, 1969, S. 149.
26. GvŠk 1969, H. 3, S. 74, T. I. vom 20.5.1971, S. 1.
27. Zur Nebenstrecke Džebel - Molla-kara vgl. o. Abschn. 2.2.2.
28. ANNAKLYČEV, 1958, S. 99 f.

als Hauptabbauort gegenüber Kuuli-Majak durchsetzen, ehe die wachsende Fischindustrie von Krasnovodsk und Kizyl-su erhöhte Bedarfsansprüche geltend machte (Tabelle 12).

Tabelle 12 Die Entwicklung des Salzabbaus in Molla-kara/Džebel und Kuuli-Majak zwischen 1913 und 1937 [a]

Abbauort /Jahr	1913	1929	1932	1935	1937
Molla-kara/Džebel	4 700	31 200	88 000	46 000	23 900 t
Kuuli-Majak	6 800	60 700	42 000	82 000	70 900 t

a. Quelle: ANNAKLYČEV, 1958, S. 100 f. und 153 f.

Die Schwefellager am südlichen Abfall des Transunguz-Plateaus waren bereits im 19. Jahrhundert den Turkmenen bekannt, eine industrielle Nutzung begann nach der Erschließung durch die Russen zögernd seit 1881, weil der Transport des Schwefels zu den nächsten Verbraucher- und Verteilerzentren zu umständlich war [29]. Erst nachdem Versorgungsprobleme, vor allem das der Trinkwasserversorgung, gelöst waren und eine Autostraße die ständige Verbindung mit Aščhabad sicherstellte, entstand eine kleine Arbeitersiedlung "Sernyj Zavod" (wörtl.: "Schwefelfabrik", Erstanlage 1928/29), die zeitweise sogar den Status einer Siedlung städtischen Typs innehatte [30]. Mit der Erschließung leichter zugänglicher Schwefellager bei Darvaza (ca. 40 km nordwestlich von Sernyj Zavod, Erstanlage 1934), wo in jüngerer Zeit auch Erdgas erbohrt wurde, und vor allem bei Gaurdak in Südost-Turkmenien verlor die Siedlung des Schwefelabbaus allmählich ihre Stützpunktfunktion inmitten der Wüste [31]. Die Schwefel- und Kalilager von Gaurdak liegen bereits außerhalb des engeren Untersuchungsgebietes; bei ihrer Erschließung, die erst vor wenigen Jahren voll eingesetzt hat,

29. MEJER, 1885, S. 107, VASILIEV, 1892, S. 489, Obzor ... za 1892, S. 65, DAVIDSON, 1897, S. 279.
30. LOPATIN, 1930, S. 99 und 108, Istorija Turkmenskoj SSR, 1957, Sd. II, S. 317, ANNAKLYČEV, 1958, S. 86 ff., Turkmenistan, 1969, S. 202.
31. ANNAKLYČEV, 1958, S. 132.

spielte die Nähe zur Eisenbahn Kagan - Dušanbe eine entscheidende Rolle für die Standortwahl [32].

Die Erschließung des Kara-bogaz (Aği-darja) für die russische Industrie ging in zu großer räumliche Distanz vor sich, als daß direkte Beziehungen zum Bahnbau zu erwarten wären. Vor dem Ersten Weltkrieg war das Interesse am Kara-bogaz vor allem naturwissenschaftlicher Art, wie die Expeditionen von 1897 und 1909 zeigen [33]. Der Abbau von Glaubersalz (Mirabilit, $Na_2SO_4 \cdot 10\,H_2O$), dem wichtigsten Salz der Bucht, betrug 1910 erst 1800 t, stieg aber bis 1912 bereits auf 7300 t [34]. Langjährige Untersuchungen und Expeditionen in den zwanziger Jahren (1921-1926 und 1927) förderten nacheinander drei Abbauzentren. Zunächst lag der Schwerpunkt im Süden der Bucht, von wo das Salz nach Krasnovodsk und zu den näher gelegenen Stationen der Transkaspischen Bahn (Kara-Tengir, Jangadža) gebracht wurde [35]. Später wurde die Halbinsel, die die Bucht von Süden her abschließt, der bevorzugte Standort; die Siedlung Kara-bogaz-gol war zeitweise Siedlung städtischen Typs, verlor aber seine Bedeutung analog zur Entwicklung in Sernyj Zavod. Die Verkehrsverbindungen - jetzt zu Wasser und zu Land - wiesen auch von dort hauptsächlich nach Krasnovodsk [36]. Heute liegt das Schwergewicht des Abbaus auf der nördlichen Halbinsel mit den Zentren Sartas - Poselok Severnych Promyslov Ozero No. 6 - (Abbau), Bekdaš (Verarbeitung und Versand) und Omar-ata (Energieversorgung, Werkstätten) [37]. Bekdaš hat eine

---

32. Srednjaja Azija, 1969, S. 276, GvŠk 1969, H. 4, S. 76, SovG 10, 1969, S. 267.
33. PODKOPAEV, 1930, S. 89 ff.
34. LEBEDINCEV, 1930, S. 18.
35. KLIMOVSKICH, 1930, S. 173 und 184 ff.; vgl. auch BELOUSEV, 1935, S. 83 ff., ANNAKLYČEV, 1958, S. 51 und 84 f., KURBANOV, 1967, S. 6, LEJZEROVIČ, 1968a, S. 69, LEONT'EV i KOSAREV, 1969, S. 20, Turkmenistan, 1969, S. 131.
36. Geografičeskij atlas, 1951, Bl. 57, NIEDERMEYER, 1941, S. 130.
37. LEJZEROVIČ, 1968a, S. 71, LEONT'EV i KOSAREV, 1969, S. 22.

günstige Hafenanlage, die rasche Verbindungen nach Machač-kala, aber auch nach Astrachań, Baku und Krasnovodsk erlaubt. Die Beziehungen sind damit nicht mehr im Rahmen Turkmeniens, sondern des gesamten Kaspischen Raumes zu sehen und orientieren sich auch an den neu zu erschließenden Abbaugebieten auf der Halbinsel Manghyšlaq [38]. Die Organisation des seit 1954 bestehenden Chemiekombinates ist aus dem 1929 gegründeten Trust "Karabogazsul'fat" hervorgegangen [39].

Am Kara-bogaz erfolgt außer der Gewinnung des Salzes und seiner Dehydratation nur teilweise eine Weiterverarbeitung. Die vielseitige industrielle Anwendbarkeit des Glaubersalzes hat in Turkmenien noch wenig Bedeutung. Nur die Glasfabrik von Ašchabad (mehr jedoch die Glasfabrik "Dagogni" in Machač-kala) und die Textilindustrie profitieren vom Salzabbau. Eine rohstoffständige chemische Industrie in Bekdaš, die außer den Salzen auch Jod- und Bromwässer verwerten soll, wird weiter ausgebaut [40]. 1965 wurden 153 000 t Natriumsulfat, 8000 t Magnesiumsulfat (Epsomit [41]) und 9000 t Glaubersalz gewonnen [42]. In den letzten Jahren ist man bemüht, durch einen künstlichen Damm am Kara-bogaz-gol den Zufluß von Kaspi-Wasser endgültig zu unterbinden, nachdem schon die jüngste Regression zu einer Verminderung des Wasserstromes geführt hat. Man hofft, durch diese Maßnahmen, die zu

---

38. POKROVSKIJ, 1930, S. 196 f., Atlas Azerbajdžanskoj SSR, 1963, Bl. 110, Atlas Astrachanskoj oblasti, 1968, Bl. 27, LEJZEROVIČ, 1968a, S. 79 Anm., vgl. Turkmenistan, 1969, S. 133 f.
39. KURAMBAEV, 1965, S. 85, LEJZEROVIČ, 1968a, S. 69, ČARYEV, 1970, S. 44.
40. KURNAKOV i ŽEMČUŽNYJ, 1930, S. 341 und 344, Istorija Turkmenskoj SSR, 1957, Bd. II, S. 443, PAVLENKO, 1962, S. 306, AMINOV, 1966, S. 32, LEJZEROVIČ, 1968, S. 72 ff., Sovetskij Turkmenistan, 1968, S. 237.
41. Epsomit (Bittersalz, $MgSO_4 \cdot H_2O$) dient u.a. als Korrosionsschutzmittel in Pipelines und wird bei der Herstellung mineralischer Düngemittel sowie in der Textil-, Papier-, Zucker- und pharmazeutischen Industrie verwendet; vgl. LEJZEROVIČ, 1968a, S. 77, ABC Technik und Naturwissenschaft, Bd. 1, S. 253.
42. LEJZEROVIČ, 1968a, S. 70; zu den verschiedenen Salzen vgl. auch MIRTSCHING, 1964b, S 40.

einer Austrocknung der Bucht führen werden, neue Salzlagerstätten zugänglich machen zu können [43].

Das Beispiel des Kara-bogaz zeigt ebenso wie das der Schwefellagerstätten in der Kara-kum, welche Nachteile eine weite Distanz zur Eisenbahn für die Erschließung der Bodenschätze hat. Über geringe Entfernungen ist der Verkehr mit traditionellen Zufuhrbetrieben möglich gewesen (z. Bsp. der Transport mit Kamelen), wie die Salzlagerausbeutung auf Čeleken, am Uzboj, bei Molla-kara und Jagman zeigt [44]. Über größere Entfernungen fällt diese Möglichkeit meist weg; daraus resultiert zunächst eine zeitlich verzögerte Erschließung. Sie kann nur erfolgreich bleiben, wenn zusätzliche infrastrukturelle Leistungen im Verkehrssektor erbracht werden, wie etwa die Hafenanlage von Bekdaš beweist. Aufschlußreich sind auch die Überlegungen, das Industriegebiet am Kara-bogaz an die Manghyšlaq-Eisenbahn anzuknüpfen und später vielleicht einmal eine durchgehende Bahnlinie zwischen der Halbinsel und Krasnovodsk anzulegen [45]. Eine Breitenwirkung des Abbaus aller vorhandenen Bodenschätze ist demnach unter den gegebenen Bedingungen in Turkmenien noch nicht möglich, solange das sekundäre Verkehrsnetz (Stichbahnen, Zufuhrstraßen) unzureichend ist.

3.2.6.2 Die Produktionsgüterindustrie

Bei den Industriezweigen, die auf eine Zufuhr von Rohstoffen oder Halbfertigprodukten angewiesen sind, wird die Beziehung zur Eisenbahn deutlicher. In erster Linie ist an die Werke zu denken, die für den Eisenbahnbetrieb selbst eingerichtet wurden. Die weiten Entfernungen

---

43. GvŠk 1967, H. 2, S. 73 und 1971, H. 2, S. 73, LEONT'EV i KOSAREV, 1969, S. 22.
44. BLAGOWIESTSCHENSKY, 1913, S. 157 f.. Auf die Erschließungsprobleme in verkehrsfernen Gebieten, etwa bei der materiellen Versorgung, weist vor allem LEJZEROVIČ, 1968a, S. 78 f. hin; vgl. auch T. I. vom 29. 7. 1971, S. 2.
45. LEONT'EV i KOSAREV, 1969, S. 22.

zu den Liefergebieten und die schlechte Verkehrslage besonders im Winter erforderten für den Bahnbau Depots mit Schwellen und Schienen, aber auch mit Ersatzteilen und Werkzeug. Erste Lager entstanden in Michajlovsk, dazu kamen kleinere Lager entlang der Bahnstrecke. Der wichtigste Betrieb wurde aber 1881 in Kizyl-Arvat gegründet. Diese Hauptwerkstätten der Transkaspischen Bahn waren lange Zeit die bedeutendsten in Mittelasien, ehe sie von Taškent abgelöst wurden [1]. In dem Werk konnte beschädigtes Rollmaterial nicht nur ausgebessert werden, sondern bald schlossen sich auch Fertigungsbetriebe an, die es erlaubten, einfachere Ersatzteile an Ort und Stelle zu fabrizieren. Das Hauptarbeitsgebiet blieb zwar die eisenbahngebundene Montage [2], aber aus dieser Initialleistung entstand - nicht zuletzt auch aus strategischen Gründen - ein Zentrum der Maschinenherstellung in Turkmenien [3]. Heute versorgen Betriebe in Kizyl-Arvat weiterhin die Eisenbahn und auch den Automobilverkehr mit den nötigen Reparaturleistungen; eine Messinggießerei entstand bereits vor dem Ersten Weltkrieg [4].

Die großen Depots in Krasnovodsk und Čardžou hatten eine ähnliche Wirkung; sie sind Standorte für mechanische Werkstätten geworden (Lokomotiv-, Automobilreparatur usw.). In beiden Orten kommt die Verknüpfung von Eisenbahn- und Schiffsverkehr hinzu, die die Entstehung von Werften anregte [5]. Zu einem eisenbahnbezogenen Schwerpunkt

---

1. Ausführliche Beschreibung in Zapiska o sostojanii ..., 1899, S. 85 ff. mit Plan ibid. Priloženie No. 18; vgl. ANNAKLYČEV, 1968b, S. 92 f. (Besprechung von: P. REDŽEBOV: Istorija Kizyl-Arvatskogo paravozo-vagonnoremontnogo zavoda, Aščhabad 1968); vgl. auch The early history of the Transcaspian Raiway, 1961, S. 238 f. - Zur Verteilung der Industriezweige vgl. Abb. 26.
2. Bspw. wurden 1909 84 Dampfloks generalüberholt, 76 Inspektionen durchgeführt und 570 Loks der laufenden Überholung unterzogen (SUVOROV, 1962, S. 52).
3. HEYFELDER, 1889, S. 141, GEJER, 1901, S. 93, DMITRIEV-MAMONOV, 1903, S. 237, KRAHMER, 1905, S. 214, BLAGOWIESTSCHENSKY, 1913, S. 174, SHABAD, 1961, S. 405, vgl. auch ALLWORTH, ed., 1967, S. 319 ff.
4. SUVOROV, 1962, S. 40, AGIŠEV u.a., 1964, S. 72 et psm., Turkmenistan, 1969, S. 169.

der Metallverarbeitung und des Maschinenbaus hat sich Tachia-taš (an der Strecke Čardžou - Kungrad unweit von Nukus/Karakalpak. SSR gelegen) entwickelt; das Werk sollte auch die hydrotechnischen Anlagen am unteren Amu-darja mit den nötigen Einrichtungen versorgen [6].

Obwohl die Industrie nicht zu den spezifisch städtischen Funktionen gehört, waren die Rückwirkungen der Eisenbahnbedürfnisse auf die Entstehung der Maschinenbauindustrie in Ašchabad als dem bedeutendsten Zentrum Turkmeniens am größten. Das Eisenbahndepot gehörte schon vor dem Ersten Weltkrieg zu den bedeutendsten der insgesamt 51 Industriebetriebe in der Hauptstadt [7]. Heute bestehen dort nicht nur Reparaturwerkstätten und Montagebetriebe, sondern bspw. auch ein großes Werk für die Herstellung der in der Erdölwirtschaft benötigten Maschinen (Ašneftemaš) und eine Maschinenfabrik [8].

In etwas geringerem Umfang wirkte sich der Bahnbau auf die Baumaterialindustrie aus [9]. Bei der Einführung fester Steinhäuser russischen oder kaukasischen Baustils wurden Ziegeleien notwendig, die sich nach Rohstoffen (alluviale Tone und Mergel), Absatzgebieten (städtische Zentren), aber auch nach den Transportmöglichkeiten orientierten. Von den über zwanzig Betrieben liegen die wichtigsten heute in Städten an der Bahn: Krasnovodsk (Betonwerk), Bezmein (Zementfabrik und Betonherstellung [10]), Ašchabad (Fertigbauteile, Glasfabrik), Tedžen (Eisenbeton, Wandblöcke für Fertigteilbauweise) und Čardžou (Betonfabrik). Andere Städte entwickelten ebenfalls eine eigene Bauindustrie; dazu gehören Nebit-Dag, Kazandžik, Dargan-ata und Kerki. Auch diese Betriebe sind überwiegend konsum- und transportorientiert [11]. Seit der

---

5. Turkmenistan, 1969, S. 99, Srednjaja Azija, 1969, S. 278.
6. Vgl. dazu schon CINZERLING, 1927, psm.
7. BABAEV i FREJKIN, 1957, S. 35.
8. CONOLLY, 1967, S. 192, Sovetskij Turkmenistan, 1968, S. 244, Turkmenistan, 1969, S. 181 ff., Srednjaja Azija, 1969, S. 440 f., T.I. vom 10.1.1971 u.ö.
9. Obzor ... za 1905, S. 95.
10. BABAEV i FREJKIN, 1957, S. 8.
11. Zur Entwicklung nach 1917 vgl. ANNAKLYČEV, 1958, S. 31 und 89,

Revolution ist eine Konzentration in Großbetrieben eingetreten: Heute erreicht ein einziges der drei großen Aščhabader Ziegelwerke allein die 26fache Produktion der 83 Ziegeleien Transkaspiens in vorrevolutionärer Zeit [12].

3.2.6.3 Die Konsumgüterindustrie

Die industrielle Erschließung der Oasenzentren beruht auf der Weiterverarbeitung landwirtschaftlicher Produkte. Hier kann die transportbedingte Vorbereitung der Baumwolle für den Versand als Beispiel gelten. Wie auch in anderen Teilen Turkestans waren tarifliche Gründe für die Ansiedlung von Baumwollentkernungs- und -reinigungsanlagen an Bahnstationen ausschlaggebend [1]. 1892 wurden die beiden ersten Fabriken in Merv eröffnet. 1893 folgte Geok-tepe, später kamen Betriebe in Tedžen, Kizyl-Arvat, Bacharden, Tachta-Bazar (also auch in gewisser Bahnferne), Iolotań und Bajram-Ali hinzu [2]. Die Entwicklung in der Merw-Oase stand im Zusammenhang mit dem Krongut von Bajram-Ali, dessen Fabriken 1904 bereits 480 000 Pud (7840 t) Rohbaumwolle verarbeiteten, während die inzwischen fünf Merver Betriebe im selben Jahr nur 35 000 Pud (572 t) Rohbaumwolle entkernten [3]. Durch die Anlage dieser mechanischen Entkernungsfabriken sollte die traditionelle Baumwollentkernung mit den "čigrik" abgelöst werden, bei denen die Rohbaumwolle in Handarbeit zwischen zwei Holzbalken durch-

---

Übersicht über die Betriebe am Ende der 50er Jahre in CAR 6, 1958, S. 175; POKŠIŠEVSKIJ, 1967, S. 456, Sovetskij Turkmenistan, 1968, S. 247 ff., Atlas SSSR, 1969, Bl. 110 und 146; zur Glasfabrik in Aščhabad vgl. T.I. vom 28.5.1971, S. 2, zum Standort Tedžen GvŠk 1967, H. 6, S. 77.

12. Sovetskij Turkmenistan, 1968, S. 247.

1. SUVOROV, 1962, S. 43.
2. Obzor za 1893, S. 160 ... za 1897, S. 134 f., FEDOROV, 1901, S. 80, THIESS, 1913, S. 1501, ALKIN, 1931, S. 275, ABAEV, 1963, S. 21, zu negativen Erscheinungen in Iolotań (private Bereicherung, übermäßiger Wasserverbrauch) vgl. PAHLEN, 1969, S. 218.
3. Istorija Turkmenskoj SSR, 1957, Bd. I-2, S. 169 f.

gedreht wird, so daß sich Faser und Kern voneinander trennen [4]. Nach dem Ersten Weltkrieg mußte die turkmenische Baumwollindustrie fast völlig neu aufgebaut werden; Anfang der zwanziger Jahre existierten nur noch sechs kleine Entkernungswerke im Gebiet von Čardžou und 22 im Gebiet von Merv [5]. Dabei hat sich das Schwergewicht nach Osten in die großen Oasen verlagert, während die kleinen Betriebe am Fuß des Kopet-dagh nach dem Ersten Weltkrieg nicht erneuert wurden.

Bis heute ist die Standortwahl der Baumwollreinigung eisenbahngebunden. Die Hauptwerke liegen in Mary, Bajram-Ali, Iolotań, Tedžen, ferner in Čardžou, Tašauz, Kalinin und Kerkiči (Eisenbahnstation von Kerki auf dem rechten Ufer des Amu-darja) [6]. Erst die jüngste Entwicklung brachte eine leichte Veränderung, wie etwa der Standort von Chauz-Chan (fertiggestellt im August 1971, geplante Kapazität 22 000 t Baumwollfasern/Jahr [7]) zeigt. Aber dabei ist zu berücksichtigen, daß in der langfristigen Perspektivplanung der Karakum-Kanal eine ähnlich wichtige Leitlinie darstellen soll wie die Transkaspische Eisenbahn, und daß zudem die neuen Werke in Oasengebieten liegen, die eine relativ günstige Verkehrsinfrastruktur haben, so daß die Zulieferung der gereinigten Baumwollfasern zu den nächsten Eisenbahnstationen kein Problem darstellt.

Wie die erste Verarbeitungsstufe, so könnte auch die weiterverarbeitende Textilindustrie eng mit dem Eisenbahnverkehr verknüpft sein. Aber auf diesem Gebiet besteht in Turkmenien auch heute noch ein gewaltiger Nachholbedarf, denn es existiert erst ein Baumwollkombinat mit allen notwendigen Spinn- und Webanlagen, das Mitte der dreißiger Jahre in Aščhabad entstand. 1968 verfügte es über mehr als 800 Web-

---

4. Vgl. TER-AVANESJAN, 1956, S. 583.
5. DJUŽEV, 1922, S. 42; vgl. Statističeskij ežegodnik (Turkrespubliki) 1917-23, t. II, č. 3, S. 595, Fabrično-zavodskaja promyšlennost' SSSR 1925/26, S. 75.
6. ATADŽANOV, 1965, S. 42, Turkmenistan, 1969, S. 100, GvŠk 1968, H. 6, S. 74 (zu Kerkiči).
7. T. I. vom 7.8.1971, S. 1.

stühle und 41 000 Spindeln, die jährliche Produktion wurde mit 30 Mio lfd. m angegeben [8]. Eine neuere Baumwollgewebefabrik wird für Mary angeführt, doch ist über ihre Produktionsausrichtung nichts bekannt [9]. Auf einer abermals höheren Verarbeitungsstufe, nämlich in der Konfektionsbranche, ist Turkmenien wieder etwas besser versorgt. Kleinere Fabriken dieses Zweiges existieren in Aščhabad, Mary, Čardžou u. a., aber sie sind auf zugeführte Stoffe angewiesen [10].

Die Baumwolle liefert außer den Fasern mit Kernen und Kapseln weitere Produkte für eine industrielle Verarbeitung. Noch nach dem Ersten Weltkrieg war die Herstellung von Baumwollöl aus den ausgepreßten Kernen in Turkmenien wesentlich unbedeutender als etwa im Ferghana-Becken, obwohl auf dem Krongut von Bajram-Ali die ersten Ölmühlen schon 1904 eingerichtet wurden [11]. Heute sind Bajram-Ali und Tašauz die einzigen Standorte für die Gewinnung von Baumwollöl, aber wiederum wird fast ausschließlich Rohöl gewonnen, das zur Raffinierung erst ausgeführt werden muß [12].

Im Heimgewerbe blieb die Teppichherstellung ein wichtiger handelsorientierter Zweig. Vor allem die Teppiche aus der Achal- und Merw-Oase waren sehr geschätzt, weil man sie qualitativ höher bewertete als die bucharischen und persischen Artikel. Seit der Transport nach Rußland und ins Ausland möglich geworden ist, arbeiten die Teppichaufkäufer und -händler mit großem Gewinn, was wiederum die Entwicklung vorindustrieller Kleinbetriebe ermöglichte. Zugleich wurden aber die pflanzlichen Farbstoffe durch mineralische ersetzt, die schon früher in Persien eingeführt worden waren. Sie bewirkten eine Qualitätsminderung; bessere Teppiche wurden nur noch in entlegenen

---

8. Sovetskij Turkmenistan, 1968, S. 253, Gudok vom 11.1.1968, S. 1, Turkmenistan, 1969, S. 101.
9. Ekonomičeskie rajony SSSR, 1969, S. 494.
10. Vgl. ANNAKLYČEV, 1968a, S. 53, JAZMURADOV, 1970, S. 25 ff. (zitiert nach Résumé in RŽ 1970, H. 12, S. 28).
11. DEMIDOV, 1926, S. 181 und 187.
12. HAYIT, 1965, S. 97 f., Turkmenistan, 1969, S. 104.

Gebieten wie bspw. der Penǧdeh-Oase hergestellt [13]. Um die Jahrhundertwende rechnete man mit der Fertigung von rund tausend Teppichen im Jahr [14]. In sowjetischer Zeit wurde die Teppichherstellung weiter kommerzialisiert. Waren 1913 Teppiche mit einer Gesamtfläche von 8200 m^2 angefertigt worden, so stieg die Produktion analog zur Wirtschaftsentwicklung. Ein erster Höhepunkt wurde 1934 (51 400 m^2) erreicht, dann sank die Produktion im Zweiten Weltkrieg, und erst die Nachkriegszeit brachte einen neuen Aufschwung (1961: 53 500 m^2) [15].

3.2.7 Die Verkehrswege

Unter den Landwegen haben die Posttrakte für die Ersterschließung Transkaspiens eine große Bedeutung gehabt. Sie schlossen sich in der Regel an die Eisenbahn an und führten zu anderen wichtigen Siedlungszentren. So konnte bspw. der Bahnbau im Murghabtal (vgl. o. Abschn. 2.2.2) der bereits vorhandenen Trasse eines Postweges folgen, der in den frühen neunziger Jahren zur Grenzsicherung angelegt worden war [1]. Von Krasnovodsk wurde ein Posttrakt nach Čeleken eingerichtet, im ersten Jahrzehnt des 20. Jahrhunderts entstand eine Linie entlang dem Amu-darja, nachdem die ursprünglichen Eisenbahnprojekte zurückgestellt worden waren [2]. Telegraphenlinien waren schon bei der Trassierung der Eisenbahn eingerichtet worden [3].

---

13. KRAHMER, 1905, S. 115.
14. FEDOROV, 1901, S. 88 ff.
15. Nar.choz. TSSR 1963, S. 52.

1. Obzor ... za 1890, S. 62 und 66, ... za 1892, S. 141, ... za 1912-14, S. 114.
2. Otčet po revizii ..., Bd. 10, 1910, S. 193 f.
3. Globus 39, 1881, S. 383, Globus 40, 1881, S. 31, Globus 41, 1882, S. 271, Globus 48, 1885, S. 383; vgl. SCHWARZ, 1900, S. 426. Telegraphenlinien führten schon bald über die Grenze nach Persien, so daß Transkaspien sowohl auf dem Landweg (Transkaukasien - Nordpersien - westturkmenisches Tiefland), als auch durch ein Seekabel zwischen Baku und Krasnovodsk nachrichtentechnisch an das Russische Reich angeschlossen war.

Als zweite Generation bahnbezogener Landwege können Fahrwege im Kopet-dagh-Vorland und in den Oasengebieten genannt werden. Sie dienten der Verbindung zwischen den neuen russischen Siedlungen, etwa den Kolonistendörfern, und den nächsten Bahnstationen, die sich zu Handels- und Marktorten entwickelten [4]. Fernverbindungen wurden in den ersten Jahrzehnten in Turkmenien nicht angelegt; für den Verkehr mit den benachbarten Chanaten blieben die alten Karawanenwege mit geringen Änderungen intakt [5], doch waren die Transportstrecken kürzer geworden, und auch die Zahl der Karawanen ging rasch zurück [6].

Analysiert man das heutige Landverkehrsnetz - außer der schon ausführlich behandelten Eisenbahn -, so sind zunächst einige Fernstraßen zu erwähnen, die zum großen Teil historischen Wegen folgen. So ist die russische Militärstraße zwischen Čikišljar und Kizyl-Arvat nach dem Bahnbau nochmals verbessert worden [7]. Sie beginnt heute in Gasan-kuli, dem Hauptfischereihafen Südwest-Turkmeniens; in Kizyl-Arvat trifft sie auf die von Krasnovodsk kommende Straße. Im Ausbau befindet sich eine Verbindung nach Süden, die über Bugdajly Okarem und Kizyl-Atrek erreicht. Südöstlich von Kizyl-Arvat wurde der alte Weg am Fuß des Kopet-dagh zu einer wichtigen Straßenverbindung zwischen den Gebirgsfußoasen. Etwa parallel zur Eisenbahn gelangt die Straße über Tedžen nach Mary, wo ein Weg nach Süden der Nachfolger des erwähnten Posttraktes durch das Murghab-Tal bis Kala-i-mor und Tachta-Bazar ist. Gut ausgebaut ist nach den zur Verfügung stehenden Unterlagen auch die Straße, die parallel zum Amu-darja zwischen Chorezm und Termez verläuft und die immer strategische Bedeutung in der Nachbarschaft der afghanischen Grenze hatte [8].

Außerdem gibt es eine große Zahl von Wüstenpisten in der Kara-

---

4. Vgl. Obzor ... za 1882-90, S. 202 ff., MURZAEV, 1957, S. 79.
5. Obzor ... za 1890, S. 56 ff.
6. Obzor ... za 1882-90, S. 120 f., ... za 1891, S. 230.
7. KUZ'MIN-KOROVAEV, 1889, S. 51 f.
8. Vgl. Turkmenistan, 1969, S. 120, Atlas SSSR, 1969, Bl. 26/27.

kum und in Westturkmenien. Sie entsprechen weitgehend alten Karawanenwegen, tendieren heute aber dazu, die Eisenbahn an Bahnstationen zu erreichen. Wichtige Verknüpfungspunkte sind bspw. Kazandžik, Uzun-su, Ušak und Kizyl-Arvat. Andrerseits geht die Anlage der Bahnstationen vielfach auf ehemalige Karawansereien oder Brunnenstellen zurück [9]. Im südlichen und östlichen Turkmenien ist die Wahrung der alten Wüstenwege noch deutlicher. Die Handelsstraße Mary - Serachs hat auch heute ihre Bedeutung behalten, und zwischen Mary und dem Amu-darja, wo eine moderne Chaussee fehlt, dienen alte Karawanenwege regionalen Verkehrsbeziehungen. Das Straßennetz im ehemaligen Emirat Buchara geht auf russische Planungen vor 1917 zurück [10].

Dazu trat in den letzten Jahrzehnten eine Verdichtung des lokalen Straßen- und Pistennetzes in den wichtigen Wirtschaftsgebieten. Entlegenere Gebirgsbereiche des Kopet-dagh wie bspw. das Land der Nuchur wurden für die Grenzsicherung gegen Persien bald nach der russischen Eroberung durch Fahrwege erschlossen [11]. Im westturkmenischen Erdölrevier kommt der Verkehrserschließung durch Straßen eine besondere Bedeutung zu. Außer den schon erwähnten Verkehrswegen sind kurze Verbindungen zwischen den Orten der Halbinsel Čeleken und in der Umgebung des Nefte-dagh zu nennen [12]. Auch die großen Oasen sind durch Wegenetze aufgeschlossen. So sind in der Tedžen-Oase Kirovsk, Ovaz-Džalataj und Serachs mit dem Hauptort Tedžen verbunden, in der Merw-Oase Sagar-Čaga, im. Kalinina, Kizyl-Bajdak, Murghab, Iolotań und Bajram-Ali mit Mary und auch untereinander. Ähnliche Autostraßen gibt es im Amu-darja-Delta, wo auch der zwischenörtliche Autobusverkehr an Bedeutung gewinnt [13].

Dabei darf nicht übersehen werden, daß der lokale Straßenbau wie

---

9. MASAL'SKIJ, 1913, S. 563, TUMANOVIČ, 1926, S. 61, OLZSCHA u. CLEINOW, 1942, S. 225; vgl. o. Abschn. 3.2.2.1.
10. ROTTMANN, 1911/12, S. 403, OLZSCHA u. CLEINOW, 1942, S. 226 f.
11. VASIL'EVA, 1954, S. 124.
12. KURBANOV, 1965a, S. 197, vgl. LEJZEROVIČ, 1968a, S. 141.
13. VASIL'EVA, 1969, S. 149, T.I. vom 22.7.1971, S. 4.

in der gesamten UdSSR [14] erst recht in den peripheren Gebieten gering entwickelt ist. Selbst in den größten Städten gibt es nur wenige asphaltierte Straßen, immer noch dominieren einfache, festgefahrene Erdwege [15]. Die Übersicht kann also nicht über Verkehrsschwierigkeiten hinwegtäuschen. Zwar sind Fernverbindungen zwischen allen wichtigen Orten vorhanden, wobei die direkten Wege zwischen dem Südwesten und dem Norden fast ausschließlich Wüstenpisten sind, aber eine Verdichtung des sekundären Wegenetzes und ein ausreichender Ausbau für den Lkw-Verkehr haben erst in wenigen Gebieten stattgefunden. Insgesamt erreichte das Straßennetz in der TSSR 1970 erst 8700 km, davon 4700 km mit festem Belag [16]. Das Fehlen eines dichten Straßennetzes ist ein wichtiges infrastrukturelles Hemmnis für die Binnenintegration des Landes. Vor allem die Erschließung der Erdöl- und Erdgaslagerstätten für die chemische Industrie leidet unter dieser Rückständigkeit. Kompetenzschwierigkeiten bei der Planung waren bisher ein wesentlicher Grund für das Fehlen solcher Straßen [17]. Inzwischen haben Berechnungen ergeben, daß die Erschließung Westturkmeniens durch Eisenbahn-Stichlinien nicht wesentlich kostspieliger ist als der Bau eines ausreichenden Wegenetzes [18]. Nachteilig wirken sich für die Entwicklung auch die relativ hohen Selbstkosten im Autotransport aus; sie erreichen in der TSSR mit 57,9 Kopeken je 10 tkm fast genau den Mittelwert für die UdSSR (57,8 Kopeken) [19].

Die Wegeverbindungen über die Grenzen Turkmeniens zu den Nachbarstaaten knüpfen an innerturkmenische Straßen an. Die beiden wich-

---

14. Vgl. dazu WÄDEKIN, 1969, S. 183 ff.
15. Vgl. SUVOROV, 1962, S. 91 f.
16. Nar. choz. SSSR v 1970, S. 453.
17. LEJZEROVIČ, 1968a, S. 140 f., T.I. vom 18.6.1971, S. 3.
18. LEJZEROVIČ, 1968a, S. 142, vgl. CONOLLY, 1967, S. 235.
19. Nar. choz. SSSR v 1969, S. 475; der hohe Mittelwert kommt durch den Anteil der RSFSR mit 61,0 Kop. zustande, minimale Werte wurden in der Azerbajdžanischen SSR (44,6 Kop.) und in Estland (45,9 Kop. für 10 tkm) erreicht.

tigsten Verbindungen zwischen Turkmenien und Persien waren vor dem Bahnbau der Weg über Gömüš-tepe an der Gorgan-Grenze und durch das Deregöz (Moḥammadābād) nach Bojnūrd bzw. Quchan, außerdem - solange er nicht durch die Merw-Teke unterbrochen war - der Handelsweg von Buchara über Merw und Serachs nach Mashhad [20]. Ašqābād hatte keine Verkehrsbedeutung, weil die Märkte im Deregöz für Viehtransporte und anderen Handel schneller und sicherer zu erreichen waren [21]. Nach dem Eisenbahnbau zog Aschabad die Verkehrsströme zwischen Persien und Transkaspien an sich. In den Jahren 1888 bis 1890 entstand eine feste Straßenverbindung von Aschabad über Gaudan und Bājgīrān nach Quchan und Mashhad, die wenigstens im russischen Bereich heute als Asphaltstraße ausgebaut ist [22]. Dieser Straße sollte für die russische Durchdringung Chorasans große Bedeutung zufallen, man dachte auch an eine Verlängerung nach Süden über Besh Āghāj und Solṭānābād bis Sabzavār [23]. Allerdings zeigten sich im ersten Jahrzehnt nach der Inbetriebnahme der Bahn auch Mängel: Der Landweg konnte nicht ausreichend genutzt werden, weil die Bahn unpünktlich verkehrte. So behielt in Nordpersien die alte west-östliche Straße vom Kaspischen Meer bei Astrabad nach Mashhad ihre Funktion [24]. Trotz aller Hindernisse belebten die Handelstransporte zwischen Aschabad und Mashhad das Leben in diesen beiden Städten, die zu Einzugszentren großer Bereiche wurden (vgl. u. Abschn. 3.6.2.1) [25].

---

20. VAMBERY, 1873, S. 360, O'DONAVAN, 1882, Bd. II, S. 55 ff., vgl. o. Abschn. 1.3.5.
21. O'DONAVAN, 1882, Bd. II, S. 57 und Karte im Anhang dazu.
22. HEYFELDER, 1889, S. 18, SCHWEINITZ, 1910, S. 17, THIEL, 1934, S. 230, Istorija Turkmenskoj SSR, 1957, Bd. I-2, S. 177. Zum Zustand dieser Straße vor der Jahrhundertwende bemerkt BAUMGARTEN (1896, S. 20 ff. und 23, vgl. auch KRAHMER, 1905, S. 200), daß es sich nicht um eine richtige Chaussee handle, und daß der Weg auf persischer Seite noch schlechter unterhalten sei als auf der turkmenischen. Auch heute ist der persische Abschnitt nicht voll ausgebaut, sondern hat Pistencharakter.
23. BAUMGARTEN, 1896, S. 45, CURZON, 1889/1967, S. 287.
24. ARTAMONOV, 1892, S. 127, vgl. VACLIK, 1888, S. 55 f.
25. Vgl. BLAGOWIESTSCHENSKY, 1913, S. 184.

In Richtung Afghanistan führt ein Handelsweg von Dušak über Serachs nach Herat. Im äußersten Süden wurde außerdem von Kuška aus ein Weg nach Herat und Kabul angelegt, der nach der sowjetischen Machtergreifung für lange Jahre wieder gesperrt wurde [26]. Erst nach der Verlängerung der Murghab-Eisenbahn zur afghanischen Grenze bei Tor-Gundhai und nach der Verbesserung des sowjetischen Verhältnisses zu Afghanistan erhielt der Anschluß nach Süden neue Bedeutung. Im Rahmen sowjetischer und amerikanischer Wirtschaftshilfe entstand ein Anschlußnetz fester Betonstraßen, das in den Nachbarländern seinesgleichen sucht; nur in Nordafghanistan zwischen Herat und Mazar-i-Sharif ist der große Autostraßenring noch nicht voll ausgebaut [27].

Insgesamt gesehen, haben die Automobilwege in Turkmenien heute noch nicht die Bedeutung erlangt, die sie in vergleichbaren Ländern außerhalb der UdSSR haben. Das liegt einerseits an der langen Hintansetzung des Autoverkehrs hinter den Bahnverkehr, zum andern ist es darauf zurückzuführen, daß fast alle wichtigen Zentren sich lange Zeit nur entlang der Bahn entwickelt haben und daher keine anderen Kommunikationswege brauchten [28]. Wo neue Siedlungs- und Wirtschaftszellen entstehen wie z. Bsp. in Westturkmenien oder am Karakum-Kanal, wird gleichzeitig das Straßennetz ausgebaut. Auf längere Zeit ist damit eine binnenregionale Umstrukturierung des Verkehrs zu erwarten.

Die Zielsetzungen bei der Einrichtung von Schiffahrtslinien im westlichen Mittelasien sind großräumige Seeverbindungen über das Kaspische Meer und der Anschluß des europäischen Binnenschiffahrts-

26. VACLIK, 1888, S. 56, RATHJENS, 1962, S. 216.
27. Grundlage für den Straßenbau war eine "Vereinbarung über sowjetische technische Hilfsleistung beim Bau einer Autostraße Kuška-Herat-Kandahar" vom 11.1.1960 (MARKERT u. GEYER, Hrsg., 1967, S. 380 nach Izvestija vom 12.1.1960); vgl. auch DOWNTON, 1955, S. 137, RATHJENS, 1966, S. 12 und zur Handelsbedeutung des Weges Srednjaja Azija, 1969, S. 215.
28. Vgl. dazu NIKOL'SKIJ, 1960, S. 387 f.

netzes an das mittelasiatische - nach Möglichkeit mit einem Übergang über die Gebirgsketten nach Südasien - und in engerem räumlichem Rahmen die Beteiligung der Schiffahrt an der Landeserschließung. Die Tradition der Großprojekte geht auf Peter d. Gr. zurück, der kühne Pläne für durchgehende Wege vom Russischen Reich nach Indien hatte [29].

Eine russische Schiffahrt auf dem mittleren Amu-darja wurde gleichzeitig mit der Einweihung der Bahnstrecke Merv - Čardžuj aufgenommen. Durch die Inbetriebnahme der beiden auf der Werft von Čardžuj gebauten Dampfschiffe "Aleksandr" und "Petr" sowie einer aus Rußland über das Kaspische Meer herantransportierten Schaluppe wurde 1886 die neuzeitliche Schiffahrt eingeleitet [30], wenn sich auch die alten Methoden bald als wesentlich billiger und zuverlässiger herausstellten, zumal der Dampferverkehr zwischen dem Amu-darja-Delta und Kerki wegen ständiger Reparaturen an den Schiffen alles andere als regelmäßig war [31]. Später wurden besser ausgestattete Dampfer eingesetzt, die in Abo (damals Russ.-Finnland) gebaut und auf umständlichen Transportwegen nach Čardžuj gebracht worden waren [32]. Insgesamt konnte die Amu-darja-Schiffahrt, soweit sie eine russische Leistung für Turan war, nicht als leistungsfähig gelten. Ihrer Aufgabe, Zufuhrweg aus den Chanaten Chiwa und Buchara zur Eisenbahn zu sein [33], kam sie nur in beschränktem Umfang nach.

Nach dem Ersten Weltkrieg widmete man der Schiffahrt auf dem

---

29. The Trans-Caspian Railway, 1888, S. 509, SEMENOV, 1889, S. 292, BLANC, 1893/94, S. 479, BRANDENBURGER, 1905, S. 21, The Aral and Amu-Dar'ya flotillas, 1962, S. 366, vgl. auch o. Abschn. 1.2.2.
30. Globus 51, 1887, S. 143 nach Novoe Vremja 1887, No. 3903, MASAL'SKIJ, 1913, S. 570, SUVOROV, 1962, S. 89, AGIŠEV u.a., 1964, S. 21 f.
31. Angaben über den Schiffahrtsbetrieb in den Anfangsjahren in: Die Wasserstraße des Amu-darja, 1904, S. 29 f., vgl. OLUFSEN, 1907/08, ROTTMANN, 1911/12, S. 404, BLAGOWIESTSCHENSKY, 1913, S. 73 ff., THIEL, 1934, S. 163.
32. PAHLEN, 1964, S. 164 und 1969, S. 246 f.
33. GRULEW, 1900, S. 14 ff., Aziatskaja Rossija, 1914, Bd. II, S. 501.

Amu-darja erst zu einem Zeitpunkt, als die Wirtschaftsplanung einen engeren Anschluß der Baumwollgebiete Chorezms nötig machte, mehr Sorgfalt - das war immerhin billiger als der Bau der schon lange projektierten Chorezm-Eisenbahn [34]. In neuerer Zeit gehört der Fluß daher zu den wichtigeren Verkehrswegen Mittelasiens. Der Verkehr auf ihm wird von dem "Sredne-Aziatskoe Gosudarstvennoe Parochodstvo" (Staatliche Mittelasiatische Schiffahrtsgesellschaft) organisiert [35]. Da die Binnenschiffahrtsbedeutung durch den Kanalbau in Turkmenien und die Anlage eines Amu-darja-Hafens in Sherkhan-i Bandar (Qizil Qala) / Afghanistan vergrößert werden konnte, stieg der gesamte Transport in der Binnenschiffahrt mengenmäßig zwischen 1958 und 1968 von 0,32 auf 0,72 Mio t an, wobei es sich fast ausschließlich um innerturkmenische Transporte und etwas Außenhandel mit Afghanistan handelt [36]. Der Umschlag zwischen Bahn und Schiff erfolgt heute hauptsächlich in Farab-Pristań, dem Hafen von Čardžou auf dem rechten Ufer des Amu-darja. Von dort aus mußte vor dem Bahnbau nach Kungrad auch die Versorgung des Amu-darja-Deltas vor sich gehen, während die Gebiete unmittelbar am Aral-See von Kazalinsk an der Orenburg-Taškenter Bahn versorgt werden konnten [37]. Der Amu-darja wird heute von der Mündung in den Aral-See bei Mujnak bis in die Tadžikische SSR nach Nižnij Pjandž (Anschluß an die Tadžikische Schmalspurbahn nach Dušanbe) befahren, der Karakum-Kanal vom Amu-darja bis Chauz-Chan [38].

Bei den übrigen turkmenischen Flüssen stand nur die Schiffbarkeit des Atrek zur Diskussion. Sie wurde 1881 untersucht, doch konnte kein

---

34. Die Baumwollfrage, 1911, S. 311, OLZSCHA u. CLEINOW, 1942, S. 254 f. und 258 mit Anm. 103.
35. AGIŠEV u.a., 1964, S. 133.
36. Nar. choz. SSSR v 1965, S. 488 f., Nar. choz. SSSR v 1969, S. 466 f.; vgl. auch Transport i svjaź, 1967, S. 180 f. für das gesamte Mittelasien.
37. Shipping on the Amu-Darya, 1953, S. 65, FREJKIN, 1957, S. 254.
38. GvŠk 1967, H. 1, S. 81, Atlas Tadžikskoj SSR, 1968, Bl. 166-167, Atlas SSSR, 1969, Bl. 146 f.

Wasserverkehrsweg entstehen, weil die Abflußmengen zu gering sind und zu große jahreszeitliche Schwankungen aufweisen [39].

Für den Schiffahrtsverkehr über das Kaspische Meer hatte die Eisenbahn erhebliche Konsequenzen, denn dort bestand lange Zeit die einzige Verbindung über Transkaukasien oder Astrachań mit dem europäischen Rußland. Regelmäßiger Schiffahrtsverkehr war schon vor dem Bahnbau zwischen Astrachań bzw. Baku und Krasnovodsk eingerichtet worden, außerdem verkehrten wenigstens zeitweilig Schiffe nach den russischen Ansiedlungen von Čikišljar, Gasan-kuli und Ašur-ada [40]. Gerade diese südkaspischen Häfen mußten nach dem Bahnbau einen Funktionsverlust hinnehmen. Sie waren wegen der seichten Küstengewässer ohnehin benachteiligt gewesen und nur aus militärischen Gründen gehalten worden. Dagegen erhielt Krasnovodsk weiteren Zustrom. Im Transitverkehr stand Čikišljar mit 34 400 t Umschlag Krasnovodsk (37 900 t) vor dem Ersten Weltkrieg durchaus noch gleichberechtigt an der Seite, aber im Küstenverkehr wurden die Unterschiede (44 700 bzw. 1 400 000 t) deutlich [41]. Die Hafenfunktionen Südwest-Turkmeniens hat inzwischen Gasan-kuli fast vollständig übernommen, weil im Bereich der Atrek-Mündung günstigere Fahrwässer bestehen und die Siedlung sich zu einem Zentrum der turkmenischen Fischerei entwickelte [42]. Weitere Häfen Turkmeniens an der kaspischen Küste sind Bekdaš, Čeleken, Aladža und seit kurzer Zeit Okarem, also Orte, die von der Erschließung der Bodenschätze in neuer Zeit profitiert haben, ohne über einen Bahnanschluß zu verfügen. Dabei liegt Bekdaš so weit nördlich, daß die direkten Verbindungen über das Kaspische Meer nach Astrachań, Machač-kala und Baku wichtiger sind als die Küstenschifffahrt nach Krasnovodsk [43]. Krasnovodsk selbst ist Haupthafen nicht

39. MAKAROV, 1885, S. 140 und 146.
40. MASAL'SKIJ, 1913, S. 576, THIEL, 1934, S. 185.
41. SABITOFF, 1920, S. 120 f.
42. BARTZ, 1965, S. 518; vgl. o. Abschn. 3.2.5.
43. FREJKIN, 1957, S. 216, Atlas Azerbajdžanskoj SSR, 1963, Bl. 110, Turkmenskaja SSR, 1968 (Karte).

nur für Turkmenien, sondern für den gesamten Wirtschaftsraum von Mittelasien. Zu den Verbesserungen in neuerer Zeit gehören außer der Einrichtung einer Eisenbahnfähre nach Baku (vgl. o. Abschn. 2.3.5) der Durchstich durch die Halbinsel von Kizyl-su und der kanalartige Ausbau der Fahrwässer in der Krasnovodsker Bucht nach den beiden Häfen Krasnovodsk-Ufra und Džanga, beides Maßnahmen, die nach der jüngsten Kaspi-Regression erforderlich wurden. Dadurch ist die wegen Untiefen gefährliche Umschiffung des Kap Krasnovodsk (Mys Krasnovodskij) überflüssig geworden [44].

Sogar die regionale Differenzierung des Luftverkehrsnetzes zeigt Zusammenhänge mit der Eisenbahn. Sämtliche überregionale und viele regional bedeutsame Flugplätze sind den bereits länger bestehenden Verkehrszentren angeschlossen worden. Beispiele lassen sich von Krasnovodsk über Nebit-Dag, Kizyl-Arvat, Bezmein, Aschabad, Tedžen und Mary bis Čardžou anführen. Außerdem dient der Flugverkehr aber auch der Verkehrserschließung der Wüsten; dafür ist Sernyj Zavod ein Beispiel [45]. In seinen Funktionen ist der Flugzeugverkehr im wesentlichen auf den spezialisierten Passagier- und Sanitätsdienst sowie auf die Heranführung und den Abtransport wichtiger und wertvoller Güter in geringen Mengen beschränkt; nur die entlegenen Stützpunkte sind völlig auf Zulieferungen per Flugzeug angewiesen [46]. Lokale Aufgaben hat der Flugverkehr für die Landwirtschaft, besonders bei der Schädlungsbekämpfung, aber auch in der Aeroexploration zu leisten. In den letzten Jahren stieg die vom Flugzeug aus mit chemischen Mitteln übersprühte land- und forstwirtschaftliche Fläche in Turkmenien von 200 000 (1960) auf 910 000 ha (1969) [47].

---

44. USAF, Pilotage chart, Bl. G-5B.
45. FREJKIN, 1957, S. 260, PETROV, 1964, S. 67, vgl. Spravočnik passažira, 1965, S. 244 ff., VASIL'EVA, 1969, S. 148, zu Sernyj Zavod auch Civil Aviation in Central Asia, 1954, S. 26 und 30.
46. PETROV, 1964, S. 71.
47. Nar. choz. SSSR v 1969, S. 486.

Während die Zahl der Passagiere in den letzten Jahren ständig wuchs (1955: 74 000, 1966: 873 000), hat sich der Gütertransport recht konstant bei etwa 33 000 t im Jahr gehalten [48]. Im interregionalen Flugverkehr sind vor allem die Passagier-Flugverbindungen nach Moskau, in die Hauptstädte der benachbarten mittelasiatischen und transkaukasischen Unionsrepubliken sowie zu den wichtigsten Kurorten in Transkaukasien und auf der Krim hervorzuheben [49].

Pipelines für den Erdöltransport haben in Westturkmenien schon früh den Transport des wichtigsten Wirtschaftsproduktes bestimmt. Sie waren für die Erschließung der Lagerstätten von großer Bedeutung, wo der Transport über die Eisenbahn mit zunehmender Distanz von der Trasse umständlicher und schwieriger wurde. Die Hauptleitungen führen heute von Vyška (Im. 26 Bakinskich Komissarov) über Nebit-Dag und entlang der Bahn nach Krasnovodsk, von Kum-Dag nach Vyška sowie von Čeleken über die Lagerstätten im Westen der balchanischen Bucht nach Krasnovodsk [50]. Gerade die Erschließung der Erdöllager auf Čeleken erforderte in Bahnferne Pipelines, weil die Schiffahrtsbedingungen noch zu ungünstig sind [51]. Seit 1968 sind auch alle Erdgasvorkommen in Westturkmenien, vor allem in der Kleinen Kizyl-Kum, durch Röhrenleitungen miteinander und mit den industriellen Zentren Krasnovodsk und Nebit-Dag verbunden [52]. Eine transkaspische Pipeline zwischen Nebit-Dag und Čardžou als wichtigem Standort der petrochemischen Industrie ist für die Zeit nach 1975 vorgesehen [53]. In jüngerer Zeit werden die Ölfelder in der Kara-kum durch eine Pipeline Majskoe - Aščhabad - Bezmein, die sich 1970 im Bau befand, nutzbar gemacht,

---

48. Transport i svjaź, 1967, S. 220 f.
49. Communications in Turkmenistan, 1953, S. 57, CAR 7, 1959, S. 277, Narody Srednej Azii, 1963, Bd. II, S. 62.
50. GvŠk 1968, H. 5, S. 78.
51. Zum Problem der Konkurrenz zwischen Eisenbahn und Röhrenleitung vgl. Železnodorožnyj transport v sisteme ..., 1968, S. 112 ff.
52. CAR 16, 1968, S. 260.
53. GvŠk 1969, H. 3, S. 74.

durch deren Rohre bis zu 2 Mia m^3 Erdgas im Jahr befördert werden sollen [54].

Die Erdgasleitungen im Nordosten Turkmeniens, die die uzbekischen Bohrungen vor Gazli mit dem Ural und mit Zentralrußland verbinden und die TSSR nur randlich berühren [55], lassen sich nur insofern mit der Westturanischen Magistrale in Beziehung setzen, als sowohl Bahn wie auch Erdgasleitung eine möglichst kurze und direkte Verbindung zwischen Produktionsgebiet und Verbraucher anstreben, also dem stärksten Transportgefälle folgen. Verschiedene Verkehrsarten treten dabei in enger räumlicher Verknüpfung auf und können somit die Bedeutung der Verkehrsspannung erweisen [56]. So fehlt zwar eine kausale Beziehung zwischen den einzelnen Verkehrsträgern, aber sie lassen sich doch auf dieselben Prinzipien bei der Gestaltung des Verkehrsraumes zurückführen.

---

54. GvŠk 1970, H. 2, S. 75.
55. Pravda vom 5.10.1967, S. 2 und vom 6.10.1967, S. 1, vgl. GvŠk 1967, H. 6, D. 74, MJATIEV, 1969, S. 76.
56. Vgl. Železnodorožnyj transport v sisteme ..., 1968, S. 116 und 119. Untersuchungen über die Wirtschaftlichkeit haben ergeben, daß nur bei einem Röhrendurchmesser von wenigstens 20 Zoll die Transportkosten in Pipelines niedriger sind als die Kosten des Eisenbahntransportes; bei einem Röhrendurchmesser von nur 10 Zoll ist der Röhrentransport bereits ab 150 km Distanz unterlegen, bei einem Durchmesser von 12 Zoll ab etwa 400 km, wenn man von der Dieseltraktion bei der Bahn ausgeht (ibid. S. 123).

3.3 Allochthone Leistungen für die Entwicklung der Kulturlandschaft Turkmeniens

3.3.1 Sozialgeographische Veränderungen

3.3.1.1 Die Seßhaftwerdung der Nomaden

Die Seßhaftwerdung der nomadischen Bevölkerung war schon vor der Ausbreitung der russischen Macht in Turkmenien eingeleitet worden. Der oben erwähnte Differenzierungsprozeß von Čorwa und Čomur (vgl. Abschn. 1.3.1) setzte sich auch nach dem Bahnbau zunächst unverändert fort. Dafür gab es soziale und wirtschaftliche Gründe: Die Handelsmöglichkeiten machten den Ackerbau attraktiver [1], die auf Unsicherheit beruhende Bevölkerungsmobilität ließ nach der Befriedung des Landes nach, zumal auch die Grenzen nach Persien und Afghanistan an Bedeutung gewannen, und nur eine seßhafte Bevölkerung konnte in das neue staatliche Gebilde integriert werden. Ansatzmöglichkeiten boten die kleineren Bahnstationen, die die Tradition früheren Karawansereien aufnahmen, wie es bspw. für Ajdin beschrieben wird [2]. Im Vergleich zu den benachbarten Gebieten blieben die russischen Bemühungen um die Seßhaftwerdung der Nomaden recht erfolglos. Nach den Berechnungen von SUVOROV waren 1897 erst 32 % der transkaspischen Bevölkerung seßhaft geworden, während bspw. im Emirat Buchara 59 %, im Chanat Chiwa sogar 68 % der Bevölkerung seßhaft waren; dabei muß freilich berücksichtigt werden, daß in diesen beiden Staaten schon vorher der Anteil der seßhaften Bevölkerung aufgrund der Stadtkultur und der ausgedehnten Bewässerungsfeldbaugebiete erheblich größer als in Turkmenien gewesen war. Nur die traditionellen kazachi-

1. RUSINOV, 1918, S. 20.
2. HEYFELDER, 1889, S. 98, vgl. SUVOROV, 1962, S. 34, der die Einleitung der Seßhaftwerdung durch den Bahnbau hervorhebt.

schen Steppengebiete verfügten über noch größere Anteile von Nomaden (Semirečʼe: 18 % der Bevölkerung seßhaft) [3].

Der Nomadismus der Turkmenen spielte sich auch jetzt in überschaubaren Räumen ab. Bspw. waren die Gebirgsstöcke der beiden Balchane bevorzugte Sommerweidegebiete, das südwestturkmenische Atrektiefland weiterhin wichtigstes Winterweidegebiet [4]. Eine Forcierung der Seßhaftwerdung schien durch die bestehenden Wasserrechte ausgeschlossen zu sein, die eine zusätzliche Ansiedlung unmöglich machten [5]. Beschäftigung in russischen Diensten war kaum zu bekommen, denn 1885 hatten die Russen zwar noch turkmenische Reiter gegen die Afghanen beim Grenzzwischenfall in der Penǧdeh-Oase und am Kušk eingesetzt [6], aber später war die Militärpolitik bemüht, die Turkmenen vom russischen Wehrdienst auszuschließen, der ihnen 1916 völlig untersagt wurde [7].

Eine intensivierte Politik gegen den Nomadismus versuchte erst die sowjetische Herrschaft in der TSSR durchzusetzen. Die Sperrung der südlichen Grenzen unterband den alten kurdischen Nomadismus zwischen den Sommerweiden bei den chorasanischen Bergdörfern und den Winterweiden im nördlichen Kopet-dagh-Vorland [8]. Endgültig sollte das Ziel der Stabilisation unter dem Einsatz großer finanzieller Mittel erreicht werden; in den Jahren 1927 bis 1929 wurden 480 000 Rubel dafür aufgewendet [9]. Den Höhepunkt der Anti-Nomadismus-Kampagne brachte die Kollektivierung, obwohl auch hier der Prozeß in Turkmenien langsamer als in den übrigen mittelasiatischen Ländern ablief.

---

3. SUVOROV, 1962, S. 13.
4. Stabilization of the nomads, 1959, S. 222.
5. WILLIAMS, 1967, S. 45.
6. HEYFELDER, 1889, S. 35, HOETZSCH, 1934, S. 131.
7. HOETZSCH, 1934, S. 182, OLZSCHA u. CLEINOW, 1942, S. 361 ff.
8. Kurds of the TSSR, 1965, S. 304.
9. HAYIT, 1956, S. 298; HOETZSCH, 1934, S. 160 gibt den Abschluß des Prozesses mit 1912 an, greift damit aber der Entwicklung weit voraus, zumal Ansätze der Seßhaftwerdung in den folgenden Kriegsjahren eher einer verstärkten Mobilität Platz machten.

1930 waren erst 4 % der Nomaden in das kollektivwirtschaftliche System einbezogen. Dabei konnte die ökonomische Situation mehr noch, als es politische Druckmaßnahmen vermocht hatten, die Seßhaftwerdung vorantreiben: Krieg und Bürgerkrieg, aber auch die Kollektivierungsphase hatten die Viehbestände dezimiert und dem Nomadismus die Wirtschaftsbasis entzogen [10]. Neugeschaffene Viehzuchtbetriebe unter sowjetischer Lenkung sollten Ersatz bieten. Die "Freiheit" des Nomadismus hat zwar aufgehört, nicht jedoch die Fernweidewirtschaft mit dem saisonalen Wechsel der Weidegebiete, der bei der kargen Vegetation auch heute vor allem in Westturkmenien nötig ist. Dort wurde durch die Industrialisierung seit den frühen dreißiger Jahren - damals vor allem am Kara-Bogaz - die Seßhaftwerdung weiter gefördert [11].

3.3.1.2 Der Zuzug nichtturkmenischer Bevölkerungsgruppen

Die Einwanderung und die Ansiedlung nichtturkmenischer Bevölkerungsgruppen hatten, sieht man von den benachbarten Uzbeken und Kazachen, aber auch von den als Sklaven eingeschleppten Persern ab, mit dem Fußfassen der Russen an der Ostküste des Kaspischen Meeres begonnen. In Čikišljar bspw. ließen sich Russen und Armenier nieder [1]. Ähnliches gilt für Krasnovodsk, wo Perser, Armenier und Russen ein deutliches Übergewicht hatten [2].

Mit dem Bahnbau und der militärischen Sicherung des neuen russischen Herrschaftsbereiches konzentrierte sich die Bevölkerungsvermischung auf einen relativ schmalen Streifen Landes. Es wurde bereits darauf hingewiesen, daß Turkmenen beim Bahnbau kaum Verwendung fanden, sondern daß Perser und Bucharen, aber auch russische Arbei-

---

10. Stabilization of the nomads, 1959, S. 227.
11. Narody Srednej Azii, 1963, Bd. II, S. 46.

1. PETZHOLDT, 1877, S. 277, O'DONAVAN, 1882, Bd. I, S. 95.
2. LANSDELL, 1885, Bd. III, S. 956, MEJER, 1885, S. 187, Obzor ... za 1891, S. 26.

ter aus den zentralen und südwestlichen Gouvernements bevorzugt wurden [3]. Unmittelbar mit dem Bahnbau ist auch die Einwanderung von Uiguren aus Kašgar verbunden, die 1885 - 1888 als Arbeiter nach Merv kamen. 1888 waren 326 der 2589 Einwanderer in Merv Uiguren [4]. Nach 1890 gelangten noch weitere chinesische Gruppen aus dem Siebenstromland (Semireč'e) in die Merv-Oase, wo sie in der Murghab-Domäne (Siedlung Taranči) angesiedelt wurden. Dort widmeten sie sich überwiegend hydrotechnischen Arbeiten, waren am Bau der Murghab-Eisenbahn beteiligt und in der Baumwollverarbeitung tätig [5].

In der Zeit von Bahnbau und russischer Machterweiterung kamen bei den kriegerischen Auseinandersetzungen von 1885 auch Afghanen nach Transkaspien; sie wurden meist im uezd Merv angesiedelt, andere gelangten nach Turkestan in das Gebiet von Samarkand [6]. Auch die meisten Belugen dürften in den ersten Jahrzehnten russischer Herrschaft aus Persien und Afghanistan nach Turkmenien eingewandert sein, wo sie bessere Wirtschaftsverhältnisse antrafen [7].

Mit der Kolonisation (Abschn. 3.3.1.3.) in den neunziger Jahren weitete sich das Spektrum der vertretenen Fremdnationen weiter aus: Ukrainer, Deutsche und Angehörige kaukasischer Völker sind zu nennen, ferner strömten weiterhin Russen in großer Zahl in das Land ein [8]. Die meisten Kolonisten waren Groß- und Kleinrussen. Außerdem stellten die Wolgadeutschen aus der Umgebung von Samara und Saratov einen beträchtlichen Anteil [9]. Transkaukasier, darunter die 1841 von Zar

---

3. Vgl. o. Abschn. 2.2.3.1., HEYFELDER, 1889, S. 114 und 129, Obzor ... za 1891, S. 25.
4. Uygur settlers, 1963, S. 275.
5. Uygur settlers, 1963, S. 277 f.
6. Aziatskaja Rossija, 1914, Bd. I, S. 177.
7. VINNIKOV, 1952, S. 85 ff., Narody Srednej Azii, 1963, Bd. II, S. 631 ff., SHEEHY, 1970, S. 43. Heute sind die Belugen in der TSSR eine Minderheit von schätzungsweise 8000 Menschen; vgl. GAFFERBERG, 1969, S. 30 ff.
8. SINEOKOW, 1929, S. 99.
9. Schon an der Gründung von Krasnovodsk 1869 waren Deutsche beteiligt (O'DONAVAN, 1882, Bd. I, S. 68); in der Kolonisationszeit entstanden

Nikolaus I. auf religionspolitischen Gründen nach Erevan verbannten Angehörigen der Sektierergruppe der Molokanen, sowie Mordwinen aus Tambov vervollständigen das bunte Bild [10].

1897 machten die ursprünglich nicht in Turkmenien vertretenen Völker schon ca. 14 % der Gesamtbevölkerung Transkaspiens (damals 382 500) aus; davon waren die Russen (33 000 oder 8,7 % der Gesamtbevölkerung) zahlenmäßig weitaus am stärksten vertreten [11]. Bis 1911 fiel der Anteil der Turkmenen von 65 auf 61,2 %, der der Russen stieg nur geringfügig um 0,25 %, aber die Zahl der übrigen Europäer wuchs in derselben Zeitspanne von 10 700 auf 15 000 [12]. Hält man diesen Angaben eine moderne Bevölkerungsstatistik gegenüber, so zeigt sich eine gleichbleibende Tendenz; 1959 ergab die Volkszählung in Turkmenien einen Anteil von 17,3 % Russen [13]. Heute ist Turkmenien eine Vielvölkerrepublik, in der zwar die namengebende Nationalität

---

mit Krestovskoe (11 km südl. Serachs am Tedžen, 48 Höfe) und Saratovskoe (zwischen Barcharden und Aschabad bei Germab) zwei überwiegend deutsche Siedlungen (MASAL'SKIJ, 1913, S. 332 und 635, ALKIN, 1931, S. 222, BARTOL'D, 1927, S. 156). In der Bevölkerungsstatistik für 1959 sind keine Deutschen mehr aufgeführt (vgl. VINNIKOV, 1969, S. 62), aber der Atlas narodov mira, 1964, Bl. 32 und VINNIKOV, 1969, Karte 3 verzeichnen südlich von Serachs einen Wohnplatz von Deutschen, bei dem es sich um das genannte Kolonistendorf handeln dürfte.

10. TOEPFER, 1906, S. 544, MASAL'SKIJ, 1913, S. 628, BARTOL'D, 1927, S. 155 f.; zur Sekte der Molokanen, die sich in der kurdischen Siedlung Germab, als Schafzüchter in Saratovskoe und als Rinderzüchter in Chiveabad ansiedelten, vgl. KOLARZ, 1963, S. 348 f., Narody Srednej Azii, 1963, Bd. II, S. 649, Obzor ... za 1905, S. 58 f. und Obzor ... za 1908, S. 34.
11. MASAL'SKIJ, 1913, S. 360, Aziatskaja Rossija, 1914, Bd. I, S. 82 f.
12. Aziatskaja Rossija, 1914, Bd. I, S. 82.
13. Itogi vsesojuznoj perepisi naselenija. Turkmenskaja SSR, 1963, S. 130, Nar.choz. TSSR 1963, S. 18. - Problematisch ist in der sowjetischen Bevölkerungsstatistik die Definition "Russe"; besonders in der STALIN-Ära wurden auch Angehörige anderer Völker, wenn sie nur etwas russisch sprachen, zu den Russen gerechnet. Die Statistik von 1959 unterscheidet demgegenüber recht zuverlässig zwischen Nationalität und Sprachzugehörigkeit.

vorherrscht, in der jedoch Angehörige anderer Völker rd. 40 % der Gesamtbevölkerung ausmachen [14].

Antwort auf die Frage nach einem möglichen Einfluß der Eisenbahn muß eine Analyse der räumlichen Verteilung geben (vgl. dazu Abb. 27). Die größte Häufung von Siedlungen mit russischer Bevölkerung findet sich entlang der Eisenbahn. Vor allem in den Städten haben noch heute die Russen ein leichtes Übergewicht über die Turkmenen; ihre Zahl in den städtischen Siedlungen betrug 1959 248 000, die der Turkmenen 234 000. In den ländlichen Siedlungen dagegen machen die Turkmenen allein 83,5 % aus (680 800 von 815 600). Daß die Verstädterung allein noch kein hinreichendes Kriterium für die bahnbezogene Erklärung der Verbreitung nichtturkmenischer Bevölkerung ist, zeigt der Vergleich zwischen dem Norden des Landes (oblast' Tašauz) und dem Süden. Während in den städtischen Siedlungen der oblast' Tašauz, wo schon am Ende des 19. Jahrhunderts der Anteil der Russen mit ca. 3000 recht gering war [15], die Russen 1959 nur 11,2 % der Bevölkerung stellten, waren es bspw. in der oblast' Mary 33,7 %, in Aschabad sogar rund die Hälfte. Und dazu kam in allen Landesteilen noch eine beträchtliche Zahl von Bewohnern nichtrussischer Nationalität, die aber russisch als Sprache angaben [16]. Berücksichtigt man den großen Anteil der Uzbeken an der Stadtbevölkerung Nordturkmeniens (45,5 %), so wird deutlich, daß dort die traditionelle mittelasiatische Stadtbevölkerung noch das Übergewicht hat, während sich im Süden, d. h. im Einzugs- und Ausstrahlungsbereich der Eisenbahn, das russisch geprägte städtische Leben durchsetzen konnte [17]. Eine Parallelerscheinung beobachtet man

---

14. 1959: Gesamtbevölkerung 1 516 375, davon 923 724 (= 60,9 %) nichtturkmenisch, nach Itogi vsesojuznoj perepisi naselenija. Turkmenskaja SSR, 1963, S. 130; vgl. Sovetskij Turkmenistan, 1968, S. 121, Turkmenische Sozialist. Sowjetrepublik, o. J., S. 7.
15. VASIL'EVA, 1969, S. 42.
16. Alle Angaben für 1959 nach Itogi vsesojuznoj perepisi naselenija. Turkmenskaja SSR, 1963, S. 130 u. 134, vgl. The influence of ethnic factors ..., 1966, S. 47 und 52
17. In Tašauz besteht die nichtrussische Bevölkerung zu 66,7 % aus Uzbe-

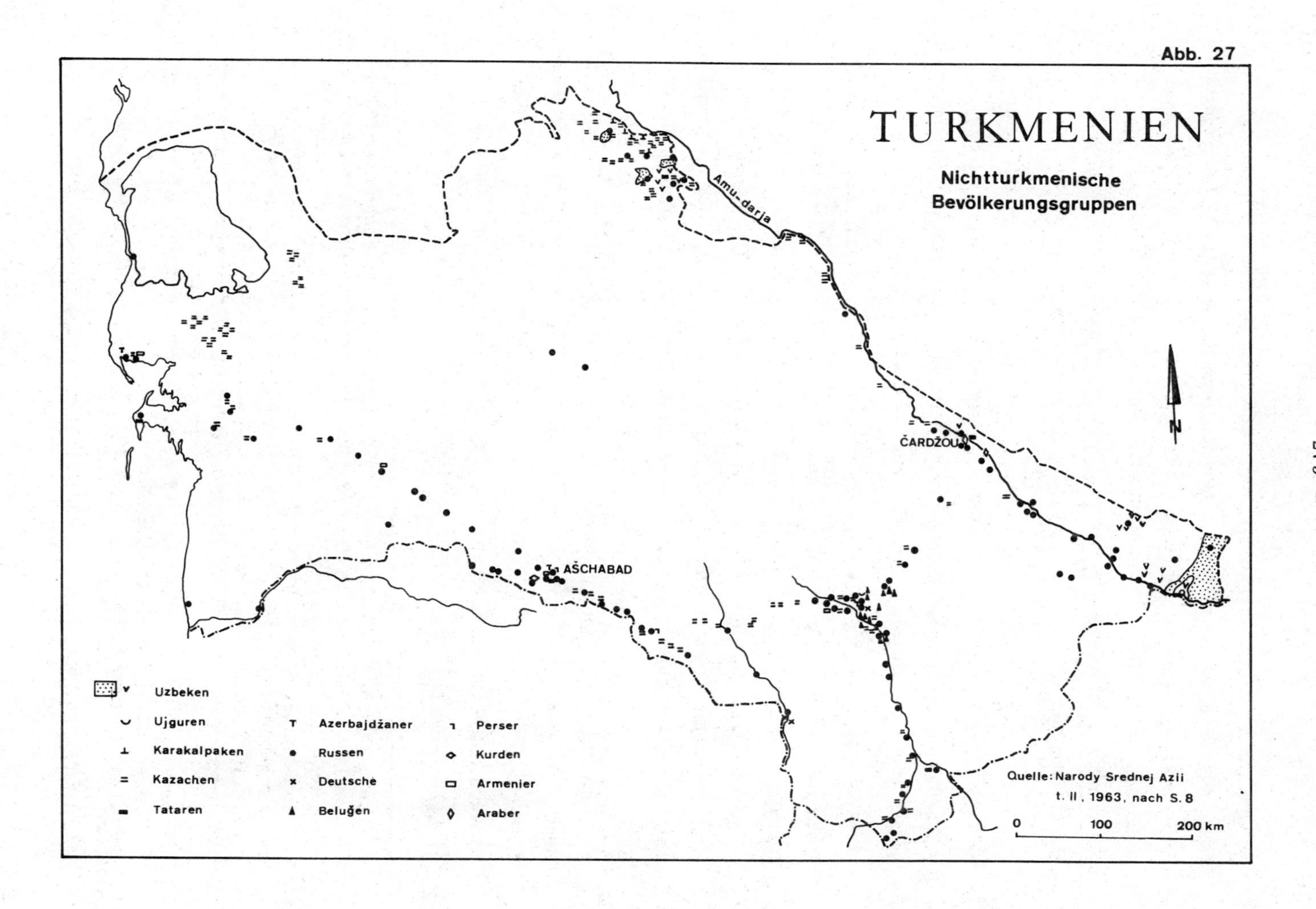
Abb. 27
TURKMENIEN
Nichtturkmenische
Bevölkerungsgruppen
N
Amu-darja
ČARDŽOU
AŠCHABAD
Uzbeken
Ujguren
Karakalpaken
Kazachen
Tataren
Azerbajdžaner
Russen
Deutsche
Belugen
Perser
Kurden
Armenier
Araber
Quelle: Narody Srednej Azii
t. II, 1963, nach S. 8
0
100
200 km

in jüngster Zeit am Karakum-Kanal, wo ebenfalls Russen und Angehörige anderer nicht-mittelasiatischer Nationalität siedeln [18]. In beiden Fällen dürfte die technologische Überlegenheit ein wichtiger Faktor sein, aber es sollte auch nicht übersehen werden, daß Bahn und Kanal als wichtigste Elemente der räumlichen Infrastruktur auf Landesebene Machtinstrumente des russischen Herrschaftsanspruches sind.

Auch die anderen, weniger stark vertretenen Völkergruppen konzentrieren sich noch heute entlang der Bahn, etwa Armenier (Kizyl-Arvat, Aščhabad, Mary), Azerbajdžaner, Perser und auch die Kazachen, soweit sie nicht ihre Weideplätze am Rand des Ust-Jurt beibehielten [19].

Besonders deutlich zeigen sich die Fremdelemente in der Hauptstadt Aščhabad. Seine Bevölkerungszusammensetzung ist bezeichnend für viele mittelasiatische Städte, die von den Russen angelegt wurden. Anfang des 20. Jahrhunderts waren zwei Fünftel der Bevölkerung Russen, außerdem spielten Perser und Armenier, in deren Hand ein großer Teil des Handels lag, eine bedeutende Rolle. Hinzu kamen polnische Exilianten, Deutsche, Tataren, Juden und Angehörige verschiedener osttürkischer Völker, darunter auch einige Turkmenen [20]. Noch deutlicher wird das Übergewicht der nichtrussischen Bevölkerung, wenn man eine Liste der Hausbesitzer betrachtet. 1900 gab es 2102 Gebäude in Aschabad, die überwiegend in Fremdbesitz waren (vgl. dazu Tabelle 13).

---

ken, 25,1 % sind Turkmenen, 4,7 % Kazachen, 3,5 % sonstige (BEGMEDOV, 1968, S. 35). Beschränkte sich die Verbreitung nichtturkmenischer Bevölkerung anfangs - Perser, Chivaer und bäuerliche Kolonisten ausgenommen - fast völlig auf die Hauptstadt und ihre nähere Umgebung (Obzor ... za 1891, S. 27), so hat inzwischen eine wesentlich weitere Diffusion über das Land stattgefunden.

18. Bspw. wohnten in Nička Russen, Ukrainer, Uzbeken und Tataren (T. I. vom 4.9.1970, S.4); der Kern der Siedlung geht auf Ukrainer zurück (Turkmenistan, 1969, S. 228); ähnlich sind die Verhältnisse in Karamet-Nijaz (VINNIKOV, 1969, S. 59).
19. Nar.choz. TSSR 1963, S. 18 ff., Atlas narodov mira, 1964, Bl. 32.
20. DMITRIEV-MAMONOV, 1903, S. 243, ELLIS, 1963, S. 105 f.

Tabelle 13 Nationalitätsverteilung der Hausbesitzer in Aschabad im Jahr 1900 [a]

Nationalität	Gebäude	Nationalität	Gebäude
Russen	715	Deutsche	12
Perser	644	Teke-Turkmenen	8
Armenier	390	Juden	5
Tataren	105	Gruzinier	3
Chivaer	23	Franzosen	2
Bucharen, Uzbeken	14	Italiener	1
russ. Staat	159		

a. Quelle: FEDOROV, 1901, S. 167

Nach der Oktoberrevolution hat sich das Gewicht weiter zugunsten der Russen verlagert. 1926 machten sie 52 %, 1939 sogar 61,9 % der Stadtbevölkerung aus [21], doch muß gerade bei der zuletzt genannten Zahl kritisch bedacht werden, daß sie zum Höhepunkt der ideologischen Russifizierung unter STALIN entstand. Aber noch heute kann die Regel gelten, daß die autochthone Bevölkerung des Landes in der Hauptstadt eine untergeordnete Rolle spielt, was nicht nur aus der Bevölkerungszahl, sondern auch aus der sozialen Schichtung (Berufsgliederung, Anteil in führenden Stellungen usw.) hervorgeht.

In anderen großen Städten trifft man ebenfalls auf zahlreiche verschiedene Völkerschaften; in Nebit-Dag, um das Beispiel einer jungen Industriestadt anzuführen, ist die Bevölkerungs aus Turkmenen, Russen, Armeniern, Gruziniern, Ukrainern, Tataren, Azerbajdžanern und Kazachen gemischt [22]. Unmittelbaren kulturellen Einfluß hatten vor allem die Azerbajdžaner in Krasnovodsk, Ašchabad und Merv, wo sie durch Veröffentlichungen in ihrer dem Turkmenischen verwandten Sprache das national bestimmte Buchwesen in Turkmenien förderten [23].

---

21. GELLERT und ENGELMANN, 1967, S. 191, FREJKIN, 1957, S. 333. 1926 machten die Perser 4, die Armenier 11 und die Völker Mittelasiens 28 % der Ašchabader (Poltoracker) Bevölkerung aus.
22. KOLARZ, 1956, S. 345.
23. ALLWORTH, 1965, S. 499 f.

3.3.1.3 Die russische Kolonisation

An und für sich gehörte Transkaspien nicht zu den Kolonisationsgebieten der späten zarischen Zeit [1]; die klimatischen Verhältnisse erschwerten die Anpassung derart, daß nur wenige Freiwillige die Strapazen auf sich zu nehmen bereit waren. Häufiger handelte es sich bei den Siedlern um untüchtige, oft auch kriminelle Menschen, die gewissermaßen in Verbannung geschickt wurden [2]. Das wichtigste Auswanderungsgebiet in Mittelasien war das Siebenstromland im damaligen Gouvernement Steppe (heute südöstliche Kazachische SSR). Ein Vergleich dieses Gebietes mit Turkmenien zeigt die Hemmnisse, die sich einer umfassenderen Kolonisation in Transkaspien entgegenstellten. Während in den kazachischen Steppen Ackerbau noch unter ähnlichen Bedingungen wie in den südrussischen Gebieten betrieben werden kann, ist der Regenfeldbau in Turkmenien nur in äußerst bescheidenem Ausmaß möglich. Boghara-Kulturen erscheinen - im Gegensatz zu den uzbekischen und kirgizischen Gebirgsvorländern - in Turkmenien als typische Extensivierungsmaßnahme in Krisenzeiten [3]. Da zudem kaum Neuland für die Erschließung bereitstand, war der freiwilligen Kolonisation ein geringer Anreiz geboten. Hinzu kommt, das Turkmenien weit ab von den übervölkerten Gebieten lag. Die drei Hauptwege zu den südlichsten russischen Besitzungen boten schon unterwegs Siedlungs- und Wirtschaftsmöglichkeiten: Im Vorland des Kaukasus lagen fruchtbare Steppen brach, der Weg direkt von Norden über den Ust-Jurt war noch zu schlecht erschlossen, und die Richtung über das Generalgouvernement Turkestan, die für Transkaspien nach dem Bau der Orenburg - Taškenter Bahn im Zug der STOLYPINschen Agrarreform und Umsiedlungsaktion hätte bedeutsam werden können, führte durch weite Steppen, die ebenfalls leich-

1. SCHANZ, 1914, S. 54 ff.
2. Vgl. die Schilderungen bei PAHLEN, 1964 und 1969 psm. und auch KRAHMER, 1905, S. 87.
3. GIESE, 1968, S. 57; vgl. o. Abschn. 3.2.4.1.2.

teren Ertrag versprachen [4]. Die Rechtsgebung im Land kannte wegen der geringen Zahl von Neusiedlern kein Gesetz, das die Bildung von Siedlerstellen geregelt hätte - eine Tatsache, die zu zahlreichen Konflikten zwischen Kolonisten und einheimischer Bevölkerung führte [5].

Sieht man von den Fischerdörfern am Kaspischen Meer ab, die auf die Zeit vor dem Bahnbau zurückgehen [6], so beginnt die Kolonisationswelle erst Ende der achtziger Jahre. 1889 entstand auf der Grundlage des Besiedlungsgesetzes aus demselben Jahr als erste Kolonistensiedlung Germab (später Michajlovskoe genannt) südwestlich der Bahn zwischen Bacharden und Aschabad [7]. 1896 waren es schon zehn Kolonistendörfer, 1902 sechzehn und 1909 27 mit zusammen rund 5000 Einwohnern; die meisten befanden sich im uezd Aschabad (15), fünf im uezd Tedžen, vier im uezd Merv und drei im uezd Krasnovodsk [8]. Bis Ende 1915 nahm die Zahl der Kolonisten zwar ab (4142), aber die Zahl der Dörfer stieg mit der Anlage kleiner Weiler auf 33 [9]. Nach den Zählungsergebnissen von 1920 sollen in 46 Dörfern entlang der Transkaspischen Bahn und des Murghab-Zweiges 29 954 Kolonisten gesiedelt haben [10]. Im Gegensatz zur Siedlungsgeschichte Kazachstans spielten die Kolonisten bei der Grenzsicherung eine untergeordnete Rolle, die "sta-

---

4. Vgl. Otčet po revizii ..., Bd. 1, 1910, S. 169.
5. Otčet po revizii ..., Bd. 1, 1910, S. 6.
6. VAMBERY, 1873, S. 32, O'DONAVAN, 1882, Bd. I, S. 124, SINEOKOW, 1929, S. 99. Von 23 russischen Siedlungen am Ende des 19. Jhs. waren nur 4 ausschließlich Fischerdörfer (FEDOROV, 1901, S. 59).
7. BORCHARDT, 1902, S. 333, ALKIN, 1931, S. 222, PIERCE, 1960, S. 119 f.; zu einzelnen Dörfern vgl. Obzor ... za 1891, S. 387 ff., ... za 1892, S. 199 ff., ... za 1905, S. 193 ff.,... za 1910, S. 204 ff.
8. AUHAGEN, 1905, S. 44, MASAL'SKIJ, 1913, S. 332; Istorija Turkmenskoj SSR, 1957, Bd. I-2, S. 155 gibt für 1904 25 Dörfer mit zusammen 753 Höfen und 3761 Einwohnern an.
9. GALUZO, 1929, S. 83. Da die Zahl der Höfe mit 754 fast konstant blieb, zeigen diese Werte eine Mobilität in der Siedlungsbewegung an; nachdem anfänglich größere Dörfer den Interessen der Fremdbevölkerung eher gerecht werden sollten, verringerte sich später die Größe der Siedlungen wohl hauptsächlich aus wirtschaftlichen Gründen.
10. Narody Srednej Azii, 1963, Bd. II, S. 662.

nicy" der Kozaken, die für die Steppengebiete typisch sind, fehlen in Turkmenien völlig [11].

Ihren wirtschaftlichen Aufgaben sind die Kolonisten im Vergleich zur einheimischen Bevölkerung nur ungenügend nachgekommen. Die Verschwendung von Wasser führte zu Auseinandersetzungen mit Turkmenen, die oft am Unterlauf von Bächen siedelten, an deren Oberlauf sich nun Neuankömmlinge niedergelassen hatten [12]. Die traditionellen Wasserrechte, welche die russische Militärverwaltung akzeptiert hatte, wurden mißachtet, vielfach in Unkenntnis der Verhältnisse. Die meisten Siedlungen beschränkten sich auf den Anbau von Getreide, nur selten wurde Baumwolle kultiviert [13]. Für die Wirtschaftsentwicklung hatten die Kolonisten somit eine geringe Bedeutung, und der über sie sich geltend machende Einfluß der Bahn auf die Kulturlandschaft war eher störend als förderlich [14]. Allein auf den Besiedlungs- und Bevölkerungsgang konnte

---

11. Die einzige stanica Transkaspiens entstand 1860 auf der Halbinsel Manghyšlaq (Nikolaevskaja stanica), die heute zur Kazach. SSR gehört; ihre Bewohner waren Soldaten des uralischen Kozakenheeres gewesen und widmeten sich in ihrer neuen Siedlung vor allem dem Fischfang (ROSKOSCHNY, 1885, Bd. I, S. 14; zur Bedeutung der Grenzen Kazachstans für die Siedlungsgeschichte Mittelasiens vgl. auch KARGER, 1965, S. 42 f.). Militärische Schutzfunktion hatte in Turkmenien allein Alekseevskij (gegr. 1892), das - 125 km von Herat entfernt - die russisch-afghanische Grenze sichern sollte und durch den Bau der Kuška-Eisenbahn als zeitweise größte russische Kolonistensiedlung in Mittelasien gefördert wurde (BORCHARDT, 1902, S. 333, KÜRCHHOFF, 1901, S. 688, MASAL'SKIJ, 1913, S. 332).
12. AUHAGEN, 1905, S. 44, Otčet po revizii ..., Bd. 1, 1910, S. 416.
13. Obzor ... za 1894, S. 114, BLAGOWIESTSCHENSKY, 1913, S. 105, SCHANZ, 1914, S. 105, BARTOL'D, 1927, S. 156, ALKIN, 1931, S. 223. Auch im geringen Anteil der Baumwolle an den landwirtschaftlichen Kulturen der Kolonistendörfer zeigt sich der Gegensatz zu den weiter östlich gelegenen Gebieten, wo unter dem Einfluß der Großen Jaroslaver Manufaktur ein intensiver Baumwollanbau betrieben wurde (vgl. dazu Otčet po revizii ..., Bd. 1, 1910, S. 293).
14. Diese Feststellung deckt sich mit Untersuchungsergebnissen von WAIBEL (1955, S. 75 ff.) in Südbrasilien. Die Anpassung der Kolonisten an das unterste Niveau der Wirtschaftlichkeit im neuen Siedlungsraum birgt die Gefahr einer bleibenden Rückständigkeit in sich, soweit nicht infrastrukturelle Verbesserungen, die i.a. vom Staat geleistet

sich die Bahn auswirken, weil sie eine Leitlinie für das Vordringen der Kolonisten war [15].

Im Vergleich zu den übrigen mittelasiatischen Gebieten weist Turkmenien auch heute eine relativ geringe Zuwanderungsquote auf. Nur 2 % des Bevölkerungszuwachses zwischen 1959 und 1965 waren nicht auf die natürliche Bevölkerungsvermehrung zurückzuführen [16].

3.3.1.4 Die Zunahme der städtischen Bevölkerung

Mit der Ausweitung des Städtewesens änderte sich das Verhältnis von Land- und Stadtbevölkerung in den letzten hundert Jahren grundlegend. 1896 betrug der Anteil der städtischen an der Gesamtbevölkerunt erst 11 %, und rund die Hälfte der Stadtbewohner waren Russen. Bis 1911 war der Anteil der Stadtbevölkerung auf fast 15 % gestiegen, von denen die Russen zwei Fünftel ausmachten [1]. Die Kriegswirren haben das Leben in den Städten mehr geschwächt als auf dem Land, so daß 1925 der Anteil der Stadtbevölkerung auf 12,4 % zurückging, aber bis 1939 stieg er bereits auf 33 % an, weil in dieser Zeit die Kollektivierung vor allem das Leben auf dem Land beeinträchtigte und außerdem damals die Städtegesetzgebung mit der Festlegung statistischer Schwellenwerte erfolgte [2]. Diese Entwicklung hat sich bis heute kontinuierlich fortgesetzt. Nach den Zählungsergebnissen von 1959 wohnten 46,2 %, am 15.1.1970 48,0 % der turkmenischen Bevölkerung in Städten [3].

---

werden müssen, die Kommunikation der Wirtschaftsgruppen und -räume untereinander fördern. Die Bahn kann dabei als Hauptdurchgangslinie nur beschränkt als Katalysator wirken (ibid. S. 69).

15. SINEOKOW, 1929, S. 187.
16. SHEEHY, 1966 b, S. 320.

1. Aziatskaja Rossija, 1914, Bd. I, S. 87.
2. KRADER, 1963, S. 189 und 194 ff., Sovetskij Turkmenistan za 40 let, 1964, S. 15.
3. Nar.choz. SSSR v 1969, S. 9 ff., T.I. vom 11.7.1971, S. 1. Bei diesen Angaben muß die überwiegend statistische Definition des Stadt-

Die regionale Differenzierung ergibt sich aus der Verteilung der städtischen Siedlungen (vgl. dazu Abb. 16). In der oblast' Mary betrug der Anteil der städtischen Bevölkerung 1959 35 %, in der oblast' Tašauz dagegen nur 24 % [4]. Auch außerhalb des Einflußgebietes der Eisenbahn läßt sich die Bevölkerungskonzentration in Städten beobachten; so hat bspw. die Industriestadt Bekdaš am Kara-bogaz in den letzten Jahren eine rasche Bevölkerungszunahme erlebt (1968: 6100 Einwohner); die Zuwanderungsgewinne sind hier weitgehend auf Migrationen aus Kazachstan und Turkmenistan zurückzuführen [5]. Ingesamt läßt sich aber sehen, daß über Verstädterung und Industrialisierung die Nähe zur Bahn konstitutiv für die Konzentration städtischen Lebens wurde.

3.3.1.5 Die Entwicklung der Beschäftigung im sekundären und tertiären Sektor

Im Sozialgefüge der turkmenischen Bevölkerung bewirkte die Bahn eine weitreichende Differenzierung, weil mit dem Bau und der Heranziehung auswärtiger Arbeitskräfte eine Einführung neuer Berufsgruppen verbunden war. Vor dem Bahnbau gab es in Turkestan kaum ein Arbeitertum; seine Ausbreitung bei der Bahn und im Post- und Telegraphendienst war eine Neuerung für das Land, deren erste Träger, bedingt

begriffes in der UdSSR (unter Einschluß der "Siedlungen städtischen Typs"; vgl. o. Abschn. 3.2.2.2.2.) beachtet werden. Von der Gesamtzahl der in Städten Beschäftigten müssen die in der Landwirtschaft Tätigen ebenso abgezogen werden wie die Angehörigen der Armee, damit man ein genaueres Bild der Stadtbevölkerung erhält. 1959 waren dies bei insgesamt 273 000 Beschäftigten in den Städten 20 400 landwirtschaftlich Tätige (7,5 %) und 7400 Armee-Angehörige (2,7 %) (Itogi vsesojuznoj perepisi naselenija. Turkmenskaja SSR, 1963, S. 48). Andrerseits sind von der Bevölkerung auf dem Land auch nur 82,8 % (272 300 von 329 000) landwirtschaftlich tätig gewesen (ibid. S. 49).

4. Itogi vsesojuznoj perepisi naselenija. Turkmenskaja SSR, 1963, S. 12; vgl. Nar. choz. SSSR v 1961, S. 19, Sovetskij Turkmenistan za 40 let, 1964, S. 15.
5. Turkmenistan, 1969, S. 133 f., ORAZMURADOV, 1970, S. 79 f.

durch den Kenntnisstand, Russen waren [1]. Was bereits oben über die Arbeiter beim Eisenbahnbau gesagt wurde, gilt auch für den Bahnbetrieb. 1893 waren 68 % der 5645 Eisenbahner auf der Transkaspischen Bahn Russen [2].

Der Anstieg der Arbeiterbevölkerung zeigt sich in verschiedenen Bereichen. Die Zahl der in Industriebetrieben arbeitenden Bevölkerung stieg in Mittelasien zwischen 1887 und 1914 von 1600 auf 21 000 [3]. Dabei bildeten sich auch typische Beziehungen zwischen bestimmten Zweigen der industriellen Tätigkeit und dem Anteil der Russen heraus. 1903 waren unter den rund 2000 Arbeitern in den Eisenbahnwerkstätten von Kizyl-Arvat nur ca. dreißig Turkmenen beschäftigt; wesentlich höher lag ihr Anteil in der Erdölindustrie [4]. Für einfache Arbeiten wurden zahlreiche Perser herangezogen, deren Beschäftigung billiger war als die der Russen; so waren bspw. viele Hafenarbeiter in Krasnovodsk Perser [5]. Vor dem Ausbruch des Ersten Weltkriegs gab es in Turkmenien insgesamt etwa 7000 - 9000 Industrie- und Eisenbahnarbeiter [6], eine Zahl, die bei den bestehenden schlechten sozialen Verhältnissen ausreichte, um die Revolution vorzubereiten, deren Leitlinie in Anlehnung an die Verteilung der Arbeiterschaft wiederum die Bahn war (vgl. u. Abschn. 3.3.2.4.).

Nach dem Ersten Weltkrieg waren wohl nur zwei Fünftel der Fabrikarbeiter in Turkmenien Russen, aber 70 % der Eisenbahnarbeiter und gar 90 % der Eisenbahnangestellten [7]. Noch rund vierzig Jahre

---

1. OLZSCHA und CLEINOW, 1942, S. 366 f., vgl. Narody Srednej Azii, 1963, Bd. II, S. 662.
2. ACHMEDŽANOVA, 1965, S. 88.
3. BLAGOWIESTSCHENSKY, 1913, S. 35, TAAFFE, 1960, S. 37.
4. The early history of the Transcaspian railway, 1961, S. 239, REDŽEBOV, 1963, S. 37.
5. OLSUF'EV i PANAEV, 1899, S. 4.
6. The growth of the working class ..., 1962, S. 19.
7. TUMANOVIČ, 1926, S. 70, Materialy po statistike putej soobščenija 94, 1929, S. 5, HAYIT, 1956, S. 291, PARK, 1957, S. 276, WHEELER, 1964, S. 158. In einzelnen Abteilungen des Bahnwesens in

nach dem Bahnbau erweist sich die Eisenbahn als ein Wirtschaftsbetrieb, der fast ausschließlich von der herrschenden, zentral gelenkten Bevölkerungsschicht getragen wird, und bis heute hat sich nicht viel an diesem Zustand geändert [8]. Neben dem Bauwesen gehört die Eisenbahn zu den Wirtschaftszweigen, in denen der Anteil der Turkmenen mit etwas mehr als 20 % sehr gering ist. Selbst in der Verwaltung spielt die einheimische Bevölkerung, hier von den höchsten Stellen bis zur lokalen Ebene in steigendem Maß, eine größere Rolle [9].

Dabei ist zu bedenken, daß das Verkehrswesen immer zu den wichtigsten Zweigen der nichtlandwirtschaftlichen Beschäftigung gehörte. 1940 standen von den 89 600 in Industrie und Verkehr Turkmeniens Beschäftigten allein 23 500 im Dienst des Verkehrswesens, und von ihnen mit 13 300 die reichliche Hälfte im Dienst der Eisenbahn [10].

Wenn die Eisenbahnwerkstätten von Kizyl-Arvat auch nach dem Ersten Weltkrieg in den frühen zwanziger Jahren ein wichtiger Ansatzpunkt für den Neubeginn der Industrialisierung gewesen sind, so gewannen in der Phase der STALINschen Industriepolitik, die in Turkmenien freilich nicht zu einer differenzierten Industrialisierung führte, auch andere Zweige an Bedeutung. Daß die führende Stellung der Russen auch für sie gilt, zeigt die Aschabader Textilfabrik vor dem Zweiten Weltkrieg: Das Werk beschäftigte damals 937 Arbeiter, darunter 578 Frauen; von ihnen waren aber nur 109 Turkmeninnen oder Uzbekinnen [11].

Ein Übergewicht haben die Einheimischen nur in der nichtlandwirtschaftlichen Beschäftigung im ländlichen Bereich, etwa in der Kolchoz-

---

Turkmenien erreichten die Turkmenen einen Anteil bis zu einem Drittel der Arbeiterschaft (The growth of the working class, 1962, S. 20).

8. CAROE, 1953/54, S. 138.
9. Nar. choz. TSSR 1957, S. 103 und 1963, S. 141, Nar. choz. Srednej Azii 1963, S. 18, Sovetskij Turkmenistan za 40 let, 1964, S. 98.
10. REDŽEBOV, 1963, S. 44.
11. The growth of the working class ..., 1962, S. 24, REDŽEBOV, 1963, S. 42.

und Sovchozverwaltung, sowie im kulturellen Sektor. Aber auch dort gibt es Unterschiede zwischen technischen und nichttechnischen Berufen: 1953 waren wohl 58 % der Sovchoz-Arbeiter Turkmenen, aber nur 42 % der Angestellten und Arbeiter in den landwirtschaftlich-technischen Hilfsorganisationen [12]. Auch Ende 1961 stellten die Turkmenen nur einen Anteil von 45,7 % der ausgebildeten Spezialisten in allen Berufen (11 175 von insgesamt 24 432), die Russen hatten immerhin noch einen Anteil von 32,7 % [13]. Für die neueste Zeit liegen zwar keine detaillierten Statistiken mehr vor, aber es kann angenommen werden, daß der Anteil der ausgebildeten Turkmenen mit dem Ausbau des Schulwesens weiterhin wächst [14].

Bis heute zählt die Industriearbeiterschaft in Turkmenien zu den zahlenmäßig schwächsten Gruppen, was mit dem Rückstand bei der Industrialisierung überhaupt zusammenhängt. So machte die Zahl der Arbeiter und Angestellten in der Industrie Turkmeniens 1969 mit 89 000 nur 4,3 % der Gesamtbevölkerung aus, während in der Sowjetunion 13 % der Bevölkerung (d. h. 31,2 Mio) in der Industrie tätig sind [15].

Auch jetzt gehört die Nutzung der Arbeitskräfte für die Industrie zu den wichtigsten sozialen Problemen der TSSR. Zwar sind zahlreiche Städte und Siedlungen städtischen Typs vorhanden, deren Bevölkerung nur unter den Bedingungen versteckter Arbeitslosigkeit im primären und tertiären Sektor unterkommt, aber die Bedingungen für die Industriearbeit sind noch schlecht. Die Entwicklungschance, Arbeiter aus Gebieten mit Arbeitskräfteüberschuß in Ausbaugebieten wie Westturkmenien aufzunehmen, wird wegen der geringen Mobilität der Bevölkerung noch zu wenig genutzt [16].

---

12. Nar. choz. TSSR 1957, S. 103, vgl. auch Nar. choz. TSSR 1963, S. 138 und 141.
13. Nar. choz. TSSR 1963, S. 144, vgl. CONOLLY, 1967, S. 110.
14. Vgl. Turkmenistan, 1969, S. 88.
15. Nar. choz. SSSR v 1969, S. 10 f. und 166.
16. SHEEHY, 1966 a, S. 170 f. und 175.

3.3.2 Soziale Dienste und geistige Kommunikation

3.3.2.1 Das Schulwesen

Zu den raumwirksamen Leistungen der Russen in Transkaspien gehörte die Modernisierung des Bildungswesens. Zwar wird von den sowjetischen Autoren fast durchweg jegliche zarische Leistung auf diesem Gebiet geleugnet, und immer verweist man auf die Rückständigkeit des mittelasiatischen Kolonialraumes [1], aber Initialvorgänge dürfen nicht ganz übersehen werden.

Die ersten russischen Schulen in Turkmenien entstanden in den größeren Eisenbahnsiedlungen und in einzelnen Kolonistendörfern (vgl. Abb. 28). Mehrere Schulen (u. a. in Uzun-ada, Kazandžik, Kizyl-Arvat und Aschabad) wurden von der Eisenbahnverwaltung eingerichtet und finanziert [2]. Diese einseitige Art der Lokalisation, die sich mit einer ebenso einseitig russischen Ausrichtung von Lehrplan und Unterrichtsmethoden verband, führte zu einem starken Gefälle zwischen Stadt und Land sowie zwischen Einheimischen und zugezogenen Russen. Anfang 1905 soll es in Turkmenien gerade 27 370 Schreibkundige (d. h. 7,16 % der Bevölkerung) gegeben haben. In den Städten war der Alphabetismus bereits damals deutlicher entwickelt, außerdem schon in der Altersstufe der Zehn- bis Neunzehnjährigen angelegt, während auf dem Land der Anteil der 20- bis 29jährigen am größten war [3]. Den Stand des Schulwesens zu Beginn des 20. Jahrhunderts zeigt Tabelle 14. An diesem völlig unausgeglichenen Verhältnis zwischen russischen und Einheimischen Schülern hat sich auch in den folgenden Jahren nichts geändert, wie die Übersichten im Revisionsbericht des Grafen von der PAHLEN zeigen [4]. 1911 wurden im russischen Schulwesen an 60 Schu-

---

1. Vgl. z. Bsp. Sovetskij Turkmenistan, 1968, S. 123 f., Turkmenistan, 1969, S. 88.
2. Otčet po revizii ..., Bd. 6, 1910, S. 29 und 90.
3. SOLOV'EV i SENNIKOV, 1946, S. 104.
4. Otčet po revizii ..., Bd. 6, 1910, S. 16-17, KRAHMER, 1905, S.174 f.

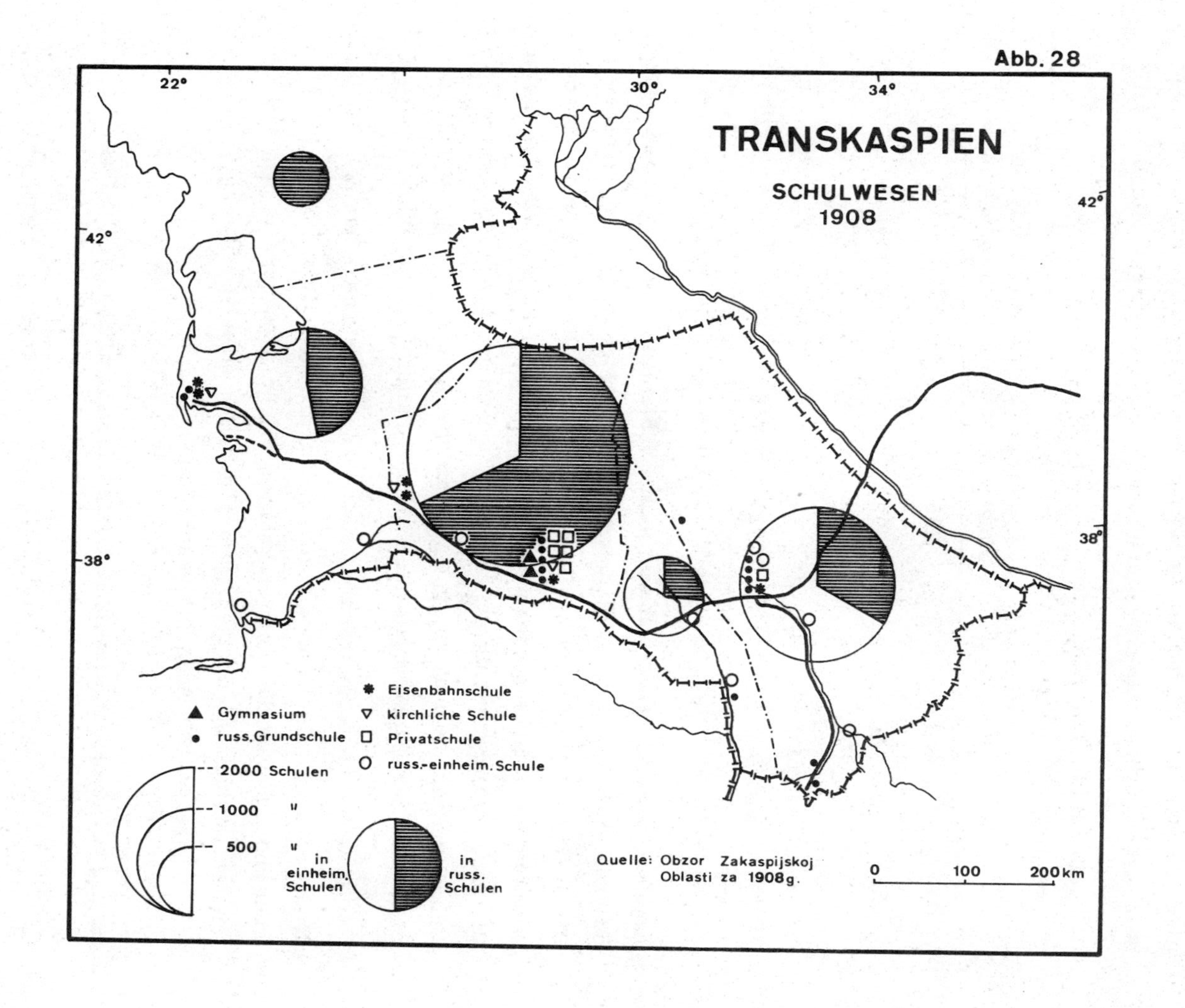

Abb. 28
TRANSKASPIEN
SCHULWESEN
1908
22°
30°
34°
42°
42°
38°
38°
Gymnasium
russ. Grundschule
Eisenbahnschule
kirchliche Schule
Privatschule
russ.-einheim. Schule
2000 Schulen
1000 "
500 "
in einheim. Schulen
in russ. Schulen
Quelle: Obzor Zakaspijskoj Oblasti za 1908g.
0
100
200 km

len rund 5600 Kinder unterrichtet, d. s. 11,9 o/oo der Bevölkerung [5]. Aber - und insofern sind die kritischen sowjetischen Stimmen nicht unberechtigt - das Schulwesen diente immer noch fast ausschließlich der

Tabelle 14 Das Schulwesen Transkaspiens am 1.1.1901 [a]

Schultyp	Zahl der Schulen	Zahl der Schüler				
		Russen		Einheimische		
		Jungen	Mädchen	Jungen	Mädchen	zus.
Jungengymnasium	1	235	-	22	-	257
Mädchengymnasium	1	-	226	-	3	229
Städt. Schulen	2	309	-	-	-	309
Grundschulen	39	769	1220	6	3	1998
russ. Schulen für Einheimische	8	-	-	178	-	178
zusammen	51	1313	1446	206	6	2971

a. Quelle: Otčet po revizii ..., Bd. 6, 1910, S. 9.

russischen Bevölkerung und war selbst für russische Verhältnisse ungenügend. 1914 waren nur 120 turkmenische Kinder aus sozial gehobenen Familien an diesen Schulen. Gerade die für die Entwicklung des Landes wichtigen, von Russen organisierten Einheimischenschulen wurden durch die Schulpolitik zu wenig gefördert [6]. Und die traditionellen islamischen Grundschulen, die mekteb, konnten mit den Anforderungen des sich anbahnenden sozialen Wandels nicht Schritt halten [7].

In unserem Zusammenhang muß noch auf die speziellen Schulen für Eisenbahnangestellte hingewiesen werden, die vor allem für Maschinisten und Arbeiter der Bahnwerkstätten eingerichtet wurden. Bis 1903 wurden an dreizehn Punkten entlang der Bahnstrecke achtzehn Schulen mit insgesamt 800 Schülern geschaffen [8].

5. Aziatskaja Rossija, 1914, Bd. I, S. 260 u. 268, vgl. Ežegodnik Rossii 1910, S. 203 ff., Statističeskij ežegodnik Rossii 1912, S. 108 ff.
6. Otčet po revizii ..., Bd. 6, 1910, S. 31 und 99 ff., AZIMOV i SERGIENKO, 1967, S. 10.
7. Vgl. den Untersuchungsbericht von BELJAEV ("Mekteby Zakaspijskoj oblasti") im Anhang des Obzor ... za 1912-14, S. 245 ff.
8. DMITRIEV-MAMONOV, 1903, S. 206 und 210, ZVDEV 1905, S. 104.

Nach der Oktoberrevolution ging der enge Kontakt zwischen Eisenbahnverwaltung und Schulwesen verloren. Nur die Weiterführung einiger Spezialschulen zeigt noch die anfängliche Verknüpfung. 1928/29 gab es schon 562 Schulen mit über 36 000 Schülern, 1950/51 waren es 1241 Unterrichtsanstalten mit zusammen rd. 217 700 Schülern. Seither hat sich das Schulwesen etwa parallel zum Bevölkerungswachstum weiterentwickelt [9]. Diese Verbreiterung der Bildungsbasis ist zweifellos ein sowjetischer Erfolg, aber er beruhte auch auf einer strikten Durchführung des Russifizierungsgedankens. Denn heute ist das höhere Schulwesen meist durchweg russisch bestimmt; russische Lehrer sind nur teilweise durch turkmenische ersetzt, die russische Sprache ist Unterrichtssprache [10]. Der Grundschulunterricht wird in der Regel bilingual abgehalten. So sprechen die meisten jüngeren Einwohner Turkmenisch und russisch; bei den nationalen Minderheiten (Beluǧi, Kurden, Uiguren) kommt oft noch die Muttersprache hinzu [11]. Das Hochschulwesen war in den Anfangsjahren der sowjetischen Herrschaft nur wenig auf die einheimische Bevölkerung ausgerichtet. 1927/28 waren kaum 10 % der Studenten der jeweiligen Hochschulen Einheimische - eine Feststellung, die für ganz Mittelasien gültig ist; weder 1959 noch 1964 machten die Turkmenen an den Hochschulen ihres Landes die Hälfte aus (5700 von 12 800 bzw. 7900 von 17 000) [12].

Gesetzliche Regelungen hatten die Notwendigkeit hervorgehoben, solche Eisenbahn-Unterrichtsanstalten gerade in den asiatischen Teilen des Russischen Reiches zu fördern - eine politische Russifizierungsabsicht ist unverkennbar.

9. AZIMOV i SERGIENKO, 1967, S. 11, Nar. choz. TSSR 1963, S. 196, Sovetskij Turkmenistan za 40 let, 1964, S. 131, zum Schulwesen auf dem Land vgl. bspw. VINNIKOV, 1954, S. 75 ff.
10. DAWLETSCHIN, 1962, S. 31.
11. Zu den Kurden vgl. Kurds of the Turkmen SSR, 1965, S. 309.
12. PARK, 1957, S. 188, DAWLETSCHIN, 1962, S. 31 f. und 1965, S. 34; vgl. auch HAYIT, 1965, S. 75.

3.3.2.2 Die Förderung der wissenschaftlichen Erforschung Turkmeniens durch den Bahnbau

Der Bahnbau setzte zunächst eine gründliche topographische Erkundung voraus, die geeignete Trassenführungen vorbereiten, aber auch allgemeine Kenntnisse über das Land und seine Bewohner beschaffen sollte. Im Rahmen dieser primären, hauptsächlich militärischen Zielen dienenden Informationsbeschaffung müssen neben der Kartenaufnahme im Kopet-dagh-Vorland [1] vor allem die Reisen von LESSAR, PETRUSEVIČ und GRODEKOV im turkmenischen Grenzgebiet nach Persien und Afghanistan genannt werden. Sie beschrieben ausführlich die einheimische Bevölkerung Südturkmeniens [2]. LESSAR rekognoszierte auch das Gelände, das von einer später zu bauenden Bahn zwischen Serachs, Kuška und Kandahar erschlossen werden sollte [3]. Ethnographische Studien und die Beschreibung der Kriege und ihrer Schauplätze durch GRODEKOV gehören ebenfalls noch in die vorbereitende Phase [4].

War das Reisen in Mittelasien in den ersten achtzig Jahren des 19. Jahrhunderts ein Abenteuer gewesen, das eher wagemutige Zeitungsreporter als ernsthafte Wissenschaftler angezogen hatte, so bot nunmehr die Eisenbahn außer der Bequemlichkeit vor allem den nötigen Rückhalt

---

1. Nivellierungen fanden dort bereits 1880 statt. Die Kartenaufnahme erfolgte meist im Einvernehmen mit dem Generalstab des Generalgouvernements Turkestan, der auch im östlichen Turkmenien die Aufnahmen leitete. Für einzelne Teilgebiete entstanden Karten im Maßstab 1 : 42 000 (1-Werst-Karte), ein großer Teil des Landes wurde im Maßstab 1 zu 210 000 aufgenommen. Spätere Nivellierungen standen vielfach im Zusammenhang mit dem Bau von Bewässerungsanlagen (CINZERLING, 1927, S. 23 ff.); zur geodätischen Aufnahme in Turkmenien vgl. auch Istorija Turkmenskoj SSR, 1957, Bd. I-2, S. 349 f. und PETROV, 1958, S. 13 und 13, zu vorhergehenden Kartenaufnahmen die Angaben in Globus 37, 1880, S. 379.
2. LESSAR, 1882 u.ö., Globus 41, 1882, S. 218 f., BARTHOLD, 1913, S. 179 f., FREJKIN, 1957, S. 97. LESSAR war als Leiter eines Arbeitslagers auch aktiv am Bahnbau beteiligt (MASLOV, 1887, S. 10).
3. LESSAR, 1882, S. 120, vgl. CURTIS, 1911, S. 108.
4. GRODEKOV, 1883/84, ANNENKOFF, 1886, S. 128.

und ein Sicherheitsgefühl, das nicht nur mit der Anwesenheit der russischen Truppen, sondern auch durch die verbesserten Kommunikationsmöglichkeiten begründet werden kann [5].

Die Untersuchungen bis 1880 hatten hauptsächlich einen großen Überblick angestrebt oder der Routenaufnahme meist in militärischem Sinne gedient. Nach der Festigung der russischen Herrschaft setzten Detailstudien ein [6]. Die erste größere Gruppe von Wissenschaftlern, die von der Bahn profitierten, waren die Geologen. Die Arbeiten von MUŠKETOV, der sich weitgehend auf das Generalgouvernement Turkestan beschränkt hatte, konnten von OBRUČEV auf Transkaspien ausgedehnt werden. Die ersten Studien von KONŠIN und BOGDANOVIČ gehen ebenfalls auf die Pionierzeit des Bahnbaus zurück [7]. Morphologische Arbeit leistete PALECKIJ, der die Formenbildung im Wüstensand und ihre Auswirkungen auf Sandverwehungen an der Bahn untersuchte [8]. In die Zeit des Bahnbaus zwischen Aschabad und Merv fällt die Reise, die RADDE, KONŠIN und WALTER in zarischem Auftrag unternahmen, um eine um-

---

5. FERRIER, 1870, Bd. II, S. 440 muß noch allen Reisenden den dringenden Rat geben, sich durch Verkleidung und Anpassung an die Landesbevölkerung abzusichern; so reiste bspw. VAMBERY 1863 als Derwisch verkleidet durch Turkmenien nach Chiwa. Zum Gedanken der Sicherheit durch die Eisenbahn vgl. auch CURZON 1889/1967, S. IX, ALBRECHT, 1896, S. 2, KAUDER, 1900, S. 206, BARTHOLD, 1913, S. 172, HETTNER, 1927, S. 93 f.
6. PETROV, 1958, S. 16, GVOZDECKIJ u.a., 1964, S. 130 ff.
7. MACHATSCHEK, 1921, S. 18, OBRUČEV, 1951, Bd. I, S. 46 ff., FREJKIN, 1957, S. 97 ff., MURZAEV, 1957, S. 37, LUPPOV, 1957, S. 15 f., PETROV, 1958, S. 18 f., GVOZDECKIJ u.a., 1964, S. 122 und 131 f.; noch für WALTHERs geologisch-morphologische Arbeit in der Kara-kum war die Transkaspische Eisenbahn die Ausgangsbasis (WALTHER, 1924, S. XI). Nach den Forschungen von OBRUČEV, der 1886 im Zusammenhang mit dem Bahnbau mit geologischen Arbeiten betraut war, erhielt der Wüstensteppenstreifen zwischen Merv und Kerki seinen Namen (TÄUBERT, 1956, S. 254 f.).
8. WALTHER, 1898, S. 68. PALECKIJ veröffentlichte eine Studie unter dem Titel "Ukreplenie peskov Sredne-Aziatskoj železnoj dorogi" (die Befestigung der Sande an der Mittelasiatischen Eisenbahn), in: Lesnyj Žurnal 1, 1901, S. 32-62. Zur Transkaspischen Bahn als Leitlinie für die geomorphologische Forschung vgl. auch REINHARD, 1935, S. 26.

fassende naturkundliche Darstellung des neuerworbenen Gebietes zu erarbeiten; sie besuchten vor allem die Landstriche nördlich des Kopetdagh und das südliche Turkmenien, das jetzt leichter zugänglich war [9].

Die Untersuchungen in zarischer Zeit wurden - bedingt durch die Verwaltungsgliederung des Landes - vor allem von der in Tiflis beheimateten kaukasischen Abteilung der Kaiserlichen Russischen Geographischen Gesellschaft (Kavkazskoe otdelenie Imperatorskogo Russkogo Geografičeskogo Obščestva) durchgeführt [10]. Ferner kamen mehrere archäologische Expeditionen ins Land, von denen jene von ŽUKOVSKIJ (1890 und 1896) bei Merv und von PUMPELLY (1903) in Annau große Bedeutung für die Erforschung der Siedlungsgeschichte hatten [11]. Wenigstens teilweise im Rahmen einer allgemeinen Durchforschung ist auch die historisch-geographische Beschäftigung zu sehen, der sich vor allem BARTHOLD (russ. BARTOL'D) widmete [12]. Später konzentrierte sich die historisch-geographische Fragestellung auf das lange umstrittene Uzboj-Problem, d. h. die Frage, ob es sich beim Uzboj um einen noch in historischer Zeit durchflossenen, ehemaligen Arm des Amu-darja handle [13].

In den Zusammenhang eines direkten Einflusses der Eisenbahn auf das Reisen im Lande gehören die zahlreichen Reiseberichte, die bis zum Beginn des Ersten Weltkrieges eine wichtige Informationsquelle für das westliche Ausland darstellten; als Beispiele seien die Berichte von ALBRECHT, BOULANGIER, KAUDER, KRAFFT, MOSER, MEAKIN, OLUFSEN, ROTTERMUND, SCHWEINITZ und TÖPFER genannt, ebenso können die Reiseführer von DMITRIEV-MAMONOV und GEJER ange-

---

9. RADDE, 1887 und 1898.
10. MURZAEV, 1957, S. 38.
11. Explorations in Turkestan, 1905, BARTHOLD, 1913, S. 180.
12. BARTHOLD, 1913, 1914, 1927 u.ö. neben zahlreichen dort aufgeführten Arbeiten zur historischen Länderkunde Mittelasiens; vgl. MURZAEV, 1957, S. 37.
13. Dazu MACHATSCHEK, 1921, S. 313 ff. und für die geologische Beweisführung in jüngerer Zeit KES', 1952, S. 14 ff.

führt werden. Allerdings wurde das Reisen dadurch erschwert, daß man spezielle Pässe und Genehmigungen benötigte, die nur direkt in St. Petersburg erhältlich waren [14].

In einer zweiten Phase der Erschließung, nachdem man glaubte, die Reserven für die Landwirtschaft in den Oasen durch weitgehende Extension der Anbauflächen ausgeschöpft zu haben, ging man daran, auch die kaum besiedelten Bereiche Turkmeniens abseits der Bahnlinie zu erforschen, in denen man Bodenschätze als Grundlage möglicher industrieller Ansätze vermutete. Es waren typische Erkundungen der natürlichen Reichtümer - proizvoditel'nye sily -, wie sie gerade in den Pioniergebieten des Russischen Reiches von Staats wegen betrieben wurden. Anfänge dazu gab es schon in zarischer Zeit, aber in größerer Zahl werden diese auf den wirtschaftlichen Nutzen ausgerichteten Forschungen erst seit den späten zwanziger und dreißiger Jahren charakteristisch [15]. Ihre Ergebnisse sind in Sammelwerken veröffentlicht, in denen mithilfe geologischer, klimatologischer, vegetationskundlicher und vor allem hydrologischer Grundlagenforschung Schlüsse für die wirtschaftliche Inwertsetzung gezogen werden [16]; diese wiederum ist von der systembedingten Bewertungspräferenz her zu verstehen. Mit der technologischen Entwicklung der erdwissenschaftlichen Forschung spielte seit den dreißiger Jahren auch die Luftbildforschung eine große Rolle [17]. Die Komplexuntersuchungen der Grundlagenforschung wurden bis in die heutige Zeit fortgesetzt und immer mehr von ökonomischen Gesichtspunkten be-

---

14. CURTIS, 1911, S. 28 f.
15. Dabei ist aber zu bedenken, daß Ziele und Intensität je und je von Forschungsstand, Untersuchungsmethoden und Zielsetzungen her zu werten sind, nicht von den heutigen Kenntnissen und Bestrebungen.
16. Turkmenija, 1929, Bd. 1-3, KURNAKOV, PODKOPAEV i RONKIN, Hrsg., 1930, Karakumy, 1930, Problémy Turkmenii, 1935 u.a.; vgl. PETROV, 1958, S. 24 ff., GVOZDECKIJ u.a., 1964, S. 155.
17. Eine der ersten bedeutenden russischen Luftbildexpeditionen in Mittelasien wurde 1934 durchgeführt (Bilder davon bei TROLL, 1966, S. 123, 132 f., 139 und 145); vgl. FEDOROVITCH, 1956, FREJKIN, 1957, S. 104 ff., VINOGRADOV, 1968, S. 351 ff.

stimmt. Sie dienten u. a. der Landwirtschaft, der Vorbereitung des Kanalbaus und der Erkundung von Erdöl- und Erdgaslagern [18].

Heute stehen zwar auch andere Verkehrsmittel als die Eisenbahn zur Verfügung, und die Wüstenforschung ohne Auto und Flugzeug ist undenkbar geworden, aber die Bedeutung des "klassischen" Verkehrsweges als Ausgangsbasis für die Untersuchungen ist noch nicht aufgehoben worden. Eine moderne Analogie zeigte sich beim Bau des Karakum-Kanals: Zahlreiche Studien zur physischen Geographie der Obručev-Steppe und der Binnendeltaoasen von Murghab und Tedžen erschienen als Voruntersuchungen oder seit dem Kanalbau [19].

Schließlich muß der Einfluß erwähnt werden, den der Bahnbau auf die Einrichtung wissenschaftlicher Forschungsanstalten hatte. Die Witterungsabhängigkeit der Eisenbahn erzwang die Anlage meteorologischer Beobachtungsstationen. So entstanden nach 1890 meteorologische Stationen II. Klasse in Uzun-ada, Kizyl-Arvat, Aschabad (1892) und Merv, deren Meßergebnisse auszugsweise in den Jahresbänden des Obzor Zakaspijskoj oblasti veröffentlicht wurden [20]. Für die technische Ausbildung des Eisenbahnpersonals wurde in Aschabad ein Eisenbahntechnikum gegründet, dessen Tradition sich bis heute bewahrt hat [21]. Für die Landwirtschaft entstand ein Zentrum im Anschluß an das Krongut von Bajram-Ali, ein zweites für Ackerbau, Vieh- und Seidenraupenzucht, aber auch für die Forstwirtschaft, im aul Keši,

---

18. Vgl. Glavnyj Turkmenskij kanal, 1952, FREJKIN, 1957, S. 107 f., PETROV, 1958, S. 30.
19. Als Beispiele seien die im Literaturverzeichnis aufgeführten Arbeiten von GRINBERG und VEJSOV genannt, vgl. auch die ausführliche Darstellung in Fiziko-geografičeskoe rajonirovanie SSSR, 1968, S. 270 f.
20. Aperçu des chemins de fer russes ..., 1897, t. II, pt. 4, S. 127, PETROV, 1958, S. 18. Die Klassifikation bezieht sich auf die technische Ausstattung der Stationen mit Meßgeräten. In einer Station II. Klasse mußten Geräte für die Niederschlags-, Temperatur-, Luftdruck- und Windmessung vorhanden sein.
21. Obzor ... za 1897, S. 243.

4 km westlich von Aschabad (1897)[22]. 1912 wurde bei der Station Repetek ein Wüstenforschungsinstitut eingerichtet. Hier ist die Bahn als Kommunikationsträger aufzufassen, aber zweifellos haben auch betriebstechnische Erfordernisse - etwa das Problem der Sandverwehungen in der Wüste - auf die Motivation für die Anlage eingewirkt[23]. Diese wenigen Beispiele mögen genügen, um zu zeigen, wie vielfältig der Einfluß der Bahn auf die Forschung und ihre Organisation war.

3.3.2.3 Das Medizinalwesen

Vor ähnlichen Problemen wie die Einführung russischer Bildung stand auch das Medizinalwesen in Transkaspien. Noch unmittelbarer wirkte hierbei die Bahn initiierend: Der erste europäische Arzt in Transkaspien, der Deutsche O. HEYFELDER, stand im Dienst des Bahnbaus. Er leitete die Krankenversorgung, bemühte sich um eine Verbesserung der Lebensbedingungen und die Erschließung von Mineralquellen[1]. Andrerseits brachte die Bahn aber auch die Gefahr mit sich, daß schnellere Personentransporte zu Ausbreitung von Seuchen beitrugen wie bspw. 1890, als die Pocken über die Bahn in den uezd Merv eingeschleppt wurden[2]. Für lange Zeit blieb die medizinische Versorgung eine ausschließlich städtische Aufgabe (vgl. auch Abb. 29). Ärzte und Apotheken gab es nur in Städten und bei größeren Eisenbahnstationen (bspw. Uzun-ada bzw. später Krasnovodsk, Kizyl-Arvat, Aschabad, Merv, Kuška usw.), erst später auch in einzelnen russischen Siedlungen abseits der Bahn (etwa im Sommeraufenthaltsort Fir-

---

22. Obzor ... za 1897, Priloženie No. 5, SCHANZ, 1914, S. 66, BUSSE, 1915, S. 317 ff.; vgl. im östlichen Russisch-Turkestan das Hungersteppen-Versuchsfeld bei der Bahnstation Golodnaja step' der Mittelasiatischen Bahn (dazu Otčet po revizii ..., Bd. 18-1, 1910, S. 254 ff.).
23. FREJKIN, 1957, S. 100, Istorija Turkmenskoj SSR, 1957, Bd. I-2, S. 353, PETROV, 1958, S. 19, GVOZDECKIJ u.a., 1964, S. 155.

1. Vgl. HEYFELDER, 1889, S. 146 ff.
2. Obzor ... za 1897, S. 207, vgl. auch Obzor ...za 1892, S. 170 ff.

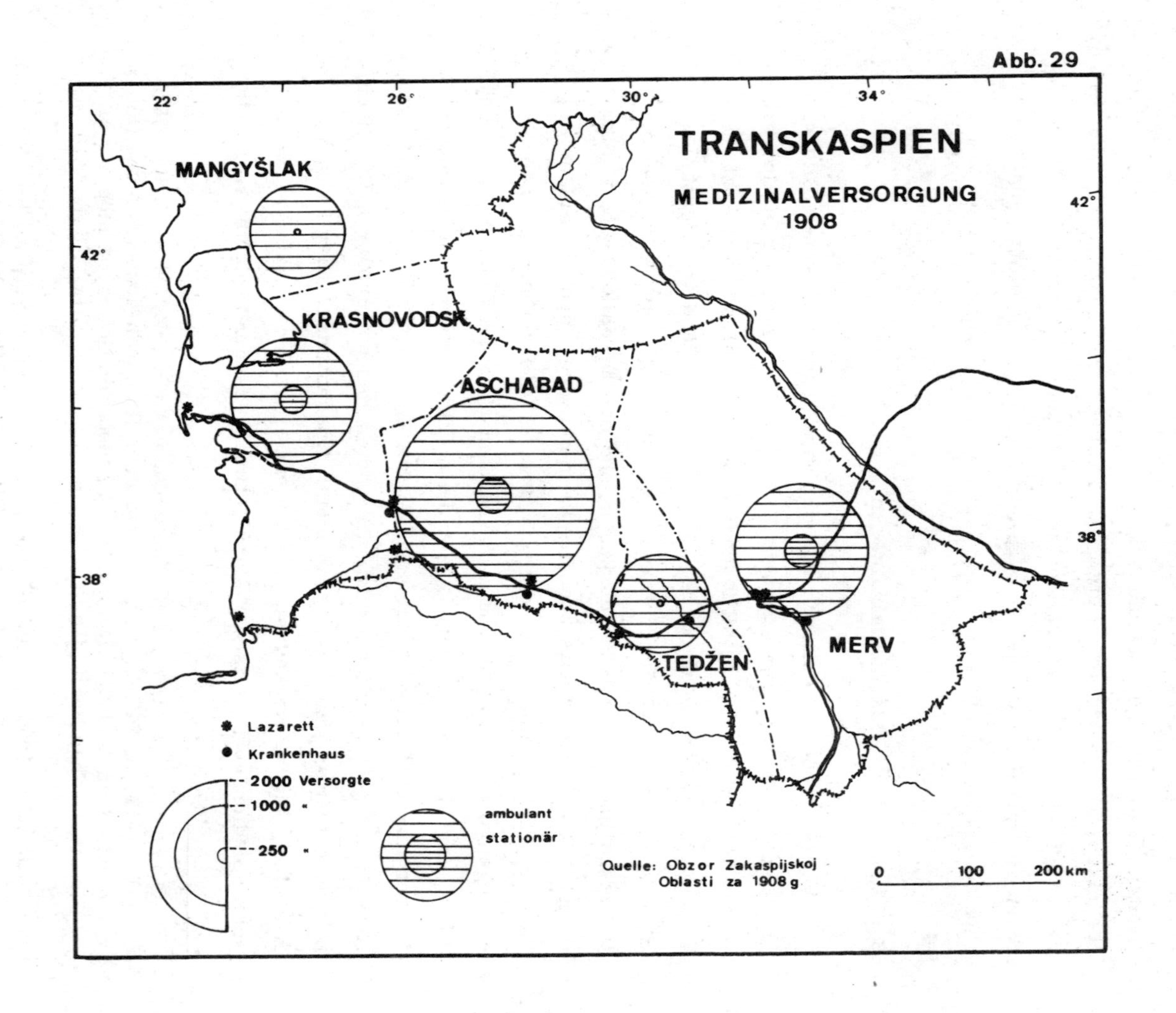
Abb. 29
TRANSKASPIEN
MEDIZINALVERSORGUNG
1908
MANGYŠLAK
KRASNOVODSK
ASCHABAD
TEDŽEN
MERV
Lazarett
Krankenhaus
2000 Versorgte
1000 "
250 "
ambulant
stationär
Quelle: Obzor Zakaspijskoj
Oblasti za 1908 g
0
100
200 km
22°
26°
30°
34°
38°
42°

juza) [3]. Man wird die Einwirkung der russischen Kultur höher einschätzen müssen als die Auswirkung der Eisenbahn, die indirekt über die Lagebedingungen der größeren Siedlungen bemerkbar wird.

Auch auf dem Gebiet der Medizinalversorgung setzte eine Verbesserung mit ausreichender Versorgung der ländlichen Gebiete erst in sowjetischer Zeit ein. Etwa seit der Mitte der fünfziger Jahre hat die rasche Vermehrung der Ärztezahl, der Krankenhäuser und der Krankenhausbetten nachgelassen, so daß eine dem Stand in der Sowjetunion allgemein entsprechende, ordentliche Krankenversorgung gewährleistet sein dürfte. Für 1961 werden als Kennziffern angegeben: ein Arzt auf je 350 Einwohner, ein Krankenhausbett auf je 110 Einwohner [4].

3.3.2.4 Die Ausbreitung der revolutionären Bewegung in Turkmenien

Als Beispiel für die Einwirkung der Eisenbahn auf die geistige Kommunikation sei die Ausbreitung von Kommunismus und revolutionärer Bewegung herausgegriffen. Die Bahn wurde zu einem Informationskanal für die Ideen des Marxismus, die die Arbeiter - und das waren in Transkaspien zu Beginn des Jahrhunderts zum großen Teil Eisenbahnarbeiter - ansprechen sollten. Schon beim Bahnbau hatte sich 1881 die Unzufriedenheit der Arbeiter mit ihren Bedingungen in Kizyl-Arvat artikuliert, 1886/87 kam es zu Konflikten auf dem Streckenabschnitt zwischen Merv und Čardžuj [1]. Seit 1903 breitete sich der Kommunismus, von Baku eingeführt, entlang der Eisenbahn aus; das ist kaum verwunderlich, wenn man bedenkt, daß die Eisenbahner über 50 % des städtischen Proletariats ausmachten. Damit konnte auch in erster Linie

---

3. O b z o r ... za 1891, S. 358, O t č e t po revizii ..., Bd. 11, 1910, S. 429 ff. und 470, vgl. OLSUF'EV i PANAEV, 1899, S. 94.
4. N a r . c h o z . TSSR 1963, S. 216, vgl. S o v e t s k i j Turkmenistan, 1968, S. 164 ff., VINNIKOV, 1969, S. 297.

1. SUVOROV, 1962, S. 119, ACHMEDŽANOVA, 1965, S. 104.

die Bevölkerung der "neuen" Städte entlang der Bahn erfaßt worden [2]. Als Beispiele können die Auseinandersetzungen zwischen den Truppen und den Eisenbahnern von Kuška angeführt werden [3]. Auch die Verbreitung von Propagandamaterial ging von den größeren Stationen aus; bspw. gab eine illegale Druckerei in Kizyl-Arvat die Zeitung "Rabočij Listok" heraus [4]. Nach relativ kurzer Zeit konnten im Vergleich zu den Arbeitern in den wenigen Industriebetrieben Transkaspiens die Eisenbahner als am meisten politisiert gelten [5].

In großem Maßstab zeigte sich dies zum ersten Mal bei der Revolution von 1905. Damals bildeten sich Eisenbahnerkomitees, die ersten Streikbewegungen gingen von den Eisenbahnwerkstätten (z. Bsp. in Čardžuj, Aschabad, Kazandžik, Kizyl-Arvat und Krasnovodsk) aus; sie gipfelten in dem großen Eisenbahnerstreik von Oktober bis Dezember 1905. Auch die Reaktion setzte alles daran, zuerst der Eisenbahner Herr zu werden [6]. Die hochgradige Politisierung der Lage in Transkaspien ist unter anderem darauf zurückzuführen, daß das Land und vor allem die Eisenbahnwerkstätten von Kizyl-Arvat vielfach eine Endstation für politisch Verfolgte darstellten; die schlechten Lebens- und Arbeitsbedingungen förderten die Radikalisierung während der revolutionären Umtriebe in hohem Maße [7].

Aufschluß über die räumliche Struktur der revolutionären Bewegung und damit über die Bedeutung, die die Bahn als Kommunikationskanal hatte, soll die Abb. 30 geben. Viele Gesamtdarstellungen gehen zwar ausführlich auf die Wechselbeziehungen zwischen der Existenz der Eisenbahnlinie und der Verbreitung des revolutionären Gedankengutes

---

2. ROSLJAKOV, 1965, S. 8 f.
3. ANNANEPESOV, 1965, S. 13-19.
4. SUVOROV, 1962, S. 122.
5. The Revolution of 1905-07, 1959, S. 323.
6. The Revolution of 1905-07, 1959, S. 325 f., PIERCE, 1960, S. 235 ff., ACHMEDŽANOVA, 1965, S. 121 ff., AMINOV i BABACHODŽAEV, 1966, S. 105 ff. Ausgangspunkt für militärische Gegenaktionen war die Garnison Kuška, die nach und nach die Bahnstrecken Kuška - Merv, Merv - Tedžen und Merv - Čardžuj eroberte (ACHMEDŽANOVA, 1965, S. 135).
7. PAHLEN, 1964, S. 132 f. und 1969, S. 200 f.

Abb. 30

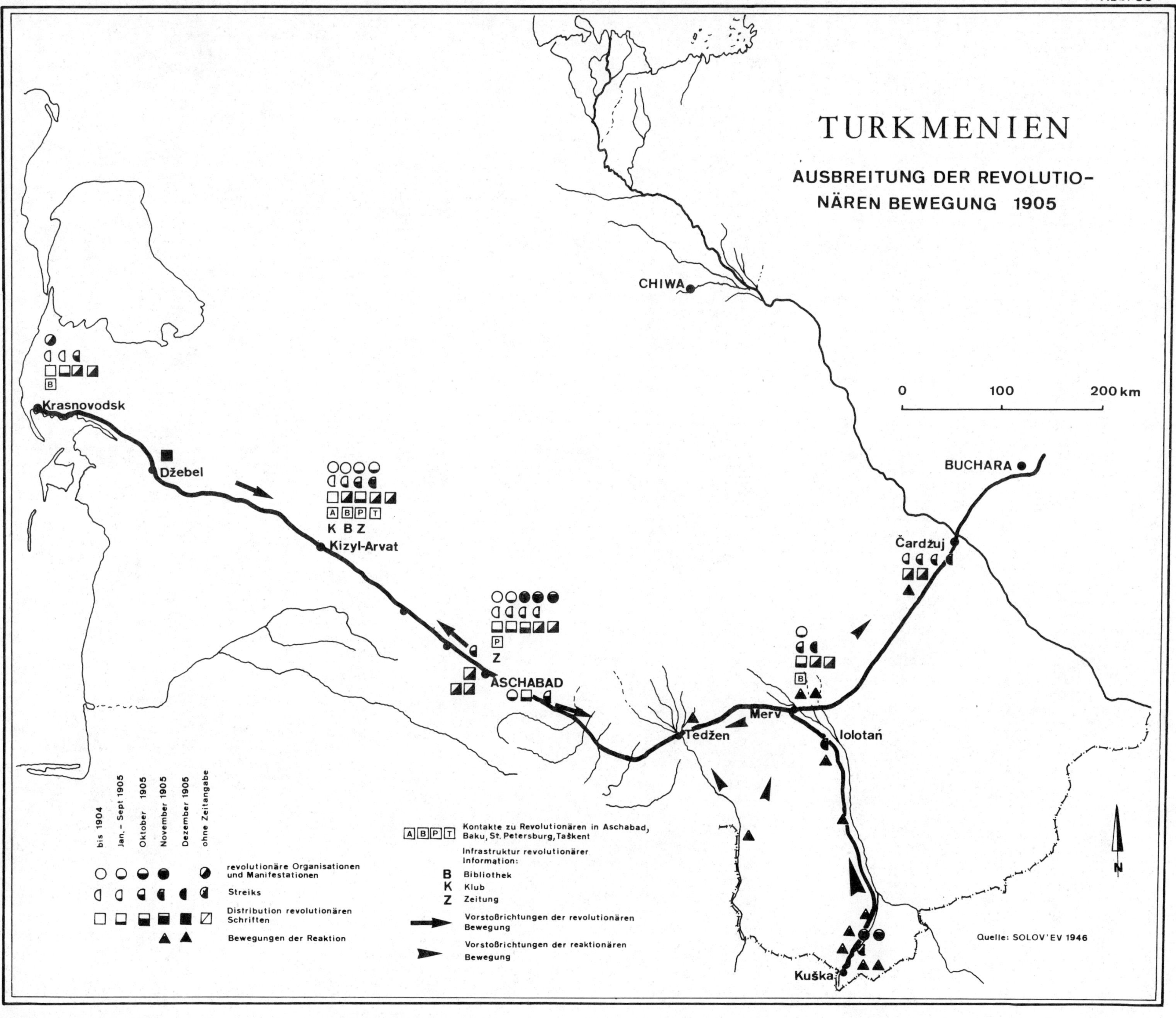
TURKMENIEN
AUSBREITUNG DER REVOLUTIONÄREN BEWEGUNG 1905
0
100
200 km
CHIWA
BUCHARA
Krasnovodsk
Džebel
Kizyl-Arvat
K B Z
A B P T
B
P
Z
ASCHABAD
Tedžen
Merv
Iolotań
Čardžuj
Kuška
N
bis 1904
Jan. - Sept 1905
Oktober 1905
November 1905
Dezember 1905
ohne Zeitangabe
revolutionäre Organisationen und Manifestationen
Streiks
Distribution revolutionären Schriften
Bewegungen der Reaktion
Kontakte zu Revolutionären in Aschabad, Baku, St. Petersburg, Taškent
Infrastruktur revolutionärer Information:
B Bibliothek
K Klub
Z Zeitung
Vorstoßrichtungen der revolutionären Bewegung
Vorstoßrichtungen der reaktionären Bewegung
Quelle: SOLOV'EV 1946

ein (z.Bsp. Istorija Turkmenskoj SSR, 1957, Bd. I-2, S. 206 ff., PIERCE, 1960, S. 235 ff., SARKISYANZ, 1961, S. 231, SUVOROV, 1962, S. 118 ff., AMINOV i BABACHODŽAEV, 1966, S. 105 ff.), aber das räumliche Bezugsfeld, das sich aus der Lokalisation der Einzelerscheinungen und -ereignisse ergibt, klingt nur leicht an. Als Grundlage dient die Quellensammlung, die von SOLOV'EV 1946 als zweiter Teil einer Dokumentation über das zaristisch-russische Turkmenien auf der Basis von Archivmaterial herausgegeben wurde.

Zentren des Bahnverkehrs und damit auch der Industrie und des Militärs waren genauso im Jahr 1917 Ansatzpunkte für revolutionäre Einzelaktionen [8]. Nach der Februarrevolution bildeten sich Provisorische Exekutiv-Komitees in den größeren Eisenbahnsiedlungen; seit dem 6. März entstanden die ersten Sowjets in Transkaspien, die sich aus Eisenbahnarbeitern zusammensetzten; rasch griff die Bewegung auf sämtliche Bahnstationen über [9]. Allerdings verhielt sich die Arbeiterschaft während der Revolution antibolschewistisch. Noch im Juli 1918 richtete sich die Revolte der Eisenbahnarbeiter in Aschabad und Kizyl-Arvat gegen die bolschewistische Sowjetherrschaft in Taškent. Der menschewistische Vorstoß kam von Westen her jedoch nicht über Merv hinaus, und als die Rote Armee 1919 den Abzug der Engländer aus Transkaspien durchgesetzt hatte, drang der Bolschewismus von Osten her entlang der Bahn vor. Als letzte Stützpunkte an der turkmenischen Front fielen Kazandžik (6. 12. 1919) und Krasnovodsk (6. 2. 1920) [10].

1918/19 schlugen die alliierten Interventionstruppen in Transkaspien sogar vor, durch Zerstörungen an der Bahn und durch eine Sprengung des Krasnovodsker Hafens jegliche bolschewistische Einflußnahme in Turkmenien zu unterbinden [11]. Schließlich hatte die Sperrung der Taš-

8. NAPORKO, 1954, S. 91, HAYIT, 1956, S. 199, PARK, 1957, S. 192, SUVOROV, 1962, S. 143, ACHMEDŽANOVA, 1965, S. 191 f.
9. DOEMMING, 1969, S. 41.
10. The Red Army in Turkestan, 1965, S. 37 ff., Durch die Besetzung von Kuška im Februar 1919 hatten die Bol'ševiki eine wichtige Position erobert, die ein weiteres Vordringen der alliierten Intervention nach Transkaspien verhinderte (JAGMUROV, 1966, S. 19).
11. PARK, 1957, S. 29.

kent - Orenburger Eisenbahn durch den Weißgardisten DUTOV im Jahr 1919 die Versorgung der turkestanischen Kommunisten mit Lebensmitteln und Militärgütern derart beschnitten, daß man auf Hilfe aus Persien angewiesen war, bis die Bahn am 9. Oktober 1919 wieder geöffnet war [12]. Mit aller Deutlichkeit erwies sich die Bahn damals als Leitlinie für die Versorgungstransporte von und nach Mittelasien.

Und auch im kleinräumigen Vordringen des Kommunismus zeigt sich der Einfluß der Bahn. Die Besetzung des bucharischen Čarğuj, die die Übernahme der Herrschaft im gesamten Emirat vorbereitete, erfolgte von der exterritorial russischen Bahnstation her, als Revolutionäre die Berater des Emirs Ende August 1920 ermordeten [13].

3.3.3 Agrartechnische Innovationen

Da die einheimischen, ursprünglich wohl aus Indien stammenden Baumwollsorten (Gossypium herbaceum L., in Mittelasien als guza bezeichnet [1]) kurzstapelig, grobfasrig und von geringer Qualität für eine mechanische Verarbeitung sind, versuchten russische und ausländische Landwirte, andere Arten in Turkestan heimisch zu machen [2]. Zur Vorbereitung wurde eine russische Kommission unter Leitung des Staatsrates BRADOVSKIJ in die USA geschickt [3].

---

12. GLADKOV, 1951, S. 242, HAYIT, 1962, S. 76 f., AMINOV i BABACHODŽAEV, 1966, S. 131. Schon bei den vorausgegangenen Partisanenbewegungen in Mittelasien hatte die Bahn zu den wichtigsten Streitobjekten gehört. So wurde während der Basmači-Bewegung am 13./26. Juli 1916 der Eisenbahntransport durch den Aufstand von Džisak an einem Knotenpunkt völlig gelähmt (WILLFORT, 1930, S. 70 f.).
13. PARK, 1957, S. 48.

1. Nach der Färbung werden unterschieden: die rötliche bis gelbliche guza-makka und die weiße guza-sefid (OLSUF'EV i PANAEV, 1899, S. 100).
2. WALTA, 1907, S. 681 f., BLAGOWIESTSCHENSKY, 1913, S. 93, JUFEREV, 1925, S. 21, DEMIDOV, 1926, S. 42, MÜLLER, 1958, S. 15 f.
3. BLANC, 1893/94, S. 468.

Erste Versuche, die 1872 mit der extrem langstapeligen Sea Island cotton (Gossypium barbadense L.) unternommen wurden, mißlangen, weil diese Art, die in den USA unter den humid-subtropischen Klimabedingungen Floridas angebaut wird, im ariden, sommerheißen Mittelasien nicht gedieh [4]. Mehr Erfolg hatte der zweite Versuch mit der Upland cotton (Gossypium hirsutum L., in Turkestan später als čigit bezeichnet [5]), die zuerst 1875 bei Taškent noch ohne große Erträge angebaut wurde, ehe zwischen 1884 und 1888 die Aussaatfläche allein dieser Art von 205 auf über 37 000 Des. (225 bzw. 40 500 ha) stieg, die Erträge von 10 000 auf 560 000 Pud (164 bzw. 9180 t) [6]. Die Vorteile der Upland (längerer Stapel, gute Klimaverträglichkeit, ertragreiche Einzelpflanzen) bewirkten, daß sie schnell Einlaß in die Wirtschaft der Einheimischen fand. Nur die Chanate Chiwa und Buchara widersetzten sich aus fiskalischen Gründen lange der Innovation [7].

In Transkaspien wurde die neue Art in den Jahren 1884 bis 1888 in der Achal-Oase sowie bei den Bahnstationen Merv und Čardžuj eingeführt, aber sie konnte sich nur langsam durchsetzen [8]. Schwierig-

---

4. BLANC, 1893/94, S. 471, MOSER, 1894, S. 330, BIEDERMANN, 1907, S. 34. Sea Island wurde vor allem bei Samarkand und Taškent ausgesät (SCHUYLER, 1876, Bd. I, S. 296, wo mit Ali Haği Junus (Ali Hadji Yunusof) einer der ersten Taškenter namentlich aufgeführt wird, der schon 1872/73 amerikanisches Saatgut verwendete: ibid. S. 90). Schon KOSTENKO, 1871, S. 224 nennt unter den Maßnahmen zur Förderung der Baumwollkultur die Einführung von amerikanischem und auch ägyptischem Saatgut nach Mittelasien.
5. Aziatskaja Rossija, 1914, Bd. II, S. 285.
6. RODZEVIČ, 1891, S. 56, MOSER, 1894, S. 331, BUSSE, 1915, S. 73, Aziatskaja Rossija, 1914, Bd. II, S. 276, DEMIDOV, 1926, S. 42. Für 1886 gibt CURZON 1889/1967, S. 407 eine Aussaatfläche von 30 000 acres (12 100 ha) an.
7. Die Abschätzung der Felder für die Besteuerung erfolgte, entsprechend den Bestimmungen des šariᶜa, vor der Ernte. Dabei ergab sich aber ein unzutreffendes Bild, weil die Upland allmählich vom unteren Pflanzenteil nach oben heranreift. Wartete man mit der Abschätzung aber zu lange, wie es oft im Emirat Buchara der Fall war, so fielen die Fasern bereits aus den unteren Kapseln aus und wurden unbrauchbar (CURTIS, 1911, S. 307, BLAGOWIESTSCHENSKY, 1913, S. 94).
8. Um die Einführung der amerikanischen Upland cotton, die die indu-

keiten bereitete die lange Erntezeit. Da man zunächst die Pflanzen nicht mehrfach ablas, verkam ein beträchtlicher Teil der Ernte. Nachdem dieser Fehler überwunden war, zeigte sich eine Verteuerung der Erntearbeiten, die sich aus dem Mehrfachsammeln ergab; mußte man für einheimische Baumwolle etwa mit 4 Rubel je ha rechnen, so waren es bei der amerikanischen Baumwolle etwa 7 Rubel je ha [9]. Den Durchbruch brachten die Erfolge des Kaufmannes MINDER (1891: 1320 Zentner Baumwollernte in der Merw-Oase) [10]. 1892 begann die Ausbreitung amerikanischer Baumwolle in der Tedžen-Oase sowie auf kleinen Flächen im Atrek-Tiefland, 1893 im uezd Aschabad, wo sich die einheimische Bevölkerung, die bislang noch keine Baumwolle angebaut hatte, zunächst passiv verhielt. Schon im Atrek-Tiefland zeigte die Einführung der Upland eine erhebliche zeitliche Verzögerung [11].

In wenigen Jahren nach den ersten Bahnbauten in Mittelasien begann nicht nur die amerikanische Upland sich auszubreiten, sondern durch neue Züchtungen erfolgte auch eine regionale Differenzierung, die den agroklimatischen Verhältnissen gerecht wurde. Die bevorzugte Varietät in der Merw-Oase war eine verbesserte guza von mittlerer Stapellänge, großer Gleichmäßigkeit und seidenartiger Feinheit. Sie fand Absatz über die russischen Grenzen hinaus und wurde bspw. bis ins Elsaß und in die Schweiz verkauft [12]. Am Amu-darja wurde auf einem Gut, das sich der Eisenbahnerbauer ANNENKOV eingerichtet hatte,

---

striell wertvollere Qualität garantieren konnte, bemühten sich verständlicherweise gerade die zentralrussischen Firmen wie etwa MOZOROV, die Kaufleute BOBOŠKO, KONŠIN, KUDRIN und MINDER sowie die Mittelasiatische Gesellschaft (Obzor ... za 1882-1890, S. 90 f., FEDOROV, 1901, S. 79, SCHANZ, 1914, S. 62 und 105, RUSINOV, 1918, S. 13, SOLOV'EV i SENNIKOV, 1946, S. 278).

9. Obzor ... za 1882-1890, S. 91, BLANC, 1893/94, S. 470 f.
10. KRAHMER, 1905, S. 108.
11. Obzor ... za 1892, S. 73 ff., ... za 1893, S. 158, ... za 1912-14, S. 37. Außerhalb der Merw-Oase liefen die beiden Innovationen der Baumwollkultur selbst (s. dazu o. Abschn. 3.2.4.1.4) und der Einführung des amerikanischen Saatgutes mit geringer zeitlicher Verschiebung weitgehend parallel.
12. MOSER, 1894, S. 334.

eine sehr weiße Upland-Varietät angebaut, die sich durch feine, lange Seide auszeichnete und daher gut verspinnen ließ [13].

Über die transkaspischen Grenzen hinaus reichte die bahnbedingte Innovation bis in das nordchorasanische Deregöz, d. h. den persischen Anteil an der Atek-Oase im turkmenischen Tiefland, wo die staatlichen Grenzen das Kulturland durchschneiden [14]. Im ehemals bucharischen Teil der Turkmenischen SSR konnte sich die amerikanische Baumwolle aus den genannten fiskalischen Gründen erst in den späten zwanziger Jahren voll durchsetzen [15].

Außer der amerikanischen wurde in Turkmenien als einzigem Gebiet Russisch-Mittelasiens auch die mehrjährige ägyptische Baumwolle (aus Gossypium barbadense L. = Gossypium peruvianum Cav. abgeleitet) eingeführt, die hier bei guten Wärmesummen gerade noch auf ausreichend lange Vegetationsperioden trifft [16]. Ihr Vorteil liegt in der extrem langen Faser (über 50 mm); zum ersten Mal gelang ein Anbauversuch mit der ägyptischen Abassi-Varietät im Jahr 1896, später wurden die bahnnahen rajony Bacharden, Geok-tepe, Kaachka, Murgab, Iolotań und Bajram-Ali die Hauptanbaugebiete der ägyptischen Baumwolle [17]. 1934 wurde bereits ein Zehntel der turkmenischen Baumwollfelder mit ägyptischer Baumwolle eingesät, wobei die Erträge 13,5 bis 14,5 dz/ha erreichten [18].

Seither wurden zahlreiche weitere Kreuzungen durchgeführt, die

---

13. MOSER, 1894, S. 335.
14. Chlopkovodstvo SSSR, 1926, S. 152.
15. Ekonomika i organizacija ..., 1958, S. 57.
16. JUFEREV, 1925, S. 39, VAVILOV, 1935, S. 250 f.. Ein Versuchsfeld für die ägyptische Baumwolle befand sich bei der Bahnstation Iolotań (vgl. O kačestve turkmenistanskogo chlopka ..., 1935, S. 308 ff.); zur Botanik vgl. MÜLLER, 1958, S. 27, HIEPKO, 1971, S. 563 ff.
17. Obzor ... za 1896, S. 23, ... za 1910, S. 15, FEDOROV, 1901, S. 80, ABAEV, 1963, S. 36.
18. VAVILOV, 1935, S. 250, OLZSCHA u. CLEINOW, 1942, S. 281 mit Anm. 31, COATES, 1951, S. 213.

viele neue Varietäten brachten; sie werden zusammenfassend als "sowjetische Baumwolle" (Sovetskij) bezeichnet; unter ihnen spielt für Turkmenien vor allem die aus der ägyptischen Baumwolle abgeleitete Sorte 2 IZ eine große Rolle. Bei ihrer Entwicklung war das Landwirtschaftsinstitut von Iolotań maßgeblich beteiligt [19]. In neuerer Zeit gilt die besondere Aufmerksamkeit der feinfasrigen Baumwolle ("sovetskij tonkovoloknistnyj chlopok"); im Zusammenhang mit der Neulandgewinnung am Karakum-Kanal sollte der Anbau dieser Sorte besonders gefördert werden. Sie weist zwar etwas geringere Erträge als die anderen Sorten auf, ihre Fasern sind aber besonders gut für eine industrielle Verspinnung geeignet [20]. Heute wird feinfasrige Baumwolle vor allem in der Tedžen-Oase angebaut (zur Entwicklung vgl. Tabelle 15).

Tabelle 15 Baumwollaussaatflächen und -erträge in der Tedžen-Oase (rajon Tedžen), 1963 - 1966 [a]

Jahr	Aussaatfläche in ha		Ernteerträge in t	
	alle Sorten	davon feinfasrige Baumwolle	alle Sorten	davon feinfasrige Baumwolle
1963	19 272	15 383	38 342	30 905
1964	23 020	15 267	37 428	23 845
1965	21 600	13 300	37 697	26 558
1966	21 600	13 300	45 304	30 753

a. Quelle: BABAEV, D. B., 1967, S. 13.

19. ABAEV, 1956, S. 64. Das "Naučno-issledovatel'skij institut zemledelija Ministerstva proizvodstva i zagotovok sel'skochozjajstvennych produktov Turkmenskoj SSR" (Wissenschaftlich-landwirtschaftliches Forschungsinstitut des Ministeriums für Produktion und Beschaffung landwirtschaftlicher Produkte in der TSSR) verfügt über einzelne Stationen in Bagir, Iolotań, Bajram-Ali, Čardžou und Tašauz (vgl. ABAEV, 1963, S. 12 und 129 ff.). Versuchsstationen existierten schon vor dem Ersten Weltkrieg in Merv, Aschabad, Amu-Dańja (Station Čardžuj) und - außerhalb Turkmeniens - in Katta-Kurgan, Andižan und in der Hungersteppe (A z i a t s k a j a Rossija, 1914, Bd. II, S. 298). Zu den neuen Sorten, die erst nach dem Ersten Weltkrieg in Turkmenien gezüchtet und verbreitet wurden, vgl. auch DEMIDOV, 1926, S. 236 f., ŠICHANOVIČ, 1966, S. 4.
20. D. B. BABAEV, 1967, S. 13 ff. für den Kolchoz imeni Lenina im rajon Tedžen.

Auch die peripher gelegenen Anbaugebiete am unteren Atrek sollen in Zukunft mehr als bisher in die turkmenische Baumwollkultur einbezogen werden und dann vor allem feinfasrige Baumwolle liefern [21].

Zu den Kulturen, die durch Innovationsvorgänge in Transkaspien verbreitet wurden, gehört auch die Kartoffel. Sie war 1880 im Land noch unbekannt und gelangte zuerst in die größeren Städte (Kizyl-Arvat, Aschabad) sowie in die russischen Kolonistendörfer (z. Bsp. nach Germab). Seit 1890 erscheint sie auch auf den Einheimischenmärkten von Aschabad und Merv sowie in der Siedlung Krestovyj im uezd Tedžen. In der Zwischenzeit muß also die Akzeption fortgeschritten sein. Diese Ausbreitung ist indirekt mit der Bahn in Zusammenhang zu bringen, die überhaupt erst die Kolonisation in Turkmenien förderte und zudem die Märkte dem Binnenhandel öffnete [22]. In die entlegeneren Gebirgsländer, bspw. in das Gebiet der Nuchur an der persischen Grenze, kam die Kartoffel erst in einer zweiten Ausbreitungsphase in sowjetischer Zeit. Sie ermöglichte damals die Umstellung der Bodennutzung auf ein effektiveres Fruchtwechselsystem [23].

Auch zahlreiche Gemüsesorten (Weißkohl, Blumenkohl, Rettiche) wurden von den russischen Kolonisten eingeführt [24]. Von den neu angelegten Baumschulen an den Bahnstationen zwischen Aschabad und Bacharden wurden Obstbäume in die Täler des Kopet-dagh gebracht [25].

---

21. ČARYEV, M. K., 1968, S. 34.
22. Obzor ... za 1893, S. 163, LECHANOVIČ, 1956, S. 336 f., BABAEV i FREJKIN, 1957, S. 55.
23. VASIL'EVA, 1954, S. 111, FINDEISEN, 1960, S. 283 f. Die Einführung der Dreifelderwirtschaft - ohne Berücksichtigung ihrer Anwendung im bewässerten Gebiet Mittelasiens - wird zuerst für das Innovationszentrum im Krongut von Bajram-Ali genannt (Obzor ... za 1910, S. 19, vgl. schon Obzor ... za 1891, S. 109 zur Innovation von Fruchtfolgen mit mehrjähriger Brache im uezd Aschabad). Für Sibirien bspw. ist festgestellt worden, daß die Dreifelderwirtschaft vor dem Ersten Weltkrieg nur in den bahnnahen Gebieten eingeführt wurde (Aziatskaja Rossija, 1914, Bd. II, S. 266).
24. SABITOFF, 1920, S. 94.
25. VASIL'EVA, 1954, S. 125 nach Obzor ... za 1899, S. 50.

In den bahnnahen Gebirgsbereichen bei Aschabad wurde Allgäuer, später auch Schweizer Vieh angesiedelt [26]. Schließlich kann die Verbreitung französischer grains in der Seidenraupenzucht erwähnt werden, die seit 1885 von den Seidenraupenzuchtanstalten entlang der Bahn erfolgte und eine sofortige Produktionssteigerung einleitete [27].

Die Anbaumethoden in der Baumwollkultur änderten sich in den ersten Jahren nach dem Bahnbau kaum. Die Schilderungen zu Beginn des 20. Jahrhunderts unterscheiden sich nicht von früheren Berichten. Die Bodenbearbeitung erfolgte mit dem Hakenpflug (omač) oder einer vielseitig verwendeten Handhacke (ketmen) [28]. Mit ihnen wurden die Feldparzellen nach herbstlicher Bewässerung im Frühjahr gründlich bearbeitet, bevor man ca. 70 bis 80 cm breite Beete angelegt hat, zwischen denen das Bewässerungswasser durchfließen konnte. Schon diese Furchenberieselung war eine Neuerung in Turkmenien, wo man früher fast ausschließlich den flächenhaften Überstau gekannt hatte [29]. Gedüngt wurde anfangs kaum, nur den fruchtbaren Schlamm aus den gereinigten Bewässerungskanälen breitete man auf den Feldern aus [30].

Modernere Hilfsmittel für die Feldbestellung konnten die einheimischen Baumwollbauern zuerst auf dem Krongut von Bajram-Ali und auf kleinen Versuchsfeldern kennenlernen, aber die neuen Geräte fanden nicht die erwartete Aufnahmebereitschaft bei der einheimischen Bevölkerung, der die finanziellen Mittel für solche Anschaffungen fehlten. Erst nachdem auch bei anderen Bahnstationen wie z. Bsp. Aschabad und Iolotań auf Veranlassung russischer Textilfirmen Versuchsfelder eingerichtet worden waren, begann eine umfassendere Akzeption [31]. Die

---

26. Obzor ... za 1910, S. 32.
27. Obzor ... za 1882-1890, S. 115.
28. Aziatskaja Rossija, 1914, Bd. II, S. 287, ABAEV, 1956, S. 18, KURBANOV, 1965a, S. 40.
29. WALTA, 1907, S. 686 ff., BUSSE, 1915, S. 26 f. und 302.
30. WALTA, 1907, S. 688.
31. BIEDERMANN, 1907, S. 47, MASAL'SKIJ, 1908, S. 67 f., zur Bedeutung der Versuchsstationen TER-AVANESJAN, 1956, S. 603.

Möglichkeit, die Bahn als Verteiler bei diesem Innovationsvorgang einzusetzen, wurde also zunächst nicht realisiert, obwohl aus der Anwendung der technischen Hilfen sich eine Kostenminderung für die Feldbestellung ergeben hätte [32]. Immerhin entstanden seit dem Beginn des 20. Jahrhunderts mehrere Saatzuchtanstalten, und auch erste Maschinenzentren und landwirtschaftliche Lager wurden geschaffen [33].

Den Durchbruch zu modernen Bestellungsmethoden brachte aber erst die sowjetische Zeit mit der Kollektivierung und der zentralen Organisation der Landwirtschaft. Der Einsatz von Maschinen ist allerdings eine Folge der zunächst forcierten Industrialisierung, und die weitgehende Mechanisierung ist daher in Turkmenien eine junge Erscheinung [34]. Die Einführung landwirtschaftlicher Maschinen brachte Einsparungen in der Arbeitszeit mit sich. Nach Berechnungen in den frühen zwanziger Jahren, als die Mechanisierung eben erst anfing, benötigte man in Turkestan für die manuelle Aussaat, Bodenbearbeitung und Ernte der Baumwolle jährlich 148 Tage, beim Einsatz von Maschinen dagegen nur 78 Tage. Vor allem wird die Bodenbearbeitung im Frühjahr (Februar - Juni: 36 statt 106 Tage) wesentlich erleichtert [35].

Nach dem Zweiten Weltkrieg begannen sich, in Zeitungen und Zeitschriften vielfach propagiert, neue Pflanzmethoden zu entwickeln und auszubreiten. Fast überall erfolgte danach die Aussaat und Aufzucht der Baumwolle in "Nestern", kleinen, quadratischen Beeten von 40 bis 60

---

32. A z i a t s k a j a Rossija, 1914, Bd. II, S. 289 ff.. Für die traditionelle Feldbestellung wurden damals 208,4 Rubel/Des. berechnet, für eine Bestellung mit Maschinen nur 101,1 Rubel/Des.. Aber dem Einsatz von Maschinen standen außer emotioneller Ablehnung auch die hohen Investitionskosten entgegen, die jede Desjatine Baumwolland mit ca. 278 Kop. belasteten, während im zentralrussischen Schwarzerdegebiet die Desjatine mit je 39 Kop. belastet war (MERTENS, 1918, S. 465).
33. THIESS, 1913, S. 1501, SCHANZ, 1914, S. 106, SIEGEL, 1923, S. 11, JUFEREV, 1925, S. 41 ff.
34. ŠICHANOVIČ, 1966, S. 3, SUCHOV, 1967, S. 5 ff.. Zur Einführung landwirtschaftlicher Maschinen in den Anfangsjahren der sowjetischen Herrschaft in Mittelasien vgl. DŽAMALOV u.a., 1967, S. 313.
35. DEMIDOV, 1926, S. 62.

cm Seitenlänge, die die Wuchsdichte von 38 000 auf 57 000 Pflanzen je ha erhöhten (1937 bzw. 1954). Seit etwa dreißig Jahren wird tiefer gepflügt, um eine bessere Bodendurchlüftung zu gewährleisten [36].

Generell war in Turkmenien wie in anderen Gebieten mit traditioneller Subsistenzwirtschaft die materiell-technische Ausstattung in der Landwirtschaft schlecht [37]. Der Erste Weltkrieg machte die ersten Mechanisierungsansätze zunichte, und erst seit Beginn der dreißiger Jahre verbesserte sich die Situation. 1932 arbeiteten in Turkmenien 1290 Traktoren (mit zusammen 18 200 PS), 28 143 Pflüge, 16 760 Kultivatoren und 13 960 Baumwollaussaatmaschinen, aber nur 46 Lkw mit einer gesamten Tragfähigkeit von 58,5 t [38]. Seither ist zwar die Zahl der eingesetzten Maschinen gestiegen, und auch die Qualität hat sich verbessert, aber es gelten in den peripheren Gebieten immer noch die für die gesamte Sowjetunion feststellbaren Mängel bei der Versorgung mit landwirtschaftlichem Inventar [39]. Der Maschinenpark wurde zunächst zentral in MTS verwaltet, die 1958 aufgelöst wurden; an ihre Stelle trat die zentrale Versorgungsorganisation "Turkmensel'choztechnika" [40]. In der Regel waren die bahnnahen Bereiche besser versorgt; vor allem vor der Auflösung der MTS spielte die Lokalisation an der Verkehrsleitlinie eine Rolle [41]. Ein Maßstab für die Akzeption mechanischer Hilfen in der Landwirtschaft ist der prozentuale Anteil des Maschineneinsatzes bei einzelnen Arbeiten. Dabei zeigt sich, daß Turkmenien nur teilweise das Durchschnittsniveau in der UdSSR erreicht hat (Tabelle 16).

---

36. ABAEV, 1956, S. 63 und 1957, S. 24, SEVOST'JANOV i KURBANOV, 1958, S. 14 ff., SUCHOV, 1967, S. 8.
37. AUHAGEN, 1905, S. 38 f., BUSSE, 1915, S. 26 ff., JUNGE, 1915, S. 403; zum Stand der Mechanisierung um 1920 Statističeskij eżegodnik (Turkrespubliki) 1917-23, t. II, č. 3, S. 38 - 39.
38. KURBANOV, 1965a, S. 139, MATGELDYEV, 1967a, S. 22.
39. Vgl. CONOLLY, 1967, S. 205 f.
40. Nar.choz. TSSR 1957, S. 79 und 81, Nar.choz. TSSR 1963, S. 63, SACHATMURADOV, 1967b, S. 5.
41. Razmeščenie i specializacija ..., 1964, S. 7. Während die Merw-Oase über Bajram-Ali, Iolotań und Mary gut versorgt wurde (ABAEV, 1956, S. 32), war die Ausstattung in Nordturkmenien schlecht, bis die Bahn nach Kungrad gebaut wurde (vgl. VASIL'EVA, 1969, S. 88 ff.)

Tabelle 16 Stand der Mechanisierung in der TSSR im Vergleich zur gesamten UdSSR und zu ausgewählten Unionsrepubliken im Jahr 1959; Angaben jeweils in % Anteil der mechanisierten Arbeit an der Gesamtarbeit [a]

landwirtschaftliche Arbeit	TSSR	UdSSR	höchster Stand (in Klammer: Unionsrepublik)	niedrigster Stand (in Klammer: Unionsrepublik)
Aussaat Getreide	80	97	99,6 (Kazach.)	60 (Tadž. SSR)
Aussaat Mais	78	96	99 (Ukr.SSR, Kazach. SSR)	37 (Lett. SSR)
Kartoffellegen	17	55	87 (Kaz. SSR)	4 (Gruzin. SSR, Lett. SSR)
Getreideernte	61	89	94 (RSFSR)	3 (Lett. SSR)
Maisernte	36	32	48 (Kaz. SSR)	1 (Gruz. SSR)
Kartoffelernte	..	20	48 (Estn. SSR)	1 (Moldav. SSR)
Heuschnitt	61	53	92 (Kaz. SSR)	3 (Weißruss., Litau. SSR)
Futtersilierung	89	84	93 (Mold. SSR)	49 (Azerb. SSR)

a. Quelle: Sel'skoe chozjajstvo SSSR, Statističeskij sbornik, 1960, S. 422 ff.

Auch die Düngemittelversorgung, bis heute ein Hauptproblem der sowjetischen Agrarversorgung, ging von der Bahn aus. Ende der dreißiger Jahre konnten erst zwei Fünftel der Baumwollaussaatfläche mit mineralischen Düngemitteln versorgt werden [42]. Das Amu-darja-Delta, also die Oase Chorezm, wurde erst in das Versorgungsnetz einbezogen, als die Bahn nach Kungrad fertiggestellt war [43]. 1963 plante man eine intensive Düngemittelversorgung von größeren Bahnstationen aus [44].

3.3.4 Materielle Versorgung als infrastrukturelle Vorleistung

Die Wasserversorgung hatte in erster Linie der Bahn zu dienen. Entsalzungsanlagen in Michajlovsk konnten bei einer täglichen Leistung von 25 000 vedra (307 500 l) die gesamte Trinkwasserversorgung

---

42. MATGELDYEV, 1967 b, S. 40. Zur Bedeutung des Düngemitteltransportes über die Eisenbahn vgl. die Angaben bei Transport i svjaź, 1967, S. 103, Nar. choz. SSSR v 1969, S. 446.
43. Sistema vedenija sel'skogo chozjajstva v Turkm. SSR, 1961, S. 196.
44. CAR 11, 1963, S. 285.

der Bahnstationen bis Balla-Išem in den ersten Jahren übernehmen. Bei Kazandžik waren natürliche Wasservorkommen erschlossen worden, die die Versorgung zwischen Balla-Išem und Kizyl-Arvat sicherstellten [1]. Östlich der Oasengebiete am Fuß des Kopet-dagh, zwischen Gjaurs und der Atek-Oase, wurde während des Bahnbaus das Wasser täglich in großen Bottichen zur Baustelle gebracht, später wurde eine Röhrenwasserleitung gelegt [2]. Nach der Fertigstellung der Bahn waren noch verschiedene Wasserversorgungsanlagen entstanden; sowohl traditionelle Methoden (Kjarize) wie moderne Pumpsysteme fanden dabei Verwendung (vgl. auch o. Abschn. 3.2.3.2) [3].

Versuche, Wasser aus artesischen Brunnen zu gewinnen [4], wurden beim zweiten Bauabschnitt der Bahn angestellt, versprachen jedoch wenig: Bohrungen bei Takyr (1886) und Aschabad (1893 bis 670 m Teufe) erreichten zwar Wasserhorizonte, aber deren Druck war ungenügend [5]. Fortschritte in der geologischen Kenntnis erlaubten es, die Bohrungen geschickter anzusetzen. 1934 konnte Wasser bei Aschabad und am Großen Balchan erbohrt werden. Am Großen Balchan wurde dadurch die Anlage von Nebit-Dag begünstigt, das sein Waseer Anfang der dreißiger Jahre noch in Zisternenwagen über die Bahn von Kazandžik oder Krasnovodsk bezog. Später traten Wasserleitungen von Kazandžik und Balla-Išem nach Nebit-Dag an die Stelle der Eisenbahntransporte [6].

---

1. POLTORANOV, 1885, S. 59, HEYFELDER, 1889, S. 97.
2. BOULANGIER, 1888, S. 325, Die Transkaspische Eisenbahn, ZVDEV 1888, S. 379, RADDE, 1898, S. 127.
3. Überblick über die Wasserversorgung der Bahn in Zapiska o sostojanii ..., 1899, Priloženie 44, MESSNER, 1912, psm.
4. Vgl. FEDOROVIČ, 1935, S. 119 ff., THIEL, 1951, S. 17 ff.
5. Von der Bohrung artesischer Brunnen hatte man sich in den ersten Jahren die nachhaltigste Verbesserung der Trinkwasserversorgung erhofft (Die Transkaspische Eisenbahn, ZVDEV 1888, S. 389, vgl. HEYFELDER, 1887 a, S. 308). Bohrungen wurden im letzten Jahrhundert außer in Takyr und Aschabad noch bei Uzun-ada, Molla-kara,und Dušak niedergebracht (Obzor ... za 1890, S. 13 ff., CINZERLING, 1927, S. 169). Die Bohrungen bei Aschabad gehen auf Initiativen von General KUROPATKIN zurück (PAHLEN, 1964, S. 129 und 1969, S. 196).
6. THIEL, 1951, S. 25, PETROV, 1964, S. 105 f., KURBANOV, 1965a, S. 196.

Abseits der Bahntrasse waren die ingenieurtechnischen Wasserbauarbeiten gering; einzelne alte Brunnenanlagen wurden zwar ausgebessert, aber meist überließen die Russen diese Arbeiten den Turkmenen. Oft hatte die Eröffnung der Bahn negative Folgen; da die Brunnen in der Wüste seltener von Karawanen aufgesucht wurden, verloren sie an Bedeutung und verfielen rascher [7]. Um eine Regelung der Wassernutzung aus den Grenzflüssen bemühte man sich nach der ersten russisch-persischen Grenzziehung im Jahr 1881. In sowjetischer Zeit wurde bspw. 1927 der Atrek-Abfluß zu einem Drittel (20 Mio Kubik-Saženi = 194,36 Mio m^3) Turkmenien, zu zwei Dritteln Iran zugesprochen. In jüngerer Vergangenheit sind neue Verträge über die Zusammenarbeit zwischen der UdSSR einerseits und Iran und Afghanistan andrerseits geschlossen worden [8]. Die Wasserversorgung vieler kleiner Siedlungen blieb bis heute problematisch; immer noch erhalten sie ihr Nutzwasser in speziellen Zisternenwaggons mit der Eisenbahn [9]. Mehrere Bahnstationen bekamen ihr Wasser aus Kjarizen. Kazandžik, Ušak, Kizyl-Arvat, Arčman und Kaachka gehören dazu; vor allem war aber Aščhabad lange Zeit auf die Versorgung aus Kjarizen angewiesen [10].

Heute kann die Wasserversorgung als einigermaßen gesichert gelten, wenn auch immer noch Engpässe auftreten; für Siedlungsneugründungen besonders in Westturkmenien blieb eine ausreichende infrastrukturelle Leistung in der Wasserversorgung unabdingbare Voraussetzung.

---

7. THIEL, 1951, S. 24.
8. KUZ'MIN-KOROVAEV, 1889, S. 47 ff., CURTIS, 1911, S. 52 f., CINZERLING, 1927, S. 163, KOLARZ, 1953, S. 292, PM 101, 1957, S. 318, PM 102, 1958, S. 159. Einzelnachweise zu den sowjetischen Verträgen bei MARKERT u. GEYER, Hrsg., 1967, S. 94, 334 u. 361.
9. FREJKIN, 1957, S. 39.
10. CIMBALENKO, 1896, S. 11 und 50 ff. sowie Abb. IV, Aziatskaja Rossija, 1914, Bd. I, S. 336, FREJKIN, 1955, S. 14, TROLL, 1963, S. 316. Der Aschabad-Kjariz mit einer 721 saženi (1539 m) langen unterirdischen Galerie wurde 1893/94 angelegt; er förderte anfänglich 90 000 vedra (1,1 Mio l) Wasser in 24 h, später verringerte sich die Menge nach dem Bau eines zweiten Kjariz, der der Wasserversorgung der Eisenbahn dienen sollte und etwa dasselbe Einzugsgebiet hatte.

Dazu wurde 1963 eine Wasserleitung von der sehr ergiebigen Bohrstelle Jas-chan nach Nebit-Dag gelegt, die ein sehr großes Gebiet (bis Džebel und Krasnovodsk) zu versorgen hat. In Krasnovodsk soll eine bedeutende Entsalzungsanlage (Kapazität 500 000 l/h) die Wasserversorgung der Stadt sicherstellen [11].

Bei der Elektrizitätsversorgung ist Turkmenien wegen seiner natürlichen Ausstattung im Vergleich zum übrigen Mittelasien benachteiligt, denn aus dem Murghab als einzigem bedeutenden Gebirgsfluß ist relativ wenig Energie zu gewinnen. Das Hindukusch-Wasserkraftwerk von 1908/10 konnte immerhin wenigstens die Merw-Oase versorgen [12]. Wichtiger sind heute die Wärmekraftwerke, die in Bezmein und Nebit-Dag auf Erdölbasis entstanden. Von dort sollen Überlandleitungen entlang der Bahn nach Krasnovodsk und Kazandžik sowie nach Gasan-kuli angelegt werden; Aščhabad und Tedžen sind bereits angeschlossen [13]. Aus dem östlichen Mittelasien erreicht eine 500 kV-Leitung bei Čardžou die TSSR; sie führt nordwestlich der Bahn nach Mary und soll bis Aščhabad verlängert werden. Im Verbundnetz wird in Mary ein großes Wärmekraftwerk gebaut (Kapazität 1 350 000 kW). Regionale Bedeutung sollen auch die Leitungen Krasnovodsk - Bekdaš und Aščhabad - Darvaza haben, die jeweils einen Industriekomplex versorgen [14].

Die Elektroenergie dient in Turkmenien größtenteils der Industrie und dem Bauwesen (zusammen 74,3 % Anteil), während auf das Transportwesen (1,1 %) nur ein sehr geringer Anteil entfällt, der hauptsächlich dem innerstädtischen Trolleybusverkehr zugutekommt [15].

---

11. KURBANOV, 1965 a, S. 249, GvŠk 1968, H. 1, S. 72 u. 1969, H. 3, S. 74, T.I. vom 8.9.1971, S. 2.
12. BARC, 1910, S. 147 ff.
13. GvŠk 1968, H. 4, S. 80.
14. ŠELEST, KRAPČIN i GRJUNTAL', 1964, S. 105 ff. und nach S. 168, CAR 16, 1968, S. 260 nach Izvestija vom 16.4.1968; GvŠk 1966, H. 5, S. 79, 1967, H. 4, S. 79, 1968, H. 3, S. 78, 1969, H. 4, S. 78, 1970, H. 4, S. 73.
15. ŠELEST, KRAPČIN i GRJUNTAL', 1964, S. 20.

3.4 Die turkmenische Binnenintegration

In den vorangehenden Abschnitten ist gezeigt worden, daß ein großer Verkehrsweg Einflüsse auf die räumliche Verteilung der landschaftlichen Gestaltelemente ausübt und daß einzelne Funktionen, die den Teilräumen und ihren Elementen innewohnen, auf diesen Verkehrsweg bezogen sind, wie auch er in umgekehrter Richtung einzelne Strukturelemente funktional beeinflußt. Das Beziehungsgefüge zwischen Verkehr und Raum weist aber auch Verbindungen auf, die auf wechselseitiger Beeinflussung beruhen und die als Entwicklungsprozesse zu beschreiben sind. Erst sie können die Stellung des Verkehrsweges im Landschaftsraum erweisen. Wenn die Untersuchung ergibt, daß diesem Verkehrsweg im Rahmen aller Beziehungen eine überragende Rolle für die räumliche Ordnung und für die Organisation räumlicher Verflechtungen zukommt, so daß der derzeitige Ablauf der raumgebundenen Prozesse im wesentlichen durch die Existenz des Verkehrsweges und durch die über ihn abgewickelten Transportvorgänge bedingt und bestimmt ist, so soll von Verkehrsintegration als Ordnungsfaktor in dem untersuchten Gebiet gesprochen werden. Damit verbunden wäre die Aufhebung räumlicher Isolation innerhalb eines Herrschaftsbereiches durch die Überbrückung trennender Distanzen. Unter dem Gesichtspunkt eines solchen wirtschaftlich orientierten Zusammenspiels, bei dem der Eisenbahn eine dominierende Rolle zufällt, sollen im folgenden die gegenseitigen Abhängigkeiten im länderkundlichen System Turkmenien und schließlich auch dessen Stellung im übergeordneten System Rußland/ UdSSR betrachtet werdem.

3.4.1 Das städtische Funktionalgefüge

3.4.1.1 Handels- und Verkehrsstädte

Unter den Handels- und Verkehrsstädten müssen vor allem die beiden Eingangstore nach Turkmenien genannt werden, Krasnovodsk und Čardžou. Während Krasnovodsk den Güter- und Personenverkehr über das Kaspische Meer vermittelt, war Čardžou von Anfang an, zunächst noch als exterritorial russische Eisenbahnsiedlung auf bucharischem Hoheitsgebiet, als Handelsplatz an der Ostgrenze Turkmeniens gegen das Innere Mittelasiens geplant worden [1]. Eine feste Handelsfaktorei

1. Schon als 1880/81 zum ersten Mal Trassierungsarbeiten für eine Bahn-

sollte der jungen Siedlung über die strategische auch eine wirtschaftliche Bedeutung sichern [2]. Die Stadt im Osten wuchs rasch, die acht Kilometer von der bucharischen Siedlung angelegte Bahnstation zog alle wirtschaftlich über den unmittelbaren Umlandbereich hinausgehenden Aktivitäten an sich. Hatte das bucharische Čarğuj in den achtziger Jahren etwa 15 000 bis 30 000 Einwohner gezählt, so erreichte der neue Handelsplatz an der Bahn in den Jahren vor dem Ersten Weltkrieg diese Größe [3]. Um die Jahrhundertwende war die russische Stadt (damals 4068 Einwohner, darunter 3501 Russen) bereits gut ausgestattet: Zu den 469 festen Häusern kamen Kirche, Synagoge, drei Moscheen, drei Schulen - darunter zwei von der Eisenbahnverwaltung unterhaltene -, ein Lazarett und eine städtische Ambulanz. Fünf Baumwollentkernungsanlagen sorgten für die Aufbereitung der Rohbaumwolle der Amu-darja-Oasen. Die bucharische Stadt zählte zum gleichen Zeitpunkt etwa 15 000 Einwohner, aber sie unterschied sich in nichts von anderen uzbekischen Städten, die als Oasenzentren nur zentralörtliche Funktionen geringer Reichweite ausgebildet hatten [4]. Fördernd wirkte sich die Eröffnung der Schiffahrt auf dem Amu-darja aus, die neue Wirtschaftsgebiete in Chorezm und am oberen Mittellauf des Flusses anschloß. So konnte man bei der politischen Neuordnung in sowjetischer Zeit sogar daran denken, Čardžuj wegen seiner verkehrsgünstigen Lage zur Hauptstadt Turkestans zu machen [5]. In der Aufbauphase der Fünfjahrpläne zog die Eisenbahnsiedlung, 1925 bis 1927 Leninsk-Turkmenskij genannt, alle Handels- und Industrieaktivitäten an sich [6]. Damit konnte auch der Handelsumschlag

---

linie vorgenommen wurden, kam auf einer Versammlung von Kaufleuten die Hoffnung auf, daß durch die Bahn das Einströmen englischer Waren nach Buchara aufgehalten werden könne (AGIŠEV u.a., 1964, S. 17 ff.).

2. SOLOV'EV i SENNIKOV, 1946, S. 220, AGIŠEV u.a., 1964, S. 21.
3. ALBRECHT, 1896, S. 72, *Aziatskaja Rossija*, 1914, Bd. I, S. 338, vgl. PAHLEN, 1969, S.102.
4. DMITRIEV-MAMONOV, 1903, S. 293 f., AGIŠEV u.a., 1964, S. 25 ff., BARTOL'D, 1965, Bd. III, S. 561 f.
5. BABAEV i FREJKIN, 1957, S. 40 f.
6. AGIŠEV u. a., 1964, S. 70 ff., 86 f. et psm..

an diesem Knotenpunkt rasch ansteigen (Tabelle 17).

Tabelle 17 Entwicklung des Handelsumschlages in Čardžou zwischen 1913 und 1937 [a]

Jahr	Empfang Eisenbahn	Versand Eisenbahn	Hafenumschlag
1913	48 487	44 478	7 900 t
1928/29	154 957	77 600	23 225 [b] t
1937	332 000	106 400	222 931 t

a. Quelle: AGIŠEV u.a., 1964, S. 75 f. - b. Wert für 1926/27.

Weitere Etappen der Entwicklung als Verkehrsknotenpunkt sind die Eröffnung der ersten innerturkmenischen Fluglinie (Čardžou - Tašauz, 1928) [7] und der Bahn nach Kungrad. Die Vollendung der Westturanischen Magistrale macht Čardžou (1968: 90 200 Einwohner) zu einer Drehscheibe für Handel und Verkehr. So konnte sich die Stadt auch ein weites Umland schaffen; heute bestehen im Pendlerverkehr Überschneidungen mit dem Einzugsbereich Bucharas [8]. Denn die günstige Verkehrslage förderte die Ansiedlung weiterer Industriebetriebe, für deren Arbeiterschaft die Bevölkerung der Stadt nicht mehr ausreicht. Als neues Zentrum für die petrolchemische Industrie wird im Nordwesten ein Stadtteil angelegt, der im Endausbau bis zu 45 000 Einwohner beherbergen soll [9].

Krasnovodsk war als Umschlagplatz zwischen Land und Meer zur Stadt geworden und hat diese Hauptfunktion bis heute behalten [10]. Während der russischen Operationen gegen die Achal-Teke mußte der Hafen erweitert werden, weil die Gütermengen, die für Bahnbau und Kriegsführung angeliefert wurden, in dem alten Hafen bei der Stadt nicht mehr gestapelt werden konnten [11]. Als Krasnovodsk an die Bahn ange-

---

7. AGIŠEV u.a., 1964, S. 75, KURBANOV, 1965a, S. 72; damals (1928) wurden 1724 Passagiere und 48 t Güter und Post auf der Fluglinie befördert.
8. Vgl. die Skizzen bei BELEN'KIJ u.a., 1965, S. 15.
9. Turkmenistan, 1969, S. 253, Mizan 11, 1969, H. 1, S. 55.
10. O'DONAVAN, 1882, Bd. I, S. 64 ff., FEDOROV, 1901, S. 177, KRAHMER, 1905, S. 209 ff., Turkmenistan, 1969, S. 134 ff.
11. Vgl. GRODEKOV, 1883, Bd. II, S. 176.

schlossen wurde, entstand gleichzeitig die Nebenstrecke zum Hafen Ufra mit der Bahnstation Krasnovodsk II. Kennzeichnend ist, daß die Siedlung in den ersten Jahrzehnten kleiner blieb als Čardžuj (1911 wohnten in Krasnovodsk erst 8000 Menschen) und daß sie geringere zentralörtliche Funktionen ausübte, dafür aber über weitreichende Verkehrsrelationen nach Mittelasien und auch nach Transkaukasien verfügte. Die langsamere Entwicklung ist nicht zuletzt auf die Schwierigkeiten bei der Wasserversorgung zurückzuführen. Der lokale Handel spielte in Krasnovodsk, dem ein eigentliches städtisches Umland, wie es eine Oasenstadt leichter ausbilden kann, fehlte, immer nur eine untergeordnete Rolle [12]. Einen starken verkehrsbedingten Aufschwung erlebte die Stadt im Zweiten Weltkrieg, als die Versorgung Transkaukasiens während des deutschen Vormarsches auf Stalingrad über die Transkaspische Bahn abgewickelt werden mußte. 1942/43 bemühte man sich um eine ausreichende technische Ausstattung des Hafens und zusätzliche Gleisanlagen, um den erhöhten Anforderungen gewachsen zu sein [13]. Der Güterumschlag im Krasnovodsker Hafen stieg auf das Zwei- bis Dreifache des Vorkriegsstandes; maximale Tagesleistungen lagen bei 11 000 t Trockengüterumschlag [14]. Zu Beginn der fünfziger Jahre stagnierte die Entwicklung, weil der Hafen wieder in eine periphere Stellung zurückgefallen war. Erst in den letzten Jahren erlebte Krasnovodsk - wiederum im Zusammenhang mit den durch den Fährbetrieb verbesserten Verkehrsbeziehungen nach Transkaukasien - eine Ausweitung (1967 : 48 500 Einwohner) als Verkehrszentrum Westturkmeniens mit engem Bezug zum Industriegebiet von Nebit-Dag [15].

Am Wüstungsbeispiel von Uzun-ada läßt sich der Charakter einer reinen Verkehrssiedlung aufzeigen. Alle Funktionen waren dort von der Eisenbahn bestimmt gewesen; die Siedlung war Eisenbahnkopfpunkt und

---

12. Aziatskaja Rossija, 1914, Bd. I, S. 336.
13. KURBANOV, 1965a, S. 173 ff., TUMANOV, 1968, S. 11 ff.
14. TUMANOV, 1968, S. 15.
15. Turkmenistan, Urban development, 1954, S. 80 f., Turkmenistan, 1969, S. 138.

Hafen mit beträchtlichem Umschlag. Aber der Ort vermittelte die Güter nur von einem Verkehrsweg zum anderen, ohne selbst bedeutenden Anteil am Konsum oder gar der Verarbeitung zu haben. Wenn man erst eine solche Siedlung, deren Existenz ausschließlich auf der Kommunikation von Menschen und Gütern beruht, als "Verkehrssiedlung" bezeichnet, dann benötigt man eine engere Definition dieses Begriffes, als er in der Siedlungsgeographie bislang üblich ist, wo die Anzahl der Beschäftigten im Transportwesen als Kriterium zugrundegelegt wird [16]. Mit der engen Definition wird auch das Wüstwerden von Uzun-ada nach der Bahnverlegung verständlich: Der Ort, an dem die Siedlung entstanden war, spielte keine Rolle mehr im Kommunikations- und Integrationssystem der Kulturlandschaft; dynamische Prozesse, die eine Umstrukturierung erlaubt hätten, waren aber wegen der Einseitigkeit der funktionellen Ausrichtung nicht eingeleitet worden.

3.4.1.2 Die Herausbildung von Verstädterungsgebieten und zentralörtlichen Systemen

Im Zug der Entwicklung des russisch geprägten Städtewesens in Turkmenien wurden einzelne städtische Funktionen aus den vorhandenen Siedlungen ganz oder teilweise herausgenommen und gesondert angesiedelt. Wenn die Funktionsträger selbst erst neu geschaffen werden mußten und dabei in räumlicher Distanz von der Stadt ihren Platz fanden, blieb doch ein Kontakt mit dem übergeordneten Zentrum über die Verkehrsbeziehungen erhalten. In mancher Hinsicht wurden damit die neuen Siedlungen zu "Funktionstrabanten" der älteren Zentren.

Beispiele für diesen Prozeß lassen sich aus der Umgebung der größeren Städte anführen. Hafenvororte mit Bahnanschluß wie Krasnovodsk-Ufra oder Farab-Pristań bei Čardžou gehören dazu [1]. Mit Ašchabad sind heute einige Siedlungen auch administrativ verbunden, die Aktivi-

16. Vgl. SCHWARZ, 1966, S. 304 f.

täten des städtischen Lebens zunächst als selbständige Siedlungen übernommen hatten. Dazu gehören das aul Keši mit seinem landwirtschaftlichen Versuchsinstitut westlich der Stadt und Firjuza. Dieses erst 1893 von Persien gegen Chisar ausgetauschte Dorf erhielt seit den achtziger Jahren Erholungsfunktion für die Bevölkerung von Aschabad [2]. Die sommerliche Hitze (mittlere Julitemperatur in Aŝchabad 29,6 °, tägliches Maximum im August über 40 °) läßt große Teile der Bevölkerung in die reizvoll in einem intramontanen Becken gelegene Siedlung von heute ca. 3000 Einwohnern ausweichen, wo Sanatorien, Erholungsheime und Landhäuser (dači) in weiten Gärten und Grünanlagen das äußere Bild bestimmen [3]. Molla-kara in Westturkmenien ist als Kurortsiedlung zunächst den beiden benachbarten Städten Krasnovodsk und Nebit-Dag zugeordnet, hat aber wegen seiner Entstehung als Eisenbahner-Erholungsort ein weiteres Einzugsgebiet behalten [4].

Eine andere Entwicklungsrichtung in zeitlicher Hinsicht läßt sich am Beispiel von Nebit-Dag aufzeigen. Hier war der heutige Funktionstrabant, die Erdölsiedlung von Vyška (Imeni 26 Bakinskich Komissarov) am Neftedagh, zuerst entstanden, und erst ein halbes Jahrhundert später wuchs Nebit-Dag wegen der günstigeren Versorgungslage an der Bahn; der Ortsname ist noch ein Hinweis auf die Vorsiedlung in rd. 25 km Entfernung. Die Intensität der Beziehungen zwischen dem städtischen Hauptort und seinem Funktionstrabanten geht aus den Umlandbeziehungen hervor. Beim Pendlerverkehr zeigt sich Vyška wegen seiner Lage an der Zweigbahn

---

1. NAZAREVSKIJ, 1961, S. 103 ff. und 1962, S. 75.
2. BOULGER, 1879, Bd. I, S. 252, Obzor ... za 1893, S. 2 f., Obzor ... za 1894, S. 1 ff., FREJKIN, 1955, S. 20, vgl. NAZAREVSKIJ, 1961, S. 103 und 1962, S. S. 91; zur administrativen Entwicklung T.I. vom 11.7.1971, S. 1.
3. BOULANGIER, 1888, S. 251, KUZ'MIN-KOROVAEV, 1889, S. 60 f., Explorations ..., 1905, S. 47, Obzor ... za 1908, S. 77, FREJKIN, 1955, S. 11 und 20, BABAEV i FREJKIN, 1957, S. 32, KURBANOV, 1965a, S. 238 f., Turkmenistan, 1969, S. 188 f.
4. Aziatskaja Rossija, 1914, Bd. II, S. 204, LEJZEROVIČ, 1968a, S. 127 f., Turkmenistan, 1969, S. 151.

den benachbarten Siedlungen gegenüber im Vorteil [5]. Die Entfernungen der monofunktionalen städtischen Siedlungen zu ihrem Hauptort beträgt in der Regel 25 bis 30 km; das ist mehr als die Entfernung eines Vorortes, aber nur so viel, daß die Strecke im wirtschaftlich vertretbaren, täglichen Pendlerverkehr überwunden werden kann. Die mangelhafte Entwicklung von Kum-Dag in den fünfziger Jahren kann mit denselben Argumenten aus der Verkehrsferne erklärt werden [6].

Parallel zur separaten Ansiedlung von Einzelfunktionen erweiterte sich das funktionale Spektrum der Hauptsiedlungen. Als die Eisenbahn Aschabad erreichte, übernahm die Stadt, nachdem sie schon 1881 zentraler Verwaltungssitz für das Transkaspische Gebiet geworden war und darin Krasnovodsk abgelöst hatte [7], 1890 die Hauptverwaltung der Bahn, die ihren Sitz bis heute in der Hauptstadt beibehielt [8]. Der Ausbau der Verkehrswege zog den Handel in die Stadt; Karawansereien und Bazare nach persischem Vorbild konzentrierten sich bald im westlichen Stadtgebiet und ließen dort ein orientalisch anmutendes Viertel in der sonst russisch geprägten Stadt entstehen [9]. Über Gaudan konnten Zucker und russische Manufakturwaren, die auf der Eisenbahn nach Aschabad gelangt waren, nach Persien geliefert werden. Die finanzielle Abwicklung der Geschäfte erfolgte über die russische Staatsbank, die 1895 eine Niederlassung in Aschabad eröffnete; hinzu kamen Kontore der am russisch - mittelasiatischen Handel beteiligten Firmen [10]. Zu den Verwaltungs- und Handelsfunktionen waren auch schon früh kulturelle Aufgaben getreten. Die zahlreichen Religionen, denen die Einwohnerschaft anhing, fan-

---

5. Turkmenistan, Urban development, 1954, S. 76, LEJZEROVIČ, 1968a, S. 139.
6. Turkmenistan, Urban development, 1954, S. 77.
7. Istorija Turkmenskoj SSR, 1957, Bd. I-2, S. 129.
8. ALBRECHT, 1896, S. 29, KRAHMER, 1898, S. 103, Zapiska o sostojanii ..., 1899, S. 161 ff., DMITRIEV-MAMONOV, 1903, S. 205.
9. BABAEV i FREJKIN, 1957, S. 32, GELLERT und ENGELMANN, 1967, S. 190.
10. ALBRECHT, 1896, S. 29, Aziatskaja Rossija, 1914, Bd. I, S. 335, BABAEV i FREJKIN, 1957, S. 33, Istorija Turkmenskoj SSR, 1957, Bd. I-2. S. 180.

den ihre Kultstätten [11]: die orthodoxen und armenischen Christen Kirchen, die Juden ein Bethaus, die schi'itische Bevölkerung eine Moschee. In der Stadt erschienen am Ende des 19. Jahrhunderts zwei Zeitungen mit einem größeren Verbreitungsgebiet ("Zakaspijskoe Obozrenie" und "Aschabad"); die Bibliothek mit 15 000 Bänden in russischer und anderen Sprachen gehörte bereits zu den größten in Mittelasien, und 1898 wurde ein Museum eingerichtet, das die Vergangenheit des Landes dokumentiert [12]. Diese zentrale Stellung und Bedeutung hat Ašchabad bis heute behalten. Die überregionalen Tageszeitungen Turkmeniens in turkmenischer und russischer Sprache, erst recht aber die periodischen Veröffentlichungen der wissenschaftlichen Institute (u. a. die Izvestija Akademii Nauk TSSR, Problemy osvoenija pustyń) erscheinen dort [13]. Auch die Ausbildungsstätten (vgl. Abschn. 3.3.2.1.) zeigen eine enge Verknüpfung mit dem Bahnbau. Eine technische Lehranstalt der Bahn hatte vor allem die Aufgabe, unter den Einheimischen geeignetes Personal für den Bahnbetrieb auszubilden [14]. An der Spitze der modernen Ausbildungs- und Forschungsstätten stehen heute eine Filiale der Akademie der Wissenschaften und die staatliche Gor'kij-Universität, deren Haupteinzugsgebiet sich, staatlichen Lenkungsprinzipien entsprechend, mit der turkmenischen Unionsrepublik weitgehend deckt [15].

Die Konzentration der wichtigsten Funktionen in den Hauptsiedlungen und die Verteilung einzelner Funktionen auf benachbarte Siedlungen

---

11. Zu Kirchenbauten in Kazandžik und Kizyl-Arvat vgl. bspw. Zapiska o sostojanii ..., 1899, S. 165.
12. GEJER, 1901, S. 95, DMITRIEV-MAMONOV, 1903, S. 244, BARTHOLD, 1913, S. 179, Aziatskaja Rossija, 1914, Bd. I, S. 335. Weitere Details bei BABAEV i FREJKIN, 1957, S. 36 f., Beispiele für Krasnovodsk und Kizyl-Arvat bei SUVOROV, 1962, S. 106 ff.
13. Cultural developments in Turkmenistan, 1953, S. 72, Pravda vom 13.4.1967, S. 4.
14. GEJER, 1901, S. 95, Obzor ... za 1897, S. 243, PIERCE, 1960, S. 219. Heute besteht in Ašchabad eine Filiale des Taškenter Eisenbahntechnikums (Ašchabadskaja filial Taškentskogo instituta inženerov železnodorožnogo transporta).
15. COATES, 1951, S. 217, Istorija Turkmenskoj SSR, 1957, Bd. II, S. 398, Spravočnik dlja postupajuščich ..., 1967, psm.

führte zur Herausbildung von "Verstädterungszonen" im Sinne von NAZAREVSKIJ, der nochmals "Areale komplexer Verstädterung" als höherrangigen Raumtyp mit intensiveren funktionalen Verflechtungen von den einfachen Verstädterungszonen unterscheidet (vgl. Abb. 19) [16]. Meist haben die "Siedlungen städtischen Typs" (vgl. o. Abschn. 3.2.2.2.2.) Wohn- und wirtschaftliche Funktionen innerhalb dieser Verstädterungsgebiete, die damit als Ansatzpunkte für die Herausbildung zentralörtlicher Felder angesehen werden können. In Westturkmenien sind diese Orte im allgemeinen am Erdölabbau oder an der Erdgasgewinnung beteiligt, im Vorland des Kopet-dagh und in den Flußoasenbereichen der übrigen Landesteile handelt es sich um Zentren der Agrarlandschaft. Entlang dem Karakum-Kanal entstanden Siedlungen städtischen Typs auch zur Unterhaltung der hydrotechnischen Anlagen (Karamet-Nijaz, Chauz-Chan, vgl. Taškepri am Murghab) [17]. Pendlerbewegungen in den Verstädterungsgebieten sind vielfach von den Verkehrsmöglichkeiten der Bahn abhängig. So reicht bspw. das Einzugsgebiet von Čardžou im Osten nach Farab und Kagan (mit Überschneidungen zum Gebiet von Buchara), im Norden nach Ėne-Kulievo und im Westen nach Uč-Adži [18].

3.4.1.3 Die Polarisierung der Stadtentwicklung

Der Einfluß der Eisenbahn auf die Entwicklung städtischer Siedlungen durch die Ausbildung zentralörtlicher Verflechtungen wird besonders deutlich, wenn man Siedlungen miteinander vergleicht, die aufgrund ähnlicher geographischer Lagebedingungen am Ausgangspunkt unserer Untersuchung in gewisser Konkurrenz zueinander standen.

Vor allem ist dabei in Westturkmenien an die beiden Siedlungspaare Čikišljar / Gasan-kuli und Uzun-ada / Krasnovodsk zu denken. Uzun-ada fiel wüst, nachdem die Bahntrasse verlegt war. Im

16. NAZAREVSKIJ, 1961 und 1962.
17. Turkmenistan, 1969, S. 80.
18. AGIŠEV u.a., 1964, S. 165 f.

Südwesten gewann Gasan-kuli wegen günstigerer Schiffahrtsbedingungen am Unterlauf des Atrek wieder das Übergewicht über Čikišljar. Hatte Hassan-kuli vor der russischen Zeit nicht ganz gleichberechtigt neben Gömüš-tepe existiert, so ist die jüngere Entwicklung auch durch die Grenzziehung bedingt, die den alten Handelsort Gömüš-tepe (heute Gomīshān) von seinen Beziehungen zum nördlichen Teil der kaspischen Turkmenensteppe abschnitt [1]. Aber als bedeutendste Siedlung an der kaspischen Küste Turkmeniens muß Krasnovodsk gelten, seitdem die Entscheidung für die Küsteneisenbahnstrecke gefallen war und sich alle Funktionen mit größerer Reichweite auf diese Verkehrsstadt ausrichteten [2]. So lebten 1891 in Krasnovodsk 46, in Čikišljar jedoch nur sieben Händler [3].

Im 19. Jahrhundert hatte Serachs als Grenzstation nach Persien den Handelsaustausch zwischen Merw und Mashhad vermittelt, und auch nach dem Bahnbau war es ein wichtiger Grenzübergang, obwohl ihm bereits damals Dušak und Kaachka den Rang abzulaufen begannen. Immerhin hatte der Ort von der Befriedung der Teke profitiert, so daß LESSAR schon von neu beginnendem Marktleben berichtete [4]. An der Bahn hatte anfangs Kaachka ein Übergewicht gegenüber Tedžen, aber diese Siedlung wuchs als Hauptort der Binnendeltaoase mit der Einbeziehung seines agraren Umlandes in die russischen Handelsinteressen; zunächst war es weniger Baumwolle als Weizen, der für die Versorgung der hauptsächlichen Baumwollgebiete verfrachtet wurde. Die kleine Sied-

---

1. Mitte des 19. Jhs. hatte Hassan-kuli 300 Kibitken, Gömüš-tepe dagegen 500 bis 600 Kibitken (SCHOTT, 1843, S. 243); O'DONAVAN, 1882, Bd. I, S. 123 betrachtet Hassan-kuli als relativ unbedeutendes aul in der Nachbarschaft von Čikišljar, aber er behauptet auch (l.c., Bd. I, S. 61), daß Čikišljar zugunsten von Krasnovodsk fast völlig aufgegeben sei. Ende des 19. Jhs. war die Siedlung weitgehend von der Versorgung aus Persien abhängig (RADDE, 1898, S. 91).
2. Obzor ... za 1896, S. 79, ... za 1897, S. 103 ff.; Anfang des 20. Jhs. stagnierte die Bautätigkeit in Čikišljar, während sich Krasnovodsk baulich weiterentwickelt (Obzor ... za 1905, S. 192).
3. Obzor ... za 1891, S. 299.
4. LESSAR, 1884b, S. 283.

lung gewann an zentraler Bedeutung, als das militärische Verwaltungszentrum hierher verlegt wurde [5]. Noch 1897 hatte Serachs die vierfache Einwohnerzahl von Tedžen (1520 bzw. 383 Einw.) [6], aber mit zunehmender Förderung kommunikativ-zentraler Orte stieg Tedžen zur Stadt auf (nach den sowjetischen Verwaltungsbestimmungen seit 1925), während Serachs heute nur zu den "Siedlungen städtischen Typs" zählt. 1968 hatte Serachs etwa 6000, Tedžen dagegen 24 700 Einwohner; während Serachs noch keine Industrialisierungsansätze aufweist, verfügt Tedžen neben einigen anderen Zweigen über Baumwollreinigungsanlagen und eine Baustoffindustrie [7].

Die Bedeutung von Čardžou als Verkehrsknoten ist bereits gewürdigt worden. Auch Kerki war - wie das bucharische Čarğuj - Hauptstadt eines Verwaltungsgebietes (vilayet) im Emirat Buchara gewesen, und im 19. Jahrhundert können beide Städte als durchaus gleichwertig gelten. Heute zeigen schon die Einwohnerzahlen (Čardžou 90 200, Kerki 18 400 Einw. am 1. 1. 1968) [8] den Bedeutungsunterschied. Bezeichnenderweise hat inzwischen auch Kerki jenseits des Amu-darja eine Trabantensiedlung (Kerkiči) ausgebildet, die als Eisenbahnstation handelsorientierte Funktionen (z. Bsp. Baumwollreinigung, Hafenanlage) übernommen hat [9]. Während Čardžou - neuerdings wieder Hauptort einer oblast' - eine moderne städtebauliche Entwicklung nimmt, konnte Kerki nur mit wenigen Industriezweigen den Anschluß zu gewinnen versuchen.

---

5. Obzor ... za 1897, S. 108, vgl. OLSUF'EV i PANAEV, 1899, S. 70.
6. Aziatskaja Rossija, 1914, Bd. I, S. 352. Auch die Zahl der Händler unmittelbar nach Beginn des Zivilhandels über die Bahn (1891: Tedžen - 3, Serachs - 28) erweist Serachs noch als wichtigen Handelsplatz, dem aber Kaachka und Dušak die Fernhandelsbedeutung streitig zu machen beginnen (mit 54 bzw. 8 Händlern); vgl. dazu Obzor ... za 1891, S. 308 und Obzor ... za 1905, S. 145 ff.
7. Otčet po revizii ..., Bd. 15, 1910, S. 378 f., Turkmenistan, 1969, S. 218 f. und 253.
8. Turkmenistan, 1969, S. 253, zur Entwicklung vgl. Turkmenistan 1868-1917, 1958, S. 133.
9. Turkmenistan, 1969, S. 233 f., zur städtebaulichen Entwicklung in Čardžou Mizan 11, 1969, S. 55.

Welche Veränderungen der Karakum-Kanal mit sich bringt, kann im Augenblick noch nicht übersehen werden; an der grundsätzlichen Vorrangstellung von Čardžou im östlichen Turkmenien ist aber auch in Zukunft nicht zu zweifeln.

Aus den drei Beispielen wird deutlich, daß wohl die russische Herrschaft als politischer Faktor eine Strukturverbesserung im Siedlungswesen brachte. Aber das reicht nicht aus, um die Entwicklung einzelner Zentren zu erklären, in denen die Eisenbahn für Handel und Industrie ausschlaggebend ist. Die an der Bahn gelegenen Oasenmittelpunkte und Handelsorte erhielten neue Aufgaben durch politische Entscheidungen zugeteilt. So bildeten sich regionale Zentren, während die abseits der Bahn gelegenen Siedlungen, die mit Ausnahme der Distanz zu dem modernen Verkehrsträger dieselben Startchancen hatten, vernachlässigt wurden und heute einen zeitlichen Rückstand aufweisen. So brachte der Bahnbau eine Aufhebung der Ambivalenz kulturlandschaftlicher Entwicklungschancen zugunsten einer polarisierten Dynamik.

3.4.2 Die Verkehrsorientierung als Standortfaktor bei der Industrialisierung

Für die Ansiedlung der Industrieunternehmen in Turkmenien waren verschiedene Standortfaktoren ausschlaggebend. Rohstofforientierte Industrien gibt es heute vor allem im Westen des Landes; ohne andere Bezugssysteme entstanden Kara-bogaz-gol als Chemie-Kombinat und Sernyj Zavod, die nach der Erschließung verkehrsgünstiger Lagerstätten einen Funktionsverlust hinnehmen mußten.

Die ersten Fabriken der Produktions- und Konsumgüterindustrie lagen meist, auch wenn es sich nur um kleine Betriebe handelte, in geringer Entfernung vom Schienenstrang (Tabelle 18). Eine weitere Differenzierung zwischen Baumwollreinigungsfabriken und anderen Betrieben liegt nur für ganz Turkestan vor. Sie zeigt, daß in der Baumwollverarbeitung die Tendenz zum Standort an der Eisenbahn besonders ausgeprägt war. Die Zahl der über 50 W von der Linie entfernten Betriebe ist verschwindend klein, während in den anderen Zweigen eher auf der Grundlage eines traditionellen städtischen Lebens Ansätze für industrielles Gewerbe denkbar waren (Tabelle 19).

Tabelle 18 Entfernung der Fabriken Turkmeniens von der Eisenbahn zu Beginn des 20. Jahrhunderts [a]

Entfernung in W (km)	Fabriken in % der Gesamtzahl
0 - 5 (0 - 5,3)	51,6
5 - 10 (5,3 - 10,7)	16,1
10 - 50 (10,7 - 53,3)	13,3
über 50 (über 53,3)	19,0

a. Quelle: GALUZO, 1929, S. 70.

Tabelle 19 Entfernung der Fabriken Russisch-Turkestans von der Eisenbahn (Stand 1914) [a]

Entfernung in W	alle Fabriken		Baumwollreinigung		andere Betriebe	
	Zahl	%	Zahl	%	Zahl	%
0 - 5	475	52,8	113	56,0	362	51,9
5 - 10	157	17,5	39	19,3	118	16,9
10 - 50	129	14,4	46	22,7	83	11,9
über 50	138	15,3	4	2,0	134	19,3

a. Quelle: SUVOROV, 1962, S. 38.

Diese Standortwahl in der Baumwollindustrie orientierte sich an den Transportkosten. Bis zu einer Entfernung von 5 W von der Bahn war die Zulieferung an die Bahn rentabler, erst bei Entfernungen von mehr als 10 W legte man die Entkernungsfabrik vorzugsweise im Anbaugebiet selbst an, um auf die Bahn gereinigte Baumwolle für den weiteren Abtransport aufzuliefern [1].

Außer der Bahnnähe spielt bis in die Mitte der sechziger Jahre die Tendenz zu überdimensionierten Großbetrieben eine Rolle [2]. Zwar hatte Turkmenien in den Aufbaujahren keine bedeutende Industrie, aber Kon-

1. ALKIN, 1931, S. 275.
2. Vgl. RAUPACH, 1968, S. 163 ff.

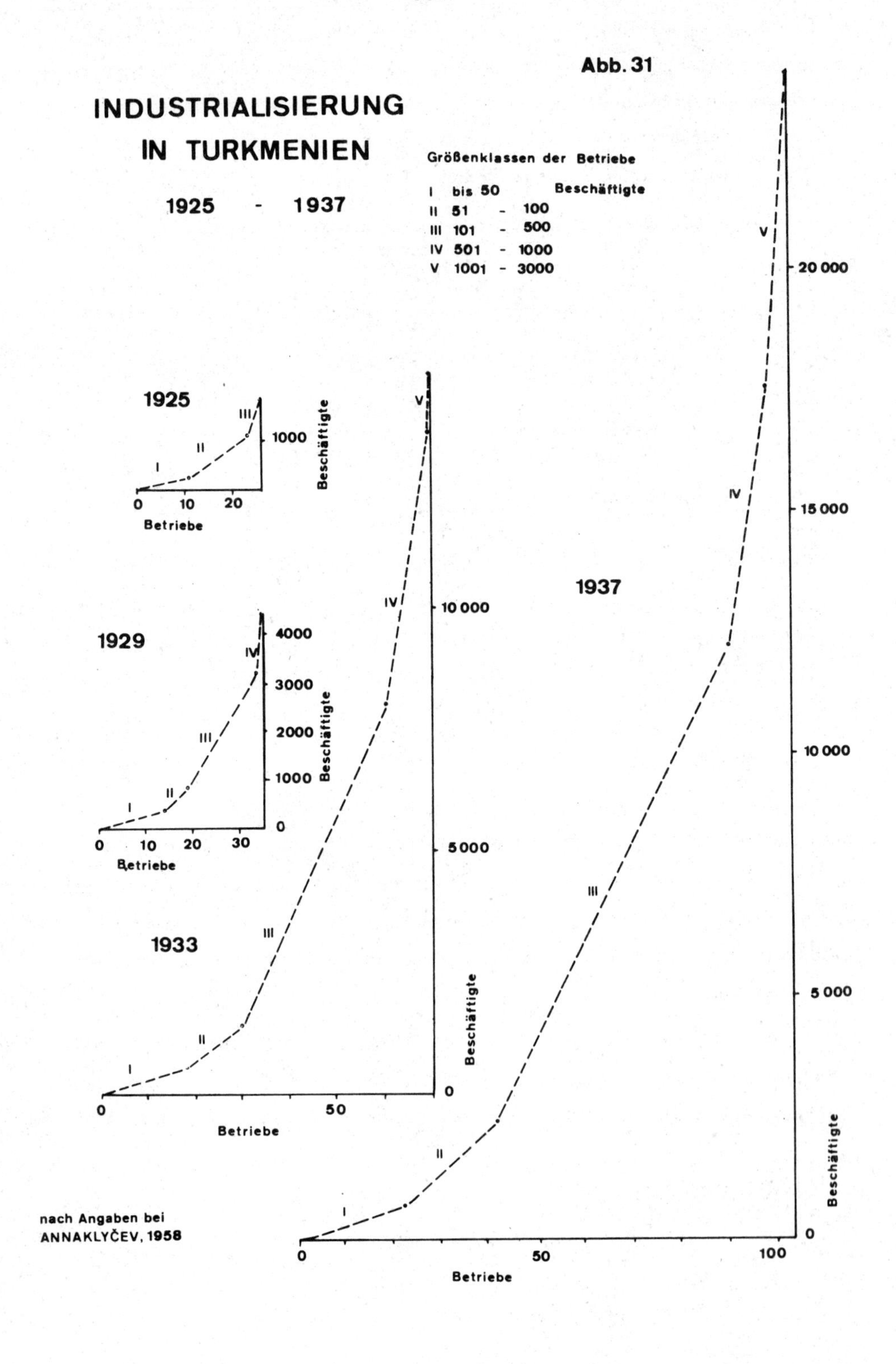
Abb. 31
INDUSTRIALISIERUNG
IN TURKMENIEN
1925 - 1937
Größenklassen der Betriebe
I bis 50 Beschäftigte
II 51 - 100
III 101 - 500
IV 501 - 1000
V 1001 - 3000
1925
1929
1933
1937
Beschäftigte
Betriebe
nach Angaben bei
ANNAKLYČEV, 1958

zentrationserscheinungen lassen sich auch hier feststellen (vgl. die Lorenzkurven Abb. 31). Diese von wirtschaftspolitischen Entscheidungen bestimmte Konzentration bewirkt einerseits, daß sich die industriefördernde Leitlinienfunktion der Bahn nicht voll geltend macht, auf der anderen Seite treten die wenigen Industriezentren an der Bahn (etwa Ašchabad, Čardžou) besonders hervor (vgl. auch Abb. 26).

Daß die Eisenbahnstationen bis heute die bevorzugten Standorte der Baumwollverarbeitung geblieben sind, geht auch aus Planungsüberlegungen hervor. 1966 wurde eine ökonometrische Lokalisationsstudie für das Zieljahr 1970 veröffentlicht, die hier kurz analysiert werden soll [3].

Die Abb. 32 zeigt, wie die Transportströme zwischen Liefergebieten und Verarbeitungsstandorten auf der Eisenbahn und ihrer optimalen Auslastung für Baumwolltransporte beruhen. So werden weite Transportwege in Kauf genommen, um Baumwolle bspw. aus dem rajon Dejnau nach Chorezm zu verfrachten, denn die näher gelegenen Betriebe in Čardžou werden von den südlich anschließenden Amu-darja-Gebieten und aus dem westlichen Uzbekistan ausreichend beliefert. Wieder tritt die enge Verzahnung zwischen dem turkmenischen und dem uzbekischen Wirtschaftsraum im Gebiet von Čardžou und im Amu-darja-Delta hervor (vgl. dazu auch VASIL'EVA, 1969, S. 147).

Entgegen der in dieser Untersuchung sichtbaren Tendenz zu wenigen Standorten wurden mehr neue Entkernungsanlagen gebaut, als zunächst vorgesehen war, die jedoch nur selten (Il'jaly, Chauz-Chan) bahnfern liegen. Die Hinwendung zu kleineren Werken und einer größeren Zahl von Standorten ist auf die Erweiterung der Anbauflächen (etwa im Bereich des Karakum-Kanals) und auf die Einführung des Neuen Ökonomischen Systems in Turkmenien zurückzuführen, das außer der wirtschaftlichen Rechnungsführung in den Betrieben auch eine Abkehr von der "Betriebsgigantomanie" bringen soll. Bevorzugter Standort bleibt Čardžou, wo außer einer Erweiterung der Baumwollentkernungsindustrie auch eine Baumwollfabrik geplant ist, die auf der Rohstoffgrundlage der Baumwollproduktion im Neuland am Karakum-Kanal arbeiten soll [4].

---

3. POGOSOV, 1966 a, S. 78 ff. und 1966 b, S. 32 ff.
4. GvŠk 1971, H. 5, S. 75.

Die Baumwollentkernungsfabriken haben als Sammelzentren und primäre Verarbeitungsstandorte unterschiedliche Bedeutung. Während einige Werke, z. Bsp. Kalinin und Tedžen, mehr Baumwolle sammeln, als sie verarbeiten können, wird nach Bajram-Ali zusätzlich Baumwolle aus anderen Gebieten zugeführt (Tabelle 20). Aus den Angaben geht hervor, daß die Zulieferungen meist die Kapazität der einzelnen Werke übersteigen. Die Unfähigkeit mancher Reinigungsfabriken, die aufgelieferte Baumwolle zu verarbeiten, führt zu unrationellen Binnentransporten, oder die Rohbaumwolle muß ungereinigt gelagert werden. Aus der Standortverteilung und -nutzung ergeben sich damit weitere Mängel bei der Binnenintegration des Landes [5].

Tabelle 20 Zulieferung und Verarbeitung von Rohbaumwolle in den Baumwollfabriken Turkmeniens im Jahr 1967 [a]

Baumwollfabrik	Zulieferung in t	Verarbeitung in t	Rohstoffzulieferung in % der Verarbeitg.
Mary	97 000	73 700	131,6
Bajram-Ali	64 700	73 300	88,3
Iolotań	52 700	52 900	99,6
Čardžou	141 500	133 300	106,1
Kerkiči	44 200	38 500	114,8
Tašauz	129 000	113 400	113,7
Kalinin	82 100	44 600	184,1
Tedžen	73 300	27 300	268,5
Tachta	16 000	16 700	95,8
gesamt	700 500	573 700	122,1

a. Quelle: JAZMURADOV, 1968, S. 14.

Bei den Versorgungsbetrieben zeigt die Standortwahl für das turkmenische Superphosphatwerk in Čardžou, welche Rolle unter den Bedingungen der zentralisierten Planwirtschaft Überlegungen zur Transportoptimierung spielen. Dabei muß berücksichtigt werden, daß die Planung und Inbetriebnahme des Werkes noch in die Zeit vor Einführung des Neuen Ökonomischen Systems fallen; das Werk steht im Kombinatsver-

5. Vgl. JAZMURADOV, 1968, S. 14.

Abb. 32

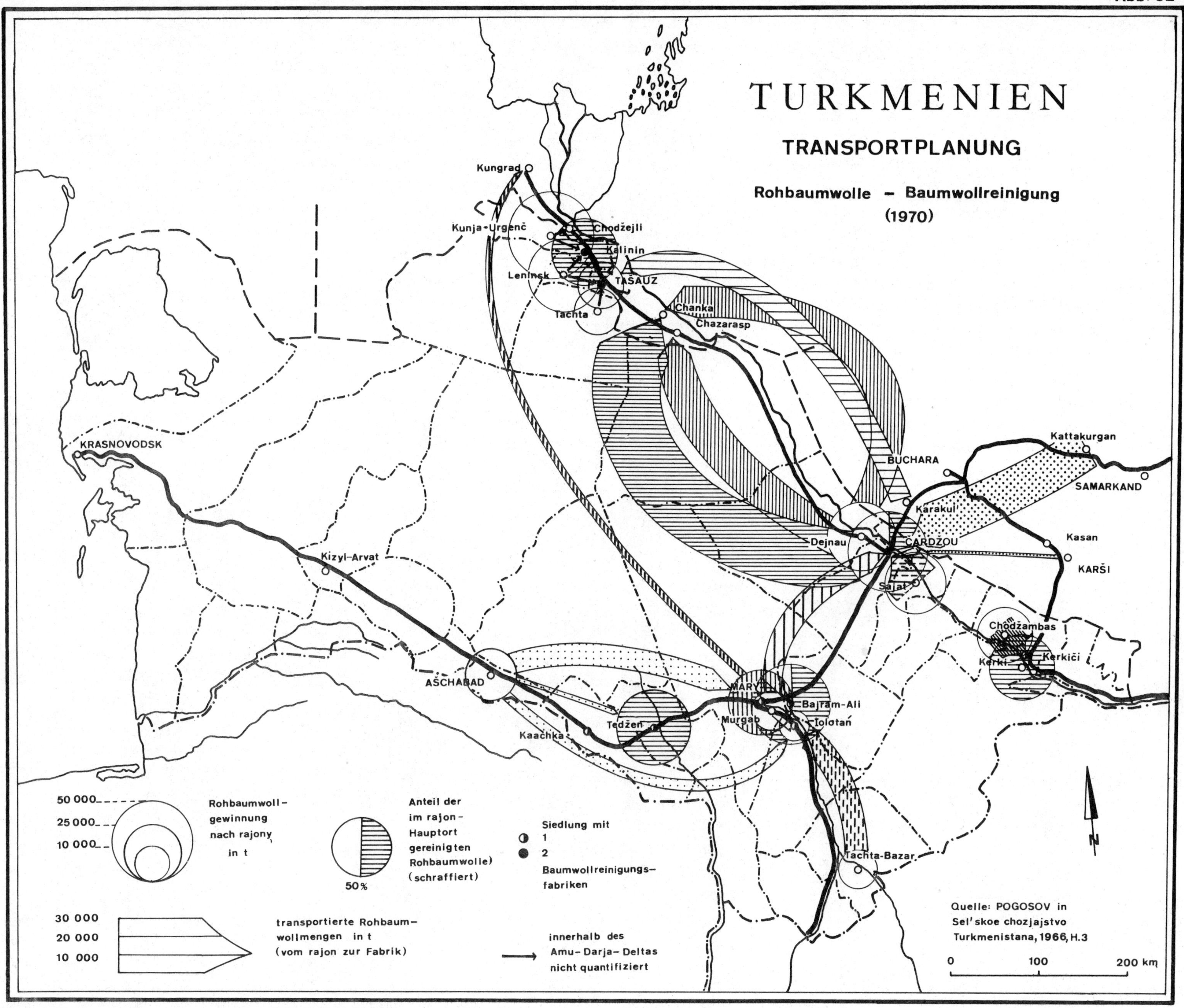

TURKMENIEN
TRANSPORTPLANUNG
Rohbaumwolle – Baumwollreinigung
(1970)
Kungrad
Kunja-Urgenč
Chodžejli
Kalinin
Leninsk
TAŠAUZ
Tachta
Chanka
Chazarasp
KRASNOVODSK
Kizyl-Arvat
BUCHARA
Kattakurgan
SAMARKAND
Karakul
Dejnau
ČARDŽOU
Kasan
KARŠI
Sajat
Chodžambas
Kerki
Kerkiči
AŠCHABAD
MARY
Bajram-Ali
Murgab
Iolotan
Tedžen
Kaachka
Tachta-Bazar
50 000
25 000
10 000
Rohbaumwoll-gewinnung nach rajony in t
50%
Anteil der im rajon-Hauptort gereinigten Rohbaumwolle (schraffiert)
Siedlung mit
1
2
Baumwollreinigungs-fabriken
30 000
20 000
10 000
transportierte Rohbaum-wollmengen in t (vom rajon zur Fabrik)
innerhalb des Amu-Darja-Deltas nicht quantifiziert
N
Quelle: POGOSOV in Sel'skoe chozjajstvo Turkmenistana, 1966, H.3
0
100
200 km

bund mit anderen Fabriken von Čardžou [6]. Die Rohstoffe müssen teilweise aus Kazachstan (Phosphorite aus dem Kara-tau) und der Ukraine (Schwefel (!)) zugeführt werden, während die Arbeiterschaft aus der näheren Umgebung der Stadt herangezogen werden konnte. Entscheidend für die Standortwahl ist aber die Tatsache, daß Eisenbahnen zu den benachbarten Oasengebieten (nach Mary, Tašauz, Buchara und Kerši) führen. Das nächste vergleichbare Werk liegt in Samarkand zur Versorgung der Zeravšan-Oasen und des Ferghana-Beckens, während das zwischen den beiden Städten gelegene Navoj, das größte Werk der Düngemittelindustrie in Mittelasien, auf die Herstellung von Stickstoffdünger spezialisiert ist [7]. Čardžou erweist sich damit als typischer Distributionsstandort mit einer Reichweite noch über die genannten Oasen hinaus bis in die Baumwollanbaugebiete von Tadžikistan [8].

3.4.3 Das ländliche Funktionalgefüge

Zentren auf dem Land wurden neben den Verwaltungsmittelpunkten (sel'skie sovety) die Maschinen-Traktoren-Stationen mit Sammel- und Versorgungsaufgaben. Ihnen oblag auch die politische Durchdringung des Landes, denn in ihnen hatte die "politotdely" ihren Sitz [1]. Bis 1957 hatte sich die Zahl der MTS in Turkmenien auf 73 erhöht, so daß bei 353 Kolchozen eine MTS im Durchschnitt etwa fünf Kollektivbetriebe zu bedienen hatte [2].

Die Reorganisation der MTS durch das Gesetz vom 31. 3. 1958 beseitigte die doppelte Verwaltungshierarchie im Bereich der ländlichen

---

6. CONOLLY, 1967, S. 174, Srednjaja Azija, 1969, S. 394 f., Turkmenistan, 1969, S. 236.
7. PM 105, 1961, S. 78, ABAEV, 1963, S. 65, ŠELEST, KRAPČIN i GRJUNTAL', 1964, S. 39, CONOLLY, 1967, S. 169, Uzbekistan, 1967, S. 211, Atlas razvitija ..., 1967, S. 40, SovG 9, 1968, S. 728 f., Turkmenistan, 1969, S. 236 f.
8. T.I. vom 6.1.1970, S. 1.

1. Narody Srednej Azii, 1963, Bd. II, S. 51.
2. Sel'skoe chozjajstvo SSSR, 1960, S. 50 und 75, vgl. o. 3.2.2.3.

Siedlungen [3]. Da im Verlauf der fünfziger Jahre die Größe der Kolchoze durch Zusammenlegungen gewachsen war, entstand ein neues Zentralitätsgefüge. Die Distanzprobleme, die die relative Unwirtschaftlichkeit vieler MTS bestimmt hatten, vererbten sich auf die neuen Bezugssysteme. Zahlreiche Kolchoze waren bis zu 25 km und weiter von den zentralen Gebäuden der zuständigen RTS entfernt, so daß man bemüht sein mußte, auch die Maschinenreparatur in den Einzelkolchoz zu übernehmen [4], wobei Schwierigkeiten bei der gleichmäßigen, termingerechten Versorgung der einzelnen Kolchozabteilungen auftreten konnten.

Für einzelne Produktionszweige erwiesen sich selbst die Großkolchoze als zu klein. So wird die Großviehzucht teilweise in Betrieben organisiert, an denen mehrere Kolchoze beteiligt sind ("mežkolchoznye životnovodčeskie chozjajstva", "zwischenkollektivwirtschaftliche Viehzuchtbetriebe"); 1969 bestanden 24 derartige Unternehmen [5]. Außerdem werden seit 1966 nach dem Vorbild der anderen mittelasiatischen und der transkaukasischen Unionsrepubliken sog. Weideland-Maschinen-Viehzucht-Stationen (PMŽS - "pastbiščno-mašinno-životnovodčeskie stancii") begründet, die mit eigener Rechnungsführung arbeiten und den Viehzuchtbetrieben technische Hilfe beim Einbringen des Futters, bei der Elektroschur der Schafe und bei Autotransporten leisten sollen [6].

Als Beispiel für die neuzeitliche Organisation der Agrarlandschaft sei die Tedžen-Oase herausgegriffen. Schon die Tatsache, daß die Baumwollreinigungsfabrik der größte Betrieb der Oase und ihres Hauptortes ist, deutet die Stellung der Landwirtschaft an. Die Größe der Oase wird mit 2 933 200 ha angegeben, doch waren 1963 nur 38 400 ha in Bewässerungskultur genutzt [7].

---

3. Očerki po ėkonomike ..., 1962, S. 94 f.
4. ASLANOV i TOLSTOV, 1958, S. 43 f., zur Bedeutung der RTS vgl. Ekonomika i organizacija ..., 1958, S. 168.
5. KOZLOV, 1969, S. 23, vgl. GRINBERG, 1962b, S. 48 ff.
6. ELIZAROV, 1966, S. 15 ff.
7. ATADŽANOV, 1965, S. 42.

Die agrarklimatische Gunst erlaubt bei genügender Wasserzufuhr, die heute durch den Karakum-Kanal gewährleistet werden soll, den Anbau aller in Turkmenien vertretenen Kulturpflanzen, doch sieht die Planung eine betonte Förderung der Baumwollkultur vor. Schon eine 1965 veröffentlichte Untersuchung von ATADŽANOV unterschied zwischen zwei auf leicht differenzierten Naturgrundlagen beruhenden Kolchoz-Gruppen, einer nördlichen im Tedžen-rajon (18 Kolchoze) und einer südlichen im Serachs-rajon (7 Kolchoze), von denen die nördliche Gruppe größere Wirtschaftserfolge aufzuweisen hat [8]. Dem entspricht die Einstufung des nördlichen Gebietes in eine Baumwoll-Viehzucht-, des südlichen Gebietes in eine Viehzucht-Baumwoll-Zone [9]. Es fragt sich, ob nur die Naturausstattung für diese Differenzierung verantwortlich ist.

Ein Blick auf eine 1966 veröffentlichte Skizze der Planung in der Tedžen-Oase (Abb. 33) weist mehrere Schwerpunkte der künftigen Neulandgewinnung mit Sovchozorganisation aus. Nach Norden soll die Oase durch eine verbesserte Wasserzufuhr erweitert werden, nach Südosten hofft man auf eine Neulandgewinnung am Karakum-Kanal und seinem Zweig zum Staubecken von Chauz-Chan. Vor allem soll das gesamte Gelände zwischen Kanal und Eisenbahn der Baumwollkultur zugute kommen [10]. Die Planer sind sich wohl darüber im Klaren, daß die Durchführung dieses großräumigen Erschließungsprogrammes infrastrukturelle Leistungen erfordert. So sollen in den Sovchozen in zentraler Lage neue Siedlungen entstehen, die gesamte Oase soll von Straßen durchzogen werden, ferner sind Wasserbau- und Waldschutzmaßnahmen vorgesehen [11].

---

8. ATADŽANOV, 1965, S. 44 f.
9. Eine ähnlich Differenzierung findet sich auch im Murghab-Tal (R a z m e š č e n i e i specializacija otraslej sel'skogo chozjajstva ..., 1964, S. 41 ff. nach Einnahmeberechnungen für einzelne Kolchozbetriebe); dabei wird mit ökonometrischen Methoden ein optimales Verhältnis von 81,7 zu 18,3 zwischen Baumwolle und Viehzucht errechnet.
10. KUZNECOV, 1966, S. 29 f.. Für das Gebiet der Serachs-Oase wurde dagegen ein übermäßig hoher Selbstkostenpreis für die Baumwollgewinnung berechnet (R a z m e š č e n i e i specializacija ..., 1964, S. 99).
11. KUZNECOV, 1966, S. 30 f., NOBADOV, 1968 (zitiert nach RŽ 1969, H. 5, S. 23).

Neben der Baumwolle dürfen die anderen Kulturen nicht unberücksichtigt bleiben. So hat der Gemüseanbau für die Selbstversorgung der Bevölkerung bereits ein Zentrum in den beiden gebirgsnahen Kolchozen "imeni Ždanova" und "imeni XXII parts-ezda" gefunden [12]. Dort ist in der Planung an stadtnahe Gebiete gedacht. Auch die auf Obstkulturen spezialisierten Betriebe liegen verkehrsgünstig westlich von Tedžen an der Bahn oder an der Straße zwischen Tedžen und Serachs. Dagegen wird die Viehzucht in periphere Bereiche verlagert [13], in den östlichen Teil der erweiterten Tedžen-Oase und in die Umgebung der grenznahen und eisenbahnfernen Gebiete um Serachs. In dieser Verteilung lassen sich Grundzüge des von THÜNEN aufgestellten Intensitätsmodells der Agrarlandschaft wiederfinden, das u. a. auf der Transportkostenberechnung beruht [14].

Eine gewisse Bestätigung für die heutigen Verhältnisse sind die Produktionsziffern für Kolchoze aus verschiedenen Oasenbereichen, die in der folgenden Tabelle 21 zusammengestellt sind.

Tabelle 21 Die Baumwollkultur in einzelnen Kolchozen der Oasen am Tedžen, 1963/64 [a]

Kolchoz	Aussaatfläche (ha)		Erträge (dz/ha)		Kosten (Rubel/dz)	
	1963	1964	1963	1964	1963	1964
im. Lenina	1695	1900	22,0	19,0	24,6	23,7
im. Kalinina	1460	1540	24,5	22,0	23,5	20,4
Leningrad	200	435	10,6	13,6	56,9	35,3
Komsomol	321	379	9,1	11,5	43,1	34,2
Mittelwert für sämtl. Kolchoze	724	777	20,0	18,3	26,3	29,0

a. Quelle: ATADŽANOV, 1966, S. 71.

12. ATADŽANOV, 1966, S. 73.
13. Razmeščenie i specializacija otraslej sel'skogo chozjajstva ..., 1964, S. 119.
14. Vgl. dazu BOESCH, 1969, S. 60 f.

3.4.4 Integration durch den Binnenhandel

Bald nach der Übernahme der russischen Herrschaft tauchte die Frage nach einer Organisation des Handels auf, wobei der Baumwollhandel im Vordergrund stand. Die unteren Stufen blieben unverändert: Der einzelne Baumwollbauer, oft ein abhängiger Unterpächter, lieferte über Kommissionäre seine Produktion an den Landbesitzer ab, der im Kontraktverhältnis mit den Handelsfirmen stand. Diese hatten auch die Direktion der Baumwollreinigungsfabriken inne, zu denen die Rohbaumwolle geliefert wurde. Waren diese Firmen in Moskau beheimatet (z. Bsp. das Tovariščestvo Bol'šoj Jaroslavskoj Manufaktury, das Tovariščestvo dlja torgovli i promyšlennosti v Persii i Srednej Azii, der Torgovyj dom L. KNOP), so bezahlten sie erhaltene Ware mit Bargeld, während die wenigen mittelasiatischen Handelsfirmen, die ihren Hauptsitz im Generalgouvernement Turkestan hatten (z. Bsp. VAD'JAEV, Gebr. POTELJACHOV), teils in bar zahlten, teils Manufakturwaren im Austausch lieferten [1]. Es wird deutlich, daß mit diesen Handelsfirmen bereits der räumliche Rahmen von Turkmenien überschritten wird und Fragen des überregionalen Handels auftauchen, deren Beantwortung noch etwas aufgeschoben sei.

Eine wesentliche Voraussetzung für den Handel war die Einführung der russischen Geldwirtschaft in Turkmenien; durch den Rubel wurde die bisher gültige persische Währung verdrängt [2]. Nach der Ansicht von O'DONAVAN hatte der russische Feldzug gegen die Teke u. a. auch diesen wirtschaftlichen Zweck verfolgt [3]. LENIN sah später den Hauptеffekt der Transkaspischen Bahn gerade darin, daß sie dem russischen Kapital den Zugang nach Turkestan öffnete [4], wobei nicht nur an die

---

1. JUNGE, 1915, S. 333 ff., Chlopkovodstvo SSSR, 1926, S. 24 ff., vgl. den Anzeigenteil bei GEJER, 1901, Anhang.
2. SOLOV'EV i SENNIKOV, 1946, S. 205.
3. O'DONAVAN, 1882, Bd. I, S. 71, vgl. LESSAR, 1882, S. 121.
4. LENIN, 1963, S. 82; vgl. auch PAHLEN, 1969, S. 154 f.

Geldwirtschaft, sondern auch an Investitionsmaßnahmen im Land - etwa gerade in der Baumwollwirtschaft - zu denken ist.

Für die Organisation des Handels entstanden Bankhäuser zunächst in den beiden Zentren Aschabad und Merv. Vor allem die russische Staatsbank konzentrierte ihr Kapital nur in den größten Städten. 1907 verfügte sie über 1,5 Mio, 1911 über 2,0 Mio Rubel [5]. Nach der Konsolidierung der sowjetischen Herrschaft gehörte die staatlich gelenkte Handelsdurchdringung des Landes auf dem kapitalwirtschaftlichen Sektor zu den vordringlichen Maßnahmen bei der Wiederherstellung der Wirtschaftsbeziehungen zwischen Rußland und Mittelasien. Agenturen oder Kontore der Staatsbank (Gosbank) wurden in Krasnovodsk, Aŝchabad (Poltorack), Merv und - außerhalb Turkmeniens - in Katta-Kurgan, Samarkand, Termez und Duŝanbe eingerichtet. Besondere Bedeutung kam der Asiatischen Bank (Aziabank) zu, die in Aŝchabad, Čardžuj und Kerki vertreten war (vgl. Abb. 34) [6]. Auch heute wird der Handel über die staatlichen Stellen abgewickelt.

Detaillierte Angaben über den T r a n s p o r t auf der Transkaspischen Eisenbahn sind nur für wenige Jahre zugänglich, und selbst dann können die innerturkmenischen Gütertransporte bloß indirekt erschlossen werden. In den ersten Jahren hatte die kurze Stichbahn zwischen Michajlovskoe und Kizyl-Arvat keine zivile Handelsbedeutung, aber 1888 begann der Gütertransport. In vier Jahren vergrößerte sich sein Volumen von 5,6 Mio Pud (91 700 t, 1888) auf 11,6 Mio Pud (190 000 t, 1891) [7]. Genaue Angaben über Versand und Empfang der größeren Stationen nach dem Bau der Verlängerungsbahnen bis Taŝkent und Andiżan liegen für das Jahr 1900 vor und sollen hier beispielhaft herausgegriffen werden (Abb. 35).

Unter den für Rußland bestimmten Gütern nimmt die Baumwolle die

---

5. SUVOROV, 1962, S. 101 f.
6. Vgl. dazu die Angaben bei GITTERMAN i ACHMANOV, 1926, psm.
7. D i e G ü t e r b e w e g u n g auf der Transkaspischen Eisenbahn, 1893, S. 86.

Abb. 34

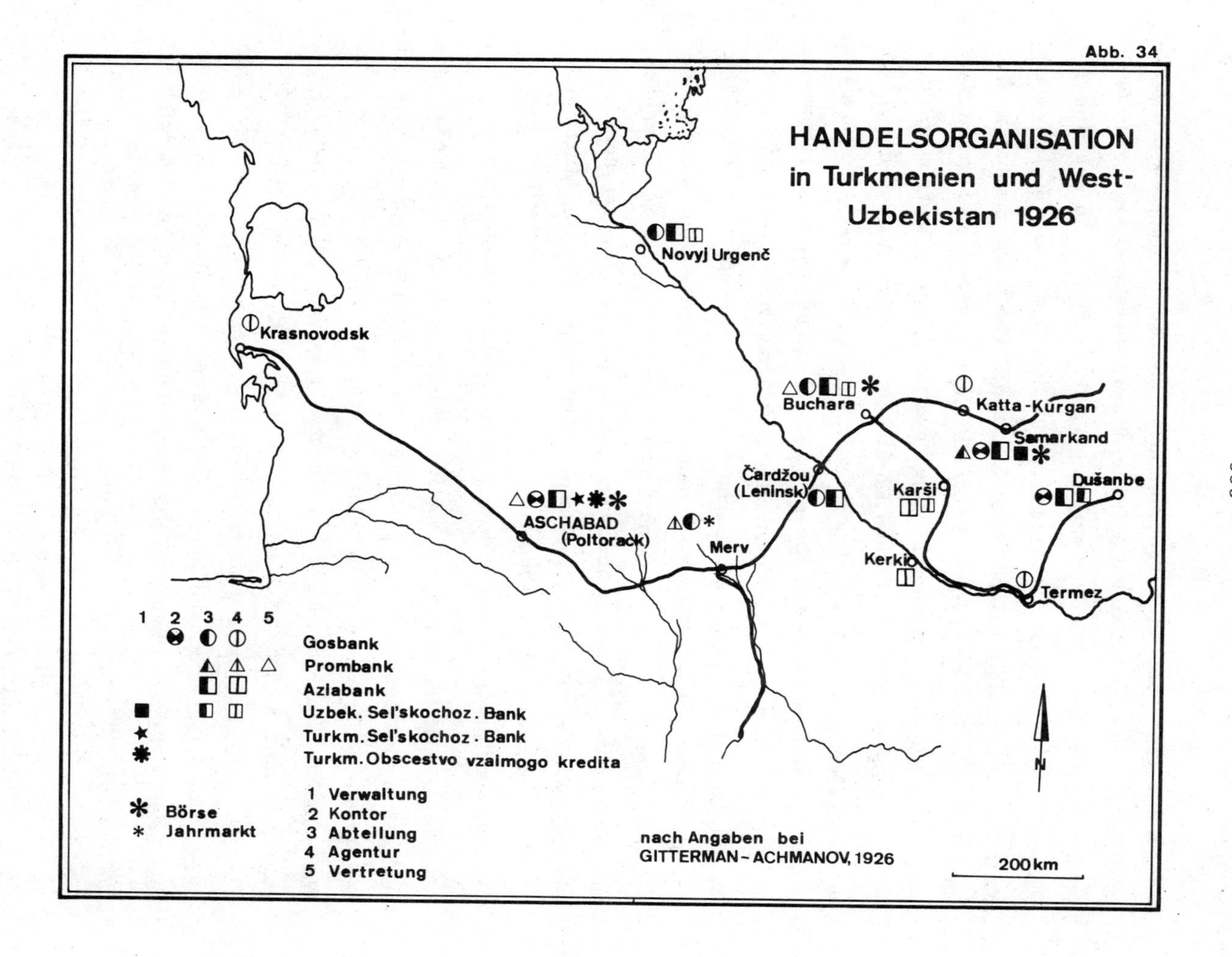
HANDELSORGANISATION
in Turkmenien und West-
Uzbekistan 1926
Novyj Urgenč
Krasnovodsk
Buchara
Katta-Kurgan
Samarkand
Čardžou
(Leninsk)
Karši
Dušanbe
ASCHABAD
(Poltorack)
Merv
Kerki
Termez
1 2 3 4 5
Gosbank
Prombank
Azlabank
Uzbek. Sel'skochoz. Bank
Turkm. Sel'skochoz. Bank
Turkm. Obscestvo vzalmogo kredita
Börse
Jahrmarkt
1 Verwaltung
2 Kontor
3 Abteilung
4 Agentur
5 Vertretung
nach Angaben bei
GITTERMAN - ACHMANOV, 1926
200 km
N

erste Stelle ein, aber auch Trockenfrüchte und Korinthen stellen beachtliche Anteile. Denn selbst entlegenere Anbaugebiete wie das Land der Nuchur konnten über eine Vermarktung ihrer Produktion in den Binnenhandel einbezogen werden. Darüber hinaus dehnte sich das Einzugsgebiet der Bahn im westlichen Kopet-dagh bis in die Täler von Sumbar und Čandyr aus [8]. Bei der Einfuhr nach Mittelasien stehen noch strategische Güter wie Kriegsmaterial, Eisen und Stahl sowie Bauholz an der Spitze, gefolgt von verschiedenen Konsumgütern. Der Ausbau der Strecke zwischen Merv und Kuška und der östlichen Anschlußstrecken erforderten große Materialzuwendungen. Kriegsmaterial, Eisen und Stahl gehören aber auch zu den in Kizyl-Arvat aufgelieferten Gütern; hier zeigt sich bereits die Wirkung der beim Bahnbau angelegten Reparaturwerkstätten mit einer beginnenden Metallverarbeitung [9]. Für den Binnenhandel lieferten die Oasen an Murghab und Tedžen Weizen für die Selbstversorgung des Landes [10]. Insgesamt geht jedoch aus der Analyse der Angaben für 1900 hervor, daß die Handelsbeziehungen zwischen Mittelasien und Rußland überwiegen. Wiederum erweist sich der räumliche Rahmen "Turkmenien" als zu eng für eine genauere Interpretation.

Die Anhaltspunkte für den heutigen Binnenhandel in Turkmenien sind noch geringer. Gemessen am gesamten Handelsumsatz hat das Land seit 1960 eine schwache Entwicklung erlebt. Bis 1969 stieg der Wert des Warenumsatzes nur um 64 % [11]. Rechnet man dies auf die Bevölkerungszahl um, so ist das Bild nur wenig günstiger, wie die folgende Tabelle 22 (S. 341) mit Vergleichswerten aus anderen Unionsrepubliken zeigt. Der Lebensstandard ist für die Bewohner städtischer Siedlungen fast aller südlichen Unionsrepubliken ähnlich; im ländlichen Bereich sind wesentlich größere Schwankungen zu verzeichnen [12].

---

8. VASIL'EVA, 1954, S. 125 f.
9. DMITRIEV-MAMONOV, 1903, S. 237.
10. DMITRIEV-MAMONOV, 1903, S. 249 und 255.
11. Nar. choz. SSSR v 1969, S. 599; vgl. UdSSR gesamt: 86 %, Uzbek. SSR 85 %, Armen. SSR 52 % Zunahme des Warenumsatzes.
12. Dazu im Vergleich mit Nachbarländern KLEER, 1967, S. 1194.

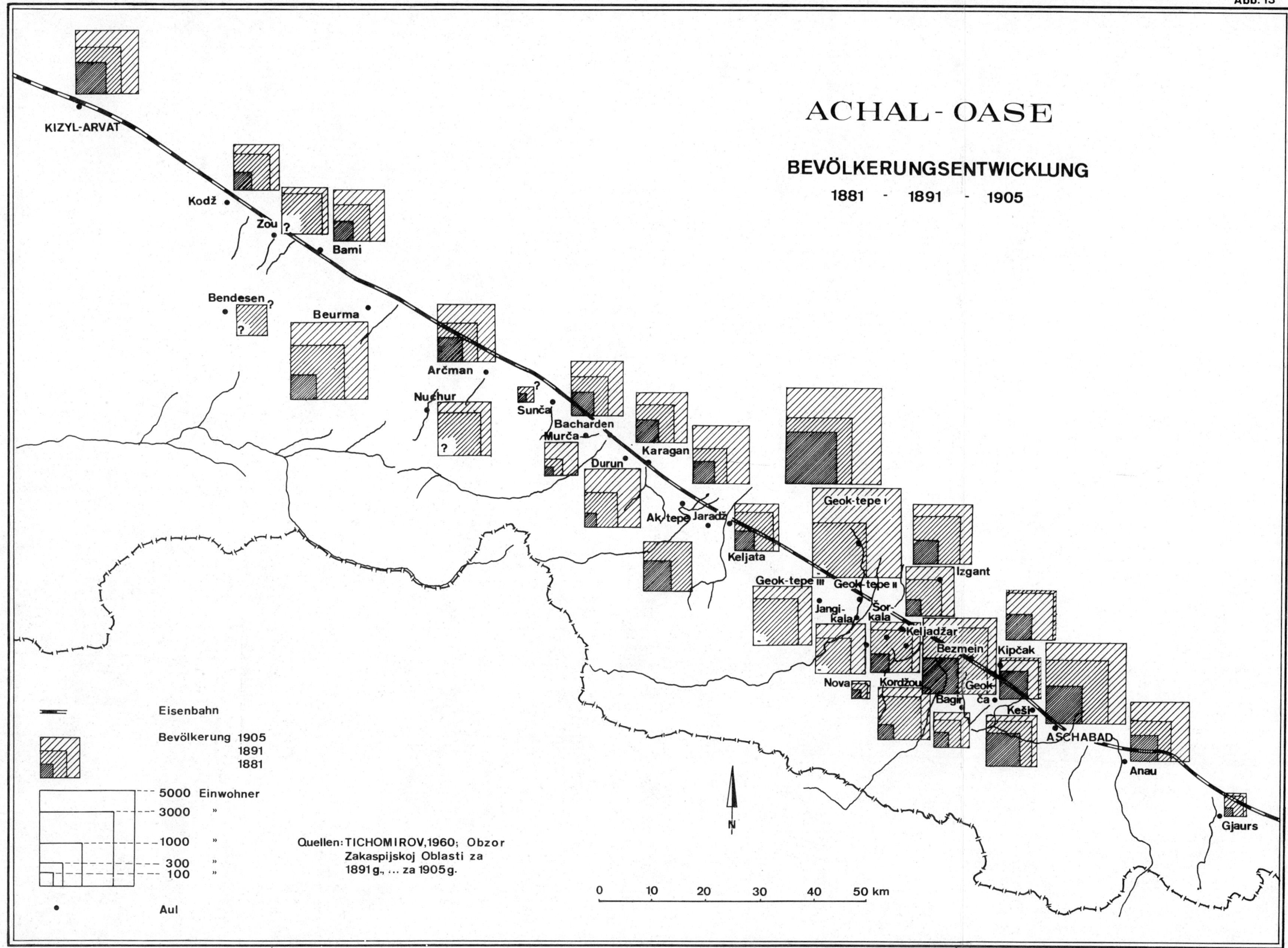
ACHAL-OASE
BEVÖLKERUNGSENTWICKLUNG
1881 - 1891 - 1905
KIZYL-ARVAT
Kodž
Zou
Bami
Bendesen
Beurma
Arčman
Nuchur
Sunča
Bacharden
Murča
Durun
Karagan
Ak-tepe
Jaradž
Keljata
Geok-tepe I
Geok-tepe II
Geok-tepe III
Izgant
Jangi-kala
Šor-kala
Keljadžar
Bezmein
Kipčak
Nova
Kordžou
Bagir
Geok-ča
Keši
ASCHABAD
Anau
Gjaurs
Eisenbahn
Bevölkerung 1905
1891
1881
5000 Einwohner
3000 "
1000 "
300 "
100 "
Aul
Quellen: TICHOMIROV, 1960; Obzor Zakaspijskoj Oblasti za 1891 g., ... za 1905 g.
0 10 20 30 40 50 km
N

Abb. 33

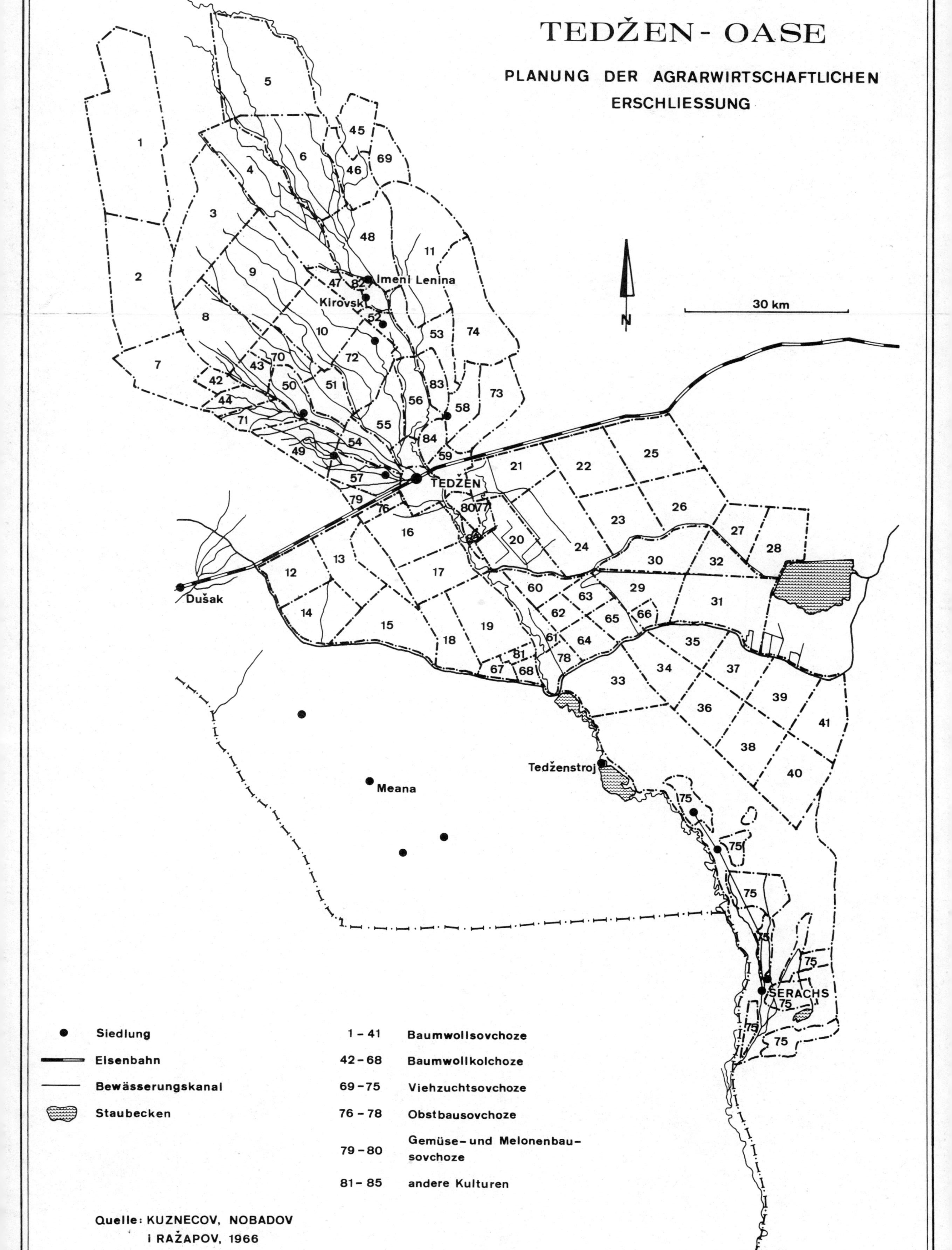

TEDŽEN - OASE
PLANUNG DER AGRARWIRTSCHAFTLICHEN ERSCHLIESSUNG
N
30 km
Imeni Lenina
Kirovsk
TEDŽEN
Dušak
Meana
Tedženstroj
SERACHS
Siedlung
Eisenbahn
Bewässerungskanal
Staubecken
1 - 41 Baumwollsovchoze
42 - 68 Baumwollkolchoze
69 - 75 Viehzuchtsovchoze
76 - 78 Obstbausovchoze
79 - 80 Gemüse- und Melonenbausovchoze
81 - 85 andere Kulturen
Quelle: KUZNECOV, NOBADOV I RAŽAPOV, 1966

Abb. 37

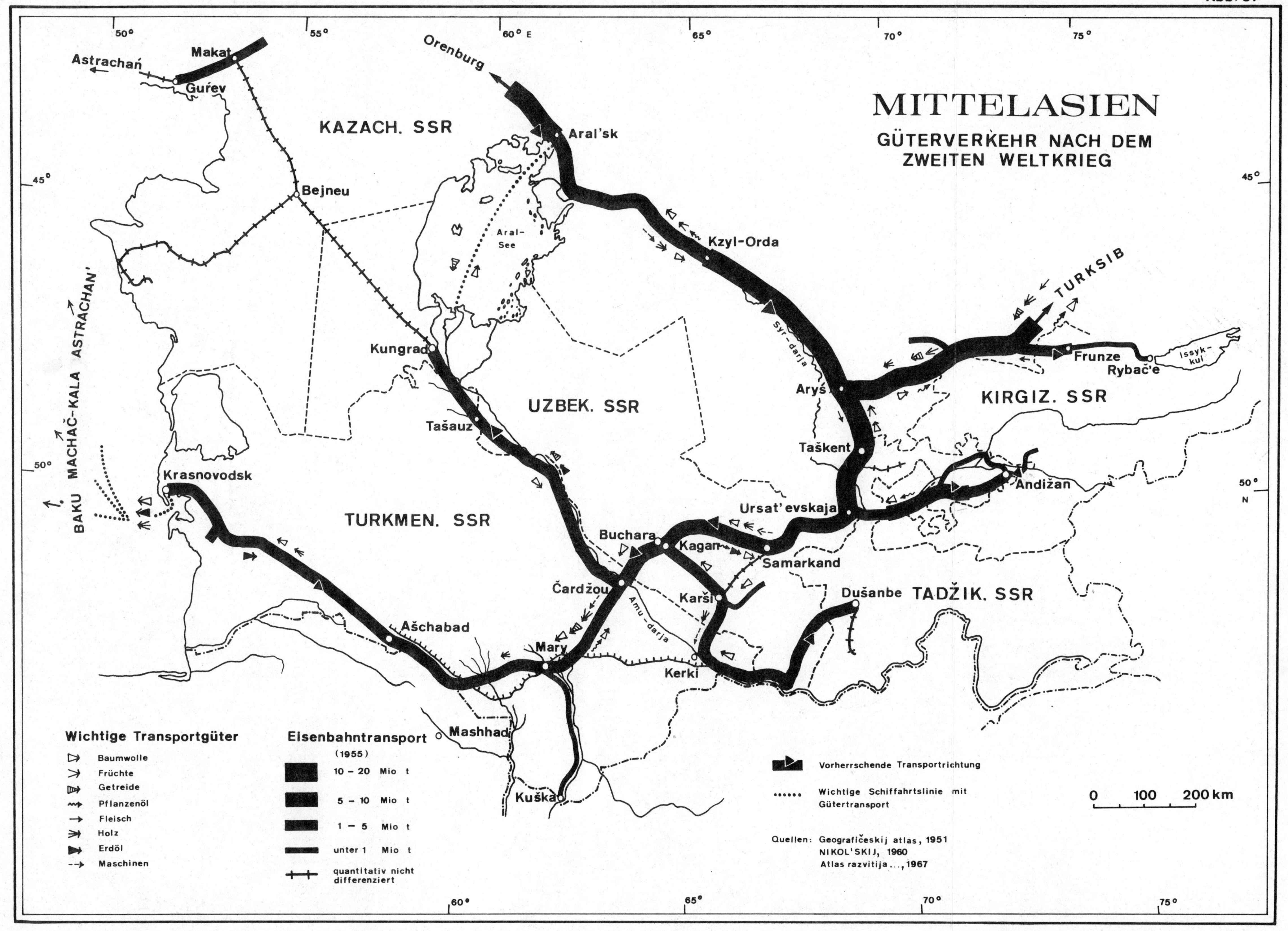

MITTELASIEN
GÜTERVERKEHR NACH DEM ZWEITEN WELTKRIEG
KAZACH. SSR
UZBEK. SSR
TURKMEN. SSR
KIRGIZ. SSR
TADŽIK. SSR
TURKSIB
Astrachań
Makat
Gurev
Orenburg
Aral'sk
Bejneu
Aral-See
Kzyl-Orda
Syr-darja
Kungrad
Tašauz
Aryś
Taškent
Frunze
Rybač'e
Issyk-kul
Andižan
Krasnovodsk
BAKU MACHAČ-KALA ASTRACHAN'
Ursat'evskaja
Buchara
Kagan
Samarkand
Čardžou
Karši
Dušanbe
Amu-darja
Aščhabad
Mary
Kerki
Mashhad
Kuška
Wichtige Transportgüter
Baumwolle
Früchte
Getreide
Pflanzenöl
Fleisch
Holz
Erdöl
Maschinen
Eisenbahntransport (1955)
10 – 20 Mio t
5 – 10 Mio t
1 – 5 Mio t
unter 1 Mio t
quantitativ nicht differenziert
Vorherrschende Transportrichtung
Wichtige Schiffahrtslinie mit Gütertransport
Quellen: Geografičeskij atlas, 1951
NIKOL'SKIJ, 1960
Atlas razvitija ..., 1967
0 100 200 km

Abb. 26

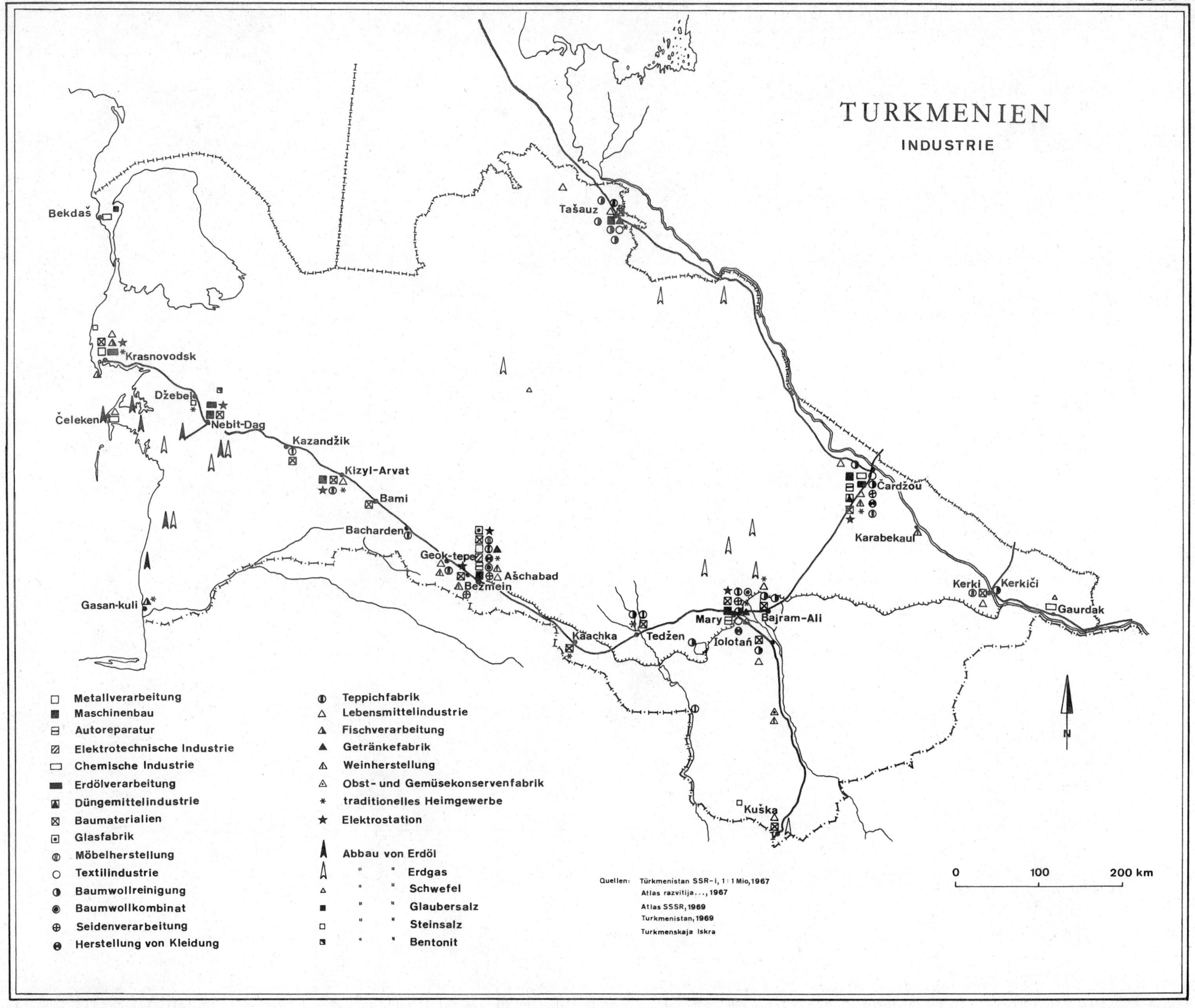
TURKMENIEN
INDUSTRIE
Bekdaš
Tašauz
Krasnovodsk
Džebel
Čeleken
Nebit-Dag
Kazandžik
Kizyl-Arvat
Bami
Bacharden
Geok-tepe
Aščhabad
Bezmein
Gasan-kuli
Čardžou
Karabekaul
Kerki
Kerkiči
Gaurdak
Mary
Bajram-Ali
Tedžen
Kaachka
Iolotań
Kuška
N
0
100
200 km
Metallverarbeitung
Maschinenbau
Autoreparatur
Elektrotechnische Industrie
Chemische Industrie
Erdölverarbeitung
Düngemittelindustrie
Baumaterialien
Glasfabrik
Möbelherstellung
Textilindustrie
Baumwollreinigung
Baumwollkombinat
Seidenverarbeitung
Herstellung von Kleidung
Teppichfabrik
Lebensmittelindustrie
Fischverarbeitung
Getränkefabrik
Weinherstellung
Obst- und Gemüsekonservenfabrik
traditionelles Heimgewerbe
Elektrostation
Abbau von Erdöl
" " Erdgas
" " Schwefel
" " Glaubersalz
" " Steinsalz
" " Bentonit
Quellen: Türkmenistan SSR-i, 1:1 Mio, 1967
Atlas razvitija..., 1967
Atlas SSSR, 1969
Turkmenistan, 1969
Turkmenskaja Iskra

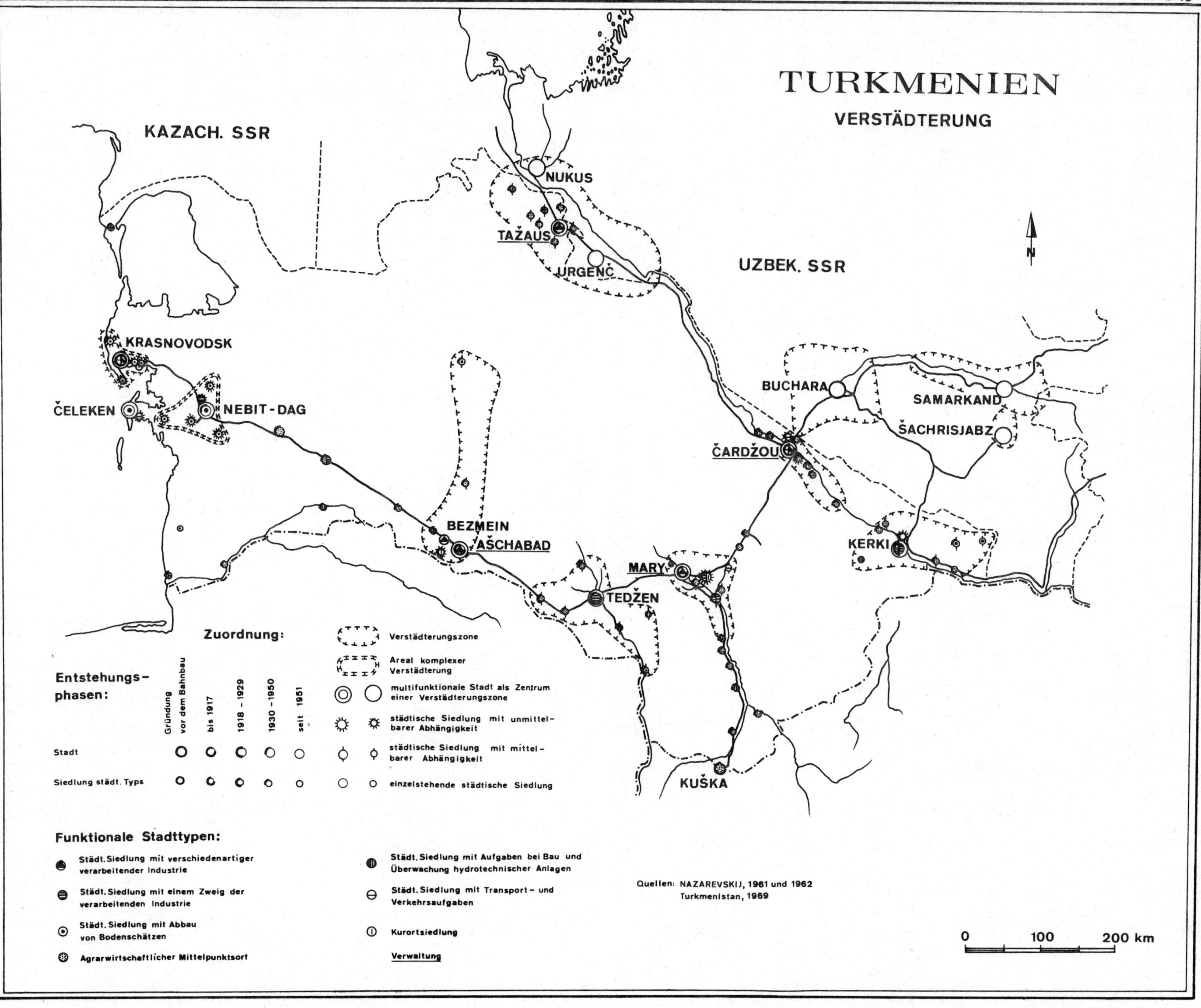
TURKMENIEN
VERSTÄDTERUNG
KAZACH. SSR
UZBEK. SSR
N
NUKUS
TAŽAUS
URGENČ
KRASNOVODSK
ČELEKEN
NEBIT-DAG
BUCHARA
SAMARKAND
ŠACHRISJABZ
ČARDŽOU
BEZMEIN
AŠCHABAD
MARY
TEDŽEN
KERKI
KUŠKA
Zuordnung:
Entstehungs-phasen:
Gründung vor dem Bahnbau
bis 1917
1918 - 1929
1930 - 1950
seit 1951
Stadt
Siedlung städt. Typs
Verstädterungszone
Areal komplexer Verstädterung
multifunktionale Stadt als Zentrum einer Verstädterungszone
städtische Siedlung mit unmittelbarer Abhängigkeit
städtische Siedlung mit mittelbarer Abhängigkeit
einzelstehende städtische Siedlung
Funktionale Stadttypen:
Städt. Siedlung mit verschiedenartiger verarbeitender Industrie
Städt. Siedlung mit einem Zweig der verarbeitenden Industrie
Städt. Siedlung mit Abbau von Bodenschätzen
Agrarwirtschaftlicher Mittelpunktsort
Städt. Siedlung mit Aufgaben bei Bau und Überwachung hydrotechnischer Anlagen
Städt. Siedlung mit Transport- und Verkehrsaufgaben
Kurortsiedlung
Verwaltung
Quellen: NAZAREVSKIJ, 1961 und 1962
Turkmenistan, 1969
0
100
200 km

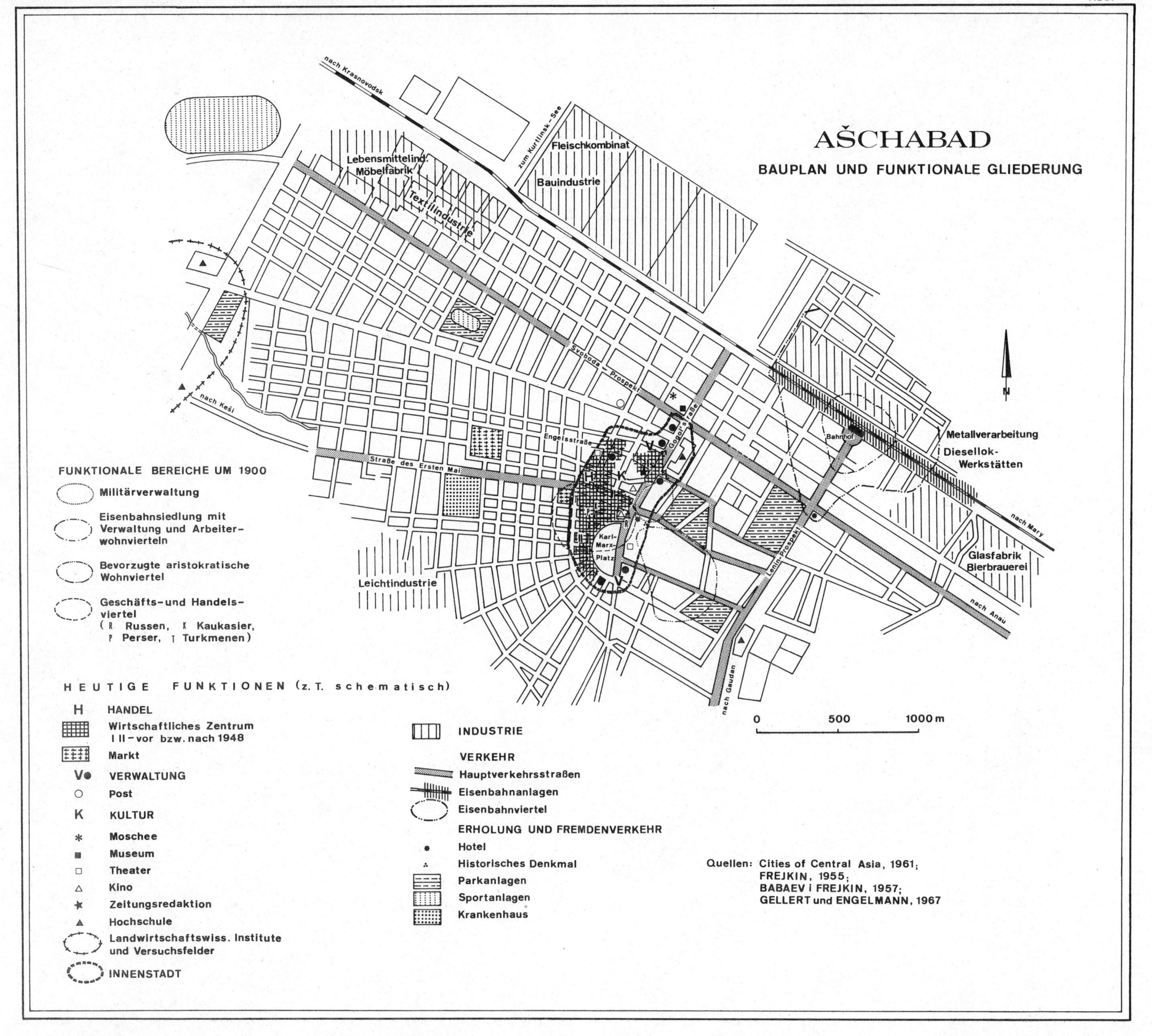
AŠCHABAD
BAUPLAN UND FUNKTIONALE GLIEDERUNG
nach Krasnovodsk
zum Kurtlinsk-See
Fleischkombinat
Bauindustrie
Lebensmittelind.
Möbelfabrik
Textilindustrie
Svoboda-Prospekt
Gogol-Straße
Engelsstraße
Straße des Ersten Mai
nach Keši
Karl-Marx-Platz
Lenin-Prospekt
Bahnhof
Metallverarbeitung
Diesellok-Werkstätten
nach Mary
Glasfabrik
Bierbrauerei
nach Anau
nach Gaudan
Leichtindustrie
N
0
500
1000 m
FUNKTIONALE BEREICHE UM 1900
Militärverwaltung
Eisenbahnsiedlung mit Verwaltung und Arbeiterwohnvierteln
Bevorzugte aristokratische Wohnviertel
Geschäfts- und Handelsviertel (R Russen, K Kaukasier, P Perser, T Turkmenen)
HEUTIGE FUNKTIONEN (z.T. schematisch)
H HANDEL
Wirtschaftliches Zentrum I II - vor bzw. nach 1948
Markt
V● VERWALTUNG
○ Post
K KULTUR
Moschee
Museum
Theater
Kino
Zeitungsredaktion
Hochschule
Landwirtschaftswiss. Institute und Versuchsfelder
INNENSTADT
INDUSTRIE
VERKEHR
Hauptverkehrsstraßen
Eisenbahnanlagen
Eisenbahnviertel
ERHOLUNG UND FREMDENVERKEHR
Hotel
Historisches Denkmal
Parkanlagen
Sportanlagen
Krankenhaus
Quellen: Cities of Central Asia, 1961; FREJKIN, 1955; BABAEV i FREJKIN, 1957; GELLERT und ENGELMANN, 1967

Abb. 36

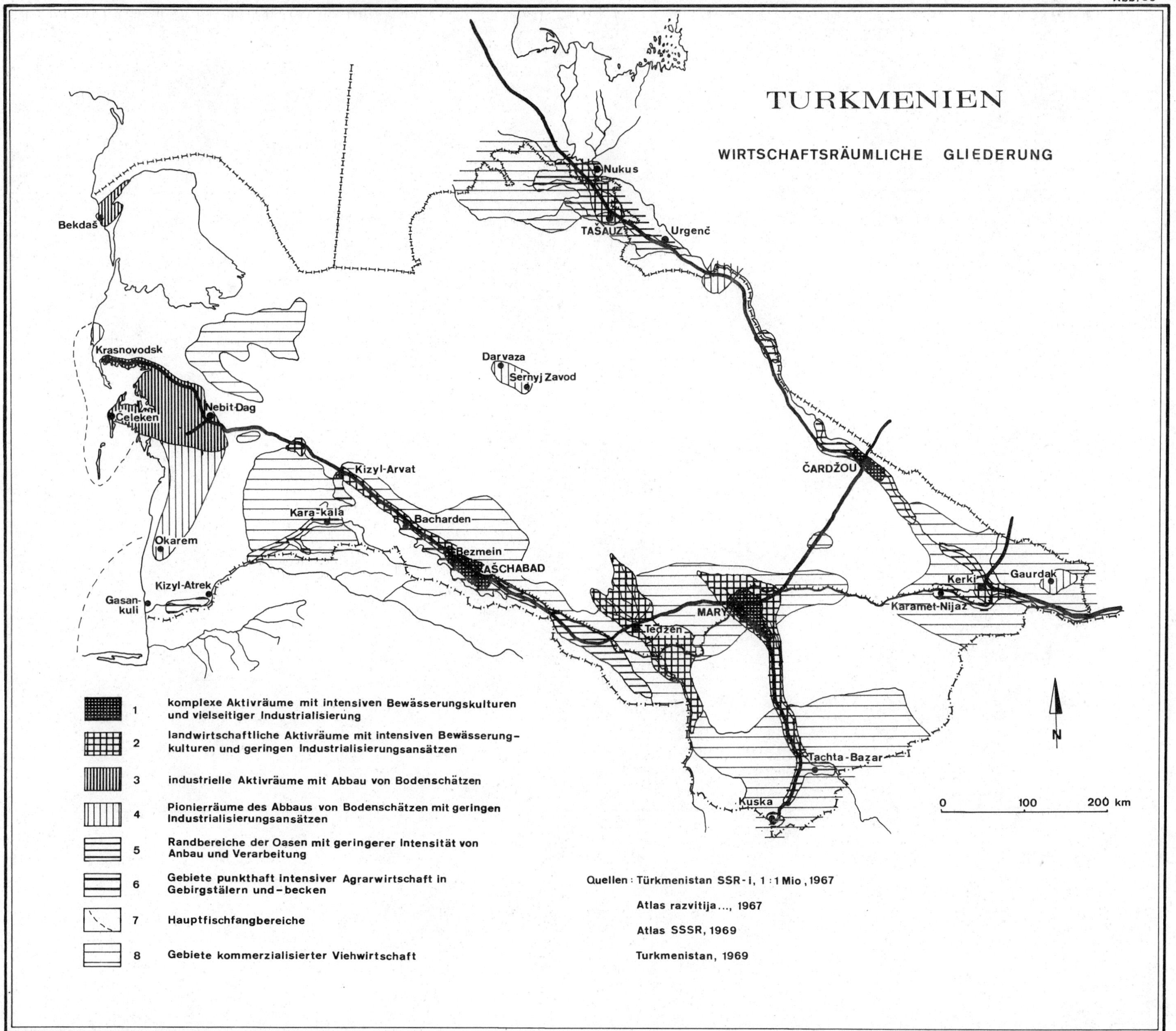

TURKMENIEN
WIRTSCHAFTSRÄUMLICHE GLIEDERUNG
Nukus
TAŠAUZ
Urgenč
Bekdaš
Krasnovodsk
Darvaza
Sernyj Zavod
Nebit-Dag
Čeleken
Kizyl-Arvat
ČARDŽOU
Kara-kala
Bacharden
Okarem
Bezmein
AŠCHABAD
Kerki
Gaurdak
Gasan-kuli
Kizyl-Atrek
MARY
Karamet-Nijaz
Tedžen
Tachta-Bazar
Kuska
N
0
100
200 km
1 komplexe Aktivräume mit intensiven Bewässerungskulturen und vielseitiger Industrialisierung
2 landwirtschaftliche Aktivräume mit intensiven Bewässerungkulturen und geringen Industrialisierungsansätzen
3 industrielle Aktivräume mit Abbau von Bodenschätzen
4 Pionierräume des Abbaus von Bodenschätzen mit geringen Industrialisierungsansätzen
5 Randbereiche der Oasen mit geringerer Intensität von Anbau und Verarbeitung
6 Gebiete punkthaft intensiver Agrarwirtschaft in Gebirgstälern und -becken
7 Hauptfischfangbereiche
8 Gebiete kommerzialisierter Viehwirtschaft
Quellen: Türkmenistan SSR-i, 1:1 Mio, 1967
Atlas razvitija..., 1967
Atlas SSSR, 1969
Turkmenistan, 1969

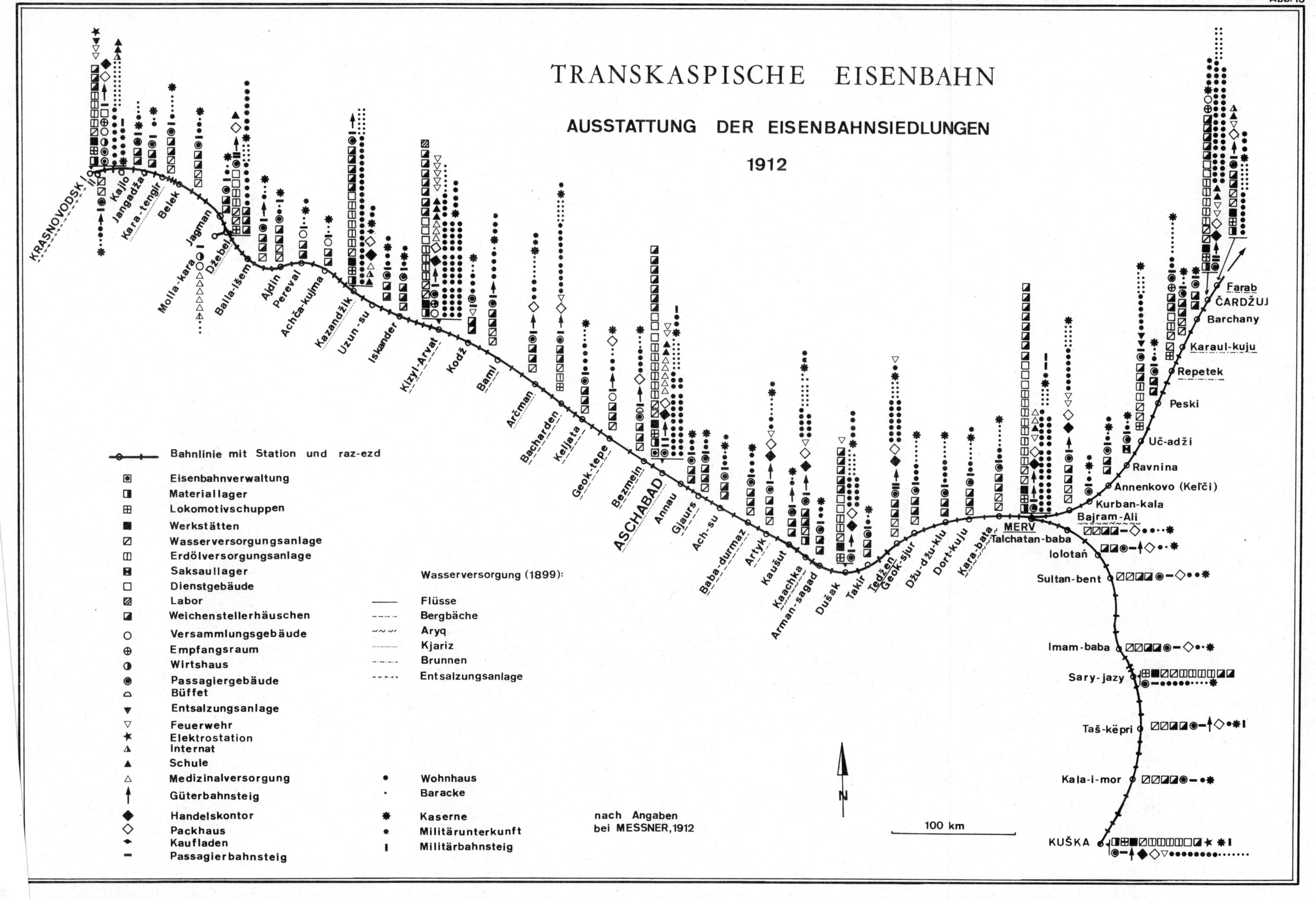
Abb. 15
TRANSKASPISCHE EISENBAHN
AUSSTATTUNG DER EISENBAHNSIEDLUNGEN
1912
Krasnovodsk
Kajlo
Jangadža
Kara-tengir
Belek
Jagman
Molla-kara
Džebel
Balla-išem
Ajdin
Pereval
Achča-kujma
Kazandžik
Uzun-su
Iskander
Kizyl-Arvat
Kodž
Bami
Arčman
Bacharden
Keljata
Geok-tepe
Bezmein
ASCHABAD
Annau
Gjaurs
Ach-su
Baba-durmaz
Artyk
Kaušut
Kaachka
Arman-sagad
Dušak
Takir
Tedžen
Geok-sjur
Džu-džu-klu
Dort-kuju
Kara-bata
MERV
Talchatan-baba
Bajram-Ali
Kurban-kala
Annenkovo (Kel'či)
Ravnina
Uč-adži
Peski
Repetek
Karaul-kuju
Barchany
ČARDŽUJ
Farab
Iolotań
Sultan-bent
Imam-baba
Sary-jazy
Taš-këpri
Kala-i-mor
KUŠKA
Bahnlinie mit Station und raz-ezd
Eisenbahnverwaltung
Materiallager
Lokomotivschuppen
Werkstätten
Wasserversorgungsanlage
Erdölversorgungsanlage
Saksaullager
Dienstgebäude
Labor
Weichenstellerhäuschen
Versammlungsgebäude
Empfangsraum
Wirtshaus
Passagiergebäude
Büffet
Entsalzungsanlage
Feuerwehr
Elektrostation
Internat
Schule
Medizinalversorgung
Güterbahnsteig
Handelskontor
Packhaus
Kaufladen
Passagierbahnsteig
Wasserversorgung (1899):
Flüsse
Bergbäche
Aryq
Kjariz
Brunnen
Entsalzungsanlage
Wohnhaus
Baracke
Kaserne
Militärunterkunft
Militärbahnsteig
nach Angaben
bei MESSNER, 1912
100 km
N

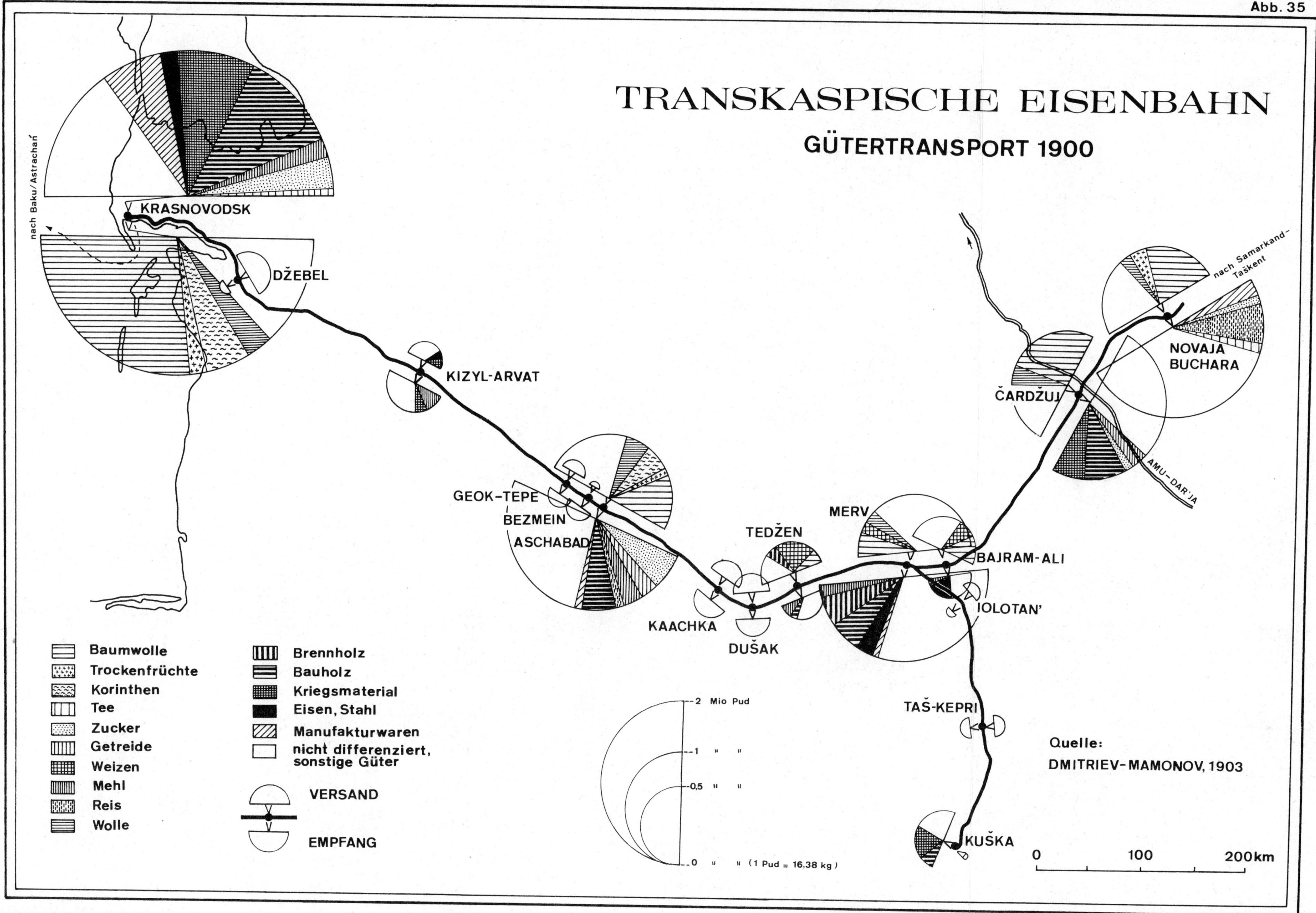

TRANSKASPISCHE EISENBAHN
GÜTERTRANSPORT 1900
nach Baku/Astrachan'
KRASNOVODSK
DŽEBEL
KIZYL-ARVAT
GEOK-TEPE
BEZMEIN
ASCHABAD
KAACHKA
DUŠAK
TEDŽEN
MERV
BAJRAM-ALI
IOLOTAN'
ČARDŽUJ
NOVAJA BUCHARA
nach Samarkand-Taškent
AMU-DAR'JA
TAŠ-KEPRI
KUŠKA
Baumwolle
Trockenfrüchte
Korinthen
Tee
Zucker
Getreide
Weizen
Mehl
Reis
Wolle
Brennholz
Bauholz
Kriegsmaterial
Eisen, Stahl
Manufakturwaren
nicht differenziert, sonstige Güter
VERSAND
EMPFANG
2 Mio Pud
1 " "
0,5 " "
0 " " (1 Pud = 16,38 kg)
Quelle:
DMITRIEV-MAMONOV, 1903
0
100
200km

Tabelle 22 Pro-Kopf-Ausgaben 1969 in Rubeln für ausgewählte Unionsrepubliken [a]

SSR	städtische Bevölkerung		ländliche Bevölkerung	
	Lebensmittel	sonst. Güter	Lebensmittel	sonst. Güter
TSSR	365	314	114	113
Uzbek. SSR	341	322	117	121
Armen. SSR	346	306	114	88
RSFSR	487	347	218	154
Estn. SSR	606	549	241	173
SSSR	465	365	171	138

a. Quelle: Nar. choz. SSSR v 1969, S. 604.

Einen Hinweis auf die bahnbezogene Integration der Baumwollkultur gibt auch die Rückerstattung von Baumwollfasern an die Rohbaumwolle aufliefernden Kolchoze und Sovchoze. Sie liegt bei etwa einem Zehntel der Gesamtproduktion an Baumwollfasern. 1965 betrug sie 15 904,4 t aus einer Gesamternte von 552 585,9 t Rohbaumwolle. Die transportgünstig gelegenen Werke von Čardžou und Tašauz, die auch Zentren der Baumwollreinigung sind (s.o. S. 332), lagen bei der Lieferung weitaus an der Spitze, wie aus den folgenden Angaben hervorgeht (Tabelle 23).[13].

Tabelle 23 Rückerstattung von Baumwollfasern aus den Baumwollreinigungsfabriken Turkmeniens im Jahr 1965 [a]

Fabrik	Rückerstattung in t	Fabrik	Rückerstattung in t
Tedžen	638,2	Kerkiči	781,0
Mary	941,6	Tašauz	6293,9
Bajram-Ali	1868,6	Kalinin	o,6
Iolotań	329,5		
Čardžou	5051,0	zusammen	15904,4

a. Quelle: KULOV, 1967, S. 23

Nun handelt es sich bei diesen beiden Standorten aber gerade nicht um Fabriken, die ihr Rohmaterial ausschließlich aus Turkmenien beziehen, sondern um Werke, die wegen ihrer Verkehrslage enge Bezie-

13. KULOV, 1967, S. 23 f., Nar. choz. SSSR v 1969, S. 289.

hungen zum benachbarten Uzbekistan aufweisen. Daher wird man für die turkmenischen Verhältnisse eher die Werte für die Reinigungsfabriken in den Murghab-Oasen, z. Bsp. Mary oder Bajram-Ali, als repräsentativ ansehen können.

Für die geringe Binnenhandelsintegration Turkmeniens spielt die relative Isolation der einzelnen Oasenbereiche, die in sich geschlossene kulturgeographische Raumeinheiten von insgesamt noch gering entwickeltem Austauschbedürfnis bei aller wirtschaftlichen Spezialisierung sind, eine große Rolle. Aber es muß auch der staatliche Eingriff bedacht werden, der eine stärkere wirtschaftliche Eigenständigkeit verhinderte. Die turkmenisch-uzbekische Grenze zerschneidet Gebiete, die eigentlich geschlossene Wirtschaftsräume darstellen (Amu-darja-Delta, Region Čardžou - Buchara). Man wird diese Deutung nicht auf den Binnenhandel beschränken müssen, sondern man kann sie vielmehr auf die gesamte Binnenintegration ausweiten. Die naturgeographisch bedingte Gliederung des Landes in isolierte Wirtschafts- und Sozialräume (vgl. dazu Abschn. 3.5.), die sich aus dem letzten Jahrhundert herleitet, ist noch nicht von zwischenregionalen, funktionalen Verflechtungen ersetzt worden, die eine ständige Kommunikation der Landesteile untereinander bewirken könnten.

3.5 Wirtschaftsräumliche Gliederung Turkmeniens

Auf einer Betrachtung der Sozial- und Wirtschaftsverhältnisse muß eine Kulturlandschaftsgliederung aufbauen, die nicht nur die regionale Verbreitung von Einzelerscheinungen wiedergeben, sondern auch die funktionalen Verflechtungen berücksichtigen will. War schon bei der Einzelanalyse eine Quantifizierung selten möglich, so lassen sich für die folgende Übersicht noch weniger Schwellenwerte angeben, die eine exakte Abgrenzung kulturgeographischer Raumeinheiten erlauben. Die Karte der sozio-ökonomischen Gliederung Turkmeniens (Abb. 36) darf daher nur als Versuch einer Synthese gelten. Als Kriterien für die Unterscheidung der Einzelräume verdienen hervorgehoben zu werden:

(a) Verbreitungsmuster einzelner Wirtschaftszweige vor allem im agrarwirtschaftlichen Bereich;

(b) Lokalisation und Konzentration von Industriebetrieben nach ihren Standortbedingungen, ihrem erschließbaren Pendlerverkehr und der Bedeutung ihrer Produktion für den Konsum im Land und für den Binnen- und Außenhandel;

(c) Existenz, Ausstrahlungs- und Einzugsbereiche regionaler oder überregionaler Zentren mit entsprechender Bevölkerungskonzentration und Bautätigkeit;

(d) Bevorzugung oder Benachteiligung bei Investitionen aufgrund der staatlichen Planungsdirektiven;

(e) Reste traditionellen Wirtschaftsverhaltens und herkömmlicher Siedlungsweise.

Somit stehen bei der Abgrenzung zwar die strukturellen Elemente im Vordergrund, aber es wird immer auch eine Deutung im Sinne "funktionaler Wirtschaftsräume" angestrebt [1].

---

1. Vgl. dazu OTREMBA, 1959, S. 19 f.

(1) Die komplexen Zentren um die größten Städte Aŝchabad, Mary und Čardžou zeigen ein vielfach sich verzahnendes Nebeneinander von intensivem Anbau für Eigenverbrauch, Verarbeitung und Versand mit industrieller Produktion auf der Grundlage der Landwirtschaft, zugeführter Rohstoffe und mit einer hohen Bevölkerungsdichte, die sowohl für den Arbeitseinsatz in den Fabriken als auch für den Konsum wichtig ist. Eine Differenzierung läßt sich nach den Standortbedingungen der Industrie vornehmen: Aŝchabad ist bevorzugtes Zentrum, in dem mehrere Zweige vertreten sind, während Mary eine Tendenz zur Textilherstellung auf der Grundlage des Baumwollanbaus aufweist und in Čardžou neben der Textilindustrie die chemische Industrie an einer für die Distribution günstigen Stelle ihren Standort fand. Bei den zentralen Diensten im administrativen und kulturellen Bereich genießt Aŝchabad als Hauptstadt des Landes die vom Staat gewünschte und geförderte führende Stellung; Mary und Čardžou sind oblast'-Hauptorte. Alle drei Zentren weisen gute Verkehrsverbindungen auf, wobei der Rang von Čardžou sich mit dem Ausbau der Westturanischen Magistralbahn noch verbessern wird. Die drei Städte haben ein teils städtisch, teils ländlich ausgebildetes Umland mit zahlreichen funktional eng dem Hauptort zugeordneten Siedlungen. Wenn es sich dabei um "Siedlungen städtischen Typs" handelt, so kommen sie innerhalb von Verstädterungsarealen als Arbeiterwohnorte mit geringer regionaler Aufteilung der Arbeitsprozesse in Frage.

(2) In etwas geringerem Maß, d. h. vor allem mit geringerer Auffächerung des Spektrums industrieller Verarbeitung gelten ähnliche Züge für die landwirtschaftlich intensiv genutzten Bewässerungsoasen am Tedžen, mittleren Murghab, am Amu-darja bei Kerki sowie im turkmenischen Teil des Amu-darja-Deltas um Taŝauz. Städtische Zentren sind bereits entwickelt, aber ihre Ausstrahlung geht nur selten über die unmittelbar benachbarten Räume hinaus. Die Industrialisierung zeigt geringere Fortschritte, während die Agrarwirtschaft eher verstärkt wird, so daß die größten Siedlungen zu landwirtschaft-

lichen Handelszentren anwachsen. Allein Tašauz im Amu-darja-Delta kann als einzige bedeutende Stadt Nordturkmeniens und als oblast'-Hauptort auf eine breiter aufgefächerte Industrie blicken, doch droht hier die Konkurrenz der benachbarten uzbekischen bzw. karakalpakischen Städte Urgenč und Nukus. Überhaupt weist der turkmenische Anteil am Amu-darja-Delta enge wirtschaftliche Verbindungen zur benachbarten Unionsrepublik auf, und gerade die städtische Sozialstruktur ist derart uzbekisch bestimmt, daß es fraglich erscheint, ob man noch von einem turkmenischen Wirtschaftsraum sprechen kann; sinnvoller dürfte es sein, das gesamte Delta als geschlossenen Komplex anzusehen, in dem eine eindeutige Zentrierung durch die politische Aufgliederung verhindert wurde. Eine ähnliche Intensivierung auf dem landwirtschaftlichen Sektor ohne Industrialisierung zeigt das Atrek-Tiefland, wo sich die sowjetische Wirtschaftspolitik um eine Ausweitung der Anbauflächen subtropischer Kulturen bemüht.

(3) Von agrarwirtschaftlicher Bodennutzung fast frei sind viele Bereiche des Wirtschaftsraumes Westturkmenien. Wenn er dennoch zu den führenden Entwicklungsgebieten des Landes gehört und in den letzten Jahren den größten Bevölkerungszuwachs erlebte, so beruht die heutige Bedeutung auf den Bodenschätzen, an deren Abbau sich eine rohstoffständige, teilweise hochspezialisierte chemische Industrie anschließen konnte, die Unionsbedeutung hat. Krasnovodsk (mit zusätzlichen Handels- und Verkehrsfunktionen), Nebit-Dag und Čeleken sind die Eckpfeiler eines Dreiecks, in dem jährlich neue Abbaureviere erschlossen werden. Dabei breitet sich die Erdölgewinnung allmählich nach Süden und Osten aus. Im Norden kann das Gebiet des Kara-Bogaz um Bekdaš in diesen Komplex einbezogen werden. Gekennzeichnet ist der Raum durch ein dem Transportgut angepaßtes Verkehrsnetz (Pipelines), während die infrastrukturelle Vorsorge für den Straßenverkehr noch zu wünschen übrigläßt. Naturgeographische Ungunst erfordert eine ausreichende Wasserversorgung aus den benachbarten Gebieten. Auch in anderen Bereichen der materiellen Versorgung ist das Gebiet auf Zufuhren

von außen angewiesen; es gehört damit zu den am wenigsten autark wirtschaftenden Teilräumen Turkmeniens und weist eine Vielzahl von Handelsverflechtungen auf.

(4) Deutlich abgeschwächt ist die Intensität der Nutzung von Bodenschätzen in Südwest-Turkmenien (z. Bsp. Erdöl von Okarem), im Osten (Lagerstätten von Gaurdak), am südlichen Rand des Transunguz-Plateaus (Schwefelgewinnung bei Sernyj Zavod und Darvaza) und in der östlichen Kara-kum (Erdgasfunde bei Mary und Dejnau). Diese Gebiete haben noch keine eigenständigen städtischen Zentren entwickelt und verfügen kaum über industrielle Ansätze. Sie sind aber durch ihre Produktion den benachbarten Aktivräumen eng angegliedert, also bspw. dem westturkmenischen Industriegebiet oder dem Raum um Kerki.

(5) Zunehmende Aktivität entfaltet das Wirtschaftsgebiet um Kuška und Tachta-Bazar. Die südlichste Stadt der UdSSR beginnt mit der Industrieansiedlung; Erdgasfunde lassen eine weitere Wirtschaftsentwicklung erwarten. Tachta-Bazar ist Hauptort der im Bewässerungsfeldbau genutzten Penǧdeh-Oase am Zusammenfluß von Murghab und Kušk. Es verfügt zwar im Vergleich zu Kuška über die schlechteren Verkehrsverbindungen, hat aber auch niedere Verwaltungsfunktionen als rajon-Zentrum. Im gesamten südlichen Turkmenien spielt die Viehzucht eine bedeutende Rolle, die dort den genannten städtischen Zentren eng zugeordnet ist. Vergleichbare Verhältnisse werden auch am mittleren Amu-darja östlich von Kerki angetroffen. Der Handel mit Afghanistan kann beiden Gebieten zusätzliche Impulse geben, aber als Hemmnis ist die geringe verkehrsgeographische Anbindung durch Schiene und Straße an die Hauptleitlinie zu betrachten. Ähnlich aktive Wirtschaftsentfaltung ohne zureichende Infrastruktur ist entlang dem Karakum-Kanal anzutreffen. Dieses agrarwirtschaftlich im Bewässerungsfeldbau und als Weideland genutzte Neuland fand erste Zentren in Karamet-Nijaz und Nička. Es bezieht seine Attraktivität aus der staatlichen Planung und gelenkten Investitionen in einem Großprojekt der Landeserschließung.

(6) Die Bergländer von Kopet-dagh und Küren-dagh weisen hinsichtlich der wirtschaftlichen Nutzung ökologisch bedingte Unterschiede auf. Landwirtschaftliche Nutzung mit Ackerbau (z. T. nur in Form des Trockenfeldbaus, boghara-Kultur), zum Teil auch Obst- und Weinbau findet sich in den Tälern, vor allem an Sumbar und Čandyr, sowie in intramontanen Becken. Diese Bereiche stehen in enger Beziehund zum nördlichen Kopet-dagh-Vorland, und nur im Westen konnte Kara-kala bereits in zarischer Zeit zentralörtliche Funktionen geringer Reichweite als Verwaltungs- und Marktort ausüben. Daneben ist in einzelnen Bereichen des Gebirgslandes auch eine beschränkte forstliche Nutzung der Arča-Gehölze möglich. Die traditionellen Formen der yayla-Viehwirtschaft sind heute in den geregelten Rahmen von Kolchozen und Sovchozen eingefügt, ohne daß die jahreszeitlichen Wanderbewegungen aufgehört hätten. Ein wirtschaftlicher Positivfaktor ist die Nähe zu dem intensiv genutzten Kopet-dagh-Vorland, für das einzelne Täler und Siedlunden wirtschaftlicher Ergänzungsraum sind.

(7) In den größeren Wirtschaftsraum des Kaspischen Meeres gehört die Fischereiwirtschaft an der westturkmenischen Küste. Sie hat ihre Zentren in Krasnovodsk (mit Kizyl-su) und Gasan-kuli. Traditionelle Formen der Fischerei haben sich noch auf der Ogurčinskij-Insel südlich von Čeleken erhalten, in den übrigen Fällen ist die Fischerei in Genossenschaften oder staatlichen Kombinatbetrieben organisiert.

(8) Die Weidewirtschaft, die fast den gesamten übrigen turkmenischen Raum erfaßt, gehört zwar zu den weniger intensiven Wirtschaftsformen, weil sie weite Flächen zur Erreichung ihres Wirtschaftszieles benötigt, aber auch bei ihr lassen sich Abstufungen aufzeigen. So sind als Hauptgebiete der Viehzucht die südostturkmenischen Wüsten (vor allem die Obručev-Steppe am Karakum-Kanal) und die angrenzenden Hügelländer von Badghyz und Kara-Bil anzusehen. Auch die Randbereiche der Bewässerungsoasen weisen - nicht zuletzt wegen der Nähe

städtischer Zentren als Vermarktungs- und Konsumorten - zahlreiche Viehwirtschaftsbetriebe auf. Die Zuordnung erfolgt fast durchweg zu den Städten der Bewässerungsfeldbaugebiete. Schließlich muß das nördliche Randgebiet des Großen Balchan an wichtiges Viehwirtschaftsgebiet genannt werden. Zentralörtliche Systeme haben sich nur aus einer untersten Stufe, d. h. innerhalb der sehr große Flächen umfassenden Kolchoze und Sovchoze, ausgebildet.

(9) Die *Gebirgsvorländer und Hügelländer* Westturkmeniens mit dem Krasnovodsker Plateau sowie die Ust-Jurt-Platte werden auch viehwirtschaftlich genutzt, doch macht sich in den genannten Gebieten die periphere Lage bemerkbar. Weidebetriebe mit mangelhaften Maßnahmen zum Vegetationsschutz und der Wiederherstellung der Futterbasis bestimmen das Bild dieser entlegenen Viehwirtschaftsräume.

(10) *Anökumene Bereiche* finden sich in den höchsten Teilen des Kopet-dagh (Gebirgssteppen abseits der sommerlichen Weidegebiete), in den Sandwüstengebieten der Kara-kum (z. Bsp. im Barchanstreifen der östlichen Zentralen Niederen Kara-kum) und mit engerer lokaler Begrenzung in den Solončaken Nordwest- und Südwestturkmeniens.

Eine neuere Zusammenfassung der wirtschaftsräumlichen Regionalisierung der UdSSR (*Ekonomičeskie* rajony SSSR, 1969, hierzu S. 496 ff.) gibt ein wesentlich einfacheres Gliederungsschema. Dort werden unterschieden:

(a) das vom Erdölabbau bestimmte Westturkmenien, in dem außerdem Viehwirtschaft und etwas Bewässerungsfeldbau auf subtropische Kulturen eine Rolle spielen;

(b) - (f) die verschiedenen Oasengebiete (Gebirgsfußoasen im N des Kopet-dagh, Tedžen-Oase, Murghab-Oase, Oase des mittleren Amu-darja und Oase des unteren Amu-darja) mit ihrem Nebeneinander von intensivem Bewässerungsfeldbau und industriellen Ansätzen;

(g) die Wüstengebiete.

Diese je nach Ausnutzung der natürlichen Ressourcen, vor allem des für Bewässerungszwecke zur Verfügung stehenden Wassers variable, in sich jedoch recht statische Gliederung wird kaum der Dynamik unterschiedlicher Entwicklung in den einzelnen Landesteilen gerecht, aber sie will auch hauptsächlich als Deskription der wirtschaftlichen Verhältnisse verstanden werden[2].

Überblickt man die innere Differenzierung des Landes, so zeigt sich, daß die wirtschaftlichen Aktivräume den Bezug zur Bahn benötigen. Nur wenige Wirtschaftszweige, die keine strikte Standortwahl nach den gegebenen Verkehrsmöglichkeiten erlauben, wie etwa die Förderung von Erdöl und Erdgas, lösen sich von dieser Leitlinie. Aber sie können nur einseitig ausgebildete Wirtschaftsgebiete entstehen lassen, in denen die komplexe Entwicklung vieler oder doch wenigstens mehrerer Funktionen ausbleibt. Auch ein Vergleich der Agrarräume Südwest-, Nord- und Mittelturkmeniens zeigt die Gunst der Bahnnähe.

Diese Feststellung führt nun auch zu einer kritischen Einschätzung der Rolle der Eisenbahn für den kulturgeographischen Wandel Turkmeniens seit 1880. Die Bahn hat offensichtlich eine polarisierende Wirkung. Gegensätze, die ursprünglich vielleicht nur schwach ausgebildet waren, werden bedeutsame Hindernisse für eine gleichmäßige Erschließung und Entwicklung des Landes. Es bilden sich wirtschaftliche Aktiv- und Passivräume, die nach einer gewissen Entwicklungszeit nicht mehr wie früher auf Unterschieden in der naturräumlichen Ausstattung beruhen, wie es bspw. für den Übergang von den Kernbereichen der Oasen über die periodisch im Feldbau nutzbaren Randgebiete zu den Wüsten gilt, sondern künstlich sind und sogar unter der Regelhaftigkeit einer Selbstverstärkung von Gegensätzen stehen. Prosperierende Wirtschaft im Nahbereich der Bahn begünstigt Investitionen und Innovationen, deren Reichweite wenigstens in einer Anfangsphase beschränkt ist.

Daher weist das Land heute eine wesentlich stärkere kulturgeographische Differenzierung auf, als es vor hundert Jahren der Fall war. Nicht mehr die traditionelle Korrelation von challenge and response, bezogen auf das Wirtschaftsverhalten einer islamischen Bevölkerung im Übergang vom Nomadismus zur Seßhaftigkeit, bestimmt damit die Entwicklung, sondern die Einbeziehung des dominanten Verkehrsweges bei

---

2. Zur Grundlegung einer differenzierteren wirtschaftsgeographischen Gliederung und ihrer Terminologie vgl. LEJZEROVIČ, 1968b, S. 56 ff.

Motivationen und Entscheidungen im Wirtschaftsprozeß, der in gesamtsowjetischer Orientierung über Turkmenien hinausweist. Es soll nicht übersehen werden, daß mehrere der jungen Passivräume im grenznahen Gebiet liegen, wo politische Überlegungen eine führende Rolle spielen. Aber spätestens nach dem Zweiten Weltkrieg, als der sowjetische Einfluß in Iran und Afghanistan wenigstens so stark wurde, daß keine Widerstände vonseiten der Anliegerstaaten zu befürchten waren, hätte dort eine Intensivierung einsetzen können, wie sie unter den heutigen Verhältnissen im Gebiet von Kuška möglich erscheint, wo wiederum günstige Verkehrsverhältnisse angetroffen werden.

Eine bessere Anschließung bahnferner Bereiche durch andere Verkehrsmittel, speziell durch das Automobil, war unter den technischen Bedingungen der sowjetischen Verkehrswirtschaft erst in jüngster Zeit möglich. Die Ausnutzung des Lkw-Transportes beschränkt sich überall auf engere Aktionsradien und wird daher auch in Zukunft wieder positive Rückwirkungen auf die Entwicklung zentraler Sammel- und Distributionsstellen entlang der Eisenbahn haben.

3.6 Die Integration Turkmeniens im russischen und sowjetischen Wirtschaftssystem

Bisher war die junge kulturgeographische Entwicklung Turkmeniens fast ausschließlich vom Land selbst her betrachtet worden. Aber das länderkundliche System verfügt mit der Bahn über Relationen, die teils nach innen, d.h. nach Turkmenien, teils über dessen Grenzen nach außen weisen. Unter diesen Beziehungen sind diejenigen am wichtigsten, die sich zum Russischen Reich bzw. der Sowjetunion als übergeordnetem räumlichem System ausgebildet haben. Sie waren stärker als Außenhandelsbeziehungen zu benachbarten Staaten, weil solche Verbindungen im Fall Rußlands weitgehend auf Weisungen von zentralen Schaltstellen des übergeordneten Systems beruhen; sie sollen hier aber insofern berücksichtigt werden, als sie im räumlichen Zusammenhang mit Turkmenien stehen.
Eine Analyse von Handelsbeziehungen und transportorientierten Regionalisierungsvorgängen macht eine methodenkritische Vorüberlegung erforderlich. Die Erklärung von Veränderungen in der geographischen Substanz legt es offensichtlich nahe, über den regionalen Rahmen des "Untersuchungsgebietes" hinaus benachbarte Räume in die Untersuchung einzubeziehen. Dies ist wegen des chorologisch-systemanalytisch formulierten Frageansatzes für die Arbeit (s.o. S. 7 f.) gerechtfertigt: Nach dem allgemein anerkannten Axiom vom Kontinuum der geographischen Substanz (NEEF, 1967, S. 25) kann es für den Geographen kein abgeschlossenes System geben. Jedes länderkundliche System ist zugleich Teilsystem eines größeren räumlichen Zusammenhangs (vgl. WÖHLKE, 1969, S. 306 mit Anm. 9), wobei freilich zu fragen bleibt, inwieweit damit auch hierarchische Abhängigkeiten verbunden sind. Die Beziehungen, die über Randelemente des "inneren" Systems nach außen bestehen, können zu Rückkopplungseffekten führen, wenn von Vorgängen im weiter gefaßten System Geofaktoren des engeren Systems betroffen werden. Falls sich bei der Untersuchung aber solche Vorgänge ergeben, ist ein Blick über den Rand des zunächst als quasi-abgeschlossen angenommenen Systems unabdingbar.

3.6.1 Die Integration durch den turkmenisch-russischen Handel

3.6.1.1 Die Ausgangssituation und die Belebung des Handels bis zum Ersten Weltkrieg

Auf die Schwierigkeiten, unter den gegebenen Verhältnissen den Handelsverkehr zwischen Mittelasien und Rußland auszuweiten, war schon hingewiesen worden. Die "Warenfähigkeit", die "tovarnost'" der Güter, die Mittelasien als industriewürdige Rohstoffe anzubieten hatte, war durch Negativfaktoren des Karawanenverkehrs eingeschränkt, in denen nach der Untersuchung von ACHMEDŽANOVA [1] der wirtschaftliche Hintergrund für den Bahnbau zu suchen ist. Der geringen tovarnost' mittelasiatischer Baumwolle bspw. stand aber die wachsende Nachfrage im zentralen Industriegebiet gegenüber. Die Kommerzialisierung war aber nicht mehr durch eine Ausweitung des Karawanentransportes möglich, denn dessen Kapazität war eng begrenzt: Aus Mittelasien hatten jährlich nur etwa 0,5 Mio Pud (8200 t) Baumwolle den Weg über Orenburg nach Moskau gefunden [2].

Noch vor der Fertigstellung der Eisenbahn bewirkte allein schon die Herrschaft der Russen und die erhöhte Sicherheit im Land eine Ausweitung des Handelsverkehrs. Russische Kaufleute, besonders die Moskauer Firma KONŠIN, beteiligten sich am auflebenden Karawanenverkehr, als bspw. 1881 eine große Karawane für den Weg Krasnovodsk - Aschabad - Merw zusammengestellt wurde [3]. Da die Nachfrage weiter stieg, wurden jetzt auch die Eisenbahnprojekte von den Handelsfirmen unterstützt. Wenigstens wünschte man nach Fertigstellung des ersten Bahnabschnittes die Einrichtung eines Posttraktes zwischen Kizyl-Arvat und Aschabad.

Freilich dienten alle Bemühungen weniger einer Intensivierung des turkmenischen Wirtschaftslebens als vielmehr einer engeren Handelsverknüpfung zwischen Turkmenien und Rußland. Von Aschabad aus organisierte die Firma KONŠIN den turkmenisch-russischen Handel, der sich auf eine Vermarktung der Baumwolle ausrichtete. Durch die Ver-

---

1. ACHMEDŽANOVA, 1965, S. 14 ff.
2. ZVDEV vom 4.2.1892, S. 86. Zwischen 1883 und 1885 betrug der jährliche Güterumschlag in Orenburg in beiden Richtungen je ca. 1,2 Mio Pud (19 700 t) (RODZEVIČ, 1891, S. 49).
3. Nach einem Bericht des Firmenvertreters S. Ja. KOSYCH, wiedergegeben bei SOLOV'EV i SENNIKOV, 1946, S. 203 ff., vgl. MEJER, 1885, S. 121.

breitung amerikanischen Saatgutes, die Lieferung landwirtschaftlicher Geräte und Maschinen sowie durch ausgedehnte Baumwolltransporte wollte die Firma in Zusammenarbeit mit dem "Sredne-Aziatskoe Torgovo-promyšlennoe Tovariščestvo" (Mittelasiatische Handels- und Industriegesellschaft), das sich besonders für die Schiffahrt auf dem Amudarja interessierte, mittelasiatische Baumwolle über Turkmenien der russischen Wirtschaft zugänglich machen [4]. Der Karawanenverkehr wurde dabei auf die Zulieferung zur Bahn beschränkt, die Strecken verkürzt, und eine Erhöhung der Leistung war die unmittelbare Folge.

Dieser Umstrukturierung des Handelsverkehrs waren vonseiten der russischen Kaufmannschaft Bewertungen des wirtschaftlichen Potentials von Mittelasien vorangegangen. So hat bspw. der Kaufmann N. KUDRIN 1887 in einem Bericht an den damaligen Kriegsminister VANNOVSKIJ auf die Möglichkeiten der Ausweitung von Anbauflächen hingewiesen, die er hauptsächlich der Baumwollkultur zuführen wollte. Allein in der Merw-Oase rechnete KUDRIN mit 500 000 bis 600 000 Des. (546 250 bis 655 500 ha) geeigneten Baumwollandes; gleichzeitig bemühte er sich, davon 126 500 Des. (138 200 ha) für eine Bewirtschaftung durch die "Mittelasiatische Gesellschaft" zu erhalten [5].

1891 wurden fast 3 Mio Pud (49 200 t) Zivilgüter aus Rußland über die Transkaspische Bahn nach Mittelasien gebracht. Über ein Drittel dieser Menge nehmen Zuckerraffinade und Sandzucker ein, es folgen in der langen Liste Manufakturwaren und Holz. Eisen, Stahl, Zwirn, Garn, Säcke und Bier vervollständigen das Bild [6]. Um die Hälfte größer war die Gesamtmenge der Güter, die Rußlands Industrie aus Mittelasien erhielt. An erster Stelle unter den Zivilgütern erscheint die Baumwolle mit 2,6 Mio Pud (42 600 t), ferner sind Wolle, Rosinen und Früchte, bearbeitete und unbearbeitete Felle zu nennen. Sogar Getreide wurde

---

4. SOLOV'EV i SENNIKOV, 1946, S. 272-274.
5. SOLOV'EV i SENNIKOV, 1946, S. 275 und 278.
6. ZVDEV vom 4.2.1892, S. 86; vgl. die Angaben bei BROKGAUZ-EFRON, Bd. XII, 1894, S. 166, JUNGE, 1915, S. 382.

noch ausgeführt; es kam vor allem dem Erdölrevier von Baku zugute [7]. Ein besonders hochwertiges Transportgut war der Tee, der mit 120 000 Pud (rd. 2000 t) eine bemerkenswerte Menge stellte. Sein Transport über die Eisenbahn beruhte auf dem großen Bedarf des Emirats Buchara und der zollpolitischen Schranke, die Afghanistan dem Transit indischen Tees entgegenstellte, so daß der weite Weg über Rußland, teilweise auch über Persien gewählt werden mußte, von wo aus die Bahnstationen Aschabad und Dušak beliefert wurden [8]. Mit der Bahnverlängerung erfuhr der Teetransport noch eine Steigerung. 1908 konnten russische Kaufleute in Mittelasien 4095 t Tee für 12 Mio Rubel absetzen [9]. Der Wolltransport vergegenwärtigt nochmals die Kapazitätsunterschiede zwischen dem Orenburger Karawanenweg und der Transkaspischen Bahn. 1893 wurden 603 000 Pud (9880 t) über die Transkaspische Bahn, aber nur noch ca. 50 000 bis 60 000 Pud (820 - 980 t) über Orenburg ausgeführt. Das Einzugsgebiet der Bahn reichte weit über Südturkmenien hinaus nach Chorasan, Afghanistan und in das südliche Buchara; aus Turkmenien war vor allem die Wolle der Beluği-Schafe in der Penğdeh-Oase begehrt, die nach den USA und nach Frankreich ausgeführt wurde [10]. Der Wollhandel lag größtenteils in den Händen armenischer Aufkäufer, die über Handelsbeziehungen nach Baku und ins europäische Rußland verfügten [11].

Außer dem Zeitgewinn brachte die Bahn auch finanzielle Vorteile: Der Transport über die Schiene kostete im Durchschnitt 25 Kopeken je Pud, mit herkömmlichen Kamelkarawanen dagegen 169 Kopeken je Pud [12].

---

7. ZVDEV vom 4.2.1892, S. 86, vgl. die Jahresbände des Obzor ...
8. Obzor ... za 1890, S. 49 ff. und 55, Obzor ... za 1894, Priloženie No. 23; ZVDEV vom 4.2.1892, S. 87 und vom 9.3.1910, S. 325. Die Einbeziehung von Buchara in das russische Zollgebiet und des afghanischen Turkestan in das russische Handelsgebiet sollte die englische Konkurrenz schwächen; vgl. IMMANUEL, 1893, S. 110, GRULEW, 1909, S. 88 f., JUNGE, 1915, S. 378 ff.
9. ZVDEV vom 9.3.1910, S. 325.
10. DAVIDSON, 1897, S. 275 f.
11. Obzor ... za 1891, S. 188 f.

3.6.1.2 Die Entwicklung des Handels seit 1917

Nachdem das zivile Transportwesen durch Revolution und Bürgerkrieg fast zum Erliegen gekommen war, begann erst in den zwanziger Jahren eine allmähliche Zunahme der Transporte. Der Rückgang der Versorgung der Bevölkerung mit Nahrungsmitteln während des Krieges war nicht nur auf den desolaten Zustand des Bahnwesens zurückzuführen, sondern bei der Neuordnung der Herrschaftsverhältnisse waren auch die alten Handelsfirmen zugrundegegangen, so daß vor allem eine Organisation des Handels fehlte [1]. Halbstrategische Güter wurden als erste von Staats wegen über die Transkaspische Bahn befördert, vor allem Holz und Erdöl [2]. So stieg der Erdöltransport von 1913: 4,5 Mio Pud (74 000 t) auf 1922/23: 7,7 Mio Pud (126 000 t) [3]. Auch in der Transportplanung der dreißiger Jahre gehörte das Erdöl neben Baumwolle und Getreide zu den wichtigsten Frachtgütern auf der Mittelasiatischen Bahn [4].

Als sich zu Beginn der dreißiger Jahre das innerrussische Güteraustauschsystem wieder eingependelt hatte und die Turksib fertiggestellt war, wurde deutlich, welchen Funktionsverlust die Transkaspische Bahn hatte hinnehmen müssen. Vor allem für die Ausfuhr kam der Weg über das Kaspische Meer kaum noch in Frage, während unter

---

12. ANNENKOV, 1887, S. 16, Obzor ... za 1890, S. 43, PETLINE, 1897, S. 10. GRODEKOV, 1883, Bd. II, S. 59 gibt 16-24 Rubel je Kamelladung an. Einen Hinweis vermitteln auch die handelspolitischen und -wirtschaftlichen Vorstellungen, die man mit dem Bau einer durchgehenden Bahn zwischen dem Zentrum und Mittelasien oder gar Indien verband: Zugang zu den orientalischen Märkten für die russischen Manufakturwaren und Erschließung neuer Anbaugebiete für Baumwolle, Tabak und Reis standen im Vordergrund (LONG, 1899, S. 924).

1. DEMIDOV, 1926, S. 225; zum relativ hohen Anteil des Privatkapitals im Baumwollhandel (1923/24: 85 %) s. Chlopkovodstvo, 1926, S. 88.
2. Tovarnoe dviženie ..., 1929, Text S. 137 ff., Statistik S. 208 f., vgl. JAKOBI, 1935, S. 136 ff.
3. Tovarnoe dviženie ..., 1929, Statistik S. 247.
4. Vgl. Železnodorožnyj transport SSSR, 1957, S. 296.

den Importgütern das Erdöl eine bedeutende Rolle spielte. Die folgende Tabelle 24 zeigt für drei wichtige Stationen (Krasnovodsk für die Transkaspische Bahn, Džusaly am unteren Syr-darja für die Orenburg-Taškenter Bahn und Aryś an der Abzweigung der Turksib) die ein- und ausgeführten Gütermengen.

Tabelle 24 Ein- und Ausfuhr Mittelasiens über drei Hauptkommunikationsstellen im Eisenbahnverkehr, 1930 und 1933 (in 1000 t) [a]

Handelsgut	1930			1933		
	Krasnov.	Džusaly	Aryś	Krasnov.	Džusaly	Aryś
AUSFUHR						
alle Güter	116,0	420,9	102,6	38,1	645,2	163,9
Baumwolle	89,5	184,9	0,2	10,3	289,9	-
Baumwollöl	-	24,4	1,1	-	41,1	7,9
Baumw.-Kuchen	4,0	62,7	1,8	-	140,2	2,1
Baumw.-Saat	10,5	2,3	3,7	13,5	35,5	0,9
EINFUHR						
alle Güter	950,8	1245,0	252,1	628,3	864,3	477,8
Getreidegüter	123,1	378,9	88,2	55,7	266,8	259,0
Holzgüter	0,8	431,2	8,5	0,3	191,4	120,5
Erdölprodukte	660,0	4,3	-	533,9	3,9	0,3
Baumaterial	43,6	30,2	0,5	0,4	8,8	4,8
Maschinen	4,4	22,8	1,3	2,7	30,0	2,9

a. Quelle: Problema transportnoj svjazi ..., 1935, S. 212.

Betrachtet man das Bild der fünfziger Jahre (Abb. 37), so zeigt sich ganz deutlich, wie Turkmenien in eine Randlage gedrängt wurde. Die wichtigsten Versorgungsgüter erhält das Land von Osten her, geringe Mengen - wiederum hauptsächlich Erdölprodukte - kommen über das Kaspische Meer und werden von Krasnovodsk mit der Transkaspischen Bahn weiter verteilt. Steinkohle, Metalle und Holz werden fast ausschließlich von Osten her (aus Kazachstan und Sibirien) angeliefert; Getreide gelangt von dort, aber auch aus dem Wolgagebiet nach Mittelasien. An dieser Verteilung hat sich bis heute kaum etwas geändert. Erst die vollständige Inbetriebnahme der Westturanischen Magistrale kann die Frachtstromlenkung neu beeinflussen [5].

Von Krasnovodsk führt der wichtigste Transportweg nach Baku, wenn auch die Fährverbindung die Endlage der Transkaspischen Bahn nicht beseitigte. Bedeutende Gütermengen gelangen auf dem Seeweg nach Machač-kala und direkt nach Astrachaň [6]. In Krasnovodsk werden vor allem Baumwolle (nach Astrachaň und Machač-kala), Getreide (nach Baku), Holz (von Astrachaň), chemische Produkte (von Machač-kala) und Erdöl (von Baku) umgeschlagen [7].

Heute gehen etwa drei Viertel des Güterumschlags zwischen Mittelasien und der übrigen Sowjetunion über die östlichen Eisenbahnlinien, d. h. über Taškent [8]. Unter den Ausfuhrgütern Mittelasiens spielen noch immer Erdölprodukte in östlicher Richtung (Kerosin vor allem nach Kazachstan, Erdöl bislang nach Südsibirien, das inzwischen von der rohstoffständigen Industrie im westsibirischen Tiefland beliefert werden kann) die führende Rolle; dabei gibt es auch unwirtschaftliche Ferntransporte von Baku über das Kaspische Meer und die Mittelasiatische Bahn. Ein Teil des turkmenischen Erdöls wird zunächst nach Transkaukasien zur Weiterverarbeitung geliefert, von wo Erdölfertigprodukte zurückkommen. Unter den einzuführenden Rohstoffen stehen Holz und Holzprodukte aus Sibirien an erster Stelle. Bei den landwirtschaftlichen Produkten ist der Austausch zwischen Baumwolle und Getreide am wichtigsten [9].

---

5. NIKOL'SKIJ, 1960, S. 380 ff., LEJZEROVIČ, 1964, S. 207, Atlas razvitija ..., 1967, Bl. 58 ff.
6. Vgl. Atlas sel'skogo chozjajstva SSSR, 1960, Bl. 89, Atlas Azerbajdžanskoj SSR, 1963, Bl. 110.
7. NIKOL'SKIJ, 1960, S. 219.
8. Srednjaja Azija, 1969, S. 218.
9. Srednjaja Azija, 1969, S. 223 ff., vgl. dazu auch das Schema in Abb. 38.

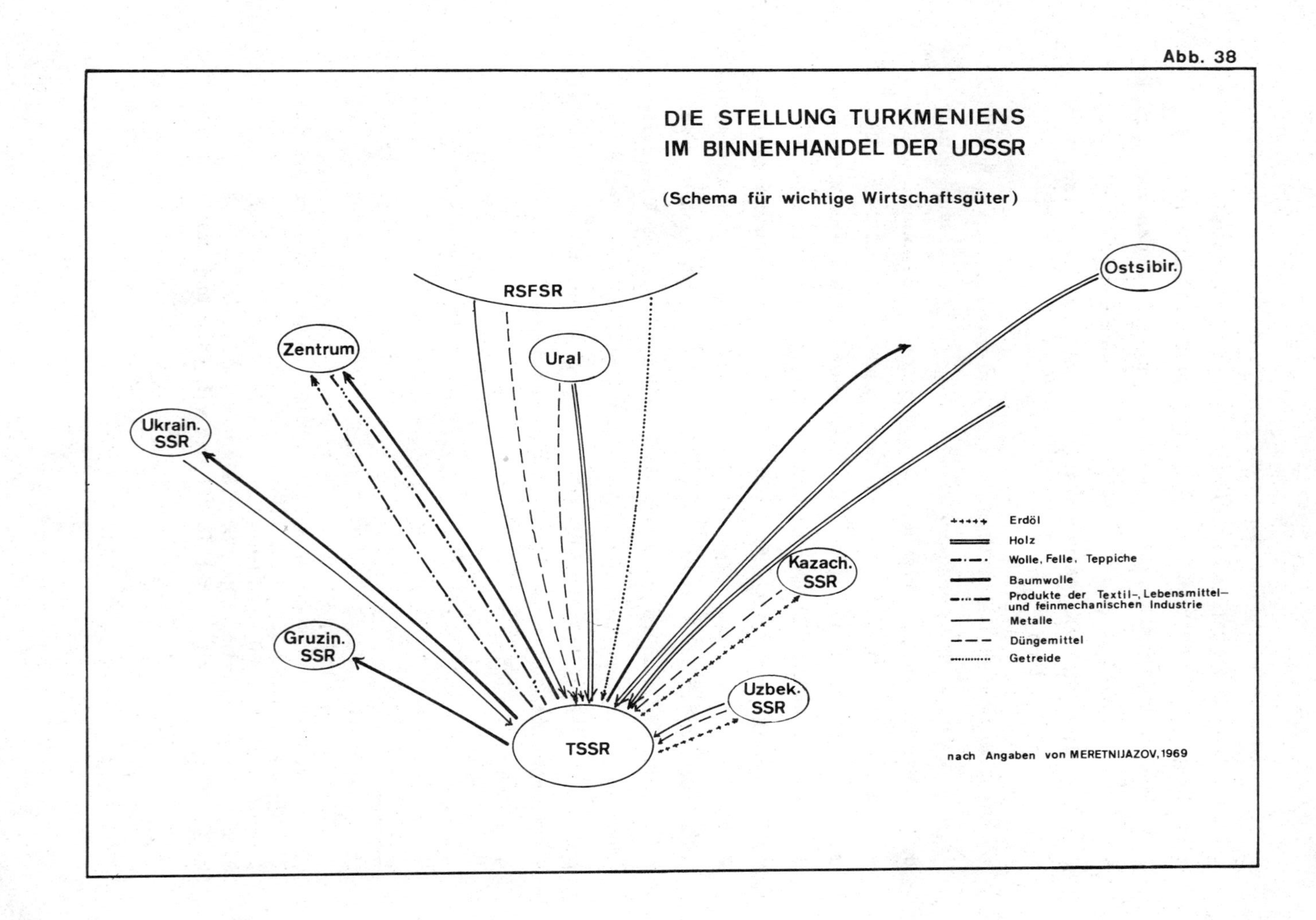
Abb. 38
DIE STELLUNG TURKMENIENS
IM BINNENHANDEL DER UDSSR
(Schema für wichtige Wirtschaftsgüter)
Ostsibir.
RSFSR
Zentrum
Ural
Ukrain. SSR
Kazach. SSR
Gruzin. SSR
Uzbek. SSR
TSSR
Erdöl
Holz
Wolle, Felle, Teppiche
Baumwolle
Produkte der Textil-, Lebensmittel- und feinmechanischen Industrie
Metalle
Düngemittel
Getreide
nach Angaben von MERETNIJAZOV, 1969

3.6.1.3 Die Baumwolle als Handelsgut

Da die Baumwolle wichtigstes Ausfuhrgut Mittelasiens und zugleich der Angelpunkt der russischen Wirtschaftspolitik in diesem Raum ist, läßt sich an diesem Beispiel am besten zeigen, welche Wandlungen der Bahnbau im Fernhandel bewirkte.

Staatlich kontrollierte Sondertarife, die sich zuerst nur auf fest gepreßte Wagenladungen, später auf den gesamten Baumwolltransport bezogen, bestätigen den Präferenzcharakter dieses Handelsgutes [1]. Noch im ersten Jahr nach der Eröffnung der Bahn bis Samarkand wurden 0,9 Mio Pud (14 300 t) Baumwolle befördert, fünf Jahre später waren es bereits 3,6 Mio Pud (58 000 t) [2]. Das Einzugsgebiet der Bahn reichte über das Emirat Buchara und das Zeravšan-Tal hinaus bis ins Ferghana-Becken und zum Syr-darja, solange die Baumwollkultur Turkmeniens noch gering entwickelt war [3]. Für Transkaspien bedeuteten die Transporte eine Erhöhung der Transitleistungen. Nur indirekt profitierte das Land von der erhöhten Nachfrage: Die Möglichkeit einer Verkürzung der Transportwege konnte den Anbau im Land selbst stimulieren, und Innovationen, die in erster Linie für die großen Anbaugebiete im Osten bestimmt waren, blieben auch in Transkaspien "hängen", wie das Beispiel der amerikanischen Baumwollsorten zeigte.

Zu Sammelplätzen für die Baumwolle entwickelten sich fast alle größeren Stationen: Samarkand, Novaja Buchara (Kagan), Čardžuj und Merv [4]. Die wenigen großen Firmen, die zum Teil schon genannt wur-

---

1. PETLINE, 1897, S. 10, THIESS, 1913, S. 1501.
2. ZVDEV vom 4.2.1892, S. 86, JUFEREV, 1925, S. 56. Etwas abweichende Werte gibt BLANC, 1893/94, S. 469 an.
3. SCHANZ, 1914, S. 94 f., JUFEREV, 1925, S. 55, Chlopkovodstvo SSSR, 1926, S. 13. Von den 2,77 Mio Pud beförderter Baumwolle (1890) kamen nur 99 535 Pud aus Aschabad und 2991 Pud aus Merv; der Transit von Samarkand dominierte eindeutig (Obzor ... za 1890, Priloženie S. 30 f.).
4. Zapiska o sostojanii ..., 1899, S. 27; zu den lokalen Sammelzentren östlich des Amu-darja vgl. Chlopkovodstvo ... v Samarkandskom oblasti, 1897, S. 591.

den, organisierten den Aufkauf und den Transport der Rohbaumwolle. Die Transportfirmen des Kaspischen Meeres (Kavkaz i Merkurij, Rossijskoe Obščestvo, MASSIZ u. a.) hatten Kontore in den größeren Städten Mittelasiens eröffnet [5]. Von Krasnovodsk führten verschiedene Wege weiter: Ein Teil der Baumwolle wurde direkt nach Petrovsk (heute Machač-kala) oder Astrachań verschifft und kam von dort auf dem Landweg ins Innere des Russischen Reiches, ein anderer Teil gelangte in mehrfach gebrochenem Transport über das Schwarze Meer nach Kiev, Moskau und Ivanovo-Voznesensk sowie nach Lodž (Łódź) zu den Zentren der russischen bzw. polnischen Textilindustrie [6]. In Zentralrußland hatte sich in der zweiten Hälfte des 19. Jahrhunderts der überwiegende Teil der Textilindustrie konzentriert: 1879 kamen 97 % des Produktionswertes aus den drei Gouvernements St. Petersburg, Vladimir und Moskau [7].

Die Fortführung der Bahn nach Taškent und Andižan trug wesentlich zur Verbesserung des Abtransportes bei. Um die Jahrhundertwende wurden 5 Mio Pud (82 000 t) jährlicher Baumwollausfuhr überschritten [8]. Einen scharfen Einschnitt brachte der Bau der Orenburg-Taškenter Bahn mit der schon erwähnten "Anzapfung" des Güterstromes auf der mittelasiatischen Linie (vgl. o. Abschn. 2.3.2. und 2.4.). Waren in zwei Jahrzehnten (1883 - 1905) 69,4 Mio Pud (1 135 000 t) Baumwolle aus Mittelasien ausgeführt wurden, so konnten nun 1906 - 1912 bereits zusammen 75,9 Mio Pud (1 259 000 t) der Weiterverarbeitung in Rußland zugeführt werden [9]. In den ersten Jahren verteilten sich die Transporte noch gleichmäßig auf beide Strecken, dann bekam der ungebrochene

---

5. Chlopkovodstvo ... v Samarkandskom oblasti, 1897, S. 592, vgl. WHITMAN, 1956, S. 199.
6. VACLIK, 1888, S. 31. Der Transport über die Transkaukasische Bahn war tariflich nicht begünstigt und daher nicht übermäßig wirtschaftlich (BLANC, 1893/94, S. 469).
7. PAŽITNOV, 1958, S. 91.
8. THIESS, 1906, S. 195 und 1913, S. 1501, SUVOROV, 1962, S. 28.
9. SUVOROV, 1962, S. 66, vgl. AMINOV, 1959, S. 113.

Transport über Orenburg trotz tariflicher Benachteiligung das Übergewicht [10], und die Rentabilitätsgrenze zwischen dem östlichen und dem westlichen Weg pendelte sich etwa beim Amu-darja ein. Trotz günstigerer Tarife erhielt die Transkaspische Bahn schon 1909 Baumwollzufuhren aus dem Osten nur noch, wenn ein rascher Transport über Orenburg am Wagenmangel auf dieser Strecke scheiterte [11]. 1914 gingen 61 % der Baumwolle aus Mittelasien über Orenburg nach Rußland; für die Transkaspische Bahn blieb die Bedienung der Ukraine über Transkaukasien und das Schwarze Meer [12]. Die Transporte dauerten immer noch lange genug: Zwischen dem Ferghana-Becken und Moskau mußte man mit 18 - 20 Tagen rechnen [13]. Die Baumwollsamen, die der Ölherstellung dienten, wurden in ähnlicher Weise auf die beiden Transportrichtungen aufgeteilt [14].

Heute wird Baumwolle von Kagan, wo beträchtliche Mengen aus der Karši-Steppe, aus Tadžikistan und aus Afghanistan ankommen, meist über Taškent und Orenburg versandt. Die Bahn Karši - Samarkand kann die Transportwege noch abkürzen. Erst weiter westlich dominiert der Transport durch Turkmenien; dort bewirkt die relative Kürze des Weges eine Attraktivität, die bis ins Amu-darja-Delta reicht, aus dem zu Beginn der sechziger Jahre zwei Drittel der Baumwolle über den Aral-See der Orenburg-Taškenter Bahn, der Rest der Transkaspischen Bahn zugeführt wurden [15]. An diesem Beispiel wird die Bedeutung ersichtlich, die die Westturanische Bahn in absehbarer Zeit haben wird.

---

10. BIEDERMANN, 1907, S. 80 f.. Für denselben Zeitraum 1906-1912 läßt eine Berechnung des Zuwachses im gesamten Transportvolumen die "Anzapfung" deutlich werden: In Krasnovodsk stieg der Warenumschlag um 1 646 000 Pud (26 960 t), in Taškent dagegen um 28 239 000 Pud (460 555 t), so daß die Orenburger Bahn 1912 bereits 13,3 Mio Pud (217 855 t) mehr beförderte als die Transkaspische Bahn (ALLWORTH, ed., 1967, S. 329).
11. Die Baumwollfrage, 1911, S. 324, vgl. GLADKOV, 1951, S. 113.
12. ARCHIPOV, 1930, S. 132, vgl. WALTA, 1907, S. 696.
13. Aziatskaja Rossija, 1914, Bd. II, S. 296.
14. DEMIDOV, 1926, S. 181.
15. Srednjaja Azija, 1969, S. 225.

3.6.1.4 Die Handelsbedeutung der Transkaspischen Bahn und verkehrsgeographische Integrationshindernisse

Einen Anhaltspunkt für die Handelsbedeutung der Bahn gibt das Verhältnis von Ausfuhr, Einfuhr und Transit. Zu Beginn der neunziger Jahre betrug die Ausfuhr rund 21 Mio Pud, die Einfuhr über 22 Mio Pud und der Transit über 30 Mio Pud (34 400, 36 000 bzw. 49 000 t) [1]. Im Vergleich zur allgemeinen Wirtschaftsentwicklung in Mittelasien haben sich Gütertransport und -transit nur in geringem Maß vergrößert. Das Gesamtvolumen betrug vor wenigen Jahren ca. 1 Mio t in jeder Richtung, und daran war auch die Küstenschiffahrt Turkmeniens beteiligt [2].

Auch über die heutige Einbeziehung der Transkaspischen Bahn in den Binnenhandel der UdSSR muß wegen des Fehlens detaillierter Transportstatistiken die Balance zwischen Einfuhr, Ausfuhr und Transit Auskunft geben (Abb. 39), wobei sich die zugrundegelegten Werte immer auf den gesamten turkmenischen Eisenbahntransport (mit der ostturkmenischen Bahn nach Tadžikistan) beziehen. Im Hinblick auf den gesamten Güterverkehr gehört Turkmenien zu den einfuhrschwachen Unionsrepubliken, während es bei der Ausfuhr fast an der Spitze aller Republiken liegt (nach den prozentualen Anteilen). Eine ähnliche Situation weisen die Kazachische und die Azerbajdžanische SSR auf. Die wirtschaftlich bedeutendsten Unionsrepubliken, die RSFSR und die Ukrainische SSR, haben dagegen ein deutliches Übergewicht der Binnentransporte, während bspw. in den beiden Gebirgsrepubliken Mittelasiens, Tadžikistan und Kirgizistan, der Binnentransport fast unerheblich ist [3].

Noch deutlicher wird die Sonderstellung Turkmeniens beim Transport von Erdöl und Erdölprodukten. Nur in der RSFSR spielt die Einfuhr eine gleich große Rolle, aber dort sind beträchtliche Binnentransporte nötig, die in Turkmenien weitgehend entfallen, so daß die Aus-

---

1. KRAHMER, 1898, S. 145.
2. LEJZEROVIČ, 1964, S. 206.
3. Dabei ist der komplizierte Grenzverlauf in Mittelasien zu berücksichtigen.

EISENBAHNGÜTERTRANSPORT IN DEN UNIONSREPUBLIKEN DER UDSSR

Abb. 39

BALANCE ZWISCHEN EINFUHR, AUSFUHR UND INNERREPUBLIKANISCHEM TRANSPORT

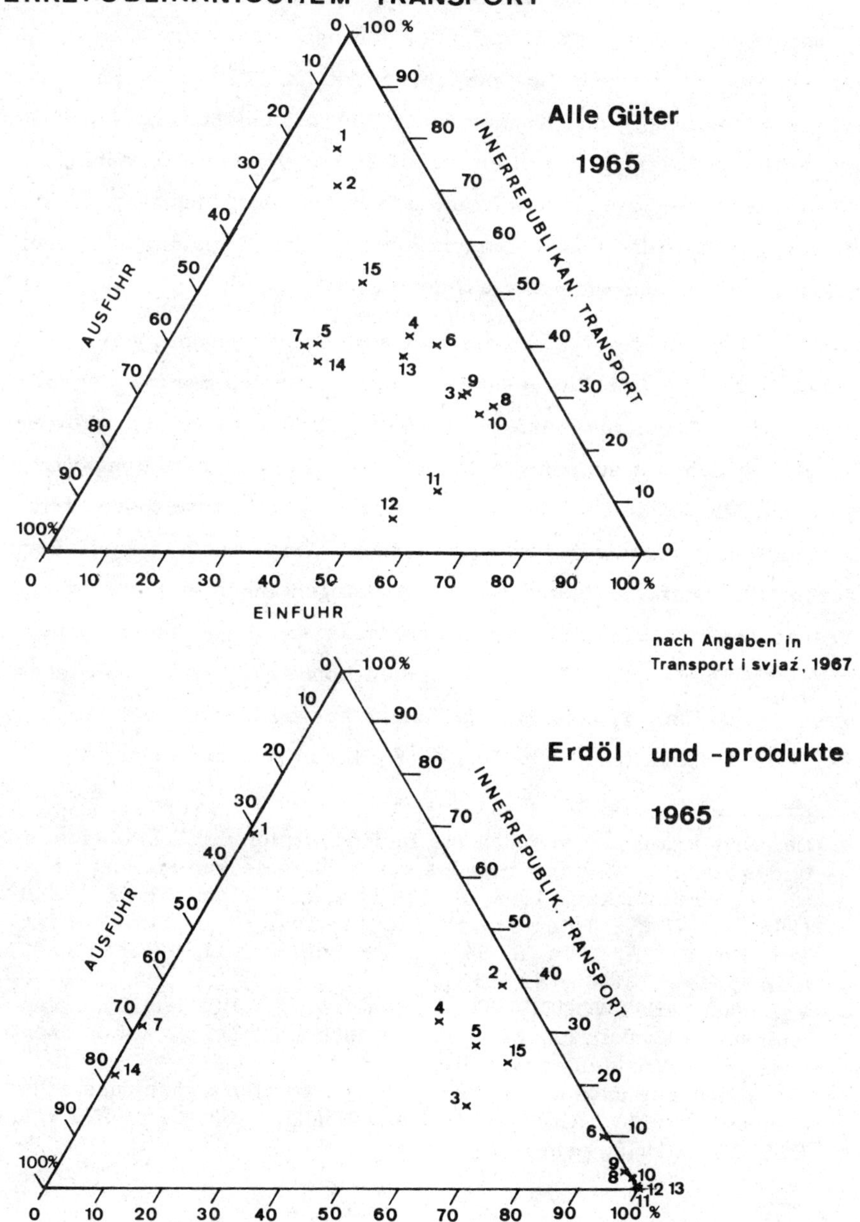

fuhr bei weitem überwiegt [4], was auch auf die vorherrschende Transportrichtung nach Osten hinweist. Selbst Azerbajdžan wird darin von der Turkmenischen SSR noch überflügelt. Deutet man diesen Sachverhalt, dann wird die Zuliefererstruktur dieser beiden Unionsrepubliken im Rahmen des sowjetischen Binnenhandels deutlich. Für den Bahntransport heißt das, daß zentripetale Transportvorgänge überwiegen und die alte Beziehung zwischen peripherem Rohstofflieferanten und zentralem Verarbeitungs- und Konsumraum sich offensichtlich, wenn auch vielseitig modifiziert, erhalten hat. Der vergleichsweise geringe Anteil der Binnentransporte in der TSSR deutet auf die Abhängigkeit von Zulieferungen hin; die innere Integration, die zur Teilautarkie führen könnte, ist nur schwach ausgebildet.

Es bleibt zu fragen, wo im sowjetischen Eisenbahnsystem die Haupthindernisse für die gesamtwirtschaftliche Integration liegen. Eines der größten Probleme werfen die weiten Entfernungen auf, die überbrückt werden müssen. Zwar ist es einer Zentralverwaltungswirtschaft möglich, die Kosten so zu manipulieren, daß Ferntransporte scheinbar kostengünstig abgewickelt werden können [5], wie auch in zarischer Zeit durch Differentialtarife die Kosten je Längeneinheit mit zunehmender Transportweite geringer wurden oder man sie durch Tarifbrüche [6] regulierte. Aber auch solche Maßnahmen können die wirtschaftlichen Probleme zu großer Transportweiten nicht aus der Welt schaffen [7]. In der Zeit des Aufbaus nach dem Ersten Weltkrieg mußten selbst Versor-

---

4. Der Erdöltransport macht heute in Turkmenien mit 7 Mio t fast die Hälfte des gesamten Güterversandes von turkmenischen Stationen aus (Nar. choz. Srednej Azii, 1963, S. 220 f. u. 224, Nar. choz. SSSR v 1965, S. 467 ff., Transport i svjaź, 1967, S. 119 und 122 ff.
5. Vgl. RAUPACH, 1964, S. 94, zur Preisbildung nach Zonen auch MARKERT, Hrsg., 1965, S. 193 f.
6. Vgl. dazu WESTWOOD, 1966, S. 81. Bspw. sollte der Bruch von Čeljabinsk die Konkurrenz billigen sibirischen Getreides auf den zentralrussischen Märkten ausschalten.
7. Zur Kritik der unökonomischen Transportweiten in der russischen Verkehrsgeographie VARLAMOV i KAZANSKIJ, 1963, S. 24 ff., vgl. auch HOUSTON, 1969, psm.

gungsgüter wie Weizen über tausende Kilometer herangeführt werden. Ein Drittel der Weizenzufuhr nach Aschabad (Poltorack) hatte einen Weg von über 3000 km bis zum Bestimmungsbahnhof zurückzulegen [8]. Nicht ganz so weit scheint auf den ersten Blick der mittlere Weg der turkmenischen Baumwolle zu sein: Für den größten Teil der Baumwolltransporte von Merv lag er bei 801 - 900 km, für Aschabad bei 501 - 600 km. Doch diese Werte täuschen, weil sie nur den Bahntransport bis zum Verschiffungshafen Krasnovodsk angeben. Die echten Transportweiten gehen eher aus den Werten für die uzbekischen Versandorte hervor: Von Andižan aus waren Wege von mehr als 3600 km zurückzulegen, von Namangan über 3400 km [9].

Nach dem Zweiten Weltkrieg rechnete die Aschabader Bahn mit einer durchschnittlichen Transportweite aller Güter von 1460 km (1952), extrem hoch lag damals die Zufuhrweite für Holz (3950 km), Maschinen mußten immerhin noch über durchschnittlich 2900 km herangeschafft werden, während für Erdöl fast nur Binnentransporte von durchschnittlich 540 km nötig waren (hinzu kam der Schiffstransport Baku - Krasnovodsk!) [10]. In der UdSSR erreichten die Transportweiten Ende der sechziger Jahre Maximalwerte mit durchschnittlich 840 km für jede Tonne (1968), nachdem der Wert 1961 noch bei 788 km gelegen hatte. Die Planerwartungen (1967: 801 km) konnten bei weitem nicht erfüllt werden. Die weitesten Wege haben in der UdSSR heute Holzgüter (1968: 1563 km), Buntmetalle (1375 km) und Erdölgüter zurückzulegen (1210 km), während die Transportweiten für Mineraldüngemittel im letzten Jahrzehnt gesenkt werden konnten (1940: 1496, 1968: 1043 km) [11]. Bis

8. Materialy po statistike putej soobščenija, vyp. 87 (1926/27), 1929, S. 511.
9. Materialy po statistike putej soobščenija, vyp. 100 (1926/27), 1929, S. 322.
10. NIKOL'SKIJ, 1960, S. 385.
11. Alle Angaben nach Nar. choz. SSSR v 1968, S. 463 f. und Transport i svjaź, 1967, S. 102 f.; zum Problem der Transportweiten auch Železnodorožnyj transport v sisteme ..., 1968, S. 16.

1980 erhofft man eine Senkung für alle Güter auf 700 bis 710 km [12]. Dieses Ziel soll durch eine bessere Ausnutzung der Transportmittel und durch die regionale Industrialisierung erreicht werden. Aber diese Planung muß skeptisch beurteilt werden, denn schon seit zwanzig Jahren bemüht man sich vergeblich um eine Abkürzung der Transportweiten [13].

Auf der anderen Seite gibt es heute auch in der Turkmenischen SSR bereits Handelsspannung über kurze Entfernungen - man denke bspw. an die Zulieferung von Rohbaumwolle an die Entkernungsfabriken -, so daß der Ausbau des Autotransportes von großer Bedeutung ist, der bisher nur im Umkreis der größten Städte eine Erschließungsfunktion erfüllen kann [14]. Aber für die Einbeziehung des Autoverkehrs in eine differenzierte Aufgabenverteilung fehlt bislang die nötige Infrastruktur. Weder sind Autostraßen in ausreichender Länge und Qualität verhanden, noch genügt die sowjetische Automobilindustrie den hohen Bedarfsansprüchen, so daß Vorschläge für eine sinnvolle Verteilung der Transporte auf verschiedene Verkehrsarten vorläufig Theorie bleiben muß und die Eisenbahn auch weiterhin unwirtschaftliche Verfrachtungsaufgaben zugesprochen erhält [15].

Daß Kennziffern wie die Transportleistung in Tonnenkilometern, die die Statistiken anführen [16], wenig über die Wirtschaftlichkeit aussagen, wird aus diesen Überlegungen deutlich. Hohe Transportleistungswerte sind sogar bei relativ geringen Transportmengen ein Indikator für die Unwirtschaftlichkeit und die mangelhafte Binnenintegration eines Staates, in dem das Problem der räumlichen Verknüpfung von Produktion, Verarbeitung und Konsum nicht zufriedenstellend gelöst ist.

---

12. VARLAMOV i KAZANSKIJ, 1963, S. 32.
13. ANNAKLYČEV, 1968a, S. 47, SovG 10, 1969, S. 421 ff.
14. IKRAMOV, 1968, S. 93.
15. IKRAMOV, 1968, S. 94.
16. Eisenbahntransport UdSSR: 1917 - 63,0 Mia, 1932 - 169,3 Mia, 1968 - 2274,8 Mia tkm (Nar. choz. SSSR v 1968, S. 459, Transport i svjaź, 1967, S. 97 u. 101); TSSR: 1940 - 3 Mio, 1963 - 173 Mio tkm (Sovetskij Turkmenistan za 40 let, 1964, S. 91).

3.6.2 Die Integration durch den Außenhandel Turkmeniens und Rußlands über Turkmenien

3.6.2.1 Der Handel mit Persien (Iran)

Im Rahmen des internationalen Handels konnte in den achtziger Jahren vor allem Persien von der neuen Verkehrslinie profitieren, besonders nach Fertigstellung des Fahrweges von Aschabad über Gaudan und Quchan nach Mashhad [1], aber auch die Zulieferung mit Karawanen hörte nicht auf. Anfangs machte der unpünktliche Verkehr auf der Bahn Schwierigkeiten; er bedingte, daß die alte nordpersische Wegeverbindung Astrabad - Mashhad für den russisch-persischen Handel bestehen blieb [2]. Die verkehrsgünstig gelegenen Städte Quchan und Mashhad wurden zu Handelszentren, in denen die "Mittelasiatische Gesellschaft" Kontore einrichtete [3].

Größere Ausmaße begann der Güteraustausch über die chorasanische Grenze in den neunziger Jahren anzunehmen. 1898 wurden 917 000 Pud (15 000 t) Güter aus Persien über die Transkaspische Bahn der russischen Wirtschaft zugeführt [4]. 1899 kamen fast tausend Karawanen mit zusammen 36 500 Kamelen, 2200 Pferden und 25 100 Eseln allein nach Aschabad, um 502 200 Pud (8226 t) Güter im Wert von 2,3 Mio Goldrubeln für den Bahntransport bereitzustellen [5].

Außer Aschabad waren Kizyl-Arvat, Artyk, Kaachka und Dušak wei-

---

1. ANNENKOV, 1887, S. 9 und 13 f., vgl. SUBBOTIN, 1885, S. 43.
2. 1885 betrug die Ausfuhr über die russisch-persische Grenze 329 000 Pud, die Einfuhr 2 027 000 Pud (5390 bzw. 33 200 t); vgl. dazu ANNENKOV, 1887, S. 26, Torgovlja v Persii za 1887 g., 1893, S. 141 f., ORANOVSKIJ, 1896, S. 96 ff., Istorija Turkmenskoj SSR, 1957, Bd. I-2, S. 179.
3. ARTAMONOV, 1892, S. 127.
4. SOLOV'EV i SENNIKOV, 1946, S. 277; vgl. die Angaben in den Jahresbänden des Obzor Zakaspijskoj oblasti.
5. SUVOROV, 1962, S. 100, vgl. auch BAUMGARTEN, 1896, S. 45.

tere Eisenbahnstationen mit direkten Handelsbeziehungen nach Persien; geringere Gütermengen gelangten auch über Kara-kala und Serachs über die Grenze [6]. Die Arbeitsteilung unter den einzelnen Grenzübergängen geht aus einer Übersicht für 1895 hervor (Tabelle 25).

Tabelle 25 Wert der über die persisch-transkaspische Grenze zugeführten ausländischen und abgelieferten russischen Güter im Jahr 1895 (Wert in Kreditrubeln) [a]

Zollstation (E=Eisenbahnst.)	zugeführte ausländische Güter	abgelieferte russische Güter
Uzun-ada (E)	320 707	728 637
Aschabad (E)	2 213 331	1 724 815
Dušak (E)	1 571 942	149 451
Serachs	207 920	36 670
Artyk (E)	234 066	21 155
Čikišljar	21 462	3 383
Kizyl-Arvat (E)	3 352	1 912
Čakan-kala	3 402	...
Kara-kala	...	3 550
zusammen	4 586 182	2 667 574

a. Quelle: T o r g o v l j a Rossii s Persiej, 1897, S. 303 f., O b z o r ... za 1895, S. 166 - 167

Das russische Ausstrahlungs- und Einzugsgebiet umfaßte Ende der achtziger Jahre bereits die nordpersischen Provinzen Gilan, Mazanderan und Chorasan. Während bspw. das weiter westlich gelegene Azerbejǧan Zucker vor allem aus Westeuropa (Frankreich, Deutschland) erhielt, wurde der Osten Nordpersiens ausschließlich von Rußland beliefert; bis Hamadan und Isfahan reichte der russische Handelseinfluß. Im selben Gebiet dominierten auch die russischen Baumwollwaren, während der Süden Persiens von England her versorgt wurde. Im Austausch lieferten die genannten Provinzen vor allem Rohbaumwolle, Wolle, Seide (Chorasan) und Tabak (Gilan) [7].

6. Zu den Handelswegen ORANOVSKIJ, 1896, S. 3 ff. und 78 ff., vgl. TOEPFER, 1907 a, S. 418, ANNENKOV, 1887, S. 9, RIZENKAMPF, 1921, S. 102 f.
7. T o r g o v l j a v Persii za 1887 g., 1894, S. 141 f., SUMNER, 1942,

Für einzelne Bahnstationen läßt sich das Einzugsgebiet noch detaillierter angeben. Besonders günstig war die Situation im Hinterland von Artyk und Kaachka, denn dort konnte bei den vorhandenen guten Wegeverbindungen leicht das Gebiet des Deregöz erschlossen werden [8]. Der Handel zwischen Turkmenien und Persien über die Wege durch den Kopet-dagh galt vor allem den Produkten der Viehwirtschaft. Wolle und Felle aus den Bergen wurden am Ende des 19. Jahrhunderts auf die Bahn aufgeliefert und über Krasnovodsk und Astrachań nach Rußland befördert [9]. Das Hinterland von Kizyl-Arvat reichte 1892 bereits bis Astrabad, in Bojnūrd verfügten die elf ansässigen persischen Händler über Beziehungen nach Moskau, Nižnij-Novgorod, Baku und Aschabad [10]. Die Station Dušak, die mit den Chanaten Chiwa und Buchara in Verbindung stand, hatte einen Ausstrahlungsradius bis Mashhad, das seinerseits als Hauptort von Chorasan weitreichende zentralörtliche Verflechtungen hatte [11]. Mit Sabzevār erreichte das russische Einzugsgebiet bereits die Oasen im Süden der chorasanischen Bergketten, von wo vor allem Baumwolle und Wolle der in Transhumance zwischen dem Gebirgsland und der Großen Kewir bewirtschafteten Schafherden nach Rußland ausgeführt wurden [12]. Begünstigt wurden die Handelsbeziehungen Chorasans zur Transkaspischen Bahn durch die mangelhafte Qualität der Landwege Nordost-Persiens [13].

S. 27 f.; zum Handel vgl. Obzor ... za 1891, S. 272 ff., ... za 1892, S. 123 ff., Chlopkovodstvo SSSR, 1926, S. 149 f.

8. KUZ'MIN-KOROVAEV, 1889, S. 76, VLASOV, 1893, S. 14, ORANOVSKIJ, 1896, S. 97. Der Chan von Loṭfābād, SEID-ALI-CHAN, zeigte unmittelbar nach der russischen Eroberung der Achal-Oase Interesse an der Wiederherstellung der traditionellen Handelswege zwischen dem Deregöz und Turkmenien, die wegen der Unsicherheit im 19. Jh. verfallen waren (GRODEKOV, 1884, Bd. IV, S. 55 f.).
9. BAUMGARTEN, 1896, S. 45.
10. VLASOV, 1893, S. 33.
11. Obzor ... za 1891, S. 239 u. 278, ARTAMONOV, 1892, S. 132 und 135, VLASOV, 1894, S. 176 ff., BAUMGARTEN, 1896, S. 276 und 334 f., vgl. auch Torgovlja Chorasana ..., 1897, S. 206.
12. BAUMGARTEN, 1896, S. 54 f.
13. KRAHMER, 1905, S. 200.

Der russische Einfluß in Chorasan erstreckte sich nicht ausschließlich auf den Handel. Er erfaßte die gesamte Zivilisation wenigstens einer dünnen Oberschicht. So trugen bspw. die Chane des Deregöz bald nach den ersten Kontakten russische Kleidung und sprachen die russische Sprache; in Teilen Chorasans sympathisierte die Bevölkerung offen mit den Russen, während die Autorität des Shahs zurückging [14].

Parallel zu den direkten Handelsbeziehungen laufen auch die russischen Bemühungen um wirtschaftliche Konzessionen in Nordpersien. Eine dem 1896 an die Macht gelangten Shah MOZAFFER-ED DIN gewährte Anleihe (22,5 Mio Rubel zu 5 %) - das Kapital dafür hatte Rußland durch eine Anleihe zu günstigeren Bedingungen von Frankreich erhalten - brachte dem Zarenreich den größten Teil der persischen Zolleinkünfte ein, dazu kamen Konzessionen für die Holznutzung in den Wäldern von Mazanderan, für die Minen von Neyshābūr und für Erdöllager in Nordpersien. 1897 übertraf der russisch-persische Handel bereits den englisch-persischen [15].

Nachdem in der englisch - russischen Konvention von 1907 eine Einigung über die Aufteilung Persiens in Einflußsphären für die wirtschaftliche Durchdringung zustandegekommen war [16], konnte Rußland die handelstechnische Organisation dieses Hinterlandes der Transkaspischen Eisenbahn verbessern. In Sabzevār, Mashhad, Isfahan und Tehrān waren Niederlassungen der persischen Darlehens- und Diskontbank eingerichtet worden. Eine russische Telegraphenlinie führte von Mashhad durch das östliche Chorasan nach Seistan, eine weitere von Čikišljar nach Astrabad. Persische Telegraphenlinien erreichten u. a. die Grenzstationen Chat, Bājgīrān, Kalat und Sarakhs. Zollämter und Zollposten

14. CURZON, 1889/1967, S. 374, ARTAMONOV, 1892, S. 136 ff., VLASOV, 1893, S. 44.
15. TERENZIO, 1947, S. 109 f.
16. GOOCH & TEMPERLEY, ed., 1929, S. 618 f., TERENZIO, 1947, S. 153 ff., SETON-WATSON, 1954, S. 294, KAPUR, 1965, S. 150, STÖKL, 1965, S. 612 f.

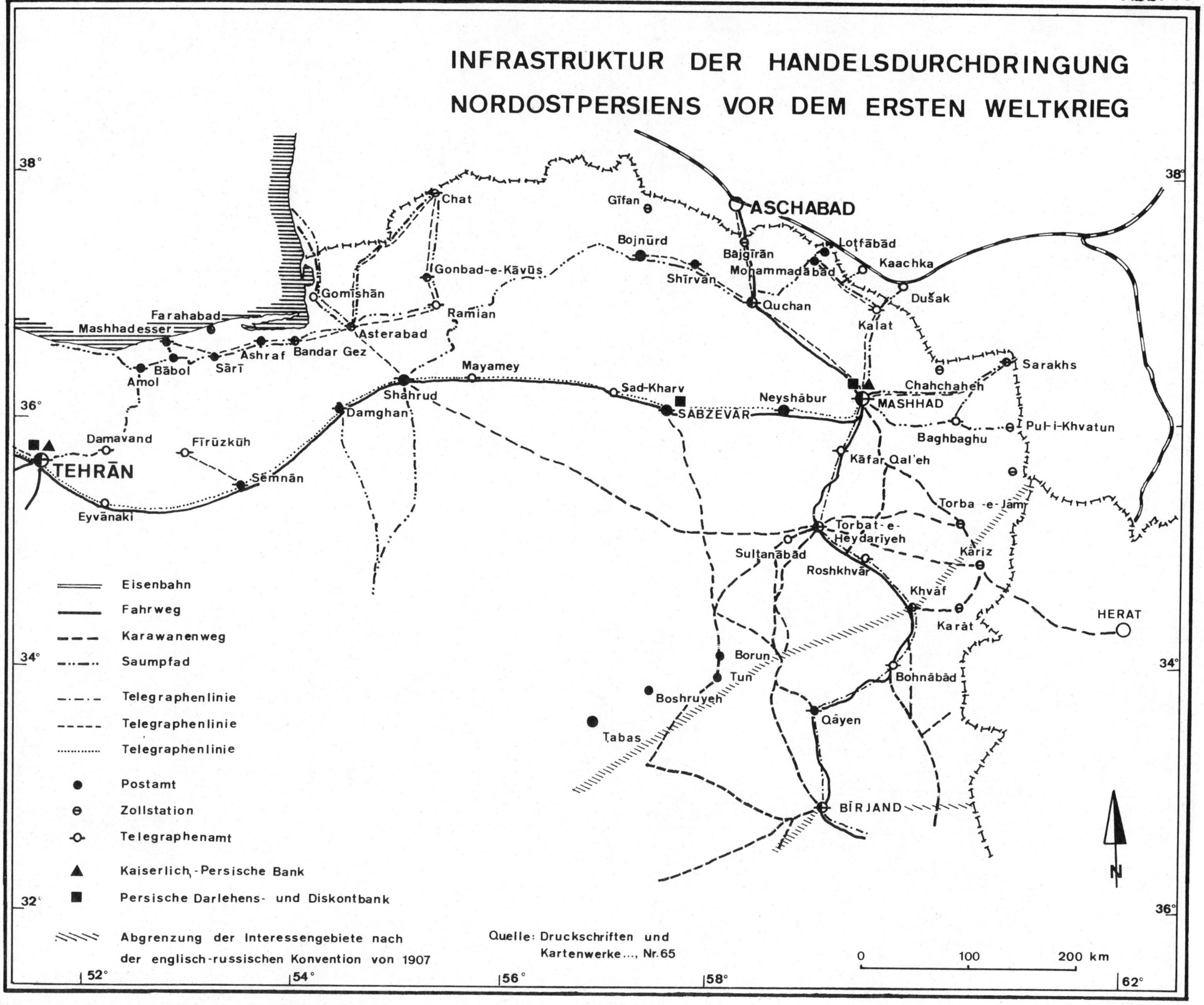
INFRASTRUKTUR DER HANDELSDURCHDRINGUNG
NORDOSTPERSIENS VOR DEM ERSTEN WELTKRIEG
ASCHABAD
Gīfan
Chat
Bojnūrd
Bājgīrān
Lotfābād
Mohammadābād
Kaachka
Shīrvān
Gonbad-e-Kāvūs
Gomīshān
Ramian
Quchan
Dušak
Kalat
Farahabad
Mashhadesser
Asterabad
Ashraf
Bandar Gez
Bābol
Sārī
Amol
Mayamey
Sarakhs
Shāhrud
Sad-Kharv
Neyshābur
Chahchaheh
Damghan
SABZEVĀR
MASHHAD
Damavand
Fīrūzkūh
Baghbaghu
Pul-i-Khvatun
TEHRĀN
Semnān
Kāfar Qal'eh
Eyvānaki
Torba -e- Jām
Torbat-e-Heydariyeh
Sultanābād
Roshkhvār
Kāriz
Khvāf
HERAT
Karāt
Borun
Tun
Bohnābād
Boshruyeh
Qāyen
Tabas
BĪRJAND
Eisenbahn
Fahrweg
Karawanenweg
Saumpfad
Telegraphenlinie
Telegraphenlinie
Telegraphenlinie
Postamt
Zollstation
Telegraphenamt
Kaiserlich-Persische Bank
Persische Darlehens- und Diskontbank
Abgrenzung der Interessengebiete nach der englisch-russischen Konvention von 1907
Quelle: Druckschriften und Kartenwerke..., Nr. 65
0
100
200 km
N
38°
36°
34°
32°
52°
54°
56°
58°
62°
38°
34°
36°

waren in vielen kleineren und größeren Orten beiderseits der persisch-transkaspischen Grenze vorhanden [17].

Nach Persien wurden aus Rußland vor dem Ersten Weltkrieg hauptsächlich Manufakturwaren, Baumwollartikel, Zucker, Glas, chemische Produkte, ferner Reis, Baumwolle und Trockenfrüchte geliefert. Persien bot im Austausch dazu die genannten Güter der Landwirtschaft und Wolle an, dazu kamen vor der Jahrhundertwende auch Manufakturwaren englischer Herkunft. Später wurde persische Baumwolle als Ausfuhrgut wichtig, nachdem sich die Anbaufläche in Persien - analog zur Entwicklung in Turkmenien - ausgeweitet hatte [18].

Nach dem Ersten Weltkrieg mußte die Transkaspische Eisenbahn einen Teil ihrer Fernhandelsfunktionen an die kürzere Verbindung durch Transkaukasien abgeben (Anschlußstrecke Džul'fa - Täbriz, vgl. o. Abschn. 2.3.6.) [19]. Infolgedessen läßt sich ein direkter Handelseinfluß der Bahn auf das nordostpersische Gebiet für die folgenden Jahrzehnte schwer feststellen, zumal die Grenzen geschlossen wurden, die Berichte von Reisenden ausblieben und der Handelsaustausch nur noch an wenigen Punkten möglich war [20].

In geringem Umfang wurde der Handelsaustausch mit Persien während der Bürgerkriegsjahre wieder aufgenommen, aber erst seit der Mitte der zwanziger Jahre erreichte er ein nennenswertes Ausmaß (1924/25: Gesamtumsatz 63,3 Mio Rubel), ehe er in den späten dreißiger Jahren wieder auf ein Drittel zurückging. Nach dem Zweiten Weltkrieg dauerte es bis zum Beginn der fünfziger Jahre, bis der Umsatz wieder stieg (1951: 45,5 Mio Rubel); mit Schwankungen hat sich

---

17. Abb. 40 nach Carte schématique de la Perse 1 : 1 708 000, in: Druckschriften und Kartenwerke ..., Nr. 65; vgl. SUMNER, 1942, S. 39 ff.
18. Obzor ... za 1891, S. 240 ff. und 181 ff., ... za 1893, S. 287 ff., ... za 1894, S. 180 ff. u.ö.; RODZEVIČ, 1891, S. 51 f., GEJER, 1901, S. 89 f.
19. LEVINE, 1939, S. 129 f.
20. Vgl. KAPUR, 1965, S. 184 und 194 ff.

der Handelsaustausch seither in derselben Größenordnung gehalten. 1966 (45,4 Mio Rubel) machte der Handel mit Iran gerade 0,3 % des sowjetischen Außenhandels aus [21]. Zu den wichtigsten Gütern, die Iran heute erhält, gehören außer Buntmetallen Zucker, Baumwollgewebe und Fotoapparate; das Land kann vor allem Baumwollfasern, Wolle, Felle, Pelze, Früchte und Trockenobst an die UdSSR liefern [22].

3.6.2.2 Der Handel mit Afghanistan

Auch der Handel mit Afghanistan vollzog sich immer nur teilweise über die Transkaspische Eisenbahn, vor allem nach der Fertigstellung der Nebenstrecke nach Kuška, die in der Pengdeh-Oase nahe am traditionellen Umschlagplatz Tachta-Bazar vorbeiführt. Wichtig waren außerdem die indirekten Handelswege über Persien (z. Bsp. Aschabad - Mashhad - Herat) und Buchara. Die Handelsgüter unterschieden sich nur quantitativ von denen des russisch-persischen Handels. Bedeutend war die afghanische Lammfellausfuhr; Rußland konnte Manufakturwaren, Kerosin und Zucker anbieten [1]. Eine Einschränkung für den Handel, der sich auch hier gegen die englische Konkurrenz richtete, brachte nach dem Vertrag von Gandamak (1879) die Reserve des Emirs ABDUR RAḤMAN (bis 1900) mit sich, der sein Land von fremden Einflüssen freihalten wollte und daher den russisch-afghanischen Handel zu unterbinden versuchte [2].

---

21. Vnešnjaja torgovlja SSSR 1918 - 1940, 1960, S. 882 ff., Vnešnjaja torgovlja SSSR 1918 - 1966, 1967, S. 10 f., 66 f. und 71.
22. Vnešnjaja torgovlja SSSR 1918 - 1966, 1967, S. 32 ff., 139 und 153 ff.

1. LESSAR, 1884a, S. 28 f., CURZON, 1889/1967, S. 286, Obzor ... za 1891, S. 286 ff., FEDOROV, 1901, S. 225 f., KRAHMER, 1905, S. 205, Obzor ... za 1912-14, S. 32.
2. Obzor ... za 1897, S. 185, GEJER, 1901, S. 90, SOLOV'EV i SENNIKOV, 1946, S. 314 f., FLETCHER, 1965, S. 137, KAPUR, 1965, S. 214; vgl. ABDUR RAHMAN, 1900, Bd. 1-2, psm.

Die Bahn konnte dazu beitragen, den russischen Handelseinfluß in Afghanistan trotz dieser politischen Hindernisse zu festigen. Bis Herat hatte sich in der Zeit ABDUR RAḤMANs die Konkurrenz englischer Waren bemerkbar gemacht. Nach dem Tod des Emirs dehnte Rußland seinen Einfluß in Afghanistan zunächst nur wenig aus [3], und die englisch-russische Konvention von 1907 brachte neue Einschränkungen [4]. Immerhin umfaßte die russische Einflußsphäre in Nordafghanistan inzwischen das Vorland des Paropamisus. Bis 1915 erhielt Kuška eine größere Bedeutung als Umschlagplatz zwischen Turkmenien und Nordafghanistan, später verödete dieser Handelsweg [5].

In sowjetischer Zeit blieben die Kommunikationsstellen unverändert [6], und erst in jüngster Zeit zeigt sich im Zusammenhang mit der sowjetischen Wirtschaftshilfe für Afghanistan eine räumliche Verlagerung. Obwohl das kleine Anschluß-Eisenbahnstück Kuška - Torgundi über gute Betonstraßen mit den großen Städten Herat, Kandahar und Kabul verbunden ist, spielt die Zulieferung über den von den Sowjets angelegten Hafen Sherkhan-i-Bandar (Qizil-Qala) eine größere Rolle. Als Zufuhrwege kommen dort sowohl der Amu-darja als Schiffahrtsstraße wie auch die nach Tadžikistan führende Zweigbahn Kagan - Karši - Dušanbe (mit Anschlußbahn nach Nižnij Pjandž gegenüber dem Hafen) in Frage. Über Kuška werden heute Wolle, Baumwolle und Lammfelle importiert sowie Zucker, Stoffe, Autos und Erdölprodukte nach Afghanistan ausgeführt [7].

---

3. REJSNER, 1925, S. 60; zur russischen Afghanistanpolitik Anfang des 20. Jhs. vgl. auch RIZENKAMPF, 1921, Bd. I, S. 106 ff., SUMNER, 1942, S. 23, SETON-WATSON, 1954, S. 293 ff.
4. The economy of Afghanistan, 1960, S. 320 f.
5. RATHJENS, 1962, S. 216. Bei der Erschließung Nordafghanistans konnte Rußland teilweise an die Tradition der alten Handelsplätze aus der Zeit vor dem Bahnbau (z. Bsp. Khulm, Kunduz, Maimana) anknüpfen; vgl. dazu MEJER, 1885, S. 122.
6. Vgl. The economy of Afghanistan, 1960, S. 322 f.
7. Zur Entwicklung der Verkehrswege und -beziehungen vgl. RATHJENS, 1966, S. 12, GvŠk 1968, H. 2, S. 78.

Im Rahmen der heutigen Außenwirtschaftsbeziehungen der UdSSR gehört Afghanistan zu den wichtigsten Handelspartnern aus der Reihe der Entwicklungsländer [8]. Gerade die Ländergruppe des Orients und Südasiens (Türkei, Iran, Afghanistan, Pakistan, Indien) zeigt deutlich, daß hinter der wirtschaftlichen Durchdringung heute noch wie im 19. Jahrhundert die Suche nach einem aufnahmefähigen Absatzmarkt steht. Zwar begann der Handel erst zögernd in der Mitte der zwanziger Jahre, was auch an innenpolitischen Auseinandersetzungen in Afghanistan lag. Wie der russisch-iranische Handel erlebte der russisch-afghanische Austausch im Zweiten Weltkrieg einen Rückgang, doch setzte bald danach ein Anstieg ein, der kontinuierlich in den fünfziger und sechziger Jahren anhielt. 1966 machte der russische Export 66,0, der russische Import aus Afghanistan aber nur 16,9 Mio Rubel aus; mit dem Gesamtvolumen von 82,9 Mio Rubel hatte der russisch-afghanische Handel einen Anteil von 0,7 % an der sowjetischen Außenwirtschaft [9]. 1967 hat-

Tabelle 26 Sowjetisch - afghanischer Handel 1966 [a]

	Gütergruppe	Menge/Wert
sowjet. Export	Werksausstattungen, Fabrikanlagen	40 537 000 Rubel
	Lastkraftwagen	189 Stück
	Zuckerraffinade	104 900 Tonnen
	Baumwollgewebe	7 100 000 lfd. m
sowjet. Export gesamt		66 000 000 Rubel
sowjet. Import	Baumwollfasern	9 100 Tonnen
	Wolle	3 200 Tonnen
	Felle, Pelze	76 000 Rubel
	Früchte, Trockenobst usw.	8 800 Tonnen
sowjet. Import gesamt		16 900 000 Rubel

a. Quelle: Vnešnjaja torgovlja SSSR 1918-1966, 1967, S. 67, 123 ff. und 153 ff.

---

8. ZOTSCHEW, 1969, S. 65.
9. Vnešnjaja torgovlja SSSR 1918-1966, 1967, S. 10 f., 66 f. und 71; zur Entwicklung vgl. die Angaben in Vnešnjaja torgovlja SSSR SSSR 1918-1940, 1960, S. 860 ff.

te die UdSSR einen Anteil von 46,6 % am Import und von 25,6 % am Export Afghanistans, wodurch die engen Bindungen nochmals verdeutlicht werden [10].

Einige wichtige Handelsgüter des heutigen russisch - afghanischen Handels gehen aus der Tabelle 26 (S. 369) hervor; hinzu tritt die Kapitalhilfe im Rahmen von Entwicklungsprojekten, die bis Mitte 1967 bereits eine Gesamtsumme von 651 Mio Dollar erreicht hatte [11].

3.6.2.3 Der Handel mit den Chanaten Chiwa und Buchara

Unmittelbare Handelsaktivität rief der Bahnbau im Emirat Buchara hervor. Hatte sich der Emir auch unter dem Einfluß islamischer Würdenträger gegen eine Trassenführung gewehrt, die die Hauptstadt Buchara berühren sollte, so konnte doch nicht das Einströmen russischer Waren und die Tätigkeit russischer Handelsfirmen verhindert werden. Die Russen eroberten sich die Monopolstellung im bucharischen Außenhandel und ließen die Bahnstation Novaja Buchara (Kagan) zu einem bedeutenden Marktzentrum werden [1]. Die russische Stellung wurde zusätzlich durch den Einfluß gekräftigt, den der Staat in Nordafghanistan gewonnen hatte, denn dadurch wurden englische Transittransporte, die früher aus Indien über Afghanistan Buchara erreicht hatten, sehr erschwert [2]. Ein Blick auf die von CURZON angegebenen Werte für die späten achtziger Jahre macht die Vormachtstellung des russischen Handels in Buchara deutlich (Tabelle 27).

---

10. ZOTSCHEW, 1969, S. 67.
11. Russischer Zucker stieß zunächst in Afghanistan noch auf die Konkurrenz von indischem und später auch indonesischem Zucker; für die Gewinnung der Baumwollfasern lieferte die UdSSR in den 40er Jahren eine komplette Baumwollreinigungsanlage an Afghanistan, die in Kunduz installiert wurde (GEORGIEV, 1960, S. 37); The economy of Afghanistan, 1960, S. 323 ff., ZOTSCHEW, 1969, S. 81.

1. CURZON, 1889/1967, S. 155 und 185 f.
2. CURZON, 1889/1967, S. 284.

Tabelle 27 Außenhandel des Emirats Buchara in den später achtziger Jahren des 19. Jahrhunderts [a]

Handelspartner	Export aus Buchara	Import nach Buchara
Russ. Reich	12 500 000 Rubel	10 600 000 Rubel
Persien	2 120 000 Rubel	5 475 000 Rubel
Afghanistan u. Indien	420 000 Rubel	600 000 Rubel

a. Quelle: CURZON, 1889/1967, S. 191.

CURZON sah damals die weitere Entwicklung dieses Handelsimperialismus richtig voraus: Das Emirat geriet immer mehr unter russischen Einfluß, bis es schließlich seine Eigenstaatlichkeit verlor [3].

Chiwa war nur auf Karawanenwegen zu erreichen. Beide Chanate konnten Rußland etwa dieselben Güter wie das östlich anschließende Generalgouvernement Turkestan anbieten. Nachdem die Warenströme vom Orenburger Karawanenweg auf die Bahn abgelenkt waren, gelangten vor allem Felle, Trockenfrüchte und pflanzliche Öle, später auch immer mehr Baumwolle durch Transkaspien in das Russische Reich, das seinerseits Manufakturwaren, Kerosin, Tee und Alkohol anzubieten hatte [4].

Landschaftliche Rückwirkungen hatte diese Entwicklung im Städtewesen. Novaja Buchara und - nach dem Bahnanschluß - Buchara wurden zu Handelszentren und später auch zu Industriestandorten. Chiwa dagegen gelang in bahnferner Lage der Anschluß an die Urbanisierung nicht, und es sank auf die Stufe einer kleinen Landstadt mit agrarmarktwirtschaftlichen Funktionen zurück, die es auch heute noch erfüllt [5]. Auch für den Handel zwischen den Chanaten und den anderen benachbarten Staaten wurden die Bahnstationen zu Umschlagplätzen im Karawanenverkehr, an denen sich zahlreiche Händler ansiedelten [6].

---

3. CURZON, 1889/1967, S. 202, vgl. LANSDELL, 1885, Nd. III, S. 700, PROSKOWETZ, 1893, S. 431.
4. Obzor ... za 1891, S. 260 ff. und 289 ff., Obzor ... za 1893, S. 294 ff., ALBRECHT, 1896, S. 164.
5. Uzbekistan, 1967, S. 263 ff.
6. FEDOROV, 1901, S. 223.

3.6.3 Die Integration durch die Regionalisierung von Wirtschaftsprozessen

3.6.3.1 Turkmenien als kolonialwirtschaftlicher Rohstofflieferant Rußlands

Mit der Kommerzialisierung, d. h. der Umsetzung von Produktion in "tovarnost'" innerhalb des ökonomischen Systems Rußland bzw. der Sowjetunion, werden chorologische Fragen angeschnitten, die die Untersuchung kurz auf die Betrachtung der Beziehungen zwischen den Urproduktions- und den industriellen Verarbeitungsräumen lenken. Für die Zeit vor 1917 ist das kolonialwirtschaftliche Verhältnis unbestritten. Ein Indiz für die wachsende Bedeutung, die die mittelasiatische Baumwolle in der russischen Wirtschaft bekommen hatte, ist die Preisentwicklung auf dem zentralrussischen Markt. Nach dem ersten Preisanstieg in den sechziger Jahren des 19. Jahrhunderts, als der amerikanische Bürgerkrieg die Exporte aus den USA stoppte [1], wurde seit den achtziger Jahren ausländische Baumwolle erneut höher bewertet. Für ein Pud gereinigter Baumwolle waren 1878 noch 40 Kopeken bezahlt worden; für die auf dem Landweg herangeführte Baumwolle stiegen die Preise bis 1887 auf 1 Rubel, bis 1892 auf 1,40 Rubel. 1900 mußten bereits 4,15 Rubel gezahlt werden, so daß sich die Preise in nur 22 Jahren verzehnfacht hatten [2].

Um die Umstrukturierung von der vorherrschenden Polykultur auf den dominanten Baumwollanbau zu ermöglichen, wurde 1893 ein Sondertarif für Getreidelieferungen auf der Transkaspischen Eisenbahn eingeführt, der es erlaubte, Getreide aus Europa über das Kaspische Meer nach Mittelasien einzuführen [3]. Mit der turkestanischen Baumwolle woll-

1. WALTA, 1907, S. 680, ROŽKOVA, 1963, S. 68 u.ö..
2. Aziatskaja Rossija, 1914, Bd. II, S. 277, DEMIDOV, 1926, S. 84.
3. PIERCE, 1960, S. 167. Auf der Transkaspischen Bahn wurden besonders Transporte in die Ukraine begünstigt (KOCH, 1918b, S. 146).

te man die Konkurrenz der amerikanischen Baumwolle auf dem zentralrussischen Markt ausschalten; gleichzeitig wurde aber Mittelasien in die Versorgungsabhängigkeit von den Getreidegebieten des Reiches gebracht [4]. Zu Beginn des zwanzigsten Jahrhunderts kam Rußland seinem Ziel, in der Baumwollwirtschaft autark zu werden, ein beträchtliches Stück näher. Zwischen 1903 und 1912 stieg der Bedarf der russischen Textilindustrie an Baumwolle von 18,0 auf 23,8 Mio Pud (294 840 bzw. 389 844 t), die Deckung aus den eigenen Besitzungen von 31,6 auf 51,3 % [5].

In der vorrevolutionären Zeit konnte die Baumwollpolitik Investitionen in Mittelasien fördern, und die auf lange Sicht als günstig zu prognostizierende Nachfrage erlaubte auch die Unterstützung von Einzelwirtschaften durch Darlehen. Allerdings war die Verteilung der Mittel ungleich. Sie wurden dem das amerikanische Farmermodell anstrebenden mittleren oder größeren Betrieb eher gewährt als den kleinen deichan-Wirtschaften. Außerdem waren die Zahlungsbedingungen vielfach ungünstig. Die Versorgungsnotlage der Bauern kurz vor der neuen Ernte wurde - ähnlich wie auch in Rußland - durch hohe Getreidepreise ausgenutzt. Hinzu kam, daß unter dem Nachfragedruck mehrere plantagenwirtschaftlich organisierte Betriebe an Murghab und Tedžen entstanden, ohne daß die russische Verwaltung Rücksicht auf wasser- oder bodenrechtliche Besitzverhältnisse genommen hätte [6]. Insgesamt ist die Zeit bis 1917 durch eine Monokulturpolitik geprägt, die sich an den Bedürfnissen der zentralrussischen und polnischen Textilindustrie orientierte [7].

---

4. Vgl. SCHAKIR-ZADE, 1931, S. 61 f. nach KRIVOŠEJN (Denkschrift ..., 1913 psm.).
5. KOCH, 1918b, S. 145. Turkestan stellte 1912: 11,2 Mio Pud Baumwolle, 2,8 Mio Pud kamen aus Kaukasien, Persien und Westchina, 1,5 Mio Pud aus Ägypten, 0,3 Mio Pud aus Ostindien und 8,0 Mio Pud aus Amerika (Ibid., vgl. THIESS, 1913, S. 1502).
6. Turkmenistan 1868-1917, 1958, S. 139.
7. DŽAMALOV u.a., 1967, S. 34.

3.6.3.2 Die Diskussion über die wirtschaftliche Entwicklung Turkmeniens bis 1917

Im zaristischen Rußland hatten sich bis zum Ersten Weltkrieg unterschiedliche Ansichten über die wirtschaftliche Entwicklung Mittelasiens herausgebildet. Während Graf von der PAHLEN nach seiner Revisionsreise eine Ausweitung der Bewässerungswirtschaft und des Baumwollanbaus vorschlug, glaubte der Minister für Landeinrichtung und Landwirtschaft, KRIVOŠEJN, an eine ausreichende Versorgung der russischen Textilindustrie mit mittelasiatischer Baumwolle, wenn auf den bestehenden Bewässerungsflächen geeignete Fruchtfolgesysteme eingeführt würden. Gegen die strikte Monokulturpolitik sprach nach seiner Ansicht vor allem die daraus resultierende Zufuhr und Verteuerung von Getreide und Viehfutter sowie das Fehlen von Arbeitskräften und Krediten [1]. Damit wird die Tendenz der künftigen Entwicklung vorweggenommen: Über eine Bahn aus Kazachstan - die damals geplante und später gebaute Turksib - sollte Getreide zugeführt werden; bis zur ausreichenden Versorgung wurde an eine Extensivierung der Getreidekultur mit boghara-Feldbau gedacht [2]. Durch Sondertarife auf der Orenburg - Taškenter Bahn, durch Kleinkredite für die Landwirtschaftsbetriebe und in bescheidenerem Rahmen durch neue Bewässerungsanlagen sollte die Landwirtschaft auf die Baumwollproduktion ausgerichtet werden. Die enge Verflechtung mit dem Moskauer Industriekapital wollte man berücksichtigen; Vorschläge von Privatunternehmern für Investitionen in der Landwirtschaft lagen bereits vor [3].

Die Absicht, Turkestan und damit auch Transkaspien als Kolonie des Russischen Reiches auszubeuten, wird von KRIVOŠEJN in diesem Zusammenhang offen zugegeben: "Von dem eroberten asiatischen Gebiet kann der Staat mit Recht als von einer russischen Kolonie verlangen, daß es mehr einbringt, als darauf einschließlich aller militärischen

---

1. Denkschrift ..., 1913, S. 8 ff.
2. Denkschrift ..., 1913, S. 10.
3. Denkschrift ..., 1913, S. 31 ff.

und außerordentlichen Ausgaben verwendet wird." (Denkschrift ..., 1913, S. 52).

Allerdings kam die Denkschrift von KRIVOŠEJN zu spät. Ehe die Weichen gestellt waren, brachen Krieg und Revolution herein, ohne daß noch eine Strukturveränderung in der Wirtschaft Mittelasiens eingeleitet worden wäre. So wurden in den letzten Jahren, in denen das Zarenreich bestand, infrastrukturelle Maßnahmen "ohne besondere Planmäßigkeit und Zielbewußtsein" getroffen [4]. Der Krieg selbst führte eine tiefgreifende Transportkrise heraus. Getreidelieferungen aus Europa wurden vom Militär beschlagnahmt, so daß allein von der Störung des Integrationssystemes her die kurzfristige Umstrukturierung der landwirtschaftlichen Nutzflächen in Turkmenien zu verstehen ist [5]. Eine Änderung führte nach erheblich ausgedehnter Anlaufzeit, in der es nicht gelang, die Versorgung der Textilindustrie autark zu regeln, in sowjetischer Zeit zu einer strikten Regionalwirtschaftsplanung.

3.6.3.3 Die regionalintegrative Wirtschaftspolitik in sowjetischer Zeit und ihre Auswirkungen für Turkmenien

3.6.3.3.1 Turkmenien als Wirtschaftsraum in der UdSSR

Turkmenien hat im Rahmen der sowjetischen wirtschaftsgeographischen Regionalisierung ("Rajonierung", rajonirovanie) nur in der Phase größter Dezentralisierung (nach 1957) die Rechte und Pflichten einer eigenständigen Wirtschaftsregion erhalten. Sonst war es mit der Uzbekischen, Tadžikischen und Kirgizischen SSR in eine Mittelasiatische Wirtschaftsregion einbezogen [1]. Die sowjetische Wirtschaftsverfassung unter-

---

4. BASSECHES, 1930, S. 1164.
5. Vgl. PARK, 1957, S. 37 f.

1. Economic reorganization, 1957, S. 394, DAWLETSCHIN, 1962, S. 23 ff., ders., 1963, S. 66 ff., MARKERT, Hrsg., 1965, S. 450 ff., OZNOBIN, 1967, S. 16, SHEEHY, 1968, S. 281, Ekonomičeskie rajony SSSR, 1969, S. 20 f.

gliedert diese Gebiete noch weiter in "nationale und administrative Wirtschaftsregionen" (nacional'nye i administrativnye ėkonomičeskie rajony), die sich in "wirtschaftliche Unterregionen" (ėkonomičeskie podrajony) und diese wiederum in "wirtschaftliche Regionen niedriger Stufe" (nizovye ėkonomičeskie rajony) aufteilen [2]. Daß diese Gliederung Verwaltungszwecken dient und recht schematisch ist, aber kaum funktionale Wirtschaftsräume ausscheidet, braucht nicht noch einmal hervorgehoben zu werden. Hier soll die Betrachtung den gesamten nationalen Wirtschaftsraum erfassen, der mit der Turkmenischen SSR identisch ist.

Die staatliche Planung lehnt offene Autarkiebestrebungen in einzelnen Landesteilen ab. Sie geht von einer regionalen Differenzierung nach denjenigen Produkten aus, die die größeren Verwaltungseinheiten in den Wirtschaftsprozeß des gesamten Staates einbringen. Spezialisierung bedeutet dabei die Beschränkung auf die Produktion von Gütern, die eine über die Regionsgrenzen hinausreichende Bedeutung haben [3]. Dabei sind in Turkmenien bei den Massengütern an erster Stelle Baumwolle für den Unionsbedarf und Erdöl/Erdgas für den regionalen Bedarf Mittelasiens zu nennen. Bei einigen anderen Rohstoffen hat das Land zwar auch fast eine Monopolstellung innerhalb der UdSSR (z. Bsp. Ozokerit, Bentonit, Mirabilit - vgl. ob. Abschn. 3.2.6.1.), aber das sind relativ seltene, wenn auch hochwertige Stoffe, die kaum in die volkswirtschaftliche Gesamtbilanz eingehen [4]. Schließlich gehört auch noch die Vieh-

---

2. Ausführlich mit Definition in E k o n o m i č e s k i e rajony SSSR, 1969, S. 23 f., vgl. ŠTANGEJ, 1967, S. 11 ff. Ein Vergleich mit der Wirtschaftsräumlichen Gliederung der BRD ist gerade im Fall Turkemnien schwer möglich wegen der Andersartigkeit v. Streuungsdichte, Anordnung und funktionaler Reichweite der wirtschaftlichen Aktivitäten. Die größeren Einheiten sind als "staatliche Wirtschaftsräume" im Sinne von OTREMBA, 1959, S. 18 aufzufassen.
3. Vgl. zur theoretischen Grundlegung der Spezialisierung und der damit verbundenen "komplexen wirtschaftlichen Entwicklung der Rajone" E k o n o m i č e s k i e rajony SSSR, 1969, S. 9, wo auch das Beispiel der mittelasiatischen Baumwolle angeführt wird (S. 10 f.), sowie TAAFFE, 1962, S. 98, MARKERT, Hrsg., 1965, S. 443 und MELEZIN, 1968, S. 618 zur Charakterisierung der sozioökonomischen Stellung Mittelasiens.
4. SIROTIN, 1966, S. 65, SABBATOVSKIJ, 1967, S. 73 f.

zucht, speziell die Haltung von Karakulschafen, zu den turkmenischen Spezialzweigen [5]. Diese Wirtschaftsgüter werden in Turkmenien rentabel bereitgestellt, während z. Bsp. Rindviehzucht, Schweine- und Geflügelzucht, die nur der Eigenversorgung dienen, unrentabel sind, und Seidengewinnung, Garten- und Obstbau starke regionale und zeitliche Schwankungen erkennen lassen [6].

3.6.3.3.2 Die landwirtschaftliche Optimierung auf den Baumwollanbau

Die Knappheit der Baumwolle hatte in Mittelasien zu einer Erweiterung der Anbauflächen und in einem zweiten Stadium zu einer Intensivierung der Anbaumethoden geführt, ein Prozeß, der auch heute trotz steigender Bedeutung von Kunstfasern nicht abgeschlossen ist. Die hohen Ansprüche der Pflanze an Bearbeitung und Wasserversorgung ließen, wie die Betrachtung der Bodennutzung zeigte, die Anbauflächen vor allem von Reis und Getreide im südliche Mittelasien bei dessen Umstrukturierung zu einem "Cotton Belt" zurückgehen. Man faßt damit einen Vorgang der Anbauoptimierung, der von den industriellen Bedürfnissen gesteuert wurde. Auch beim heutigen Stand der Agrartechnik hat jede Pflanze einen nach der klimatologisch fundierten Lehre des geographischen Formenwandels in der Horizontalen durch Klima und Wasserhaushalt sowie in der Vertikalen durch das Relief bestimmten Entfaltungsraum für den wirtschaftlich vertretbaren Anbau [1].

---

5. Vgl. Očerki po ėkonomike ..., 1962, S. 22 und 275, Effektivnost' ..., 1965, S. 224, MERETNIJAZOV, 1969, S. 58. KLEER, 1968 hebt zusätzlich die Bedeutung der Neulandsiedlung als Wirtschaftsfaktor in der TSSR hervor, durch die Turkmenien eine gewisse Ähnlichkeit mit Kazachstan erhalte, während die hochgradige Spezialisierung in der Landwirtschaft analog zu den Verhältnissen in Uzbekistan zu sehen ist (zitiert nach RŽ 1969, H. 4, S. 20).
6. Očerki po ėkonomike ..., 1962, S. 364, Effektivnost' ..., 1965, S. 224, KOZLOV, 1969, S. 22 ff.

1. Ein peripher-zentraler Formenwandel zeigt sich bspw. im Sortengegensatz zwischen maritimer Sea Island und kontinentaler Upland.

Bei Weizen, Reis und Baumwolle zeigt sich eine deutliche Nord-Süd-Abfolge von bevorzugtem Weizenanbau im nordkazachischen Steppengürtel, Reiskultur in den Deltaniederungen von Amu- und Syr-darja bis zum Ili-Gebiet sowie Baumwollanbau in den südlichsten Landesteilen (Abb. 41). Getreide und Reis könnten auch noch südlich ihres heutigen Anbaugebietes mit Erfolg gesät und geerntet werden, aber der Baumwolle ist eine agrarklimatische Nordgrenze gesetzt [2]. Gleichzeitig braucht der Reis relativ viel Wasser für die Bewässerung, und dieses würde sein Anbau im Baumwollgürtel dieser Kulturpflanze wegnehmen [3]. Das Getreide stellt hinsichtlich Klima und Wasserversorgung die geringsten Ansprüche und kann daher am weitesten bis zur Risikogrenze des Regenfeldbaus vorstoßen. Grob gesprochen fügt sich an die agrarklimatisch günstigste Zone mit dominierender Baumwollkultur im Süden ein Gebiet an, in dem Klima und Hydrologie noch Reisanbau zulassen. Der Getreideanbau, vor allem die Weizenkultur, fehlt heute zwar in beiden Zonen nicht, aber im Vergleich zur Ausgangssituation hat er an Bedeutung verloren, weil der Industriepflanze bei der Optimierung des südlichen Mittelasien auf diese technische Kultur eine generelle Präferenz zuerkannt wurde. Das Bemühen, einen solchen "Cotton Belt" in Mittelasien zuschaffen, zeigt - analog zu den Bestrebungen CHRUŠČEVs, mit dem Maisprogramm der fünfziger Jahre einen "Corn Belt" in der UdSSR anzulegen - die Orientierung der sowjetischen Agrarpolitik am Vorbild der USA [4].

Planmäßig läßt sich eine solche Optimierung nur erreichen, wenn ausreichende Transportsysteme bereitgestellt werden. Das bekannteste Beispiel aus der Eisenbahnplanung ist die Turksib, die vom nordkazachstanisch-westsibirischen Getreidegebiet die Lebensmittelversorgung nach dem Süden und von dort die Industrierohstoffversorgung für eine trans-

---

2. LJAŠČENKO, 1952, Bd. II, S. 541 gibt 43 ^{o} N an, Aziatskaja Rossija, 1914, Bd. II, S. 282 und 284 Höhenlagen bis 2500-3000 Fuß.
3. Vgl. BASSECHES, 1930, S. 1164.
4. Vgl. CONOLLY, 1967, S. 197.

portorientierte Textilindustrie im Norden übernehmen sollte [5]. Das Reisanbaugebiet am Syr-darja ist durch die Orenburg - Taškenter Bahn, das am Amu-darja durch die Westturanische Magistralbahn erschlossen. Die Mittelasiatische Bahn mit ihren südlichen Zweiglinien führt zu den Baumwollgebieten.

Allerdings funktioniert dieses Austauschsystem bis heute unzulänglich, weil die Getreideproduktion Nordkazachstans und vor allem Südwest-Sibiriens keine ausreichenden Überschüsse liefert. Daher gibt es immer noch zusätzliche Getreidezufuhren über die Orenburg - Taškenter Bahn und aus dem Nordkaukasus-Gebiet [6].

Die Tatsache, daß sich augenblicklich in Turkmenien auch die Reisaussaatfläche sehr vergrößert (1960: ca 100 ha, 1969: 7000 ha) [7] scheint dieser These der verkehrsbezogenen Anbauoptimierung zu widersprechen, aber zwei Faktoren begünstigen diese jüngste Entwicklung. Einerseits konnte das Schwergewicht des Baumwollanbaus weiter nach Süden zum Neuland am Karakum-Kanal verlagert werden; auch in den Nachbarrepubliken sind Ausweitungen zu erwarten, bspw. in der Uzbekischen SSR in der Karši-Steppe, in der Tadžikischen SSR am Vachš. Eine Ausweitung der Baumwollkultur nach Norden, etwa an den Unterlauf des Amu-darja, war nicht mehr von erstrangigem Interesse. Denn dort - und damit kann ein zweiter Grund angeführt werden - war die infrastrukturelle Vorleistung durch Eisenbahn und Bewässerungskanäle schlecht. Die Westturanische Magistrale konnte sich bisher noch nicht auf die Struktur der Aussaatflächen auswirken. Es bleibt abzuwarten, inwieweit sie zu einer Umpolung führen wird, bei der das fruchtbare Amu-darja-Delta wieder Baumwoll-Perspektivbereich wird [8]. Hinzu

---

5. Vgl. schon BASSECHES, 1930, S. 1164, HUNTER, 1957, S. 44.
6. Zu den Planungsvorstellungen und ihrem Scheitern vor allem TAAFFE, 1960, S. 111 ff. und 1962, S. 87 f.; ALLWORTH, ed., 1967, S. 345.
7. Nar. choz. SSSR v 1969, S. 317, vgl. VASIL'EVA, 1969, S. 97 f.
8. Zu bedenken ist auch, daß im Amu-darja-Delta die Anbaubedingungen für die augenblicklich besonders geförderte feinfasrige Baumwolle aus agroklimatischen Gründen bereits ungünstig sind.

kommt, daß die UdSSR auch auf dem Sektor des Reisanbaus Autarkiebestrebungen entwickelt. Dazu muß auf Bewässerungsreserven im südlichsten Landesteil zurückgegriffen werden, der eigentlich vom "Cotton Belt" eingenommen wird [9]. Und schließlich darf das mangelhafte Funktionieren des großräumigen Austausches nicht übersehen werden.

Sollte die weitere Entwicklung wieder eine Nordwärtswanderung des Reisgürtels bringen und die Vorherrschaft der Baumwollkultur in Chorezm festigen, so wäre daraus ein neues Argument für die Anbauoptimierung auf der verkehrsgeographischen Grundlage zu gewinnen. Denn dann ist die erneute Ausweitung der Baumwollflächen am unteren Amudarja als Folge der durch die Westturanische Magistrale verbesserten Verkehrsverbindungen anzusehen.

Grundlegend für die Gestaltung der Kulturlandschaft Turkmeniens ist nach den dargelegten Grundzügen der wirtschaftlichen Regionalisierung die Baumwollpolitik, deren Entwicklung rückblickend analysiert werden muß (vgl. auch o. Abschn. 3.2.4.1.4.).

Im Ersten Weltkrieg und in den Jahren des Bürgerkriegs litt die russische Baumwollwirtschaft unter einer tiefgreifenden Versorgungskrise; erst Anfang der zwanziger Jahre wuchsen die Anbauflächen wieder an. Dabei wurden alte Projekte erneut aufgegriffen wie bspw. die Bewässerung der Hungersteppe (Golodnaja steṕ) bei Taškent [10]. Die Revolution hatte die alten Handelsfirmen beseitigt, an deren Stelle zunächst keine Nachfolgeorganisationen getreten waren; der lokale Handel mußte die Funktionen der ehemaligen Gesellschaften übernehmen [11].

Die Zeit der Neuen Ökonomischen Politik (NEP) brachte eine Auseinandersetzung in der Frage, ob in der russischen Baumwollkultur nach amerikanischem Vorbild leistungskräftige Einzelbetriebe geschaf-

9. Vgl. zur Reis-Autarkie: Frankfurter Allg. Zeitung v. 13.4.1971, S. 14.
10. RIZENKAMPF, 1921, Bd. I, S. 43 f., 62 ff. et psm.
11. DŽAMALOV u.a., 1967, S. 122.

fen werden sollten oder ob man sich dem preußischen Modell von Großbetrieben zuwenden sollte, die unter staatskapitalistischen Gesichtspunkten zu verwalten wären. Die Entscheidung fiel letztlich zugunsten der zweiten Lösung bei der Enteignung des Privatbesitzes und der Einführung von Kolchozen und vor allem von Sovchozen. Gleichzeitig erhöhte die sowjetische Regierung den Leistungsdruck auf die turkmenischen Baumwollsammler, um die Industrie ausreichend versorgen zu können [12].

Als die Turksib fertiggestellt war, schien eine Verbindung mit den Vorstellungen einer zentral geplanten und verwalteten, wirtschaftsräumlichen Arbeitsteilung möglich. Untersuchungen der zwanziger Jahre hatten gezeigt, daß die Bewässerungsanlagen Mittelasiens noch auszuweiten, die Kulturen zu intensivieren waren. Der Baumwolle wurde damals ein Vorrang eingeräumt, der einer Propagierung der Monokultur gleichkam. 1931/32 erreichte die Baumwollanbaufläche Mittelasiens mit über 1,5 Mio ha einen Maximalwert (Turkmenien 1932: 181 600 ha); nachdem die Tendenz zur strikten Monokultur etwas abgeklungen war, fiel dieser Wert auf 1,36 Mio ha (1937) [13].

Versuche hatten inzwischen die Gefahren einer fortschreitenden Bodenverschlechterung aufgewiesen. Nach den Plänen von 1940 - 1945 durften nur noch ca. 25 % des neu zu erschließenden Bodens für die Baumwolle beansprucht werden [14]. Bevorzugte Wechselfrucht wurde die Luzerne, die durch Stickstoffabgaben an den Boden das chemische Gleichgewicht wiederherstellen konnte [15]. Wieder zeigt sich auch die

---

12. Vgl. MATGEL'DYEV, 1967 a, S. 19 f.
13. TOEPFER, 1929, S. 393, OLZSCHA u. CLEINOW, 1942, S. 284, MATGEL'DYEV, 1967 a, S. 21 und 1967 b, S. 38. Nicht nur bei der Betriebsform, sondern auch bei der Regionalisierung diente die USA als Vorbild. VOLŽIN, 1930, S. 240 ff., dessen Arbeit stellvertretend für eine große Zahl von agrarwissenschaftlichen Wegbereitern genannt werden kann, weist mehrfach auf Erfolge in den USA und in Ägypten, dem zweiten Vorbild für die UdSSR, hin.
14. PLAETSCHKE, 1941, S. 71.
15. JUFEREV, 1925, S. 126 ff., MELKICH, 1933, S. 24, vgl. MÜLLER, 1958, S. 95.

Gefahr des politisch motivierten Eingriffs in die Agrartechnik: Um die Schwierigkeiten bei der Versorgung mit mineralischen Düngemitteln zu umgehen, wurde unter STALIN die "travopol'naja sistema" propagiert, eine Feldgraswirtschaft, die nicht nur in der Nutzflächenaufteilung, sondern auch bei der Arbeitsorganisation auf dem Land große Folgen hatte.

Eine entscheidende Produktionssteigerung ist erst seit wenigen Jahren zu beobachten; sie steht im Zusammenhang mit dem Aufbau der transportorientierten Düngemittelindustrie. Heute sind Kolchoze mit ca. zwei Dritteln Anteil der Baumwolle an der Nutzfläche keine Seltenheit. Die Baumwollsovchoze sind fast strikt auf die Baumwollmonokultur ausgerichtet und weisen Anteile bis zu 80 % auf, doch ist das Problem der übermäßigen Bodenbeanspruchung noch nicht mit Sicherheit gelöst [16]. Gerade das Neuland am Karakum-Kanal, das auf gewaltigen finanziellen Investitionen beruht, leidet unter der übertriebenen Extensivierung, die nötig war, um durch umfangreiche Aussaatflächen die hohen Kosten staatswirtschaftlich zu rechtfertigen [17]. Immer noch werden Baumwoll-Luzerne-Fruchtfolgen mit sechs- bis neunjährigem Umtrieb vorgeschlagen, aber die politische Forderung zielt auf einen höheren Anteil der Baumwolle [18].

Mit ihrer Baumwollpolitik, die sich keineswegs auf Turkmenien beschränkt, hat die UdSSR heute ein altes Ziel erreicht: Sie ist unabhängig von Zulieferungen aus dem Ausland. Zwar wird noch Baumwolle in die Sowjetunion eingeführt (1969: 171 000 t, vor allem aus Ägypten), aber die Baumwollexporte sind schon wesentlich größer als die Importe (1969: 452 000 t, vor allem in die benachbarten Staaten des Orients) [19].

---

16. BAŠAROV, 1968, S. 47, AMANDURDYEV, 1969, S. 8.
17. Vgl. SHEEHY, 1968, S. 282; zum wirtschaftlichen Problem auch RAUPACH, 1968, S. 198.
18. KUDRATULLAEV i CHUDAJKUL'EV, 1968, S. 7.
19. BOTT, 1965, S. 202, Nar. choz. SSSR v 1969, S. 652 f.

3.6.3.3.3 Die räumliche Verflechtung der turkmenischen Baumwollwirtschaft in der Sowjetunion

Der größte Teil der turkmenischen Baumwollfasern kommt noch heute den fernab gelegenen Industriegebieten des zentralen europäischen Rußland zugute [1]. Hier liegt ein offensichtlicher Rückstand vor, wenn man in der regionalen Industrialisierung ein Kennzeichen wirtschaftlicher Entwicklung sehen will.

Die Industrialisierung gilt fast überall als eine primäre Maßnahme bei der Beseitigung wirtschaftlicher Unterentwicklung. Bereits im zarischer Zeit hatte es - vor allem unter Ministerpräsident S. WITTE in den neunziger Jahren des 19. Jhs. [2] - eine Phase verstärkter Industrialisierung gegeben, die aber ohne tiefgreifende Wirkungen für die peripheren Gebiete des russischen Machtbereichs blieb und höchstens den Streifen unmittelbar entlang der großen Eisenbahnen als wirtschaftlichen Leitlinien erfaßte. Die sowjetische Industriepolitik bemühte sich um eine Verdichtung, deren Folge einige planmäßige Industrieansiedlungen nach volkswirtschaftlich fundierten Standortkriterien waren.

In der Mitte der zwanziger Jahre, als sich etwa die Verhältnisse der zarischen Zeit wieder eingependelt hatten, lieferte Turkmenien Baumwolle nach außen und erhielt von dort Baumwollstoffe (vgl. Abb. 43). Ein Versuch transportorientierter Industrieansiedlung war zu Beginn der dreißiger Jahre die Anlage des Textilkombinates in Barnaul in Südwest-Sibirien. Um leere Waggonrückläufe bei den Versorgungslieferungen nach Mittelasien zu vermeiden, wird seither Baumwolle nach dem Norden transportiert [3]. Der Standort im südwestlichen Sibirien ist zudem durch eine günstige Lage zu den potentiellen Konsumenten in einem rasch sich entwickelnden Industriegebiet gekennzeichnet.

---

1. Abb. 42. Vgl. PRYDE, 1968, S. 587.
2. LAUE, 1963, S. 292 ff. mit dem Hauptakzent auf der Bedeutung des Bahnbaus für die Erschließung des weiten russischen Raumes. Manche Prinzipien der sowjetischen Wirtschaftspolitik, z. Bsp. der erzwungene Konsumverzicht, die Einengung der freien Privatinitiative oder die forcierte Machtpolitik in der Wirtschaft wurden schon in der WITTE-Ära um die Jahrhundertwende vorweggenommen. Vgl. dazu NÖTZOLD, 1966 a und b.
3. TAAFFE, 1960, S. 108, Ekonomičeskie rajony SSSR, 1969, S. 240.

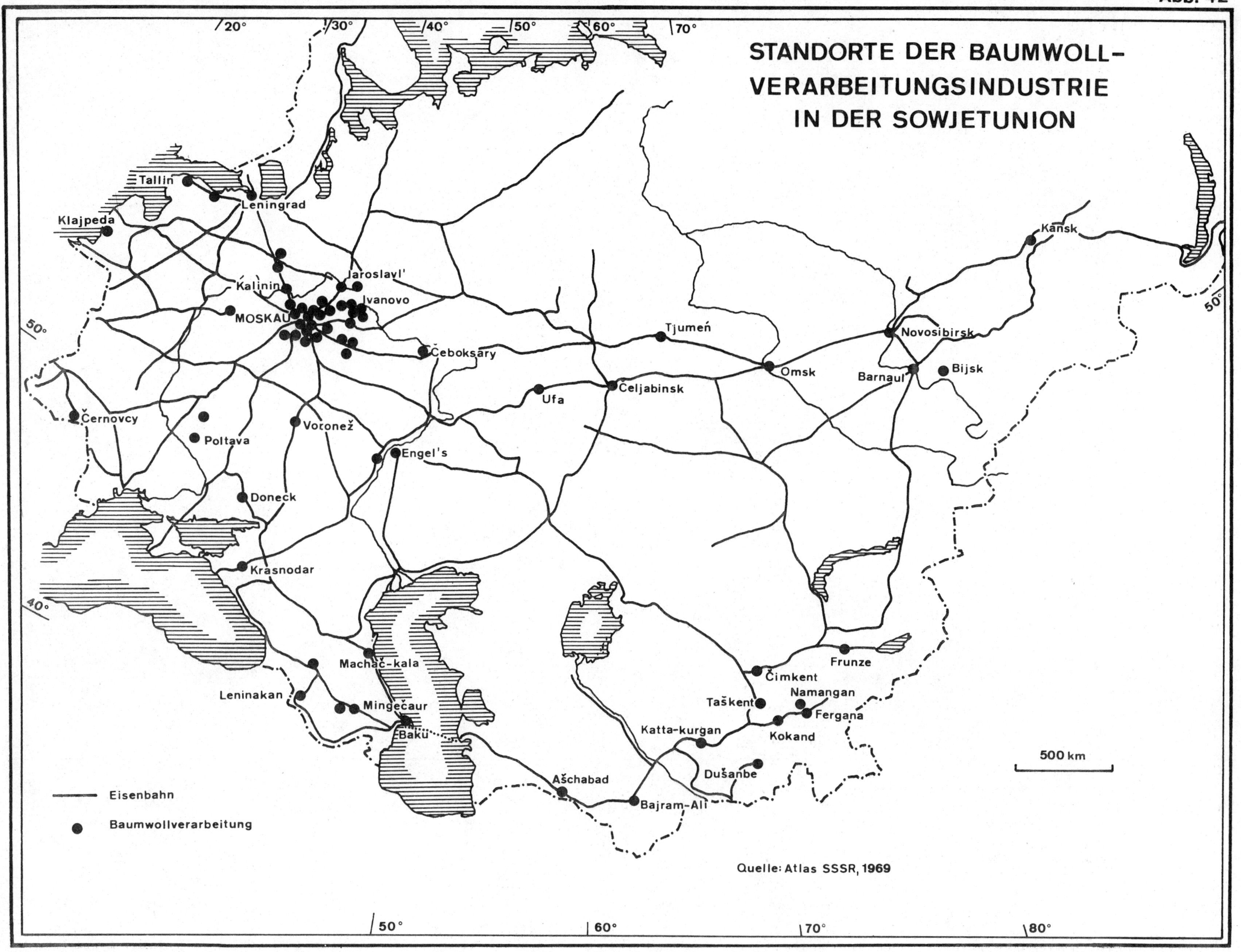
STANDORTE DER BAUMWOLL-VERARBEITUNGSINDUSTRIE IN DER SOWJETUNION
20°
30°
40°
50°
60°
70°
80°
50°
40°
Tallin
Leningrad
Klajpeda
Jaroslavl'
Kalinin
Ivanovo
MOSKAU
Čeboksary
Tjumeń
Novosibirsk
Kansk
Omsk
Barnaul
Bijsk
Celjabinsk
Ufa
Černovcy
Poltava
Voronež
Engel's
Doneck
Krasnodar
Machač-kala
Leninakan
Mingečaur
Baku
Frunze
Čimkent
Namangan
Taškent
Fergana
Kokand
Katta-kurgan
Dušanbe
Aschabad
Bajram-Ali
500 km
Eisenbahn
Baumwollverarbeitung
Quelle: Atlas SSSR, 1969

Abb. 43

WIRTSCHAFTLICHE VERFLECHTUNG DER TURKMENISCHEN BAUMWOLLE

WIRTSCHAFTSJAHR 1926/27

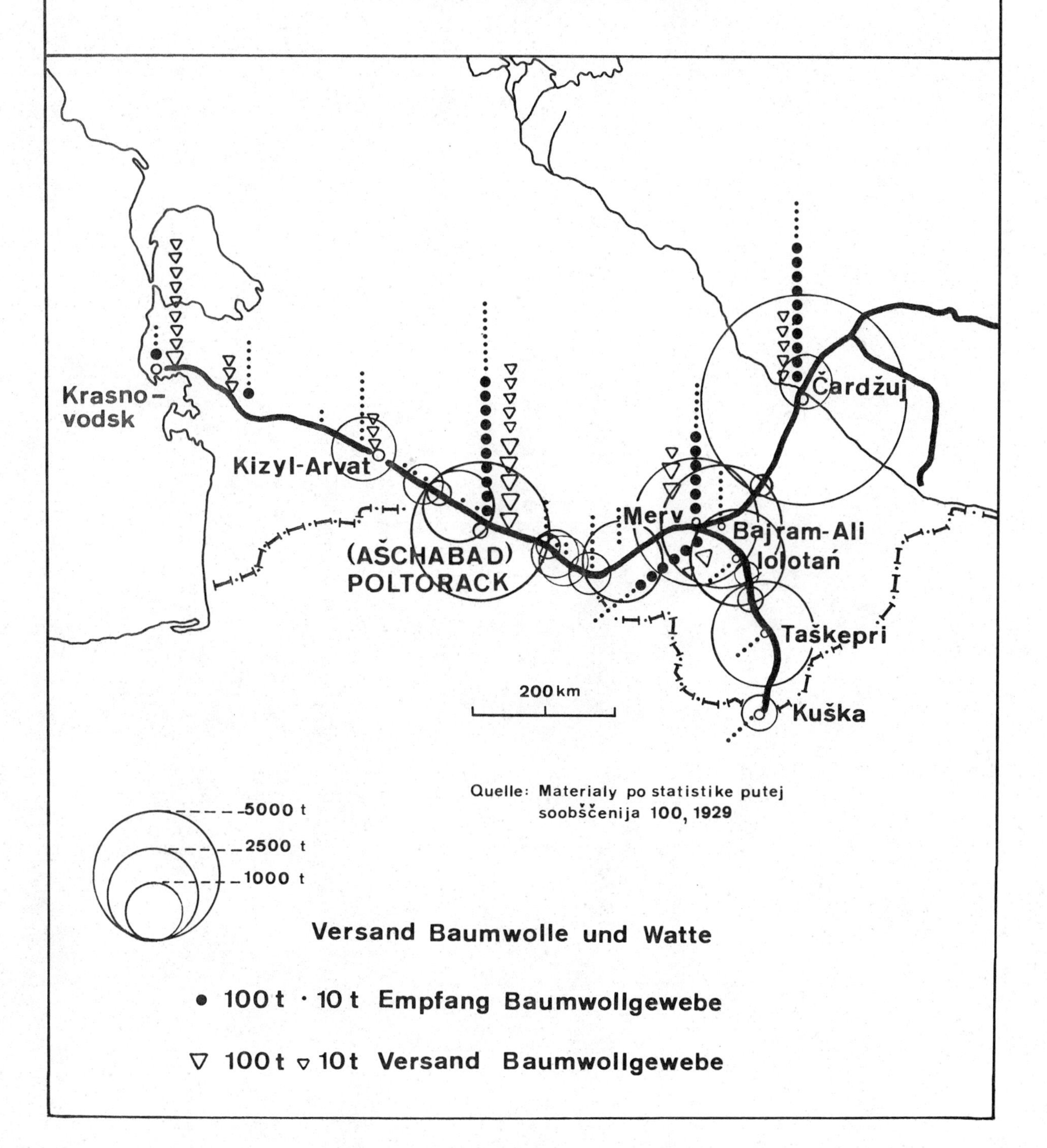

Daß dieses interregionale Austauschsystem nicht reibungslos funktioniert, wurde schon betont. Und mit dem "künstlichen" Standort waren auch nicht die Transportkostenprobleme gelöst, die der Baumwollferntransport aufwirft.

Während sich Mittelasien 1938 weitgehend raumintern versorgte, aber seine eigene Produktion nicht ausreichte, war neben dem traditionellen Rücklauf aus den zentralen Industriegebieten auch eine beträchtliche Fertigwareneinfuhr aus dem Planstandort Barnaul zu verzeichnen. Die Möglichkeit, Fertigverarbeitungsstätten unmittelbar im Produktionsraum zu errichten, ist, wie die geringe Zahl großer Textilfabriken in Mittelasien (z. Bsp. Ašchabad, Samarkand, Fergana, Taškent) zeigt, bislang unzureichend verwirklicht worden, obwohl schon vor längerer Zeit auf die Notwendigkeit hingewiesen wurde, solche Industrieanlagen besonders zu fördern [4].

Im Zusammenhang mit der Frage nach einer räumlich erweiterten Industrialisierung im Urproduktionsgebiet der Baumwolle wird der Gegensatz zwischen bahnnahen und bahnfernen Wirtschaftsräumen wieder wichtig. Vergleicht man die Liste der Industrieunternehmen etwa in Nordturkmenien und am mittleren Amu-darja (Čardžou), so wird deutlich, in welchem Maß der transportgünstiger gelegene Standort bevorzugtes Investitionsgebiet wurde. In der Mitte der dreißiger Jahre umfaßte die Industrie von Chorezm wohl einige Werke der Baumwollreinigung, für die weitere Verarbeitung mußte auf die Textilfabriken in Ašchabad, Taškent und Fergana verwiesen werden [5]. Die damals prognostizierte Strukturverbesserung durch die Eisenbahn ist zwar teilweise eingetreten, aber bisher fehlt eine breiter gestreute Industrieansiedlung. Im Gegensatz dazu haben sich die Oasenzentren an der Transkaspischen Eisenbahn rascher entwickelt.

---

4. ISKANDEROV, 1965, S. 34. ISKANDEROV (S. 35) rechnet mit 553 Rubel Transportkosten für den Transport von einem Güterwagen Baumwolle über die Entfernung von 3000 km (etwa Mittelasien - Zentrum).
5. Problema transportnoj svjazi ..., 1935, S. 61 ff. und 151 f.

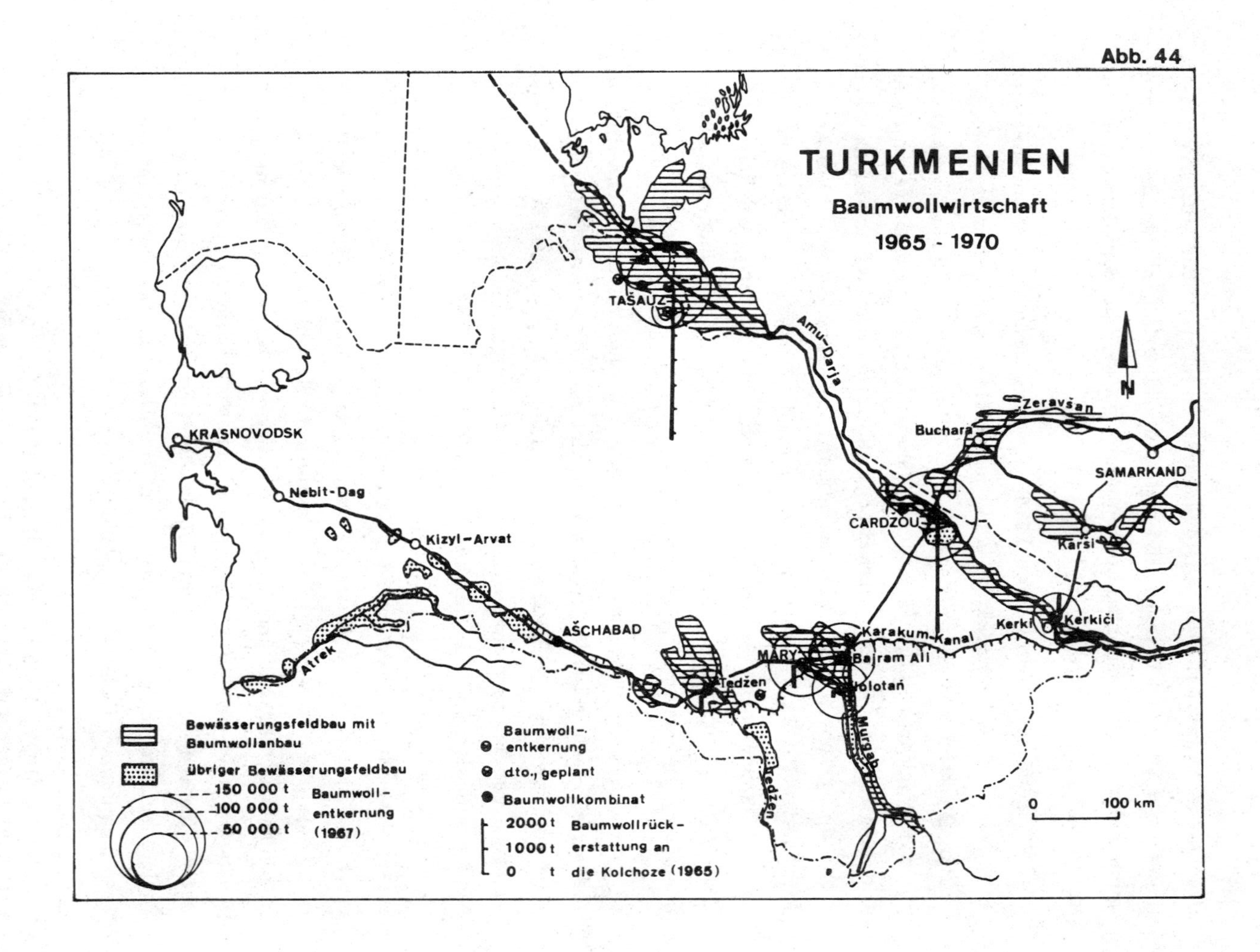
Abb. 44
TURKMENIEN
Baumwollwirtschaft
1965 - 1970
N
TAŠAUZ
Amu-Darja
Zeravšan
Buchara
SAMARKAND
ČARDZOU
Karši
Kerki
Kerkiči
Karakum-Kanal
MARY
Bajram Ali
Iolotań
Tedžen
Murgab
Tedžen
AŠCHABAD
KRASNOVODSK
Nebit-Dag
Kizyl-Arvat
Atrek
Bewässerungsfeldbau mit Baumwollanbau
übriger Bewässerungsfeldbau
150 000 t
100 000 t
50 000 t
Baumwoll-entkernung (1967)
Baumwoll-entkernung
dto., geplant
Baumwollkombinat
2000 t Baumwollrück-
1000 t erstattung an
0 t die Kolchoze (1965)
0
100 km

In welchem Maße die turkmenische Baumwollwirtschaft heute auf Verflechtungen im Land selbst beruht, läßt sich aus Abb. 44 ablesen, wo auch die Ausrichtung auf die Eisenbahn nochmals verdeutlicht wird. Eine Bestätigung der Überlegungen über die mangelhafte Integration zwischen Urproduktions-, Verarbeitungs- und Konsumräumen in der heutigen Zeit ergibt sich aus den Daten der Tabelle 28 (S. 392). Als Maßstab für die relative Rückständigkeit Turkmeniens kann der Produktionsanteil im Rahmen der mittelasiatischen Wirtschaftsregion und im Rahmen der UdSSR gelten. Danach hat sich in den letzten Jahren die Beteiligung der TSSR an der gesamten Baumwollfläche der UdSSR mit etwa einem Zehntel kaum verändert. Der Rohbaumwollertrag (in dz/ha) wich kaum vom Mittelwert ab. 1968 kam das Land sogar etwas über den Unionsdurchschnitt. Schon die Verarbeitung auf der niedrigen Stufe, die Baumwollreinigung, wird nicht vollständig in Turkmenien geleistet, sondern Rohbaumwolle wird in die benachbarten Unionsrepubliken, vor allem nach Uzbekistan, verfrachtet. Vollends ungenügend ist der Anteil Turkmeniens und auch Mittelasiens an der Herstellung von Baumwollgewebe: 0,3 % sind viel zu wenig, wenn man davon ausgeht, daß der Binnenhandel mit Baumwollstoffen 1960 in der TSSR einen Anteil von rund 1,3 % hatte. Also müssen drei Viertel des Baumwollstoffes auch heute noch nach Turkmenien eingeführt werden. Angaben über die tatsächliche Nachfrage fehlen, sie dürfte nochmals etwas höher liegen.

Aus der Tatsache, daß die Rohbaumwollgewinnung etwa den sechsfachen Anteil des Konsums erreicht, ergibt sich ein Überschuß, der die gesamtwirtschaftliche Bedeutung der turkmenischen Baumwollkultur erweist. Aber dieser Überschuß kommt - und dies sogar in steigendem Maße - benachbarten Wirtschaftsregionen zu. Während sich die Produktion von Rohbaumwolle und Fasern in den letzten Jahren ständig erhöhte, ist die Tendenz bei der Gewebeherstellung eher rückgängig. Schwierigkeiten bei der Wirtschaftsführung im Aschabader Textilkombinat dürften neben zentralistischer Lenkung die Hauptursache sein.

Tabelle 28 Der Anteil Turkmeniens an der Baumwollwirtschaft Mittelasiens und der UdSSR, 1960 - 1969

Produktions-zweig	Jahr	Turkm. SSR	Mittelasien (a)	Sowjetunion	TSSR in % v. Mittelas.	TSSR in % v. UdSSR	Mittelasien in % von UdSSR
Aussaatfläche [b]	1960	222 000	1 915 000	2 192 000 ha	11,59	10,13	87,36
	1965	257 000	2 175 000	2 442 000 ha	11,82	10,52	89,07
	1968	279 000	2 197 000	2 445 000 ha	12,70	11,41	89,86
	1969	312 000	2 297 000	2 540 000 ha	13,58	12,28	90,43
Rohbaumwolle [c]	1960	363 000	3 837 000	4 289 000 t	9,46	8,46	89,46
	1965	553 000	5 233 000	5 662 000 t	10,57	9,77	92,42
	1968	712 000	5 542 000	5 945 000 t	12,87	11,98	93,22
	1969	692 000	5 319 000	5 708 000 t	13,01	12,12	93,19
Rohbaumwoll-erträge [c]	1960	16,3	20,0	19,6 dz/ha			
	1965	21,5	24,1	23,2 dz/ha			
	1968	25,4	25,2	24,3 dz/ha			
	1969	22,2	23,2	22,5 dz/ha			
Baumwoll-fasern [d]	1960	122 500	1 500 000	1 546 400 t	8,17	7,89	97,00
	1965	150 300	1 679 700	1 834 000 t	8,93	8,19	91,52
	1968	185 900	1 876 100	2 036 300 t	9,91	9,13	92,13
	1969	174 100	1 763 100	1 921 400 t	9,87	9,06	91,76
Baumwoll-gewebe [e]	1960	23,6	311,3	6 386,9 Mio lfd.m	7,56	0,37	4,87
	1965	19,8	354,4	7 076,9 Mio "	5,59	0,28	5,01
	1968	21,7	351,6	7 561,8 Mio "	6,17	0,27	4,65
	1969	20,5	335,5	7 606,0 Mio "	6,11	0,27	4,41
Absatz von Baumwollstoff [f]	1960	31,214		2 380,0 Mio R		1,31	

a. Mittelasien = Turkm., Tadž., Uzbek. u. Kirgiz. SSR. - b. Nar.choz. SSSR v 1969, S. 318. - c. ibid., S. 333. - d. ibid., S. 253. - e. ibid., S. 251. - f. ibid. S. 607, Nar.choz. TSSR 1963, S. 167.

3.6.4 Zum Problem der wirtschaftlichen Rückständigkeit Turkmeniens

3.6.4.1 Turkmenien als Entwicklungsland

Wie NÖTZOLD (1966 a) gezeigt hat, war die wirtschaftliche Ausgangssituation im Russischen Reich zu Beginn des 20. Jahrhunderts reichlich ungünstig; an eine Überwindung des Rückständigkeitseffektes war weder unter WITTE noch unter STOLYPIN zu denken. Das trifft in noch höherem Maße für die peripheren Gebiete zu, in denen das "take-off" durch eine hohe Transportkostenbelastung bei allen Gütern zusätzlich erschwert wurde [1]. So konnte die Eisenbahn, im gesamtstaatlichen Rahmen gesehen, wohl zur Erschließung der Peripherie beitragen, aber die Zentrierung der Wirtschaftsprozesse auf ein deutlich ausgeprägtes Kerngebiet brachte Faktoren der Ungunst mit sich, die nur teilweise durch die Autarkiebestrebungen aufgehoben werden konnten. Die erhöhten Transportkosten belasteten sowohl die zentralrussische Industrie (hohe Preise) als auch die Liefergebiete (niedere Löhne). So kann es nicht verwundern, daß selbst der verstärkte Baumwollhandel zwischen Mittelasien und Rußland keine Rückwirkungen auf den Lebensstandard der einheimischen Bevölkerung hatte; vielmehr führte er oft zu sozialen Härten, wenn die Bevölkerung, vor allem die Nomaden, ihr Land an die Russen verlor, die dort Plantagenbetriebe einzurichten versuchten [2].

Den Neubeginn nach 1917 nehmen zahlreiche Untersuchungen zum Anlaß, die seither erfolgte wirtschaftliche Entwicklung als einen Vorgang darzustellen, der nicht nur vom Nullpunkt ausging, sondern auch eine tabula rasa vorfand, die der Aktivitätsentfaltung keinerlei Richtung wies [3]. Aber eine derartige Deutung verkennt wohl die Resistenz, die

---

1. NÖTZOLD, 1966 a, S. 125.
2. WHITMAN, 1956, S. 202 f.
3. Vgl. bspw. ANNAKLYČEV, 1958 und auch TAAFFE, 1960 psm.; WILBER, 1969, bes. S. 145 ff.

in funktionalen Bezügen des Wirtschaftslebens zu finden ist. War es nicht vielmehr so, daß das sowjetische System auf Modelle der Organisation zurückgreifen konnte, die sich vor 1917 als praktikabel erwiesen hatten und den neuen Leitern auch noch in der Erinnerung waren? Die Planung der Bewässerungswirtschaft und des Baumwollanbaus seit den zwanziger Jahren beruht weitgehend noch auf Untersuchungen in zarischer Zeit [4]. Der Eisenbahnverkehr war durch die Kriegszeit zwar lahmgelegt worden, aber die Wiederaufnahme des Betriebes ließ sich mit geringeren Mitteln erwirken als ein völliger Streckenneubau. Zwischen dem zentralen Wirtschaftsraum Rußland und Mittelasien hatte sich ein Nachfrage-Angebot-System mit Transportverflechtungen entwickelt, das von der neuen Herrschaft übernommen werden konnte, sowie einige infrastrukturelle Vorleistungen wiederhergestellt waren. Das städtische Leben blieb über die Wirren hinweg russisch geprägt und brauchte sich nur bei gleichbleibender Bevölkerungs- und Wirtschaftsstruktur an die neuen Herrschaftsformen anzupassen.

Mit dieser Feststellung der nur funktionell eingeschränkten Kontinuität von Strukturen und Relationen über die Revolutionsjahre hinweg ist die Frage noch nicht beantwortet, ob aus Turkmenien ein Land geworden ist, dessen wirtschaftliche Entwicklung in Analogie zu derjenigen der Kolonien westlicher Staaten gesehen werden kann.

Versucht man, eine derartige Analogie aufzuzeigen, so muß die besondere politische Situation beachtet werden. Im Gegensatz zu den Kolonien Westeuropas hat Turkestan keine politische Selbständigkeit erlangt. Die politisierende Literatur überträgt daher die Begriffe "Imperialismus" und "Kolonialismus" auch auf die heutigen Beziehungen zwischen Rußland und Mittelasien (CAROE, 1953/54, S. 135 ff., WHEELER, 1955, S. 325, DAVLETSHIN, 1965b, S. 28 ff., HAYIT, 1965, bes. S. 102 ff.). Die Kolonialpolitik des zaristischen Rußland wurde von den Sowjets zwar abgelehnt, aber die Analyse der Baumwollpolitik zeigt noch keine Änderung. Mittelasien und damit auch Turkmenien, blieb die bevorzugte Baumwoll-"kolonie" der russischen Industrie (vgl. CONOLLY, 1967, S. 92).

4. Erwähnt seien in diesem Zusammenhang nochmals die umfassenden Arbeiten von RIZENKAMPF, 1921, JUFEREV, 1925, DEMIDOV, 1926, CINZERLING, 1927.

Zahlreiche Kriterien, nach denen man die Entwicklungsländer zu definieren pflegt, sind in Turkmenien nicht ohne weiteres anwendbar [5]. Einkommensmerkmale scheinen zunächst für die Typisierung unergiebig, wenn man es mit einer arbeitorganisierenden Zentralverwaltungswirtschaft zu tun hat [6]; aber die Analyse der Daten über Pro-Kopf-Ausgaben gibt bereits einen Hinweis auf die Sonderstellung der südlichen Unionsrepubliken [7]. Ebenso kann die hohe Zuwachsrate bei der Bevölkerung als kennzeichnend angeführt werden, die beweist, daß der auf hygienische Verbesserungen mit zeitlicher Verzögerung antwortende Effekt noch ausbleibt.

WILBER (1969) geht bei der Untersuchung der Wirtschaftsentwicklung in Mittelasien von Produktionsindikatoren aus (bspw. ha-Erträge in der Landwirtschaft, Mechanisierung und Industrieproduktion), er berücksichtigt aber auch soziale Indikatoren wie den Verstädterungsgrad oder den Alphabetismus als niedriges Bildungskriterium. Danach hatte Mittelasien 1926/28 eine weitaus schlechtere Position als die von WILBER zum Vergleich angeführten Entwicklungsländer (Kolumbien, Türkei, Indien, Iran, Pakistan) zu Beginn der sechziger Jahre (l.c. S. 154). Der Wirtschaftsaufbau bis zum Beginn der sechziger Jahre ergibt dann aber für Mittelasien Indexwerte, die sich an westeuropäische Vergleichszahlen (Frankreich, Italien) annähern (l.c. S. 206 ff.). Die Deutung, daß Mittelasien damit das "take-off" gelungen sei, scheint jedoch etwas zweifelhaft, wenn man die Indikatoren überprüft, mit denen WILBER operiert. Höchste Werte erreicht Sowjet-Mittelasien unter den zum Vergleich herangezogenen Ländern beim Kohleverbrauch je Kopf der Bevölkerung und bei den Transportleistungen. Es ist aber geographisch fraglich, ob das nordkazachische Kohlenrevier, das dabei den Ausschlag gibt, zum mittelasiatischen oder nicht eher zum uralisch-westsibirischen Wirtschaftsraum zu rechnen ist; auf die Scheingröße "Transportleistung" wurde schon hingewiesen (s.o. Abschn. 3.6.1.4.). Unbestritten sind die großen sowjetischen Leistungen im sozialen Bereich. Dadurch steht Mittelasien zwar besser als die anderen Entwicklungsländer, aber die Produktionsindikatoren sind noch zu weit von den Vergleichswerten in wirtschaftlich entwickelten Ländern entfernt, als daß eine Gleichstellung erreicht wäre.

Hauptargument für eine Deutung Turkmeniens als Entwicklungsland dürften jedoch die aufgezeigten Schwächen bei der Integration in groß-

---

5. Vgl. bspw. BESTERS und BOESCH, Hrsg., 1966, Sp. 9 ff.
6. WILBER, 1969, S. 147.
7. KLEER, 1967, S. 1193 ff., vgl. o. Abschn. 3.4.4.

räumige wirtschaftliche Zusammenhänge sein, wenn nicht, wie bei den südamerikanischen oder afrikanischen Staaten, in weltwirtschaftliche Verflechtungen, so doch im Rahmen des sowjetischen Wirtschaftssystems, in dem sich für die Randgebiete immer noch Hindernisse aus der starken Zentralisierung von Wirtschaftsprozessen, vor allem aber von Wirtschaftszielen aufspüren lassen. Das grundlegende Problem der Distanzüberbrückung, für die wirtschaftliche Ressourcen verbraucht werden, ist noch nicht gelöst worden. Im Gegensatz zum westlichen Sibirien und zu Kazachstan, wo sich aus den weiten Transportwegen bei großen Transportmengen ein übermäßiger Verschleiß an Hilfsmitteln ergibt, muß man im peripheren Turkmenien auch den zweiten von HUNTER erörterten Fall erwägen, daß zu geringer Transport innerhalb einer Region ein entscheidendes Produktionshindernis sein kann [8].

3.6.4.2 Ansätze zur Förderung der wirtschaftlichen Entwicklung im Rahmen des sowjetischen Wirtschaftssystems

Hatte HUNTER die Abhängigkeit der wirtschaftlichen Entwicklung von Transporten zu niederen Kosten hervorgehoben [1], so wurde später in Anlehnung an das Modell von HIRSCHMANN, das im ausgeglichenen Wachstum von Infrastruktur und Industrie die Vorbedingung für die Wirtschaftsentwicklung sieht, die Industrie zu einem zweiten wichtigen Kriterium bei der Analyse der zentralen Orte und damit der Regionaldifferenzierung. Auch ROSTOW hat in seiner Stadientheorie dem Eisenbahnbau eine wesentliche Rolle eingeräumt [2], aber er berücksichtigt zu wenig die zentral-peripheren Unterschiede. Der Baumwollindustrie, die als wirtschaftfördernder Faktor in Turkmenien in Frage käme, wird aber gerade diese Funktion aberkannt [3].

---

8. HUNTER, 1957, S. 266.

1. HUNTER, 1957, S. 265 ff., GAUTHIER, 1970, S. 613.
2. ROSTOW, 1967, S. 73 f., 86 u.ö.; vgl. dazu auch WILBER, 1969, S. 88.
3. ROSTOW, 1967, S. 71 f.

Damit sind, vom Standpunkt der westlichen Wirtschaftsanalyse gesehen, die Voraussetzungen in Turkmenien schlecht [4]. Allein die Erdöl- und Erdgasgewinnung mit ihren Anschlußindustrien (Petrolchemie, Maschinenbau in Ašchabad) würde diesem Konzept vielleicht gerecht. Aber die sowjetischen Investitionen in die turkmenische Industrie waren vergleichsweise gering. In einer Zeit, in der in der Sowjetunion die Industrie besonders gefördert wurde [5] (über 40 % aller Investitionen der drei ersten Fünfjahrpläne unter STALIN), kam auf die mittelasiatischen Gebiete ein recht geringer Anteil (Tabelle 29).

Tabelle 29 Anteil der Industrie an der Gesamtsumme der Investitionen in den drei ersten Fünfjahrplänen [a]

SSR	1.	2.	3. Fünfjahrplan
UdSSR gesamt	43,1	42,1	41,3 %
Turkmen. SSR	16,6	23,5	23,0 %
Uzbek. SSR	21,2	31,6	36,4 %
Tadžik. SSR	19,9	20,1	25,0 %
Kirgiz. SSR	15,1	24,4	30,3 %

a. Quelle: DŽAMALOV u.a., 1967, S. 192.

Daraus ergibt sich, daß der periphere Wirtschaftsraum im wesentlichen der Landwirtschaft vorbehalten bleiben sollte. Bis heute ist (Tabelle 30, S. 398) der Anteil der Industrie zwar gestiegen, doch muß dabei auch die Kapitalintensität dieses Wirtschaftszweiges im Vergleich zur herkömmlichen Landwirtschaft berücksichtigt werden. Als industrielles Zentrum - und dies nur im Rahmen Mittelasiens, nicht etwa der UdSSR [6] - kann man heute höchstens Ašchabad ansehen, wenn man außer einer Vielzahl von Einzelbetrieben auch die Dynamik der weiteren Entwicklung berücksichtigt [7]. Für die Infrastruktur in der

4. Vgl. auch RAUPACH, 1968, S. 155.
5. Socialističeskoe narodnoe chozjajstvo SSSR v 1933 - 1940 gg., 1963, S. 319, vgl. WILBER, 1969, S. 77 ff.
6. Dazu sind nach der Untersuchung von HOUSTON, 1969, S. 333, Fig. 13 wiederum die potentiellen Transportkosten des Standorts zu hoch.
7. ZVEREV, 1970 (zitiert nach dem Résumé in RŽ 1971, H. 5, S. 28).

Landwirtschaft werden zwar beträchtliche finanzielle Summen aufgewendet (vor allem für den Kanalbau), aber die materiell-technische Basis der einzelnen landwirtschaftlichen Betriebe, etwa bei der Mechanisierung, ist benachteiligt.

Tabelle 30 Investitionen für staatliche und genossenschaftliche Organisationen (ohne Kolchoze) in Turkmenien [a] (Mio R)

Zeitraum	gesamt	Industrie	Landwirtschaft	Verkehr Nachr.-wesen	Baugewerbe (Wohn.)	Öffentl. Gebäude
1925-1940	268,7	59,6	49,5	70,6	30,9	58,1
1941-1950	467,6	225,0	32,1	56,9	59,1	94,5
1951-1955	561,8	242,2	71,6	91,9	74,1	82,0
1956-1960	854,8	390,4	144,1	55,0	137,9	127,4
1961	251,6	112,2	42,9	20,8	36,5	89,2
(SSSR 1961	32747	14899	3028	3280	5480	6060)

a. Quellen: für Turkmenien: Nar. choz. TSSR 1963, S. 117; für UdSSR: Nar. choz. SSSR v 1961, S. 542-543.

Gerade der Karakum-Kanal, der gerne als Gegenargument angeführt wird, weist deutliche Kennzeichen der Unwirtschaftlichkeit auf. Zwar wurden bis 1965 213,5 Mio Rubel in dieses Projekt investiert [8], doch fehlt noch weitgehend die Infrastruktur entlang dem Kanal, so daß eine optimale Nutzung des Neulandes nicht möglich ist. Die Planung von Fruchtfolgen unter Bevorzugung der Baumwollkultur war nicht immer zu realisieren, wenn Versorgungslieferungen (vor allem Düngemittel) ausblieben. Zudem leidet der Kanal unter der Tradition alter Gigantomanie. Die weiten Transportstrecken für das Amu-darja-Wasser lassen die Verdunstung anwachsen, und der zögernde Baufortschritt ist ein deutliches Zeichen für hydrotechnische Probleme [9].

Ein zweites Gebiet der Regionalplanung liegt in Westturkmenien, wo eine chemische Industrie aufgebaut werden soll, für die erste Ansatzpunkte in Nebit-Dag, Čeleken und Krasnovodsk bestehen. Kazandžik

---

8. KURBANOV, 1965, S. 273.
9. Vgl. SAPAROV, 1963, bes. S. 109.

Okarem und Bekdaš sind als weitere Industriestandorte in verkehrsgünstiger Lage in Aussicht genommen. Bedenkt man die Eisenbahnplanung in Westturkmenien, so bleibt nach den derzeitigen Projekten nur Okarem ohne Anschluß. Die weitgespannte Landwirtschaftsplanung (Spezialkulturen bei den Städten an der Bahnlinie, subtropische Kulturen im Atrektiefland) hängt zum großen Teil von der Verwirklichung des Kanalprojekts ab, so daß die von LEJZEROVIČ [10] skizzierte Entwicklung mit Skepsis betrachtet werden muß. Was von der Planung bleiben kann, sind die an den Abbau von Bodenschätzen sich anknüpfende Industrialisierung sowie eine extensive Viehwirtschaft in den Steppengebieten und etwas subtropischer Obstbau am Atrek. Aber selbst eine solche bescheidenere Zukunft wird als großer Fortschritt anzusehen sein, wenn es gelingt, alle Bodenschätze zu nutzen und der Wirtschaft zuzuführen [11]. Für Erdöl und Erdgas wird die Eisenbahn eine untergeordnete Rolle spielen, denn der tovarnost' dieser Güter wird heute durch den Transport in Pipelines Rechnung getragen. Sollte der Absatz Rückwirkungen auf die Industrialisierung in Turkmenien und auf die soziale Besserstellung der Bevölkerung haben, so ist die weitere Entwicklung günstig zu beurteilen.

Wirtschaftsgut mit bahnbezogener tovarnost' bleibt die Baumwolle. Neulandgewinnung und Ausweitung der Anbauflächen können nur Ansätze sein, wichtiger sind die Düngemittelversorgung und eine umfassende Mechanisierung, die aber auch Probleme aufwirft, wenn Arbeitskräfte frei werden, die andersweitig nicht zu beschäftigen sind.

Die Verwirklichung vieler Projekte scheitert am Kapitalmangel. Wenn Turkmenien aus dem Zustand des Entwicklungslandes herauskommen will, muß vor allem das Problem eines Finanzausgleiches gere-

---

10. LEJZEROVIČ, 1968 a, S. 135 f., vgl. Srednjaja Azija, 1969, S. 451 f.
11. Vgl. Turkmenische Sozialistische Sowjetrepublik, 1969, S. 41 f., Ekonomika TSSR, 1967, S. 8 ff. und 15 ff.

gelt werden, das durch die Preispolitik der Zentralverwaltungswirtschaft verdeckt ist. Nur wenn die TSSR knappheitsgerechte finanzielle Gegenleistungen für ihre Güter erhält, kann die Integrationsfrage im Rahmen des sowjetischen Wirtschaftssystems gelöst werden [12].

Unter diesen Aspekten kann ein kurzer Blick auf die Direktiven für den laufenden Fünfjahrplan 1971 - 1975 geworfen werden. In Turkmenien wird das Schwergewicht weiterhin auf Baumwolle, Erdöl und Erdgas liegen. In zweiter Linie sind Güter aufgeführt, die trotz geringer Produktion Unionsgeltung haben; die Produkte der chemischen Industrie am Kara-Bogaz gehören ebenso dazu wie die Seidengewinnung in den Oasen Ostturkmeniens. Die Steigerungsraten (1975: 900 Mio t Rohbaumwolle, Wachstum der industriellen Bruttoproduktion im Planungszeitraum um 55 - 58 %) dürften zu verwirklichen sein, und auch die vorgesehene Erweiterung der landwirtschaftlichen Nutzfläche um 105 000 ha bewässertes Kulturland am Karakum-Kanal ist denkbar [13]. Es wird deutlich, daß sich die weitere Entwicklung der TSSR im Rahmen des Herkömmlichen bewegt. Aus den Planungsdirektiven geht auch deutlich hervor, daß im bestehenden Wirtschaftsbetrieb noch Mißstände beseitigt werden müssen, ehe an Neuerungen zu denken ist [14]. Die Industrialisierung der östlichen Gebiete der UdSSR, von der in der Planung die Rede ist [15], wird in Turkmenien also weniger bedeutend sein, wenn auch ein weiterer Ausbau der chemischen Industrie vorgesehen ist.

---

12. Zur Problematik vgl. auch HAYIT, 1965, S. 92 und 1968, S. 213 ff., zur Preisbildung RAUPACH, 1968, S. 139 ff. und MARKERT, Hrsg., 1965, S. 193 ff.
13. T.I. vom 6.5.1971, S. 2 f., vgl. CHRUŠČEV, 1971, S. 13, Gosudarstvennyj pjatiletnij plan ..., 1972, S. 278 f.
14. Vgl. etwa T.I. vom 24.6.1971, S. 1 f.: "O merach po dal'nejšemu razvitiju narodnogo chozjajstva Turkmenskoj SSR ..."
15. CHRUŠČEV, 1971, S. 11. Zu den "östlichen Gebieten" (vostočnye rajony) zählen außer den Wirtschaftsgebieten Sibiriens und des Fernen Ostens auch Kazachstan und Mittelasien (vgl. WÄDEKIN, 1966, S. 508, MAZANOVA, 1971, S. 3 ff.; zur geplanten Industrialisierung in Mittelasien auch IMŠČENICKIJ, 1971, S. 145 ff.).

3.7 Versuch der Abstraktion der wirtschaftlichen Entwicklung Turkmeniens in einem Modell der interhaerenten Raumintegrationssysteme

Ausgehend von der Feststellung, daß Wirtschaftsprozesse komplexer Art eine mehrgliedrige Lokalisation aufweisen, welche von der Urproduktion über Verarbeitungsstadien zum Konsum führt und durch die Arbeitsteilung in der Gesellschaft bedingt ist, kann man die distantielle Trennung und Zusammengehörigkeit theoretisch in einem Modell fassen, das thesenhaft die Überlegungen zur Integration Turkmeniens in ihrer Entwicklung, ihrem heutigen Stand und ihrer Zukunft verdeutlicht.

(1) Wir unterscheiden Räume der Urpdoduktion, Verarbeitung, Vermarktung und des Konsums. Die zwischen ihnen auftretenden Distanzen werden durch den Güterverkehr überbrückt. Sein Funktionieren ist daher ein wesentliches Kriterium für die Integration der Wirtschaft in einem größeren Raum.

(2) Im Zustand semiautarker Verflechtungen sind diese genannten Teilräume eng benachbart, zum großen Teil (Verarbeitung - Konsum) sogar quasi-identisch (Abb. 45 a). Vor allem aber sind die Beziehungen, die das Urproduktionsgebiet verlassen, äußerst schwach ausgebildet, so daß sich auch quasi-geschlossene Systeme ergeben.

(3) Wenn von außen die Nachfrage nach dem Urprodukt gestellt wird, bildet sich in der Regel zunächst ein sehr einfaches System heraus, das die kolonialwirtschaftlichen Verhältnisse kennzeichnet (Abb. 45 b). Aus der Kolonie, die durch Landwirtschaft auf "cash crops" oder Bergbau bestimmt ist, und die dem beherrschenden Staatsgebilde die gewonnenen Güter abzuliefern hat, erfolgt ein Hinlauf zum industrialisierten Verarbeitungsraum, der identisch mit dem Vermarktungsgebiet ist und zudem einen beträchtlichen Teil der Fertigproduktion für den Konsum benötigt. Weitere Teile der Produktion kommen über den Han-

del in Dritträume und begünstigen dadurch die Handelsbilanz des Verarbeitungsraumes. Nur ein kleiner Teil erreicht im Rücklauf das Urproduktionsgebiet und wird dort mit hohem Gewinn im Vergleich zu den Aufkaufpreisen des Urprodukts gehandelt. Aber das Urproduktionsgebiet ist auf diese Zulieferung angewiesen, da es selbst keine ausreichende Verarbeitungsindustrie für die Selbstversorgung oder den Export aufbauen kann oder darf und außerdem über weitere Handelsverflechtungen Warenlieferungen zur Versorgung der Bevölkerung benötigt, wenn ein großer Teil der Nutzfläche zugunsten der Marktprodukte nicht für die Produktion von Versorgungsgütern zur Verfügung steht.

(4) In Krisenzeiten wird dieses relativ einfache Kreisschema unterbrochen. Versorgungsschwierigkeiten bewirken Rückkopplung zugunsten raumautarker Verhältnisse, wobei die Ausgangsräume auf Industrialisierung und Einfuhren von Fertigprodukten verzichten müssen. Solche Krisen bewirken eine Desintegration des Wirtschaftsablaufes im beherrschenden Staat und gehen auf Konflikte im Machtzentum zurück.

(5) Wirtschaftswachstum dagegen wird durch eine weitere Differenzierung des Ausgangsschemas charakterisiert. Der einfache Kreis bricht auf und aus ihm entstehen analoge Schemata von unterschiedlicher räumlicher Reichweite. Das Verhältnis zwischen Urproduktion, den einzelnen Verarbeitungsabläufen, Vermarktung und Konsum ist in ihnen zunächst noch unausgeglichen. Diese Unausgeglichenheit bewirkt eine bedeutende ineffiziente Transportleistung.

(6) Allmählich bilden sich deutlich unterschiedene Integrationssysteme in wenigstens drei Kategorien, die in einem Reifestadium ineinandergreifen müssen (Abb. 45 c):
(a) das ursprüngliche, fernorientierte System, das die kolonialwirtschaftlichen Verhältnisse fortführt und auf den traditionellen Industriestandorten und Außenhandelsbeziehungen beruht; es ist auf Zulieferungen von Rohmaterial angewiesen, hat aber nur noch eine bedingte Dominanz über den Wirtschaftskreislauf des herausgegriffenen Urproduktes bis

zum Konsum, weil es wohl für Eigenkonsum und Export sorgen muß, nicht mehr jedoch für Lieferungen in Drittgebiete desselben Großwirtschaftsraumes oder für Rücklieferungen in das Gebiet der Urproduktion;
(b) ein mittelweit orientiertes System, dessen Standorte nach den Prinzipien der Transportoptimierung geplant werden und das auf der Rohstoffzulieferung in Gebiete beruht, deren verarbeitende Industrie in erster Linie arbeits- und konsumorientiert ist; im Austausch gegen die Rohstoffe hat dieser Planstandort weniger Fertigprodukte als vielmehr andere Rohstoffe zu liefern, die im Ausgangsraum der hier betrachteten Urproduktion benötigt werden;
(c) ein regionalinternes System mit geringer Reichweite, bei dem der gesamte Wirtschaftskreislauf räumlich zusammenhängend durchgeführt wird, bis die Eigenversorgung ausreichend gewährleistet ist.
In der Wirtschaftsrechnung ist ein Funktionieren dieser Kreisläufe nur möglich, wenn jeweils Überschüsse vorliegen, im Ausgangsgebiet Überschüsse aus der Urproduktion, die nicht im regionalinternen System verbraucht werden, im traditionellen Industriegebiet Überschüsse der Verarbeitung und im Planstandort Überschüsse des Austauschgutes.

(7) Die drei Systeme haben gemeinsame Berührungspunkte und materiale Übergänge zwischen rangverschiedenen Kreisen, aber sie weisen im Idealfall trotz unterschiedlicher Reichweite keine hierarchische Abhängigkeit voneinander auf. Daher sollen sie als interhaerent bezeichnet werden, um die Ineinanderschachtelung zu verdeutlichen, die eine Folge von Distanzunterschieden und wirtschaftshistorisch bedingten Qualitätsunterschieden der einzelnen Wirtschaftsteilräume ist.

(8) Aus dem Ansatz ging bereits hervor, daß die Herausbildung der drei Integrationssysteme in mehreren Entwicklungsphasen erfolgt. Den Anfang macht das fernorientierte System (a) (C - A - C), nach der Übertragung der Industrialisierung in die Ausgangsräume kann sich das regionalinterne System (c) (C - C) herauskristallisieren, während das mittelweit zum Planstandort orientierte System (b) (C - B mit Austausch

B - C) eine Planungsentscheidung mit entsprechenden investitorischen Vorleistungen voraussetzt. Auch das rückläufig voll funktionsfähige System (a) (A - C), das parallel zum (a)-internen (A - A bei Rohstoffzulieferung) und dem exportorientierten (A - E) entsteht, ist eine spätere Ausgestaltung der interhaerenten Kreise.

(9) Jedes System besteht nicht nur aus einem einzelnen Funktionalkreis, sondern es hat die Struktur von Klassen gleichgerichteter Wirtschaftsabläufe. Analoge Transportvorgänge mit ihren Ausgangs- und Zielräumen können sich in räumlicher Nachbarschaft im Rahmen eines Großwirtschaftsgebietes mehrfach nebeneinander wiederholen.

(10) Je nach den Planungsdirektiven der zentralen Entscheidungsorgane kann zwischen den einzelnen Integrationsklassen in der Entwicklung eine gewisse Annäherung erfolgen. So ist bspw. eine Anpassung zwischen den Räumen (A) und (B) wahrscheinlich, wenn auch die Planstandorte (B) Aufgaben der Exportproduktion und der Veräußerung in Dritträume er recht spät übernehmen.

(11) Ein Klimaxzustand ist erreicht, wenn unter Beachtung der durch die allgemeine Wirtschaftslage gegebenen Kostenfaktoren alle Systemklassen relativ zu den Standortansprüchen, den Ausgangs- und Zielbedingungen und den Zielfunktionen des Wirtschaftswachstums optimal ausgebildet sind und bei einem minimalen Transportkostenaufkommen und maximalem Produktionsausstoß sowie maximaler Versorgungsleistung gemäß den Nachfragebedingungen Selbstregelkreise darstellen - ein in der Praxis schwer vorstellbarer Idealzustand, weil bereits jede neue Entscheidungsdirektive vonseiten des Staates, in der die Randbedingungen mißachtet werden, die Selbstregelung beeinträchtigt und als Störfaktor auftritt.

(12) Dieser Zustand ist im heutigen Turkmenien zweifellos nicht gegeben. Überträgt man die vorangehende Analyse der Wirtschaftsentwicklung in unserem Untersuchungsgebiet auf das Modell (Abb. 45 d),

so zeigt sich, daß das regionalinterne System (a) (kolonialwirtschaftlicher Austausch) immer noch die kräftigsten Impulse erhält, was durch Entfernung, Standort, Befugnis und Reichweite der Entscheidungsinstanzen bedingt ist. Selbst das System (b) scheint im Augenblick stärgefördert zu werden als die Regionalentwicklung (c).

Die in Abb. 45 d durch die Strichstärken angedeuteten quantitativen Unterschiede zwischen den Bezugsfeldern der Integrationsklassen und ihrer Räume beziehen sich auf die Güterströme; diese Unterschiede können kaum in absoluten Quantitäten dargestellt werden, weil die dafür erforderlichen statistischen Daten nicht zugänglich sind; es handelt sich bei der hier gewählten Darstellungsweise daher nur um einen Versuch bewertender Gewichtung.

Das mangelhafte Funktionieren der Austauschsystem und die Rückständigkeit in der Regionalentwicklung sind auch heute noch wesentliche Integrationshindernisse. Im Rahmen der Systemklasse (b) soll die industrielle Dezentralisierung in die peripheren Bereiche der UdSSR weitere Bedeutung gewinnen [1]. Da sich daraus Konflikte mit der politisch motivierten Zentralverwaltungswirtschaft ergeben, hängt die künftige Entwicklung eng vom Ausgleich zwischen ideologisch-politischen Ansprüchen und wirtschaftlichen Erfordernissen ab.

1. Vgl. dazu PRYDE, 1968, S. 591.

4 ZUSAMMENFASSUNG DER ERGEBNISSE

Überblickt man den kulturgeographischen Wandel Turkmeniens hinsichtlich seiner Beziehungen zu Bahnbau und Transportwesen, so wird zunächst die enge Verbindung zwischen dem Funktionswandel bei der Bahn und der kulturlandschaftlichen Entwicklung des Landes deutlich. Es lassen sich die folgenden Phasen unterscheiden:

(1) In den Jahren 1881 bis 1888 hatte die Eisenbahn überwiegend militärisch-taktische und strategische Bedeutung in einem räumlich eng umgrenzten Gebiet, das nur über den gebrochenen Verkehr an den wirtschaftlichen Kernraum des Russischen Reiches angeschlossen war. Die Versorgungsbedürfnisse von Bahn und Militär bei mangelhafter Verbindung nach außen bestimmen die Rückwirkungen auf die umgebende Kulturlandschaft: Das Einströmen russischer und transkaukasischer Bevölkerung, die Anlage der Eisenbahnsiedlungen, die Suche nach Heizmaterial und die Erweiterung der Weizenanbauflächen für die Versorgung sind die wesentlichsten Vorgänge.

(2) Zwischen 1888 und 1905 verlagerte sich das Schwergewicht der Erschließung Mittelasiens auf die Gebiete zwischen Samarkand und Taškent und auf das Ferghana-Becken - ganz dem Vortrieb des Bahnbaus entsprechend. Jetzt übernahm die Eisenbahn auch wirtschaftliche Aufgaben des Gütertransportes. Die Attraktivität des wichtigsten Handelsgutes, der Baumwolle, bewirkte eine Rückkopplung auf die transportgünstiger gelegenen transkaspischen Gebiete. Alle Innovationen in der Baumwollwirtschaft fanden auch in Turkmenien Verbreitung. Gleichzeitig begann die Ausgestaltung des Siedlungsnetzes mit der Entstehung zentraler Städte und Märkte an der Bahn, wobei sich die Handelsdurchdringung in Nordostpersien als zusätzlicher Gunstfaktor herausstellt, der aber wiederum auf die durch die Eisenbahn verbesserten Handelsbeziehungen zurückgeht. Und gleichzeitig setzt auch eine bescheidene Industrialisierung (Vorbereitung der Rohstoffe für den Versand, Klein-

gewerbe (kustari)) mit ihren sozialen Implikationen ein; sie wirkten sich bei der ersten russischen Revolution aus, und damals wurde die Bahn zum Kanal für die Verbreitung revolutionären Gedankengutes.

(3) Zwischen 1905 und 1917 verlor die Transkaspische Bahn zwar ihre Funktion als Hauptzugangsweg nach Mittelasien an die Orenburg - Taškenter Bahn, aber die in der vorangegangenen Phase eingeleiteten Prozesse der russisch orientierten Ausgestaltung der Kulturlandschaft setzten sich unvermindert fort. Vor allem gewann die russische Kolonisation an Bedeutung, zugleich verbesserten sich die sozialen Dienste - freilich fast ausschließlich für die russische Fremdbevölkerung. Es ist eine Phase relativ ruhiger kolonialer Entwicklung am Rand des russischen Herrschaftsbereiches.

(4) In der Zeit von Revolution und Bürgerkrieg bis zur Konsolidierung der sowjetischen Herrschaft in Turkmenien (1924) verloren alle über den länderkundlichen Rahmen hinausweisenden Relationen an Bedeutung, weil das russische Eisenbahnsystem weitgehend zusammenbrach oder nur noch den militärischen Belangen zu dienen in der Lage war, so daß die wichtigste infrastrukturelle Voraussetzung für die wirtschaftliche Integration des Raumes nach außen entfiel. Die turkmenische Wirtschaft antwortete mit einer Umstellung auf die Selbstversorgung.

(5) Die Zeit des sowjetischen Machtaufbaus in Turkmenien wurde von der Herausbildung regionaler Handelsbeziehungen begleitet. Dabei sollte sich nach den Planungsvorstellungen vor allem der Bau der Turksib günstig auf die Differenzierung der landwirtschaftlichen Anbauzonen auswirken, aber die strikte Durchführung dieses Konzepts scheiterte an der Ineffizienz der kostspieligen Ferntransporte. Für Turkmenien bedeutete der Wirtschaftsaufbau eine Phase mehrfacher Direktivenänderung, die sich musterhaft in der Baumwollkultur zeigt. Dem Schwanken zwischen Monokultur und geregelten Fruchtfolgesystemen entspricht die Veränderung in der Bewertung der natürlichen Grundlagen, beim Aufbau der Produktionsgüterindustrie und im Eingehen auf

die Nachfrage der Bevölkerung. Den Eigenheiten der Zentralverwaltungswirtschaft entsprechend, kann man die stalinistische Zeit als eigenständige Phase auch der Kulturlandschaftsentwicklung Turkmeniens herausstellen, wobei die Jahre des Zweiten Weltkriegs mit zeitweiliger Unterbrechung der Verkehrsströme und mit einer Industrieansiedlung bei der Ostwärtsverlagerung aus dem zentralen Teil der UdSSR nochmals auszuklammern sind. In dieser Phase sind die Eigenwilligkeiten der Führungsspitze bei allen Entscheidungen bemerkenswerte Faktoren für die Gestaltung der turkmenischen Kulturlandschaft. Die forcierte Kollektivierung der Landwirtschaft mit der Ausbildung des MTS-Netzes gehört ebenso dazu wie die Vernachlässigung der Industrialisierung auf turkmenischer Rohstoffgrundlage.

(6) Seit der Mitte der fünfziger Jahre hat sich die Entwicklung insofern etwas geändert, als die geowissenschaftliche Forschung auch aus früheren Jahrzehnten größere Bedeutung bei Entscheidungen über die Wirtschaftsförderung erhält. Zwar steht der Wirtschaftsaufbau immer noch in erster Linie im Dienst Rußlands, aber Erdölprospektierungen und die Ausarbeitung und Durchführung von Kanalbauten bringen nicht nur neue Impulse für Handel und Verkehr, sondern sorgen zusätzlich auch für eine verstärkte Bevölkerungsmobilität. Äußeres Kennzeichen ist die Herausbildung von zwei Stadttypen, der Wüstenstadt auf der Grundlage der Erdölförderung vornehmlich in Westturkmenien und der agrarlandschaftlichen Mittelpunktsiedlung in den Oasen Ostturkmeniens. Mit der Besiedlung entlegenerer Gebiete erhalten alle Versorgungseinrichtungen materiellen und auch sozial-kultureller Art neue Bedeutung. Die Einwirkung der Eisenbahn, die zwar im gesamtsowjetischen Netz zu einer relativ unbedeutenden Randbahn herabgesunken ist, in Turkmenien aber immer noch als Hauptverkehrsweg und Hauptleitlinie gelten kann, ist jetzt indirekter Art; sie läßt sich durch die sich selbst verstärkende Funktion einer zentralen Entwicklungsachse bis in die Planung verfolgen.

Unter Berücksichtigung der zeitlichen Akzentverlagerung kann man die Gesamtheit der seither unter Bahneinfluß eingeleiteten Prozesse auf einige wenige Vorgänge zurückführen, die bei der Betrachtung der verschiedenen Geoelemente und -relationen immer wieder zu bemerken waren und die auch heute die Dynamik der kulturgeographischen Entwicklung des Landes bestimmen.

Im Zusammenwirken mit der russischen Macht bewirkte der Schienenstrang zunächst eine Sicherung von Bevölkerung und Handel; dadurch wurde der Anreiz für wirtschaftliche Betätigung gesteigert, wenn auch Nebenerwerbsquellen wie Raubzüge entfielen. Die Tendenz zur bodensteten Siedlungsweise verstärkte sich und brachte eine Neubewertung der sozialen Gruppen zugunsten der seßhaften Ackerbauern mit sich. Zugleich bewirkte der Bahnbau eine Sicherung des Handels.

Für die Bevölkerung und die Siedlungen leitete der Bahnbau eine Phase der Konzentration entlang der Trasse ein. Die Entwicklung des russisch geprägten städtischen Lebens mit seinen sozialen (nichtturkmenische Bevölkerung, Arbeitertum) und wirtschaftlichen Folgen (Industrialisierung) ist darauf ebenso zurückzuführen wie die Ausrichtung der untergeordneten Verkehrswege (Fahrwege, Wüstenpisten) auf die Verknüpfungspunkte in den Oasen.

Indem die Bahn zu einer Zentralitätsachse für das Land wurde, bewirkte sie eine Polarisierung, wie bspw. aus dem Vergleich wirtschaftlicher Aktiv- und Passivräume hervorgeht. Nun kann aber nicht der Schienenstrang als solcher diesen Effekt haben, sondern die an ihm gelegenen Siedlungen üben in verschiedenen Gradstufen die zentralörtlichen Funktionen aus. Diese Knotenbildung ist, auch wenn es noch nicht zu einer echten Bahnnetzbildung gekommen ist, bereits ein fortgeschrittenes Entwicklungsstadium [1]. Sie führt zur Bildung chorologisch faßbarer Felder von unterschiedlicher Intensität und Reichweite.

---

1. Vgl. TAAFFE, MORRILL & GOULD, 1970, S. 341 ff.

Über die Transportvorgänge auf der Bahn wird der kulturgeographische Wandel aber auch von der Zugehörigkeit Turkmeniens zu einem Geosystem nächsthöherer Stufe abhängig. Das Land ist heute innerhalb der Sowjetunion Teil des Wirtschaftshauptverwaltungsgebietes und steht in einem viele Einzelzweige umfassenden Wirtschaftsaustausch mit anderen Teilräumen der UdSSR. Die Einbeziehung ist erst mit der Bahn möglich geworden, und damit bekommen steuernde Faktoren, die außerhalb Turkmeniens liegen, eine Bedeutung für den Wandel im Land: Handelsinteressen der Wirtschaftsführung, wirtschaftspolitische Entscheidungen und Planungen. Der kulturgeographische Wandel Turkmeniens gehört in eine Betrachtung der regionalen Arbeitsteilung in der Sowjetunion.

Dabei zeigen sich auch Integrationsschwächen, die - betrachtet man den kulturgeographischen Wandel als Prozeß - zu Entwicklungshindernissen werden. An die Hauptverkehrsleitlinie schließt sich nur ein mäßig entwickeltes Straßennetz an; die Industrialisierung hat erst punkthaft eingesetzt, und die turkmenische Bevölkerung als Sozialkörper ist noch nicht voll in die wirtschaftliche und kulturelle Entwicklung des Landes einbezogen. Vor allem funktioniert aber das interregionale Austauschsystem im Rahmen einer sowjetischen Wirtschaftsintegration unzureichend. Turkmenien ist Rohstofflieferant mit den Kennzeichen einer Unterversorgung von außen geblieben. Zwar wurde durch den Bahnbau der von Rußland an das Land gestellte Anspruch weitgehend erfüllt, doch bot umgekehrt die Zentralregierung nicht genügend Mittel auf, um dem Land zu einem niveaugerechten Status zu verhelfen. Die Integrationswirkung der Bahn war damit einseitig: Wie sie eine russische Leistung war, so blieb sie auch eine Klammer, die die wirtschaftlichen Aktivitäten des Landes an die zentralrussischen Belange band; eine Rückkopplung auf die innerturkmenischen Wirtschaftsstrukturen setzte verspätet und nur partiell in einigen Bereichen ein, in denen sie bis heute durchverfolgt werden kann. War die Bahn zunächst ein Instrument zur Festigung der Herrschaft, so kann sie heute als Instrument zur Sicherung der sowjetischen Wirtschaftsmacht in der TSSR angesehen werden. Um eine ausreichende Breitenwirkung zu erzielen, hätte die Wirtschaft zusätzliche Investitionen erfordert. Solche zu gewähren, waren die wirtschaftspolitischen Schaltstellen nur bereit, wenn - wie etwa im Fall des Karakum-Kanals - vorausgesehen werden konnte, daß neben dem propagandistischen Erfolg vor allem ein Aufschwung in gesamtvolkswirtschaftlichem Rahmen erzielt werden könne.

Im gesamtsowjetischen Rahmen besteht ein grundlegendes Integrationshindernis in der Verknüpfung von der peripheren Lage Turkmeniens mit der Bereitstellung eines Wirtschaftsgutes von hoher tovarnost'. Denn hier ergibt sich der Konflikt zwischen zwei Integrationsmodellen: Im Rahmen eines Dezentralisierungsprogrammes könnte der sich daran anschließende Wirtschaftsprozeß vor allem mit der Verarbeitung auch in der Region der Urproduktion angesiedelt werden, um den Bedürfnissen der Bevölkerung in diesem Gebiet gerecht zu werden. Auf die Dauer könnte dann aber eine Stärkung der sozioökonomischen Eigenkraft Turkmeniens und Turkestans zu Ungunsten der Herrschaftsfunktionen der Sowjetunion eintreten. Beim anderen Integrationsmodell muß die Zentralverwaltungswirtschaft die hohen Transportkosten auf sich nehmen, die aus der Verfrachtung von Rohstoffen zu zentral lokalisierten Verarbeitungsgebieten entstehen. Die Kostenbelastung wird dann aus dem Verkehrssektor an die Bevölkerung weitergegeben, deren wirtschaftliche Rückständigkeit sich nur langsam mildern kann.

Neue Impulse für die kulturlandschaftliche Dynamik sind von der Westturanischen Magistrale zu erwarten, die als Instrument zentralistischer Wirtschaftspolitik den Raum am mittleren und unteren Amudarja sowie das Emba-Gebiet enger mit dem zentralen Rußland verbinden soll. Diese Bahn zeigt erneut, daß der Eisenbahn in der UdSSR bis heute die Funktion einer herrschaftsorientierten Vorleistung für die Erschließung peripherer Rohstoffgebiete im Dienste hochindustrialisierter Kernräume geblieben ist. Sie kann an der Peripherie der Sowjetunion kulturgeographischen Wandel initiieren, aber diese Veränderungen werden erst durch ein Wirtschaftsgut hoher tovarnost' gefördert. Welches Gut diese tovarnost' besitzt, legt die zentrale Wirtschaftsverwaltung in politischen Direktiven fest; im Gesamtrahmen der Sowjetunion wird damit die regionale Wirtschaftsentwicklung wesentlich von zentralistischen Motivationen und Entscheidungen gesteuert. Daß der Eisenbahnbau und die Herstellung direkter Verkehrsverbindungen zwischen Zentrum und Peripherie dazu beitragen, ein bestehendes Gefälle im Entwicklungsstand mit dem Ziel einer Nivellierung zu beseitigen, muß unter diesen Bedingungen in der Sowjetunion wegen der hohen Transportkosten zumindest als fraglich erscheinen.

5

ANHANG

5.1. Tabellen mit ausgewählten statistischen Daten

Tabelle 31 Die Bauabschnitte der Transkaspischen Eisenbahn [a]

Strecke	Baujahre	Länge in W	Länge in km	Kosten in Mio Rubel
Michajlovsk - Balla-Išem	1881	57	60,8	8,16
Balla-Išem - Achča-kujma	1881	117	124,8	
Achča-kujma - Kizyl-Arvat	1881	217	231,5	
Kizyl-Arvat - Čardžuj	1885-1886	755	805,4	24,78
Michajlovsk - Uzun-ada	1886	27	28,8	
Čardžuj - Samarkand	1887-1888	346	369,1	12,04
Krasnovodsk - Džebel	1894-1896	126	134,4	4,28
Krasnovodsk I - K. II	1896	6	6,4	
Samarkand - Taškent	1896-1899	331	353,1	
Černjaevo - Andižan	-1899	305	325,4	
Merv - Kuška	1898-1900	294	313,6	10,18
Kagan - Buchara	1901	12	12,8	

a. Quellen: THIESS, 1904, S. 920-922, Statističeskij sbornik Ministerstva Putej Soobščenija, vyp. 106, 1911, S. I/8, SOLOV'EV, 1946, S. 16.

Tabelle 32 Betriebsbilanz der Transkaspischen (Mittelasiatischen Eisenbahn, 1885 - 1910 [a]

Jahr	Einnahmen	Ausgaben	Defizit/Überschuß
	(jeweils in Rubel;	Umrechnungskurs: 1 Rubel = 2,15 M)	
1885	252 000	573 000	- 311 000
1886	990 000	1 169 000	- 169 000
1887	1 672 000	1 821 000	- 149 000
1888	1 743 000	1 708 000	+ 35 000
1889	2 578 000	2 511 000	+ 67 000
1890	3 255 000	3 176 000	+ 79 000
1894	4 161 000	3 576 000	+ 585 000
1898	6 790 000	4 713 000	+ 2 077 000
1899	7 881 000	6 443 200	+ 1 437 800

Tabelle 32 (Fortsetzung)

Jahr	Einnahmen	Ausgaben	Defizit/Überschuß
1900	11 122 600	8 634 800	+ 2 487 800
1901	13 214 800	10 299 700	+ 2 915 100
1905	14 118 600	13 108 100	+ 1 010 500
1906	16 309 800	15 712 800	+ 597 000
1907	15 787 700	17 430 800	- 1 643 100
1908	15 384 900	17 654 200	- 2 269 300
1909	16 126 500	17 429 900	- 1 303 400
1910	19 247 600	17 565 500	+ 1 682 100

a. Quellen: THIESS, 1904, S. 923, MERTENS, 1904, S. 1095; 1906, S. 981 f.; 1910, S. 1210 f.; 1911, S. 1216 ; 1914b, S. 1399 und 1917, S. 274.

Tabelle 33 Betriebsergebnisse der Transkaspischen Eisenbahn 1897 und der Mittelasiatischen Bahn 1908 [a]

		1897	1908
EINNAHMEN	Passagierverkehr	662 080,82	2 783 102,71 R
	Güterverkehr langs.	5 764 896,67	11 050 799,21 R
	" schnell		114 403,97 R
	sonstige	475 889,78	1 436 565,32 R
	gesamt	6 902 867,27	15 384 871,21 R
AUSGABEN	Verwaltung zentral	141 636,14	1 147 460,40 R
	Verwaltung lokal	296 245,99	1 134 157,64 R
	Dienst und Bau	1 323 272,33	3 503 900,49 R
	Traktion u. Betrieb	1 718 690,65	6 857 124,98 R
	Telegraph u. Dienst	700 059,28	2 216 867,06 R
	zusätzl. Ausgaben	193 531,25	2 794 678,23 R
	gesamt	4 532 521,35	17 190 987,45 R
LEISTUNG	Zug · Werst	3 831 604	11 498 806
	Pud · Werst	12 259 Mio	36 832 Mio
	Passagier · Werst	99 073 000	
VERKEHR	Handelszüge schnell	1 398	8 517
	" langsam	2 824	15 207
	Militärzüge	927	374
	Dienst- und Wirtschaftszüge	5 786	6 227
	gesamt	10 980	30 325

a. Quellen: Statističeskij sbornik Ministerstva putej soobščenija, 1897, 1898, psm. und vyp. 106, 1911, psm.

Tabelle 34 Bahntransport wichtiger Wirtschaftsgüter in der Turkmenischen SSR [a]

Wirtschaftsgut	Versand (V) Empfang (E)	1913	1928	1940	1955	1965
		(Menge jeweils in tausend t)				
Steinkohle	V	-	3	2	8	8
	E	6	15	152	361	530
Erdölgüter	V	97	491	1971	3650	7033
	E	55	131	572	1992	1628
Eisen und Stahl (ohne Schrott)	V	27	42	27	87	335
	E			35	153	428
Holz	V	42	78	24	65	30
	E	20	96	317	448	793
Getreide	V	68	63	188	189	242
	E	70	148	314	590	1190
Mineraldünger	V			6	128	334
	E			55	140	554
alle Güter	V	500	1300	3700	6800	14900
	E	500	1000	2900	6400	12900

a. Quelle: T r a n s p o r t i svjaź, 1967, S. 118/119 und 122-133.

Tabelle 35 Transportbalance für Eisenbahntransport, Meeres- und Flußschiffahrt in der Turkmenischen SSR, 1965 [a]

Transportrichtung	Eisenbahn	Meeresschiff.	Flußschiffahrt
Versand	14 860 000	5 790 000	510 000 t
Empfang	12 930 000	3 540 000	480 000 t
Transporte innerhalb der TSSR	7 540 000	610 000	460 000 t
Ausfuhr	7 320 000	5 180 000	50 000 t
Einfuhr	5 390 000	2 930 000	20 000 t
Erdöl und -produkte:			
Versand	7 030 000	3 660 000	30 000 t
Empfang	1 630 000	1 360 000	10 000 t
Transp.innerh. TSSR	1 530 000	400 000	10 000 t
Ausfuhr	5 500 000	3 260 000	20 000 t
Einfuhr	100 000	960 000	- t

a. Quelle: T r a n s p o r t i svjaź, 1967, für alle Güter S. 53, für Erdöl und -produkte S. 61.

Tabelle 36 Zusammensetzung der Bevölkerung Transkaspiens und der Turkmenischen SSR nach Nationalitäten [a]

Nationalität	1897	1911	1961
Turkmenen	248 700	290 200	924 000
Kazachen	74 200	88 300	70 000
Uzbeken, "Sarten"	800	1 000	125 000
Tataren	3 500	7 100	30 000
andere Türken	1 100	2 000	
Iranier (Perser, Tağiken)	8 600	24 400	
Russen	33 300	41 700	263 000
Ukrainer			21 000
Armenier			20 000
andere Europäer	11 500	16 200	
Bevölkerung gesamt	382 500	472 500	1 516 000

a. Quellen: MASAL'SKIJ, 1913, S. 360, Aziatskaja Rossija, 1914, Bd. I, S. 82 ff., Nar. choz. TSSR, 1963, S. 18.

Tabelle 37 Landnutzung und Agrarproduktion der Turkmenischen SSR, 1950 - 1969

Landwirtsch. Kultur	Jahr	Aussaatfläche ha	Produktion t	Ertrag dz/ha
Winterweizen [b]	1950	45 000	41 000 [a]	7,0
	1960	24 000	18 000 [a]	5,4
	1965	69 000	43 000 [a]	4,8
	1968	59 000	42 000 [a]	6,4
	1969	31 000	36 000 [a]	8,0
Sommerweizen [c]	1950	39 000	... [a]	2,4
	1960	10 000	... [a]	4,6
	1965	23 000	... [a]	4,4
	1968	9 000	... [a]	5,5
	1969	16 000	... [a]	6,5
Reis [d]	1950	1 000	900	9,0
	1960	...	100	14,8
	1965	5 000	12 000	23,0
	1968	7 000	12,800	17,8
	1969	7 000	12 800	17,4

Tabelle 37 (Fortsetzung)

Landwirtsch. Kultur	Jahr	Aussaatfläche ha	Produktion t	Ertrag dz/ha
Baumwolle s. Tabelle 30				
Kartoffeln [e]	1950	1 000	5 000	45
	1960	1 000	5 000	45
	1965	2 000	9 000	59
	1968	1 000	10 000	76
	1969	1 000	7 000	53
Gemüse [f]	1950	5 000	25 000	54
	1960	9 000	68 000	73
	1965	10 000	121 000	126
	1968	10 000	137 000	134
	1969	12 000	141 000	119

a. Produktion von Sommer- und Winterweizen zusammengefaßt. - Quellen: b. Nar. choz. SSSR v 1969, S. 315, 326. - c. ibid. S. 315, 327. - d. ibid. S. 317 u. 330. - e. ibid. S. 319 u. 341. - f. ibid. S. 319 und 343.

Tabelle 38 Industrieproduktion der Turkmenischen SSR, 1950 bis 1969

Industriegut	1950	1960	1965	1968	1969	
Elektroenergie [a]	186	751	1 402	1 667	1 738	Mio kWh
Erdölförderung [b]	2 021	5 278	9 636	12 879	13 725	·1000 t
Mineraldünger [c]	-	-	257	345	330	·1000 t
Holzgewinnung [d]	167	162	62	15	10	·1000 m^3
Zement [e]	9,6	131,6	339,9	351,4	308,3	·1000 t
Baumwollgewebe [f]	10 500	23 600	19 800	21 700	20 500	·1000 lfd. m
Wollgewebe [g]	339	449	663	810	937	·1000 lfd. m
Seidengewebe [h]	96	101	61	1 123	4 416	·1000 lfd. m
Rohseidegewinnung [i]	157	169	272	287	249	t
Pflanzenöl [j]	14,2	30,5	39,6	40,1	30,4	·1000 t
Konserven [k]	1,8	2,2	10,2	17,9	17,4	Mio St.

Quellen: a. Nar. choz. SSSR v 1969, S. 193. - b. ibid. S. 197. - c. ibid. S. 213. - d. ibid. S. 234 f. - e. ibid. S. 241. - f. ibid. S. 251. - g. ibid. S. 251. - h. ibid. S. 252. - i. ibid. S. 253. - j. ibid. S. 271. - k. ibid. S. 273.

5.2. Schreibung wichtiger Ortsnamen und Ortsnamenänderungen

Die Ortsnamen im heutigen sowjetischen Herrschaftsbereich haben während der letzten hundert Jahre erhebliche Veränderungen mitgemacht. Im folgenden sind Umbenennungen für einige Siedlungen Turkmeniens zusammengestellt, ohne daß die Liste als vollständig angesehen werden kann [1].

vorrussische Zeit (bis 1880)	russische Zeit (1880 - 1917)	sowjetische Zeit (nach 1917)	zeitweilige Umbenennung
		Amudaŕja (Amudaŕinskaja st.)	Samsonovo (bis 1962)
	Arčman (zeitweilig 1880/81 Poltavsk)	Arčman	
ᶜAšqābād	Aschabad	Ašchabad	Poltorack (1919-1927)
Merw	Bajram-Ali	Bajram-Ali	
	Belek (bis 1942)	Belek-Turkmenskij	
Ḥezaresp	Chezaresp	Chazarasp	
Čarǧuj	(Novyj) Čardžuj (bis 1900 Bahnstat. Amu-Daŕja)	Čardžou (seit 1937)	Leninsk-Turkmenskij (1924-1927)
		Džanachir	raz-ezd No. 28 (bis 1930)
Gök-tepe	Geok-tepe	Geok-tepe	
	Ušak (bis 1895) Iskander	Iskander	
	Kaachka	Kaachka	Ginzburg (1923-1927)
	Kala-i-mor	Kala-i-mor	Komarovo (1913-1931)
Qyzyl-Arwat	Kizyl-Arvat	Kizyl-Arvat	

1. Für Westturkmenien vgl. MECKELEIN, 1954, S. 94 f., für Bahnstationen Železnodorožnye stancii, 1969, S. 401 ff., zur heutigen Orthographie Slovaŕ geografičeskich nazvanij, 1968, psm.

vorrussische Zeit (bis 1880)	russische Zeit (1880 - 1917)	sowjetische Zeit (nach 1917)	zeitweilige Umbenennung
Qyzyl-su	Krasnovodsk (seit 1869)	Krasnovodsk	
		Komsomol'sk	Kaganovič (bis 1957)
Koušut-Chan-qalʿa	Merv (bis 1937)	Mary (seit 1937)	
		Moskovsk	Molotov (bis 1957)
	Talchatan-Baba	Murgab	Stalino (bis 1961)
		Ovezberdy-Kuliev	raz-ezd No. 90 (bis 1967)
	raz-ezd No. 21 (bis 1930)	Šaumjan (seit 1930)	
	Tachta-Bazar Bahnstation Taškepri	Tachta-Bazar (seit 1931) [2]	
	Karry-bent, Tedžen	Tedžen	
	Kel'či (bis 1895), Annenkovo (bis 1931)	Zachmet (seit 1931)	

2. Die Ortsnamenänderung von Taškepri in Tachta-Bazar (bezogen auf die Bahnstation) wird von Železnodorožnye stancii SSSR, 1969, S. 455 registriert, Der Eisenbahnatlas Železnye dorogi SSSR, 1966 und 1971, S. 53 gibt zwei verschiedene Bahnstationen an.

5.3. Glossar

In der folgenden Übersicht sind einige mehrfach gebrauchte Begriffe aus der russischen, turkmenischen u.a. Sprachen zusammengestellt. Die angegebenen Seiten beziehen sich auf eine erklärende Erwähnung der entsprechenden Begriffe im Text.

Naturgeographie:

arča	- Wacholderbaum der mittelasiatischen Gebirge
solončak, šor	- Salztonebene
taqyr, takir	- Tonebene
tugaj	- Pflanzenformation der Flußoasen

Recht:

adat	- ungeschriebenes Gewohnheitsrecht (Rechtsbräuche) der Turkmenen (42)
harağ	- Grundsteuer nach dem geschriebenen islamischen Recht (47)
mülk	- Privatbesitzrecht an Boden und Wasser (44 f.)
sanašyq	- Gemeinbesitzrecht an Boden und Wasser (44 f.)
šariᶜa	- geschriebene islamische Rechtsnormen (42)
waqf	- religiösen Stiftungen überlassener Besitz (44)

Verwaltung:

oblast'	- Verwaltungsgebiet (88)
obščina	- russische Umteilungsgemeinde
okrug	- Kreis (größeres Verwaltungsgebiet) (88)
pristavstvo	- Kommissariat (88)
uezd	- Verwaltungsbezirk (88)
vilayet	- Verwaltungsbezirk der mittelasiatischen Chanate (39)
volost'	- ländlicher Amtsbezirk (86)

Siedlungswesen:

aul	- Dorf, ursprünglich in Gebieten mit nomadischer Wirtschaftsweise (56)
chouli	- Gehöft (57), auch Sippenweiler
chutor	- Gehöft, oft befestigt, in den mittelasiatischen Oasengebieten mit Bewässerungswirtschaft (58)
ğaylaq, jajlaq	- Sommersiedlung der Viehzüchter mit transhumanter Wirtschaftsweise (43)
Kibitke	- Jurte, Nomadenzelt (56 f.)
medreseh	- höhere islamische Lehranstalt (35)
mekteb	- niedere islamische Lehranstalt (35)

oba - Siedlung, Wirtschaftsform des "stationären" Nomadisierens bei den Turkmenen (42)
öj - Jurte der Turkmenen (56)
poselok gorodskogo tipa - Siedlung städtischen Typs (abgek. pgt), statistisch festgelegte, kleine städtische Siedlung mit dem Charakter eines Arbeiterwohn- oder eines Kurortes (184 f.)
qal'a - befestigte Siedlung, Festung (58)
qyšlaq, kišlak - ursprüngl. Wintersiedlung der Viehzüchter mit transhumanter Wirtschaftsweise, später übertragen auf die festen Siedlungen vornehmlich im Gebirgsvorland, auch in Bewässerungsfeldbaugebieten (63)

Wirtschaft:

alaman - Raubzug der Turkmenen (41 f.)
arba - großrädriger, hochachsiger Wagen der mittelasiatischen Oasengebiete (73)
boghara-Land - im Regenfeldbau genutztes Land (53, 216)
čigir, čyqyr - Göpelwerk (50)
čomur - feldbauende Abteilung eines turkmenischen Stammes (čomurlyq - Feldbau) (43)
čorwa - Viehzüchterabteilung eines turkmenischen Stammes (čorwalyq - Viehwirtschaft) (43)
Džugara - Hirse als Körnerfrucht (38, 51)
Kjariz, qanat - unterirdischer Grundwassersammelstollen (49 f.)
Kunžut - Sesam als Ölfrucht (38, 51)
mirab - Kanalarbeiter an den Bewässerungskanälen (46)
MRM (mašinno-remontnye masterskie) - Maschinen-Reparatur-Werkstätten
MTS (mašinno-techničeskie stancii) - Maschinen-Technik-Stationen
MŽS (mašinno-životnovodčeskie stancii) - Maschinen-Viehzucht-Stationen
RTS (remontno-techničeskie stancii) - Reparatur-Technik-Stationen
tovarnost' - Warenfähigkeit (79 Anm. 40)

5.4 Quellenverzeichnis für die Abbildungen

A - Topographische Grundlage
B - Thematischer Inhalt

Abb.	1	A	Turkmenskaja SSR, Fiz.-učeb. karta 1 : 1 000 000, 1963, Nebenkarte.
		B	eig. Entwurf. GANESHIN et EPSHTEJN, 1959, Fiziko-geografičeskoe rajonirovanie SSSR, Karte 1967 und Text 1968; Atlas SSSR, 1969, Bl. 26/27.
Abb.	2	A	IMW 1 : 500 000, Bl. 338 B, 338 C; IWK 1 : 1 000 000, Bl. NJ 40, Nk 40.
		B	eig. Entwurf. Fiziko-geografičeskij atlas mira, 1964, Bl. 200/201, 236/237, 240/241; MURZAEV, 1957, S. 202.
Abb.	3	A	Geografičeskij atlas SSSR, 1951, Bl. 58/59.
		B	ALKIN, 1931, S. 158, 170, 185, 204.
Abb.	4	A	Narody Srednej Azii, 1963, Bd. II, nach S. 8 und nach S. 16.
		B	GRODEKOV, 1883, Bd. I, nach S. 24; Narody Srednej Azii, 1963, Bd. II, nach S. 16.
Abb.	5	A	GRODEKOV, 1883, Bd. III, nach S. 204.
		B	wie A, MASLOV, 1887, Karte im Anhang.
Abb.	6	A	VINNIKOV, 1954, nach S. 8.
		B	O'DONAVAN, 1882, Bd. II, Karte nach S. 202; STEIN, 1882, Tafel 17; NAZIROV, 1883; ALICHANOV, 1883, Karte im Anhang; VINNIKOV, 1954, nach S. 8.
Abb.	7	A und B	Narody Srednej Azii, 1963, Bd. II, Karte im Anhang.
Abb.	8	A	Geografičeskij atlas SSSR, 1951, Bl. 58/59.
		B	BOULANGIER, 1888, S. 175; HEYFELDER, 1889 mit Karte im Anhang; CURZON, 1889/1967, psm.; Železnye dorogi SSSR, 1966, Bl. 53/54, GvŠk 1966, H. 6, S. 71 f.
Abb.	9	A	Atlas razvitija ..., 1967, Bl. 82/83.
		B	Statističeskij sbornik MPS, vyp. 105 - 107, 1910; 1911; KREUTER, 1890, S. 42 f., Zapiska o sostojanii ..., 1899, psm., ROMANOW, 1904, S. 241; SUVOROV, 1962, S. 27.
Abb.	10	B	Nar.choz. SSSR v 1969, S. 9 und 447.

Abb. 11 A Sojuz Sovetskich Socialističeskich Respublik 1 : 8 Mio, 1969.
B WESTWOOD, 1966, S. 57, 95 und 162; Atlas razvitija ..., 1967, Bl. 82/83.

Abb. 12 Eig. Entwurf.

Abb. 13 A IMW 1 : 500 000, Bl. 338 A, 338 B, 338 C.
B eig. Entwurf. Obzor ... za 1890, S. 7 - 9, ... za 1905, S. 16 - 19; TICHOMIROV, 1960, S. 75 - 76.

Abb. 14 A Geografičeskij atlas SSSR, 1951, Bl. 58/59.
B Turkmenistan, 1969, S. 76 und 82.

Abb. 15 A Gipsometričeskaja karta ..., in: Turkmenija, 1929, Bd. II Anhang.
B Zapiska o sostojanii ..., 1899, S. 148; MESSNER, 1912, psm.

Abb. 16 A Atlas mira, 1954, Bl. 60.
B NAZAREVSKIJ, 9961 und 1962; SSSR, Administrativno-territorial'noe delenie, 1963, S. 460 ff.; Türkmenistan SSR-niň adm.-terr. tajdan bölünišï, 1964, psm.; Turkmenistan, 1969, S. 76 und 78; Atlas SSSR, 1969, Bl. 26/27.

Abb. 17 A Cities of Central Asia, 1961, Plan der Stadt Aščhabad im Anhang.
B FREJKIN, 1955; BABAEV i FREJKIN, 1957, S. 70 ff.; Cities of Central Asia, 1961, S. 14 f.; Ašgabat, (1966); GELLERT u. ENGELMANN, 1967, S. 190 - 193.

Abb. 18 A und B (a) LEVINA u.a., 1953, S. 53.
(b) Narody Srednej Azii, 1963, Bd. II, S. 76.
(c) und (d) LEVINA u.a., 1953, S. 76.

Abb. 19 A und B VINNIKOV, 1954, nach S. 42.

Abb. 20 A Geografičeskij atlas SSSR, 1951, Bl. 58/59.
B IWK 1 : 1 Mio, Bl. NJ 41; USAF PC 1 : 500 000, Bl. G-5B, G-6A; ERMOLAEV, 1908; BLAGOWIESTSCHENSKY, 1913, S. 101; Glavnyj Turkmenskij kanal, 1952 psm., sowie Karte nach S. 160; GRINBERG, 1956, S. 5; WHEELER, 1964, S. 254; BLOK, 1965 a und b.

Abb. 21 A Atlas SSSR, 1969, Bl. 146.
B Türkmenistan SSR-i, 1 : 1 Mio, 1967; Atlas razvitija ..., 1967, Bl. 153 - 155; Atlas SSSR, 1969, Bl. 146.

Abb. 22 B Nar.choz. TSSR, 1963, S. 76 f.; Nar.choz. SSSR v 1969, S. 310 ff.

Abb. 23 A und B Chlopkovodstvo SSSR ..., 1926, S. 19.

Abb. 24 B DEMIDOV, 1926, S. 43; Nar. choz. SSSR v 1959, S. 342; Nar. choz. SSSR v 1969, S. 318.

Abb. 25 A und B JUFEREV, 1926 (Karte, beigebunden in JUFEREV, 1925).

Abb. 26 A Atlas SSSR, 1969, Bl. 26/27.
B Türkmenistan SSR-i, 1 : 1 Mio, 1967; Atlas razvitija ..., 1967, Bl. 154/55; Atlas SSSR, 1969, Bl. 146; Ėkonomičeskie rajony SSSR, 1969, S. 491 ff.; Turkmenistan, 1969, S. 102 et psm.; SSSR i sojuznye respubliki v 1968 g., 1969, S. 266 ff.; ... v 1969 g., 1970, S. 250 ff.; ... v 1970 g., 1971, S. 260 ff.; T.I. 1971 psm.

Abb. 27 A Narody Srednej Azii, 1963, Bd. II nach S. 8.
B wie A, dazu Atlas narodov mira, 1964, Bl. 32.

Abb. 28 A Zakaspijskaja oblast', in: BROKGAUZ i EFRON, Bd. 12, 1894, nach S. 160.
B Obzor ... za 1908, S. 83 - 87.

Abb. 29 A Zakaspijskaja oblast', in: BROKGAUZ i EFRON, Bd. 12, 1894, nach S. 160.
B Obzor ... za 1908, S. 88 - 89.

Abb. 30 A Atlas SSSR, 1969, Bl. 26/27.
B eig. Entwurf. Dokumente bei SOLOV'EV, 1946, psm.

Abb. 31 B Angaben bei ANNAKLYČEV, 1958, S. 64, 114 und 170.

Abb. 32 A Problemy Turkmenii, 1935, Bd. II, Karte im Anhang.
B POGOSOV, 1966 a und b.

Abb. 33 A USAF PC 1 : 500 000, Bl. G-5B, G-6A.
B KUZNECOV, NOBADOV i RAŽAPOV, 1966, S. 29.

Abb. 34 A Geografičeskij atlas SSSR, 1951, Bl. 58/59.
B GITTERMAN i ACHMANOV, 1926, psm.

Abb. 35 A Atlas SSSR, 1969, Bl. 26/27.
B DMITRIEV-MAMONOV, 1903, S. 233 ff.

Abb. 36 A Atlas SSSR, 1969, Bl. 26/27.
B eig. Entwurf. Türkmenistan SSR-i, 1 : 1 Mio, 1967; Atlas razvitija ..., 1967, Bl. 154/55; Atlas SSSR, 1969, Bl. 146.

Abb. 37 A Geografičekij atlas SSSR, 1951, Bl. 58/59.
B NIKOL'SKIJ, 1960; Atlas sel'skogo chozjajstva SSSR, 1960, Bl. 89; Geografičeskij atlas SSSR, 1951, Bl. 56 und 57; Atlas Azerbajdžanskoj SSR, 1963, Bl. 110; Atlas razvitija ..., 1967; Türkmenistan SSR-i, 1 : 1 Mio, 1967.

Abb. 38	B	MERETNIJAZOV, 1969, S. 58 ff.
Abb. 39	B	(a) Transport i svjaź, 1967, S. 53. (b) Transport i svjaź, 1967, S. 61.
Abb. 40	A	The Times Atlas of the World, 1967, Bl. 31/32.
	B	Carte schématique de la Perse, in: Druckschriften und Kartenwerke ..., Nr. 65.
Abb. 41	A	Sojuz Sovetskich Socialističeskich Respublik, 1 : 8 Mio, 1969.
	B	GIESE, 1968, Karte im Anhang; Atlas SSSR, 1969, Bl. 116 a, 118 b und 121 a.
Abb. 42	A und B	Atlas SSSR, 1969, Bl. 112.
Abb. 43	A	Sojuz Sovetskich Socialističeskich Respublik, 1 : 8 Mio, 1969.
	B	Materialy po statistike putej soobščenija, vyp. 100, 1929, S. 312 - 315.
Abb. 44	A	Geografičeskij atlas SSSR, 1951, Bl. 58/59.
	B	POGOSOV, 1966 a und b; ČARYJANOV, 1967, S. 90 ff.; Atlas razvitija ..., 1967, Bl. 154/55; Türkmenistan SSR-i, 1 : 1 Mio, 1967; KULOV, 1967, S. 23; JAZMURADOV, 1968, S. 14; Atlas SSSR, 1969, Bl. 146.
Abb. 45		Eig. Entwurf.

6 LITERATURVERZEICHNIS

Das nachfolgende Literaturverzeichnis ist ohne sachliche Gliederung alphabetisch angeordnet. Dabei werden sämtliche Sachtitel strikt nach der natürlichen Reihenfolge der Wörter bzw. Buchstaben aufgeführt. Buchstaben mit diakritischen Zeichen (z. Bsp. č) werden wie selbständige Buchstaben behandelt und dem entsprechenden Grundbuchstaben nachgeordnet; die deutschen Umlaute ä, ö, ü sind wie ae, oe, ue eingeordnet. Bei Einzelaufsätzen aus Sammelwerken, die auch als selbständige Schriften aufgeführt sind, wird der Titel des Sammelbandes mit einem entsprechenden Vermerk ("s.d.") gekürzt zitiert.

Abkürzungen für häufig zitierte Zeitschriften und Reihen:

AAAG	Annals of the Association of American Geographers
AEW	Archiv für Eisenbahnwesen
AG	Annales de Géographie
ASEER	American Slavic and East European Review
AZR	Arid Zone Research
CAR	Central Asian Review
Erde	Die Erde. Zeitschrift der Gesellschaft für Erdkunde zu Berlin
Erdkunde	Erdkunde. Archiv für wissenschaftliche Geographie
GBer	Geographische Berichte. Mitteilungen der Geographischen Gesellschaft in der Deutschen Demokratischen Republik
GJ	Geographical Journal
GR	Geographische Rundschau
GRv	Geographical Review
GvŠk	Geografija v Škole
GZ	Geographische Zeitschrift
Izv. AN SSSR, ser.geogr.	Izvestija Akademii Nauk SSSR, serija geografičeskaja
Izv. AN TSSR, obšč.n.	Izvestija Akademii Nauk Turkmenskoj SSR, serija obščestvennych nauk

Izv. IRGO	Izvestija Imperatorskogo Russkogo Geografičeskogo Obščestva
Izv. VGO	Izvestija Vsesojuznogo Geografičeskogo Obščestva
Kol.-sov.pr.T.	Kolchozno-sovchoznoe proizvodstvo Turkmenistana
MGGW	Mitteilungen der Geographischen Gesellschaft Wien
MÖGG	Mitteilungen der Österreichischen Geographischen Gesellschaft
Nar.choz.	Narodnoe chozjajstvo ... mit Angabe des Berichtsjahres
OEN	Osteuropa Naturwissenschaft
OEur	Osteuropa
OEW	Osteuropa Wirtschaft
Plan.choz.	Planovoe chozjajstvo
PM	Petermanns (Geographische) Mitteilungen
POP	Problemy Osvoenija Pustyń
RR	Russische Revue
RŽ	Referativnyj žurnal, Geografija. E. Geografija SSSR
SbMA	Sbornik geografičeskich, topografičeskich i statističeskich materialov po Azii
SChT	Sel'skoe chozjajstvo Turkmenistana
SovEtn	Sovetskaja Ėtnografija
SovG	Soviet Geography: Review and Translation
TGU. Uč.zap.	Turkmenskaja GosudarstvennajaUniversitet. Učenye zapiski
T.I.	Turkmenskaja Iskra
TJUTAKE	Trudy Južno-turkmenskoj archeologičeskoj kompleksnoj ėkspedicii
TTGO	Trudy Turkmenskogo Geografičeskogo Obščestva
TTIIŽT	Trudy Taškentskogo Instituta Inženerov Železnodorožnogo Transporta
VG	Voprosy Geografii
ZGEB	Zeitschrift der Gesellschaft für Erdkunde zu Berlin
ZVDEV	Zeitschrift des Vereins Deutscher Eisenbahnverwaltungen

ABAEV, N. A.: Razvitie chlopkovodstva v Murgabskom oazise. Aščhabad 1956

ders.: Ėkonomičeskaja ėffektivnost' agronomičeskich meroprijatij v zone osvoenija pervoj očeredi Karakumskogo kanala. Aščhabad 1957

ders.: K perspektivam razvitija sovetskogo tonkovoloknistogo chlopčatnika v Turkmenskoj SSR v svjazi s osvoeniem trech očeredej Karakumskogo kanala. In: Izv. AN TSSR, obšč. n. 1961, H. 1, S. 23 - 30

ders.: Razvitie chlopkovodstva Sovetskogo Turkmenistana. Aščhabad 1963

ders.: Problemy razvitija chlopkovodstva v Turkmenskoj SSR. Aščhabad 1970 (zit. nach RŽ 1971, H. 1, S. 25, No. 1 E 180 K)

ABC Technik und Naturwissenschaft, Bd. 1 - 2. Frankfurt/M. und Zürich o. J. (1970)

ABDUR RAHMAN: The Life of Abdur Rahman, Amir of Afghanistan, ed. by Mir Munshi Sultan Mahomed Khan. Bd. 1 - 2. London 1900

ABDURAIMOV, M. A.: Očerki agrarnych otnošenij v bucharskom chanstve v XVI - pervoj polovine XIX veka. Taškent 1970

ABOLIN, P. I.: Voprosy zemledelija Turkmenskoj SSR. In: Problemy Turkmenii, Bd. II, 1935 (s. d.), S. 314 - 349

ACHMEDŽANOVA, Z. K.: K istorii stroitel'stva železnych dorog v Srednej Azii (1880 - 1917 gg.). Bd. 2. Taškent 1970

ADAMOWITSCH, A.: Die Kolonialpolitik des Sowjetregimes gegenüber den Nationalen Republiken der UdSSR. München 1961 (XIII. Konferenz des Instituts zur Erforschung der UdSSR (H. 4)). Daktyl. vervielf.

Afganskoe razgraničenie. Peregovory meždu Rossiej i Velikobritaniej 1872 - 1885. Izdanie Ministerstva Inostranych Del. St. Petersburg 1886

Afghanistan. 1971. Stuttgart und Mainz 1971 (Statistisches Bundesamt Wiesbaden (Hrsg.): Allgemeine Statistik des Auslandes. Länderkurzberichte)

AGADŽANOV, S. G.: Oguzskie plemena Srednej Azii IX - XIII vv. (Istoriko-ėtnografičeskij očerk). In: Strany i narody Vostoka, vyp. X, Moskau 1971, S. 179 - 193

AGAEV, Ch. i M. ANNANEPESOV: Nekotorye svedenija iz istorii zemledelija v turkmenskich rajonych byvšego Bucharskogo ėmirata. In: Izv. AN TSSR, obšč. n. 1965, H. 1, S. 99 - 100

AGIŠEV, I. P., M. P. VISKOVATIJ, F. I. ZAVARYKIN i S. Z. MARTIROSOV: Čardžou (Istoriko-ėkonomičeskij očerk). Čardžou 1964

AKATOVA, A. I.: Kjarendnye zemli v Turkmenskom aule i charakter ich ėkspluatacii. In: Nekotorye voprosy istorii narodnogo chozjajstva Turkmenistana, Ašchabad 1963 (s.d.), S. 7 - 33

AKSENT'EV, S. M.: Šelkovodstvo Turkmenistana i perspektivy ego razvitija, in: Problemy Turkmenii, Bd. II, 1935 (s.d.), S. 468 - 491

ALBRECHT, M.: Russisch Centralasien. Reisebilder aus Transkaspien, Buchara und Turkestan. Hamburg 1896

ALEKSANDROV, A. S.: Opyt chlopkovogo semenovodčeskogo kolchoza imeni Maksima Gor'kogo Čardžouskogo rajona, Turkmenskoj SSR. Moskau 1940 (Vsesojuznaja sel'skochozjajstvennaja vystavka)

ALICHANOV, (M.): Mervskij oazis i dorogi veduščie k nemu. St. Petersburg 1883

ders. (ALICHANOV-AVARSKIJ, M.): Zakaspijskie vospominanija. 1881 - 1885. In: Vestnik Evropy 1904, H. 9, S. 73 - 125 und H. 10, S. 445 - 495

ALKIN, I.: Srednjaja Azija. Ėkonomiko-geografičeskij očerk Karakalpakistana, Kirgizistana, Tadžikistana, Uzbekistana, Turkmenistana. Čast' 1. Moskau 1931 (Trudy naučno-issledovatel'skoj associacii po izučeniju nacional'nych i kolonial'nych problem, VIII)

ALLWORTH, E.: Central Asian Publishing and the Rise of Nationalism. In: Bulletin of the New York Public Library 69, 1965, S. 493 - 522

ders., ed.: Central Asia. A Century of Russian Rule. New York & London 1967

ALTDORFFER, H.: Die Bevölkerung Russisch-Zentralasiens nach Nationalitäten und Bekenntnis. In: Der neue Orient 3, 1918, S. 124 - 131

ALTYEVA, L.: Dinamika i faktory roždaemosti v Turkmenskoj SSR. In: TGU. Uč.zap. 52, 1969, S. 69 - 75 (zit. nach RŽ 1970, H. 3, S. 24, No. 3 E 162)

AMANDURDYEV, K.: Struktura posevnych ploščadej v chlopkovodčeskich kolchozach. In: SChT 13, 1969, H. 11, S. 8 - 11

AMANEKOV, D.: Razvitie seti gorodov Turkmenistana. In: Materialy 2-go meždued. soveščanija po geografii naselenija 1967, vyp. 2, Moskau 1968, S. 51 - 53 (zit. nach RŽ 1969, H. 4, S. 22, No. 4 E 136)

AMBURGER, E.: Geschichte der Behördenorganisation Rußlands von Peter dem Großen bis 1917. Leiden 1966 (Studien zur Geschichte Osteuropas, 10)

AMES, E.: A century of Russian railroad construction. In: ASEER 6, 1947, S. 57 - 74

AMINOV, A. M.: Ėkonomičeskoe razvitie Srednej Azii. So vtoroj poloviny XIX stoletija do pervoj mirovoj vojny. (Kolonial'nyj period). Taškent 1959

ders.: Proizvoditel'nye sily Srednej Azii i problemy narodonaselenija. In: Naučnye doklady vysšej školy. Ėkonomičeskie nauki 1966, No. 1, S. 30 - 35

ders. i A. Ch. BABACHODŽAEV: Ėkonomičeskie i političeskie posledstvija Srednej Azii k Rossii. Taškent 1966

ANDRUSOW, N.: Der Adschi-darja- oder Karabugas-Busen. In: PM 43, 1897, S. 25 - 34

Anglo-afganskaja železnaja doroga. In: SbMA 45, 1891, S. 189-203

Anglo-russkij vopros v Azii i oborona Indii. In: SbMA 48, 1891, S. 143 - 167

ANNAKLYČEV, S. B.: K istorii raboćich-neftjannikov Nebit-Daga in Kum-Daga. In: Izv. AN TSSR, obšč. n. 1957, H. 6, S. 72-79

ANNAKLYČEV, A. A.: Razvitie promyšlennosti Turkmenistana za gody sovetskoj vlasti (1921 - 1937 gg.). Ašchabad 1958

ders.: Razvitie promyšlennosti Turkmenistana v gody Velikoj Otečestvennoj Vojny. In: Izv. AN TSSR, obšč. n. 1965, H. 3, S. 23 - 30

ders. (1968a): Razvitie promyšlennosti Turkmenskoj SSR v 1951 - 1958 gg. In: Izv. AN TSSR, obšč. n. 1968, Nr.3, S. 47 - 54

ders. (1968b): Istorija starejšego zavoda Turkmenistana. In: Izv. AN TSSR, obšč. n. 1968, H. 5, S. 92 - 93

ANNAKULIEV, Ch. i E. KYRPAKOV: Novaja reka v pustyne. In: SChT 10, 1966, H. 7, S. 7 - 11

ANNANEPESOV, M.: Kuškinskij garnison v revoljucija 1905 - 1907 gg. In: Izv. AN TSSR, obšč. n. 1965, H. 6, S. 13 - 19

ANNENKOV, M. (ANNENKOW, M.): Die Achal-Teke-Oase und die Communikationswege nach Indien. In: RR 18, 1881, S. 518 - 541 und 19, 1881, S. 30 - 61

ders. (ANNENKOFF): Le chemin de fer transcaspien et les pays qu'il traverse. In: Compte rendu des séances de la Société de Géographie et de la Commission Centrale 1886, No. 4, S. 127 - 135

ders. (ANNENKOV): Zakaspijskaja železnaja doroga kak novyj put' dlja sredneaziatskoj torgovli. St. Petersburg 1887 ders. (ANNENKOV): Srednjaja Azija i ee prigodnost' dlja vodvorenija v nej russkoj kolonizacii. In: Izv. IRGO 25, 1885, S. 277 - 293

Aperçu des chemins de fer russes depuis l'origine jusqu'en 1892. Élaboré et publié à l'occasion de la IVe session (Saint-Pétersbourg) du Congrès International des Chemins de Fer. 5 Teile in 2 Bd. und Atlasband. Brüssel 1897

ARABAEV, B.: Rost naselenija Turkmenskoj SSR za gody Sovetskoj vlasti. In: TGU. Uč. zap. 52, 1969, S. 61 - 68 (zit. nach RŽ 1970, H. 3, S. 23 f., No. 3 E 161)

ARCHIPOV, N. B.: Sredne-Aziatskie respubliki. Moskau [3]1930 (Ėkonomičeskaja geografija SSSR po rajonam. Rajony Severnoj Azii. 19)

ARCHIPOVA, V. I.: Formirovanie promyšlennych uzlov Zapadnoj Turkmenii. In: TGU. Uč. zap. 53, 1969, S. 37 - 43 (zit. nach RŽ 1969, H. 11, S. 22 f., No. 11 E 156)

(ARTAMONOV): Issledovanie, proizvedennoe v 1891 - 92 godach General'nogo Štaba Kapitanom Artamonovym Astrabad - Šachrud - Bastamskogo rajona i Severnogo Chorasana. In: SbMA 51, 1892, S. 124 - 138

Ashkhabad. In: CAR 1, 1953, H. 2, S. 50 - 53

ASKOCHENSKY, A. N.: Basic trends and methods of water control in the arid zone of the Soviet Union. In: The Problems of the Arid Zone (AZR 18), 1962, S. 401 - 410

ASLANOV, A. I. u Ju. I. TOLSTOV: Každomu kolchozu svoju masterskuju. In: SChT 2, 1958, H. 4, S. 43 - 45

ASMIS (, R.): Der heutige Stand der Baumwollkultur in Turkestan und das Problem einer deutschen Mitarbeit an ihrem Wiederaufbau. Anh.: Verordnung über Bewässerungskonzessionen in Turkestan. O.O. 1923. Dakytl. vervielf.

Ašgabat - Aschabad - Ashkhabad. Moskau o.J. (ca. 1966)

ATADŽANOV, R.: Prirodno-ėkonomičeskie osobennosti i specializacija kolchozov Tedženskogo oazisa. In: Izv. AN TSSR, Obšč. n. 1965, H. 2, S. 42 - 48

ders.: Nekotorye voprosy koncentracii i specializacii sel'skochozjajstvennogo proizvodstva v kolchozach Tedženskogo oazisa. In: Izv. AN TSSR, obšč. n. 1966, H. 1, S. 69 - 74

ATAEV, Č. i A. BAJCHANOV: Plodosovchoz - krupnoe specializovannoe chozjajstvo. In: SChT 12, 1968, H. 8, S. 28 - 32

ATAEV, K.: Iz istorii Turkmenskogo naselenija Ateka. In: Izv. AN TSSR, obšč. n. 1965, H. 6, S. 29 - 34 ders.: Nekotorye svedenija ob obščestvennoj organizacii u turkmen Ali-eli v konce XIX - načale XX v.. In: Izv. AN TSSR, obšč. n. 1966, H. 2, S. 79 - 81

ATAEV, K.: Razvitie irrigacii za 50 let. In: SChT 11, 1967, H.10, S. 17 - 23

ATAGARRYEV, E. i K. NURBERDYEV: K voprosu o vodosnabženii srednevekovogo goroda Šechr-islama i orošenii ego okrestnostej. In: Izv. AN TSSR, obšč. n. 1966, H. 2, S. 81 - 85

ATANIJAZOV, S.: Nekotorye zamečanija k transkripcii geografičeskich nazvanij Turkmenistana. In: Izv. AN TSSR, obšč. n. 1966, H. 5, S. 81 - 84

Atlas ... s. Karten und Atlanten

AUE, M.: Grundlagen des Baumwollanbaues in Russisch-Turkestan. In: MGGW 85, 1942, S. 432 - 434

Auflösung des Staatskommitees für das Mittelasiatische Gebiet. In: OEN 9, 1965, S. 59 - 60

AUHAGEN, O.: Die Landwirtschaft in Transkaspien. Berlin 1905 (Berichte über Land- und Forstwirtschaft im Auslande. 8)

AVERY, P.: Modern Iran. London 1965 (Nations of the Modern World)

Aziatskaja Rossija. Izdanie Pereselenčeskogo Upravlenija Glavnogo Upravlenija Zemleustrojstva i Zemledelija. Bd. 1 - 3. St. Petersburg 1914

AZIMOV, P. i S. R. SERGIENKO: Razvitie nauki v Sovetskom Turkmenistane. In: Izv. AN TSSR, obšč. n. 1967, H. 5, S. 10 - 23

BABAEV, A. G.: Turkmenskaja Sovetskaja Socialističeskaja Respublika. In: GvŠk 1967, H. 5, S. 71 - 73

BABAEV, A. G. i B. A. FEDOROVIČ: Osnovnye ėtapy formirovanija rel'efa Karakumov. In: POP 1970, H. 5, S. 3 - 11

BABAEV, A. i Z. FREJKIN: Aščhabad (Geografičeskij očerk). Aščhabad 1957

BABAEV, A. G., N. T. NECHAYEVA, M. P. PETROV & I. S. RABOCHEV: Basic problems in the study and development of desert territories of the USSR. In: SovG 9, 1968, S. 430 - 443

BABAEV, D. B.: Bol'še proizvodit' tonkovoloknistogo chlopka. In: SChT 11, 1967, H. 3, S. 13 - 15

BABAEV, M.: Iz istorii gradostroitel'stva Turkmenistana. In: Izv. AN TSSR, obšč. n. 1965, H. 2, S. 79 - 82

BABAKULIEV, A.: Sostojanie i perspektivy razvitija neftjanoj i gazovoj promyšlennosti Turkmenii. In: Izv. AN TSSR, obšč. n. 1966, H. 4, S. 46 - 51

BABENKO, K. K.: Osnovnye čerty geologičeskogo stroenija i neftenosnosti Leninskogo mestoroždenija Turkmenskoj SSR. In: Geologija Nefti i Gaza 1962, H. 11, S. 23 - 27

BACHTEEV, F. Ch.: K istorii kul'tury jačmenja v SSSR. In: Materialy po istorii zemledelija SSSR, Moskau - Leningrad 1956 (s.d.), S. 204 - 257

BACON, E. E.: Central Asians under Russian Rule. A Study in Culture Change. Ithaca/New York 1966

BAHDER, E. v.: Herden, Hirten und Herren. Durch Steppen und Städte in Turkestan. Berlin 1926

BAJRAMOV, B.: Razvitie ėnergetiki v Turkmenistane. Aščhabad 1971 (zit. nach RŽ 1971, H. 6, S. 26, No. 6 E 166 K)

BARC, Ė. R.: Orošenie v doline r. Murgaba i Murgabskoe Gosudarevo Imenie. St. Petersburg 1910

BARTELS, D.: Zur wissenschaftstheoretischen Grundlegung einer Geographie des Menschen. Wiesbaden 1968 (GZ Beihefte. Erdkundliches Wissen. 19)

ders.: Der Harmoniebegriff in der Geographie. In: Erde 100, 1969, S. 124 - 137

ders., Hrsg. : Wirtschafts- und Sozialgeographie. Köln u. Berlin 1970 (Neue Wissenschaftliche Bibliothek. 35)

BARTHOLD, W.: Die geographische und historische Erforschung des Orients, mit besonderer Berücksichtigung der russischen Arbeiten. Leipzig 1913 (Quellen und Forschungen zur Erd- und Kulturkunde. 8)

ders. (BARTOL'D, V.): K istorii orošenii Turkestana. St. Petersburg 1914. Neuabdruck in: ders.: Sočinenija t. III, Moskau 1965

ders. (BARTOL'D, V. V.): Istorija kul'turnoj žizni Turkestana. Leningrad 1927 (Akademija Nauk SSSR. Komissija po izučeniju estestvennych sil SSSR)

ders. (BARTHOLD, W.): Turkestan down to the Mongol Invasion. London [2]1928 (repr. 1958) (E. J. W. GIBB memorial series, N.S. 5)

ders. (BARTOL'D, V. V.): Očerk istorii turkmenskogo narody. In: Turkmenija, Leningrad 1929 (s.d.), Bd. 1, S. 1 - 69

ders. (BARTHOLD, W.): Zwölf Vorlesungen über die Geschichte der Türken Mittelasiens. Darmstadt 1962 (Neuabdruck aus "Die Welt des Islam", Beiband zu Bd. 14 - 17, Berlin 1935) ders. (BARTOL'D, V. V.): Sočinenija, t. III, Moskau 1965

BARTZ, F.: Die großen Fischereiräume der Welt. Versuch einer regionalen Darstellung der Fischereiwirtschaft der Erde. Band II. Asien mit Einschluß der Sowjetunion. Wiesbaden 1965 (Bibliothek geographischer Handbücher)

BASSECHES, N.: Die wirtschaftliche Rolle Mittelasiens. In: Österr. Volkswirt 22, 1930, S. 1163 - 1166

BAŠAROV, G.: Osnovnye proizvodstvennye fondy chlopkovodčeskich sovchozov Turkmenskoj SSR i ich ėffektivnost'. In: Izv. AN TSSR, obšč. n. 1968, H. 4, S. 45 - 51

BATYROV, A.: Ašchabad. In: GvŠk 1969, H. 2, S. 12 - 15

ders.: Izmenenija v geografii sel'skogo rasselenija v svjazi s sozdaniem Karakumskogo kanala (Turkmenskoj SSR). In: Problemy narodonaselenija (Sbornik), Moskau 1970, S. 185 - 189 (zit. nach RŽ 1970, H. 9, S. 21, No. 9 E 141)

BAUM, V. A.: Vozmožnosti ispol'zovanija solečnoj ėnergii. In: Vestnik AN SSSR 38, 1968, H. 12, S. 63 - 66

(BAUMGARTEN): Poezdka po vostočnoj Persii L.-Gv. Volynskogo polka poručika Baumgartena v 1894 g. (Geografičesko-torgovoe issledovanie). In: SbMA 63, 1896, S. 1 - 367

BEGMEDOV, S.: Osobennosti projavlenija nekotorych religioznych perežitkov sredi gorodskogo naselenija. In: Izv. AN TSSR, obšč. n. 1968, H. 3, S. 34 - 40

Beiträge zur Länder- und Staatenkunde der Tartarei. Aus russischen Berichten. Mit einer Einleitung herausgegeben von Th. F. ERDMANN. Weimar 1804 (Bibliothek der neuesten und wichtigsten Reisebeschreibungen ... 14. Bd., 2. T.)

BELEN'KIJ, M. N., A. M. BOROVIKOVA, O. P. VIDINEEVA et al.: Razvitie passažirskich perevozok v Uzbekistane. In: Voprosy ėkonomiki transporta, Moskau 1965 (s.d.), S. 4 - 46

dies. et al.: Obsledovanie meždugorodnych passažirskich perevozok v Uzbekistane. In: Voprosy ėkonomiki transporta, Moskau 1965b (s.d.), S. 47 - 66

BELKIN, Ė. G.: Ėkonomika proizvodstva kukuruzy v kolchozach Turkmenskoj SSR. In: Kol.-sov. pr. T. 8, 1964, H. 7, S. 25 - 30

BELOUSOV, V. Ja.: Industrial'noe i kul'turno-bytovoe osvoenie Karabugaza. In: Problemy Turkmenii, Moskau - Leningrad 1935, Bd. II (s.d.), S. 83 - 94

BELYAYEV, N. A.: Industrial development of the desert of West Turkmenia. In: SovG 9, 1968, S. 511 - 519

BERDIEV, Ė.: Specializacija sel'skochozjajstvennych rajonov zony Karakumskogo kanala im. V. I. Lenina. In: TGU. Uč. zap. 53, 1969, S. 44 - 53 (zit. nach RŽ 1969, H. 12, S. 32, No. 12 E 219)

ders.: Osnovnye voprosy razmeščenija sel'skogo naselenija i trudovych resursov zony Karakumskogo kanala. In: Problemy narodonaselenija (Sbornik), Moskau 1970, S. 176 - 179 (zit. nach RŽ 1970, H. 10, S. 18 f., No. 10 E 127)

BERG, L. S.: Istorija issledovanija Turkmenii. In: Turkmenija, Leningrad 1929 (s.d.), Bd. 1, S. 71 - 121 (1929a)

ders.: Rel'ef Turkmenii. In: Turkmenija, Leningrad 1929 (s.d.), Bd. 2, S. 1 - 93 (1929b)

ders.: Die geographischen Zonen der Sowjetunion. Bd. 1 - 2. Leipzig 1958/59

BERGHAUS: Eine neue Abzweigung der transkaspischen Bahn. In: Aus allen Weltteilen 28, 1897, S. 754 - 755

Bestandsaufnahme zur Situation der deutschen Schul -und Hochschulgeographie. In: Deutscher Geographentag Kiel 1969. Tagungsbericht und wissenschaftliche Abhandlungen. Wiesbaden 1970 (Verhandl. d. Dt. Geographentages. 37). S. 191 - 207 und Diskussion S. 208 - 232

BESTERS, H. und E. E. BOESCH, Hrsg.: Entwicklungspolitik. Handbuch und Lexikon. Stuttgart u.a. 1966

BIEDERMANN, B.: Die Versorgung der russischen Baumwollindustrie mit Baumwolle eigener Produktion. Phil. Diss. Heidelberg 1907

BISCHOFF, N.: Die Entstehung eines sibirisch-, zentral- und ostasiatischen Eisenbahnnetzes. In: MGGW 97, 1955, S. 3 - 9

BJAŠEV, G. i Š. KOVALIEV: Ris - kul'tura-osvoitel' zemel'. In: SChT 13, 1969, H. 1, S. 27

BLAGOWIESTSCHENSKY, G.: Die wirtschaftliche Entwicklung Turkestans. Berlin 1913 (Rechts- und staatswissenschaftliche Studien. 46)

BLANC, E.: Sur les chemins de fer de pénétration à travers les déserts: comparaison du Transcaspien et des chemins de fer sahariens. In: Association Française pour l'avancement des sciences. Conférence de Paris. Compte rendu de la 22me session, 1re partie, Paris 1893, S. 353

ders.: La colonisation russe en Asie centrale. In: AG 3, 1893/94, S. 346 - 370 und 467 - 488

ders.: Le chemin de fer Transcaspien. In: AG 4, 1894/95, S. 325 - 345

BLEICHSTEINER, R.: Mittelasien. In: H. A. BERNATZIK, Hrsg.: Die Große Völkerkunde. Sitten, Gebräuche und Wesen fremder Völker. Bd. II, Leipzig 1939, S. 35 - 52

BLOCH, J. de: Les finances de la Russie au XIXe siècle. Historique et statistique. Bd. 1 - 2. Paris 1899

BLOK, G.: Der Karakum-Kanal. In: Zeitschrift für Wirtschaftsgeographie 9, 1965 a, S. 173 - 174

ders.: Der Karakum-Kanal. In: Sowjetunion heute 10, 1965 b, H. 12, S. 11 - 13

BOBEK, H.: Die natürlichen Wälder und Gehölzfluren Irāns. Bonn 1951 (Bonner Geographische Abhandlungen. 8)

ders.: Die Hauptstufen der Gesellschafts- und Wirtschaftsentfaltung in geographischer Sicht. In: Erde 90, 1959, S. 259 - 298

ders.: Bemerkungen zur Frage eines neuen Standortes der Geographie. In: GR 22, 1970, S. 438 - 443

BOBROV, S. N.: The Transformation of the Caspian Sea. In: SovG 2, 1961, H. 7, S. 47 - 59

BOEHM, G.: Geologische Bemerkungen aus Transkaspien. In: Zeitschrift der Deutschen Geologischen Gesellschaft 1897, S. 696 - 697

ders.: Reiseskizzen aus Transkaspien. In: GZ 5, 1899, S. 241 - 251

BOESCH, H.: Weltwirtschaftsgeographie. Braunschweig ^{2}1969

BOGDANOVIČ, K. I.: Chorassanskie gory i kul'turnaja polosa Zakaspijskoj oblasti. In: Izv. IRGO 23, 1887, vyp. 2, S. 190 - 206

Bol'šaja ènciklopedija. Slovar' obščedostupnych svedenij po vsem otraslam znanija. Red. S. N. JUŽAKOV. Bd. 1 - 22. St. Petersburg 1904 - 1909

Bol'šaja Sovetskaja ènciklopedija. Bd. 1 - 65. Moskau 1926 - 1931

Bol'šaja Sovetskaja ènciklopedija. Vtoroe izdanie. Bd. 1 - 51. O.O. 1949 - 1958

BONVALOT, G.: En Asie centrale. I. De Moscou en Bactriane. II. Du Kohistan à la mer Caspienne. Paris 1884/85

BORCHARDT; Die staatlichen Bestrebungen zur Förderung der Baumwollkultur in Turkestan, Transkaspien und Transkaukasien. In: Der Tropenpflanzer 6, 1902, S. 327 - 337

BORCHERDT, Chr.: Die neuere Verkehrserschließung in Venezuela und ihre Auswirkungen in der Kulturlandschaft. In: Erde 99, 1968, S. 42 - 76

BORISOV, A. A.: Climates of the U.S.S.R.. Edinburgh, London 1965

BOTT, L.: Recent trends in the economy of Soviet Central Asia. In: CAR XIII, 1965, S. 199 - 204

BOULANGIER, E.: Eine Reise nach Merw. In: Globus 51, 1887, S. 305 - 310, 321 - 327, 337 - 343, 353 - 359, 369 - 376

ders.: Voyage à Merv. Les Russes dans l'Asie centrale et le chemin de fer Transcaspien. Paris 1888

BOULGER, D.: England and Russia in Central Asia. Bd. 1 - 2. London 1879

BOUTROUE, A.: En Transcaspie. In: Annuaire du Club Alpine Français, 23, 1896 (Paris 1897), S. 414 - 445

BRANDENBURGER, C.: Russisch-Asiatische Verkehrsprobleme. Studien zur russischen Kolonisationsarbeit. Frankfurt/M. o.J. (1905) (Angewandte Geographie. Hefte zur Verbreitung geographischer Kenntnisse in ihrer Beziehung zum Kultur- und Wirtschaftsleben. II. Serie, H. 7)
Auch in: Beiträge zur Kenntnis des Orients 2, 1905, S. 1-32

BRASLAVSKIJ, S. B.: Razvitie karakulevodstva v Turkmenistane. In: SChT 11, 1967, H. 10, S. 32 - 35

BRAUN, G.: Die Bedeutung des Verkehrswesens für die politische und wirtschaftliche Einheit Kanadas. Bonn 1955 (Bonner Geographische Abhandlungen. 16)

British policy in Central Asia in the early nineteenth century. In: CAR VI, 1958, S. 386 - 407

BRODOVSKIJ, M.: Očerk proizvodstva chlopka v Srednej Azii. In: Srednjaja Azija. Al'manach 1896. Taškent 1895. S. 154 - 160

BROIDO, A.: Die wirtschaftliche Entwicklung der russischen Eisenbahnen. Diss. TH Braunschweig (1929)

BROKGAUZ, F. A. i I. A. EFRON, Hrsg.: Ėnciklopedičeskij slovar'. Bd. 1 - 82, Ergbd. 1 - 4. St. Petersburg 1890 - 1907

BUCHHOLZ, E.: Die Waldwirtschaft und Holzindustrie der Sowjetunion. München u.a. 1961 (Weltforstwirtschaftl. Schriftenreihe)

BUNGE, W.: Theoretical Geography. Lund ^{1}1962, ^{2}1962 (Lund Studies in Geography. Ser.C. General and mathematical Geography No. 1)

BURTON, I.: Quantitative Revolution und theoretische Geographie. In: BARTELS, D., Hrsg.: Wirtschafts- und Sozialgeographie, Köln u. Berlin 1970 (s.d.). S. 95 - 109

BUSCHEN, A. B. de: Aperçu statistique des forces productives de la Russie. Paris 1867

BUSSE, W.: Bewässerungswirtschaft in Turan und ihre Anwendung in der Landeskultur. Jena 1915 (Veröffentlichungen des Reichs-Kolonialamts. 8)

BUTZER, K. W.: Quartenary stratigraphy and climate in the Near East. Bonn 1958 (Bonner Geographische Abhandlungen. 24)

BYDIN, F. I.: Predopredelenie uravnej ravnovesija vody v Aral'skom more v svjazi s izmeneniem pritoka vody v nego. In: Izv. VGO 81, 1951, H. 3, S. 236 - 240

CAROE, O.: Soviet empire. The Turks of Central Asia and Stalinism. London 1953

ders.: Soviet colonialism in Central Asia. In: Foreign Affairs 32, 1953/54, H. 1, S. 135 - 144

CARRIÈRE, P.: Irrigations et cultures irriguées en Turkménie soviétique. In: Société languedocienne de géographie. Bulletin. 91 (3. sér. t. 2), 1968, fasc. 2, S. 105 - 140

CASTAGNÉ, J.: Le Turkestan depuis la révolution russe. In: Revue du Monde Musulmane 50, 1922a, S. 28- 73

ders.: Le Bolchevisme et l'Islam. In: Revue du Monde Musulmane 51, 1922b, S. 1 - 254

Central Asian fisheries. In: CAR III, 1955, S. 14 - 19

CHADŽIEV, Ch.: Pjatiletnij plan kolchoza. In: SChT 10, 1966, H. 1, S. 18 - 24

CHALOV, O.: O rezervach uveličenija proizvodstva kenafa v Turkmenistane. In: SChT 3, 1959, H. 4, S. 38 - 42

CHERNENKO, I. M.: The Aral Sea problem and its solution. In: SovG 9, 1968, S. 489 - 492

Chlopkovodstvo i chlopkovaja promyšlennost' v Samarkandskoj oblasti v 1896 godu. In: Vestnik finansov, promyšlennosti i torgovli 14, 1897, Nr. 9, S. 586 - 592

Chlopkovodstvo SSSR i ego perspektivy. Pod obščej redakciej A. V. STOKLICKOGO. Moskau 1926

CHODŽAEV, Č.: O razvitii pesčanopustynnych landšaftov pod vlijaniem Karakumskogo kanala. In: Turkmenskij gosudarstvennyj pedagogičeskij institut. Uč. zap. 34, 1970, S. 164 - 190 (zit. nach RŽ 1970, H. 11, S. 21, No. 11 E 154)

CHOREV, B. S.: Gorodskie poselenija SSSR (Problemy rosta i ich izučenie). Očerki geografii rasselenija. Moskau 1968

CHORLEY, R. J. & P. HAGGETT, ed.: Models in geography. London 1967, repr. 1968

CHRABROVA, N.: Ožidaj neožidannoe. In: Ogonek 1970, H. 23, S. 8 - 9

CHRUŠČEV, A. T.: Strukturnye i territorial'nye aspekty razvitija narodnogo chozjajstva SSSR v devjatoj pjatiletke. In: GvŠk 1971, H. 3, S. 7 - 13 u. 25

CIMBALENKO, L. I.: Kjarizy (Vodoprovody) Zakaspijskoj oblasti. St. Petersburg 1896 (Izdanie otdela zemel'nych ulučšenij Ministerstva Zemledelija i Gosudarstvennych Imuščestv)

CINZERLING, V. V.: Orošenie na Amu-Dar'e. Obščie osnovanija orositel'nogo stroitel'stva. Plan vodnogo chozjajstva. Pervoočerednye raboty. Moskau 1927 (Izdanie upravlenija vodnogo chozjajstva Srednej Azii)

ders.: Obvodnenie zapadnoj Turkmenii vodami Amu-Dar'i. In: Problemy Turkmeniii, Bd. 2, Moskau - Leningrad 1935 (s.d.), S. 42-52

Cities of Central Asia. Town plans, photographs and short description of some of the major cities of Soviet Central Asia. (London) 1961 (Central Asian Research Centre)

Civil Aviation in Central Asia. In: CAR II, 1954, S. 26 - 30

CLAUS, H.: Die transkaspische Eisenbahn. In: AEW 8, 1885, S. 484 - 488

COATES, W. P. & Z. K.: Soviets in Central Asia. London 1951

CODRINGTON, K. de B.: A geographical introduction to the history of Central Asia. In: GJ 104, 1944, S. 27 - 40 und 73 - 91

Communications in Turkmenistan. In: CAR I, 1953, H. 2, S. 54 - 58

CONOLLY, V. : Beyond the Urals: economic developments in Soviet Asia. London 1967

dies.: Mangyshlak oil. In: Mizan XI (CAR XVII), 1969, S. 189 - 192

Cultural developments in Turkmenistan. In: CAR I, 1953, H. 3, S. 64 - 72

CURTIS, W. E.: Turkestan: "The Heart of Asia". London 1911

CURZON, G.N.: Russia in Central Asia in 1889 and the Anglo-Russian Question. London 1889, repr. 1967

ČARYEV, B. Č.: Ispol'zovanie mineral'nych resursov Kara-Bogaz-gola. In: POP 1970, H. 2, S. 43 - 46

ČARYEV, M. K.: Zemel'nyj fond bassejna reki Atrek. In: SChT 12, 1968, H. 8, S. 34 - 37

ders.: Osvoenie pustynnych počv zony Karakumskogo kanala. In: POP 1969, H. 2, S. 15 - 21

ders. i V. D. MELEŠKIN: Zemel'nyj fond zony Karakumskogo kanala. In: SChT 6, 1962, H. 6, S. 16 - 23

ČARYJAROV, I.: O nekotorych rezervach chlopkoočistitel'noj promyšlennosti Turkmenskoj SSR. In: Izv. AN TSSR, obšč. n. 1967, H. 2, S. 90 - 94

ČARYKOV, N. V.: Opisanie poezdki po beregam r. Tedžena-Geriruda. In: SbMA 13, 1884, S. 138 - 170

ČERNIKOVA, L. N.: Transportno-ėkonomičeskoe rajonirovanie Turkmenskoj SSR i raspredelenie passažirskich perevozok na ee territorii. In: TTIIŽT 61, 1969, S. 77 - 91 (zit. nach RŽ 1969, H. 8, S. 21, No. 8 E 145)

ČIRKOV, N. P.: Iz istorii kollektivizacii Turkmenskogo aula. In: Nekotorye voprosy istorii narodnogo chozjajstva Turkmenistana, Aščhabad 1963 (s.d.), S. 56 - 96

DAHLKE, J.: Der Weizengürtel in Südwestaustralien. Versuch einer dynamischen Betrachtung seiner Besiedlung und wirtschaftlichen Entwicklung. Habil.-Schr. geowiss. Fak. Freiburg, 1970. Daktyl. unveröff.

DAVIDOVIČ, V. G.: Gorodskoe i sel'skoe rasselenie v sredne-aziatskich respublik. In: Problemy narodonaselenija (Sbornik). Moskau 1970, S. 109 - 118 (zit. nach RŽ 1970, H. 10, S. 17, No. 10 E 118)

DAVIDSON, E.: Die wirtschaftliche Bedeutung Turkestans. In: Jahrbücher für Nationalökonomie und Statistik 3.F. 14, 1897, S. 270 - 281

DAVIS, A. P.: Irrigation in Turkestan. In: Civil Engineering 2, 1932 S. 1 - 5

DAWLETSCHIN, T.: Änderung an den gesetzgebenden und administrativen Funktionen der Sowjetrepubliken von Turkestan. In: Sowjet-Studien (Institut zur Erforschung der UdSSR. München) 13, 1962, S. 15 - 35

ders.: Die Neugestaltung der Verwaltung Turkestans. In: Sowjet-Studien (Institut zur Erforschung der UdSSR. München) 15, 1963, S. 66 - 82

ders. (DAVLETSHIN, T.): Centralization of industrial management in Turkestan. In: Studies on the Soviet Union (Institute for the Study of the USSR. München) N.S. 5, 1965a, H. 2, S. 82-88

ders. (DAVLETSHIN, T.): Soviet colonialism in Turkestan. In: Studies on the Soviet Union (Institute for the Study of the USSR. München) N.S. 5, 1965b, H. 3, S. 28 - 36

DEDE, J.: Der Handel des Russischen Reichs. Mitau u. Leipzig 1844

DEMBO, L. I.: Zemel'nyj stroj vostoka. Leningrad 1927 (Leningradskij institut živych vostočnych jazykov ... 23)

DEMIDOV, A. P.: Ėkonomičeskie očerki chlopkovodstva, chlopkovoj torgovli i promyšlennosti Turkestana. Moskau [2]1926 (Glavnyj chlopkovyj komitet VSNCh SSSR. Biblioteka chlopkovogo dela. 3)

DENISEVIČ, V. V.: Perspektivy neftegazonosnosti v Turkmenskoj SSR. In: Geologija Nefti 1, 1957, H. 7, S. 1 - 9

Denkschrift des Chefs der Hauptverwaltung für Landeinrichtung und Landwirtschaft (d.i. Aleksandr Vasil'evič KRIVOŠEJN) über seine Reise nach Turkestan im Jahre 1912. Einzige autorisierte Übersetzung von ULLRICH. Berlin 1913

Die Baumwollfrage. Denkschrift über Produktion und Verbrauch von Baumwolle. Maßnahmen gegen die Baumwollnot. Jena 1911 (Veröffentlichungen des Reichs-Kolonialamts. 1)

Die Große Politik der Europäischen Kabinette 1871 - 1914. Sammlung der Diplomatischen Akten des Auswärtigen Amtes. Im Auftrage des Auswärtigen Amtes herausgegeben von Johannes LEPSIUS, Albrecht MENDELSSOHN BARTHOLDY, Friedrich THIMME. 17. Band.: Die Wendung im Deutsch-Englischen Verhältnis. Berlin 1924

Die Messe zu Nishnij-Nowgorod. Umsatz und Preise in den Jahren 1864 - 1873. In: RR 6, 1875, S. 34 - 69

Die Messe zu Nishnij-Nowgorod. Umsatz und Preise im Jahre 1874. In: RR 6, 1875, S. 249 - 266

Die Messe zu Nishnij-Nowgorod im Jahre 1885. In: RR 25, 1886, S. 116 - 121

Die Regelung des Eisenbahntarifwesens in Russland. In: AEW 12, 1889, S. 526 - 530

Die russische Bahn durch das südliche Zentralasien. In: ZVDEV 25, 1885, S. 437

Die russische Eisenbahn durch das südliche Centralasien. In: Archiv für Post und Telegraphie 1885, H. 12, S. 383

Die Sande Kara-Kum, in ihren Beziehungen zur Central-Asiatischen Eisenbahn. In: PM 24, 1878, S. 293 - 299

Die transkaspische Eisenbahn, In: AEW 9, 1886, S. 695

Die transkaspische Eisenbahn. In: AEW 11, 1888, S. 545 - 555

Die transkaspische Eisenbahn. In: Ausland 61, 1888, S. 301 - 305 und 328 - 333

Die Transkaspische Eisenbahn. In: ZVDEV 28, 1888, H. 40, S. 367 - 369, H. 41, S. 377 - 379, H. 42, S. 388 - 390

Die Wasserstraße des Amu-Darja. In: Zentralblatt der Bauverwaltung, 16.2.1904, S. 29 - 30

DIECKMANN: Der Eisenbahnbau in Iran. In: AEW 62, 1939, S. 201-212

ders.: Die iranische Ost-West-Bahn. In: AEW 65, 1942, S. 472 - 475

DIKENŠTEJN, G. Ch. i G. A. ARŽEVSKIJ (u.a.): Neftjanye i gazovye mestoroždenija Srednej Azii. Moskau 1965

Direktivy XXIV s-ezda KPSS po pjatiletnemu planu razvitija narodnogo chozjajstva SSSR na 1871 - 1975 gody. In: Pravda 101 vom 11.4.1971, S. 1 - 7

DJUŽEV, F.: Zavody chlopkovoj promyšlennosti Turkestana. In: Chlopkovoe delo 1, 1922, H. 3-4, S. 42 - 48

DMITRIEV-MAMONOV, A. I.: Putevoditel' po Turkestanu i Sredne-Aziatskoj železnoj dorogi s istoričeskim očerkom sooruženija i èkspluatacii Zakaspijskoj voennoj železnoj dorogi i očerkom sooruženija Orenburg - Taškentskoj železnoj dorogi. St. Petersburg 1903 (u.ö.)

DOEMMING, G.v.: Transcaspia 1917. In: Mizan XI (CAR XVII), 1969, H. 1, S. 39 - 51

Domestic housing. In: CAR IX, 1961, S. 359 - 370

DOWNTON, E.: Soviet Central Asia. In: Journal of the Royal Central Asian Society 42, 1955, S. 128 - 137

Druckschriften und Kartenwerke ... s. Karten und Atlanten

DUBJANSKIJ, V. A.: Pesčanye pustyni Turkmenii. In: Turkmenija, Leningrad 1929, Bd. 3 (s.d.), S. 37 - 102

DULLING, G. K.: The Turkic languages of the USSR: a new development. In: CAR XVI, 1968, S. 97 - 109

DWESOW, B.: Turkmenien. In: Sowjetunion heute 12, 1967, H.11, S. 4 - 6

DŽAMALOV, O. B., I. B. BLINDER, A. U. UL'MASOV u.a.: Èkonomičeskie zakonomernosti i preimuščestva nekapitalističeskogo puti razvitija. Po materialam Uzbekistana. Taškent 1967

DŽEVECKIJ, S. K.: O zakaspijskoj železnoj doroge. Doklad S. K. DŽEVECKOGO i beseda v VIII otdele Imperatorskogo Russkogo Techničeskogo Obščestva 15-go aprelja 1889 goda pod predsedatel'stvom A.N. GORČAKOGO. In: Železnodorožnoe delo 8, 1889, No. 23-24, S. 219 - 234

DŽIKIEV, A.: Turkmeny jugo-vostočnogo poberež'ja Kaspijskogo morja (Istoriko-geografičeskij očerk). Aschabad 1961 (Akademija Nauk TSSR. Institut istorii, archeologii i ètnografii)

DŽUMAEV, B.: Voprosy ulučšenija vodopodači na territoriju Mary. In: SChT 13, 1969, H. 8, S. 36 - 37

DŽUMAMURADOV, A.: Iz istorii sovetizacii aulov severnogo Turkmenistana (Otčetno vybornaja kampanija 1927 g.). In: Izv. AN TSSR, obšč. n. 1966, H. 1, S. 30 - 36

Economic reorganization in Central Asia. In: CAR V, 1957, S. 389 bis 397

Ėffektivnost' otraslej sel'skogo chozjajstva zony Karakumskogo kanala. Pod naučnoj redakciej V. T. LAVRINENKO. Ašchabad 1965 (Akademija Nauk TSSR. Institut Ėkonomiki)

EHLERS, E.: Die Turkmenensteppe in Nordpersien und ihre Umrandung. Eine landeskundliche Skizze. In: Strukturwandlungen im nomadisch-bäuerlichen Lebensraum des Orients, Wiesbaden 1970 (GZ Beihefte. Erdkundliches Wissen. 26). S. 1 - 51

Ėkonomičeskie rajony SSSR. Izdanie vtoroe, pererabotannoe i dopolnennoe. Moskau 1969

Ėkonomika i organizacija socialističeskogo sel'skogo chozjajstva Turkmenistana. Pod redakciej V. T. LAVRINENKO (u.a.). Ašchabad 1958

Ėkonomika Turkmenskoj SSR. Moskau 1967 (Sojuznye respubliki v novoj pjatiletke 1966 - 1970 gg.)

ELIZAROV, Ch. E.: Perspektivy raboty MŽS v Turkmenii. In: SChT 10, 1966, H. 3, S. 15 - 19

ELLIS, C. H.: The Transcaspian Episode. 1918 - 1919. London 1963

ENGELBRECHT, Th. H.: s. Karten und Atlanten

England und Rußland in Afghanistan. In: Export 21, 1889, Nr. 9 vom 2.3.1899, S. 105 - 106

ERMOLAEV, M. N.: Propusk vod Amu-Dar'i v Mervskij i Tedženskij oazisy s cel'ju orošenija 516 000 desjatin zemli v vostočnoj časti Zakaspijskoj oblasti. St. Petersburg 1908

ĖSENOV, A. E.: Samyj južnyj ... In: Pravda vom 9.9.1967, S. 6.

ders.: Gradostroitel'stvo v uslovijach pesčanych pustyń Srednej Azii. In: POP 1970, H. 2, S. 78 - 82

Essais de géographie. Receuil des articles pour le XVIIIe Congrès International Géographique. Moskau u. Leningrad 1956 (Russ.Nebentitel: Voprosy geografii. Sbornik statej dlja XVIII-go meždunarodnogo geografičeskogo kongressa)

EVERSMAN, E.: Reise von Orenburg nach Buchara. Berlin 1823

Explorations in Turkestan with an account of the basin of eastern Persia and Sistan. Expedition of 1903, under the direction of Raphael PUMPELLY. Washington D. C. 1905 (Carnegie Institution of Washington. Publication No. 26)

Ežegodnik Bol'šoj Sovetskoj Ėnciklopedii. 1958 ff. (Moskau 1958 ff.)

Ežegodnik Rossii, 1910 g. St. Petersburg 1911 (Central'nyj statističeskij komitet Ministerstva Vnutrennych Del)

Fabrično-zavodskaja promyšlennost' SSSR v 1925/26 godu. Itogi razrabotki materialov sročnoj ežemesjačnoj otčetnosti promyšlennych zavedenii za 1925/26 god. Moskau 1927 (Central'noe statističeskoe upravlenie SSSR. Sektor statistiki promyšlennosti)

FAVORIN, N. N., N. N. OSTROVNAJA i V. A. TIMOŠKINA: Režim i balans gruntovych vod pod orošaemymi massivami nizov'ev Amu-Dar'i. In: Issledovanija deformacij kanalov ..., Moskau 1956 (s.d.), S. 79 - 196

FEDČENKO, B. A.: Rastitel'nost' Turkmenii. In: Turkmenija, Leningrad 1929, Bd. III (s.d.), S. 103 - 128

ders.: Dikorastuščaja flora TSSR. In: Problemy Turkmenii, Bd. 2, Moskau und Leningrad 1935 (s.d.), S. 458 - 462

ders. u. I. T. VASIL'ČENKO: Gornye rastenija Turkmenskoj SSR i mery bor'by s nimi. In: Problemy Turkmenii, Bd. 2, Moskau und Leningrad 1935 (s.d.), S. 463 - 467

FEDOROV, K. M.: Zakaspijskaja oblast'. Aschabad 1901

FEDOROVIČ, B. A.: Geomorfologičeskaja charakteristika i vody Turkmenskich Karakumov. In: Problemy Turkmenii, Bd. 2, Moskau und Leningrad 1935 (s.d.), S. 97 - 128

ders. (FÉDOROVITCH, B.A.): L'origine du relief des déserts de sable actuel. In: Essais de géographie, Moskau und Leningrad 1956 (s.d.), S. 117 - 129

FEJGIN, L. Ja.: Voprosy soveršenstvovanija mežrajonnych proizvodstvennych svjazej Sredneaziatskogo ėkonomičeskogo rajona. In: Izv. AN SSSR, ser. geogr. 1964, H. 1, S. 44 - 54 (engl. Übers. in: SovG 5, 1964, H. 6, S. 3 - 10)

FELS, E.: Der wirtschaftende Mensch als Gestalter der Erde. Stuttgart 1954 (LÜTGENS, R.: Hrsg.: Erde und Weltwirtschaft. 5)

FERRIER, J. P.: Caravan journeys and wanderings in Persia, Afghanistan, Turkistan, and Beloochistan; with historical notices of the countries lying between Russia and India. London [1]1956, [2]1857 ders.: Voyages en Perse, dans l'Afghanistan, le Béloutchistan et le Turkestan. Bd. 1 - 2. Paris 1870

Finansovye svedenija po ėkspluatacii zakaspijskoj voennoj železnoj dorogi. In: Železnodorožnoe delo 4, 1885, S. 72 - 73

FINDEISEN, H.: Die Ackerbaukultur an den Nordhängen des Kopet-Dagh. In: Erde 91, 1960, S. 277 - 290

Fiziko-geografičeskoe rajonirovanie SSSR. Charakteristika regional'nych edinic. Pod redakciej N. A. GVOZDECKOGO. Moskau 1968

FLECHTNER, H.-J.: Grundbegriffe der Kybernetik. Eine Einführung. Stuttgart ²1967

FLECK, R.: Planmäßige Umgestaltung der Landschaft im Dienste großregionaler Wirtschaftsentwicklung. In: PM 96, 1952, S. 32 - 35

FLETCHER, A.: Afghanistan, highway of conquest. Ithaca / New York 1965

FOCHLER-HAUKE, G.: Transformaciones en el Turquestán Occidental. In: Geografia una et varia. Homenaje al Doctor Frederico Machatschek ..., Tucuman o. J. (1951) (Universidad Nacional de Tucuman. Instituto de Estudios Geograficos. Publicaciones especiales. II). S. 95 - 103

ders.: Verkehrsgeographie. Braunschweig 1957, ³1972 (Das geographische Seminar)

FOMENKO, S. V.: Nasaždenie fistaški. In: SChT 11, 1967, H. 1, S. 36 - 37

FOMKIN, F. L.: Kollektivizacija v Turkmenistane. In: SChT 11, 1967, H. 10, S. 11 - 14

Forestry and afforestation. In: CAR IV, 1956, S. 256 - 263

FRASER, J. B.: Reisen und Abenteuer in den Persischen Provinzen an den Ufern des Caspischen Sees. Nach dem Englischen des James B. Fraser. Jena 1826

ders.: Historische und beschreibende Darstellung von Persien, von den ältesten Zeiten bis auf die neueste ... Deutsch von J. SPORSCHIL. I. und II. Teil. Leipzig 1840 (Ländergemälde des Orients ... 5. und 6. Teil)

FRECHTLING, L. E.: The Reuter concession in Persia. In: Asian Review N.S. XXXIV, 1938, S. 518 - 533

FREJKIN, Z. G.: Razvitie melkooazisnogo zemledelija v malovodnych rajonov Turkmenskoj SSR. In: Izv. AN SSSR, ser. geogr. 1954, H. 1, S. 54 - 59

ders.: Ašchabad. In: GvŠk 1955, H. 2, S. 11 - 20

ders.: Karakumskij kanal. In: GvŠk 1956, H. 3, S. 6 - 12

ders.: Turkmenskaja SSR. Ėkonomiko-geografičeskaja charakteristika Moskau [2]1957

ders.: Važnejšie izmenenija v geografii chozjajstva respublik Srednej Azii. In: GvŠk 1961, H. 1, S. 8 - 18

ders.: Pustyni SSSR i ich chozjajstvennoe osvoenie. In: GvŠk 1966, H. 5, S. 12 - 18

FRENZEL, B.: Die Vegetations- und Landschaftszonen Nord-Eurasiens während der letzten Eiszeituund während der postglazialen Wärmezeit. Teil 1 - 2. Wiesbaden (1959 bzw. 1960) (Akad. d. Wissenschaften und der Literatur, Abhandlungen der math.-nat. Klasse, Jg. 1959, Nr. 13 und Jg. 1960, Nr. 6)

FREY, R. L.: Infrastruktur. Grundlagen der Planung öffentlicher Investitionen. Tübingen und Zürich [2]1072

FRIEDERICHSEN, M.: Reisebriefe aus Russisch-Central-Asien. In: Mitteilungen der Geographischen Gesellschaft in Hamburg 18, 1902, S. 200 - 267

FRUMKIN, G.: Archaeology in Soviet Central Asia. V. The deltas of the Oxus and Jaxartes: Khorezm and its borderlands. In: CAR XIII, 1965, S. 69 - 86

ders.: Archaeology in Soviet Central Asia. VII. Turkmenistan. In: CAR XIV, 1966, S. 71 - 89

FÜRSTENAU, G.: Das Verkehrswesen Irans. O.O. 1935

GAEL', A. G.: O kompleksnom metode issledovanija i kartirovanija peskov. In: Problemy Turkmenii, Moskau und Leningrad 1935, Bd. II (s.d.), S. 221 - 225

GAEVSKAJA, E. S.: Karakulevodčeskie pastbišča Srednej Azii. Taškent 1971 (zit. nach RŽ 1971, H. 9, S. 27, Nr. 9 E 201 K)

GAFFERBERG, Ė. G.: Beludži Turkmenskoj SSR. Očerki chozjajstva, material'noj kul'tury i byta. Leningrad 1969 (Akademija nauk SSSR. Institut Ėtnografii im. N. N. Miklucho-Maklaja)

GALUZO, P. G.: Turkestan - kolonija. Očerk istorii Turkestana ot zavoevanija Russkami do revoljucii 1917 goda. Moskau 1929 (Trudy naučno-issledovatel'skoj associacii pri kommunističeskom universitete trudjaščichsja vostoka ... 1)

GANESHIN et EPSHTEJN: s. Karten und Atlanten

Garagum derjasy. Karakum-reka. The Kara-kum river. Ašchabad 1964

GAUTHIER, H. L.: Geography, transportation and regional development. in: Economic Geography 46, 1970, S. 612 - 619

GAVEMANN, A. V.: Aėrofotos-emka pri kompleksnom issledovanii territorii Turkmenii. In: Problemy Turkmenii, Moskau - Leningrad 1935, Bd. II (s.d.), S. 226 - 243

GEDEONOV: Opisanie puti ot Kyzyl-Arvata čerez Igdy v Petro-Aleksandrov. In: SbMA 15, 1885, S. 90 - 101

GEJER, I. I.: Putevoditel' po Turkestanu. Taškent 1901

GEJFEL'DER s. HEYFELDER

GELLERT, J. F. und G. ENGELMANN: Entwicklung und Struktur einiger sowjetischer Großstädte in Mittelasien. In: GBer 12, 1967, S. 175 - 203

GEL'MAN, Ch.: Ot Krasnovodska do Chivy. In: Vestnik Evropy 1882, kniga 8, S. 697 - 707

GENS: Nachricht über Chiwa, Buchara, Chokand und den nordwestlichen Teil des chinesischen Staates, gesammelt vom Präsidenten der asiatischen Grenz-Commission in Orenburg, General-Major GENS. St. Petersburg 1839 (Beiträge zur Kenntnis des Russischen Reiches und der angrenzenden Länder Asiens, hrsg. v. K.E. v. BAER und Gr. v. HELMERSEN. 2)

Geologija i neftegazonosnost' juga SSSR. Zakaspijskij i severnyj Prikaspij. Leningrad 1962 (Trudy kompleksnoj južnoj geologičeskoj ėkspedicii. Akademija nauk SSSR. 8)

GEORGIEV, G. P.: Sovetskaja techničeskaja pomošč' Afganistanu. In: Kratkie soobščenija Instituta Vostokovedenija. XXXVII. Afganskij sbornik. Moskau 1960. S. 37 - 43

GERASIMOV, I. P.: Počvennyj pokrov Turkmenii. In: Turkmenija, Leningrad 1929, Bd. III (s.d.), S. 1 - 35 mit Vegetationskarte 1 : 3 Mio im Anhang

ders., Hrsg.: Problemy preobrazovanija prirody Srednej Azii. Moskau 1967

ders.: Basic problems of the transformation of nature in Central Asia. In: SovG 9, 1968, S. 444 - 458

GERZBERG, L. Ja.: Perspektivy razvitija malych i srednych gorodov Turkmenii. In: Izv. AN TSSR, obšč. n. 1970, Nr. 3, S. 77 - 80

GIESE, E.: Agrare Betriebsformen im Vorland des Tien-Schan. In: Erdkunde 22, 1968, S. 51 - 63

ders.: Hoflandwirtschaften in den Kolchosen und Sovchosen Sowjet-Mittelasiens. In: GZ 59, 1970, S. 175 - 197

GITTERMAN, A. E. i A. S. ACHMANOV: Set' kreditnych učreždenij SSSR s priloženiem ukazatelja dejstvujuščich uzakonenej, cirkuljarov i instrukcij , regulirujuščich dejatel'nost' kreditnych učreždenij. Moskau und Leningrad 1926

GLADKOV, I. A.: Voprosy planirovanija sovetskogo chozjajstva v 1918 - 1920 gg.. Moskau 1951

GLADSTONE, W. E.: Russian policy and deeds in Turkistan. In: The Contemporary Review XXVIII, 1876, S. 873 - 891

Glavnyj Turkmenskij kanal. Prirodnye uslovija i perspektivy orošenija i obvodnenija zemel' južnych rajonov prikaspijskoj ravniny zapadnoj Turkmenii, nizovev Amu-Dari i zapadnoj časti pustyni Kara-Kumy. Red. I. P. GERASIMOV, V. A. KOVDA i. P. A. LETUNOV. Moskau 1952 (AN SSSR. Komitet sodejstvija stroitel'stvu gidroėlektrostancii, kanalov i orositel'nych sistem)

GOLF, A.: Die Sowjet-Agrarreform und der Landwirtschaftsbetrieb in Russisch-Mittelasien. In: Vorträge für praktische Landwirte jn Leipzig 1929 (Arbeiten der Leipziger Oekonomischen Societät). S. 97 - 105

GOLOŠČEKIN, F.: Turksib - sovetskaja doroga. In: OSTROVSKIJ, Z., Hrsg.: Turksib. Moskau 1930 (s. d.). S. 5 - 7

GOOCH, G. P. & H. TEMPERLEY, ed.: British documents on the origins of the War, 1898 - 1914. Vol. IV. The Anglo-Russian Rapprochement, 1903 - 1907. London 1929

GORBUNOVA, V. P.: Plodovodstvo Turkmenskoj SSR i perspektivy ego razvitija. In: Problemy Turkmenii, Moskau und Leningrad 1935, Bd. II (s. d.), S. 388 - 412

dies.: Fistaškovoe chozjajstvo Turkmenskoj SSR. In Problemy Turkmenii, Moskau - Leningrad, 1935, Bd. II (s.d.), S. 424 - 448

GORDEEVA, I. I.: Gradostroitel'noe rajonirovanie territorii Srednej Azii po uslovijam organizacii prigorodnych zon. In: Stroitel'stvo i architektura Uzbekistana 1969, H. 10, S. 28 - 30

Gosudarstvennyj pjatiletnij plan razvitija narodnogo chozjajstva SSSR v 1971 - 1975 g.. Moskau 1972

GOURDET, P.: Le chemin de fer en Asie centrale. In: Bulletin de la Société de Géographie de Marseille 22, 1898, S. 295 - 314

GRAHMANN, R.: Die Entwicklungsgeschichte des Kaspisees und des Schwarzen Meeres. In: Mitteilungen der Gesellschaft für Erdkunde zur Leipzig 54, 1937, S. 26 - 47

GRAVE, M. K.: Srednjaja podgornaja ravnina Kopet-Daga i ee sootnošenie s južnoj čast'ju nizmennych Kara-kumov. In: Akademija nauk SSSR. Trudy instituta geografii LXII. Materialy po geomorfologii i paleogeografii SSSR. 12. Moskau 1954. S. 48 - 68 ders.: Severnaja podgornaja ravnina Kopet-Daga. Proizchoždenie, rel'ef i elementy gidrogeologii. Akademija nauk SSSR. Sovet po izučeniju proizvoditel'nych sil; Institut geografii. Moskau 1957 (Trudy aralo-kaspijskoj kompleksnoj ėkspedicii. IX)

GREAVES, R. L.: Persia and the defense of India, 1884 - 1892. A study in the foreign policy of the third Marquis of Salisbury. London 1959 (Historical Studies. VII)

GRINBERG, L. M.: Kara Kumskij kanal i ego narodnochozjajstvennoe značenie. Aščhabad 1956

ders.: Kara-kumskij kanal. In: SChT 2, 1958a, H. 1, S. 39 - 51

ders.: Perspektivy razvitija orošenija v Turkmenistane. In: SChT 2, 1958b, H. 6, S. 38 - 47

ders.: Vtoraja očered' karakumskogo kanala. In: SChT 4, 1960, H. 3, S. 64 - 72

ders.: Semiletnij plan kolchoza v dejstvii. In: SChT 6, 1962a, H. 2, S. 44 - 47

ders.: Na putjach ukreplenija mežkolchoznych svjazej. In: SChT 6, 1962b, H. 3, S. 48 - 50

ders.: Karakumskij kanal imeni V. I. Lenina. In: POP 1970, H. 2, S. 54 - 61

GRODEKOV, N. I.: Vojna v Turkmenii. Pochod Skobeleva v 1880 - 1881 gg. Bd. 1 - 4. St. Petersburg 1883 (Bd. 1-3) u. 1884 (Bd. 4)

GRULEV, M. V.: Nekotorye geografiko-statističeskie dannye otnosjaščijasja k učastku Amu-Dar'i meždu Čardžuem i Patta-Gissarom. In: Izv. Turkmenskogo otdela IRGO 2, 1900, H. 1, S. 5 - 87

GRULEW, W.: Das Ringen Rußlands und Englands in Mittel-Asien. Berlin 1909 (Rußland in Asien. 10)

Die Güterbewegung auf der Transkaspischen Eisenbahn. In: ZVDEV 4.2.1893, Nr. 10, S. 85 - 88

Gustota dviženija gruzov po železnym dorogam za 1927/28 g. i po važnejšim vodnym putjam za 1928 g. 1930 (Otdel statistiki i kartografii N.K.P.S.)

GVOZDECKIJ, N. A. u. a.: Russkie geografičeskie issledovanija Kavkaza i Srednej Azii XIX - načala XX v. Moskau 1964

GVOZDECKIJ, N. A. i N. I. MICHAJLOV: Fizičeskaja geografija SSSR. Aziatskaja čast'. Moskau 1970

GYŐRKE, Margit: A turkesztáni öntözésekröl. In: Földrajzi Közlemények 36, 1907, S. 229 - 244. Dte. Zusammenfassung im Suppl. dazu, S. 107 - 114

HAHN, R.: Jüngere Veränderungen der ländlichen Siedlungen im europäischen Teil der Sowjetunion. Stuttgart 1970 (Stuttgarter Geographische Studien. 79)

HAMBLY, G., Hrsg.: Zentralasien. Frankfurt/M. 1966 (Fischer Weltgeschichte. 16)

HARD, G.: "Was ist eine Landschaft?" Über Etymologie als Denkform in der geographischen Literatur. In: BARTELS, D., Hrsg.: Wirtschafts- und Sozialgeographie, Köln u. Berlin 1970 (s.d.), S. 66 - 84

HARNISCH, A.: Badghis, Land und Leute. Nach den geographischen Ergebnissen der Afghanischen Grenzkommission von 1884 - 1888. Berlin 1891 (Wissenschaftliche Beilage zum Programm der Zweiten Städtischen Höheren Bürgerschule zu Berlin Ostern 1891. = Deutsche Schulprogramme 1891, I, 3)

HARRIS, C. D.: Urbanization and population growth in the Soviet Union, 1959 - 1970. In: GRv 61, 1971, S. 102 - 124

HASSERT, K.: Allgemeine Verkehrsgeographie. 2. Aufl. Bd. 1 - 2. Berlin u. Leipzig 1931

HAYIT, B.: Turkestan im XX. Jahrhundert. Darmstadt 1956 (Forschungen zur Neuen Geschichte der Völker Osteuropas und Asiens . 1)

ders.: Turkestan als Musterbeispiel der sowjetischen Kolonialpolitik. München 1961 (XIII. Konferenz des Instituts zur Erforschung der UdSSR. (H. 2)). Daktyl. vervielf.

ders.: Sowjetrussische Orientpolitik am Beispiel Turkestans. Köln u. Berlin 1962 (Schriftenreihe des Forschungsdienstes Osteuropa, hrsg. v. G. v. MENDE. 2) (1962 a)

ders.: Probleme der Landerschließung und Bewässerung in Turkestan (Sowjetisch Zentralasien). In: OEW 7, 1962, S. 144 - 150 (1962 b)

ders.: Sowjetrussischer Kolonialismus und Imperialismus in Turkestan als Beispiel des Kolonialismus neueren Stils gegenüber einem islamischen Volk in Asien. OOsterhout (Niederl.) 1965. (Studien und Materialien aus dem Institut für Menschen- und Menschheitskunde. 2)

ders.: Die Wirtschaftsprobleme Turkestans. Ein Beitrag zur Wirtschaftskunde Turkestans. Mit einem Rückblick auf ihre jüngste Vergangenheit. Ankara 1968 (Türk Kültürümü Araştırma Enstitüsü Yayınları 32, Seri 7, Sayı A 1)

HELLWALD, F. v.: Das Atrek-Tal und der Feldzug der Russen gegen die Teke-Turkmenen. In: Deutsche Rundschau für Geographie und Statistik 3, 1881, S. 453 - 459 und 557 - 562

HEMPEL, L.: Individuelle Züge in der kollektivierten Kulturlandschaft der Sowjetunion. In: Erde 101, 1970, S. 7 - 22

HENNIG, R.: "Hamburg - Herat" - eine neue Aufgabe deutscher Verkehrspolitik! In: Deutsche Politik 3, 1918, S. 597 - 602

HERZOG, R.: Seßhaftwerden von Nomaden. Geschichte, gegenwärtiger Stand eines wirtschaftlichen wie sozialen Prozesses und Möglichkeiten der sinnvollen technischen Überstützung. Köln und Opladen 1963 (Forschungsberichte des Landes Nordrhein-Westfalen, Nr. 1238)

HETTNER, A.: Die Geographie. Ihre Geschichte, ihr Wesen und ihre Methoden. Breslau 1927

ders.: Der Orient und die orientalische Kultur. In: GZ 37, 1931, S. 193 - 210, 269 - 279, 341 - 350, 401 - 414

ders.: Allgemeine Geographie des Menschen. III. Band. Verkehrsgeographie. Bearb. v. H. SCHMITTHENNER. Stuttgart 1952

HEYFELDER, O.: Ethnographisches über die Teke-Turkmenen. In: Globus 40, 1881a, S. 8 - 11

ders.: Geographisches aus der Achal-Teke-Oase. In: Globus 40, 1881b, S. 154 - 156

ders.: Turkmenisches. In: Globus 41, 1882a, S. 58 - 60

ders.: Ein Ritt über den Kobet-Dagh und die verlassene Stadt Kara-Kala. In: Globus 41, 1882b, S. 154 - 156

ders.: Ethnologisches aus der Oase der Achal-Teke. In: Globus 41, 1882c, S. 283 - 285

ders.: Ethnographisches aus der Oase der Achal-Teke. In: Globus 41, 1882d, S. 348 - 351

ders.: Die Transkaspi-Bahn und der Weg nach Indien. In: RR 25, 1886a, S. 168 - 202

ders.: Die Michaelbucht am Kaspischen Meere. In: Globus 49, 1886b, S. 294 - 297

ders.: Die Transkaspische Eisenbahn. In: Globus 49, 1886c, S. 362-365

ders.: Aus Transkaspien. Das Wasser und seine Regulierung. In: Deutsche Rundschau für Geographie und Statistik 9, 1887a, S. 307 - 310 (Bilder S. 312-313)

ders.: Die Überschwemmung der Flüsse Tedshend und Murghab im Frühjahr 1886, In: Globus 51, 1887b, S. 105 - 106

ders.: Transkaspien und seine Eisenbahn. Nach den Acten des Erbauers Generallieutenant M. Annenkow. 2. Aufl. Hannover 1889 ders. (GEJFEL'DER, O. F.): V zakaspijskoj oblasti. Vospominanija o Michail Dmitrievič Skobeleve. In: Russkaja Starina 23, 1892, H. 7, S. 181 - 216

HIEPKO, G.: Baumwolle. In: P. v. BLANCKENBURG und H. D. CREMER, Hrsg.: Handbuch der Landwirtschaft und Ernährung in den Entwicklungsländern. Bd. 2. Pflanzliche und tierische Produktion. Stuttgart 1971. S. 560 - 573

HIKMAT: Construction of canals in Turkestan. In: Millij Türkistan (National Turkestan) No. 70/71 B, 1951, S. 35 - 38

HOETZSCH, O.: Russisch-Turkestan und die Tendenzen der heutigen russischen Kolonialpolitik. In: Jahrbuch für Gesetzgebung, Verwaltung und Volkswirtschaft im Deutschen Reich 37, 1913, S. 903 - 941 und 1427 - 1473. Wiederabgedruckt in: Osteuropa und deutscher Osten, Berlin 1934, S. 148 - 249

ders.: Russland in Asien. Geschichte einer Expansion. Stuttgart 1966 (Schriftenreihe Osteuropa. 5)

HOUSTON, C.: Market potential and potential transportation costs: an evaluation of the concepts and their surface pattern in the USSR. In: The Canadian Geographer 13, 1969, S. 216 - 236

HÜTTEROTH, W.-D.: Bergnomaden und Yaylabauern im mittleren kurdischen Taurus. Marburg 1959 (Marburger geographische Schriften. 11)

HUMBOLDT, A. v.: Asie centrale. Recherches sur les chaînes de montagnes et la climatologie comparée. Bd. 1 - 3. Paris 1843

HUNDHAUSEN, Th.: Der Anschluß der Transkaspischen Eisenbahn an das europäische Bahnnetz. In: Export 21, 1899, S. 633 - 634

HUNTER, H.: Soviet transportation policy. Cambridge/Mass. 1957

IGDYROV, A.: Nekotorye voprosy pravogo regulirovanija truda v chlopkovodčeskich sovchozach Turkmenskoj SSR (o soveršenstvovanii techničeskogo normirovanija trudov). In: Izv. AN TSSR, obšč. n. 1965, H. 1, S. 32 - 37

IKRAMOV, A. I.: Nekotorye voprosy kompleksnogo razvitija transporta v Uzbekskoj SSR. In: TTIIŽT 46, 1968, S. 91 - 95

IMMANUEL, F.: Russische Eisenbahnbauten in Asien in ihrer Bedeutung für die Landeskultur und den Weltverkehr. In: PM 39, 1893, S. 102 - 112

IMŠČENECKIJ, A. I.: Nekotorye aspekty razvitija i razmeščenija promyšlennosti Sredneaziatskogo ėkonomičeskogo rajona. In: Problemy razvitija vostočnych rajonov SSSR. Moskau 1971, S. 145 - 159

INOYATOV, Kh.: Central Asia and Kazachstan before and after the October Revolution (Reply to Falsifiers of History). Moskau (1966)

Irrigation in Central Asia. In: CAR V, 1957, S. 271 - 285

Irrigation in Central Asia. Part i & ii. In: CAR VIII, 1960, S. 44 - 51 und 138 - 150

Irrigation: Progress since 1960. In: CAR XI, 1963, S. 138 - 154

ISKANDEROV, I.: K perspektivam chlopčatobumažnoj promyšlennosti v Uzbekskoj SSR. In: Obščestvennye nauki v Uzbekistane 9, 1965, H. 3, S. 34 - 37

Issledovanija deformacij kanalov i vlijanija orošenija na gruntovye vody v nizovjach Amu-Dar'i. Red. P. A. LETUNOV. Moskau 1956 (Trudy aralo-kaspijskoj kompleksnoj ėkspedicii. 7)

Istorija Turkmenskoj SSR. Bd. I (1, 2) - II. Ašchabad 1957

ITINA, M. A.: Drevnechorezmijskie zemledel'cy. In: Istorija, archeologija i ėtnografija Srednej Azii. K 60-letiju so dnja roždenija ... S. P. Tolstova. Moskau 1968. S. 75 - 86

Itogi vsesojuznoj perepisi naselenija 1959 goda. Turkmenskaja SSR. Moskau 1963 (Central'noe Statističeskoe Upravlenie pri Sovete Ministrov SSSR)

JAECKEL, H.: Die Nordwestgrenze in der Verteidigung Indiens 1900 - 1908 und der Weg Englands zum russisch-britischen Abkommen von 1907. Köln und Opladen 1968 (Beiträge zur Kolonial- und Überseegeschichte. 3)

JÄTZOLD, R.: Die wirtschaftsgeographische Struktur von Südtanzania. Türbingen 1970 (Tübinger Geographische Studien. 36)

JAGMUROV, A.: Boevye dejstvija afganskich vojsk vo vremja vojny za nezavisimost' v 1919 g.. In: Izv. AN TSSR, obšč. n. 1966, H. 4, S. 18 - 23

JAKOBI, A.: Železnye dorogi SSSR v cifrach. Moskau 1935

JAKOVKIN, A. A.: O promyšlennom značenii Karabugaza. In: KURNAKOV, PODKOPAEV i RONKIN, Hrsg.: Karabugaz i ego promyšlennoe značenie, Leningrad 1930 (s. d.), S. 289 - 306

JAKUBINCER, M. M.: K istorii kul'tury pšenicy v SSSR. In: Materialy po istorii zemledelija SSSR. II. Moskau und Leningrad 1956 (s. d.), S. 16 - 169

JAWORSKI, J. L.: Reise der russischen Gesandtschaft in Afghanistan und Buchara in den Jahren 1878-79. Bd. 1 - 2. Jena 1885

JAZMURADOV, A.: Razvitie chlopkovodstva i chlopkoočistitel'noj promyšlennosti. In: SChT 12, 1968, H. 12, S. 11 - 14

ders.: Sovremennoe razmeščenie i specializacija tekstil'noj promyšlennosti v Turkmenskoj SSR. In: Izv. AN TSSR, obšč. n. 1970, H. 3, S. 25 - 35 (zit. nach RŽ 1970, H. 12, S. 28, Nr. 12E172)

JETTMAR, K.: Organisation des Nomadismus und Möglichkeiten der politischen Integration. In: Nomadismus als Entwicklungsproblem. Bielefeld 1969 (Bochumer Schriften zur Entwicklungsforschung und Entwicklungspolitik. 5). S. 79 - 91

JUFEREV, V. I.: Chlopkovodstvo v Turkestane. Leningrad 1925 (Monografii izdavaemye komissiej po izučeniju estestvennych proizvoditel'nych sil SSSR pri Rossijskoj Akademii nauk)

JULDAŠEV, M. Ju.: K istorii torgovych i posol'skich svjazej Srednej Azii s Rossiej v XVI - XVII vv. Taškent 1964 (Akademija nauk Uzbekskoj SSR. Institut vostokovedenija im. Abu Rejchana Biruni)

JUNGE, R.: Das Problem der Europäisierung orientalischer Wirtschaft, dargestellt an den Verhältnissen der Sozialwirtschaft von Russisch-Turkestan. Weimar 1915 (Archiv für Wirtschaftsforschung im Nahen Orient. Außerordentl. Veröffentl. 1)

ders.: Die Spedition in Russisch-Turkestan 1901 - 1914. Eine Studie zum Problem der Europäisierung orientalischer Wirtschaft. In: Weltwirtschaftliches Archiv 12, 1918, S. 260 - 278

KAC, Ja. F.: Vinogradarstvo Turkmenii. In: Problemy Turkmenii, Moskau und Leningrad 1935, Bd. II (s. d.), S. 413 - 423

KAKABAEV, S. i K. MATGEL'DYEV: Razvitie chlopkovodstva v Turkmenistane za gody sovetskoj vlasti. In: TGU. Uč. zap. 52, 1968, S. 14 - 19

Kalendar'-spravočnik železnodorožnika 1964/1965. Moskau (1964)

KAMENKOVIČ, S. B.: Zimnee ovoščevodstvo v rajonach jugo-zapadnoj Turkmenii. In: SChT 5, 1961, H. 4, S. 65 - 68

KAPUR, H.: Soviet Russia and Asia 1917 - 1927. A study of Soviet policy towards Turkey, Iran and Afghanistan. Thèse. Genf 1965 (Université de Genève. Institut Universitaire de Hautes Etudes Internationales. Thèse No. 153)

Karakumy. Rezultaty èkspedicij 1929 i 1930 gg.. Leningrad 1930 (Akademija nauk SSSR. Materialy komissii ekspedicionnych issledovanij. 29)

KARGER, A.: Historisch-geographische Wandlungen der Weidewirtschaft in den Trockengebieten der Sowjetunion am Beispiel Kazachstans. In: R. KNAPP, Hrsg.: Weidewirtschaft in Trockengebieten. Stuttgart 1965 (Gießener Beiträge zur Entwicklungsforschung. Schriftenreihe des Tropeninstituts der Justus-Liebig-Univ. in Gießen, Reihe I (Symposien), Bd. 1). S. 37 - 49

KARK, I.: Zametki o doline Murgaba. In: Izv. IRGO 46, 1910 (St. Petersburg 1911), vyp. 8 - 10, S. 261 - 321

KAUDER, E.: Reisebilder aus Persien, Turkestan und der Türkei. Breslau 1900

KAZANSKIJ, N. N.: Transport i formirovanie territorial'no-proizvodstvennych kompleksov na vostoke SSSR. In: Territorial'nye proizvodstvennye kompleksy, Moskau 1970 (VG 80), S. 116 - 132

KAZEMZADEH, F.: The origin and early development of the Persian Cossack Brigade. In: ASEER 15, 1956, S. 351 - 363

ders.: Russia and Britain in Persia, 1864 - 1914. A study in imperialism. New Haven & London 1968

KES', A.S.: Proischoždenie Uzboja. In: Izv. AN SSSR, ser. geogr. 1952, H. 1, S. 14 - 26

KHANIKOFF, N. de: Mémoire sur la partie méridionale de l'Asie centrale. In: Recueil de voyages et de mémoires, publié par la Société de Géographie. VII. Paris 1864, S. 237 - 451

KIRSTA, B. T.: Orositel'nye sistemy Turkmenii. Aščhabad 1970 (zit. nach RŽ 1971, H. 9, S. 27, Nr. 9 E 202)

KLAUS, G., Hrsg.: Wörterbuch der Kybernetik. Bd. 1 - 2. Frankfurt/M. 1969

KLEER, J.: Rola infrastruktury i oświaty w rozwoju: Azja Radziecka - Azja Centralna, Afganistan, Iran, Pakistan, Turcja. In: Ekonomista 1967, H. 5, S. 1191 - 1220

ders.: Dwa typy rozwoju: Azja Radziecka. In: Ekonomista 1968, H. 5, S. 1193 - 1215

KLIMOVSKICH, A. P.: Itogi rabot po zagotovke i obezvoživaniju glauberovoj soli na južnom poberež'e Karabugazskogo zaliva. In: KURNAKOV, PODKOPAEV i RONKIN: Karabugaz i ego promyšlennoe značenie. Leningrad 1930 (s.d.), S. 169 - 194

KLYČEV, A.: Čeleken (kratkij istoriko-ėtnografičeskij i kraevedčeskij očerk). Aščhabad 1964

KMETIK, R. I.: Rodina teplovoza. In: Železnodorožnyj transport 1967, H. 3, S. 3 - 8

KNAPP, L.: Von der transkaspisch-turkestanischen Eisenbahn. Reisebriefe von L. KNAPP. In: Ausland 61, 1888, S. 804 - 808

KOBYLJANSKAJA, K. A.: Bachčevye kul'tury Turkmenii. In: Trudy po prikl. botanič., genet. i selekcion. VNII rastenievodstva 42, 1970, H. 2, S. 252 - 263 (zit. nach RŽ 1971, H. 1, S. 25, Nr. 1 E 181)

KOCH, H.: Rußlands Naphtaerzeugung und -ausfuhr. In: Der neue Orient 3, 1918, S. 25 - 28

ders.: Die Baumwolländer Turkestan und Transkaukasien und ihre natürlichen Absatzgebiete. In: Der neue Orient 3, 1918, S. 143 - 146

KÖNIG, W.: Die Achal-Teke. Zur Wirtschaft und Gesellschaft einer Turkmenengruppe im 19. Jahrhundert. Leipzig 1962 (Veröffentlichungen des Museums für Länderkunde zu Leipzig. 12)

ders.: Zur Wirtschaft der Turkmenen (XIX. - Anfang XX. Jahrhundert). In: Jahrbuch des Museums für Völkerkunde zu Leipzig 20, 1964, S. 207 - 249

ders.: Einige Aspekte der gesellschaftlichen Dynamik in der turkmenischen Bodenbauerngemeinde. In: Jahrbuch des Museums für Völkerkunde zu Leipzig 26, 1969, S. 292 - 307

KÖPPEN, W.: Grundriß der Klimakunde. 2. Aufl. Berlin u. Leipzig 1931

KOLARZ, W.: Russia and her colonies. New York 1953

ders.: Die Nationalitätenpolitik der Sowjetunion. Frankfurt/M. 1956

ders.: Die Religionen in der Sowjetunion. Freiburg i. Br. u.a. 1963

KOLESNIK, N. N.: Materialy po životnovodstvu zapadnych Karakumov. In: Karakumy, Leningrad 1930 (s. d.), S. 157 - 180

Kolomenskij teplovozostroitel'nyj zavod imeni V. V. Kujbyševa, 1893 - 1963. Moskau 1963

KOMAROV: Kratkie statističeskie svedenija o plemenach Ėrsari, obitajuščich levyj bereg Amu-Dar'i ot pograničnogo s Afganistanom selenija Bossagi do Čardžuja 1886. In: SbMA 25, 1887, S. 278 - 293

KONDAKOV, V. F.: Nekotorye voprosy koncentracii i specializacii proizvodstva v životnovodstve kolchozov Turkmenistana. In: SChT 4, 1960, H. 4, S. 16 - 21

KONKAŠPAEV, G. K.: Obščie osobennosti tjurkojazyčnoj geografičeskoj terminologii Srednej Azii i Kazachstana. In: Mestnye geografičeskie terminy, Moskau 1970 (VG 81), S. 174 - 179

KOPEKOV, Č. Fiziko-geografičeskij očerk bassejna reki Tedžen. In: TTGO 1, Aščhabad 1958, S. 81 - 93

KOSTENKO, L. F.: Srednjaja Azija i vodvorenie v nej russkoj graždanstvennosti. St. Petersburg 1871

KOVALEV, S. A.: Typen ländlicher Siedlungen in der UdSSR. In: PM 101, 1957, S. 152 - 157

ders.: Sel'skoe rasselenie (geografičeskoe issledovanie). Moskau 1963

KOVDA, V. A.: Land use development in the arid regions of the Russian plain, the Caucasus and Central Asia. In: STAMP, L. D., ed.: A history of land use in arid regions, 1961 (AZR 17), S. 175-218

KOZLOV, N. E.: Specializacija i koncentracija s.-ch. proizvodstva. In: SChT 13, 1969, H. 9, S. 22 - 25

KOZLOVSKIJ, D. A.: Materialy po gidrogeologii central'nych Karakumov. In: Karakumy, Leningrad 1930 (s. d.), S. 57 - 97

KRADER, L.: Peoples of Central Asia. The Hague 1963 (Research and Studies in Uralic and Altaic Language. American Council of Learned Societies. Project Nos. 12 and 62. - Uralic and Altaic Series. Indiana University. 26)

KRÄMER, W.: Der Turkmenische Hauptkanal und die neuen Bewässerungsmethoden in der Sowjetunion. In: Zeitschrift für den Erdkundeunterricht 3, 1951, H. 1, S. 20 - 29

KRAFFT, H.: A travers le Turkestan russe. Paris 1902

KRAHMER: Das Vordringen der Russen in Turkmenien. In: Beiheft zum Militär-Wochenblatt 1881, Nr. 6/7, S. 255 - 338

ders.: Rußland in Mittelasien. Leipzig 1898 (Rußland in Asien. 2)

ders.: Das transkaspische Gebiet. Berlin 1905 (Rußland in Asien. 1)

KRASKIN, I. S.; Red.: Zemel'no-vodnaja reforma v Srednej Azii. Sbornik materialov. Moskau und Leningrad 1927 (Sredne-Aziatskoe bjuro CK VKP (b))

Kratkaja geografičeskaja ėnciklopedija. Red. A. A. GRIGOR'EV. Bd. 1 - 5. Moskau 1960-66

Kratkij bibliografičeskij ukazatel' literatury po Turkestanu. Priloženie k Statističeskomu ežegodniku. Taškent 1924 (RSFSR. Central'noe statističeskoe upravlenie Turkestanskoj respubliki)

KRAUS, W.: Nomadismus als entwicklungspolitisches Problem. In: Nomadismus als Entwicklungsproblem. Bielefeld 1969 (Bochumer Schriften zur Entwicklungsforschung und Entwicklungspolitik. 5). S. 7 - 17

KREBS, N.: Vergleichende Länderkunde. Hrsg. durch H. LAUTENSACH. Stuttgart ^{3}1966 (Geographische Handbücher)

KREUTER, F.: Russlands transkaspische Eisenbahn. In: Allgemeine Bauzeitung 55, 1890, S. 20 - 21, 27 - 30, 33 - 36, 41 - 45 und 49 - 53

KRIST, G.: Allein durchs verbotene Land. Fahrten in Zentralasien. Wien 1937

KROLLICK, H.: Die neue Bahn Orenburg - Taschkent, hauptsächlich in handelsgeographischer Beziehung. In: Deutsche Rundschau für Geographie und Statistik 30, 1908, S. 211 - 215

KRYCLOV, I. I.: Die Gesetzgebung der mittelasiatischen Sozialistischen Sovetrepubliken. In: Zeitschrift für Ostrecht 1, 1927, S. 911 - 922

KUDRATULLAEV, A. V. i A. D. CHUDAJKULIEV: Teoretičeskie osnovy chlopkovo-ljucernovych sevooborotov. In: SChT 12, 1968, H. 8, S. 5 - 8

KÜRCHHOFF: Eisenbahnen und Eisenbahnpläne in Klein- und Mittel-Asien, Persien und Afghanistan. In: GZ 7, 1901, S. 609 - 625, 677 - 692

KULOV, A.: Intensifikacija sel'skochozjajstvennogo proizvodstva i ee rol' v povyšenii proizvoditel'nosti truda (na primere chlopkovodčeskich sovchozov Turkmenii). In: Vestnik Moskovskogo Universiteta, ser. VIII ėkonomika, filisofija 18, 1963, H. 2, S. 37 - 48

KULOV, A.: Za povyšenie kačestva chlopka-syrca. In: SChT 11, 1967, G. 5, S. 23 - 25

KUNIN, V. N.: O principach obvodnenija po Glavnomu Turkmenskomu kanalu. In: Izv. VGO 83, 1951, H. 3, S. 221 - 230

ders. (KOUNINE, V. N.): Traditions de la population rurale dans les déserts de l'Asie moyenne liées au problème de l'alimentation en eau. In: Essais de géographie. Moskau und Leningrad 1956 (s.d.), S. 312 - 321

ders.: The study of local waters in the deserts of the USSR. In: SovG 9, 1968, S. 469 - 488

KURAMBAEV, M.: O razvitii chimičeskoj i gornoj promyšlennosti Zapadnogo Turkmenistana v 1924 - 1958 gg. In: Izv. AN TSSR, obšč. n. 1965, H. 3, S. 86 - 86

KURBANOV, L. A.: Nekotorye voprosy razvitija ėkonomiki i kul'tury Turkmenskoj SSR. In: Izv. AN TSSR, obšč. n. 1960, H. 5, S. 53 - 63

ders.: Razvitie ėkonomiki Sovetskogo Turkmenistana. Ašchabad 1965 a

ders.: Nekotorye voprosy burenija na neft' i gaz i ich dobyči v Turkmenistane., In: Izv. AN TSSR, obšč. n. 1965 b, H. 5, S. 42 - 48

ders.: V. I. Lenin o Kara-Bogaz-Gole i Čeleken. In: Izv. AN TSSR, obšv. n. 1967, H. 3, S. 3 - 11

Kurds of the Turkmen SSR. In: CAR XIII, 1965, S. 302 - 309

KURNAKOV, N. S., N. I. PODKOPAEV i B. L. RONKIN, Red.: Karabugaz i ego promyšlennoe značenie. Leningrad [3]1930 (Akademija nauk SSSR. Komissija po izučeniju estestvennych proizvoditel'nych sil sojuza. Materialy No. 73)

KURNAKOV, N. S. i S. F. ŽEMČUŽNYJ: Ravnovesie vzaimnoj sistemy chloristyj natrij - sernomagnievaja sol' i primenenii k prirodnym rassolam. In: KURNAKOV, PODKOPAEV i RONKIN, Red.: Karabugaz i ego promyšlennoe značenie, Leningrad 1930 (s.d.), S. 339 - 409

KURON, H. und P. JANITZKY: Zum Problem der Takyre. In: Aus Natur und Geschichte Mittel- und Osteuropas. Festgabe zum 350-jährigen Jubiläum der Justus-Liebig-Universität Gießen. Gießen 1957 (Osteuropastudien der Hochschulen des Landes Hessen. Reihe I: Gießener Abhandlungen zur Agrar- und Wirtschaftsforschung des Europäischen Ostens. 3). S. 7 - 30

KUROPATKIN, A.: Turkmenija i Turkmeny. St. Petersburg 1879 (iz žurnala "Voennyj Sbornik" 1879 g.)

ders.: Geschichte des Feldzuges Skobelevs in Turkmenien nebst einer Übersicht der kriegerischen Tätigkeit der russischen Truppen in Zentralasien von 1839 - 1876. Deutsch von ULLRICH. Mülheim/Ruhr 1904

KUZ'MIN-KOROVAEV: Rossijsko-Persidskaja granica meždu Zakaspijskogo oblasti i Chorasanom. In: SbMA 40, 1889, S. 1 - 134

KUZNECOV, G. A., A. NOBADOV i M. RAŽAPOV: Rajonnaja planirovka Tedženskogo oazisa. In: SChT 10, 1966, H. 11, S. 28 - 31

LANGBEIN, O.: Veränderungen der Kulturlandschaft in der Sowjetunion. In: MGGW 94, 1952, H. 1-4, S. 55 - 83

LANSDELL, H.: Russisch-Central-Asien nebst Kuldscha, Buchara, Chiwa und Merw. Leizpig Bd. 1 - 3, 1885

L'Asie soviétique. Paris 1949 (Etudes et Documents. 3. Institut national de la statistique et des Etudes économiques pour la métropole et la France d'Outre-mer)

LAUE, Th. H. v.: Sergei Witte and the Industrialization of Russia. New York & London 1963

LAUNHARDT: Die Transkaspische und Sibirische Eisenbahn in ihrer technischen, wirtschaftlichen, politischen und kulturellen Bedeutung. In: Mitteilungen der Geographischen Gesellschaft in Hamburg 1891-92, 1895, S. 319 - 321

LAUTENSACH, H.: Der Geographische Formenwandel. Studien zur Landschaftsdynamik. Bonn 1952 (Colloquium Geographicum 3)

LAVROV, A. P.: Kratkaja charakteristika počvenno-geografičeskich uslovij podgornoj ravniny zapadnogo Kopet-Daga. In: TTGO 1, 1958, S. 94 - 117

ders.: Rajonirovanie takyrov dlja sel'skochozjajstvennogo osvoenija. In: SChT 13, 1969, H. 7, S. 33 - 35

LAVROV, V. A.: Gradostroitel'naja kul'tura Srednej Azii (s drevnach vremen do vtoroj poloviny XIX veka). Moskau 1950

Le chemin de fer russe de la Caspienne à l'Oxus. In: Revue générale des Chemins de Fer X, 1887, H. 1, S. 115 - 119

Le Droit des Eaux dans les Pays Musulmans. Etude prép. par D. A. CAPONERA. Rom 1956 (Collection FAO. Progrès et mise en valeur. Agriculture. No. 43)

Le Transcaspien. In: Le mouvement géographique 13, 1896, S. 189 - 190, 426 - 428

LEBED, A.: Transportation beyond the Urals and in Central Asia. In: Bulletin of the Institute for the Study of the History and Culture of the USSR 1, 1954, H. 9, S. 3 - 14

ders. (LEBED', A.): Razvitie transportnych svjazej Srednej Azii, Kazachstana i Zapadnoj Sibiri. In: Vestnik instituta po izučeniju istorii i kul'tury SSSR (Journal of the Institut for the Study of the History and Culture of the USSR) 3 (16), 1955, S. 21 - 38

LEBED, A. & B. YAKOVLEV: Soviet Waterways. The development of the inland navigation system in the USSR. München 1956 (Institute for the Study of the USSR, Ser. 1, No. 36)

LEBEDINCEV, A. A.: Karabugazskij zaliv i značenie ego dlja russkoj i mirovoj chimičeskoj promyšlennosti. In: KURNAKOV, PODKOPAEV i RONKIN, Red.: Karabugaz i ego promyšlennoe značenie. Leningrad 1930 (s.d.). S. 17 - 22

LECHNOVIČ, V. S.: K istorii kul'tury kartofelja v Rossii. In: Materialy po istorii zemledelija SSSR. Moskau und Leningrad 1956 (s.d.). S. 258 - 400

LEGOSTAEV, V. M.: Dopolnitel'nye istočniki orošenija Srednej Azii i južnogo Kazachstana. In: Voprosy ispol'zovanija vodnych resursov Srednej Azii. Moskau 1954 (s.d.). S. 136 - 146

LEIMBACH, W.: Nordasien, Westturkistan und Innerasien (1926 - 37). In: Geographisches Jahrbuch 53, 1938, 2. Halbbd., S. 437 - 565; 54, 1939, 1. Halbbd., S. 303 - 352, 2. Halbbd., S. 555 - 596

LEJZEROVIČ, E. E.: Ėkonomiko-geografičeskoe položenie i nekotorye voprosy promyšlennogo razvitija Zapadnoj Turkmenii. In: Izv. VGO 96, 1964, H. 3, S. 206 - 212

ders.: Ėkonomiko-geografičeskie problemy osvoenija pustyń (na primere Zapadnoj Turkmenii). Moskau 1968a

ders.: Značenie drobnogo ėkonomičeskogo rajonirovanie dlja rajonnoj planirovki. In: Izv. AN SSSR, ser. geogr. 1968b, H.1, S. 56 - 61

LENIN, Vl. I.: Polnoe dobranie sočinenij. Bd. 5. Moskau 1963

LENZ, K.: Die Prärieprovinzen Kanadas. Der Wandel der Kulturlandschaft von der Kolonisation bis zur Gegenwart unter dem Einfluß der Industrie. Marburg 1965 (Marburger Geographische Schriften. 21)

LEONT'EV, O. K. i A. N. KOSAREV: Problemy Kara-Bogaz-Gola. In: GvŠk 1969, H. 6, S. 20 - 23

LEONT'EV, V. L.: O vosstanovlenii saksaul'nikov jugo-vostočnych Karakumov. In: Problemy Turkmenii, Bd. II, Moskau und Leningrad 1935 (s. d.), S. 210 - 220

ders.: O sozdanii saksaulovych nasaždenij v svjazi so stroitel'stvom Glavnogo Turkmenskogo kanala. In: Izv. VGO 83, 1951, S. 271 - 273

ders.: Saksaulovye lesa pustyni Kara-Kum. Moskau und Leningrad 1954 (Akademija nauk SSSR. Naučno-populjarnaja serija)

LEONTOVIČ, V. I.: Nekotorye voprosy iz istorii razvitija kapitalističeskich otnošenij v zakaspijskoj oblasti v 1907 - 1914 godach. In: TGU. Uč. zap. 52, 1968, S. 29 - 46

Les chemins de fer de l'U.R.S.S.. In: Revue générale des chemins de fer 79, 1960, S. 333 - 362

LESSAR, P. M.: Poezdka v Seraks. In: Izv. IRGO 18, 1882, S. 120-136

ders.: Puti iz Aschabada k Geratu. In: SbMA 6, 1883 a, S. 1-38

ders.: O raspredelenie vod Kelata i Deregeza meždu ètimi chanstvami i Atekom. Vostočnyj bereg Tedžena i Seraksa i južnee ego. In: SbMA 6, 1883 b, S. 39 - 61

ders.: Mervskie chany. Položenie Merva i Ateka v konce 1882 goda. In: SbMA 6, 1883 c, S. 62 - 82

ders.: Peski Kara-kum. Puti soobščenija Zakaspijskoj oblasti s Chivoju, Mervom i Bucharoju. In: SbMA 6, 1883 d, S. 83 - 121

ders.: Uzboj i Unguz. In: SbMA 6, 1883 e, S. 215 - 222

ders.: Jugo-zapadnaja Turkmenija. In: SbMA 13, 1884 a, S. 1 - 138

ders.: Bemerkungen über Transkaspien und die benachbarten Landstriche. Nach dem Russischen von P. M. LESSAR. In: PM 30, 1884 b, S. 281 - 296

ders.: Das südwestliche Turkmenien. In: Globus 47, 1885, S. 348 - 352 und 359 - 362

LEŠČINSKIJ, G. T.: Resursy poverchnostnych vod zapadnoj Turkmenii i ich ispol'zovanie dlja narodnogo chozjajstva. In: TGU. Uč. zap. 24, 1963, S. 25 - 46

LEVINA, V. A.: K voprosu o genezise i tipach pozdnych poselenij južnoj Turkmenii (po dannym archeologii). In: TJUTAKE IX, 1959, S. 283 - 346

LEVINA, V. A., D. M. OVEZOV i G. A. PUGAČENKOVA: Architektura turkmenskogo žilišča. Moskau 1953 (TJUTAKE 3)

LÉVINE, J. O.: Le Transiranien et les Rapports Economiques Russo-Persans. In: L'Asie Française 39, 1939, S. 126 - 130

LEWIN, B. I.: Die Neugestaltung des Eisenbahnverkehrs im Rahmen des Stalinschen Nachkriegs-Fünfjahrplans. Stenogramm einer in Moskau gehaltenen öffentlichen Vorlesung. Berlin 1952

LEWIS, R. A.: The irrigation potential of Soviet Central Asia. In: AAAG 52, 1962, S. 99 - 114

ders.: Early irrigation in West Turkestan. In: AAAG 56, 1966, S. 467 - 491

LIČKOV, B. L.: Zagadka Karakumov. In: Karakumy. Leningrad 1930 (s.d.). S. 1 - 33

LINČEVSKIJ, J. A.: Bogarnye zemli Turkmenii. In: Problemy Turkmenii, Bd. II, Moskau und Leningrad 1935 (s.d.), S. 350 - 363

LJAŠČENKO, P. I.: Istorija narodnogo chozjajstva SSSR. Bd. 1 - 2. Leningrad [3]1952

LÖBSACK, G. S.: Das neue Russisch-Mittelasien. In: Zeitschrift für Geopolitik 3, 1926, S. 611 - 619

LONG, R. E. C.: Russian railway policy in Asia. In: Fortnightly Review, N.S. 166, 1899, S. 914 - 925

LOPATIN, G. V.: Materialy po vodosnabženiju karakumskogo sernogo zavoda. In: Karakumy, Leningrad 1930 (s.d.), S. 99-111

LUKIN, A.: Buduščie železnye dorogi iz Evropejskoj Rossii v Aziju. In: Železnodorožnoe delo 4, 1885, S. 2 -4, 9 - 12, 17 - 19

LUPPOV, N. P., Red.: Geologija SSSR. Tom 22. Turkmenskaja SSR. Čast' 1. Geologičeskoe opisanie. Moskau 1957 (Ministerstva geologii i ochrany nedr SSSR)

MACHATSCHEK, F.: Landeskunde von Russisch Turkestan. Stuttgart 1921 (Bibliothek länderkundlicher Handbücher)

MAK-GREGOR: Oborona Indii, čast' 1. In: SbMA 43, 1891, S. 1 - 264

MAKAROV: Zapiska o reke Atreke. In: SbMA 15, 1885, S. 140 - 148

MAL'CEV, A. E.: Zemel'no-vodnye resursy Srednej Azii i ich sel'skochozjajstvennoe ispol'zovanie. Frunze 1969 (Akademija nauk Kirgizskoj SSR. Kirgizskij filial obščestva počvovedov)

MAMEDOV, A. M.: Irrigacija Srednej Azii. Ėkonomičeskie očerk. Moskau 1969

MANAKOV, V. S.: K voprosu ob optimal'nych razmerach ovcevodčeskich sovchozov v Turkmenskoj SSR. In: SChT 6, 1962, H. 4, S. 31-36

MANSYREV, Ch. S.: Nekotorye pokazateli razvitija sredstv svjazi v Sredneaziatskich respublikach. In: Naučnye zapiski Taškentskogo instituta narodnogo chozjajstva 53, 1969, S. 182 - 205 (zit. nach RŽ 1970, H. 6, S. 22, No. 6 E 139)

MARKERT, W., Hrsg.: Sowjetunion. Das Wirtschaftssystem. Köln und Graz 1965 (Osteuropa-Handbuch)

ders. und D. GEYER, Hrsg.: Sowjetunion. Verträge und Abkommen. Verzeichnis der Quellen und Nachweise. Köln und Graz 1967 (Osteuropa-Handbuch)

MARKOV, G. E.: K voprosu o formirovanii turkmenskogo naselenija Chorezmskogo oazisa. In: SovEtn 1953, H. 4, S. 41 - 55

Maršrutnoe opisanie puti, issledovannogo 1-go Turkestanskogo strelkovogo bataliona poručikom KALITINym meždu Achal-Tekinskim i Chivinskim oazisam ... 1881 goda. In: SbMA 6, 1883, S. 132-153

MARVIN, Ch.: Merv, the queen of the world; and the scourge of the man-stealing Turcomans with an exposition of the Khorassan question. London 1881

MASAL'SKIJ, V. I.: Chlopkovodstvo, orošenie gosudarstvennych zemel' i častnaja predpriimčivost'. In: Izv. IRGO 44, 1908, H. 1 - 2, S. 63 - 119

ders.: Turkestanskij kraj. St. Petersburg 1913 (Rossija. Polnoe geografičeskoe opisanie našego otečestva ... Pod red. V. P. SEMENOVA-TJAN-ŠANSKOGO. 19)

MASLOV, A. N.: I. Zavoevanie Achal Teke. Očerki iz poslednej ėkspedicii Skobeleva. II. Materialy dlja biografii i charakteristiki Skobeleva. St. Petersburg [2]1887

MASLOVA, S. F.: Problemy razvitija magistral'nogo transporta Srednej Azii. In: Trudy instituta kompleksnych transportnych problem pri gosplane SSSR 14, 1969, S. 26 - 33

MASSON, V. M.: Drevnezemledel'českaja kul'tura Margiany. Moskau u. Leningrad 1959 (AN SSSR. Institut istorii material'noj kul'tury. Materialy i issledovanija po archeologija SSSR. 73)

ders. i V. I. SARIANIDIN: Karakumy: zarja civilizacii. Moskau 1972

Materialien zur sowjetrussischen Wirtschaftsplanung. Berlin 1943 (Die Wirtschaft der UdSSR in Einzeldarstellungen. H. 8/9). Daktyl. vervielf.

Materialy dlja bibliografii po antropologii i ėtnografii Kazakstana i sredneaziatskich respublik. Sost. E. A. VOZNESENSKOJ i A. B. PIOTROVSKIM. Leningrad 1927 (AN SSSR. Trudy komissii po izučeniju plemennogo sostava naselenija SSSR i sopredel'nych stran. 14)

Materialy po istorii Turkmen i Turkmenii. Bd. II. Moskau und Leningrad 1938 (Trudy instituta vostokovedenija. 29. Istočniki po istorii narodov SSSR)

Materialy po istorii zemledelija SSSR. Sbornik II. K istorii otdel'nych kul'turnych rastenij SSSR. Moskau und Leningrad 1956 (AN SSSR. Institut istorii. Vsesojuznaja ordena Lenina Akademija sel'skochozjajstvennych nauk imeni V. I. Lenina. Vsesojuznyj institut rastenievodstva)

Materialy po statistike putej soobščenija.
vyp. 87-i. Svodnaja statistika perevozok po železnym dorogam za 1926/27 g. I. Chlebnye gruzy. Moskau 1928
vyp. 89-i. Obščie itogi perevozok gruzov na železnym dorogam za 1926/27 i 1925/26 gg. Moskau 1929
vyp. 90-i. Svodnaja statistika perevozok po železnym dorogam za 1926/27 g. II. Produkty gornoj promyšlennosti, stroitel'nye materialy mineral'nogo proizchoždenija, produkty chimičeskoj i silikatnoj promyšlennosti. Moskau 1929
vyp. 91-i. Svodnaja statistika perevozok po železnym dorogam za 1926/27 g. III. Metally i izdelija iz nich. Moskau 1929
vyp. 94-i. Prosveščenie na transporte za 1923/24 - 1927/28 učebn. gody s priloženiem predvaritel'nych dannych o seti prosvetitel'nych učreždenij za 1928/29 uč. g. Moskau 1929
vyp. 95-i. Svodnaja statistika perevozok po železnym dorogam za 1926/27 g. IV. Produkty lesnogo chozjajstva i derevoobrabatyvajuščej promyšlennosti. Moskau 1929
vyp. 100-i. Svodnaja statistika perevozok po železnym dorogam za 1926/27 g. V. Produkty rastitel'nogo proischoždenija. Moskau 1929
vyp. 101-i. Svodnaja statistika perevozok po železnym dorogam za 1926/27 g. VI. Produkty životnogo proischoždenija. Moskau 1929
(Narodnyj komissariat putej soobščenija. Otdel statistiki i kartografii)

Materialy po voprosu o torgovych putjach v Srednjuju Aziju. St. Petersburg 1869

Materialy XXIII s-ezda KPSS. Moskau 1966

Materialy k istoriko-ètnografičeskomu atlasu Srednej Azii i Kazachstana. Moskau und Leningrad 1961 (AN SSSR. Trudy instituta ètnografii im. N. N. Miklucho-Maklaja. N. S. 48)

MATGEL'DYEV, K.: Razvitie chlopkovodstva v Turkmenistane v gody pervoj pjatiletki (1928-1932 gg.). In: Izv. AN TSSR, obšč. n. 1967a, H. 2, S. 18 - 25 ders.: Razvitie chlopkovodstva Turkmenistana vo vtoroj pjatiletke (1933 - 1937 gg.). In: Izv. AN TSSR, obšč. n. 1967 b, H. 4, S. 37 - 44

MATTHESIUS, O.: Russische Eisenbahnpolitik (1881 - 1903). In: AEW 28, 1905, S. 354 - 380, 516 - 537, 837 - 858, 1301 - 1327; 29, 1906, S. 705 - 739, 924 - 948, 1183 - 1205; 30, 1907, S. 904 - 931; 31, 1908, S. 1009 - 1042, 1383 - 1404; 32, 1909, S. 160 - 187

MATZNETTER, J.: Grundfragen der Verkehrsgeographie. In: MGGW 95, 1953, H. 7-12, S. 109 - 124

MAZANOVA, M. B.: Rol' vostočnych rajonov v ėkonomike SSSR. In: Problemy razvitija vostočnych rajonov SSSR. Moskau 1971, S. 3 - 28

MAZOVER, Ja. A.: Toplivno-ėnergetičeskie bazy vostoka SSSR (Sibiŕ i Srednjaja Azija). Moskau 1966

MEAKIN, A. M.: In Russian Turkestan. A garden of Asia and its people. London 1903

MECKELEIN, W.: Ortsumbenennungen und Neugründungen im europäischen Teil der Sowjetunion nach dem Stand der Jahre 1910/1938/1951 mit einem Nachtrag für Ostpreußen 1953. Berlin 1954 (Osteuropa-Institut an der Freien Universität Berlin, Wirtschaftswissenschaftliche Veröffentlichungen. 2)

ders.: Jüngere siedlungsgeographische Wandlungen in der Sowjetunion. In: GZ 52, 1964, S. 242 - 270

MEHNERT, K.: Die Sowjetpolitik in Turkestan. In: Rußland-Studien. Gedenkschrift für Otto HOETZSCH. Aufsätze seiner Schüler ... Stuttgart 1957 (Schriftenreihe Osteuropa. 3). S. 63 - 78

MEJER; Očerk Zakaspijskoj oblasti. In: SbMA 15, 1885, S. 102 - 139

MELAMED, M. P.: Vosproizvodstvo naselenija v Turkmenskoj SSR i vlijajuščie na nego faktory. In: Problemy narodonaselenija (Sbornik). Moskau 1970, S. 95 - 98 (zit. nach RŽ 1970, H. 9, S. 21, No. 9 E 140)

MELEZIN, A.: Soviet regionalization. An attempt at the delineation of socioeconomic integrated regions. In: GRv 58, 1968, S. 593-621

MELKICH, A.: Stand und Aussichten des Baumwollbaus in der Sovet-Union. Berlin 1933 (Berichte über Landwirtschaft. Zeitschr. für Agrarpolitik und Landwirtschaft. N.F., Sonderh. 82)

MEL'NICKIJ: Statističeskie dannye o zakaspijskoj oblasti. In: SbMA 29, 1888, S. 104 - 125

MEREDOV, Ch. B.: Razvitie promyšlennosti Turkmenistana v 1946 - 1959 godach. In: Nekotorye voprosy istorii narodnogo chozjajstva Turkmenistana. Aščhabad 1963 (s.d.), S. 97 - 135

MERETNIJAZOV, A.: K ėkonomiko-geografičeskoj charakteristike predgornoj zony Kopet-Daga. In: Izv. AN TSSR, obšč. n. 1965, H. 4, S. 82 - 85

ders.: Transportno-ėkonomičeskie svjazi Turkmenskoj SSR i puti ich soveršenstvovanija. In: Izv. AN TSSR, obšč. n. 1969, H. 3, S. 58 - 62 (zit. nach RŽ 1970, H. 2, S. 30 f., No. 2 E 191)

MERTENS: Die russischen Eisenbahnen im Jahre 1900. In: AEW 26, 1903, S. 1083 - 1125

ders.: Die russischen Eisenbahnen im Jahre 1901 nebst einem Rückblick auf die Entwicklung des Eisenbahnwesens in den Jahren 1882 bis 1901. In: AEW 27, 1904, S. 1041 - 1108

ders.: Die russischen Eisenbahnen im Jahre 1903. In: AEW 29, 1906, S. 949 - 994

ders.: Die russischen Eisenbahnen im Jahre 1905. In: AEW 31, 1908, S. 1114 - 1162

ders.: Die russischen Eisenbahnen im Jahre 1906, In: AEW 32, 1909, S. 1143 - 1200

ders.: Die russischen Eisenbahnen im Jahre 1907. In: AEW 33, 1910, S. 1175 - 1224

ders.: Die russischen Eisenbahnen im Jahre 1908. In: AEW 34, 1911, S. 1186 - 1230

ders.: Die russischen Eisenbahnen im Jahre 1909. In: AEW 36, 1913, S. 1067 - 1110

ders.: Die wirtschaftliche Lage Rußlands an der Hand des Entwurfes zum Reichsbudget 1914. In: AEW 37, 1914a, S. 657 - 691

ders.: Die russischen Eisenbahnen im Jahre 1910. In: AEW 37, 1914b, S. 1373 - 1413

ders.: Die wirtschaftliche Lage Rußlands an der Hand des Entwurfes zum Reichsbudget 1915. In: AEW 38, 1915, S. 811 - 839

ders.: Die wirtschaftliche Lage Rußlands an der Hand des Entwurfes zum Reichsbudget 1916. In: AEW 39, 1916, S. 1051 - 1102

ders.: Die russischen Bahnen im Jahre 1911. In: AEW 40, 1917a, S. 248 - 287

ders.: 1882 - 1911. Dreißig Jahre russischer Eisenbahnpolitik und deren wirtschaftliche Rückwirkung. In: AEW 40, 1917b, S. 416 - 459, 699 - 729, 905 - 932; 41, 1918, S. 442 - 467, 563 - 598; 42, 1919, S. 687 - 714, 858 - 907

MESSNER, sost.: Železnye dorogi. Taškent 1912 (Voenno-statističeskoe opisanie Turkestanskogo voennogo okruga. 2. Pod redakciej FEDJAJ)

MICHEL'SON, O. A.: Geografičeskie osobennosti rastitel'nogo pokrova Badchyza. In: TTGO 1, 1958, S. 118 - 147

MIKUS, W.: Die Auswirkungen eines Eisenbahnknotenpunktes auf die geographische Struktur einer Siedlung - am speziellen Beispiel von Lehrte und ein Vergleich mit Bebra und Olten/Schweiz. Freiburg 1966 (Freiburger Geographische Hefte. 3)

MIL'KIS, M. R.: Kjarizy central'nogo Kopet-daga i gidrogeologičeskaja effektivnost' drenažnych galerej. In: POP 1969, H. 3, S. 25-31

MILLER, M.: Management reforms in industry. In: CAR XV, 1967 a, S. 99 - 113

dies.: Notes on industrial development. In: CAR XV, 1967 b, S. 300 - 315

dies.: Notes on agricultural development. In: CAR XVI, 1968, S. 122 - 135

MINERVIN, V. N.: Puti razvitija kormovoj bazy karakumov. In: Problemy Turkmenii. Moskau und Leningrad 1935, Bd. II (s.d.), S. 159 - 204

MIRKIN, S. L.: Koėfficient poleznogo dejstvija orositel'nych sistem Srednej Azii i puti ego povyšenija. In: Voprosy ispol'zovanija vodnych resursov Srednej Azii. Moskau 1954 a (s.d.), S. 5 - 116

ders.: Osnovnye voprosy obvodnenija pustyń. In: Voprosy ispol'zovanija vodnych resursov Srednej Azii. Moskau 1954 b.(s.d.), S. 147-167

MIRTSCHING, A.: Erdöl- und Gaslagerstätten der Sowjetunion und ihre geologische Bedeutung. Stuttgart 1964 a

ders.: Probleme des Kaspischen Gebietes und Russisch-Mittelasiens. In: OEN 8, 1964, S. 34 - 54 (1964 b)

MIRZOEVA, T. A.: Razvitie železnodorožnogo transporta v Azerbajdžane. In: Izv. AN Azerbajdžanskoj SSR. ser. nauk o zemle 1968, H. 2, S. 102 - 107

MJATIEV, Ch.: O gazovych mestoroždenijach Turkmenistana. In: POP 1969, H. 2, S. 75 - 77

MOLČANOV, L. A.: Klimat Turkmenii. In: Turkmenija. Leningrad 1929, Bd. II (s.d.), S. 133 - 170

Monopolisticeskij kapital v neftjanoj promyšlennosti Rossii. 1883 - 1914. Dokumenty i materialy. Moskau und Leningrad 1961

MORISON, J. L.: From Alexander Burnes to Frederick Roberts. A survey of imperial frontier policy. Raleigh Lecture on History, read 15 July 1936. In: Proceedings of the British Academy, 1936, S. 177 - 206

MOSER, H.: A travers l'Asie centrale. La steppe kirghize - le Turkestan russe - Boukhara - Khiva - le pays des Turcomans et la Perse. Impressions de voyage. Paris (1885) ders.: Le Turkestan avant et après la construction du chemin de fer transcaspien. In: Comptes rendus du Congrès International des Sciences Géographiques. Bern 1891. Bd. V, 1, S. 702 - 712

ders.: L'irrigation en Asie Centrale. Etude géographique et économique. Paris 1894

MÜLLER, G.: Baumwolle. Anbau und Düngung. Bochum o.J. (1958) (Schriftenreihe über tropische und subtropische Kulturpflanzen)

(MURAWIEW, N.) Des Kaiserlichen Russischen Gesandten Nicolaus von MURAWIEW Reise durch Turkomanien nach Chiwa in den Jahren 1819 und 1820. Aus dem Russischen übersetzt ... von Ph. STRAHL. Teil 1 - 2 (in 1 Bd.). Berlin 1824

MURZAEV, Ė. M. (MOURZAEV, E. M.): Analyse comparée des conditions naturelles des régions arides de l'Asie moyenne. In: Essais de géographie. Moskau und Leningrad 1956 (s.d.). S. 399 - 404

ders.: Srednjaja Azija. Fiziko-geografičeskij očerk. Moskau [2]1957

MYNENKOV, K. A.: O razmeščenii i specializacii ovcevodstva v zapadnoj časti Turkmenii. In: SChT 10, 1966, H. 11, S. 14 - 16

ders.: O povyšenii ėkonomičeskoj ėffektivnosti ovcevodstva zapadnoj Turkmenii. In: Izv. AN TSSR, obšč. n. 1967, H. 4, S. 75-82

NALIVKIN s. Karten und Atlanten

NAPORKO, A. G.: Očerki razvitija železnodorožnogo transporta SSSR. Moskau 1954

Narodnoe chozjajstvo Srednej Azii v 1963 godu. Statističeskij sbornik. Taškent 1964 (CSU SSSR. Sredneaziatskoe statističeskoe upravlenie)

Narodnoe chozjajstvo SSSR. v 1959 (ff.) g.. Statističeskij ežegodnik. Moskau 1960 ff.

Narodnoe chozjajstvo Turkmenskoj SSR. Statističeskij sbornik. Aščhabad 1957

Narodnoe chozjajstvo Turkmenskoj SSR. Statističeskij sbornik. Aščhabad 1963

Narody Srednej Azii i Kazachstana. Pod redakciej S. P. TOLSTOVA, T. A. ŽDANKO, S. M. ABRAMZONA, N. A. KISLJAKOVA. Moskau Bd. 1, 1962, Bd. 2, 1963 (Narody mira. Ėtnografičeskie očerki. Pod obščej radakciej S. P. TOLSTOVA)

NARR, W.-D.: Theoriebegriffe und Systemtheorie. Stuttgart [2]1971 (Einführung in die moderne politische Theorie, Bd. 1)

NAZAREVSKIJ, O. R.: Formirovanie poselenij-sputnikov v Kazachstane i sredneaziatskich respublikach SSSR. In: DAVIDOVIČ, V.G. i B. S. CHOREV, Hrsg.: Goroda-sputniki. Moskau 1961, S. 101 - 114

ders.: Tipologija i osobennosti formirovanija novych poselenij Kazachstana i sredneaziatskich respublik. In: VG 56, 1962, S. 73 - 94

NAZIROV: Maršrutnoe opisanie puti ot g. Mešeda čerez pereval Muzderan, kale Košud-Chan, kolodec Šegidli, Merv, kolodcy Sajrab i Ėdil, selenie Denau v gorod Čardžou. St. Petersburg 1883

NEBOL'SIN, P.: Očerki torgovli Rossii so stranami Srednej Azii, Chivoj, Bucharoj i Kokandkom (so storony Orenburgskoj linii). St. Petersburg 1856

NEEF, E.: Die theoretischen Grundlagen der Landschaftslehre. Gotha und Leipzig 1967

Nekotorye voprosy istorii narodnogo chozjajstva Turkmenistana. Red. O. KULIEV i I. L. SOSONKIN. Ašchabad 1963 (AN Turkmenskoj SSR. Institut istorii, archeologii i ėtnografii)

NEPESOV, G.: Vozniknovenie i razvitie Turkmenskoj Sovetskoj Socialističeskoj Respubliki. In: Voprosy istorii 1950, H. 2, S. 3-24

NIEDERMEYER, O. v.: s. Karten und Atlanten

NIJAZKLYČEV, K.: K voprosu o zemledelii u turkmen severo-vostočnogo Chorezma v konce XIX - načale XX v.. In: Izv. AN TSSR,obšč. n. 1966, H. 6, S. 13 - 20

NIKITIN, M. V.: Očerk fiziko-geografičeskich issledovanij. In: KURNAKOV, PODKOPAEV i RONKIN, Red.: Karabugaz i ego promyšlennoe značenie, Leningrad 1930 (s.d.). S. 23 - 50

NIKITIN, V. V. i B. B. BERDYEV: Bogara Karabilja i perspektivy ee osvoenija. In: SChT 10, 1966, H. 7, S. 28 - 29

NIKOL'SKIJ, I. V.: Geografija transporta SSSR. Moskau 1960 (Auszugsweise engl. Übersetzung in SovG 2, 1961, H. 6, S. 39-92)

NIKONOV, V. A.: Kratkij toponomičeskij slovaŕ. Moskau 1966

NIKŠIČ, I. I., A. V. DANOV i P. M. VASIL'EVSKIJ: Geologičeskij očerk Turkmenii. In: Turkmenija, Leningrad 1929, Bd. 2 (s.d.), S. 95 - 123

NOBADOV, A.: Sostavlenie schem rajonnoj planirovki Turkmenskoj SSR. In: Naučnye trudy Moskovskogo instituta inženerov zemleustrojstva 47, 1968, S. 40 - 47 (zit. nach RŽ 1969, H. 5, S. 23, No. 5 E 155)

NÖTZOLD, J.: Wirtschaftspolitische Alternativen der Entwicklung Rußlands in der Ära Witte und Stolypin. München 1966 a (Veröff. des Osteuropa-Instituts München, Reihe Wirtschaft und Gesellschaft. 4)

ders.: Agrarfrage und Industrialisierung in Rußland am Vorabend des Ersten Weltkrieges. In: Saeculum 17, 1966 b, S. 170 - 192

NOVE, A. & J. A. NEWTH: The Soviet Middle East: a communist model for development. London 1967

NOVOSEL'CEV, A. P., V. T. PASUTO i L. V. CEREPNIN: Puti razvitija feodalizma (Zakavkaźe, Srednjaja Azija, Ruś, Pribaltika). Moskau 1972

NURMEDOV, D.: Landšafty predgornoj Central'nogo Kopet-Daga i ich morfologičeskaja struktura. In: TGU. Uč. zap. 52, 1968, S. 29 - 35

NURMUCHAMEDOV, K.: Iz istorii formirovanija turkmenskogo naselenija Achala. In: Izv. AN TSSR, obšč. n. 1960, H. 5, S. 75 - 83

NYSTUEN, J. D.: Die Bestimmung einiger fundamentaler Raumbegriffe. In: BARTELS, D., Hrsg.: Wirtschafts- und Sozialgeographie, Köln und Berlin 1970 (s.d.), S. 85 - 94

O kačestve turkmenistanskogo chlopka ėgipetskich semjan urožaja 1933 g.. Doklad Leningradskogo nitočnogo tresta. In: Problemy Turkmenii, Bd. II, Moskau und Leningrad 1935 (s.d.), S. 308 - 313

O zadačach kompleksnogo razvitija sel'skogo chozjajstva Turkmenistana. Doklad pervogo sekretarja CK KP Turkmenistana B. OVEZOVA ... In: SChT 5, 1961, H. 6, S. 20 - 26

O zakaspijskoj oblasti. Statističeskie dannye. In: SbMA 29, 1888, S. 104 - 125

Ob itogach vypolnenija gosudarstvennogo plana razvitija narodnogo chozjajstva Turkmenskoj SSR v 1970 godu. In: T.I. vom 6. 2. 1971, S. 1 - 2

OBRUČEV, V. A.: Izbranye raboty po geografii Azii. Bd. I - III. Moskau 1951

Obzor Zakaspijskoj oblasti
s 1882 po 1890 god. Aschabad 1892
... za 1890 god. St. Petersburg 1892
... za 1891 god. Aschabad 1893
... za 1892 god. Aschabad 1893
... za 1893 god. Aschabad 1895
... za 1894 god. Aschabad 1896
... za 1895 god. Aschabad 1896
... za 1896 god. O.O. u. J. (Aschabad, handschriftl.: 1898)
... za 1897 god. Aschabad 1898
... za 1905 god. Aschabad 1907

O b z o r Zakaspijskoj oblasti za 1908 god. Aschabad 1910
... za 1910 god. Aschabad 1913
... za 1912-1913-1914 gg. Aschabad 1916

O č e r k i po ėkonomike sel'skogo chozjajstva Turkmenskoj SSR. Pod redakciej V. T. LAVRINENKO, V. F. KONDAKOVA i L. I. ŠICHANOVIČA. Ašchabad 1962

O'DONAVAN, E.: The Merv oasis. Travels and adventures east of the Caspian during the years 1879-80-81, including five months' residence among the Tekkés of Merv. Bd. 1-2. London 1882

ODŽAROV, Ch. K.: Karakulevodstvo v Turkmenistane v dooktjabŕskij period. In: Izv. AN TSSR, obšč. n. 1967, H. 2, S. 11 - 17

OGNEV, S. I.: Životnyj mir Turkmenii i ego ispol'zovanie. In: T u r k m e n i j a, Leningrad 1929, Bd. III (s.d.). S. 129 - 150

OLSUF'EV, A. A. i V. P. PANAEV: Po zakaspijskoj voennoj železnoj doroge. Putevye vpečatlenija. St. Petersburg 1899

OLUFSEN, O.: Oasen Merv. In: Geografisk Tidskrift 18, 1905/06 a, S. 69 - 85

ders.: Gennem Transkaspiens Stepper og Ørkener. In: Geografisk Tidskrift 18, 1905/06 b, S. 260 - 275

ders.: Samfærdsels- og Transportmidler i Indre-Asien. In: Geografisk Tidskrift 19, 1907/08, S. 18 - 32

OLZSCHA, R. und G. CLEINOW: Turkestan. Die politisch-historischen und wirtschaftlichen Probleme Zentralasiens. Leipzig 1942

ONCKEN, H.: Die Sicherheit Indiens. Ein Jahrhundert englischer Weltpolitik. Berlin 1937

O p i s a n i e starogo rusla Amu-Daŕi peresekajuščogo dorogu u kolodcev Šejch. In: SbMA 6, 1883, S. 153 - 155

O p t i m a l ' n y e razmery chlopkosejuščich kolchozov, ovcevodčeskich sovchozov i ich podrazdelenij v Turkmenskoj SSR. Red. V. T. LAVRINENKO. Aščhabad 1963 (AN TSSR. Institut ėkonomiki)

ORAEV, N.: Geografičeskaja charakteristika chlopkovodstva Čardžouskoj oblasti. In: Vestnik Leningradskogo Universiteta 1962, Nr. 12 (ser. geol. i. geogr. Nr. 2). S. 75 - 89

ders.: Geografičeskaja charakteristika šelkovodstva Čardžouskoj oblasti. In: TGU. Uč. zap. 24, 1963, S. 91 - 98

ders.: Nekotorye voprosy geografii naselenija Sredneamudaŕinskogo (byvš. Čardžouskoj oblasti) ėkonomičeskogo rajona Turkmenskoj SSR. In: Problemy narodonaselenija (Sbornik). Moskau 1970. S. 194 - 198 (zit. nach RŽ 1970, H. 10, S. 19, Nr. 10 E 128)

ORANOVSKIJ: Voenno-statističeskoe opisanie severo-vostočnoj časti Chorasana. 1894 g.. In: SbMA 68, 1896, S. 1 - 211

ORAZMURADOV, B.: Chozjajstvennoe osvoenie Kara-Bogaz-Gola. In: Vestnik Moskovskogo universiteta. Geografija. 1969a, H. 6, S. 75 - 78 (zit. nach RŽ 1970, H. 4, S. 21 f., No. 4 E 142)

ders.: Primorskij territorial'no-proizvodstvennyj kompleks i voprosy zanjatosti naselenija gorodskich poselenij Turkmenskogo poberež'ja Kaspijskogo morja. In: Izv. AN TSSR, obšč. n. 1969b, H. 6, S. 41 - 46 (zit. nach RŽ 1970, H. 6, S. 23, No. 6 E 144)

ders.: O dinamike čislennosti i migracii naselenija severnogo Prikarabogaźja. In: POP 1970, H. 5, S. 79 - 80

ORAZOVA, N. : Zemel'nyj fond Turkmenskoj SSR i ego ispol'zovanie. In: Trudy turkmenskogo sel'sko-chozjajstvennogo instituta 16, 1970, H. 1, S. 69 - 74 (zit. nach RŽ 1971, H. 8, S. 30 f., No. 8 E 199)

OSTROVSKIJ, Z., Hrsg.: Turksib. Sbornik statej učastnikov stroitel'stva Turkestano-sibirskoj železnoj dorogi. Moskau 1930

Otčet po revizii Turkestanskogo kraja, proizvedennoj po vysočajšemu poveleniju Senatorem Gofmejsterom Grafom K. K. PALENOM. Bd. 1 - 20. St, Petersburg 1909 - 1911.
Zitierte Bände nach der Zählung der Moskauer Leninbibliothek:

Bd. 1. Pereselenčeskoe delo. 1910
Bd. 2. Sudebnye učreždenija dejstvujuščie v Turkestane na osnovanii sudebnych ustavov Imperatora Aleksandra II. 1910
Bd. 3. Narodnye sudy Turkestanskogo kraja. 1909
Bd. 6. Učebnoe delo. 1910
Bd. 7. Orošenie v Turkestane. 1910
Bd. 8. Nalogi i pošliny organy finansovogo upravlenija. 1910
Bd. 9. Oblastnoe upravlenie. 1910
Bd. 10. Kraevoe upravlenie. 1910
Bd. 11. Zemskoe chozjajstvo. 1910
Bd. 12. Policija bezopasnosti. 1910
Bd. 13. Sel'skoe upravlenie. Russkoe i tuzemnoe. 1910
Bd. 14. Uezdnoe upravlenie. 1910
Bd. 15. Gorodskoe upravlenie. 1910
Bd. 17. Pozemel'no-podatnoe delo. 1910
Bd. 18-1. Gosudarstvennye imuščestva (Upravlenie. Obročnye stat'i. Lesnoe delo. Sel'sko-chozjajstvennye učreždenija). 1910
(Bd. 19) Priloženie. Materialy k charakteristike narodnogo chozjajstva v Turkestane. č. II. Tablicy. 1911

OTREMBA, E.: Allgemeine Geographie des Welthandels und des Weltverkehrs. Stuttgart 1957 (Erde und Weltwirtschaft. 4)

ders.: Struktur und Funktion im Wirtschaftsraum. In: Berichte zur deutschen Landeskunde 23 (Festschrift Th. Kraus), 1959, S. 15 - 28

Ovcevodčeskaja ferma kolchoza na pod-eme. In: SChT 5, 1961, G. 3, S. 30 - 37

OVEZLIEV, A. i A. NURMUCHAMEDOV: Opyt oblesenija pesčanych beregov karakumskogo kanala. In: SChT 11, 1967, H. 8, S. 25 - 27

OVEZLIEV, A. O. i M. I. FROLOV: Agrolesomelioracija v Turkmenii. In: POP 1970, H. 2, S. 70 - 77

OVEZMURADOV, B.: K osvoeniju celinnych i zaležnych zemel' v zone Karakumskogo kanala. In: SChT 6, 1962, H. 4, S. 49 - 53

OVEZOV, B.: The Kara Kum in flower. (Moskau 1967)

OVEZOV, D. M.: Turkmeny Murčali. In: TJUTAKE 9, 1959, S. 135-282

OZNOBIN, N. M.: Die Organisation des Planungswesens in der Sowjetunion auf neuen Wegen. In: K. WESSELY, Hrsg.: Probleme zentraler Wirtschaftsplanung. Nationalökonomen Osteuropas über Theorie und Praxis der Wirtschaftspolitik. München 1967 (Schriftenreihe des österreichischen Ost- und Südosteuropa-Instituts. 2). S. 11 - 24

PAHLEN, K. K.: Mission to Turkestan. Being the memoirs of Count K. K. PAHLEN 1908 - 1909. London 1964

ders. (PAHLEN, C. von der): Im Auftrag des Zaren in Turkestan. Stuttgart 1969 (Bibliothek klassischer Reiseberichte)

ders. (PALEN): s. Otčet po revizii ...

PARK, A. G.: Bolshevism in Turkestan, 1917 - 1927. New York 1957

PARTSCH, J.: Die nordpazifische Bahn: Die geographischen Bedingungen ihres Werdens und ihres Wirkens. In: Memorial volume of the Transcontinental Excursion of 1912 of the American Geographical Society of New York, 1915, S. 209 - 221

PAVLENKO, V. F.: Ob osnovnych napravlenijach razvitija proizvoditel'nych sil Srednej Azii. In: Izv. AN SSSR, ser. geogr. 1961, H. 2, S. 53 - 60

ders.: Srednjaja Azija kak ėkonomiko-geografičeskij rajon. In: Ėkonomičeskaja geografija SSSR v perspektive. Moskau 1962 (VG 57). S. 297 - 310 ders.: The transport-geography situation and inter-regional links of Central Asia. In: SovG 4, 1963, H. 9, S. 27 - 34

PAVLOV, L. N.: Melioracija - važnyj faktor povyšenija urožaev chlopka. In: SChT 13, 1969, H. 8, S. 33 - 35

PAŽITNOV, K. A.: Očerki istorii tekstil'noj promyšlennosti dorevoljucionnoj Rossii. Chlopčatobumažnaja, l'no-peńkovaja i šelkovaja promyšlennost'. Moskau 1958.

PEL'T, N. N.: Zemli drevnogo orošenija džana-dar'inskoj drevneallu-vial'noj ravniny. In: Izv. VGO 83, 1951, H. 3, S. 274-290

Peredoviki chlopkovodstva v orošaemych rajonach. Moskau 1940 (Vsesojuznaja sel'skochozjajstvennaja vystavka)

PEREL'MAN, L.: Amerikanskim tempom. In: OSTROVSKIJ, Z., Hrsg.: Turksib. Moskau 1930 (s.d.). S. 26 - 35

PÉTLINE, M. A.: Le chemin de fer militaire transcaspien. In: Aperçu des chemins de fer russes depuis l'origine jusqu'en 1892. Brüssel 1897 (s.d.). Bd. 2, Annexe 9

PETROV, M. P.: Perspektivy rastenievodstva v pesčanoj pustyne. In: Problemy Turkmenii. Moskau und Leningrad 1935 (s.d.), Bd. II, S. 139 - 158

ders.: Zadači agrolesomeliorativnogo obsledovanija peskov v rajonych velikich stroek kommunizma. In: Izv. VGO 83, 1951, H. 3, S. 255 - 270

ders.: La phyto-amélioration des déserts de sable en U.R.S.S.. In: AG 66, 1957, S. 397 - 410

ders.: Materialy k istorii geografičeskogo izučenija Turkmenistana. In: TTGO 1, 1958, S. 5 - 67

ders.: Pustyni SSSR i ich osvoenie. Moskau und Leningrad 1964 (AN SSSR. Naučno-populjarnaja serija)

PETRUSEVIČ, N. G.: Turkmeny meždu starym ruslom Amu-Dar'i (Uzboem) i severnymi okrainami Persii. In: Zapiska Kavkazskogo otdela IRGO 11, 1880a, H. 1, S. 1 - 80

ders.: Severo-vostočnye provincii Chorasana. In: Zakpiska Kavkazskogo otdela IRGO 11, 1880b, H. 1, S. 81 - 122

ders.: Jugo-vostočnoe pribrež'e Kaspijskogo morja i dorogi ot nego v Merv. In: Zapiska Kavkazskogo otdela IRGO 11, 1880c, H. 1, S. 123 - 214

ders.: Einiges über die Turkmenen. In: Globus 38, 1880d, S. 220 - 222, 231 - 233 ders. (PETRUSSEWITSCH, N. G.): Die Turkmenen zwischen dem alten Bett des Amu-Darja und der Nordgrenze Persiens. In: Zeitschrift für wissenschaftliche Geographie I, 1880 e, S. 194 - 202

PETZHOLDT, A.: Umschau im russischen Turkestan (im Jahre 1871) nebst einer allgemeinen Schilderung des "turkestanischen Beckens". Leipzig 1877

PIERCE, R. A.: Russian Central Asia 1867 - 1917. A study in colonial rule. Berkeley und Los Angeles 1960

ders.: Soviet Central Asia. A bibliography. Part 1 - 3. Berkeley 1966 (Center for Slavic and East European Studies)

PIPES, R.: The formation of the Soviet Union. Communism and nationalism, 1917 - 1923. Cambridge/Mass. [1]1954, [2]1964

PLAETSCHKE, B.: Neusiedlung in Turkestan. In: Zeitschrift für Geopolitik 18, 1941, S. 69 - 79

PLANHOL, X. de: Les villages fortifiés en Iran et en Asie centrale. In: AG 67, 1958, S. 256 - 258

PODKOPAEV, N. I.: Trudy Karabugazskich ėkspedicij. I und II. In: KURNAKOV, PODKOPAEV i RONKIN: Karabugaz i ego promyšlennoe značenie, Leningrad 1930 (s.d.). S. 89 - 138

Podnjat' zernovoe chozjajstvo. In: SChT 13, 1969, H. 3, S. 3 - 5

Poezdka gen.-štaba polkovnika Grodekova iz Samarkanda čerez Gerat v Afganistan (v 1878 godu). In: SbMA 5, 1883, S. 58 - 107

POGOSOV, M. M.: Ocenka ėkonomičeskogo ėffekta ot vnedrenija v narodnoe chozjajstvo rezultatov rešenija zadači razmeščenija chlopkoočistitel'noj promyšlennosti. In: Izv. AN TSSR, obšč. n. 1966 a, H. 4, S. 78 - 80

ders.: Voprosy očistki chlopka v našej respublike. In: SChT 10, 1966 b, H. 3, S. 32 - 35

POKROVSKIJ, N. A.: Severnye sul'fatnye promysly Karabugaza. In: KURNAKOV, PODKOPAEV i RONKIN, Hrsg.: Karabugaz i ego promyšlennoe značenie, Leningrad 1930 (s.d.). S. 195 - 216

POKŠIŠEVSKIJ, V. V., Hrsg.: Sowjetunion. Regionale ökonomische Geographie. Gotha und Leipzig 1967

POLLYKOV, B. i V. V. SELIVANOV: Sorgo i kukuruza na džangil'nych zemljach. In: Kol.-sov. pr. T. 9, 1965, H. 6, S. 27 - 29

POLTORANOV, N.: Zametki o Zakaspijskoj voennoj železnoj doroge do Kizil-Arvata. In: Železnodorožnoe delo 4, 1885, S. 58 - 59, 65 - 68, 69 - 72

PORTAL, R.: Das Problem einer industriellen Revolution in Rußland im 19. Jahrhundert. In: Forschungen zur Osteuropäischen Geschichte 1, 1954, S. 205 - 216

Predvaritel'nye itogi vseobščej perepisi. In: Vestnik finansov, promyšlennosti i torgovli 14, 1897, S. 310 - 313

Prisoedinenie Turkmenii k Rossii (Sbornik archivnych dokumentov). Pod redakciej A. IL'JASOVA. Ašchabad 1960 (AN TSSR. Institut istorii, archeologii i ètnografii AN TSSR. Central'nyj gosudarstvennyj istoričeskij archiv Uzbekskoj SSR)

Problema transportnoj svjazi Chorezmskoj oazisa. Red. A. F. MOOR i I. E. ŠALOŠILINA. Taškent 1935

Problemy Turkmenii. Trudy pervoj konferencii po izučeniju proizvoditel'nych sil Turkmenskoj SSR. Bd. II. Moskau und Leningrad 1935 (AN SSSR. Sovet po izučeniju prirodnych resursov. Sovet narodnych komissarov Turkmenskoj SSR)

PROBST, A. E.: Further productive specialization of the Central Asian Region. In: SovG 5, 1964, H. 6, S. 11 - 20

Prodolženie zakaspijskoj ž.(eleznoj) dorogi. In: Železnodorožnoe delo 4, 1885, S. 148

Production Yearbook. Annuaire de la production. Anuario de produccion. 1969. Vol. 23. FAO Rom (1970)

Proekt èkspedicij v Indiju, predložennych Napoleonom Bonaparte imperatorom Pavlu i Aleksandru I v 1800 i v 1808-1808 godach. In: SbMA 23, 1886, S. 1 - 104

PROSKOWETZ, M. v.: Der Handelsverkehr zwischen Bochara und Rußland. In: MGGW 36 (NF 26), 1893, S. 430 - 433

PROSOROFF, G.: Kritische Betrachtungen zur geplanten persisch-indischen Überlandbahn. In: Weltverkehr und Weltwirtschaft I, 1911/12, S. 572 - 573

PRYDE, P. R.: The areal deconcentration of the Soviet cotton-textile industry. In: GRv 58, 1968, S. 575 - 592

PUGAČENKOVA, G. A.: Ètnografičeskie pamjatniki turkmenskoj narodnoj architektury. In: TJUTAKE 9, 1959, S. 347 - 373

PUGAČEV, M.: Vremennaja èksploatacija Turksiba i ee osobennosti. In: OSTROVSKIJ, Hrsg.: Turksib. Moskau 1930 (s.d.). S. 42-50

Putevye zametki klassnogo topografa tit. sov. Petrova 1884 g. In: SbMA 21, 1886, S. 53 - 102

RADDE, G.: Vorläufiger Bericht über die Expedition nach Transkaspien und Nord-Chorassan im Jahre 1886. In: PM 33, 1887, S. 225 - 244 und 269 - 284

ders.: Wissenschaftliche Ergebnisse der im Jahre 1886 Allerhöchst befohlenen Expedition nach Transkaspien und Nord-Chorassan. Gotha 1898 (PM-Ergänzungsheft 126)

RAKITNIKOV, A. N.: Nekotorye osobennosti istoričeskoj geografii zemledelija i životnovodstva v Srednej Azii. In: VG 50, 1960, S. 71 - 90

RATHJENS jun., C.: Karawanenwege und Pässe im Kulturlandschaftswandel Afghanistans seit dem 19. Jh. In: Hermann von Wissmann-Festschrift, Tübingen 1962, S. 209 - 221

ders.: Kulturgeographischer Wandel und Entwicklungsfragen zwischen Turan und dem Arabischen Meer. In: Universität des Saarlandes. Arbeiten aus dem Geographischen Institut 10, 1965, Saarbrücken 1966, S. 5 - 22

ders.: Geographische Grundlagen und Verbreitung des Nomadismus. In: Nomadismus als Entwicklungsproblem. Bielefeld 1969 (Bochumer Schriften zur Entwicklungsforschung und Entwicklungspolitik. 5). S. 19 - 28

RATZEL, F.: Anthropogeographie oder Grundzüge der Anwendung der Erdkunde auf die Geschichte. Stuttgart 1882.
II. Teil. Die geographische Verbreitung des Menschen. Stuttgart 1891

RAUPACH, H.: Geschichte der Sowjetwirtschaft. Reinbek b. Hamburg 1964 (Rowohlts Deutsche Enzyklopädie 203/204)

ders.: System der Sowjetwirtschaft. Theorie und Praxis. Reinbek bei Hamburg 1968 (Rowohlts Deutsche Enzyklopädie 296/297)

Razmeščenie i specializacija otraslej sel'skogo chozjajstva v Murgabskom i Tedženskom oazisach. Red. Ju. M. LITVINOV. Aščhabad 1964 (AN TSSR. Institut Ėkonomiki)

RAŽAPOV, M.: Nekotorye voprosy ispol'zovanija zemel'no-vodnych resursov Turkmenistana. In: Trudy Taškentskogo instituta irrigacii i mechanizacii sel'skogo chozjajstva 39, 1969, S. 154 - 161 (zit. nach RŽ 1970, H. 6, S. 22 f., No. 6 E 142)

RECLUS, E.: L'Asie Russe. Paris 1881 (Nouvelle Géographie Universelle. La Terre et les Hommes. VI)

REDŽEPBAEV, K.: Ob osvoenii zaleznych zemel' Kirovskogo rajona. In: SChT 5, 1961, H. 5, S. 72 - 75

REDŽEBOV, D.: K voprosu o formirovanii i razvitii rabočego klassa v Turkmenistane (do velikoj otečestvennoj voeny). In: Nekotorye voprosy istorii narodnogo chozjajstva Turkmenistana. Ašchabad 1963 (s.d.). S. 34 - 55

REIN, J.: Die Betriebsergebnisse der Transkaspischen Bahn. In: PM 44, 1898, S. 165

REINHARD, W.: Die Landschaftstypen der innerasiatischen Wüstengebiete. Freiburg i. Br. 1935 (Badische Geographische Abh. 14)

REJIMOV, Č.: Nado podnimat' kul'tury bogarnogo zemledelija v rajonach zapadnogo Kopet-Daga. In: Kol.-sov. pr. T. 8, 1964, H. 7, S. 31 - 33

REJSNER, I.: Anglo-russkaja konvencija 1907 g. i razdel Afganistana. In: Krasnyj Archiv 10, 1925, S. 54 - 66

Relations between Britain, Russia and Afghanistan, 1872 - 80. In: CAR VI, 1958, S. 205 - 228

REUTERN-NOLCKEN, W., Hrsg.: Die Finanzielle Sanierung Rußlands nach der Katastrophe des Krimkrieges 1862 bis 1878 durch den Finanzminister Michael von Reutern. Berlin 1914

REZANOV, I. A.: Tektonika i sejsmočnost' turkmeno-chorasanskich gor. Moskau 1959

(RICHTHOFEN, F. v.:) Ferdinand v. RICHTHOFEN's Vorlesungen über Allgemeine Siedlungs- und Verkehrsgeographie. Bearbeitet und herausgegeben von O. SCHLÜTER. Berlin 1908

RIZENKAMPF, G. K.: Problemy orošenija Turkestana. I. Orositel'naja chlopkovaja programma. Moskau 1921 (Vysšij sovet narodnogo chozjajstva. Otdel redakcionno-izdatel'skij. Trudy upravlenija irrigacionnych rabot v Turkestane)

ROCHLIN, R. P.: Agrarpolitik und Agrarverfassung der Sowjetunion. Berlin 1960 (Deutsches Institut für Wirtschaftsforschung (Institut für Konjunkturforschung). Sonderhefte NF 54, Reihe A)

RODIN, L. E.: Zadači geobotaničeskich issledovanij v celjach sodejstvija stroitel'stvu Glavnogo Turkmenskogo kanala. In: Izv. VGO 83, 1951, S. 241 - 254

ders. (RODINE, L. E.): Végétation des régions arides et semi-arides de l'URSS et son utilisation. In: Essais de géographie. Moskau und Leningrad 1956 (s.d.). S. 214 - 225

RODZEVIČ, A. I.: Pervaja russkaja železnaja doroga v Srednej Azii i ee značenie dlja russko-sredneaziatskoj promyšlennosti i torgovli (Innentitel: Očerk postrojka Zakaspijskoj voennoj železnoj dorogi i ee značenie ...). St. Petersburg 1891

ROHRBACH, P.: Aus Turan und Armenien. Studie zur russischen Weltpolitik. In: Preussische Jahrbücher 89, 1897, S. 53 - 82, 256 - 284, 431 - 469; 90, 1897, S. 101 - 132, 280 - 310, 437 - 485

ROMANOW, P.: Die Mittelasiatische Eisenbahn. In: Zeitschrift des VDI 48, 1904, S. 239 - 244

RONKIN, B. L.: Trudy Karabugazskich ėkspedicij. III. Ėkspedicija na Karabugaz v 1927 g.. In: KURNAKOV, PODKOPAEV i RONKIN, Hrsg.: Karabugaz i ego promyšlennoe značenie. Leningrad 1930 (s.d.), S. 139 - 168

ROSE, G.: Mineralogisch-geognostische Reise nach dem Ural, dem Altai und dem Kaspischen Meer. I - II. Berlin 1837/42

ROSKOSCHNY, H.: Afghanistan und seine Nachbarländer. Der Schauplatz des letzten russisch-englischen Konflikts in Zentralasien. Bd. 1 - 2. Leipzig 1885

ROSLJAKOV, A. A.: O strategičeskoj linii bol'ševikov Turkestana v period pervoj russkoj revoljucii. In: Izv. AN TSSR, obšč. n. 1965, H. 6, S. 8 - 12

ROSTOW, W. W.: Stadien wirtschaftlichen Wachstums. Eine Alternative zur marxistischen Entwicklungstheorie. Göttingen [2]1967

ders.: Die Phase des Take-off. In: ZAPF, W., Hrsg.: Theorien des sozialen Wandels, Köln und Berlin [2]1970, S. 286 - 311

ROTTERMUND, W. de: En chemin de fer de la Caspienne à Samarkand. In: Le Tour du Monde NS 5, 1899, S. 565 - 576 und 577 - 588

ROTTMANN, H.: Die Verkehrswege und Verkehrsmittel in Buchara. In: Weltverkehr und Weltwirtschaft 1, 1911/12, S. 402 - 405

ROZENFEL'D, A. Z.: Qal'a (kala) - tip ukreplennogo iranskogo poselenija. In: SovEtn 1951, H. 1, S. 22 - 38

ROZYEV, A.: Transportnoe značenie reki Amu-Dar'i (Amudar'i). In: Trudy Turkmenskogo politechničeskogo instituta. 15, 1971, S. 45 - 53 (zit. nach RŽ 1971, H. 9, S. 23, No. 9 E 178)

ROŽKOVA, M. K.: Ėkonomičeskaja politika carskogo pravitel'stva na srednem vostoke vo vtoroj četverti XIX veka i russkaja buržuazija. Moskau und Leningrad 1949

dies.: Ėkonomičeskie svjazi Rossii so Srednej Aziej. 40 - 60-e gody XIX veka. Moskau 1963 (AN SSSR. Institut istorii)

RUBAN, N. G.: Vinograd zemledel'českich zon Turkmenii. In: Trudy po prikl. botan., genet. i selekcii VNII rastenievodstva 42, 1970, Nr. 2, S. 229 - 240 (zit. nach RŽ 1971, H. 2, S. 25, No. 2 E 183)

RUPPERT, K. und F. SCHAFFER: Zur Konzeption der Sozialgeographie. In: GR 21, 1969, S. 205 - 214

RUSINOV, V. V.: Vodozemel'nye otnošenija i obščina u Turkmen. Doklad, čitannyj v zasedanijach T.S.-Ė.O. ... Taškent 1918 (Biblioteka "Prosveščenie". Trudy turkestanskogo statistiko-ėkonomičeskogo obščestva. 1)

Russlands Handelsverträge mit den Herrschern der mittelasiatischen Chanate. In: RR 1, 1872, S. 398 - 402

RYSKULOV, K.: K otkrytiju dviženija na Turksibe. In: OSTROVSKIJ, Hrsg.: Turksib. Moskau 1930 (s.d.). S. 8 - 19

SABBATOVSKIJ, G. K.: Neftedobyvajuščaja promyšlennost' Turkmenskoj SSR - specializirujuščaja otrasl' promyšlennosti Srednej Azii. In: Izv. AN TSSR, obšč. n. 1967, H. 4, S. 67 - 74

SABITOFF, M. E.: Turkestan und seine wirtschaftlichen Verhältnisse. Diss. rechts- und staatswiss. Fak. Würzburg 1920

SACHATMURADOV, K.: Karakul' Turkmenii. In: Sel'skoe chozjajstvo SSSR. Moskau 1967, S. 114 - 115 (1967 a)

ders.: Sel'skoe chozjajstvo respubliki za gody sovetskoj vlasti. In: SChT 11, 1967, H. 10, S. 1 - 7 (1967 b)

SACHATOV, K. N.: Chlopkovodstvo Turkmenistana. In: Problemy Turkmenii. Bd. II. Moskau und Leningrad 1935 (s.d.). S. 264 - 271

SAGRATJAN, A. T.: Istorija železnych dorog Zakavkaźja 1856 - 1921. Erevan 1970

SALLER, H.: Geschichte der russischen Lokomotivbau-, Wagenbau- und Schienenindustrie. In: AEW 66, 1943, S. 349 - 372

Samyj južnyj gorod. In: Pravda vom 29.6.1967, S. 4

SAPAROV, B.: Nekotorye voprosy geologii i gidrogeologii zony pervoj očeredi Karakumskogo kanala v svjazi s rasčetom filtracionnych poteŕ. In: TGU. Uč. zap. 24, 1963, S. 99 - 111

SARKISYANZ, E.: Geschichte der orientalischen Völker Rußlands bis 1917. München 1961

SAUVÉ, M.: Die Vorgeschichte der geplanten transpersischen Eisenbahn. In: Weltverkehr und Weltwirtschaft I, 1911/12, S. 138

SCHAKIR-ZADE, T.: Grundzüge der Nomadenwirtschaft. Betrachtung des Wirtschaftslebens der sibirisch-centralasiatischen Nomadenvölker. Diss. phil. Heidelberg 1932. Bruchsal 1931

SCHANZ, M.: Die Baumwolle in Russisch-Asien. Berlin 1914 (Beihefte zum Tropenpflanzer XV, Nr. 1 (S. 1 - 134))

SCHARLAU, K.: Das nordost-iranische Gebirgsland und das Becken von Mesched. In: Zeitschrift für Geomorphologie NF 7, 1963, S. 23 - 35

SCHILLER, O.: Das Agrarsystem der Sowjetunion. Entwicklung seiner Struktur und Produktionsleistung. Tübingen 1960 (Arbeitsgemeinschaft für Osteuropaforschung. Forschungsberichte und Untersuchungen zur Zeitgeschichte. Nr. 21)

SCHLENGER, H.: Die Sowjetunion. Geographische Probleme ihrer inneren Gliederung. Kiel 1963 (Veröffentlichungen der Schleswig-Holsteinischen Universitätsgesellschaft NF 33)

SCHLÜTER, O.: Über die Aufgaben der Verkehrsgeographie im Rahmen der "reinen" Geographie. In: Hermann Wagner Gedächtnisschrift. Ergebnisse und Aufgaben geographischer Forschung. Gotha 1930 (PM-Ergänzungsheft 209). S. 298 - 309

SCHOTT, W.: Turkmenien oder das Land im Osten des Kaspischen Meeres. Nach KARELIN's Notizen. In: (Erman's) Archiv für wissenschaftliche Kunde von Rußland 3, 1843, S. 203 - 245

SCHULTZ, A.: Die natürlichen Landschaften von Russisch-Turkestan. Grundlagen einer Landeskunde. Hamburg 1920. (Hamburger Universität. Abhandlungen aus dem Gebiet der Auslandskunde. Bd. 2, Reihe C Naturwissenschaften. Bd. 1)

ders.: Morphologische Beobachtungen in der östlichen Karakum-Wüste (Turkestan). In: Zeitschrift für Geomorphologie 3, 1927/28 (1928), S. 249 - 294

ders.: Russische Stadtlandschaften. In: S. PASSARGE, Hrsg.: Stadtlandschaften der Erde. Hamburg 1930. S. 41 - 70

ders.: Russisch-Turkistan. In: F. KLUTE, Hrsg.: Handbuch der geographischen Wissenschaft. Bd. Nordasien, Zentral- und Ostasien. Potsdam 1937, S. 211 - 244

SCHULTZE, E.: Der ökonomische Bezirk Mittelasien. In: GBer 10, 1965, S. 249 - 275

SCHULZE : Die strategische Bedeutung der Bahnen im Innern von Asien. In: Weltverkehr und Weltwirtschaft I, 1911/12, S. 172-176

SCHULZE-GÄVERNITZ, G. v.: Volkswirtschaftliche Studien aus Rußland. Leipzig 1899

SCHUYLER, E.: Turkistan. Notes of a journey in Russian Turkistan, Khokand, Bukhara, and Kuldja. Bd. 1 - 2. London 1876

SCHWARZ, F. v.: Turkestan, die Wiege der indogermanischen Völker. Freiburg i. Br. 1900

SCHWARZ, G.: Allgemeine Siedlungsgeographie. 3. völlig neu bearb. u. erweiterte Aufl. Berlin 1966 (Lehrbuch der Allgemeinen Geographie. VI)

SCHWEINITZ, H.-H. v.: Orientalische Wanderungen in Turkestan und im nordöstlichen Persien. Berlin 1910

SCHWIND, M.: Allgemeine Staatengeographie. Berlin und New York 1972 (Lehrbuch der Allgemeinen Geographie. VIII)

SEITMUCHAMEDOV, D.: Nekotorye voprosy razvitija irrigacii v rajonach kopetdagskogo bassejna. In: SChT 4, 1960, H. 5, S. 54 - 56

Sel'skoe chozjajstvo SSSR. Statističeskie sbornik. Moskau 1960 (Central'noe statističeskoe upravlenie pri Sovete Ministrov SSSR)

SEMENOV, P. P.: Turkestan i Zakaspijskij kraj v 1888 g.. In: Izv. IRGO 24, 1888, St. Petersburg 1889, H. 5, S. 289 - 326

SETON-WATSON, H.: The Decline of Imperial Russia (1855 - 1914). 1952. Deutsche Übersetzung: Der Verfall des Zarenreiches. 1855 - 1914. München 1954

ders.: The Russian Empire, 1801 - 1917. Oxford 1967

SEVAST'JANOV: K voprosu o novom puti chlopkovodstva Srednej Azii. In: Plan. choz. 1928, H. 8, S. 259 - 274

SEVOST'JANOV, F. G. i S. KURBANOV: Organizacija polivov i obrabotok pri kvadratno-gnezdovom razmeščenii chlopčatnika. In: SChT 2, 1958, H. 3, S. 14 - 19

SHABAD, Th.: Geography of the USSR. A regional survey. New York ^{1}1951, ^{5}1961

ders.: Basic industrial resources of the U.S.S.R.. New York und London 1969

SHEEHY, A.: Labour problems and employment in Kazakhstan and Central Asia. In: CAR XIV, 1966 a, S. 164 - 177

dies.: Population trends in Central Asia and Kazakhstan, 1959 - 1965. In: CAR XIV, 1966 b, S. 317 - 329

dies.: The end of the khanate of Khiva. In: CAR XV, 1967 a, S. 5 - 20

dies.: Irrigation in the Amu-Dar'ya basin: progress report. In: CAR XV, 1967 b, S. 342 - 353

dies.: Phases in the economic organization of Soviet Central Asia: Central, regional and republican interests in conflict. In: CAR XVI, 1968, S. 278 - 293

dies.: The Baluchis of the Turkmen SSR. In: Mizan XII (CAR XVII), 1970, H. 1, S. 43 - 54

Shipping on the Amu-Darya. In: CAR I, 1953, H. 1, S. 64 - 66

SICK, W.-D.: Wirtschaftsgeographie von Ecuador. Stuttgart 1963 (Stuttgarter Geographische Studien. 73)

SIEGEL, H.: Die Baumwoll-Wirtschaft in Russisch Turkestan von ihrem Entstehen an bis zur Revolution 1917, von der Revolution 1917 an bis zur Gegenwart sowie die Zukunft der russischen Baumwoll-Wirtschaft. Berlin 1923

SIMONOV, N. V.: Vody Turkmenii. In: Turkmenija, Leningrad 1929, Bd. II (s.d.), S. 171 - 194

SINEOKOW, V.: La colonisation russe en Asie. Diss. jurist. und staatswiss. Fak. Lausanne 1929. Paris 1929

SIROTIN, V. V.: Osobennosti faktory razvitija i razmeščenija neftegazodobyvajuščej promyšlennosti v Turkmenskoj SSR. In: Izv. AN TSSR, obšč. n. 1966, G. 1, S. 63 - 68

SIROTIN, V. V. i K. G. SABBATOVSKIJ: Neftjanaja i gazovaja promyšlennost' Turkmenskoj SSR k 50-letiju sovetskoj vlasti. In: Izv. AN TSSR, obšč. n. 1967, H. 6, S. 28 - 34

Sistema vedenija sel'skogo chozjajstva v Turkmenskoj SSR. Red. I. S. RABOČEV. Aschabad 1961 (Ministerstvo Sel'skogo chozjajstva Turkmenskoj SSR. AN TSSR)

SKOSYREVA, K. N. i V. M. KAINDIN: Opyt osvoenija takyrov v zone karakumskogo kanala. In: SChT 5, 1961, H. 2, S. 34 - 41

SLEZAK, J. O.: Breite Spur und weite Strecken. Ein Streifzug durch das Eisenbahnwesen der Sowjetunion. Wien 1963

Slovař geografičeskich nazvanij SSSR. Pod redakciej M. B. VOLOSTNOVOJ. Moskau 1968

SOBKIN, A. G.: Sostojanie plemennoj raboty v sovchozach. In: SChT 11, 1967, H. 4, S. 17 - 19

SOBOLEV, L. N.: Estestvennye kormovye ugod'ja, puti ich ispol'zovanija i ulučšenija. In: Prirodnye resursy Sovetskogo Sojuza, ich ispol'zovanie i vosproizvodstvo. Moskau 1963. S. 157-179

Socialističeskoe narodnoe chozjajstvo SSSR v 1933 - 1940 gg. Moskau 1963 (AN SSSR. Institut ėkonomiki)

SOKOL, E. D.: The Revolt of 1916 in Russian Central Asia. Baltimore 1954 (The John Hopkins University Studies in historical and political science, Ser. 71, 1953, No. 1)

SOLOV'EV, A. G., sost.: Načalo revoljucionnogo dviženija v Turkmenii v 1900 - 1905 gg.. Sbornik dokumentov. Aschabad 1946 (Turkmenskij filial AN SSSR. Institut istorii, jazyka i literatury)

SOLOV'EV, A. G. i A. A. SENNIKOV, sost.: Rossija i Turkmenija v XIX v.. K vchoždeniju Turkmenii v sostav Rossii. Aschabad 1946 (Turkmenskij filial AN SSSR. Institut istorii, jazyka i literatury)

SOSEDKO, A. F.: Ekskursii po zaunguzskomu plato. In: Karakumy, Leningrad 1930 (s.d.). S. 113 - 132

Sovetskij Turkmenistan za 40 let. Statističeskij sbornik. Aschabad 1964

Sovetskij Turkmenistan. Aschabad 1968

Sovetskoe narodnoe chozjajstvo v 1921 - 1925 gg.. Moskau 1960 (AN SSSR. Institut ėkonomiki)

SPETHMANN, H.: Dynamische Länderkunde. Breslau 1928

SPIES, O. und E. PRITSCH: Klassisches islamisches Recht. In: Handbuch der Orientalistik. Abteilung 1, Ergänzungsband III. Leiden und Köln 1964. S. 220 - 343

Spravočnik passažira. Moskau 1965

Spravočnik dlja postupajuščich v vysše-učebnye zavedenija SSSR v 1967 g.. Moskau 1967

SPULER, B.: Geschichte Mittelasiens seit dem Auftreten der Türken. In: Handbuch der Orientalistik. Abteilung 1. Bd. 5, Abschn. 5. Leiden und Köln 1966. S. 123 - 310

Sredneaziatskij ėkonomičeskij rajon. Moskau 1972 (Razvitie i razmeščenie proizvoditel'nych sil SSSR)

Srednjaja Azija. Ėkonomiko-geografičeskaja charakteristika i problemy razvitija chozjajstva. Red. A. MINC. Moskau 1969

Srednjaja Azija. Fiziko-geografičeskaja charakteristika. Red. Ė. M. MURZAEV. Moskau 1959

SSSR. Administrativno-territorial'noe delenie sojuznych respublik na 1 aprelja 1963 goda. Moskau 1963 (Otdel po voprosam raboty sovetov prezidiuma Verchovnogo Soveta SSSR)

SSSR. Administrativno-territorial'noe delenie sojuznych respublik na 1 ijulja 1971 goda. Moskau 1971 (Prezidium Verchovnogo Soveta Sojuza Sovetskich Socialističeskich Respublik)

SSSR i sojuznye respubliki v 1968 godu. Soobščenija CSU SSSR i CSU sojuznych respublik ob itogach vypolnenija gosudarstvennogo plana razvitija narodnogo chozjajstva. Moskau 1969

SSSR i sojuznye respubliki v 1969 godu. ... Moskau 1970

SSSR i sojuznye respubliki v 1970 godu. ... Moskau 1971

Stabilization of the nomads. In: CAR VII, 1959, S. 221 - 229

STAHL, H. v.: Die Volksstämme Zentralasiens. In: Der neue Orient 3, 1918, S. 529 - 532

STANJUKOVIČ, T. V.: Poselenija i žilišče russkogo, ukrainskogo i belorusskogo naselenija sredneaziatskich respublik i Kazachstana. In: Ėtnografija russkogo naselenija Sibiri i Srednej Azii, Moskau 1969, S. 221 - 274

Statističeskij ežegodnik 1917 - 1923 gg. sostavlen pod redakciej D. P. KRASNOVOSKOGO. Bd. 1 - 2. Taškent 1924 (RSFSR. Central'noe statističeskoe upravlenie Turkrespubliki)

Statističeskij ežegodnik Rossii, 1912 g.. St. Petersburg 1913

Statističeskij ežegodnik Rossii, 1914 g.. Petrograd 1915

Statističeskij sbornik Ministerstva putej soobščenija.
Bd. 105. Železnye dorogi v 1908 g. č. 1. St. Petersburg 1900
Bd. 106. Železnye dorogi v 1908 g. č. 2. St. Petersburg 1911
Bd. 107. Železnye dorogi v 1905 - 1907 gg. St. Petersburg 1910
Bd. 109. Železnye dorogi v 1909 g. St. Petersburg 1911
(Otdel statistiki i kartografii Ministerstva putej soobščenija)

Statistisches von den Eisenbahnen Russlands. In: AEW 23, 1900, S. 301 - 306, 12 - 1226;
in: AEW 24, 1901, S. 454 - 463;
in: AEW 25, 1902, S. 175 - 187, 452 - 462, 923 - 934;
in: AEW 31, 1908, S. 475 - 484, 1462 - 1473;
in: AEW 32, 1909, S. 451 - 462, 1574 - 1586;
in: AEW 33, 1910, S. 447 - 458;
in: AEW 34, 1911, S. 295 - 305, 798 - 811, 1574;
in: AEW 36, 1913, S. 264 - 276, 522 - 532, 1604 - 1616;
in: AEW 37, 1914, S. 563 - 574, 1179 - 1191;
in: AEW 38, 1915, S. 201 - 213, 1112 - 1126;
in: AEW 39, 1916, S. 564 - 572

Staudämme und Bewässerungsanlagen am Murghab bei Merw in Russisch-Turkestan. In: Prometheus XV, 1904, S. 154 - 157

STEIN, F. v.: Die neue russisch-persische Grenze im Osten des Kaspischen Meeres und die Merw-Oase. In: PM 28, 1882, S. 369 - 376

STEINWAND, A. M.: Der Staatsbahngedanke in der russischen Eisenbahnpolitik. In: AEW 48, 1925, S. 864 - 918, 1073 - 1112

STÖKL, G.: Russische Geschichte. Von den Anfängen bis zur Gegenwart. 2. erw. Aufl. Stuttgart 1965

SUBBOTIN, A. P.: Rossija i Anglija na sredneaziatskich rynkach. Istoriko-ėkonomičeskij ėtjud A. P. SUBBOTINA. St. Petersburg 1885

SUCHOV, V. I.: Razvitie agrotechniki chlopčatnika v respublike. In: SChT 11, 1967, H. 2, S. 5 - 8

SUMNER, B. H.: Tsardom and imperialism in the Far East and Middle East, 1880 - 1914. London o. J. (1942) (The Raleigh Lecture in History, British Academy 1940)

SUSLOV, S. P.: Physical geography of Asiatic Russia. San Francisco und London 1961

SUVOROV, V. A.: Istoriko-ėkonomičeskij očerk razvitija Turkestana (po materialam železnodorožnogo stroitel'stva v 1880 - 1917 gg.). Taškent 1962

S v e d e n i j a o železnych dorogach za 1897 g. (Renseignements sur les chemins de fer pour l'année 1897). St. Petersburg 1898 (Statističeskij sbornik M.P.S. 57)

SVETLOV, A. S.: Chlopkovye sevooboroty v TSSR. In: P r o b l e m y Turkmenii, Bd. II, Moskau und Leningrad 1935 (s.d.). S. 272 - 307

SVINCOV, I. P.: Lesorastitel'nye uslovija podvižnych peskov. In: SChT 11, 1967, H. 2, S. 27 - 31

SWETSCHIN, A.: Die Entwicklung des sowjetrussischen Verkehrswesens im Zuge der Industrialisierung des Landes. Diss. Auslandswiss. Fak. Berlin 1941. Daktyl. vervielf.

SYTENKO, N.: Sudanskij železnodorožnyj vodoprovod i ukazanija dlja sredne-aziatskich vodoprovoda. In: Železnodorožnoe delo 4, 1885, S. 140 - 143

ŠAROV, I. A.: Irrigacionnyj režim osnovnych rajonov Turkmenistana. In: P r o b l e m y Turkmenii, Bd. II, Moskau und Leningrad 1935 (s.d.). S. 26 - 43

ŠELEST, V. A., I. P. KRAPČIN i Ju. L. GRJUNTAL': Problemy razvitija i razmeščenija ėlektroėnergetiki v Srednej Azii. Moskau 1964 (AN SSSR. Sovet po izučenija proizvoditel'nych sil. Gosplan SSSR)

ŠEPELEV, A.: Očerk voennych i diplomatičeskich snošenij Rossii s Sredneju Azieju do načala XIX stoletija. In: Srednjaja Azija. Al'manach 1896. Taškent 1895. S. 1 - 57

ŠICHANOVIČ, L. I.: Razvitie chlopkovodstva Turkmenistana. In: SChT 10, 1966, H. 12, S. 2 - 5

ŠICHANOVIČ, L. I. i I. T. DEREVJANKIN: Kolchoz im. Kalinina osvaivaet novuju sistemu orošenija. In: SChT 13, 1969, H. 6, S. 9 - 13

ŠLJAMIN, B. A.: Kaspijskoe more. Moskau 1954

ŠLEGEL, B. Ch.: Turkestano-sibirskaja magistral'. In: Plan. choz. 1930, H. 2, S. 199 - 230

ŠTANGEJ, E. T.: Ėkonomičeskie podrajony i principy ich vydelenija (na primere Srednej Azii). In: Ėkonomičeskaja geografija. Geografija promyšlennosti. 2, 1967, S. 11 - 14 (zit. nach RŽ 1969, H. 7, S. 21, No. 7 E 157)

ŠUCHTAN, L.: O prolytivanii špal v Rossii postojannymi i peredviženymi zavodami. In: Inžener 5, Bd. 9, Kiev 1886, H. 2, S. 51 - 61

ŠUŠAKOV, A.: Zemel'no-vodnaja reforma v Turkmenistane. In: I. S. KRASKIN, Red.: Zemel'no-vodnaja reforma v Srednej Azii. Moskau und Leningrad 1927 (s.d.). S. 135 - 160

TAAFFE, R.: Rail transportation and the economic development of Soviet Central Asia. Chicago 1960. (The University of Chicago, Department of Geography. Research paper . 64)

ders.: Transportation and regional specialization: the example of Soviet Central Asia. In: AAAG 52, 1965, S. 80 - 98

TAAFFE, E. J., R. L. MORRIL und P. R. GOULD: Verkehrsaufbau in unterentwickelten Ländern - eine vergleichende Studie. In: D. BARTELS, Hrsg.: Wirtschafts- und Sozialgeographie, Köln und Berlin 1970, S. 341 - 366

TACHMURAT, M.: Turkestan: The soviet cotton plantation. In: The East Turkic Review (Institute for the Study of the USSR) 1959, H. 2, S. 71 - 79

TÄUBERT, H.: Zum Tode von V. A. Obručev. In: PM 100, 1956, S. 254 - 255

ders.: Zur Frage der Transkription russischer Namen, In: PM 101, 1957, S. 158

TALANINA, R. S. i I. G. OSIPOV: Razvivat' plodovodstvo i vinogradarstvo v Turkmenii. In: SChT 6, 1962, H. 4, S. 63 - 68

TELETOV, A. S.: Poleznye iskopaemye Turkmenii. In: Turkmenija Leningrad 1929, Bd. II (s.d.), S. 125 - 131

TER-AVANESJAN, D. V.: K istorii chlopkovodstva v SSSR. In: Materialy po istorii zemledelija SSSR. Moskau und Lenin grad 1956. S. 561 - 622

TERENZIO, P.-C.: La rivalité anglo-russe en Perse et en Afganistan jusqu'aux accords de 1907. Paris 1947

The annexation of the Akhal oasis by Russia. In: CAR VIII, 1960, S. 352 - 361

The Aral and Amu-dar'ya flotillas. A recent soviet article. In: CAR X, 1962, S. 365 - 371

The building of the Bukhara Railway. In: CAR XI, 1963, S. 46-50

The early history of the Transcaspian railway. In: CAR IX, 1961, S. 235 - 240

The economy of Afghanistan. In: CAR VIII, 1960, S. 316 - 331

The enigma of the main Turkmen canal. In: CAR II, 1954, S. 279 - 281

The growth of the working-class of Turkmenistan up to 1941. In: CAR X, 1962, S. 19 - 30

The influence of ethnic factors on the territorial redistribution of population. In: CAR XIV, 1966, S. 45 - 54

The Kara-kum canal project. In: CAR II, 1954, S. 255 - 262

The main Turkmen canal. In: CAR I, 1953, H. 1, S. 9 - 17

The oil workers of Nebit-Dag. In: CAR VII, 1959, S. 359 - 367

The peoples of Central Asia and Kazakhstan: their transition to socialism. In: CAR XI, 1963, S. 224 - 233

The population of Central Asia. In: CAR III, 1955, S. 89 - 94

The Red Army in Turkestan 1917-1920. In: CAR XIII, 1965, S. 31-43

The revolt in Transcaspia 1918-1919. In: CAR VII, 1959, S. 117-130

The revolution of 1905-7 in Turkmenistan. In: CAR VII, 1959, S. 322 - 328

The russian capture of Tashkent. In: CAR XIII, 1965, S. 104 - 120

The Transcaspian province. In: GJ 1, 1893, Bd. 1, S. 266

The Transcaspian railway. In: Engineering News XX, 1888, S. 243 - 245 (vom 29.9.1888)

The Trans-Caspian railway. In: Engineering News XIX, 1888, S. 509 (vom 23.6.1888)

THIEL, E.: Verkehrsgeographie von Russisch-Asien. Königsberg und Berlin 1934 (Osteuropäische Forschungen. NF 17)

ders.: Die Grundwasserverhältnisse Turkmeniens und ihre Beziehungen zur Morphologie und Geologie des Landes. In: PM 95, 1951, S. 17 - 26

THIESS, F.: Die Transkaspische Eisenbahn (Militärbahn) während der Verwaltung des Kriegsministeriums bis zum Jahre 1899. In: AEW 27, 1904, S. 919 - 926

ders.: Eisenbahnbau und Eisenbahnpläne Rußlands in Mittelasien. In: Annalen für Gewerbe und Bauwesen 58, 1906, S. 194 - 197

ders.: Rußlands mittelasiatische Eisenbahnen. In: ZVDEV 50, 1910, S. 1020 - 1022

ders.: Rußlands Eisenbahnen in Mittelasien. In: AEW 36, 1913, S. 1499 - 1512

ders.: Schmalspur- und Drahtseilbahnen in Russisch-Asien und Kaukasien. In: ZVDEV 54, 1914, S. 1340 - 1341

THOMAS, W. L.; ed.: Man's role in changing the face of the earth. Chicago 1956, ²1958

TICHY, F.: Die Schule Leo Waibels und die Erforschung der historischen Agrarlandschaften. In: Symposium zur Agrargeographie ... Heidelberg 1971 (Heidelberger Geogr. Arbeiten. 36). S. 13 - 19

TICHOMIROV, M. N.: Prisoedinenie Merva k Rossii. Moskau 1960

TIŠČENKO, B. E.: Glauberova sol' v steklodelii. In: KURNAKOV, PODKOPAEV i RONKIN, Red.: Karabugaz i ego promyšlennoe značenie. Leningrad 1930 (s.d.), S. 217 - 288

TJURINA, G. V.: Osobennosti formirovanija mežrajonnych svjazej Srednej Azii. In: Trudy inst. kompl. transportnych problem pri Gosplane SSSR 14, 1969, S. 34-42 (zit. nach RŽ 1970, H. 4, No. 4E 140)

TOEPFER, H.: Aschabad und Umgebung. In: Die Grenzboten 65, 1906, S. 539 - 545 und 651 - 657

ders.: Das Land Turkmenien. Reiseerinnerungen. In: Die Grenzboten 66, 1907 a, S. 414 - 425

ders.: Die Turkmenen in Transkaspien. Die Eisenbahn. In: Die Grenzboten 66, 1907 b, S. 578 - 585

ders.: Die Turkestanisch-Sibirische Bahn und die wirtschaftliche Entwicklung der von ihr aufgeschlossenen Länder. In: Zeitschrift für Geopolitik 6, 1929, S. 391 - 395

TOLSTOV, S. P. (TOLSTOW): Auf den Spuren der altchorezmischen Kultur. Berlin 1953 (Sowjetwissenschaft. Beiheft 14)

TOLSTOV, S. P. et A. S. KES: Histoire des colonies préhistoriques sur les cours d'eaux des deltas anciens de l'Amou-Daria et du Syr-Daria. In: Essais de géographie. Moskau und Leningrad 1956 (s.d.), S. 341 - 351

TOMASEVIČ, Ė. Ė.: Obvodnenie Zapadnoj Turkmenii (Kelifskij variant). In: Problemy Turkmenii, Bd. II, Moskau 1935, S. 53 - 76

Torgovlja Chorasana v 1895/6 g. po otčetu velikobritanskogo general'nogo konsulstva v Mešede. In: Vestnik finansov, promyšlennosti i torgovli 14, 1897, S. 204 - 206

Torgovlja v Persii za 1887 god. In: SbMA 54, 1893, S. 141 - 142

Torgovlja Rossii s Persiej čerez zakaspijsko-persidskuju granicu v 1895 godu. In: Vestnik finansov, promšlennosti i torgovli 14, 1897, S. 302 - 305

Tovarnoe dviženie na vnutrennych vodnych putjach dovoennoj Rossii i Sovetskogo Sojuza. Moskau 1929

Transkaspische Eisenbahn. In: AEW 20, 1897, S. 105 - 106

Transport i svjaź SSSR. Statističeskij sbornik. Moskau 1967

TREUE, W.: Rußland und die persischen Eisenbahnbauten vor dem Weltkriege. In: AEW 62, 1939, S. 471 - 494

TROLL, C.: Qanat-Bewässerung in der Alten und Neuen Welt. Ein kulturgeographisches und kulturgeschichtliches Problem. In: MÖGG 105, 1963, S. 313 - 330

ders.: Fortschritte der wissenschaftlichen Luftbildforschung. In: C. TROLL: Luftbildforschung und landeskundliche Forschung. Wiesbaden 1966 (GZ Beihefte. Erdkundliches Wissen. 12). S. 115 - 152 (zuerst in: ZGEB 1943, S. 277 - 311)

ders. (und K. H. PAFFEN): Karte der Jahreszeitenklimate der Erde. In: Erdkunde 18, 1964, S. 5 - 28

Truppenbeförderung auf der Murgab-Eisenbahn der Mittelasiatischen Eisenbahn. In: ZVDEV 45, 1905, S. 1175 - 1176

TSCHUPROFF, A.: Eisenbahnen in Rußland. Geschichte und Tarifpolitik. In: Jahrbücher für Nationalökonomie und Statistik 78 (3. Folge 18), 1899, S. 496 - 501

TUCKERMANN, W.: Verkehrsgeographie der Eisenbahnen des europäischen Rußland. Essen 1916

Türkmenistan SSR-niṅ administrativ-territorial tajdan bölünišì 1964-ňǧi jylyṅ 1-ňǧi janvaryna cenli. Aščhabad 1964

Türkmen diliniṅ orfografik sözlügi. Aščhabad 1963 (Türkmenistan SSR Ylymlar Akademijasy. Dil bilimi instituty)

TUMANOV, G. A.: Techničeskoe razvitie Krasnovodskogo morskogo porta v gody velikoj otečestvennoj vojny. In: Izv. AN TSSR, obšč. n. 1968, H. 5, S. 11 - 18

TUMANOVIČ, O.: Turkmenistan i Turkmeny (Materialy k izučeniju istorii i ėtnografii). Aschabad (Poltorack) 1926

Turkmenija. Red. A. E. FERSMAN i L. S. BERG. Bd. 1 - 3. Leningrad 1929 (AN SSSR. Komissija ėkspedicionnych issledovanij)

Turkmenische Sozialistische Sowjetrepublik. O.O.u.J. (Moskau, ca. 1969)

Turkmenistan. Moskau 1969 (Sovetskij Sojuz)

Turkmenistan 1868 - 1917. In: CAR VI, 1958, S. 125 - 142

Turkmenistan. Developments in the oilfields. In: CAR II, 1954, S. 160 - 166

Turkmenistan. Urban development. In: CAR II, 1954, S. 76 - 84

Turksib i chlebooborot Srednej Azii. In: Sovetskaja torgovlja 1930, H. 1, S. 14 - 15

UHLIG, H.: Die Kulturlandschaft. Methoden der Forschung und das Beispiel Nordostengland. Köln 1956 (Kölner Geographische Arbeiten 9/10)

Ukazatel' železnodorožnych passažirskich soobščenij (1965 - 1967) Moskau 1965

Ukazatel' železnodorožnych passažirskich soobščenij (1967 - 1969) Moskau 1967

Uygur settlers in the Murgab oasis 1885 - 1905. In: CAR XI, 1963, S. 274 - 279

Uzbekistan. Moskau 1967 (Sovetskij Sojuz)

V drevnem uročišče "At Kyrlan". In: SChT 12, 1968, H.1, S. 3-5

VACLIK, I. Ja.: Zakaspijskaja železnaja doroga, ee značenie i buduščnost'. St. Petersburg 1888

VAJNBERG, B. I.: K istorii turkmenskich poselenij XIX v. v Chorezme. In: SovEtn 1959, H. 5, S. 31 - 45

VÁLÓCZY, LÁSZLÓ: Szovjet-köpépászia közlekedésföldrajzi vázlata. In: Földrajzi Közlemények 2, 1954, S. 262 - 266

VÁMBÉRY, A.: Die Turkomanen in ihren politischen-socialen Verhältnissen. In: PM 1864, S. 401 - 408

ders.: Reise in Mittelasien von Teheran durch die Turkomanische Wüste an der Ostküste des Kaspischen Meeres nach Chiwa, Bochara und Samarkand. 2. verm. u. verb. Aufl. Leipzig 1873

ders.: Die geographische Nomenklatur Zentralasiens. In: PM 37, 1891, S. 263 - 272

VARLAMOV, V. S. i N. N. KAZANSKIJ: Srednjaja dal'nost' perevozok gruzov po železnym dorogam v perspektive. In: Ėkonomičeskie svjazi i transport. Moskau 1963 (VG 61). S. 24-33

VASIL'EVA, G. P.: Turkmeny Nochurli. In: AN SSSR. Trudy Instituta ėtnografii im N. N. Miklucho-Maklaja. NS 21. Sredneaziatskij ėtnografičeskij sbornik 1. Moskau 1954. S. 82 - 215

dies.: Ob-jasnitel'naja zapiska k istoriko-ėtnografičeskoj karte Tašauzskoj oblasti Turkmenskoj SSR. In: Materialy k istoriko-ėtnografičeskomu atlasu Srednej Azii i Kazachstana, Moskau und Leningrad 1961 (s.d.). S. 24 - 35

dies.: Preobrazovanie byta i ėtničeskie processy v severnom Turkmenistane. Moskau 1969

VASILIEV, P. S.: L'oasis d'Akhal-Téké. Son passé et son présent. In: Bulletin de la Société de Géographie de l'Est 14, 1892, S. 57 - 89, 177 - 231, 484 - 497

VAVILOV, N. I.: Zemledel'českaja Turkmenija. Nastojaščee i buduščee rastenievodstva Turkmenii. In: Problemy Turkmenii, Bd. II, Moskau und Leningrad 1935 (s.d.), S. 247 - 263

VEJISOV, S.: Metodika izučenija pervičnych stadij ėolovogo rel'efa podvižnych peskov. In: Izv. AN SSSR, ser. geogr. 1968, H. 3, S. 67 - 76

VEJSOV, K.: Charakteristika peskov v rajone verchnego učastka karakumskogo kanala i ich pravoberež'ja srednego tečenija Amu-Dar'i. In: TGU. Uč. zap. 24, 1963, S. 5 - 24 (1963 a)

ders.: Tipy peskov verchnego učastka pervoj očeredi karakumskogo kanala i ich osvoenija. In: TGU. Uč. zap. 24, 1963b, S. 47 - 54

VIDAL DE LA BLACHE, P.: Principles de géographie humaine, publiés d'après des manuscrits de l'auteur par E. de MARTONNE. Paris 1955

VIKTOROV, S. V.: Voprosy ochrany pustyń kak sredy obitanija čeloveka. in: Biogeografija i narodnoe chozjajstvo. Moskau 1970 (VG 82). S. 95 - 102

VINNIKOV, Ja. R.: Beludži Turkmenskoj SSR. In: Sov. Etn. 1952, H. 1, S. 85 - 103

ders.: Socialističeskoe pereustrojstvo chozjajstva i byta dajchan Maryjskoj oblasti Turkmenskoj SSR. In: AN SSSR. Trudy instituta ėtnografii im. N. N. Miklucho-Maklaja. NS 21. Sredneaziatskij ėtnografičeskij sbornik 1. Moskau 1954. S. 3 - 81

ders.: K istorii formirovanija i rasselenija Turkmen-Chatab, Mukry, Kurama i Olam. In: Istorija, archeologija i ėtnografija Srednej Azii. K 60-letiju so dnja roždenija ... S. P. TOLSTOVA, Moskau 1968. S. 333 - 343

ders.: Chozjajstvo, kul'tura i byt sel'skogo naselenija Turkmenskoj SSR. Moskau 1969

VINOGRADOV, B.: Les enquêtes intégrées sur les zones arides de l'URSS à l'aide de la photographie aérienne. In: Aerial surveys and integrated studies. Paris 1968 (Natural resources research. VI). S. 351 - 359

VLASOV, P. M.: Izvlečenie iz otčeta P. M. VLASOVA o poezdke v 1892 g. po severnym okrugam Chorasana: Serachskomu, Kelatskomu, Deregezskomu, Kučanskomu i Budžnurdskomu. In: SbMA 52, 1893, S. 1 - 46. Mit: Priloženie ..., ibid. S. 229 - 250

ders.: Statističeskie svedenija o Deregezskom, Kučanskom, Budžnurdskom i Kelatskom okrugach Chorasana. 1894 g.. In: SbMA 56, 1894a, S. 126 - 175

ders.: Kratkij očerk Chorasana. 1894 g.. In: SbMA 56, 1894b, S. 176-190

Vnešnjaja torgovlja SSSR. Statističeskij sbornik. 1918 - 1966. Moskau 1967 (Ministerstva Vnešnej torgovli SSSR. Planovo-ėkonomičeskoe upravlenie)

Vnešnjaja torgovlja SSSR za 1918 - 1940 gg. Statističeskij obzor. Moskau 1960 (Ministerstvo Vnešnej torgovli SSSR. Glavnoe Tamoženoe upravlenie)

VOIGT, G.: Staat und Eisenbahnwesen in Britisch-Indien. In: AEW 48, 1925, S. 247 - 284, 557 - 583, 682 - 702

VOLŽIN, D.: Problemy rekonstrukcii orošenija v chlopkovych rajonach Srednej Azii i krupnoe stroitel'stvo. In: Plan. choz. 1930, H. 4, S. 240 - 262

Vom Bau der Transkaspischen Eisenbahn. In: Ausland 61, 1888, S. 540

VOPPEL, G.: Wirtschaftsgeographie. Stuttgart und Düsseldorf 1970 (Schaeffers Grundriß des Rechts und der Wirtschaft. Abt. III. Wirtschaftswissenschaften. 98)

Voprosy ėkonomiki transporta. Pod obščej redakciej M. N. BELEN'-KOGO. Moskau 1965 (TTIIŽT 34)

Voprosy ispol'zovanija vodnych resursov Srednej Azii. Red. A. N. KOSTJAKOV i P. A. LETUNOV. Moskau 1954 (AN SSSR. Sovet po izučeniju proizvoditel'nych sil. Trudy aralo-kaspijskoj kompleksnoj ėkspedicii. 3)

WÄDEKIN, K.E.: Der Wirtschaftsaufbau in den "östlichen Regionen". In: OEur 16, 1966, S. 508 - 522

ders.: Sowjetische Dörfer - Gestern, heute, morgen. In: OEur 18, 1968, S. 602 - 615

ders.: Das Straßensystem in der Landwirtschaft der UdSSR. In: OEW 14, 1969, S. 183 - 212

WAIBEL, L.: Die europäische Kolonisation Südbrasiliens. Bonn 1955 (Colloquium Geographicum. 4)

WALTA, V.: Der Baumwollbau in den russischen mittelasiatischen Besitzungen. In: Der Tropenpflanzer 11, 1907, S. 679 - 704

ders.: Der Reisbau in den russischen mittelasiatischen Besitzungen. In: Der Tropenpflanzer 12, 1908, S. 107 - 116

WALTER, H.: Die Vegetation der Erde in öko-physiologischer Betrachtung. II. Die gemäßigten und arktischen Zonen. Stuttgart 1968

WALTHER, J.: Vergleichende Wüstenstudien in Transkaspien und Buchare. In: Verhandlungen der Gseellschaft für Erdkunde zu Berlin 25, 1898, S. 58 - 71 ders.: Das Gesetz der Wüstenbildung in Gegenwart und Vorzeit. Leipzig 1924

WENDROW, S. L. und S. Ju. GELLER: Geographische Aspekte des Wolga-Kaspi-Problems. In: Aus der Praxis der sowjetischen Geographie (Liz. Düsseldorf 1966). S. 145 - 152

WENJUKOW: Die russisch-asiatischen Grenzlande. Übersetzt von G. KRAHMER. Leipzig 1874

WESTWOOD, J. N.: Soviet railways today. London 1963

ders.: Geschichte der russischen Eisenbahnen. Zürich 1966

WHEELER, G. E.: Cultural developments in Soviet Central Asia. In: Journal of the Royal Central Asia Society 46, 1954, S. 179 - 189

ders.: Soviet policy in Central Asia. In: International Affairs 31, 1955, H. 3, S. 317 - 326

ders.: Recent developments in Soviet Central Asia. Dickson Asia Lecture, 1957. In: GJ 123, 1957, S. 137 - 147

ders.: The modern history of Soviet Central Asia. London 1964

WHITMAN, J.: Turkestan cotton in imperial Russia. In: ASEER 15, 1956, S. 190 - 205

WIEDEMANN, M.: Über die wirtschaftliche Bedeutung der transkaspischen Eisenbahn. In: Verhandlungen der Gesellschaft für Erdkunde zu Berlin XV, 1888, S. 72 - 81

WIENKE, H.-M.: Eisenbahngeographische Struktur der Sowjetunion. In: Zeitschrift für Wirtschaftsgeographie 13, 1969, S. 50 - 53

WILBER, Ch. K.: The Soviet model and underdeveloped countries. Chapel Hill 1969

WILLFORT, F.: Turkestanisches Tagebuch. Sechs Jahre in Russisch-Zentralasien. Wien und Leipzig 1930

WILLIAMS, D. S. M.: Water law in tsarist Central Asia. In: CAR XV, 1967, S. 37 - 46

WIRTH, E.: Der Nomadismus in der modernen Welt des Orients - Wege und Möglichkeiten einer wirtschaftlichen Integration. In: Nomadismus als Entwicklungsproblem. Bielefeld 1969 (Bochumer Schriften zur Entwicklungsforschung und Entwicklungspolitik. 5). S. 93 - 105 (1969a)

ders.: Zum Problem einer allgemeinen Kulturgeographie. Raummodelle - kulturgeographische Kräftelehre - raumrelevante Prozesse - Kategorien. In: Erde 100, 1969, S. 155 - 193 (1969b)

ders.: Zwölf Thesen zur aktuellen Problematik der Länderkunde. In: GR 22, 1970, S. 444 - 450

WISSMANN, H. v.: Bauer, Nomade und Stadt im islamischen Orient. In: R. PARET, Hrsg.: Die Welt des Islam und die Gegenwart. Stuttgart 1961. S. 22 - 63

WITTFOGEL, K. A.: The hydraulic civilizations. In: W. L. THOMAS, ed.: Man's role in changing the face of the earth. Chicago 1956 (s.d.), S. 152 - 164

WITTHAUER, K.: Administrative Gliederung der Sowjetunion. In: PM 111, 1967, S. 51 - 53

WITTRAM, R.: Peters des Großen Interesse an Asien. In: Nachrichten der Akademie der Wissenschaften in Göttingen aus dem Jahre 1957. Philologisch-historische Klasse (1). S. 1 - 25

ders.: Peter I. Czar und Kaiser. Zur Geschichte Peters des Großen in seiner Zeit. Bd. 1 - 2. Göttingen 1964

WÖHLKE, W.: Die Kulturlandschaft als Funktion von Veränderlichen. Überlegungen zur dynamischen Betrachtung in der Kulturgeographie. In: GR 21, 1969, S. 298 - 308

Za dal'nejšee razvitie proizvodstva tonkovoloknistogo chlopka v Turkmenskoj SSR. Aščhabad 1970 (zit. nach RŽ 1971, H. 8, S. 31, Nr. 8 E 200 K)

ZACHAROV, N. G. i I. B. REBUT: Primenenie bitumnoj ėmulsii dlja bor'by s filtraciej v orositel'nych kanalov na peskach. In: Voprosy ispol'zovanija vodnych resursov Srednej Azii. Moskau 1954 (s.d.). S. 117 - 135

Zanjatija i byt narodov Srednej Azii. Leningrad 1971 (Sredneaziatskij ėtnografičeskij sbornik III = Trudy instituta ėtnografii im. N. N. Miklucho-Maklaja, nov.ser. 97)

Zapiska barona Benua-Mešeń o Mervskich turkmenach 1883 g. In: SbMA 6, 1883, S. 122 - 131

Zapiska g.-š. general-maiora Grodekova o putjach iz Zakaspijskogo kraja na Gerat (30 maja 1882 goda). In: SbMA 5, 1883, S. 108 - 119

Zapiska g.-š. polkovnika Kuźmina-Karavaeva o vvedenii russkogo upravlenija v Ateke 1885 g. In: SbMA 21, 1886, S. 110 - 157

Zapiska o doroge iz Aschabada v Merv. Chorunžija 1-j konnoj baterei Terskogo Kazač'ego vojska Sokolova fevral' 1882 g. In: SbMA 6, 1883, S. 156 - 199

Zapiska o sostojanii Zakaspijskoj železnoj dorogi i o glavnejšich potrebnostjach ee uluččenija. Sostavlena na osnovanii dannych, sobrannych v 1899 godu komissieju po priemu dorogi v vedenie Ministerstva Putej Soobščenija. St. Petersburg 1899. + Priloženija

Zapiska o vozmožnosti osuščestvlenija Rossiej ėkspedicii v Indiju. In: SbMA 23, 1886, S. 105 - 129

ZAYTSEV, M. K.: The development of the oil and gas industry of Turkmenia. In: SovG 9, 1968, S. 503-511

ZELENSKIJ, I.: O zemel'no-vodnoj reforme v Srednej Azii. Doklad ... In: KRASKIN, Red.: Zemel'no-vodnaja reforma v Srednej Azii. Moskau und Leningrad 1927 (s.d.). S. 1 - 27

Zemli drevnego orošenija i perspektivy ich sel'skochozjajstvennogo ispol'zovanija. Moskau 1969 (zit. nach RŽ 1969, H. 10, S. 23, No. 10 E 149)

ZIMM, A.: Industriegeographie der Sowjetunion. Berlin 1963

ZIMPEL, H.-G.: Der Verkehr als Gestalter der Kulturlandschaft. Eine verkehrsgeographische Untersuchung am Beispiel der Inneren Rhätischen Alpen Graubündens. Diss. rer.nat. München 1958

ZONN, S. V.: Takyry Turkmenii i ich osvoenie. In: Problemy Turkmenii, Moskau u. Leningrad 1935, Bd. II (s.d.). S. 364 - 371

ZOTSCHEW, Th. D.: Die außenwirtschaftlichen Verflechtungen der Sowjetunion. Tübingen 1969 (Kieler Studien. Forschungsberichte des Instituts für Weltwirtschaft an der Univ. Kiel. 97)

ZVEREV, R. M.: Nekotorye osobennosti formirovanija promyšlennych uzlov (Na primere respublik Srednej Azii). In: Problemy regional'noj organizacii i ėffektivnogo proizvodstva (Sbornik). Moskau 1970, S. 206 - 224 (zit. nach RŽ 1971, H. 5, S. 28, No. 5 E 164)

ŽDANKO, T. A.: Nomadizm v Srednej Azii i Kazachstane (Nekotorye istoričeskie i ėtnografičeskie problemy). In: Istorija, archeologija i ėtnografija Srednej Azii. K 60-letiju so dnja roždenija S. P. Tolstova. Moskau 1968. S. 274 - 281

Železnaja doroga ot Derbenta do Baku. In: Vestnik finansov, promyšlennosti i torgovli 14, 1897, S. 259 - 262

Železnodorožnyj transport SSSR v dokumentach kommunističeskoj partii i sovetskogo pravitel'stva. Sost. A. NAPÓRKO. Moskau 1957

Železnodorožnyj transport v sisteme edinoj transportnoj seti SSSR. Pod obščej redakciej N. N. BARKOVA. Moskau 1968 (Trudy Vsesojuznogo naučno-issledovatel'skogo instituta železnodorožnogo transporta. 346)

Železnodorožnye stancii SSSR. Spravočnik. Moskau 1969

Železnye dorogi Severo-zapadnoj Indii. In: SbMA 56, 1894, S. 216 - 223

Železnye dorogi SSSR s. Karten und Atlanten

ŽUČKEVIČ, V. A.: Toponimika. Kratkij geografičeskij očerk. Minsk 1965

Zeitungen und Zeitschriften mit Kurznachrichten:

Archiv für Eisenbahnwesen, Berlin, 1, 1878 ff. (AEW)

Central Asian Review, London, 1, 1953 - 16, 1968 (Fortsetzung siehe Mizan) (CAR)

Engineering News, London XIX und XX, 1888

Frankfurter Allgemeine Zeitung, Frankfurt/M., 13.4.1971

Geografija v Škole, Moskau, 1966 ff. (GvŠk)

Globus. Illustrierte Zeitschrift für Länder- und Völkerkunde mit besonderer Berücksichtigung der Anthropologie und Ethnologie. Braunschweig, 37, 1880 - 54, 1888

Gudok, Moskau 1968

Kolchozno-sovchoznoe proizvodstvo Turkmenistana, Aschabad (1964/65 vorübergehend geänderter Name des Sel'skoe chozjajstvo Turkmenistana, s.d.) (Kol.-sov.pr.T.)

Mizan, London, 11, 1969 f. (= CAR 17, 1969 f.)

(Petermanns) (Geographische) Mitteilungen (aus Justus Perthes' Geographischer Anstalt). Gotha, 1, 1860 ff. (PM)

Pravda. Organ Central'nogo komiteta KPSS, Moskau, 1967 ff.

Sbornik geografičeskich, topografičeskich i statističeskich materialov po Azii, St. Petersburg, 1, 1883 - 87, 1914

Sel'skaja žizń, Moskau, 15.3.1970

Sel'skoe chozjajstvo Turkmenistana, Aschabad, 2, 1958 ff. (SChT)

Soviet Geography: Review and Translation, New York, 1, 1960 ff. (SovG)

Turkmenskaja Iskra. Organ Central'nogo komiteta kommunističeskoj partii Turkmenistana, Verchnogo soveta i Soveta Ministrov Turkmenskoj SSR. Aschabad, 1970 - 1971 (T.I.)

Zeitung des Vereins deutscher Eisenbahnverwaltungen, Berlin, 25, 1885; 28, 1888; 33, 1893; 45, 1905; 50, 1910; 51, 1911; 54, 1914 (ZVDEV)

KARTEN und ATLANTEN

A t l a s Astrachanskoj oblasti. Moskau 1968 (Glavnoe upravlenie geodezii i kartografii pri Sovete Ministrov SSSR)

A t l a s Azerbajdžanskoj Sovetskoj Socialističeskoj Respubliki. Baku u. Moskau 1963 (Akademija Nauk Azerbajdžanskoj SSR. Institut geografii. Glavnoe upravlenie geodezii i kartografii godudarstvennogo geologičeskogo komiteta SSSR)

A t l a s mira. Moskau ^{1}1954, ^{2}1968 (Glavnoe upravlenie geodezii i kartografii pri Sovete Ministrov SSSR)

A t l a s narodov mira. Moskau 1964 (Glavnoe upravlenie geodezii i kartografii gosudarstvennogo geologičeskogo komiteta SSSR. Institut ėtnografii im. N. N. Miklucho-Maklaja)

A t l a s razvitija chozjajstva i kul'tury SSSR. Moskau 1967 (Glavnoe upravlenie geodezii i kartografii pri Sovete Ministrov SSSR)

A t l a s sel'skogo chozjajstva. Moskau 1960 (Glavnoe upravlenie geodezii i kartografii)

A t l a s SSSR. Vtoroe izdanie, Moskau 1969 (Glavnoe upravlenie geodezii i kartografii pri Sovete Ministrov SSSR)

A t l a s Tadžikskoj Sovetskoj Socialističeskoj Respubliki. Dušanbe und Moskau 1968 (Glavnoe upravlenie geodezii i kartografii pri Sovete Ministrov SSSR. Akademija Nauk Tadžikskoj SSR. Sovet po izučeniju proizvoditel'nych sil)

D r u c k s c h r i f t e n und Kartenwerke des Orients (in der Kartographischen Abteilung der preussischen Landesaufnahme bearb. u. hrsg.). Versch. Orte 1869 - 1918. Daraus:

Nr. 61: Persien und Afghanistan 1 : 4 311 000 mit Namensverzeichnis. London 1914 (engl.)

Nr. 63: Map of Persia, 1 : 1 013 760, 6 Bll. ed. Survey of India. 1910

Nr. 64: Verkehrsstraßen in Persien, 1 : 1 Mio (1917)

Nr. 65: Carte schématique de la Perse, 1 : 1 708 000 (40-W-Karte). Entworfen und hrsg. vom Kaiserl. Russ. Generalkonsul am Persischen Golf N. PASSEK. O.J. (Nachdruck: Kartogr. Abt. d. Stellvertretenden Generalstabs der Armee. 1918)

Nr. 71: Afghánistán, 1 : 1 013 760, 4 Bll. ed. Ord. Survey Off. 1901 (engl.)

Nr. 72: Karte des südlichen Grenzgebiets des asiatischen Rußland, 1 : 1 680 000, 4 Bll. 1910 - 13; ed. Ord.Surv. Off. 1918 als Nachdruck der russ. 40-W-Karte

ENGELBRECHT, Th. H.: Landwirtschaftlicher Atlas des Russischen Reiches in Europa und Asien. Berlin 1916

Fiziko-geografičeskij atlas mira. Moskau 1964 (Akademija Nauk SSSR i Glavnoe upravlenie geodezii i kartografii gosudarstvennogo geologičeskogo komiteta SSSR)

Fiziko-geografičeskoe rajonirovanie SSSR, 1 : 10 000 000. Moskau 1967 (Glavnoe upravlenie geodezii i kartografii pri Sovete Ministrov SSSR)

GANESHIN, G. S. et S. V. EPSHTEJN: Schéma de la structure géomorphologqiue d'U.R.S.S., 1 : 10 000 000. Paris 1959

Geografičeskij atlas dlja 7-go i 8-go klassov Srednej Školy. Sojuz Sovetskich Socialističeskich Respublik. Moskau 1951 (Glavnoe upravlenie geodezii i kartografii pri Sovete Ministrov SSSR)

Gipsometričeskaja karta Turkmenii, 1 : 2 000 000. In: Turkmenija, Leningrad 1929, Bd. II (s.d.), Anhang

(Internationale Weltkarte 1 : 1 000 000) World (Asia). 1 : 1 000 000. Verschiedene Ausgaben:

NI 40 Birjand. Ser. 1301, ed. 5-GSGS, UTM-Grid, engl. 1962
NI 41 Herāt. AMS 1301 (GSGS 4646), ed. 4-AMS, engl. 1959
NJ 39 Rasht. Ser. 1301, ed. 6-GSGS, UTM-Grid, engl. 1961
NJ 40 Mashhad. Ser. 1301, ed. 6-GSGS, UTM-Grid, engl. 1961
NJ 41 Buchara. 1. Sonderausgabe VII. 1941. dt. 1941
NJ 41 Bukhara. Ser. 1301, ed. 4-AMS, UTM-Grid, amer. 1965
NJ 42 Samarkand. 1. Sonderausgabe VII. 1941, dt. 1941
K 39 Baku. Sonderausgabe. Ausg. Nr. 2, dt. 1941
NK 39 Baku. Ser. 1301, ed.-7-GSGS, 1961
NK 39/40 Baku. GSGS 4646, ed. 1-GSGS, engl. 1953
K 40 Chimbaj (Tschimbaj). Sonderausgabe. Vorläufige Ausg., dt. 1940
NK 40 Chimbay. AMS 1301 (GSGS 4646), ed. 3-AMS, amerik. 1943/54
NK 40 Nukus. Ser. 1301, ed. 7-GSGS, UTM-Grid, engl. 1960
K 41 Turtkul. Sonderausgabe. Ausg. Nr. 2, Stand 1926-39, dt. 1942
NK 41 Urgench. Ser. 1301, ed. 2-AMS, UTM-Grid, amerik. 1963

JUFEREV, V. I.: Karta chlopkovodstva v Turkestane, 1 : 4 200 000. Leningrad 1926 (Komissija po izučeniju estestvennych proizvoditel'nych sil SSSR pri Akademii nauk). Beigebunden in JUFEREV, 1925 (s. Literaturverzeichnis)

Karta russkogo Turkestana i sopredel'nych stran 1878 g. , 100-W-Karte (1 : 4 200 000). O.O. (1878)

Karta Sredneaziatskich Sovetskich Respublik, 80-W-Karte; darauf gedruckt im Braundruck: Schematičsskaja gipsometričeskaja karta. Izdanie C.S.U. Turkrespubliki ... po redakciej A.F. LEDOMSKOGO i N. A. DIMO. Taškent 1924. Beigebunden in: Statističeskij ežegodnik CSU Turkrespubliki 1917 - 1923, t. II, 1924

Karta Zakaspijskoj oblasti, 1 : 210 000. Bl. F 5. Aschabad. O.O. grav. 1894, Nachtr. 1895

NALIVKIN, D. V. (Hrsg.): Geologičeskaja karta SSSR. Leningrad 1940. Sonderausgabe (dt.), Ausgabe Nr. 1, Bl. 18, 26, 27

ders. (Hrsg.): Geologičeskaja karta SSSR (The Geological Map of the U.S.S.R.). O.O. 1955. Bl. 5

NIEDERMEYER, (O.) v.: Wehrgeographischer Atlas der Union der Sozialistischen Sowjetrepubliken. Berlin 1941

Sojuz Sovetskich Socialističeskich Respublik, 1 : 8 Mio. Moskau 1970. (Glavnoe upravlenie geodezii i kartografii pri Sovete Ministrov SSSR)

The Times Atlas of the World. Comprehensive edition. London 1967

Türkmenistan SSR-i, 1 : 1 000 000. Moskau 1967 (SSSR Ministrler Sovetiniň janyndaky geodezija chem-de kartografija baradaky baš upravlenie) (Wirtschaftskarte in turkmen. Sprache)

Turkmenskaja SSR, 1 : 1 000 000. Moskau 1959 (Glavnoe upravlenie geodezii i kartografii MVD SSSR) (Verwaltungskarte)

Turkmenskaja SSR, fizičeskaja učebnaja karta (dlja srednej školy). 1 : 1 000 000. Moskau 1968 (Glavnoe upravlenie geodezii i kartografii pri Sovete Ministrov SSSR)

USAF. Pilotage chart, 1 : 500 000. Ed. by The Aeronautical Chart and Information Center, United States Air Force. St. Louis. G-5B (1966); G-6A (1966); G-6B (1966); G-6D (1966)

World , 1 : 500 000. Ser. 1404, ed. 1-GSGS

326 C Chagyl. 1961
326 D Kara-Bogaz-Gol. 1960
338 A Kizyl-Arvat (1961)
338 B Bakharden (1961)
338 C Ashkhabad (1961)
338 D Shāhrūd (1961)

Železnye dorogi SSSR. Napravlenija i stancii. 2-e izdanie. Moskau 1966, 6-2 izdanie. Moskau 1971 (Glavnoe upravlenie geodezii i kartografii Ministerstva geologii SSSR (... pri Sovete Ministrov SSSR))

7 RUSSISCHE, ENGLISCHE UND FRANZÖSISCHE ZUSAMMENFASSUNG

7.1 РЕЗЮМЕ

Цель этой работы - показать влияния важнейших путей сообщения области на ее культурный ландшафт. При применении концепции иерархии квази-закрытых хорологических систем учитываются также взаимоотношения, выходящие за территориальные пределы работы, чтобы на примере Туркмении уяснить хозяйственное положение развивающейся территории на периферии СССР.

В первой части рассматривается культурный ландшафт Туркмении в середине XIX в. во время англо-русского конфликта на Среднем Востоке. Видно, что изменяются социальные противоположности между более привилегированными кочевниками (чорва) и менее привилегироваными оазисными земледельцами (чомур). Можно проследить это развитие в вытеснении обычного права письменным установлением исламского шариата. Орошаемое земледелие приобретает большее значение, но служит еще почти исключительно самоснабжению (пшеница, ячмень, пшено - джугара, кунжут, люцерна, дыня, немного хлопка). В пастбищном скотоводстве встречаются сезонные кочевки между Копет-дагом и его окраиной к северу (периферией оазисов Ахала и Атека) и к западу (Атрек-Горган-низменностью). В связи с этим хозяйственным развитием поселения показывают изменение от кибитки (вначале связанной с скотоводством, особенно на западе) к хутору (особенно в орошаемых оазисах). Настоящих городских поселков нет. К западу наявляются русские военные поселения. Немногие пути сообщения служат незначительной торговле с соседними ханствами, в городах которых происходит обмен торговых товаров с Россией (Хива, Бухара, Оренбург). Размер караванного движения такой, что нельзя ожидать расширения русско-среднеазиатской торговли.

Во второй части обсуждается строительство железной дороги в Закаспии как предворительное условие торгового и хозяйственного развития. При этом оспаривается тезис проф. Ахмеджановой, что строительство ж. д. в 80-х годах обусловленно хозяйственными соображениями. Это были стратегические необходимости в борьбе против туркменов. В последствии она была продленина для укрепления русской власти в Средней Азии. Только когда ж. д. достигла Самарканда, она исполняла и экономические задачи. Она являлась достижением русских на колониальной территории: работа, строительный материал, капитал и администрация были посланы Россией. Несмотря на дефицит ж. д. продолжала работать - также из-за ее стратегического значения. С начала XX в. ее постепенно присоединили к русской железнодорожной сети:

- Продолжение ж. д. до Ташкента и в Ферганскую долину открыло доступ к хозяйственным центрам Туркестанского края (1899 г.).
- Ветки вели в удаленные окраины.
- Оренбург-Ташкентская линия соединяла среднеазиатскую ж. д. с европейской сетью (1905 г.).
- Туркестано-сибирская ж. д. (Турксиб) обеспечивала прямой товарообмен между Западной Сибирью и Средней Азией (1930 г.).
- Ж. д. Чарджоу - Кунград открывает путь к оазису Хорезма (1956 г.), связь с Гурьевым происходит через Западнотуранскую магистральную линию (1970 г.).
- Железнодорожный паром облегчает прерванное Каспийским морем движение с Закавказской ж. д. (1960 г.).
- Сквозных железнодорожных путей в центры южных соседних стран Ирана и Афганистана нет.

Сегодняжную роль Закаспийской ж. д. можно видеть как роль окраиной ж. д., которая при советском централизме не могла развиват полностью районно-связывающую функцию далекого назначения из-за "отвлетвлении" магистральных путей.

Третяя часть ставит себе задачу исследовать изменения культурного ландшафта обусловливанные строительством ж. д. в рамках общего современного изменения культурного ландшафта; как значительные факторы последнего понимаются политические (реорганизация управления), социальные (политически основанное оттеснение исламических культурных элементов, коллективизация), технические и научные изменения.

Из анализа отдельных элементов структуры культурного ландшафта резултирует:

- При сильном росте населения и высокой рождаемости заметна значительная концентрация населения вдоль ж.д..
- Вокруг ж. д. возникают железнодорожные поселки, характер которых изменяется с запада на восток. Частично железнодорожные поселки стали городами с типическими функциональными формами, между тем как отдаленные от ж. д. поселки отставали в объем развитии. В последнее время урбанизация ведет к созданию городов-спутников вблизи больших населенных пунктов.
- Сегодня столица Ашхабад, чисторусский колониальный город в конце XIX в., со скорым приростом населения стал главным центром страны объединяющим важнейшие отрасли промышленности.
- В сельском поселении исчезли растущей безопасностью укрепленные поселки (кала - qalʿa). До 1917 г. социальная дифференциация вела к постепенному вытеснению кибитки в пользу постоянных поселков, с конца двадцатых годов начинающаяся коллективизация вызывала во-первых новое положение в сельском хозяйстве (напр. МТС), позднее даже регулярно новые установки. Кроме того традиционная разбивка на мелкие участки замещалась крупными участками - часто игнорируя потребность орошения.
- В канальном строительстве первенство получил проект каракумского канала. Он тоже как и ж. д. улучшает структуру этой территории и служит сегодня особенно для орошению, но и движению.
- Расширение орошаемой земли помогало особенно хлопководству - при разных оценках отдельных культур в разные периоды с 1880 г.. Был введен правильный севооборот чтобы интенсивировать сельское хозяйство. Хлопководство идет преимущественно на советский рынок. Каракулевая овца разводится тоже для продами, большей частью в совхозах.
- Принимаются меры против разрушения растительности: лесопосадки и система посевов в широком масштабе, но проблемы защиты растительного покрова еще не окончательно решены.
- В промышленности обработка минерального сырья (больше всего нефть и соли) играет бо́льшую роль, но промышленность средств

производства (металлообработка, связанная с железнодорожными мастерскими, стекольная и стройтельная промышленности) и особенно промышленность потребительских товаров (текстильная и пищевая промышленности) едва хватают на потребность страны.

- Сухие пути частично следуют древним караванным дорогам, но ориентируются частично и на узлы ж. д.. Современная уличная сеть даже в оазисах мало развита. Дальнее сообщение с соседними странами невозможно из-за герметически закрытых советских границ. Водные пути как Аму-дарья, Каракумский канал и Каспийское море дополняют сухие пути.

Эти изменения по существу принесла с собой ж. д., которая как русское достижение была аллохтонным элементом в культурном ландшафте Туркмении. В следующем рассматриваются процессы, зависящие прямее от русских влияний, причем ж. д. стала инструментом плановых мероприятий:

- Советское правительство политически поддерживает переход к оседлости кочевников; одновременно внедряются люди из нетуркменских народностей, хотя Туркмения не становится настоящей колонией. Концентрация населения ведет к урбанизации и росту работы во вторичном и в третичном секторах.
- Безусловным успехом является создание социальных мероприятий (образования и медицинской помощи), прежде всего в советском периоде.
- Ж. д. поддерживала научное исследование страны как и распространение коммунизма и русской революции.
- Агротехнические нововведения, в особенности семеноводство в хлопководстве (введение американских и египетских семен) и механизация сельского хозяйства исходят от железнодорожных узлов, и их реализация очень опаздывается в областях, отдаленных от ж. д..

На основании этих изменений осматривается туркменская внутренная интеграция как интеграция посредством пути сообщения, т. е. ж. д.. Признаки этого выявляются при возникновении торговых и узловых городов (напр. Чарджоу, Красноводск), в образовании зависимости периферии от центра у ж. д. или в поляризации между поселками, лежащими близко или далеко от ж. д., и в выборе места для промышленности, особенно в хлопководстве. В сельском хозяйстве заметно тоже после ликвидации МТС расчление оазисов от центра до периферии. Внутренная интеграция торговли еще относительно незначительна, исходя и зависит - при сравнении с средним потребительским потенциалом в Советском Союзе - от уровня развития страны.

Принимая во внимание распределение отраслей народного хозяйства, расположение промышленности, центральное положение поселения, хозяйственную деятельность, государственное планирование получается разграничение хозяйственных областей Туркмении по следующим типам:

- комплексные центры вокруг крупнейших городов (Ашхабада, Мары и Чарджоу) с интенсивной культурой и значительной промышленности;
- интенсивно веденные орошаемые оазисы у рр. Теджена, Мургаба и Аму-дари с отдельными городскими поселками и второстепенными промышленными предприятиями в первичной стадии;
- районы добывающей и переработывающей промышленностей в З. Туркмении;
- менее-интенсивная разработка богатств недр в Ю-З. Туркмении и Каракумах и одновременно незначительное сельское хозяйство;
- мелкие хозяйственные районы в округах в последнее время очень активированных городских поселений (напр. Кушка, Тахта-Базар);
- горные краи (Копет-даг, Кюрен-даг) с вертикальным распределением хозяйства по видам эксплуатации и интенсивности;
- рыболовные районы у Каспийского моря;
- пастбищные районы - использованные более интенсивно (Обручевская степь) и менее интенсивно (Красноводское плато, Каракумы, Уст-юрт);
- незаселенные районы без хозяйственного использования на самых высоких горах и в песках Каракумов.

Из рассмотрения аллохтонных достижений для туркменского культурного ландшафта уже выяснялось большое значение России или СССР; это еще уточнеется при исследовании интеграции Туркмении в русскую и советскую экономическую систему. Туркмено-русская торговля постепенно улучшилась в связи с интересом русской текстильной промышленности в среднеазиатском хлопке, причем пытались уменьшать факторы, противодействующие интеграции, как напр. дальность перевозки - плановым регулированием тарифов; но торговые отношения к южным соседним странам остались незначительными, особенно после 1917 г., или были реализированы, то только через всесоюзную внешнюю торговлю. Региональное разделение труда и оптимизация местоположений и использований земли внутри СССР передали Средней Азии роль поставщика хлопка и приемщика зерна из северо-казахских целин. Но до сих пор поставки не хватают, вследствие этого отказ от производства для личного полъзования невозможен. С другой стороны индустриализация в хлопководстве еще не достаточна, вследствие того и в будущем Туркмения нуждается в поставке готовых изделий. Из этих двух фактов получается проблематика экономической отсталости, которую даже усиленные оборотные средства в рамках последних пятилеток не могли уничтожить или уменьшить.

На примере включения Туркмении во всесоюзные экономические процессы и отсталости страны составляется модель сопряженных интегрирующих пространств. Причем на примере Туркмении выявляется отсталость региональной системы в пользу всесоюзной центрально-периферийной системы; являющейся следствием колониальной экономической зависимости, переключение которой на более выгодные мелкорайонные системы мыслимо лишь при отказе от категорического централизма.

(Переводчики: Г. Эрьлер, С. Гейер)

7.2 SUMMARY

The aim of this study is to indicate how the major traffic routes of any area will exert an influence upon the cultural landscape and the regional economy. The underlying concept is that of hierarchically quasi-closed chorological systems; it is necassary also to take into consideration those communications which extend beyond the particular closer area of research, Turkmenia. Only then will it be possible to assess the economic conditions of a developing area situated at the periphery of the USSR.

The first part deals with the regional setting of Turkmenia in the middle of the 19th century, while Anglo-Russian hostilities were going on in the Middle East. The social discrepancy between over-privileged nomads of the deserts and under-privileged peasants of the oases begins to undergo a change at this time. The process becomes evident in the fact, that common law practices were lost in favour of the written fixation in the Islamic shariat. Farming on irrigated land gains more importance, but the aim of the individual farmers was almost to provide for their own needs (wheat, barley, sorghum - dzhugara, sesame - kunzhut, lucerne, melons, and cotton to a lesser extent). The livestock pasture is subject to seasonal migrations between the Kopet-dagh and its forelands in the north (periphery of the Akhal- and Atek-oases) or in the west (Atrak-Gorgan-Lowland). The rural settlements also illustrate the economic conditions; they show a spatial-temporal change beginning with the yurt (especially in the west, originally linked to the livestock pasture) and going on to the often fortified farm the building of which is constructed out of loam (especially in the irrigation oases in the east). Those elementary Russian settlements which were formed in the west were supervised by the military. The rare trade with the neighbouring Khanates orients itself along the few long distance traffic routes. The trade with Russia takes place in very few towns (Khiva, Bukhara; Orenburg). No intensification of the Russian-Central-Asian trade is to be expected by the caravan traffic.

The second part of the study examines the construction of the railroad in Transcaspia as a factor for both the successive trade and commercial development. However, the study rejects the thesis that economic motives led to the construction of the railroad. On the contrary, from 1880 on, the railroad was built for strategic reasons, first in order to be able to fight the Turkmen, and it was later on continued to guarantee the Russian control over Central Asia. Not before Samarkand was reached in 1888 did the railroad take over economic functions. The railroad has to be considered an assistance rendered by the Russians to a colonial area. Russia provided labour, material, capital, and the administration. It was mainly due to strategic reasons that the railroad remained in existence, despite the deficit it incurred.

The Transcaspian railroad has been integrated step by step into the Russian railway network since the turning of the century:
- The extension of the rail line to Tashkent and into the Ferghana basin opened the economic centres of Turkistan.
- Branch-lines led into the more remote fringeland.
- The Orenburg-Tashkent Railroad made Western Siberia and Central Asia more excessible and promoted trade between the two territories.
- The branch-line Chardzhou - Kungrad opend the oasis Khorezm (1956); the West-Turanian magistral line creates a connection to Gur'ev (1970).
- The train ferry leading to the Transcaucasian railroad eases the traffic across the Cspian Sea (1960).
- There is no rail connection to the capitals of the southward bordering States.

The present function of the Transcaspian Railroad can be interpreted as that of a peripheric border route. It could not fully develop its funtions as an area-linking line because its freight flows were diverted by the radial magistrals constructed during periods of strict economic centralism.

The third part tries to fit those alterations of the regional structure that were due to the construction of the railroad into the context of the whole change of the cultural landscape. The dominant factors which caused the change are of a political (reorganization of the administration), social (politically motivated suppression of some elements of Islamic civilization), rural-social (organization of collective farms), and of a technical and economical nature.

The analysis of the elements of the regional setting produces the following results:
- Due to the intense increase of population resulting from a high excess of births there is an obvious density of population along this vital railway.
- The railroad caused rail settlements to come into existence; their set-up shows a change between the western and eastern parts of Turkmenia. On the one hand, the railroad settlements developed into cities acquiring functions typical of trading settlements; on the other hand, those settlements which were situated farther away from the rail line remained undeveloped. In recent days, the urbanization produced satellites within the radius of some towns ("goroda-sputniki" as a form of urban spread).
- Nowadays, the dominant centre of the country is the capital Ashkhabad which is a typical Russian colonial city with an intense increase of population. Ashkhabad has also attracted the most important branches of industry.
- Among the rural settlements forts (qala) disappeared because of the increasing security. The social differentiation led till 1917 to the gradual displacement of the yurt by steady settlements. Then, the collectivization from the 1920's on caused first of all new settlements to arise in the rural area (e.g. MTS), and later entirely new settlements came into existence. Also, the traditional field pattern composed of very small blocks and strips was given up in favour of large blocks. This was frequently done without due consideration of irrigation necessities.
- Two projects for a canal construction had been discussed and finally it was the Karakum canal which was decided on; this added a further structural improvement to that particular part of the country already favoured by the railroad. Nowadays, the canal is used mainly in connection with agricultural irrigation, though it may also be used by shipping traffic.
- The extension of the irrigated area, a process which was accomplished in various phases since 1880 with changing valuation of the main crops, supported above all the cotton cultivation. The introduction of a regular

rotation of crops (mainly with lucerne) was meant to promote an agricultural intensification. The stressing of the cotton cultivation is done fore the Russian market. Similarily, the Karakul farming opened a field for the market production; the Karakul farming is generally organized by sovkhoze farms.

- Afforestation and areal sowing were meant to counteract the vast destruction of the vegetation. However, the problems concerning the protection of the vegetation have not yet been satisfactorily solved.
- In the industrial field the working up of the mineral raw materials of the country (mainly mineral oil and salts; chemical industry) plays the bigger role while the linked industries producing machines and building materials, and especially the consumption industry (textile industry, food industry) can hardly cover the needs of the country.
- The traffic routes are oriented along the ancient caravan routes and lead towards the railway stations. A modern network of roads is still poorly developed even in the oases. The strict closing of the Soviet border prevents the longdistance traffic to the neighbouring States. Added to the traffic routes on land are inland navigation routes (Amu--dar'ya, Karakum canal) and connections across the Caspian Sea.

Those alterations previously discussed are mainly dependent on the railroad which as a Russian accomplishment is an allochthonous element within the cultural landscape of Turkmenia. However, the processes which will be examined in the following chapter are on a larger scale a result of Russian influences; the railroad becomes an instrument of direct measures:

- The stabilization of the nomads is politically pushed forward due to the Russian influence. At the same time, the influx of non-Turkmen peoples increases, but Turkmenia however, never develops into a true colonisation area. Besides the fact, that the population tended to settle along the railway, the complementary developments of urbanization and increased occupations in industry and services have to be taken into account.
- The organization of the social services (educational and medical systems) belongs mainly to the undenied accomplishments of the Soviet era. However, the educational system was first of all used as an instrument of the russification.
- A direct support was given by the railway to the scholastic research of the country. It also encouraged the extension of communism and the Russian Revolution.
- Agrarian-technical innovations, among which the innovation of new species in the cotton cultivation (import of American and Egyptian seedcorn) and the agricultural mechanization are developed in the settlements along the rail line and are then accepted in regions distant from the railway after a considerable temporal delay.

In the light of these changes mentioned above the inner integration of Turkmenia may be examined. This inner integration is understood to be one which the traffic route "railway" initiated. This is shown in the following: In the urban structure with the development of trading and traffic cities (e. g. Chardzhou, Krasnovodsk); in the rise of a system of central places concurring with the main cities along the railway; and in the polarization between those settlements situated near the railway and those at a distance away from it; and in the choice of location of industry, mainly the cotton manufacturing- and -supply industries. There is a functional organization to be noticed in the rural area even after the disintegration of the MTS. Ths oases also show a central-peripheral diversity of agricultural intensity. The inner integration brought about through the trade is relatively rare. To a certain extent, this may be attributed to the country's stage of development, when one considers the low expenditure per head in comparison with the whole USSR.

In consideration of the distribution pattern of the branches of economy, of the location of industry, of the system of central places, of the economic behaviour, and of the regulation of investments by the State, there results an economical-geographical structure of Turkmenia with the following regions:

- complex centres around the bigger cities Ashkhabad, Mary, and Chardzhou with intensive cultivation and important industry;
- intensively used irrigation oases at Tedzhen, Murghab, Amu-dar'ya with urban settlements and subordinate industries;
- mining and industrial areas in Western Turkmenia;
- less intensive exploitation of the mineral resources in SW-Turkmenia and in the Kara-kum, where the agriculture is insignificant;
- minor economic regions around urban settlements such as Kushka and Takhta-Bazar, which in recent days have been more active;
- highlands (Kopet-dagh, Kyuren-dagh) with vertical arrangement of the economy according to land use and intensity;
- fishing areas at the Caspian Sea;
- pastures with greater (Obruchev-steppe) or less (plateau of Krasnovodsk, Kara-kum, Ust-yurt) intensive use;
- unsettled areas without agricultural usage in the highest mountains and in the sand deserts of the Kara-kum.

The study of the allochthonous accomplishments for the turkmen cultural landscape already proved the vast importance of Russia/USSR. This, however, becomes even more stringent through a discussion which aims at the integration of Turkmenia into the Russian and Soviet economic system. Affected by the interest of the Russian textile industry for the Central Asian cotton, the Turkmen-Russian trade was constantly encouraged, and obstacles against integration were met with a direct arrangement of railway rates. On the other hand, the trading connections of Turkmenia with its neighbouring States in the South remained, mainly after 1917, unimportant, or were only established according to the centralized Soviet foreign trade policy.

Within the USSR, there was planned an optimization of the location of industry and agricultural areas with the help of regional labour division which was meant to turn Central Asia into the supplier for cotton and the receiver of corn from the Virgin Lands in N-Kazakhstan. The transportation of consumer goods, however, remained insufficient until nowadays which means that the self-sufficient production could not be abandoned. On the other hand, the industrialization in the cotton economy does not yet meet its demands. Thus, Turkmenia will also in future be dependent on the import of finished products. The necessity for the self-sufficient production and the import of supply goods prove the economic backwardness which could not be overcome or modified even with intensified investments in connection with the latest 5-years'-plans.

A model of interherent systems of chorological integration is outlined in abstracting the backwardness of Turkmenia and its inclusion into the Soviet economic processes. The case of Turkmenia demonstrates an underdevelopment of the regional systems in favour of the Soviet central-peripheral systems which can be interpreted as a result of colonial-economical dependencies. The abolishment of the centralized systems in favour of more profitable and smaller systems can only be thought of if the political centralism is rendered.

(Translated by L. Shiels, G. Zeidler)

7.3 RÉSUMÉ

La présente étude a pour but de démontrer l'influence exercée par une voie de communication importante sur l'intégration de l'économie et de l'habitat d'une région. Cette étude s'appuyant sur le concept d'une hiercharchie de systèmes chorologiques quasi-fermés et ne se limitant pas à la région étudiée s'applique au cas spécifique de la Turkménie pour pouvoir interpréter le développement économique des pays situés à la périphérie de l'U.R.S.S..

La première partie examine l'habitat, l'économie et la population de la Turkménie au milieu du 19e siècle à l'arrière-plan du conflit anglo-russe en Asie Centrale. Il est évident que le contraste social entre les nomades (tchorva) priviligiés, peuplant les déserts et les agriculteurs défavorisés (tchomur) habitant les oasis était en train de changer. Ce processus montre le remplacement des coutumes (adat) par la loi écrite fixée dans le shariat islamique. L'agriculture des champs irrigués bienque prenant de l'importance, reste presque exclusivement autarcique (froment, orge, millet - dzhougara, sésame - kounzhout, luzerne, mélons, un peu de coton). L'économie à base de l'élevage est soumise aux migrations saisonnières entre le Kopet-dagh et la Kara-koum avec les parties périphériques des oasis d'Akhal et d'Atek et les contrées basses de l'Atrek et du Gorgan. Correspondant à la situation économique, les habitations rurales montrent une grande diversité selon les régions et l'époque allant de la yourte (surtout à l'Ouest, au début liée à l'élevage de bétail) à la ferme en torchis, souvent fortifiée (surtout dans les oasis irriguées de l'Est). Il n'y a pas d'agglomérations urbaines. A l'Ouest il y a des débuts d'agglomérations d'influence russe et militaire. Peu de voies de grande circulation transfèrent le maigre commerce aux Khanats voisins de Khiva et Bukhara dont les centres urbains s'occupent de commerce avec la Russie. Le trafic en caravanes empêche une intensification du commerce Russie - Asie-Centrale.

Dans la deuxième partie de l'étude la construction du chemin de fer Transcaspien est considérée comme un effort, dont l'effet devait influencer le développment du commerce et de l'économie intérieure, mais on doit réfuter l'hypothèse que c'étaient des motifs exclusivement économiques qui auraient mené à la construction du chemin de fer. Plutôt il est vrai que le chemin de fer fut construit à partir de 1880 pour des raisons stratégiques d'abord dans la lutte contre les Tourkmènes, puis pour consolider l'Empire Russe en Asie Centrale. Mais ce ne fut qu'en 1888, avec l'intégration de la ville de Samarkande, que la voie prit aussi une fonction économique. La construction du Transcaspien consistait surtout un investissement russe dans une région coloniale: travailleurs, matériaux, fonds destinés à la construction et administration étaient de provenance russe. Malgré le développement déficitaire la voie fut maintenue - encore pour des raisons stratégiques.

Depuis le début du 20e siècle elle fut intégrée progressivement dans le réseau ferroviaire russe:

- La continuation de la voie jusqu'à Tashkent et dans le basin de Ferghana ouvrit les centres économiques du Turkestan à l'exploitation (1899).
- Des lignes secondaires mènent dans les régions plus éloignées.
- La ligne Orenbourg-Tashkent joint la voie centrale-asiatique au réseau européen (1905).
- La ligne Turkestan - Sibérie (Turksib) rend possible la communication directe entre la Sibérie de l'Ouest et l'Asie Centrale (1930).
- La ligne secondaire Tchardzhou - Koungrad ouvre l'accès à l'oasis de Khorezm (1956); par la jonction à Gouryev une voie principale du Touran occidental est établie (1970).
- Le trafic interrompu par la Mer Caspienne est facilité par un ferry--boat vers la ligne du Transcaucase (1960).
- Il n'y a pas de ligne directe menant dans les centres confinant au Sud, l'Iran et l'Afghanistan.

Aujourd'hui le chemin de fer transcaspien exerce la fonction d'une ligne périphérique alors que sous le centralisme soviétique il ne pouvait développer tout à fait une fonction de lien interrégional, les lignes radiales établies à cette époque aboutissant à des "captures".

La troisième partie essaye de classer les changements structuraux du paysage, provoqué par la construction du chemin de fer dans le tableau général des changements récents survenus au pays et dont les causes essentielles sont: des éléments politiques (réorganisation administrative), sociaux (suppression rigoureuse des éléments de la civilisation islamique), agro-sociaux (collectivisation) aussi que techniques et scientifiques.

L'analyse des éléments structuraux du paysage fait apparaître:

- l'accroissement significatif de la population et la moyenne d'âge basse de la population provoquant une densité importante le long de la voie du chemin de fer.
- qu'en ce qui concerne les lotissements, le chemin de fer créa des habitats ferroviaires dont l'équipement est sujet à une modification régionale de l'Ouest à l'Est. Une partie des habitats ferroviaires se développa sous une forme typique des lieux de commerce, cependant que les autres, plus éloignés du chemin de fer, n'évoluaient pas. Recemment l'urbanisation fit naître des cités satellites (goroda-sputniki) à la périphérie des grandes villes.
- La capitale Achkhabad, ville totalement marquée par le colonialisme russe et par un accroissement rapide de la population, est aujourd'hui le centre dominant du pays, réunissant non seulement les fonctions urbaines mais aussi les branches d'industrie les plus importantes.
- qu'en ce qui concerne l'habitat rural la plus grande sécurité a fait disparaître les villages fortifiés. Pendant que la différenciation sociale mène peu à peu au recul de la yourte en faveur des habitats solides, la collectivisation apporta d'abord une réorganisation du domaine rural (dès la fin des années vingt) (p. e. MTS), et plus tard aussi des équipements planifiés. Ces terres traditionellement parcellées furent remembrées en faveur de plus grandes parcelles d'exploitation - souvent sans prêter attention aux besoins d'irrigation.
- Dans la construction du canal, la faveur entre les deux projets fut acquise par celui du canal de Karakoum, qui apporte encore à cette région une amélioration de structure, région qui avait déja été favorisée par le chemin de fer; aujourd'hui il sert surtout à l'irrigation pour l'agriculture, amis il a aussi des fonctions de transport.
- La surface irriguée fut élargie - surtout en faveur du coton - en évaluant différemment les cultures selon leur importance. Un assolement regulier (surtout à base de luzerne) fut établi pour intensifier l'agriculture. La culture du coton fut accentuée pour servir le marché russe. Corrélativement, l'élevage du Karakoul a ouvert une section du marché qui est, la plupart du temps, organisée par l'Etat en sovkhozes.
- Pour mettre fin à la destruction arbitraire de la végétation, on commença à boiser et à ensemer en tapis, mais on ne pouvait pas encore protéger la végétation définitivement.
- En ce qui concerne l'industrie, ce sont l'usinage des matières premières et surtout l'extraction du pétrole et des sels minéraux (industrie chimique) qui dominent, tandis que l'industrie des biens de production (fabrication métallurgique à la suite de la construction des chemins de fer, entreprises de construction et des verreries) et surtout l'industrie des biens de consommation (fabrication de textiles et des vivres) ne satisfont pas aux besoins.
- Les voies de communication terrestres suivent partiellement les

vieilles routes des caravanes, mais elles s'alignent aux points de jonction sur le chemin de fer. Le réseau routier moderne n'est pas bien développé, même pas dans les oasis. Le trafic à grande distance vers les Etats voisins est gêné par la fermeture hermétique de la frontière russe. Des voies de navigation intérieure (Amou-daria, canal de Karakoum) et des jonctions à travers la Mer Caspienne complètent les voies de communication terrestres.

Si ces changements sont dans l'essentiel provoqués par la construction du chemin de fer, qui, en tant qu'investissement, est un élément étranger dans le paysage turkménien, les processus exposés dans le paragraphe qui suit, dépendent beaucoup plus directement de l'influence russe, le chemin de fer devenant un instrument des visées du colonialisme russe:

- La sédentarisation des nomades est activée sous l'influence russe dans un but politique, simultanément l'afflux des peuples non-turkmènes augmente, mais sans que la Turkménie se developpe en région de colonisation. La concentration de la population va de pair avec l'urbanisation et un accroissement de l'occupation dans les activités des secteurs secondaires et tertiaires.
- Parmi les succès incontestables surtout dans la période soviétique, il faut compter l'organisation des services sociaux (instruction publique et service médical), même s'il faut regarder l'instruction publique surtout comme instrument de la "russification".
- Le chemin de fer favorisa directement l'exploration scientifique du pays et facilita l'expansion du communisme et de la Révolution Russe.
- Des innovations agrotechniques, parmi lesquelles la création de nouvelles espèces de coton (l'introduction de semence de provenance américaine et égyptienne) et la mécanisation dans l'agriculture sont à mentionner, prennent leur point de départ près du chemin de fer et sont acceptées seulement beaucoup plus tard dans les régions éloignées du chemin de fer.

A l'arrière-plan de ces changements est examinée l'intégration intérieure turkmène, qui est comprise comme une intégration réalisée à l'aide du moyen de communication qui est le chemin de fer. Cela se manifeste dans la structure fonctionelle urbaine par la genèse de villes de commerce (p. e. Tchardzhoou, Krasnovodsk), par la naissance d'interdépendances: lieu central - centre auprès du chemin de fer, ou par la polarisation entre les habitats proches ou loin du chemin de fer, en outre par la choix de l'emplacement de l'industrie, surtout de celle liée au traitement et au ravitaillement du coton. Dans la structure fonctionelle rurale il y a une differenciation, même après la dissolution des MTS; en même temps dans les oasis apparaît un phénomène d'intensité décroissante du centre vers la périphérie. L'integration intérieure par le commerce est relativement petite, ce qui a ses origines dans l'état de développement du pays - les dépenses sont faibles pro capita en comparaison avec celles du reste de l'U.R.S.S.

Si l'on prend en considération les modèles de diffusion des branches d'industrie, la structure fonctionelle des habitats, le comportement de l'économie et le contrôle des investissements par l'Etat on arrive à une division de la Turkménie en régions économiques selon les types suivants:

- des centres complexes autour des grandes villes de Achkhabad, Mary et Tchardzhoou avec des cultures intensives et une industrie considérable;
- des oasis irriguées, cultivées intensivement au Tedzhen, Mourghab, Amou-daria avec quelques agglomérations urbaines et des débuts d'industrie de moindre valeur;
- les sphères d'exploitation des mines et d'industrie de la Turkménie occidentale;
- exploitation peu intensive des richesses naturelles dans le Sud-Ouest de la Turkménie et dans le Kara-koum avec, simultanément, une agriculture sans signification;
- des régions d'économie petites autour des habitats urbains comme Kouchka et Takhta-Bazar, récemment très actives;
- des pays de montagnes (Kopet-dagh, Kuren-dagh) avec l'étagement de l'économie d'après l'espèce de la culture et d'après l'intensité;
- des régions de pâturage avec plus (Obroutchev-Steppe) ou moins (Plateau de Krasnovodsk, Kara-koum, Oust-yourt) d'intensité dans l'utilisation;
- des régions de pêche sur la Mer Caspienne;
- des régions sans utilisation économique dans la haute montagne et dans les déserts de sables du Kara-koum.

Si l'examen attentif des investissement allochthones réalisés pour le développement du paysage cultivé de la Turkménie a déjà mis en évidence la grande importance de la Russie/U.R.S.S., celle-ci apparaîtra encore davantage dans l'étude qui a pour but de montrer l'intégration de la Turkménie dans le système d'économie russe et soviétique. Pendant que le commerce turkmène-russe, conditionné par l'intérêt porté par l'industrie de textiles russe pour le coton de l'Asie Centrale est constamment activé et qu'il s'efforça de surmonter les difficultés d'intégration dues aux grandes distances dans le transport par le réglement tarifaire, les contacts commerciaux de la Turkménie avec les Etats voisins méridionaux restaient, surtout après 1917 peu considérables ou furent seulement établis par l'intermédiaire du commerce extérieure de la Russie tout entière. A l'intérieur de la Russie une optimisation des emplacements industriels et des surfaces agricoles était prévue sur la base d'une division du travail régionale, optimisation qui assignait à l'Asie Centrale le rôle de fournisseur de coton et de destinataire de céréales provenant des terres vierges du Kazachstan du Nord. Mais jusqu'à aujourd'hui les livraisons sont restées insuffisantes, de sorte qu'il n'était pas possible de renoncer à une production pour les besoins personnels. D'autre part l'industrialisation dans le domaine du coton n'est pas encore suffisante, si bien que la Turkménie dépendra encore dans l'avenir des livraisons de produits finis. Le problème du retard économique résulte de la nécessité de produire pour les besoins personnels et d'importer les biens de ravitaillement. Ce problème ne pouvait pas encore être résolu ou modifié même pas par des investissments renforcés dans le cadres des derniers plans quinquennaux.

A partir de l'exemple de l'intégration de la Turkménie dans le processus économique de l'U.R.S.S. entière et de son retard économique est esquissé un modèle des systèmes régionaux d'intégration interhérentes. En ce qui concerne la Turkménie, on constate un sous-développement du système régional à l'intérieur en faveur du système central-périphérique, comprenant toute l'U.R.S.S.. On peut interpréter ce système comme une conséquence d'une dépendance de type colonial et il faut voir sa disparition en faveur de systèmes plus petits et plus rentables ne pouvant se réaliser que par la suppression du centralisme rigoureux.

(Traduction française: P. Lucbert, A. Schmidt)

Wirtschaftswissenschaftliche Veröffentlichungen des Osteuropa-Instituts an der Freien Universität Berlin

Herausgegeben von W. Förster, E. Klinkmüller und K. C. Thalheim

1 **Die nachkriegszeitliche Wasserwirtschaft Polens** unter Einbeziehung der Wasserbauprojekte in den Randgebieten. Von C. Poralla. VIII, 132 S., 13 Abb., 1954, DM 14,60.

2 **Ortsumbenennungen und -neugründungen im europäischen Teil der Sowjetunion** nach dem Stand der Jahre 1910/1938/1951 mit einem Nachtrag für Ostpreußen 1953. Von W. Meckelein. VIII, 134 S., 1 Karte, 1955, DM 16,80.

3 **Das Profil der polnischen Chemiewirtschaft nach dem Kriege.** Von C. Poralla. X, 161 S., 1 Karte, 1955, DM 14,20.

4 **Industrielle Strukturwandlungen im sowjetisch besetzten Gebiet Deutschlands.** Von B. Böttcher. X, 134 S., 1956, DM 16,—.

5 **Der Kredit in der Zentralverwaltungswirtschaft sowjetischen Typs** unter besonderer Berücksichtigung der Kreditpolitik in der Sowjetischen Besatzungszone Deutschlands. Von S. Friebe. XI, 228 S., 1957, DM 18,60.

6 **Die Bevölkerung der deutschen Ostgebiete unter polnischer Verwaltung.** Eine Untersuchung der Bevölkerungsvorgänge und -probleme seit 1945. Von H. J. von Koerber. 233 S., Tabellenteil, 2 Karten, 1958, DM 19,60.

7 **Analyse der betriebswirtschaftlichen Struktur der volkseigenen Betriebe** als Voraussetzung für eine richtige Beurteilung östlicher Tatsachen- und Zahlenberichte. Von A. Wilmut. IX, 158 S., 1958, DM 18,80.

8 **Die gegenwärtige Außenhandelsverflechtung der Sowjetischen Besatzungszone Deutschlands.** Von E. Klinkmüller. IX, 196 S., 1959, DM 25,80.

9 **Die ökonomischen Anschauungen Nikolaj I. Bucharins.** Von P. Knirsch. VIII, 236 S., 1959, DM 22,60.

10 **Die Entwicklung des Haushaltswesens in der Sowjetischen Besatzungszone Deutschlands.** Von H. Meier. 191 S., 1960, DM 22,80.

11 **Wirtschaftsrechnung, Investitionen und Wachstum in einer Zentralverwaltungswirtschaft.** Von K. Diekmann. 144 S., 1960, DM 22,—.

12 **Die wirtschaftliche Zusammenarbeit der Ostblockstaaten.** Von E. Klinkmüller und M.-E. Ruban. IX, 310 S., 1960, DM 35,60.

13 **Die Entwicklung der sowjetischen Besteuerung** unter besonderer Berücksichtigung der ordnungspolitischen Funktionen. Von G. Menz. 247 S., 1960, DM 34,—.

14 **Methode und Effizienz der Investitionsfinanzierung durch Abschreibungen in der Sowjetwirtschaft.** Von G. Leptin. 98 S., 1961, DM 13,80.

15 **Der Wachstumsprozeß in der Sowjetwirtschaft.** Von F. J. Hinkelammert. 113 S., 1961, DM 16,—.

16 **Bewertungsprobleme in der Bilanz des volkseigenen Betriebes.** Von W. Gebhard. 165 S., 1962, DM 24,80.

17 **Das sowjetische Bankensystem.** Von G. Menz. 200 S., 1963, DM 28,20.

18 **Die Anlagen im Rechnungswesen der sowjetischen Industrieunternehmung.** Von G. Leptin. 182 S., 1962, DM 24,60.

19 **Die Transportentwicklung im Industrialisierungsprozeß der Sowjetunion.** Von J. F. Tismer. 240 S., 1963, DM 34,80.

20 **Zur Transformation einer Zentralverwaltungswirtschaft sowjetischen Typs in eine Marktwirtschaft.** Von P. D. Propp. 300 S., 1964, DM 35,60.

21 **Arbeitsteilung im Rat für gegenseitige Wirtschaftshilfe.** Von K.-E. Schenk. 158 S., 1964, DM 24,90.

22 **Planungsprobleme im sowjetischen Wirtschaftssystem.** Herausgeber: E. Boettcher u. K. C. Thalheim. VI., 251 S., 1964, DM 43,70.

23 **Die Entwicklung des Lebensstandards in der Sowjetunion unter dem Einfluß der sowjetischen Wirtschaftspolitik und Wirtschaftsplanung.** Von M.-E. Ruban. 204 S., 1965, DM 35,—.

24 **Sowjetische Lohnpolitik zwischen Ideologie und Wirtschaftsgesetz.** Von R. Becker. 192 S., 1965, DM 30,90.

25 **Der Binnenhandel mit Konsumgütern in der Sowjetunion.** Von B. Backe-Dietrich. 220 S., 1965, DM 37,60.

26 **Stellung und Aufgaben der ökonomischen Einheiten in den jugoslawischen Unternehmungen.** Von G. Lemân. 141 S., 1967, DM 23,30.

27 **Rechnungswesen und Wirtschaftsordnung.** Ein Beitrag zur Diagnose der Zentralverwaltungswirtschaft sowjetischen Typs und ihrer Reformen aus betriebswirtschaftlicher Sicht. Von W. Förster. 246 S., 1967, DM 27,80.

28 **Staatliche Preispolitik auf dem Steinkohlenmarkt in Polen nach 1945.** Von H. Machowski. 238 S., 1967, DM 64,—.

29 **Das sowjetische Preissystem.** Von F. Haffner. 348 S., 1968, DM 48,—.

30 **Strukturen und Formen zentraler Wirtschaftsplanung.** Von P. Knirsch. 310 S., 1969, DM 58,—.

31 **Betriebswirtschaftliche Aspekte der Produktionsfondsabgabe in Mitteldeutschland.** Theoretische Begründung und betriebliche Anwendung der Produktionsfondsabgabe in Mitteldeutschland. Von J. Heidborn. 185 S., 1970, DM 36,80.

32 **Die Funktionen der Finanzrevision in den volkseigenen Industriebetrieben Mitteldeutschlands.** Von R. Gruschke. 197 S., 1972, DM 39,80.

33 **Der Außenhandel in der Wirtschaftsreform der DDR.** Von K.-H. Nattland. 208 S., 1972, DM 48,60.

DUNCKER & HUMBLOT / BERLIN

Abb.45

MODELL DER INTERHAERENTEN RAUMINTEGRATIONSSYSTEME

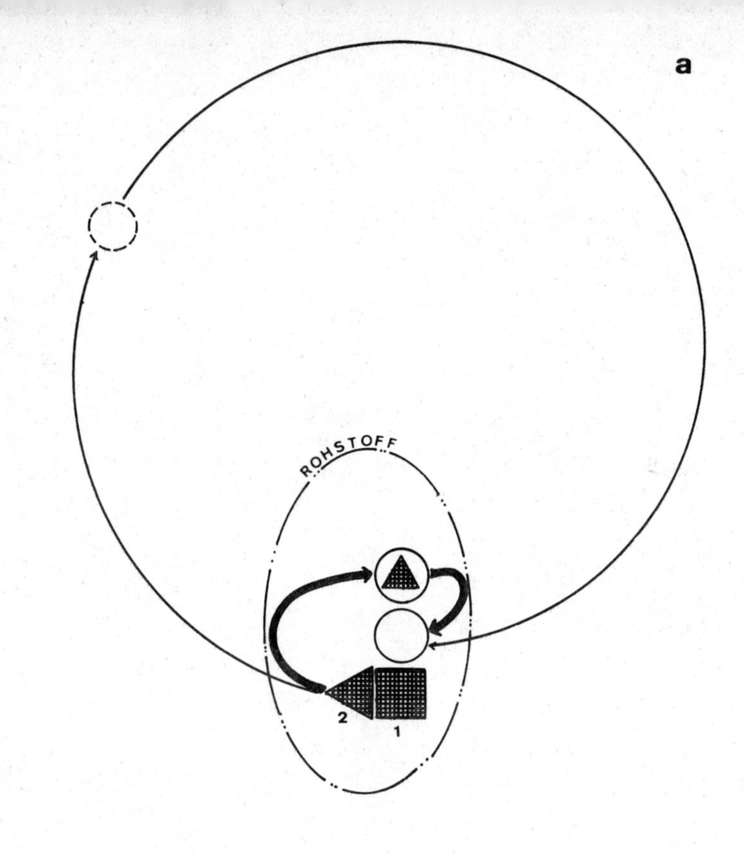

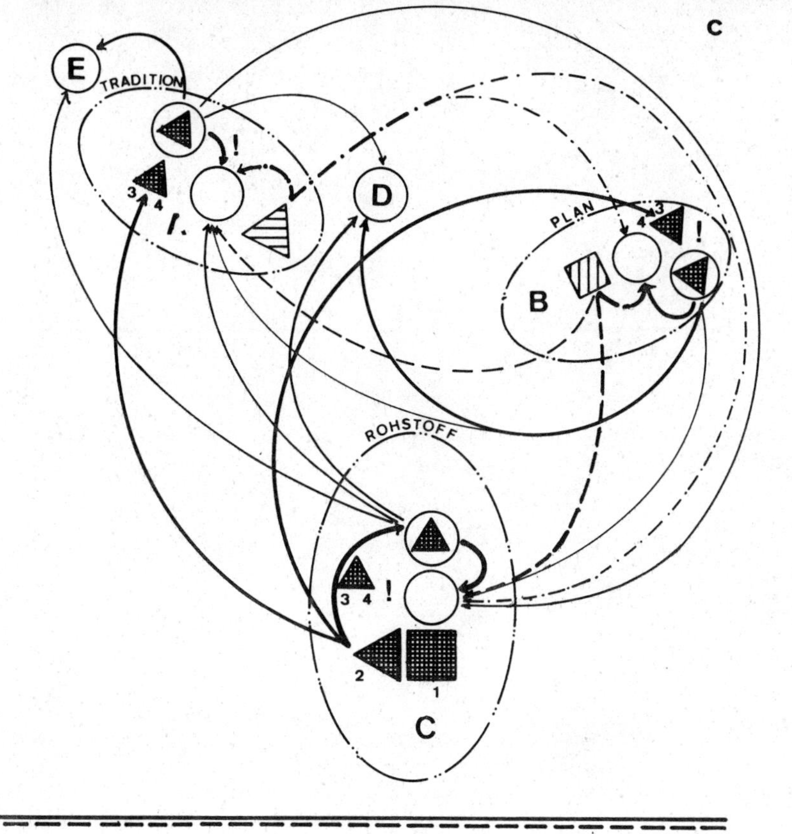

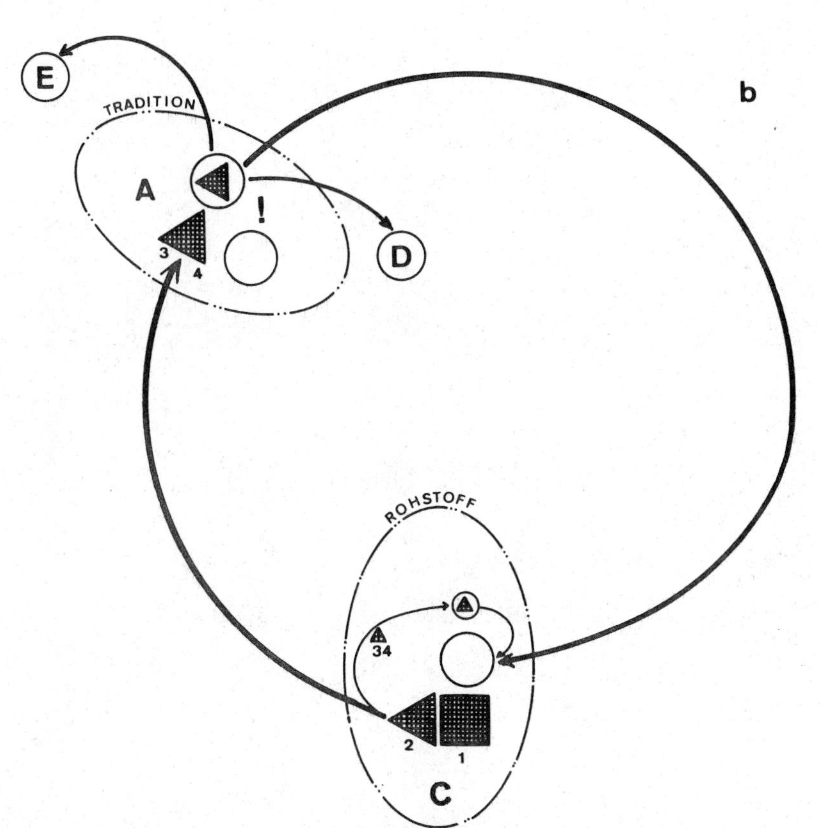

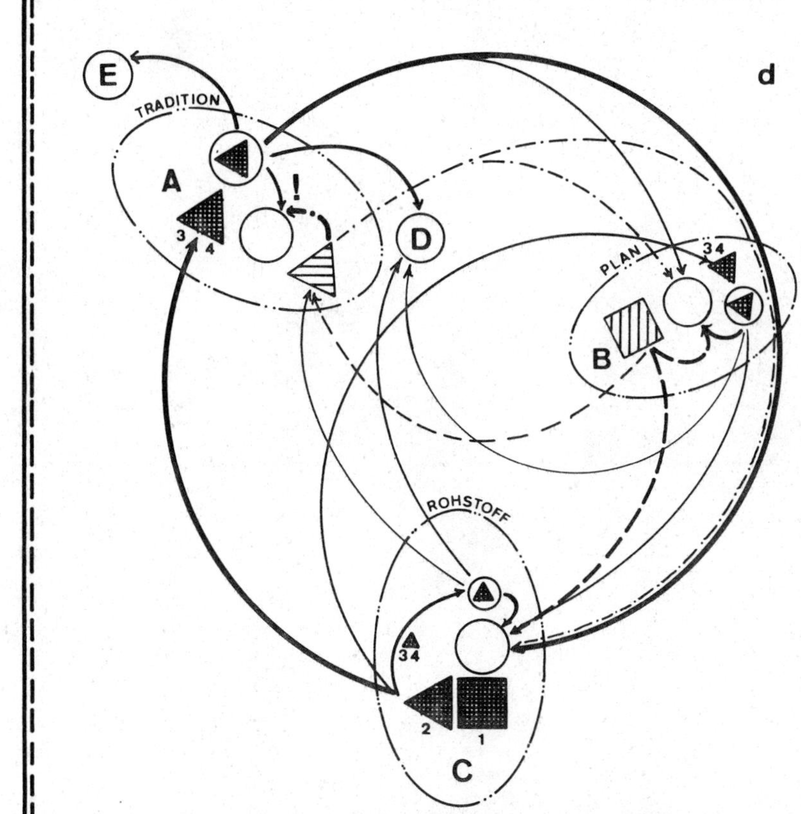

1 Urproduktion

2 3 4 Verarbeitungsstufen

Vermarktung

Konsum

1. Wirtschaftsgut
2. "
3. "

A B C Wirtschaftsregion

D Drittgebiete des Konsums

E Export

! Lokalisation der Entscheidungsträger

Transport

a b c Modelltypen

d Fall Turkmenien

Abb. 11

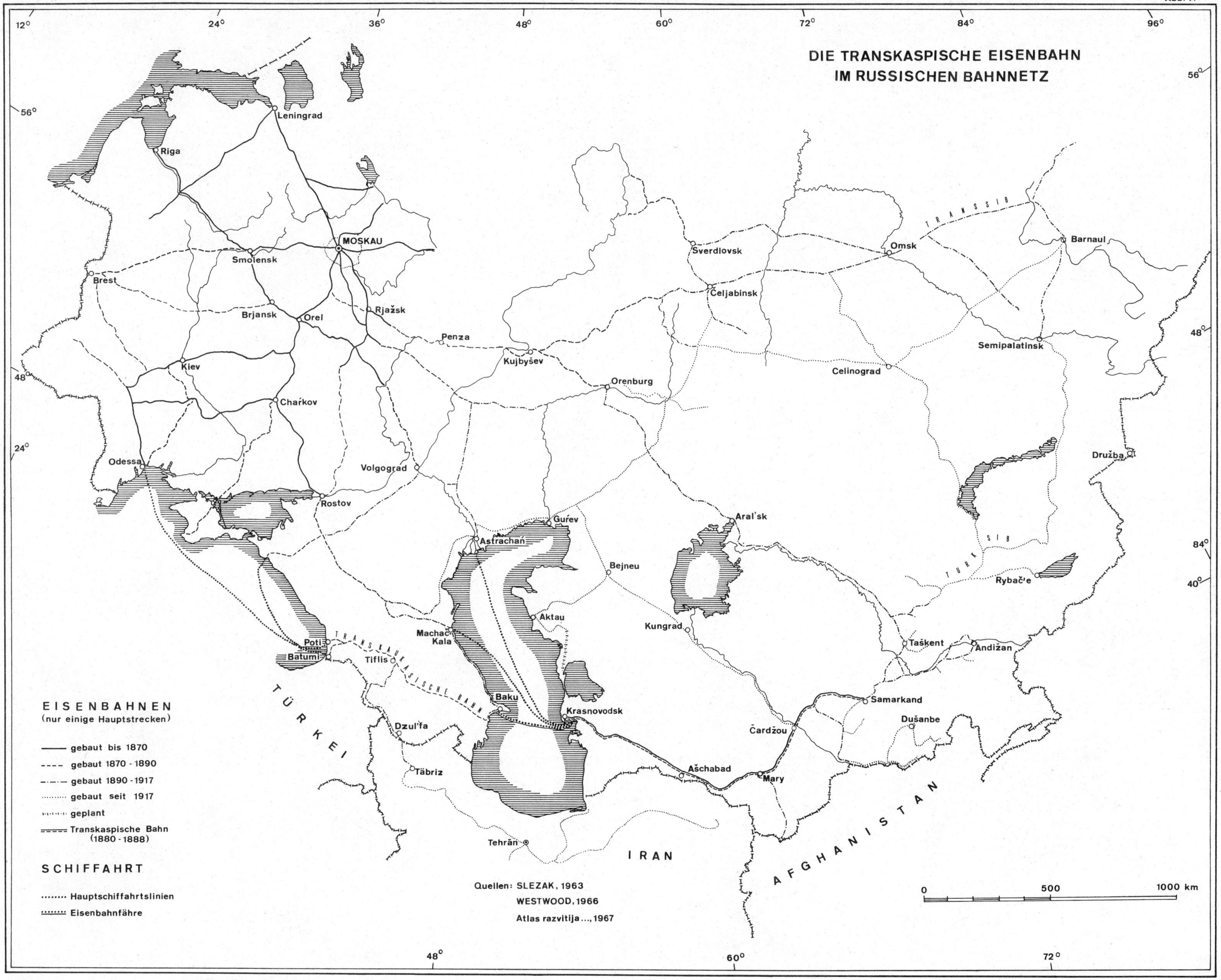
DIE TRANSKASPISCHE EISENBAHN
IM RUSSISCHEN BAHNNETZ
12°
24°
36°
48°
60°
72°
84°
96°
56°
48°
40°
Leningrad
Riga
MOSKAU
Smolensk
Brest
Brjansk
Orel
Rjažsk
Penza
Kujbyšev
Kiev
Chaŕkov
Orenburg
Sverdlovsk
Čeljabinsk
Omsk
Barnaul
TRANSSIB
Semipalatinsk
Celinograd
Odessa
Volgograd
Rostov
Guŕev
Astrachań
Araĺsk
Bejneu
TURKSIB
Rybač'e
Družba
Aktau
Machač Kala
Kungrad
Taškent
Andižan
Poti
Batumi
TRANSKAUKASISCHE BAHN
Tiflis
Baku
Krasnovodsk
Samarkand
Dušanbe
Čardžou
Dzuĺfa
Täbriz
Aschabad
Mary
Tehrān
TÜRKEI
IRAN
AFGHANISTAN
EISENBAHNEN
(nur einige Hauptstrecken)
gebaut bis 1870
gebaut 1870 - 1890
gebaut 1890 - 1917
gebaut seit 1917
geplant
Transkaspische Bahn (1880 - 1888)
SCHIFFAHRT
Hauptschiffahrtslinien
Eisenbahnfähre
Quellen: SLEZAK, 1963
WESTWOOD, 1966
Atlas razvitija ..., 1967
0
500
1000 km

Abb. 41

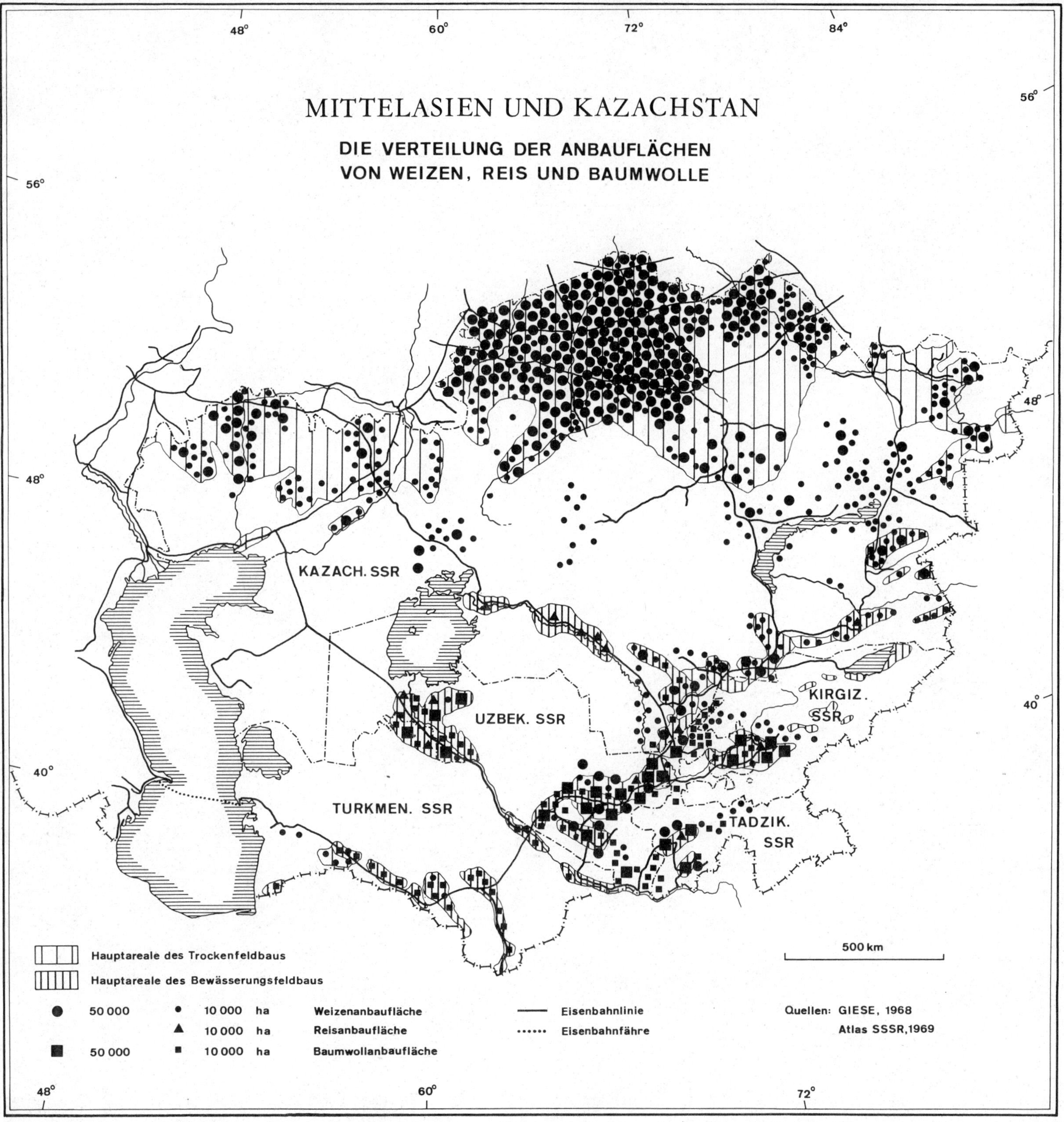

MITTELASIEN UND KAZACHSTAN
DIE VERTEILUNG DER ANBAUFLÄCHEN
VON WEIZEN, REIS UND BAUMWOLLE
48°
60°
72°
84°
56°
48°
40°
KAZACH. SSR
UZBEK. SSR
TURKMEN. SSR
KIRGIZ. SSR
TADZIK. SSR
500 km
Hauptareale des Trockenfeldbaus
Hauptareale des Bewässerungsfeldbaus
50 000
10 000 ha
Weizenanbaufläche
10 000 ha
Reisanbaufläche
50 000
10 000 ha
Baumwollanbaufläche
Eisenbahnlinie
Eisenbahnfähre
Quellen: GIESE, 1968
Atlas SSSR, 1969